SIMONE DE
BEAUVOIR

LE DEUXIÈME SEXE

SIMONE DE

BEAUVOIR

LE DEUXIÈME SEXE

第二性

纪念版

I

[法] 西蒙娜 · 德 · 波伏瓦 著

郑克鲁 译

上海译文出版社

SIMONE DE BEAUVOIR
Le deuxième sexe I，II

本书根据伽里玛出版社 1949 年法文版译出

封面照片来源：
© Cartier-Bresson/Magnum/东方IC

图字：09 - 2004 - 496 号

图书在版编目(CIP)数据

第二性：纪念版/（法）西蒙娜·德·波伏瓦（Simone de Beauvoir）著；郑克鲁译.—上海：上海译文出版社，2020.10（2026.1 重印）
ISBN 978 - 7 - 5327 - 8325 - 0

Ⅰ.①第… Ⅱ.①西… ②郑… Ⅲ.①妇女问题一研究 Ⅳ.①C913.68

中国版本图书馆 CIP 数据核字(2020)第 149712 号

第二性(纪念版)
Le deuxième sexe I，II

SIMONE DE BEAUVOIR
西蒙娜·德·波伏瓦　著
郑克鲁　译

出版统筹　赵武平
责任编辑　缪伶超　周冉
装帧设计　陆智昌

上海译文出版社有限公司出版、发行
网址：www.yiwen.com.cn
201101　上海市闵行区号景路 159 弄 B 座
浙江新华数码印务有限公司印刷

开本 890 × 1240　1/32　印张 30.5　插页 12　字数 638,000
2021 年 10 月第 1 版　2026 年 1 月第 4 次印刷

ISBN 978 - 7 - 5327 - 8325 - 0
定价：298.00 元(全二册)

目　录

献给雅克·博斯特

有一个产生了秩序、光明和男人的好本原和一个产生了混乱、黑暗和女人的坏本原。

毕达哥拉斯[①]

但凡男人写女人的东西都是值得怀疑的，因为男人既是法官又是当事人。

普兰·德·拉巴尔[②]

① Pythagoras（约前580—前500），古希腊哲学家、数学家。
② François Poulain de La Barre（1647—1725），法国哲学家。

导言

长时间以来我犹豫不定，是否写一本关于女人的书。这个主题，尤其对女人来说，是不快的，而且不是全新的。关于女性主义的争论，已经费过不少笔墨，当下争论几乎偃旗息鼓：我们不再谈论这个话题吧。可是，还是有人在谈论。看来，上个世纪连篇累牍、废话连篇的著述，并没有对这个问题澄清多少。再者，存在这个问题吗？这是个什么问题？甚至，有没有女人呢？当然，永恒女性的理论还拥有信徒，他们悄声细语地说："即使在俄国，elles（她们）仍然指女人"；但是另外一些非常了解内情的人士——有时就是这些人——叹息说："女人正在完蛋，女人已经完蛋。"当下人们不太清楚，女人是否还存在，是否将来会始终存在，是否应该希望她们存在，女人在这个世界上占据什么位置，女人本应在世界上占据什么位置。"女人在哪里？"最近，一本断断续续出版的杂志[①]这样问道。但首先要问：女人是什么？"Tota mulier in utero：是子宫。"有人说。然而，那些行家谈到某些女人时断言："她们不是女人"，虽然她们像别的女人那样也有子宫。人们一致承认，人类之中有女性；今日同过去一样，她们几乎构成人类的一半；不过，有人对我们说"女性处在危险中"；有人勉励我们：

“做女人吧，始终做女人，成为女人吧。”因此，并非一切女性必定是女人；她必须具有这种神秘的、受到威胁的实在，也即女性气质。女性气质是由卵巢分泌出来的吗？还是凝结在柏拉图学派的天地里？只消穿一件窸窣响的衬裙，就可以让它降落到人间吗？尽管有些女人殚精竭虑地要表现出女性气质，却从来没有树立确证的典范。有人想用模糊的、闪光的词汇去描绘它，这些词汇似乎是从女占卜者的词汇中借用来的。在托马斯·阿奎那[2]时代，女性气质仿佛是罂粟的安眠功效那样确定无疑的本质。但是，概念论已失去了地盘：生物学和社会科学不再相信存在固定不变的实体，能确定诸如女人、犹太人或者黑人的特性，生物学和社会科学将特性看作对处境的次要反应。今日之所以不再有女性气质，是因为从来就没有女性气质。这就意味着，“女人”这个词没有任何含义吗？这正是启蒙哲学、唯理论、唯名论的拥护者所竭力断言的：女人在人类中仅仅是“女人”这个词随意指定的那一部分人；特别是美国女人认为，女人再也不存在了；倘若一个智力迟钝的女人仍然将自己看做一个女人，她的女友们就会建议她去做精神分析，以便摆脱这种困扰。多萝西·帕克[3]在评论一部非常令人不快的、名叫《现代妇女：失去性别的人》的书时写道：“那些将女人当做女人来对待的书，我不敢苟同……我的观点是，所有人，无论男人还是女人，不论我们是谁，我们都应该被看做是人。”但是唯名论是一种有点昙花一现的学说，而反女性主义者振振有词地指出，女人不是人。女人肯定像男人一样也是人，但这样一种论断是抽象的；事实是，凡是具体的人总是单独被确定的。拒绝永恒女性、黑人灵魂、犹太人

---

① 如今这本杂志已经寿终正寝，杂志名为《坦率》。——原注

② Saint Thomas Aquinas（1225—1274），意大利神学家、哲学家。

③ Dorothy Parker（1893—1967），美国女作家。

性格的概念，并非否认今日有犹太人、黑人、女人：这种否定对上述几种人并不代表一种解放，而是代表一种非本真的回避态度。显而易见，任何女人都不能真诚地自认为置身于自己的性别之外。几年前，有个著名的女作家拒绝让自己的肖像出现在专门刊登女作家照片的照片集里：她想厕身男人中间；可是，为了获得这个特权，她利用了丈夫的影响。认为自己是男人的女人，仍然要求得到男性的尊重和敬意。我记起那个年轻的女托洛茨基分子，她站在喧声雷动的会场的讲台上，尽管她明显弱不禁风，却准备挥舞拳头；她否认女性的柔弱；但她是出于对一个战斗者的热爱，想与男人比肩。美国女人剑拔弩张的挑战姿态表明，她们受到女性气质的纠缠。事实上，只要睁眼一扫就可以看到，人类分成两类个体，其衣着、面貌、躯体、微笑、举止、兴趣、消遣，都迥然有别：也许这些差异是表面的，也许它们注定要消失。可以肯定的是，眼下差异的存在是显而易见的。

即令女人的职责不足以界定女人，纵然我们也拒绝以“永恒女性”去解释女人，即令我们承认，哪怕是暂时的，世间存在女人，我们依然要提出这个问题：什么是女人？

这个问题的提出本身，马上启发了我做出第一个回答。我提出这个问题是意味深长的。一个男人不会想到去写一本男性在人类中占据的特殊位置的书。[①] 如果我想做界定，那么我不得不首先声明：“我是一个女人”；这个事实构成一个基础，任何其他的论断都建立在这个基础之上。男人永远不会一开始就自称是某种性别的人：他就是男人，这是毫无疑问的。像在区政府的登记簿和身份申报表上对称出现的两项：男性、女性，这纯属形式。两性的关系不

① 比如，金西的报告只限于界定美国男人的性特征，这是完全不同的。——原注

是正负电流、两极的关系：男人同时代表阳性和中性，在法文中，“les hommes”用来指人，即“vir”这个词的特殊含义吸取了“homo”[①]这个词的一般含义。女人是作为负极出现的，凡是限定词对女人来说都是限制，没有互逆性。有时候，我在抽象概念的讨论中听到男人对我说：“您这样理解，因为您是一个女人”，我感到很恼火；我知道，我唯一的捍卫方法就是这样回答：“我这样理解，因为事实如此”，这句话取消了我的主体性；我不能这样反驳：“您意见相反，因为您是一个男人”；显而易见，作为一个男人的事实没有特殊性；一个人作为男人，拥有属于他的权利，而做女人则是她的错。实际上，正如古人那样，先有一条绝对的垂直线，才能界定斜线，先有绝对的人，也即男人。女人有卵巢、子宫；这就是把她封闭在她的主体性中的特殊条件；人们常说，女人是带着腺体去思索的。男人傲慢地忘却了，解剖学表明他也有激素、睾丸。男人把他的身体把握为与世界有直接的和正常的关系，他认为自己能客观地理解世界，而男人把女人的身体看做受到一切限定它的东西的拖累：一种障碍，一个监牢。“女性之为女性，是由于缺乏某些品质，”亚里士多德[②]这样说。“我们应该把女人的特性看做要忍受天生的不完善。”随后，托马斯·阿奎那也断定，女人是“有缺失的人”、“意外的”存在。《创世记》的故事所象征的意义也是如此：按波舒哀[③]的说法，夏娃是从亚当“多余的骨头”中抽取出来的。人类是男性的，男人不是从女人本身，而是从相对男人而言来界定女人的，女人不被看做一个自主的存在。“女人，

---

① vir、homo，均为拉丁文，人、男人。

② Aristotle（前384—前322），古希腊自然科学家、哲学家、文艺理论家，著有《诗学》、《修辞学》等。

③ Jacques-Bénigne Bossuet（1627—1704），法国作家、主教，著有《诔词》、《世界史讲话》等。

相对的存在……”米什莱[①]这样写道。邦达[②]先生正是在《于里埃尔的关系》中断言：“男人的身体通过自身而具有意义，可以撇开女人的身体不谈，而如果不提男性，女人的身体看来就缺乏意义……没有女人，男人能独立思想。没有男人，女人不能独立思想。”女人是由男人决定的，除此之外，她什么也不是；因此，人们把女人称为“le sexe”[③]，意思是说，在男性看来，女性本质上是有性别的、生殖的人：对男性而言，女人是sexe，因此，女人绝对如此。女人相较男人而言，而不是男人相较女人而言确定下来并且区别开来；女人面对本质是非本质。男人是主体，是绝对：女人是他者。[④]

他者的范畴像意识本身一样原始。在最原始的社会中，在最古老的神话中，总是可以找到自我和他者的二元论；这种区分开始并没有置于性别区分的情势中，它不取决于任何经验论的论据：其中可以举出葛兰言[⑤]论述中国思想的著作、杜梅齐尔[⑥]论述印度和罗

---

① Jules Michelet（1798—1874），法国史学家、散文家，著有《法国史》、《法国大革命史》、《鸟》、《昆虫》、《大海》、《大山》等。

② Julien Benda（1867—1956），法国作家，他的小说和随笔偏重哲理。

③ 法文，有女性、性、性器官、性欲等意。

④ 这种观点是埃·莱维纳斯在他的随笔《时间和他者》中以最明确的形式表达的。他这样表述：“难道不是有一种情况，他性会作为本质，通过一个存在从而获得一个积极的称号吗？未能不折不扣地进入同类的两个物种对抗中的他性，会是什么呢？我认为，绝对相反的对立物，其对立丝毫不受对立物和关联者之间建立的关系的影响，允许处于绝对他者含义的对立就是女性。性别不是一种特殊的差异……性别差异也不是一种矛盾……（它）也不是两个互补词汇的二元论，因为两个互补词汇是以一个完整的预先存在作为前提的……他性在女性中得以完成。这是同一类的词汇，但含义与意识相反。”

我设想，莱维纳斯没有忘记，女人对自身而言也是意识。但是，令人印象深刻的是，他故意采用一种男人的观点，而没有标明主体和客体的相互关系。当他写道，女人是神秘的时候，他的言外之意是，女人对男人而言是神秘的。这种力图显得客观的描述，事实上是对男性特权的一种肯定。——原注

⑤ Marcel Granet（1884—1940），法国汉学家，高等研究学院附属中国研究学院的创建者，以社会学方法研究中国的人种志材料，著有《中国的节日和歌曲》、《中国文明》、《中国思想》等。

⑥ Georges Dumézil（1898—1986），法国语文学家，著有《从神话到小说》、《神话与史诗》等。

马的著作。在伐楼拿—密多罗[1]、乌拉诺斯—宙斯、太阳—月亮、白天—黑夜的对偶中，没有牵涉到任何女性的元素；在善与恶、吉祥与不祥的本原、右与左、上帝与魔王的对立中也没有；他性是人类思维的一个基本范畴。任何群体都绝不会不直接面对自身提出他者而将自身确定为一个群体。只消偶然聚集在同一火车隔间里的三个旅行者，就可以让其他旅行者成为隐约敌对的“他者”。对于乡下人来说，凡是不属于他村子的人都是可疑的“他者”；对于在一个地方土生土长的人来说，非本地居民就像是“异邦人”；犹太人对反犹主义者来说，黑人对美国的种族主义者来说，土著人对殖民者来说，无产者对有产者来说，都是“他者”。列维-斯特劳斯在一本对原始社会不同面貌进行深入研究的著作结尾，这样下结论：“从自然状态到文明状态的过渡，是通过人用一系列对立的形式去设想生物学关系的能力来确定的：这些关系以确定或者模糊的形式所呈现的二元论、互相交替、对立和对称，与其说构成需要解释的现象，不如说是构成社会现实基本的和直接的材料。”[2]倘若人类社会的现实毫无例外地是建立在团结和友谊基础之上的 mitsein[3]，这些现象就无法理解。相反，要是根据黑格尔的观点，人们在意识本身发现一种对任何其他意识完全敌对的态度，这些现象就明白如画了；主体只有在对立中才呈现出来；它力图作为本质得以确立，而将他者构成非本质，构成客体。

---

① Varuna，吠陀印度教神话中的神灵、象征神权，维持宇宙法则和道德律法。Mitra，吠陀印度教信奉的宇宙起源神之一，体现友谊、忠诚、和善以及为维持人间秩序而不可少的其他美德。

② 参阅列维-斯特劳斯《亲属的基本结构》。

我感谢列维-斯特劳斯很乐意将他论文的校样送给我看，其中，我在第二部第 90—108 页广泛采用他的论述。——原注

③ 德文，共在。

只不过他者的意识会回敬以相同的对待：在旅行中，一个地方的人愤慨地发现，轮到邻乡人把他看做外乡人；在村庄、部落、民族、阶级中，存在战争、交换礼物的节日、市场、条约、斗争，使他者的概念失去绝对意义，显现其中的相对性；个体和群体不管愿意与否，都不得不承认他们之间关系的相互性。在男女之间，这种相互性怎么会没有出现呢？其中的一个性别怎么会作为唯一的本质得以确立，同时否认它的相关者的一切相对性，并将这相关者界定为纯粹的他性呢？为什么女人不质疑男人的主宰地位呢？任何主体不会一下子和同时确定为非本质，他者并非将自我界定为他者来界定主体：他者是因为主体将自己确认为主体，才成为他者的。但是，为了不致使他者反过来成为主体，就必须屈从于这种被看成异邦人的观点。女人身上这种屈从是怎么来的呢？

存在另外一些情况：在一个较长的时期内，一种范畴成功地绝对主宰了另一种范畴。往往是数量上的不等造成了这种特权：多数人将律令强加于少数人，或者迫害少数人。但是女人不像美国的黑人、犹太人，她们不是少数人：地球上女人和男人一样多。往往是，彼此相对的两部分人先是独立的：以往他们互不知晓，或者其中一部分人承认另一部分人的自主；是一次历史事件使弱者屈服于强者：犹太人散居各国、奴隶制引入美洲、殖民者的征服，都是有重大意义的事实。在这些情况下，对受压迫者来说，有过一个前史：他们共同拥有一个过去、一个传统，有时是一种宗教、一种文明。在这方面，倍倍尔[①]在女人和无产者之间所做的比较，得到最有力的佐证：无产者在数量上也不处于劣势，他们从来没有构成彼

① August Ferdinand Bebel（1840—1913），德国政治家，车工出身，1866 年加入第一国际，1869 年与李卜克内西建立社会民主党，因反对普法战争而入狱，著有《基督教和社会主义》《妇女和社会主义》等。

此分离的群体。然而如果缺乏一个事件，就应根据历史的发展解释他们作为阶级而存在，并了解这个阶级中这些个体的分布。不是从来就有无产者的，女人却始终存在；她们因生理结构而成为女人；在历史可追溯的年代，她们就一直从属于男人：她们的从属地位不是一个事件或者一次变化的结果，这不是应运而至的。部分是因为她们的从属地位不是出于历史事件的偶然性，所以他性就像一种绝对。处境随着时间发展，在另一个时代会自行解体，例如，海地的黑人证实了这一点；相反，自然条件似乎不容许改变。确实，同历史现实一样，自然不是不可变更的。女人之所以变成非本质，再也回不到本质，是因为女人不会自动进行这种返回。无产者说“我们”。黑人也这样说。他们自我确定为主体，把资产者、白人变成“他者”。女人——除了在某些抽象示威的代表大会上——不说“我们”；男人说“女人”，她们重复这个词，以表明自身；可是她们并没有本真地自我确定为主体。无产者在俄国闹革命，黑人在海地闹革命，印度支那人在印度支那打仗：女人的行动从来只不过是象征性的骚动；她们只挣到男人肯让给她们的东西；她们什么也没有夺取到：她们接受[1]。这是因为她们没有具体的方法汇聚成一个整体，这个整体只可能在对抗中自我确立。她们没有过去、历史、适合她们的宗教；她们不像无产者那样在劳动和利益上是一致的；她们甚至不混杂居住，而混杂居住使美国的黑人、犹太人区的犹太人、圣但尼或者雷诺汽车厂的工人结成一个团体。她们分散地生活在男人中间，通过居所、工作、经济利益、社会条件和某些男人——父亲或者丈夫——联结起来，比和其他女人联结得更紧密。资产阶级妇女与资产者而不是与无产阶级妇女联结起来；白种女人

① 参阅第二部第五节。——原注

同白种男人而不是同黑种女人联结起来。无产者会提出屠杀统治阶级；一个狂热的犹太人、一个狂热的黑人会梦想夺取原子弹的秘密，将人类全变成犹太人或黑人，但即使在梦中女人也不会消灭男人。将女人同她的压迫者联结起来的纽带，是任何别的纽带不可比拟的。性别的区分实际上是一种生理上的既定，而不是人类史上的一个重要时刻。在原始的共在内部，已形成他们的对立，但对立并没有使这共在破灭。夫妻是一个基本单位，这两个一半彼此是并列的：通过性别对社会进行任何划分都是不可能的。女人的基本特征就在这里：她是整体中的他者，这两者互相必不可少。

可以想象，这种互相依存有助于女人的解放；当赫拉克勒斯[①]在翁法勒的脚边纺羊毛时，他的欲望把他缚住了：为什么翁法勒没有成功获得永久的权力呢？为了向伊阿宋复仇，美狄亚杀死了她的两个孩子[②]：这个野蛮的传说表明，女人从把她与孩子联结起来的纽带中，可以汲取可怕的巨大影响。阿里斯托芬[③]在《吕西斯忒拉忒》中有趣地想象出一场妇女集会，她们为了社会的目的，力图共同利用男人对她们的需要，但这只是一出喜剧。有一则传说，说是快活的萨宾[④]女人坚持不生育来对付她们的劫持者，还叙述男人用皮带抽打她们，神奇地战胜了她们的反抗。生理需要——性欲和延续后代的愿望——使男性处于女性的支配之下，却没有从社会上解放妇女。主奴双方因互相的经济需要而团结起来，这种需要却没有

---

① Heracles，希腊神话中的英雄，宙斯的儿子，做出了十二件奇迹，曾是吕底亚女王翁法勒的奴隶、情人。

② 古希腊戏剧家欧里庇得斯（Euripides，前480—前406）的悲剧《美狄亚》中，女巫美狄亚的丈夫伊阿宋变了心，要把她赶走，激起她的愤怒，她杀死两个儿子，以绝伊阿宋的后嗣。

③ Aristophanes（约前445—前380），古希腊喜剧家，《吕西斯忒拉忒》的同名女主人公集合了雅典和希腊主要城邦的妇女，迫使她们的丈夫接受和平，最后取得胜利。

④ Sabine，古代意大利中部一民族，公元前三世纪被罗马征服。

解放奴隶。这是因为在主奴关系中，主人没有提出他对另一方的需要；他掌握满足这种需要的权力，但没有从属于这种权力；相反，处在附属地位的奴隶，出于期望或恐惧，将对主人的需要内化；虽然这种需要对双方都是一样的，却总是有利于压迫者而不利于被压迫者：这就解释了，比如，为什么工人阶级的解放会如此缓慢。然而，女人如果不是男人的奴隶，至少始终是他的附庸；两性从来没有平分过世界；今日仍然如此，虽然女人的状况正在变化，但仍是处于严重不平等的地位。几乎在任何国家里，女人的合法地位与男人不一样，男人往往让女人处于极为不利的处境。即便女人的权利得到抽象的承认，但长期养成的习惯也妨碍这些权利在风俗中获得具体表现。在经济上，男女几乎构成两个阶层；凡事都一样，男人拥有更有利的处境，工资更高，成功的机会比他们新近遇到的女竞争对手更多；男人在实业、政治等等方面占据多得多的位置，正是男人掌握最重要的岗位。他们除了握有具体的权力以外，还拥有这样一种威信，孩子的全部教育都维持着这种威信的传统：现今包含着往昔，过去的全部历史是由男性创造的。当女人开始参与规划世界时，这个世界仍然是属于男人的世界：男人并没有觉察到这一点，而女人也几乎觉察不到。拒绝成为他者，拒绝与男人合谋，对女人来说，就等于放弃与高等阶层联合给她们带来的一切好处。男人—君王在物质上保护女人—忠君者，前者负责保证后者的生存：女人在回避经济上的危险的同时，也回避自由带来的形而上学的危险：这种自由要孤立无援地创造目的。凡是个体都力图确定自身是主体，这是一种伦理上的抱负，事实上，除此之外，人身上还有逃避自由和成为物的意图：这是一条险恶的道路，因为人被动、异化、迷失，就会成为外来意志的牺牲品，与其超越性分离了，被剥夺了一切价值。不过，这是一条容易走的路：这样就避免了本真地承担生存所带来的焦虑和紧张。这样，将女人确定为他者的男人，会发现女人扮演了同谋的角色。这样，女人并不要求成为主体，因为女人没有成为主体的具体办法，因为女人感受到与男人相连的必要联系，而不再提出相互依存，还因为女人往往乐于担当他者的角色。

但随即提出了一个问题：这整部历史是怎样开始的？人们明白，性别的二元论就像一切二元论一样，是由一个冲突体现出来的。人们明白，倘若两者之一成功地确立了优势，这种优势就应该作为绝对优势得到确立。剩下要解释的是，为什么开始是男人取胜。女人似乎本来可以取得胜利，或者斗争会永远得不到解决。这个世界怎么会总是属于男人呢？怎么会仅仅到今日事情才开始改变呢？这种改变是好事吗？它会不会使得男女之间平分世界呢？

这些问题远非新提出来的，人们已经做过不胜枚举的回答，但恰恰女人是他者这个唯一的事实，对男人可能做出的一切辩解提出了异议：显而易见，这些辩解是由他们的利益决定的。不太为人所知的女性主义者普兰·德·拉巴尔在十七世纪说过："但凡男人写女人的东西都是值得怀疑的，因为男人既是法官又是当事人。"在所有地方，在任何时代，男人都炫耀他们感到自己是创造之王的满足心情。犹太男人在他们的晨祷中说："感谢我主和宇宙之主上帝没有让我成为女人。"而他们的妻子忍气吞声地低语："感谢我主按照他的意愿创造了我。"在柏拉图感谢神祇的恩惠中，第一个恩惠是，神祇创造的他是自由人，而不是奴隶，第二个恩惠是，创造了他是个男人，而不是女人。但是，如果男人不将这个特权看做是绝对和永恒地确立的，他们就不能充分地享受它：由于拥有至高无上的地位，男人竭力编制一部法律。普兰·德·拉巴尔还说："那些制订和编纂法律的人，作为男人，使他们的性别有利，法学家又把法律变成准则。”立法者、教士、哲学家、作家、学者，热衷于表明，女人的从属状况是上天安排的，有利于人间。男人炮制的宗教反映了这种统治意愿：他们从夏娃和潘朵拉[①]的传说中，汲取了武器。他们使哲学、神学为他们所用，如同上述亚里士多德、托马斯·阿奎那的句子中所见到的那样。自古以来，讽刺作家和道德学家乐于勾画出女性弱小的图画。众所周知，整部法国文学史对女人提出了多么激烈的指控：蒙泰朗[②]重拾让·德·默恩[③]笔下的传说，虽然没有那么激烈。这种敌对有时看来振振有词，往往是毫无根据的；实际上，这种敌对掩盖了一种多少巧妙地隐藏起来的自我辩解的意愿。蒙田[④]说：“指责一个性别比原谅另一性别更容易。”在某些情况下，这个发展过程十分明显。例如，给人深刻印象的是，当家庭走向衰败，女人要成为男性继承者的威胁时，罗马法为了限制女性权利提醒人注意“女性的愚蠢和脆弱”。令人注目的是，在十六世纪，为了将已婚妇女置于受监督的地位，人们援引圣奥古斯丁[⑤]的权威，宣称“女人是既不坚定又不稳定的畜生”，而单身女人被认为能够管理她的财产。蒙田非常明白落在妇女身上的命运是专横和不公平的：“女人拒绝接受传入人间的法规一点儿也没错，因为这是男人撇开她们制定的。在她们和我们之间，自然

---

① Pandora，希腊神话中的第一个女人，宙斯给她一个盒子，一旦打开这盒子，各种祸害便会散布人间。

② Henry Millon de Montherlant（1896—1972），法国小说家、戏剧家，著有《斗兽者》《少女们》《圣地亚哥的主人》《波尔罗亚尔修道院》等。本书第三部对此作家有详细评论。

③ Jean de Meung（约1235—1280），法国作家，《玫瑰传奇》第二部分的作者，约写了一万八千行。

④ Michel Eyquem de Montaigne（1533—1592），法国人文主义者，著有《随笔集》等。

⑤ Saint Angustin（354—430），非洲主教、神学家，著有《忏悔录》等。

存在阴谋和不公”，但是他没有发展到成为她们的捍卫者。直到十八世纪，极为主张民主的男人才客观地考虑问题。其中，狄德罗竭力表明，女人同男人一样都是人。稍后，斯图亚特·穆勒[1]热情地捍卫妇女。这些哲学家异乎寻常地不偏不倚。十九世纪，关于女性主义的争论重新带有偏见；工业革命的后果之一，是女性参加生产劳动：当时，女性主义的要求在理论领域产生，女人找到了经济基础；其对手因此变得特别咄咄逼人；虽然土地所有制部分失势，但是资产阶级抓住一种古老的道德，这种道德视家庭的牢固结合为私有制的保证：由于女性的解放变成真正的威胁，它便更为严厉地要求女性待在家中；在工人阶级内部，男人力图阻止这种解放，因为在他们看来，女人是危险的竞争对手，尤其因为她们习惯于拿低工资干活[2]。为了证明女人低人一等，反女性主义者于是像不久以前那样，不仅求助于宗教、哲学、神学，而且求助于科学，如生物学、实验心理学等等。他们至多同意给予另一性别“有差别的平等”。这种很有市场的说法是很能说明问题的：这正是 Jim Crow[3]法规对美国黑人所运用的说法；然而，这种所谓平等的隔离法只用来引进最极端的种族歧视。这丝毫不是出于偶合：无论关系到的是被迫处于低层的种族、阶层、阶级，还是性别，辩解的过程都是一样的。“永恒的女性”，就是“黑人灵魂”和“犹太人性格”的对等物。犹太人问题在总体上截然不同于其他两个问题：对反犹主义者来说，犹太人与其说是低等民族，不如说是敌人，他们不承认犹太人在这个世界上有任何属于他们的位置；更确切地说，是想消灭

---

① Stuart Mill（1806—1873），英国哲学家、经济学家，著有《政治经济学原理》《自由》《论女人的屈辱》等。

② 参阅第二部第 169 页。——原注

③ 英文，种族隔离。

他们。可是，在女人的处境和黑人的处境之间有着极大的相似：两者今日都从相同的家长统治中解放出来，不久以前还是主宰者的阶层，企图把他们保持在“原来的位置”，就是说保持在它为他们选择的位置；在这两种情况下，这个阶层对头脑不清的、幼稚的、笑容满面的“好黑人”，对逆来顺受的黑人，以及对“真正是女人”的女人，也就是肤浅的、幼稚的、轻率的女人，屈从于男人的女人的品德，散布或多或少真诚的赞美。在这两种情况下，这个阶层以它制造的事实状态为论据。大家知道萧伯纳[①]的这句俏皮话：“美国白种人大体上把黑人降低到擦皮鞋的一类人中，由此可以得出，黑人只能擦皮鞋。”可以在各种各样相似的情况中找到这种恶性循环：当一个个体或者一群个体被控制在低人一等的处境中，事实是他或他们就是低人一等的；但是必须理解就是这个词的含义；从自欺出发，会给它实质的含义，而它有着黑格尔式的鲜活意义：就是即变成，也即成为显现出来那样；是的，大体上，女人今日就是低男人一等，换句话说，她们的处境给她们展现的可能性很小：问题在于要知道这种状态是否应该持续不变。

许多男人希望这样，并非所有人都放下了武器。保守的资产阶级继续在妇女解放中看到威胁其道德和利益的危险。某些男人害怕女性的竞争。在《拉丁周刊》中，一个大学生最近宣称：“凡是要选择医生或律师职业的女大学生，都窃取了我们的一个位置”；这个大学生并没有对他在这个世界上的权利提出质疑。不仅仅经济利益在起作用。压迫者实行压榨，取得的利益之一是，他们之中最平庸的人也感到自己高人一等：美国南方一个“贫穷的白人”会欣慰

① George Bernard Shaw（1856—1950），英国戏剧家，著有《华伦夫人的职业》《巴巴拉少校》等。

地想，他不是一个“肮脏的黑人”；更富有的白人巧妙地利用这种自豪感。同样，最平庸的男性面对女人也自以为是半神。蒙泰朗先生在同女人（自然是处心积虑地选择的女人）接触时，比起在男人中间要扮演男人角色，更容易自认为是一个英雄，而其实许多女人比他更出色地履行这个角色。正因此，一九四八年九月，克洛德·莫里亚克[1]——人人都赞赏他的独具一格——在《费加罗文学周刊》上发表的一篇文章中，关于女人竟能[2]这样写道：“我们以彬彬有礼的、无动于衷的口吻（原文如此！）倾听……她们之中最光辉夺目的人说话，深知她的头脑以或多或少出色的方式反映来自我们的思想。”由于女发言者并不了解克洛德·莫里亚克先生的任何思想，显然，她反映的不是他个人的思想；她反映来自男人的思想，这是可能的：甚至在男人中间，也有不止一人把不是自己创造的见解当做自己的见解；人们会想，克洛德·莫里亚克先生是不是没有兴趣谈论笛卡儿[3]、马克思、纪德[4]的好想法，而是更喜欢同自己交谈；令人注目的是，通过我们一词的模糊含义，他和圣保罗[5]、黑格尔、列宁、尼采并列，他从他们的崇高地位出发，轻蔑地俯视这群女人，她们竟敢跟他平等地对话；说实话，我知道不止一个女人不会耐心给予莫里亚克先生“彬彬有礼的、无动于衷的口吻”。

我之所以强调这个例子，是因为其中表现出来的男人的天真令

① Claude Mauriac（1914—1996），法国评论家、小说家，著有《普鲁斯特自评》《现代反文学》等。

② 或者至少他认为有能力。——原注

③ René Descartes（1596—1650），法国数学家、科学家、哲学家，唯理论的倡导者，著有《方法论》等。

④ André Gide（1869—1951），法国作家，著有《窄门》《梵蒂冈地窖》《田园交响曲》《伪币制造者》等。

⑤ Saint Paul（约5—62），基督教使徒。

人无法生气。还有其他许多更妙的方式，男人以此利用女人的他性。对于那些忍受着自卑情结的人来说，这里有一种具有奇效的涂擦剂：没有什么比一个要表现男子气概的男人对待女人时更狂妄、更咄咄逼人、更目空一切的了。那些不被同类气焰压倒的人，反倒更乐意把女人看作同类；甚至对这些人来说，女人的神话、他者的神话，出于许多理由是值得重视的[①]；人们不会责备他们不肯自愿放弃从女人神话中得到的所有好处：他们知道放弃自己所梦想的女人会失去什么，他们不知道明天出现的女人会带给他们什么。必须克己忘我才能拒绝把自己确立为唯一的和绝对的主体。再说，绝大多数男人都不能明确地接受这种想法。他们不把女人确立为低一等：今日他们头脑里过分渗进民主思想，以至不会不承认所有人都是平等的。在家庭内部，在孩子和年轻男人看来，女人具有同成年男子一样的社会尊严；随后，男人在欲望和爱情中感受到自己所爱的女人的反抗和独立精神；结婚后，男人尊重他的女人是妻子、母亲，而在夫妇生活的具体体验中，她面对他作为一种自由确立。于是他说服自己，在两性之间再也没有社会等级，尽管有差别，女人大体是一个平等的人。但是，由于他察觉到某些劣势——其中最重要的是工作能力稍逊一筹——他视之为天性使然。当他对女人采取合作和善待的态度时，他看重的是抽象平等的原则；至于他察觉到的具体的能力不相等，他没有提出来。但一旦他同她发生冲突，处境就翻转过来了：他会看重具体的能力不相等，甚至放纵自己去否

① 米歇尔·卡鲁日发表在《南方手册》第 292 期上关于这个问题的文章是意义深远的。他愤怒地写道：“人们一点不希望有女人的神话，而是希望只有一群厨娘、接生婆、妓女、女才子，她们的作用是给人取乐或者能派用场！”就是说，据他看来，女人没有自为的存在；他只在男性的世界中看到女人的职责。女人的目的在男人身上；于是，实际上，可以更看重女人的诗意“作用”，而不是其他作用。问题正在于要知道为什么要相对男人而言来界定女人的作用。——原注

认抽象的平等[1]。正因此，许多男人几乎真诚地断言，女人同男人是平等的，她们没有什么可要求的，同时又说，女人永远不会同男人一样，她们的要求是没有意义的。这是因为男人很难衡量社会歧视的极大分量，从表面看来，社会歧视微不足道，其伦理、智力的反响在女人身上极为深远，以至社会歧视的根源仿佛在原初的自然状态中[2]。对女人最有同情心的男人，却根本不了解女人的具体处境。因此，当男人尽力捍卫特权——他们甚至衡量不出这些特权有多大时，是没有必要相信男人的。因而我们不会被男人对女人发动攻击的次数和激烈程度所吓倒；也不会被给予“真正的女性”的有利害关系的赞美所迷惑；也不会被女人的命运在男人身上激起的热情所征服，其实这些男人根本不想同女人共命运。

然而，我们仍然应该怀疑女性主义者的论断：出于论战需要，人们往往把它们的价值一扫而光。“妇女问题”的争论之所以如此被人视为废话连篇，是因为男性出于狂妄，把它变成一场“争吵”；争吵时是不再讲理的。人们坚持不懈地力求证明的是，女人究竟高于、低于男人，还是与男人一样：女人在亚当之后被创造出来，显然是次等的人，有些人这样说；正相反，另外一些人说，亚当只是一个泥团，上帝创造出夏娃以后，才完美地创造出人类；亚当的脑袋较小，但他身材相对更高；耶稣让自己成为男人，这也许是出于谦卑。每个论据立即招来反驳的意见，往往两种论据都失之偏颇。如果试图明察秋毫，那就必须摆脱这些尺篗；必须拒绝高等、低等、相等这些模糊的概念，这些概念搅乱了所有的讨论，必

① 譬如，男人声称他丝毫没有因为妻子没有职业而感到她地位降低：家务事同样崇高，等等。然而，在第一次争吵时，他就喊道：“没有我，你就无法生活。”——原注

② 描绘这个过程将是《第二性 II》的内容。——原注

须重新开始探讨。

那么，我们怎样提出问题呢？首先，我们以什么身份提出问题？男人是法官和当事人，女人也是。哪儿能找到天使？实际上，天使并不能胜任，天使并不知道这个问题的各种论据；至于阴阳人，这是非常特殊的个案：这种人并非雌雄同体，更确切地说，既不是男人，也不是女人。我相信，要廓清女性的处境，仍然是某些女人更合适。企图将埃庇米尼得斯[①]封闭在克里特人的概念里，又把克里特人封闭在说谎者的概念里，那是一种诡辩：促使男人和女人要真诚或者自欺的不是一种神秘的本质；是他们的处境多少促使他们去寻找真理。今日，许多女人有机会为自己恢复人类的一切特权，能够让自己显得不偏不倚：我们甚至感到这种需要。我们不再像比我们年长的女斗士；大体上我们是获胜了；在最近关于女性地位的讨论中，联合国从未停止过迫切要求性别平等最终实现，我们当中的许多人已经不必要感到女性身份是一种困惑或者障碍；许多问题对我们而言，显得比跟我们切身有关的问题更为本质：这种超脱本身使我们期待，我们的态度将变得客观。但我们比男人更深入了解女性世界，因为我们扎根其中；我们能更直接把握，作为女人的事实对人类来说意味着什么；我们更加关切地要知道这一点。我说过，有更为本质的问题；这并不妨碍在我们看来这个问题保留一定重要性：成为女人的事实会影响我们的生活吗？准确地说，这给予我们什么机会？又拒绝给我们什么机会？什么样的命运等待着我们的妹妹们呢？必须引导她们朝什么方向走呢？引人瞩目的是，今日整个女性文学远远不是受到要求权利的意愿的激励，而是受到获

---

① Epimenides，克里特的祭司、先知和诗人，约生活在公元前六世纪。传说他幼年时，父亲让他到山上找羊，中午太阳晒得火热，他躲到一个山洞里睡觉，一觉睡了五十七年。

得辨明是非的努力的激励；本书写作处于混乱笔战时代的结束时刻，其中一个意图就是加以总结。

但是，毫无疑问，没有一定之见是不可能谈论任何人类问题的：提出问题的方式本身，所采纳的角度，已经设定了关注问题的级别；凡是优点都包含着价值；所谓客观的描述，不会不突现于一个伦理学的背景上。我们不会力图掩藏原则，多少总要明显地暗示出来，不如最好还是首先提出这些原则；这样，我们不必在每一页定义每个词是什么意思：高等的、低等的、更好的、更差的、进步、退步，等等。如果我们查阅一下某些研究女性的著作，我们就会看到，最常采用的观点之一，就是公益、普遍利益的观点：实际上，人人都是将这些概念理解为社会的利益，就像希望保持它或者安排好它。而我们认为，除了保证公民的私有财产以外，没有其他公益；我们正是从给予个体具体机会的观点来评判制度。但是我们也不混淆私人利益的概念与幸福的概念，这正是人们常常遇到的另一个观点；闺房中的女人难道不比一个女选民更幸福吗？家庭主妇难道不比一个女工更幸福吗？幸福一词的涵义还不太清楚，更不清楚的是它包含哪些真正的价值；绝不可能衡量他人的幸福，而且宣称别人强加于他的处境是幸福的，这总是很容易的事：特别是那些被束缚于困境中的人，有人以幸福是静止不动为借口认为他们是幸福的。我们不会参照这种概念。我们采用的观点是存在主义的道德观。一切主体都是通过计划，作为超越性具体地确立自己的；它只有通过不断地超越，朝向其他自由，才能实现自由；除了向无限开放的未来扩张，没有其他为当下存在辩解的方法。每当超越性重新回到内在性，存在会贬抑为"自在"、自由贬抑为人为性；如果这种堕落为主体所赞同，那么它就是一种道德错误；如果它是被强加的，它就会采取侵占和压迫的形象；在这两种情况下，它都是绝对的恶。凡是处心积虑要为自身存在辩解的人，都感到他的存在是一种自我超越的不确定需要。然而，以特殊的方式去界定女性处境的是，她作为整体的人，作为一种自主的自由，是在男人逼迫她自认为他者的世界中展露自己和自我选择的：人们企图把她凝固为客体，把她推至内在性，因为她的超越性不断被另一种本质的和主宰的意识所超越。女人的悲剧，就是这两者之间的冲突：总是作为本质确立自我的主体的基本要求与将她构成非本质的处境的要求。一个人在女性的条件下怎样才能自我实现呢？向她打开的是什么样的道路呢？什么样的道路会导致死胡同呢？怎样在附庸的状态中重新获得独立呢？什么状况限制了女性的自由呢？她能超越这些状况吗？这就是我们想澄清的主要问题。就是说，我们对个体的机遇感兴趣，将不用幸福这个词，而是用自由这个词去界定这些机遇。

毋庸置疑，如果我们假设，有种生理、心理或经济的命运压在女人身上，这个问题就会毫无意义。因此，我们将从讨论生物学、精神分析学、历史唯物主义关于女人的观点开始。随后我们将力图从正面指出，“女性实在”是怎样形成的，为什么女人被界定为他者，按男人的观点，其后果是怎样的。我们将按女人的观点描绘她们固有的世界[1]，这样我们才能明白，女人竭力摆脱至今给她们划定的范围，尽力参与到人类的共在中遇到怎样的问题。

---

① 这是《第二性 II》的内容。——原注

第一部　命运

第一章　生物学论据

女人吗？这很简单，喜欢简化公式的人这样说：女人是一个子宫、一个卵巢；她是雌的：这个词足以界定她。在男人嘴里，形容词“雌的”像侮辱一样震响；然而，他对自己的动物性并不感到羞耻，相反，如果有人谈到他时说：“这是雄性！”他会很骄傲。“雌的”一词是贬义的，并非因为它把女人植根于自然中，而是因为它把女人禁锢在她的性别中；如果男人觉得这性别是可鄙的，甚至在无辜的动物身上也是有敌意的，显然是由于女人在男人身上引起不安和敌意；可是，男人想在生物学中为这种感觉找到辩解。“雌的”这个词在男人身上产生纷至沓来的意象：一个巨大的圆形卵子突然咬住和阉割灵活的精子；可怕的白蚁蚁后，给填得饱饱的，统治着受奴役的雄性；雌螳螂、发情期的雌蜘蛛要嚼碎其同伴，吞吃掉；发情的母狗在小巷中奔跑，身后留下反常气味的轨迹；雌猴无耻地展露自己，怀着伪善的献媚躲在一边；那些最健美的雌性猛兽，母虎、牝狮、雌豹，在雄兽威严的挤压下柔顺地躺着。无生气的、不耐烦的、狡猾的、愚蠢的、不敏感的、淫荡的、凶狠的、卑下的，男人把一切雌性动物同时投射到女人身上。事实是，女人是雌的。但是，如果考虑这个问题时不再老生常谈，那么有两个问题立马摆在面前：在动物界，雌性代表着什么？在女人身上，表现的是何种特殊类型的雌性？

雄性和雌性是一个物种中出于繁殖目的彼此相异的两类个体，人们只能相应地界定它们。不过，首先必须指出，两性的物种分科意义本身并不明晰。

在自然界中，分科没有普遍实现。仅以动物来说，众所周知，单细胞生物，如纤毛虫、变形虫、杆菌等，其繁殖与有性生殖完全不同，细胞靠自身分裂和再分裂进行繁殖。某些后生动物是通过裂配生殖，就是说分段进行繁殖的，这种个体其起源也是无性的，或者是通过芽生的，就是说，个体分段繁殖是通过无性生殖现象自动产生的：在淡水水螅、腔肠动物、海绵动物、蠕虫、被囊动物那里观察到的芽生和分裂现象，都是非常有名的例子。在单性生殖的现象中，卵细胞是在没有雄性的参与下在胚胎中发育的，雄性不起任何作用，或者仅仅起次要作用：蜜蜂没有受精的卵子自动分裂，产生雄蜂；如果蚜虫有好几代缺乏雄性，没有受精的卵子产生雌性。人们用海胆、海星、蟾蜍进行人工无性生殖。但是，原生动物会出现两个细胞融合，形成所谓的合子；蜜蜂的卵子要产生雌性、蚜虫的卵子要产生雄性，则必须受精。某些生物学家得出结论，即使在能够单方面延续的物种中，通过外来染色体的杂交再生种质①，对后代的更新和注入活力仍大有裨益；因此，人们明白，在生命最复杂的形式中，性起着不可或缺

① germ plasm，根据德国生物学家魏斯曼（August Weismann，1834—1914）的理论，种质为载有遗传性状的种细胞（性细胞）及其前体。按现代观念，与脱氧核糖核酸（DNA）相等同。后文提到的本质（soma）指动植物体内除生殖细胞外的所有生命活动的物质。

的作用；唯有最初级的机体才会无性繁殖，而且这样还会穷尽其生命力。但这个假设今日被看做属于伪科学；观察证明，无性繁殖可以没完没了地进行，而不会发生任何退化；在杆菌中观察到的事实令人印象特别深刻；单性生殖的实验越来越多，越来越大胆，许多物种的雄性看来根本是无用的。再者，即使细胞间的交换被证明是有用的，但这种有用本身却显得像是无根据的纯粹事实。生物学注意到性别的划分，但即使它有目的性，还是既不能从细胞的结构中、不能从细胞繁殖的规律中，也不能从任何基本现象中得出这种划分的原因。

异质的配子[①]的存在不足以界定两性；事实上，往往会发生这样的情况：生殖细胞的分化并不导致物种分裂成两种类型，生殖细胞分成的两者可以属于同一个体。这是雌雄同体物种的情况，雌雄同体在植物中非常多，在大量低等动物中也可以遇到，其中有环节动物和软体动物。繁殖要么是通过自体受精进行，要么通过异体受精进行。关于这一点，有些生物学家仍然认为现有的分类是合理的。他们把雌雄异体，也就是不同的生殖腺[②]属于不同个体的系统，看作雌雄同体通过进化实现的较完善的形态；但相反，另外一些生物学家把雌雄异体看做原始形态，雌雄同体则是其进化。无论如何，一个系统高于另一系统的概念，牵涉到进化论，便导致最不可靠的理论。能够信心十足地断定的是，这两种繁殖方式在自然界中共存，两者实现了物种的延续，就像配子的异质性一样，有生殖腺的机体的异质性也像是偶然的。因此，个体分成雌雄两性，表现为不可变更的、偶然的事实。

① 人们把融合以后构成受精卵的生殖细胞称为配子。——原注
② 人们把产生配子的腺称为生殖腺。——原注

大部分哲学把分成雌雄两性看成既定，却不想加以解释。人们知道柏拉图学派的哲学比喻：开始，有男人、女人和两性人；每个个体有两张脸、四条手臂、四条腿和相连的两个身躯；有一天，他们分裂成两个人，“就像切开一只蛋一样”，自此以后，每一半都竭力找到互补的另一半：天神随后决定，新的人类将由这不同的两半交配后产生。但是，这个故事只是力图解释爱情：性别的区分首先被看做既定事实。亚里士多德没有对此做更多的阐述：因为，如果说一切行为都要求内容和形式的配合，那么将积极的和被动的本原用于两种异性的个体则是没有必要的。因此，托马斯·阿奎那宣称，女人是一个“偶然出现的”人，这是从男性的观点提出性别偶然产生的特点。如果黑格尔力图从逻辑上建立性别论，那么他就不忠实于自己的理性迷狂说。据他看来，性别代表一种中介，通过它，主体作为类属，具体地得到实现。“类属在其中像结果一样产生，以抗拒其个体实在性的不相称，又像这样一种欲望，即通过与其物种的另一个体相结合，在这另一个体中重新找到自我感觉，并由此将类属包裹在其本质中，将类属引导到存在。这就是交配。”（《自然哲学》第三篇，§369）下文又说：“过程就在于此，即：他们处于自在的东西，就是唯一的类属，唯一的和同一的主体生命，他们也如实地提了出来。”随后，黑格尔宣称，为了实现这个接近的过程，首先必须有两性的区别。但是他的证明并不令人信服：人们感到其中有过多条条框框要在整个过程中寻找三段论的三个项。个体和物种通过个体对物种的超越，在它们的真实性中得到实现，没有第三项也可以在生殖者与孩子的简单关系中进行：繁殖可以是无性的。或者，这两者的关系可以是两个同类的关系，差异在于同类个体的特殊性，就像在雌雄同体生物中常见的那样。黑格尔的描绘得出性别的一个十分重要的意义，但他的错误总是在于将意义当作理由。男人正是在性活动中确定两性和两性之间的关系，正如他们在完成一切职责中创造其意义和价值，但是性不一定包含在人的本质中。在《感知现象学》里，梅洛-庞蒂[①]指出，人的存在迫使我们修正必然性和偶然性的概念。他说："存在没有偶然的属性，没有能有助赋予它形式的内容，它不接受自身具有纯粹事实，因为它是运动，事实通过这运动得以承受。"这很正确。但是，同样正确的是，没有某些条件，存在的事实本身也显得像是不可能。在世上的在场，势必牵涉到一个身体的位置：它既是世界的一个事物，又是对这个世界的一个观点，但这个身体不一定非要具有这样或那样的特殊结构。在《存在与虚无》中，萨特讨论了海德格尔[②]的论断，海德格尔认为，人的实在性，由于它的有限，注定了死亡；他确认，已结束的和暂时不受限制的存在是可以想象的；然而，如果死亡不占据人生，人与世界以及与自身的关系就会彻底被推翻，以至"人总是要死的"这个定义就不是一个经验真理，而表现为别的东西：一个生存者如果是不朽的，就不再是我们所说的人。他的命运的本质特点之一，是他的暂时生命之运动，在他之后和在他之前创造出过去和将来的无限性：物种的延续于是就关系到个体的局限；因此，可以将繁殖现象看作建立在本体论之上。但是，必须到此为止；物种的延续不带来性别的区分。性别区分要由生存者来承担，以至反过来这种区分进入存在的具体定义中，这是不错的。一个没有身体的意识，一个不朽的人，毕竟是不可想象的，但能想象一个社会通过无性生殖来繁殖，或者由雌雄

① Maurice Merleau-Ponty（1908—1961），法国哲学家，发展了德国哲学家胡塞尔的理论，著有《行为的结构》《感知现象学》《辩证法的历险》《符号》等。
② Martin Heidegger（1889—1976），德国哲学家，胡塞尔的门徒，著有《存在与时间》《康德和形而上问题》《真理的本质》《论人道主义的信》《形而上导论》等。

同体的生物来组成。

至于两性的各自作用，这一方面众说纷纭；这些说法首先缺乏任何科学根据，它们仅仅反映了社会传说。人们长期认为，至今仍然认为，在某些母系原始社会，父亲与受孕绝对没有关系：祖先的亡灵以活萌芽形式潜入到母体中。在父系制到来时，男性坚决要求传宗接代；人们不得不仍然在生育中给予母亲一个位置，但人们认为，她只不过携带和孕育活的种子：唯有父亲才是创造者。亚里士多德设想，胎儿是通过精液和月经相遇而产生的：在这种共生之中，女人仅仅提供被动的物质，男性的本原才是力量、主动性、运动、生命。这也是希波克拉底①的理论，他承认有两种体液，一种是弱的或者说雌的，还有一种是强的，即雄性的。亚里士多德的理论在整个中世纪得到延续，直到现代。十七世纪末，哈维②在母鹿交配后不久即宰杀它们，在子宫的角质中找到一些水泡，他以为是卵子，其实是胚胎。丹麦人斯蒂诺③命名雌性生殖腺为卵巢，之前人们称之为“女性睾丸”，他还注意到在卵巢上面存在一些水泡，格拉夫④在一六七七年错误地将之与卵子等同起来，以自己的名字来命名。人们继续将卵巢看作雄性生殖腺的同类物。同一年，发现了“精子微生物”，并了解到它们渗入雌性动物的子宫；但是人们以为，它们不断在里面吸取养料，并且个体在它们之中早就成形；荷兰人哈特萨克在一六九四年描画了隐藏在精子里的小精灵的形象，一六九九年，另外一个学者宣称，他看到了精子脱落一种壳，从中出现了一个小人，他也描画出这个小人。女人被局限于这些假

① Hippocrates（约前460—前377），古希腊医生，已会做外科手术。
② William Harvey（1578—1657），英国医生，从事解剖与外科，研究过胚胎的形成。
③ Niels Stensen（1638—1686），丹麦解剖学家和地质学家，创立了地层学。
④ Reinier de Graaf（1641—1673），荷兰医生，做哺乳类动物生殖研究。

设，培育一种活生生的、主动的、已经完美形成的本原。这些理论没有被普遍接受，讨论一直继续到十九世纪；只有发明了显微镜，才能够研究动物的卵子；一八二七年，贝尔[①]辨认出哺乳类动物的卵子：这是包含在格拉夫氏泡中的一部分；不久，可以分割开来研究；一八三五年，发现了肌粒，也就是说原生质，然后是细胞；一八七七年，观察到精子进入海星卵子内；从这时起，建立了两个配子的细胞核对称之说；一八八三年，一个比利时动物学家第一次分析了它们结合的细节。

但是，亚里士多德的观点并没有完全失去影响。黑格尔认为，两性应该不同：一个是主动的，另一个是被动的，当然，被动性是属于雌性的。“因此，男人由于这种区别成为主动的本原，而女人是被动的本原，因为她处于未发展的统一体中。”[②]甚至即使卵子被确认为是积极的本原，男人仍然力图将其无活力与精子的活跃相对照。今日，出现了一种相反的倾向：单性生殖的发现使某些学者将雄性的作用约减为单纯的物理—化学作用。在某些物种中显示，某种酸的作用或者机械的刺激，足以促使卵子分裂和胚胎发育；由此出发，人们大胆地假设，雄性配子对繁殖不是必不可少的，它最多只是一个因素；也许男人在生殖中的作用有朝一日会消失：看来这正是一大批女人的愿望。可是，没有什么能使这样大胆的预测成为现实，因为没有什么能允许生命产生的特定过程普遍化。无性生殖和单性生殖的现象，和有性生殖现象同样基本。我们说过，有性生殖现象不是先验地更优选的，但没有任何事实表明，有性生殖要降低到更初级的机制。

---

① Karl Ernst von Baer（1792—1876），德裔俄国解剖学家和胚胎学家，对卵子有深入研究。

② 黑格尔《自然哲学》第三篇，§369。——原注

因此，我们否认一切先验的理论、一切冒险的理论，同时面对这样的事实：人们既不能提供这个事实的本体论的根据，也不能提供经验论的解释，人们无法先验地明白这个事实的影响。正是在具体的现实中去观察它，我们才能期待得出它的意义："雌性"一词的内涵也许才会显示出来。

我们并不打算在这里提出一种生命哲学，也不想匆忙地参与到目的论和机械论的争论中。然而，值得注意的是，所有生理学家和生物学家都运用多少有点目的论的语言，依据的唯一事实是，他们给予生命现象某种意义，我们接受他们的词汇。在涉及到生命和意识之间的关系时，虽然什么也没有论定，但可以说，一切有生命的事实都表明一种超越性，计划在一切功能中孕育壮大：我们的描绘也不再需要暗示什么了。

在大多数物种中，雌性和雄性的机体进行合作是为了繁殖。它们基本上是由它们产生的配子确定的。在某些藻类和某些菌类中，那些融合起来以产生受精卵的细胞是相同的；这些同配生殖的例子，显现出两者提供的配子基础相同，是能说明问题的；一般来说，配子是不同的，它们相同则很令人注目。精子和卵子是由原始阶段相同的细胞发展而来的：卵原细胞发展成卵母细胞，在原生质层面上区别于精子的形成，但是细胞核中发生的现象明显是相同的。生物学家安塞尔[①]在一九〇三年发表的观点，至今仍然被认为是有效的："一个未分化的原生殖细胞，会根据它出现时在生殖腺内遇到的环境，变成雄性或雌性；这些环境由一定数量的上皮细胞变成提供营养的成分，即特殊物质的制造者而加以调节。"这种起

① Paul Ancel（1873—1961），法国生物学家，研究畸胎的性内分泌学。

源时的亲属关系，通过两个配子的结构来表现，在每一个物种内，这两个配子承载着同样数量的染色体；在繁殖时，两个细胞核混合它们的物质，每一个细胞核的染色体减少到原来的一半：这种减少以相同方式发生在两个细胞核中；卵子的最后两次分裂形成极体，相当于精子的最后几次分裂。今日，人们认为，不同的物种中，决定性别的是雄性或雌性的配子：哺乳类动物的精子具有一个与其他精子异质的染色体，这染色体有时呈现为雄性，有时呈现为雌性。至于遗传特征的传递，根据孟德尔[①]的统计学法则，可以通过父亲也可以通过母亲进行。重要的是要指出，在相遇时配子中的任何一个对另一个都没有特权：两者都要牺牲它们的个性，卵子吸收了它们的全部物质。有两种十分流行的偏见——至少在基础生物学的水平上——其实是错误的：第一种是雌性的被动性，在这两个配子的任何一个中，都不包含活跃的闪光，它们相遇时这闪光才显现出来；卵子的细胞核是同精子的细胞核极其对称的生命本原。第二种偏见反驳第一种偏见，这并不妨碍它们往往能共处，这是因为物种的延续是由雌性保证的，雄性本原一触即发，存在时间短暂。实际上，胚胎延续父亲的种质，同延续母亲的种质一样，并将父母的种质一起传送给后代，有时是雄性形式，有时是雌性形式。可以说这是雌雄同序的种质，代代相传，在体质的个体变化中存在下去。

至此，卵子和精子之间，可以观察到令人感兴趣的次等的差异现象。卵子本质上的特殊性在于，卵子充满了用于供养和保护胚胎的物质；它积累了营养储备，胎儿用来建造它的组织，这不是活生生的实质，而是不活动的物质；因此，卵子呈现出实心的、球体的或者椭圆形的形式，而且相对来说体积很大；人们知道鸟蛋达到多

---

① Gregor Mendel（1822—1884），奥地利植物学家，创立遗传学。

大的体积；女人的卵子直径0.13毫米；而在男人的精液中，每立方毫米有六万个精子：精子的个体极小，有一条丝状的尾巴，一个小小的狭长的头，没有任何异质加重它，它整个是生命；这样的结构使它异常灵动；相反，胎儿的未来储存在卵子中，是固定的成分：卵子封闭在女性机体中，或者悬挂在外面，被动地等待受精；是雄性配子去寻找它；精子总是赤裸裸的细胞，而卵子根据物种不同受到或者不受薄膜保护；无论如何，一旦精子同卵子接触，就挤撞卵子，摇晃它，并潜入卵子中：雄性配子失去它的尾巴，它的头胀大了，迂回地到达细胞核，卵子随即形成一层薄膜，将自己与其他精子隔开。棘皮动物是在体外受精的，在它们身上可以很容易观察到，在不活动地漂浮的卵子周围，成光晕状围在卵子四周蓄势待发的精子蜂拥而上。这种竞争也是一个重要现象，在大多数物种中都可以看到；精子比卵子小得多，一般说来，数量多得多，每个卵子有许多追求者。

因此，卵子的细胞核，即其本原是主动的，卵子的被动性只在表面上；它自我封闭、自身供给营养的实体，令人想到茫茫黑夜和休养生息：古人正是把封闭世界和不透明的原子想象成球状的；卵子一动不动地等待着；相反，精子是开放的，细小的，灵活的，显现出存在的不耐烦和不安。不应该流连于这种比喻的乐趣：有时人们把卵子看做是内在性，而把精子看做是超越性；精子正是放弃了超越性和灵活性，潜入雌性的成分中：它被不活动的实体抓住和去势，后者割断了它的尾巴，吸收了它；这是魔术般的令人不安的行动，就像一切被动的行动一样；而雄性配子的主动性是理性的，就时间和空间而言，这是可以测量的活动。实际上，这几乎只是乱说一气。雄性和雌性配子一起融合在卵子中；它们一起在整体中互相消灭。这样认为是错误的：卵子贪婪地吸收了雄性配子；这样说也是错误的：雄性配子胜利地将雌细胞的储存归并于自身，因为在混合的行动中，彼此的个性丧失了。毫无疑问，在机械论看来，这个活动尤其像理性现象；但对现代物理学来说，这种观点同远距作用的观点一样不明晰；再说，人们不知道完成受精的物理—化学活动的细节。但从这个接触中可以得到有价值的迹象。在生命中有着互相结合的两个动作；生命只有超越自身才能得到维持，只有在得到维持的条件下生命才能超越自身；这两个时刻总是一起完成的，企图分开它们是空想：有时是这一个，有时是另一个占据主导地位。两个配子在结合中同时超越自身和延续自身，但卵子的结构本身预见了未来的需要，它的构成得以供养在它内部唤醒的生命；相反，精子绝对没有配备齐全，足以保证被它激发生长的萌芽的发展。反过来，卵子不能产生引起生命新爆发的变化，精子却能移动。没有卵子的预见，精子的行动会是徒劳的；而没有精子的主动性，卵子也实现不了它孕育生命的可能性。因此，我们可以下结论，从根本上来说，两个配子的作用是一致的；它们一起创造一个有生命的存在，两者消失其中，又超越自身。在制约繁殖的次要和表面的现象中，正是通过雄性因素，新生命的诞生所必需的处境多样性才能起作用；正是通过雌性因素，这种诞生才凝聚在一个稳定的机体中。

从这样的论述得出女人的位置是在家庭里的结论未免太大胆了，但确实有大胆的人。阿尔弗雷德·富耶[①] 在《气质和性格》一书中，企图从卵子出发给女人整体做界定，而从精子出发给男人做界定；许多所谓深刻的理论建立在这种可疑的玩弄类比上。人们不太清楚这些虚假概念参考何种自然哲学。按照遗传法则来看，男人

① Alfred Fouillé (1838—1912)，法国哲学家，著有《思想—力量的进化主义》《思想—力量的心理学》《思想—力量的伦理学》等。

和女人同样来自一个精子和一个卵子。我设想，更确切地说，在这些人朦胧不清的头脑中，飘浮着中世纪古老哲学的残余，根据这种哲学，宇宙是一个微观世界的准确反映：人们想象，卵子是一个雌性的小精灵，女人是一个巨大的卵子。从炼金术的时代以来被抛弃的这些梦想，与同时形成的具有科学准确性的描绘构成古怪的对照：现代生物学难以与中世纪的象征说法相调和；但我们有些人没有进行精确的观察。如果审慎一些，就能认识到：从卵子到女人，有一段漫长的道路。在卵子中，雌性的概念还没有包含在内。黑格尔正确地指出，两性关系不应归结于两个配子的关系。因此，我们必须研究雌性的整个机体。

有人已经说过，在很多植物和某些低等动物，例如软体动物中，配子的特殊性并不导致个体的特殊性，它们每一个同时产生卵子和精子。即使两性分离，两性之间也不存在隔绝的界限，就像将物种分隔开来的界限；与配子是通过同质的原始组织被界定的一样，雄性和雌性更确切地说就像是同一个基础上的变种。在有些动物身上——最典型的例子是后螠——胚胎先是无性的，它的发育的偶然性随后才决定它的性别。今日人们承认，在大多数物种中，性别由卵子的基因结构决定。通过单性生殖繁殖的蜜蜂未受精的卵子，只会产生雄性；在同样条件下获得的蚜虫卵子，只会产生雌性。当卵子受精时，值得注意的是——也许除了某些蜘蛛——出生的雌雄个体的数量明显相等；性别区分来自两种配子之一的异质：在哺乳动物中，精子要么具有一种雄性可能性，要么具有雌性可能性；人们不太清楚，精子形成或卵子形成过程中，是什么决定异质配子的特殊性；无论如何，孟德尔的统计学法则足以解释这种雌雄有规则的分配。对两性而言，开始的授精过程和胚胎发育是以同样方式进行的；后来发育成生殖腺的上皮组织开始是未分化的；睾丸是在成熟的一定阶段形成的，而卵巢是在更晚阶段成形的。这就解释了在雌雄同体和雌雄异体之间，存在大量的中间类型；往往两性之一具有互补性别的某些特殊性器官：最惊人的例子是蟾蜍；人们观察到在雄性蟾蜍身上有一个萎缩的卵巢，名叫“比德器官”，人们可以用人工方法使其产生卵子。在哺乳动物身上，还有这种性的双重能力的残余：带根的和无根的水生物、雄性化的子宫、雄性身上的乳腺和雌性身上的“加特纳管”①、阴蒂。即使在性别区分最明显的物种中，也有雄性和雌性集于一身的个体：在动物和人身上，雌雄间性的情况是很多的；在蝴蝶、甲壳动物中，可以看到雌雄嵌性的例子，雄性和雌性特征排列成镶嵌画似的。这是由于基因型一旦确定，胚胎就深受它从中吸取营养的环境影响：众所周知，在蚂蚁、蜜蜂、白蚁中，正是吸取营养的方式使幼虫变成了雌的，或者控制性的成熟，迫使它处于工蚁、工蜂的行列；在这种情况下，影响波及整个机体：昆虫的体质从性别上来说是在十分早的阶段确定的，并不取决于生殖腺。在脊椎动物中，基本上是源于生殖腺的激素起着调节作用。人们通过大量的实验证明，用改变内分泌腺环境的方法，可以对性别的确定起作用；在成年动物身上进行的移植和切除生殖腺的其他实验，促使了性别的现代理论的诞生：雌雄脊椎动物的体质是一样的，可以把它看做中性因素；是生殖腺起作用给予它性别特点；某些分泌的激素起到刺激作用，另外一些激素起到抑制作用；生殖道本身是体质性的，胚胎学指出，它是在激素的影响下从双性的原初状态出发确定下来的。一旦激素达不到平衡，两种性别中的任何一种都不能清晰地形成，就会产生雌雄间性。

---

① 雌性肾管末端的残余部分。

雌雄机体均匀分布在物种中，从相同的根基出发、以相同方式进化，一旦完成了成长过程，便极其对称地出现。雌雄两性的特点是存在配子生殖腺，即卵巢或睾丸，人们已经看到，精子和卵子生成的过程是相同的；这些生殖腺在根据该物种的等级其复杂程度不一的管道中释放出分泌物：雌性直接通过输卵管排卵，或者把卵子留在泄殖腔中，或者在排出它之前留在子宫里；雄性将精液释放在外，或者拥有一个交媾器官，使精液进入雌性体内。从统计学上看，雄性和雌性像互补的两种类型一样出现。因此，必须从功能角度去看待它们，才能把握它们的特殊性。

很难由雌性的概念做出有普遍价值的描绘；把它界定为卵子的携带者，而把雄性界定为精子的携带者是远远不够的，因为机体与生殖腺的关系极端多变；反过来，配子的分化并不直接影响整个机体：有时人们认为，个体更大的卵子比精子消耗更多的活力；但分泌出的精子数量无比庞大，以至在两性中消耗趋于平衡。人们在精子中看到浪费的例证，而在卵子的生成中看到节约的典范，但是，在这个现象中也有不合逻辑的挥霍，绝大多数卵子并未受精。无论如何，配子和生殖腺并不给我们提供整个机体的微观世界。必须直接研究的是这个机体。

通观动物进化的程度，最令人注目的特点之一，是从低级到高级，生命逐渐个体化；在低级阶段，生命耗费于物种的维持，在高级阶段，生命通过特殊的个体来消耗。在最初级的物种那里，机体几乎约减为繁殖工具；在这种情况下，卵子是至高无上的，也就是雌性占优势，因为卵子的职责是纯粹再现生命；但卵子不是别的，只是一个腹腔，它的存在完全被可怕的排卵工作所吞噬。相比雄性，卵子达到巨人的规模；但它的肢体往往只是残肢，它的躯体则是一个不成形的囊袋，所有的器官因卵子而退化。事实上，尽管雄性和雌性构成两个不同的机体，有时它们几乎不能被看做个体，而只构成具有牢牢地结合在一起的多种成分的一个整体：这正是雌雄同体和雌雄异体之间的中间例子。因此，寄生在蟹身上的甲壳纲动物，其雌性是一种灰白色的螺旋体，包裹着孵卵的薄层，含有成千上万的卵；其中有极小的雄性物体和用于代替雄性的幼虫。微小的雄性的顺从在 edriolydnus 身上更加彻底：它附着于雌性的厣下，没有自身的消化管，它的作用仅仅是繁殖。但在所有这些例子中，雌性也像雄性一样顺从：雌性受物种的控制；如果雄性受它的配偶束缚，它的配偶也同样受束缚，要么是束缚于寄生状态中吸取养料的活机体，要么是束缚于一个养料底层；雌性以产生卵子来自我消耗，而微小的雄性给卵子授精。生命呈现出更复杂一些的面貌时，个体自主初具规模，把两性结合在一起的联系松懈了；但在昆虫中，两性还紧紧附属于卵子。结合的一对雌雄往往就像蜉蝣那样，在交配和产卵以后立即死亡；有时，像轮虫类动物和蚊虫那样，缺乏消化器官的雄性在授精之后便死亡，而雌性能够吸取养料，生存下去，这是因为卵子的形成和产卵要求多一点时间；一旦后代的命运得以确定，母体便消亡。在大多数昆虫那里，雌性具有特权是因为授精一般来说是一个很快的过程，而排卵和卵子孵化要求长时间的工作。在白蚁中，填满糊状物的巨大蚁后，每秒产下一卵，直到产完卵，被无情地杀死，和那些附着于它的腹部，随着卵子排出给卵子授精的微小雄性一样，也是奴隶。在蚁巢和蜂巢构成的母权制中，雄性是讨厌鬼，每一季都要被杀死：所有雄性蚂蚁在交配飞行时都离开蚁巢，飞向雌性；如果它们找到雌性，并进行授精，便精疲力竭，马上死去；否则，雌性工蚁不让它们返回，在巢前把它们杀死，或者让它们饿死；但受精以后的雌性有一个不妙的命运：它孤独地幽居地下，往往在产下第一批卵后便精疲力竭地死去；如果它成功地重建一个蚁巢，就要在其中封闭地不停产卵十二年；性能力萎缩了的雌性工蚁能活四年，其生命完全用于抚养幼虫。蜜蜂也是一样：在交配飞行中赶上蜂后的雄蜂肚子穿裂，跌落地上；其他雄蜂在返回蜂巢时受到迎接，在蜂巢过着悠闲而拥挤的生活；在冬季来临时，它们被处死。流产的雌性工蜂以不停地工作来换取生存的权利；蜂后事实上是蜂巢的奴隶，它不停地产卵；老蜂后死后，好几只幼虫获得充足养料，以便能够继位，第一只孵出的雌蜂杀死在摇篮中的其他幼虫。雌性大蜘蛛在囊里携带着卵子，直至卵子成熟；它比雄性大得多，也强壮得多，在交配后，它有时把雄性吞噬掉；可以观察到螳螂也有同样的习惯，雌性的吃人神话凝结在螳螂周围：卵子将精子去势，螳螂杀死它的配偶，这些事实也许预示着雌性去势的梦想。但实际上，螳螂是在囚禁的状态才表现得如此残忍的：在食物相当丰富的自由状态，它很少将雄性当饭餐；它吃雄性，就像孤独状态的蚂蚁常常吃掉它的几只卵那样：为了获得产卵和延续物种的力气。在这些事实中看到“性别斗争”的预示，将如此这般的个体置于互相争斗之中，这是胡言乱语。无论在蚂蚁、蜜蜂、白蚁中，还是在蜘蛛或螳螂中，都不能说雌性奴役和吞噬雄性：是物种通过不同的途径吞噬两者。雌性活得更长，似乎更为重要，但它并不具有任何自主性；产卵、孵卵、照料幼虫，组成了它的整个命运；它的其他作用完全或者部分退化了。雄性则相反，开始形成个体的生存。它往往在授精时比雌性表现出更多的主动性；正是它去追求雌性，攻击雌性，触摸雌性，抓住雌性，硬要与雌性交配；有时，它必须同其他雄性搏斗。相应地，行动、触觉、攫取的器官往往在雄性身上更加发达；许多雌蝶是无翅的，而雄蝶是有翅的；雄性色彩多样，有鞘翅，有爪子，有更发达的刺；有时，这种丰富性伴随着无用的过分色彩缤纷。在短暂的交媾之外，雄性的生命一无所用，无理由存在下去：与雌蜂的勤奋相比，雄蜂的懒散是令人注目的特权。但这种特权是不合常规的；雄性往往以自己的生命去偿付这种无所事事，而独立在其中开始形成。将雌性当做奴隶的物种要处罚雄性，雄性想逃避物种，便被物种残暴地消灭。

在生命更加高级的形式中，繁殖变成异质机体的生产；它具有双重的面貌：维系物种的同时，它也创造新的个体；这革新的一面，随着个体的特殊性确定下来而确立。令人注目的是，延续物种和创造新个体分为两个时刻；这种分化在卵子受精时已经显示出来，出现在整个生殖现象中。并非卵子的结构本身要求这种分化；雌性和雄性一样，具有一定的自主性，它同卵子的联系松懈了；雌性的鱼类、两栖类、鸟类不是只有一个腹腔而已；母体与卵子的联系越是不紧密，动物生育就越不需要全神贯注，双亲与后代的关系就越有不确定性。有可能是父亲担负起维持新孕育的生命，在鱼类中这是常见的。水是能够承载卵子和精液并保证两者相遇的因素；水栖动物的授精几乎总是在体外进行的；鱼类不交配：至多某些鱼漂浮着互相摩擦，以便互相刺激。母亲排出卵子，父亲排出精液：它们的作用是相同的。没有理由让母亲而不是父亲承认受精卵是属于自己的。在某些物种中，受精卵被双亲抛弃，孤立无助地发育；有时母亲为它们准备好一个巢；有时它在受精后还监护它们；但往往是父亲负责照料它们：它一让卵子受精，便把企图吞噬卵子的雌性驱赶得远远的，它捍卫受精卵，粗暴地驱赶一切接近的东西；可以举出例子，有些雄性放出一些包裹一层起隔绝外界作用的气泡，构成一种保护巢；雄性还往往在嘴里孵化受精卵，或者像海马在肚子的皱褶里孵化受精卵。在两栖类中可以观察到相同的现象：它们没有真正交媾；雄性抱住雌性，通过搂抱激发产卵：随着卵子从泄殖腔逸出，雄性排出精液。往往——特别是所谓的“产婆蟾”——是父亲用爪子缠住一串受精卵，把它们带走，并保证孵化。在鸟类中，雌性体内卵子的形成相当缓慢，卵子相对较大，排出相当困难；卵子同母亲的关系远胜过同父亲的关系，父亲在迅速交媾时让卵子受精；一般来说是雌性孵化受精卵，随后守护幼雏；但父亲常常参与筑巢、保护和养育幼雏；有些相当罕见的情况——比如麻雀——是雄性孵化和养育幼雏。雄鸽和雌鸽在它们的嗉囊中分泌出一种奶来养育幼雏。引人注目的是，在父亲起养育作用的所有情况下，当雄性致力于养育后代时，精子停止产生；雄性关注于维持生命时，便不再有激起生命新形式的动力。

正是在哺乳动物中，生命具有最复杂的形式，最具体地个体化。于是两个生命时刻分开了：维持与创造，以确定的形式在性别中分工。正是在这种分门别类中——只考虑脊椎动物的话——母亲与后代保持最紧密的关系，而父亲更加不关心后代；雌性的整个机体顺从生育，被生育所控制，而雄性在性方面采取主动。雌性是物种的猎物；按照不同的情况，在一两个季节中，雌性的整个生命受到性周期，即发情周期的制约，它的延续时间和间隔的节奏，每个物种都不尽相同；这个周期分成两个阶段：在第一个阶段，卵子成熟（物种不同，数量也不一样），子宫里有一个“筑巢”过程；在第二阶段，脂肪质坏死，导致如此形成的结构消失，有微白色物质流出。雌性发情与发情期相对应；但在雌性身上，发情具有被动特点；雌性准备好接受雄性，等待着雄性；有时在哺乳动物中也会发生——就像在某些鸟类中一样——雌性撩拨雄性的情况，但是雌性只限于用叫声、求偶炫耀行为或者展示向雄性发出召唤，不会强迫交媾。终究，决定权是在雄性身上。可以看到，即便在昆虫中，雌性愿意为物种做出完全的牺牲，才获得如此大的特权，也通常是雄性挑起授精；在鱼类中，往往是雄性通过出现或接触，刺激雌性产卵；在两栖类动物中，雄性作为激发者行动。但尤其是在鸟类和哺乳动物中，雄性强加于雌性。雌性往往无所谓地接受雄性，或者甚至抗拒雄性。不管雌性是挑起者还是顺从者，无论如何是雄性占有雌性：雌性被占有。这个词往往含义准确，要么因为雄性拥有适用的器官，要么因为雄性更强有力，抓住了雌性，使之一动不动，是雄性主动地进行交媾。在许多昆虫中，在鸟类和哺乳动物中，雄性侵入雌性体内。这样，雌性像体内受到侵犯。雄性并非施暴于物种，因为物种只有通过自我更新才会延续，如果卵子和精子不会合，物种就要消亡；只不过，负责保护卵子的雌性在体内包藏着卵子，对卵子构成庇护所的身体要使卵子避免雄性的授精行动；因此雄性要粉碎抵抗，雄性要侵入雌性体内才能作为主动性实现自我。雄性的主导优势通过交媾的姿态表现出来：在几乎所有的动物中，雄性都是骑在雌性身上的。毫无疑问，雄性使用的器官也是物质的，但是这器官以有活力的面貌出现：这是一个工具；而在这个过程中，雌性的器官只是一个不活动的接受器。雄性将精液存放其中，雌性接受下来。因此，虽然在生殖中雌性起着根本主动的作用，但还是要忍受通过侵入和体内受精使本身异化的交媾；虽然雌性感受到性的需要，如同个体的需要一样，因为在交媾时雌性有时会追求雄性，可是，性爱却是被雌性直接感受到的，就像一件内部的麻烦事，而不是像与世界和他人的一种关系。不过，在哺乳动物的雄性和雌性之间的根本区别是，在迅速掠过的同一时刻，雄性的生命通过精子在他者身上超越自己，精子变成与之不相干，脱离其身体；因此，正当雄性超越自身个体性时，却重新封闭在其中。相反，卵子成熟时脱离了滤泡，落入输卵管内，开始与雌性分离；而被一个外来配子侵入的卵子安顿在子宫里：雌性先是被侵犯，随后被异化；雌性在肚子里承载着胎儿，直到按不同的物种达到不同的成熟阶段：豚鼠一出生就几乎成熟，狗却仍然接近胚胎状态；雌性体内有一个他者吸取其营养，在整个孕育期间，雌性既是自身，又是异于自身的他者；生育以后，雌性用母乳抚育新生儿。以至于人们不太清楚，什么时候新生儿能够被看成有自主性：是在授精时、出生时还是断奶时？值得注意的是，雌性越是像一个分离的个体，生命的延续就越是在分离之外威严地确立下来；鱼类和鸟类排出未受孕的卵子或者受精卵，不如雌性哺乳动物那样受生育后代的折磨。雌性哺乳动物在生育后恢复自主性：在雌性与幼仔之间于是出现距离；正是从分离开始，雌性投身于幼仔；带着主动性和创造性照料它们，为捍卫它们、驱逐其他动物而搏斗，甚至变得有攻击性。但一般雌性并不寻求肯定自身的个体性；它们并不与雄性或其他雌性为敌；没有好斗的本能[①]；尽管达尔文[②]有过论断（今日看来值得商榷），但是雌性不经仔细选择便接受出现在眼前的雄性。并非雌性不具备个体优点，恰恰相反；在雌性摆脱母性制约的时期，有时能同雄性并驾齐驱：母马同种公马跑得一样快，母猎狗同公狗嗅觉一样灵敏，雌猴在接受试验时，表现出同雄猴一样聪明。只不过这种个体性没有得到表现机会：雌性由于物种要求让位而让位。

雄性的命运截然不同；上文指出，在雄性的超越过程中，它也在自我分裂和自我确定。从昆虫到高级动物，这个特点是持之以恒的。即便是成群生活、从容不迫地融合在群体中的鱼类和鲸目类，

① 某些母鸡在饲养场争夺最好的位置，用嘴来啄，在彼此之间建立等级。在没有公牛的情况下，有些母牛以力量来夺取牛群的头领地位。——原注

② Charles Darwin（1809—1882），英国博物学家，提出进化论，著有《从物种起源到自然选择》《论动物变种和家养植物》《植物界直接和交叉受精的效果》等。

在发情时也摆脱群体；它们离群索居，对其他雄性变得很凶恶。性在雌性身上是直接的，在雄性身上则需要媒介：雄性要主动地填补欲望和顺从之间的距离；它活动、寻找、抚摸雌性，温存雌性，在侵入雌性体内前使之保持不动；用于联系、行动和攫取作用的器官，往往在雄性身上发育得更好。值得注意的是，在雄性身上促使精子繁殖的活跃推动力，也表现为闪光羽毛、闪亮甲壳、角、鬃毛，表现为啼鸣，表现为精力旺盛；人们不再认为，雄性在发情时身披的“新婚服”，它诱惑性的求偶炫耀行为，具有选择的目的；但这些现象表现出生命活力，在雄性身上以非理性的、华美的丰盛展现出来。这种生命力的慷慨表露，为了交配而展示出来的主动性，甚至在交媾时它对雌性的主宰能力的显示，一切都有助于在个体超越时将之以其原样确立。正是在这一点上，黑格尔看到雄性身上有主体因素，而雌性被囊括在物种之中，这是对的。主体性和分离马上意味着冲突。攻击性是雄性在发情时的特点之一，它不能通过竞争来解释，因为雌性数目显然与雄性相等；更确切地说，竞争可以由这种战斗意志来解释。可以说，在交配之前，雄性将延续物种的行为看做专属于自己的行为，在它与同类的斗争中，确认它的个体性。物种居于雌性身上，吸取它大部分的个体生命；相反，雄性将特定的活力与它个体的生命结合起来。毫无疑问，它也要受到超越自身的法则的制约，在它身上有精子产生和周期性的发情；但这些过程远远不如雌性发情周期那样影响到整个机体；产生精子不太疲劳，所谓的卵子生成同样不太疲劳，而一个成年动物身上受精卵的发育，对雌性来说，则是一项需要全神贯注的工作。交媾是一种迅速的活动，它不减少雄性的活力。它差不多不表现父性的任何本能。往往在交配后雌性便被抛弃。当雄性在雌性身边成为族群（一夫一妻制、妻妾制或群体）的首领时，它对整个群体起着保护和养育的作用，它很少直接关心孩子们。在那些关注个体生命繁荣的物种中，雄性趋向于通过自主的努力——在低级动物中要造成其毁灭——获得成功。一般说它比雌性更高大、更强壮、更迅捷、更爱冒险；它过着更加独立的生活，其主动性更加无需代价；它更有征服欲望，更加威严：在动物界中，总是它起主宰作用。

在大自然中，这再清楚不过了：雌雄两性并不总是清晰地区分开来；有时可以观察到两者之间的二形性——毛色、斑点的分布等等——似乎是绝对偶然的；相反，它们有时难以辨别，它们的职能几乎难以区别，就像鱼类那样。但总体说来，尤其在高等级动物中，两性代表物种生命的两种不同面貌。它们的对比不像人们以为的那样在于主动性和被动性的不同：卵子的细胞核不仅是主动的，而且胚胎的发育是一个活生生的过程，并不是一个机械的进程。把两性界定为变化和不变是太简单了：精子只因为它的生命力在卵子中维持才创造生命；卵子只有在超越自我时才能维持自己，否则它要退化和变质。不过，在这些活动中，两性都是主动的，只不过维持和创造这两者的合成不是以同样的方式实现的。维持是否认时间的分散，是在迸射的时候确定延续性；创造是在时间的统一中让难以压缩的、分离的现时爆发；确实，在雌性中，生命不顾分离寻求延续；而形成个体化的新力量的分离，是由雄性主动引起的；因此，雄性可以在自主中确立自身；它把特殊的能量结合到自己的生命中；相反，雌性的个体性受到物种利益的攻击；它表现为受到外力的占有：被异化了。因此，当机体的个体性进一步确立时，性别的对抗并不减弱：恰恰相反。雄性找到越来越多种多样的道路，以便消耗它掌握的力量；雌性则越来越感到受到奴役；在它自身的利益和植根于它身上的生殖力的利益之间的冲突加剧了。母牛、母马的生育要比雌鼠、雌兔的生育困难得多和危险得多。女人在雌性中是最个性化的，也是最脆弱的，女人更具戏剧性地体验自身的命运，更深刻地体会到与男性不同。

在人类和大多数物种中，几乎产生同样多的两性个体（一百个女孩比一百零四个男孩）；胚胎的发育是相同的；但原始的上皮在女胎中保持中性状态的时间更长；由此，女胎更久地受到激素的影响，它的发育往往是顺序打乱的；大多数雌雄同体从基因上说是雌性的，后来才会有雄性特征：可以说，雄性机体一下子确定自己的性别，而雌性胚胎踌躇着接受雌性身份；但胚胎生命的起始还不太为人类了解，以至不能确定其意义。生殖器官一旦形成，在两性中是对称的；两者的激素属于同一化学属类，即固醇类，归根结蒂都是从胆固醇派生出来的；正是固醇决定体质的次要分化。无论其形式、其生理特点都不能确定如此这般的女人。正是官能的发育使女人区别于男人。相对而言，男人的发育很简单。从出生到青春期，男性差不多是有规律地生长；将近十五六岁时，开始出现精子，一直持续到晚年；激素伴随精子的出现产生，确定男性体质的形成。此后，男性有性生活，通常能与个体生存相结合：在欲望来临时，在性交时，他对物种的超越与对自身超越的主体时刻合而为一：他是他的身体。女人的历史则复杂得多。在胚胎阶段，卵母细胞的储备就确立了；卵巢大约有五万个卵子，每一个都包裹在一个滤泡中，其中大约有四百个会达到成熟阶段；从她出生开始，物种便掌握她，力图确立：女人来到世上，经过某种第一次青春期；卵母细胞突然增大；然后卵巢缩小五分之一左右：可以说孩子有一个暂息时期；孩子的机体在发育，其生殖系统差不多是停滞的：有些滤泡增大，但未达到成熟；小姑娘的成长与男孩子相同：在同样年龄，她甚至往往比男孩更高大、身体更重。但在青春期，物种重新确认它的权力：受卵巢分泌物的影响，正在长大的滤泡数目增加了，卵巢充血、增大，终于有一个卵子成熟，月经周期开始了；生殖系统的体积和形状最终确定，体质女性化，内分泌腺的平衡建立了。值得注意的是，这个过程采取了骤变的形式；女人的身体让物种入驻不是没有抵抗的；这场搏斗削弱了她，使她处于危险中，在青春期之前死去的男孩大约跟女孩差不多：十四到十八岁死去的人中，一百二十八个姑娘比一百个小伙子，而十八到二十二岁死去的人中，一百零五个姑娘比一百个小伙子。往往是在这时出现萎黄病、肺病、脊柱侧凸、骨髓炎，等等。在某些人身上，青春期反常地早到：青春期约在四五岁时出现。相反，在另外一些人身上，青春期不会产生：出现性幼稚症症状，忍受闭经或者痛经。有些女人出现男性化现象：肾上腺的过度分泌使她们具有男性特点。这些反常现象绝对不代表个体对物种制约的胜利：没有任何方法逃避物种制约，因为它在使个体生命屈服的同时，也维持个体生命；这种二重性在卵巢的职能上表现出来；女人的生命力扎根在卵巢中，正如男人的生命力扎根于睾丸中：在这两种情况下，被阉割的人不仅仅不能生育，他也退化和变质了；机体没有"形成"，或形成得不好，会完全贫乏和失去平衡；只有在生殖系统充分发展的条件下，机体才能充分发展；但许多生殖现象并不关心主体的特殊生命，甚至使之处于危险中。青春期已发育的乳腺，在女人的个体经济中不起任何作用：在她一生的任何时期，都可以切除乳腺。卵巢的许多分泌活动在卵巢，在它的成熟，在子宫适应它的需要中起到作用：对整个机体来说，这些分泌活动与其说是一个调节的因素，还不如说是一个导致失衡的因素；女人与其说适应自身，还不如说适应卵子的需要。从青春期到绝经，女人体内经历的是一个麻烦，这个麻烦却与她个人无关。盎格鲁-撒克逊人把月经说成"诅咒"，事实上，在月经周期中没有任何个人的目的。在亚里士多德的时代，人们认为每个月流出在受精时要形成孩子的血和肉的血，这个古老的理论在于说明女人不停歇地进行妊娠。在其他哺乳动物中，发情周期只发生在一个季节中，并不伴随着流血：仅仅在高级的猴子身上和在女人身上才每个月在痛苦和流血中完成[①]。大约在十四天内，包裹卵子的格拉夫氏滤泡中的一个增大体积，达到成熟，而卵巢在滤泡表面分泌激素，被称为卵泡素。第十四天，进行排卵：滤泡的薄膜破裂（有时引起轻度出血），卵子落在管道中，而伤口扩大，形成黄色的物体。第二阶段由此开始，或称为黄体期，特点是分泌对子宫起作用的黄体激素。子宫出现变化：子宫壁的毛细管系统充血，打褶，呈现凹凸，形成花边状；这样，在子宫中形成一个用于接受受精卵的摇篮。这些细胞的变化是不可逆转的，在没有受精的情况下，这个摇篮不会消失：也许在其他哺乳动物中，无用的残余物被淋巴管带走。但在女人身上，当子宫内膜的褶皱溃散时，黏膜脱落，毛细管打开了，大量血水渗透出来。然后，黄体变化时，黏膜重新形成，开始了滤泡的新阶段。这个过程复杂，细节还处在相当神秘的状态，它使整个机体开始行动，因为它伴随着激素的分泌，激素调控着甲状腺和垂体、中枢神经系统和植物神经系统，因此，也调控着内脏。几乎所有的女人——百分之八十五以上——在这个时期都呈现出紊乱。血压在开始流血之前升高，然后降低；脉搏加快，往往体温升高：发烧是常见的；腹部疼痛；常常观察到便秘的倾向，然后是腹泻；也往往出现肝肿大、尿滞留、蛋白尿；许多人呈现出鼻黏膜充血（咽喉痛）的症状，有些人听力和视力出现紊乱；出汗增

① 近年来，通过将女人身上发生的现象与在高级猴子，特别是恒河猴身上观察到的现象相对照，推进了对这些现象的分析。路易·加利安在《性》中写道：“很明显，在后面这些动物身上更容易进行实验。”——原注

加，而且开始时伴随着 sui generis② 气味，这气味可能非常强烈，在整个经期内持续不散。基础代谢增加了。红血球数减少；但是血液传送着一般储备在组织中的物质，特别是钙盐；这类盐的出现对卵巢、变肥大的甲状腺、主宰子宫内膜变形和变得活跃的垂体起作用；这种腺体的不稳定导致神经极其脆弱：中枢神经系统受到损害，往往会头痛，植物神经系统有激烈的反应：中枢神经系统的自动控制减弱了，这就产生生理反射和痉挛的复杂症状，并通过脾气的极度不稳定表现出来：女人比平时更易激动，更神经质，更喜怒无常，会表现出严重的心理紊乱。正是在这个时期，女人感到自己的身体像异化的不透明物体一样极其难受；它受到执着的、外来的、每个月都要在她身上制造和摧毁一个摇篮的生命的折磨；每个月有个孩子准备出生，又在红色花边状物质的溃灭中流产；女人像男人一样，是她的身体①，但她的身体是不同于她的东西。

当受精卵在子宫中着床，并在其中发育时，女人经历更为深刻的异化；怀孕是一种正常现象，如果是在身体和营养正常的条件下怀孕的，那就对母亲没有损害：在她和胎儿之间甚至建立起某些对她有利的相互作用；有种乐观的理论过于明显地注重社会效用，然而事实上，怀孕是累人的事，对女人来说，对个人没有好处②，相反，要求她做出沉重的牺牲。怀孕往往在开头几个月内伴随着缺乏胃口和呕吐，在其他雌性家畜身上观察不到这些现象，表现了机体

② 拉丁文，独有。

① “因此，我是我的身体，至少在我的经验的全部范围内，反之亦然，我的身体就像一个自然主体，就像我整个人的临时雏形。”（梅洛-庞蒂《感知现象学》）——原注

② 我在此只考虑生理学的观点。很明显，从心理学来说，生育对女人可以是十分有利的，也可能是一个灾难。——原注

对占据它的物种的反抗；机体在磷、钙、铁等方面都贫乏了，铁的缺失难以填补；新陈代谢过快刺激了内分泌系统；神经系统处于亢奋状态；至于血液，它的比重减小了，患了贫血，就像“守斋者、禁食者、一再放血者、康复病人”①。一个健康和营养很好的女人所能希望的一切，是在分娩后不太费劲便可挽回这些耗费；但往往在怀孕过程中会出现严重的事故或者至少是危险的紊乱；如果女人不够强壮，如果她的卫生照顾不周，她就会由于多次生育过早变样和衰老：众所周知，这种情况在农村是常见的。分娩本身是痛苦的，而且很危险。正是在这种突发的危险中，人们极为明显地看到，身体不是总能同时满足物种和个体的需要；有时孩子死了，也有的时候孩子出生致母亲于死命，或者孩子的出生在母亲身上引起一种慢性病。哺乳也是一种累人的奴役；所有的因素——主要的无疑是激素的出现，即孕激素——使乳腺分泌乳汁；奶水上涨是痛苦的，常常伴随着发烧，乳母正是在损耗自我活力中抚养新生儿。物种—个体的冲突在生产中有时以戏剧性的面貌出现，使女性身体令人不安地脆弱。人们常说，女人“肚里有病”；女人体内包含了一种敌对因素，这倒是真的：是物种在蚕食她们。她们的许多疾病不是来自外界的传染，而是来自体内的失常：假性子宫炎是子宫内膜对反常的卵巢刺激产生的反应引起的；如果黄体持续存在，而不是在月经之后自行吸收掉，它就会引起输卵管炎和子宫内膜炎，等等。

女人还得通过一次难以忍受的危机，才得以逃过物种的控制；在四十五至五十岁之间，出现与青春期相对的更年期。卵巢活动减少了，甚至消失了：这种消失使个体生命力变贫乏。人们设想，分

① 参阅罗歇和比奈主编的丛书中H·维涅的《论生理学》第十一卷。——原注

解代谢的腺体——甲状腺和垂体——竭力弥补卵巢功能的不足；因此，人们在青春活力消退的同时观察到突发现象：阵热、高血压、神经质，有时性本能再次爆发。有些女人在身体组织中积存脂肪，另外一些女人男性化。在许多女人身上，内分泌的平衡重新建立。于是女人从女性的奴役中解放出来；她和阉奴不同，因为她的生命力不变；然而，她不再受到满溢而出的力量的折磨：她同自身相一致。有时人们说，上年纪的女人构成“第三性”；事实上，她们不是男性，但也不再是女性；尤其这种生理上的自主性是通过一种她们以前并不拥有的健康、平衡、活力表现出来的。

在女人身上，叠加于所谓性别的区别之上的，是或多或少直接成为其后果的特殊性；正是激素的作用决定女人的体质。一般说来，女人比男人矮小，体轻，女人的骨骼更纤弱，骨盆更宽大，适合于怀孕和分娩的职能；女人的结缔组织固定脂肪，其形态比男人更圆润；总的体态——形态、皮肤、毛发系统等等，在两性之间明显不同。男人的力量比女人要大很多：女人的力量大约是男人的三分之二；女人的肺活量要弱一些：女人的肺、气管和喉咙要小些；喉咙的不同也带来声音的不同。血液比重在女人身上小些：血红蛋白的合成能力差些；因此，女人不那么强壮，更易得贫血。她们的脉搏更快，血管系统更加不稳定：她们容易脸红。一般说来不稳定是她们的机体的显著特点；比如，在男人身上，钙的新陈代谢稳定；而女人留在体内的钙盐要少得多，在来月经和怀孕时，女人排出钙盐；看来，卵巢接触到钙时会产生分解代谢；这种不稳定性在卵巢和甲状腺中带来混乱，女人的甲状腺比男人发达：内分泌的不规则对植物神经系统产生作用；神经和肌肉的控制不能得到完全的保证。这种缺乏稳定性和控制力使女人情绪起伏，直接与血管的差异有关：容易心跳、脸红等等；由此容易有痉挛的表现：流泪、狂笑、神经质。

可以看到，这些特点中有许多源于女人对物种的附属性。这一考察最引人瞩目的结论就在于此：在所有雌性哺乳动物中，女人是受到异化程度最高的，并且最激烈地拒绝这种异化；任何雌性哺乳动物，机体对生殖职能的从属都没有如此迫切，接受起来也没有如此困难：青春期和更年期的危机，每月的“诅咒”，长时间而困难的妊娠，痛苦的、有时危险的分娩，疾病，事故，是女人的特点：可以说，因为她要确定自身为个体，要起来反抗命运，所以她的命运显得更为悲苦。如果将女人与男人相比较，男人便显得无比地具有特权：男人的生殖力不与他的个人生存相冲突；这是以持续的方式进行的，没有危机，一般来说没有事故。总体而言，女人同男人活得一样长；但女人生病的时候多得多，有不少时期，女人不能支配自己。

这些生物学论据极为重要，它们在女人的历史中起着头等重要的作用，是女人处境的一个本质的因素，在我们以后的所有描述中，还要加以参考。因为身体是我们控制世界的工具，世界根据这样或那样的方式来理解而有不同的呈现。因此，我们这样长时间地研究这些论据；它们是一把钥匙，能够让人理解女人。但我们拒绝这种观点：它们对女人而言构成固定不变的命运。它们不足以确定性别的等级；它们不能解释为什么女人是他者；它们不能将女人判定为永远扮演从属的角色。

人们经常认为，只有生理学能回答这些问题：两性个体具有同样的机会成功吗？哪一性别在物种中起着更重要的作用？第一个问题对女人和对其他雌性生物来说是以完全不同的方式提出来的，因为动物构成特定的物种，能够对这些物种提供静止的描述：只消通过观察，便能认定，母马是不是比种公马跑得更快，雄性黑猩猩是不是与雌性黑猩猩相比在智力测试中更胜一筹；而人类无时不在变化。有些唯物主义的学者曾经企图以纯粹静止的方式提出问题；他们满脑子是心理—生理的平行论，力图建立雄性和雌性机体之间的数字比较：他们设想，这些测量结果能直接确定它们的职能大小。我想举出这种方法引起的无益讨论的一个例子。他们认为，大脑以某种神秘的方式分泌出思想，看来确定女人脑子的平均重量是否小于男人脑子的平均重量至关重要。他们发现，前者平均重 1220 克，后者重 1360 克，女人脑子重量从 1000 克至 1500 克不等，而男人脑子重量从 1150 克至 1700 克不等。可是，绝对重量是没有意义的；因此，他们决意考虑相对重量。他们发现，在男人身上是 1/48.4，而女人是 1/44.2。[①] 因此，女人占据优势。不，还必须加以修正：在这样的对比中，较小的机体总是占优势；在比较两组个体，不考虑身体时，如果它们属于同一物种，那么必须将身体重量取 0.56 次幂来除脑子的重量。他们认为，男女代表两种不同类型。因此，得出如下的结果：

对男人而言：身体重量的 0.56 次幂 =498　　$\frac{1360}{498}=2.73$

对女人而言：身体重量的 0.56 次幂 =446　　$\frac{1220}{446}=2.74$

结果几乎是相等的。这些细致的讨论并不引起许多关注，因为在脑子重量和智力发育之间建立不了任何关系。他们无法进一步给确定雌性和雄性激素的化学式做出心理解释。至于我们，我们毫不含糊地抛弃心理—生理的平行论观点，这种理论的基础早就被彻底

① 这里指脑子重量与身体重量之比。

摧毁了。如果我举出这种观点，是因为在哲学上和在科学上，虽然它已经完蛋，但仍然纠缠着许多人的思想：可以看到，在有些人的头脑中还保留着更古老的残余。我们也拒绝一切暗示存在一种价值的自然等级的参照体系，比如，进化的等级；要想知道女人是否不如男人成熟，是否更接近高级灵长类动物，等等，那是无益的。所有这些将一种模糊的自然论与一种更加模糊的伦理学或美学相混同的论述，只不过是纯粹的废话。只有从人的观点出发，才能将女人与男人做比较。但人的定义是，人不是一种既定的生物，而是生来如此这般。正如梅洛-庞蒂非常正确地指出，人不是一种自然物种，而是一种历史观点。女人不是一种固定的实在，而是一种变化；正是必须在变化中把她与男人相对照，就是说，必须给她的可能性下定义：使那么多的争论走样的是，人们企图将女人约减到她以往那样，约减到今日那样，然而人们提出的是她的能力问题；事实是，能力只有在实现的情况下才明显地表现出来；但事实同样是，当审察超越性和超越的存在时，永远无法理清这笔账。

但可以说，在我采取的观点——海德格尔、萨特、梅洛-庞蒂的观点——中，如果身体不是一件东西，它就是一种处境：它是我们对世界的掌握和我们的计划的草图。女人比男人弱小；她的肌肉拥有的力量小，红血球少，肺活量也小；她跑得慢些，抬得动的东西轻些，几乎没有哪一种运动她可以同男人竞争；她不能同男人搏斗。这种弱点之外，还要加上不稳定性、缺乏控制力和上文我们已经谈过的脆弱：这些情况是事实。她对世界的掌握因此要更受限制；她的毅力差些，制定计划时少些坚持，执行计划的能力也同样差些。就是说，她的个体生命没有男人那样丰富。

实际上，这些事实不会被抹杀，但是它们本身没有什么意义。一旦我们接受从人的角度，从存在出发去界定身体，生物学就变成一种抽象科学；生理学论据（肌肉不够发达）具有的意义从属于整个环境；只有根据人给自身提出的目的、人所掌握的工具和人制定的法则，“弱点”才显现为弱点。如果人不想理解世界，那么，掌握事物这个观念本身也就没有意义；在这种理解中，并不要求充分使用人体力量，在可利用的最小限度之上，差异被抵消；在风俗禁止暴力的地方，肌肉的力量不会建立统治地位：必须有存在、经济和道德的参照，弱的概念才能具体地界定。有人说过，人类是一种反自然；这种说法不完全准确，因为人无法悖逆既定；但正是通过接受既定的方式，人才建立既定的真相；自然只有被人的行动重新掌握，对人才有实在性：人自身的本性也不例外。同人对世界的掌握一样，不可能在抽象中衡量生殖职能对女人构成的负担：生育与个体生命的关系，在动物身上是通过发情周期和交尾季节自然而然调节的；在女人身上这种关系并不确定；只有社会才能决定这种关系；根据社会要求出生的多寡，根据怀孕和生育过程中的卫生条件，女人对物种的屈从或多或少更加严重。因此，如果可以说，在高等动物中，个体生存对雄性比对雌性限制更严，那么，在人类中，个体“可能性”则取决于经济和社会状况。

无论如何，雄性的个体特权并不会一直赋予其在物种中的优势；雌性在生育中重新获得另一种自主。有时，雄性将自身的统治地位强加于雌性：例如朱克曼研究的猴子的情况就是这样；但往往配对的两性分开生活；雄狮和雌狮平均分配照顾家庭。这一点上，人类的情况仍然与任何一个物种不同；人首先不是作为个体确定自身的；男人和女人从来不在一对一的格斗中互相挑战；夫妇是一个原始的共在；而且总是作为一个更广大的集体或固定或过渡的因素出现；在这些群体中，男性和女性，谁对物种更加重要呢？从配子、从交媾和怀孕的生物职能来看，男性本原是为了维持才创造，女性本原是为了创造而维持：在社会生活中，这种区分变成什么？对于寄居于外来机体或底物基础上的物种，对于自然界大量提供食物、无需费力捕食的物种，雄性的作用只限于授精；当必须寻找、驱逐、搏斗，以便保证幼仔有必需的食物时，雄性往往参与抚养；在母亲不再喂奶之后很久，孩子们都不能自我供给需要的物种中，这种积极参与是必不可少的，于是雄性的工作极为重要；没有雄性，其激发的生命便不能维持下去。只要一个雄性，每年就能给许多雌性授精，而为了让孩子们出生后能生存下去，保护它们，抗拒敌人，从自然界获得它们所需要的一切，雄性是必不可少的。生产力和生殖力的平衡，在人类历史的不同经济时期实现的情况不同，这些不同时期决定了男性和女性与子女的关系，因而是两性之间的关系。于是我们走出生物学领域：只根据这一点，不能得出是哪个性别在延续物种中起更重要的作用。

一个社会毕竟不是一个物种：物种在社会中是作为生存实现自己的；物种的自我超越是朝向世界和朝向未来的，其习惯不是从生物学得出的；个体从来不交付于自然，而是服从习惯这第二自然，表达其本体态度的愿望和恐惧反映在其中。人不是作为身体，而是作为受禁忌和法律制约的身体，才意识到自身，自我完善：正是以某些价值的名义，人自提身价。再一次，生理学并不能建立价值：更确切地说，生物学论据具有生存者赋予它的价值。如果女人引起的尊敬或恐惧不允许对她使用暴力，男性的力量优势就不是权力的源泉。如果风俗确定——就像在某些印第安人部落中——由姑娘来选择丈夫，或者如果是父亲决定婚姻，男性的性方面的主动性也就不能提供任何主动性和任何特权。母亲和孩子的紧密关系，根据给予孩子的不同价值，对她将是尊严或卑鄙的源泉；这种关系本身，会根据社会偏见得到承认或否认。

因此，我们要根据本体论的、经济的、社会的和心理的观点，来阐明生物学的论述。女人对物种的屈从，她的个人能力的局限，是极其重要的事实；女人的身体是她在世界上所占处境的基本因素之一。但并非只此一点就足以界定女人；这个因素只有通过行动和在一个社会内部被意识承担起来，才具有体验过的实在；生物学不足以对我们关注的问题提供答案：为什么女人是他者？要知道的是，在女人身上，在历史的过程中，自然怎样被攫取了；要知道的是，人类把女性变成了什么。

第二章　精神分析观点

精神分析给心理—生理学带来的巨大进步表现在，它认为如果被赋予人的意义，任何因素都介入不了心理生活；并非学者们描绘的身体—客体，而是主体体验过的身体才是具体地存在的。女性这样感受自我，因此女性是一个女人。有些论据在生物学上很重要，但不适用于女人体验过的处境：卵子的结构在其中就没有得到反映；相反，一个没有重要生物学意义的器官，比如阴蒂，却在其中起着头等重要的作用。并非自然确定女人，而是女人在其情感生活中使自然重新为其所用才得以自我确定。

从这种观点出发，整个体系建立起来：这里，我们不想从整体评价这个体系，而是仅仅审察它对研究女人的贡献。讨论精神分析不是易事。正如一切宗教——基督教、马克思主义——那样，精神分析在严格的概念的背景上，表现出令人困惑的灵活性。有时，它所采用的字词含义极为狭隘，比如，phallus 一词十分准确地指雄性生殖器这块增生肉；有时字词不确定地扩大了，具有象征意义：phallus 表达男性全部特点和处境。有人抨击这个理论的字面意思，精神分析学家断言人们没有理解它的内容；如果赞同它的内容，它马上要把你封闭在字面意思中。有人说，这个理论没有意义：精神分析是一种方法；但方法的成功，加强了理论家的信念。再说，除了在精神分析学家那里，还有哪儿能见到精神分析的真实面目呢？但在这些人中，就像在基督徒和马克思主义者中间一样，存在异端分子；不止一个精神分析学家宣称，“精神分析最恶毒的敌人，就是精神分析学家”。尽管具有往往是学究式的准确性，许多用语仍然模棱两可。如同萨特和梅洛-庞蒂所指出的那样，“性是与存在同外延的”这个句子，可以用迥然不同的两种方式来理解；可以说成生存者的一切变化有性的含义，或者可以说成一切性的现象具有存在的含义：对这两种论断加以调和是可能的；但往往人们局限于从一种论断滑到另一种论断。再说，一旦区分出“性的”和“生殖的”，性的概念便含糊不清了。达尔比耶说：“在弗洛伊德那里，性是产生生殖的固有能力。”可是，没有什么比“能力”，也就是“可能”这个概念更加混乱的了：唯有现实能不容置疑地证明可能性。弗洛伊德不是哲学家，拒绝从哲学上为他的体系辩解；他的门徒认为，他由此而回避了所有来自形而上方面的攻击。然而，在他的所有论断后面，却有着形而上的假设：运用他的语言，就是接受一种哲学。这种混乱本身虽然使得批评很困难，却使批评变得更必要。

弗洛伊德不太关注女人的命运；很明显，他根据对男人命运的描绘来描绘女人的命运，只修改了其中某些特点。在他之前，性学家马拉尼翁[1]宣称：“作为已分化的精力，里比多[2]可以说是一种雄性的力量。我们对性欲高潮也持同样看法。”据他看来，达到性欲高潮的女人是“男性化”的女人；性冲动是“单向的”，女人只

---

① Gregorio Marañón（1887—1960），西班牙医生、内分泌学家、作家。
② Libido，即性欲。

在半路上。[1] 弗洛伊德没有走到这一步；他承认，女人的性欲同男人的性欲一样发达；但是他几乎不研究女性的性欲。他写道：“里比多持久和有规律地属于男性的本质，而不管它出现在男人还是女人身上。”他拒绝承认女性里比多的特点：在他看来，女性里比多必然作为一般而言人的里比多的复杂偏离。他认为，人的性欲首先在两性中以相同的方式发展：所有的孩子都经历一个口唇期，将孩子固定在母亲怀里，然后经历一个肛门期，最后他们到达生殖期；这时他们才互相区分开来。弗洛伊德阐明了一个事实，在他之前，没有人承认这个事实的重要性：男性的性敏感最终局限在阴茎中；而在女人身上，有两个不同的性敏感系统：一个是在童年阶段发育的阴蒂，另一个是只在青春期之后才发育的阴道；当小伙子达到生殖期时，他的发育完成了；他必须从快感以主体性为目的的自体性行为，过渡到将快感和一个对象、正常情况下是和女人联结起来的他体性行为；这个过渡在青春期经过一个自恋阶段后产生，但是，阴茎就像在童年时那样，将仍然是享有特权的性器官。女人也要越过自恋阶段将性欲对准男人；不过这个过程要复杂得多，因为她需要从阴蒂快感过渡到阴道快感。对男人来说，只有一个生殖期，而在女人身上却有两个；她很有可能达不到性发育的终点，停留在童年阶段，因而发展成神经官能症。

孩子在自体性行为阶段已经多少与一个对象联结起来：男孩子迷恋母亲，想与父亲等同；他对这种意图感到害怕，担心他的父亲为此惩罚他，把他变成残废；从“俄狄浦斯[2] 情结”（恋母情结）

---

① 有趣的是，在戴·赫·劳伦斯的作品中也可找到这种理论。在《羽蛇》中，西普里亚诺关注的是，永远不让他的情妇达到性欲高潮：她应当同男人一起颤动，而不是在快感中个体化。——原注

② Oedipus，希腊神话中无意间杀死生父拉伊俄斯并娶生母伊俄卡斯忒为妻的第比斯国王。

产生“去势情结”；于是他发展出对父亲的侵犯性，但同时他把父亲的权威内化：这样构建了约束乱伦倾向的“超我”；这种倾向受到抑制，情结被清除了，儿子摆脱了父亲，事实上将父亲以道德规范的面目安置在自己心中。“超我”由于恋母情结获得更明晰的确定，并受到更严厉的排斥而格外强有力了。弗洛伊德先是以完全对称的方式描绘了女孩的历史；继而他给予童年情结的女性形式“厄勒克特拉[①]情结”（恋父情结）的名称；但很明显，他更多是从男性形象出发，而不是从情结本身来定义的；他同意两者之间有十分重要的区别：小姑娘先是迷恋母亲，而男孩子任何时候在性方面都没有受到父亲的吸引；小姑娘的这种迷恋是口唇期的残余；孩子这时想等同于父亲；但将近五岁时，她发现两性生理结构上的不同，用去势情结解释缺乏阴茎：她想象自己曾被阉割，并为此感到痛苦；于是她只得放弃雄性企图，与母亲等同，竭力吸引父亲。去势情结和恋父情结彼此加强；小女孩的失望感，由于爱父亲、想与他等同而更加强烈；反过来，这种遗憾加强了她的爱：正是通过温情，她使父亲感到，她能够弥补她的劣势。姑娘对她的母亲感到一种对抗和敌意的情绪。随后在她身上也建立起超我，乱伦倾向被压抑了；而超我稍弱一些：恋父情结不如恋母情结清晰，因为第一次迷恋的对象是母亲，既然父亲是它谴责的那种爱的对象，相对于与父亲竞争的儿子，其禁忌力量就要弱一些。像生殖系统的发育一样，可以看到整个性别这出戏剧对小女孩比对她的兄弟们来说更加复杂：她会企图对去势情结做出反应，拒绝她的女性身份，执着地觊觎阴茎，想等同于她的父亲；这种态度导致她停留在阴蒂阶段，变成性

① Electra，希腊神话中阿伽门农和克吕泰涅斯特拉之次女，协助兄弟为父（被克吕泰涅斯特拉与其情夫埃吉斯托斯所害）报仇。

冷淡或者转向同性恋。

人们可能对这种描述提出的两种指责，来自这个事实：弗洛伊德是仿照男性的例子加以描述的。他设想，女人感到自己是一个残废的男人，但是残废的观点牵涉到比较和评价；今日，许多精神分析学家承认，小女孩惋惜没有阴茎，却并不以为被剥夺了阴茎；这种惋惜甚至并不普遍；它不会来自简单的解剖学上的对照；许多小女孩很晚才发现男子的身体结构；即使她们发现了，也只是看到而已；男孩子对他的阴茎有生动的体验，这使他获得自豪感，但这种自豪感并不与他的姐妹们的屈辱直接有关联，因为她们只从外表了解男性器官：这突出的肉，这脆弱的肉茎，只能使她们产生无所谓、甚至厌恶的感觉；小女孩的觊觎之出现，是来自对男子特征做出的预先评价：到了必须加以解释的时候，弗洛伊德把男子特征看做是被赋予的[①]。另外，由于没有从女性性欲的特点出发，所以恋父情结的概念是十分模糊的。再说，男孩子身上真正与生殖相联的恋母情结，远非是普遍存在的；除了十分罕见的例外，人们不会承认，父亲对他的女儿来说是生殖刺激的源泉；女性性欲的重大问题之一是，阴蒂快感是孤立存在的：仅仅在接近青春期，同阴道快感相联时，在女人身上才发展起大量的能激起性欲的部位；在一个十岁的女孩子身上，父亲的亲吻和温存具有掀起阴蒂快感的“固有能力”是少有的事，这种说法在大多数情况下没有任何意义。如果承认“恋父情结”只有十分模糊的感情性质，那么就可以提出关于情感的全部问题：一旦将情感与性欲区分开来，弗洛伊德主义便无法给我们界定它的方法。无论如何，并不是女性的性欲使父亲神圣化：母亲也没有被她在儿子身上激起的欲望神圣化；女性欲望投向一个至高存在的事实，使

① 这个内容将在《第二性 II》第一章再加以详细讨论。——原注

之与众不同；但她不是构成她的对象的部分，她接受他。父亲的至高权威是一个社会层面的事实：弗洛伊德没有能够意识到这一点；他本人也承认，不可能知道在一个特定的历史时刻，是什么权威决定父亲胜过母亲：据他看来，这个决定代表了一种进步，但是人们不知道其原因。他在最后一本著作中写道："也许不是父亲的权威决定的，因为这种权威准确说来只是通过进步给予父亲的。"①

正是理解到将人类生活的发展建立在唯一的性欲之上这种体系的不足，阿德勒②才与弗洛伊德分道扬镳：他将性欲重新归入完整的个性中；在弗洛伊德看来，一切行为都是由欲望，也就是由追求快感引起的，在阿德勒看来，人追求某些目的；他以动机、目的、计划代替动力；他给智力非常重要的位置，以至在他看来，性往往只有象征价值。按照他的理论，人生这出戏分为三个时刻：在所有人身上，有一个强权意愿，但它伴随着一种自卑情结；这个冲突使人运用千百种诡计，以避免现实的考验，他担心不会战胜这考验；主体在他和他惧怕的社会之间设立一段距离：神经官能症由此而来，这是一种社会意义上的紊乱。至于女人，她的自卑情结采取对女性身份羞耻地加以拒绝的形式：并非缺少阴茎，而是整个处境引起这种情结；小女孩羡慕男性生殖器，只是把它作为男孩子所拥有特权的象征；父亲在家庭中占据的位置，男性普遍的优势，教育，一切都向她证实男性占优势的观念。后来，在发生性关系的过程中，性交将女人置于男人身下的姿势本身，是一种新的屈辱。她以"男性的抗议"做出反应；要么她寻求变得男性化，要么她以女性

① 参阅《摩西和他的人民》，A · 贝尔曼译，第 177 页。——原注

② Alfred Adler（1870—1937），奥地利医生、心理学家，弗洛伊德的学生、合作者，1911 年两人分道扬镳。阿德勒是个体心理学的创始人，著有《神经症性格》《理解人生》《个体心理学的实践与理论》等。

的武器同男人作斗争。正是通过怀孕，她重新在孩子身上找到阴茎的对等物。但这就假设她以全盘接受做女人为开始，也就是接受她的低下。她与自身分裂，远远比男人厉害。

这里没有必要强调使阿德勒和弗洛伊德分道扬镳的理论分歧，以及调和两种理论的可能性：无论是通过动力，还是通过动机来解释，都永远不够：凡是动力都有一个动机，但是动机只有通过动力才能理解；因此，阿德勒主义和弗洛伊德主义的综合似乎能实现。事实上，阿德勒在引进因果概念的同时，完整地保留了精神因果关系的观点；他与弗洛伊德，有点像能量论对机械论：不管关系到冲击还是吸力，物理学家总是赞同决定论。这正是所有精神分析学家的共同公设：据他们看来，人类史可以通过特定因素的作用来解释。他们都给女人指定同样的命运。女人的戏剧拉回到“男性化”和“女性化”这两种倾向的冲突中；第一种倾向在阴蒂体系中实现，第二种倾向在阴道冲动中实现；童年时代，她要等同于父亲；然后她对男人有一种自卑感，她面对这种非此即彼的选择：要么维持自主和变得男性化——这在自卑情结背景上引起一种紧张，这种紧张会有带来神经官能症的危险；要么在爱情的顺从中找到自身幸福的归宿，这是通过她对至高无上的父亲抱有的爱才顺利解决的；她在情人或丈夫身上追求的正是父亲，在她身上，性爱伴随着被主宰的愿望。怀孕给她补偿，交还她一种新的自主。这出戏剧看来就像有一种固有的活力；即使遭到各种意外的扭曲，它仍坚持前进，每个女人都被动地忍受这出戏剧。

精神分析学家徒劳地要从他们的理论中找到经验论的论断：我们知道，通过相当灵巧地将托勒密[①] 的体系复杂化，人们长时间确

① Claudius Ptolemy（约90—168），希腊天文学家、数学家、地理学家，从127至141年在埃及亚历山大做观察，著有《星球假设》《固定星星的位相》等。

信他准确地指出了行星的位置；人们将一个颠倒的恋母情结叠加在恋母情结之上，指出在各种焦虑中存在一种欲望，成功地将违背弗洛伊德主义的事实归入弗洛伊德主义中。人们只能从内容出发去把握形式，而理解形式的方式在形式后面将这内容切割成实在的一段又一段；所以，如果坚持要以弗洛伊德的观点去描绘一段特殊的历史，就会在它背后看到弗洛伊德的纲要；只不过在一种理论迫使人以不确定和抽象的方式将次要的解释复杂化时，在通过观察发现正常情况和反常情况同样多时，最好还是放弃旧的框架。因此，今日每个精神分析学家竭力要以自己的方式使弗洛伊德的概念变得灵活一些，企图加以调和；比如，一个现代精神分析学家写道："既然有情结，通过定义就会得到几种组成成分……情结就在这些分散成分的组合中，而不是在其他成分对其中之一的反映中。"[①] 不过，各种成分简单组合的观点是不能接受的：精神生活不是一种杂凑；在它的每一个时刻，它都是完整的，必须尊重这种统一。只有在通过分散的事实重新找到存在原有的意向性时，才能做到这一点。如果不能上溯到这个根源，人就像处在同样缺乏意义的、偶然的冲动和禁忌之间的战场。一切精神分析学家都偏执地拒绝选择的观点和与此相关的价值概念，这就构成这个体系的固有弱点。由于将冲动和禁忌与存在的选择分割开来，弗洛伊德便无法向我们解释它们的根源：他把它们看做是既定的。他企图用权威概念来代替价值概念；不过，在《摩西和他的人民》中，他承认，他没有任何方法解释这种权威。比如，乱伦是被禁止的，因为父亲禁止它，但是，为什么禁止呢？这是一个谜。超我把专横跋扈的命令与禁忌加以内化；本能倾向就在这里，人们不知道为什么；这两种实在性是异质的，因为人

① 博杜安《童年心灵和精神分析》。——原注

们把伦理看做外在于性欲；人的统一性看来被粉碎了，没有从个体到社会的过渡：弗洛伊德为了把两者汇合起来，不得不创造奇特的故事[①]。阿德勒看得很清楚，去势情结只能在社会环境中得到解释；他谈到价值的问题，但他没有上溯到被社会承认的价值的本体论根源，他不明白价值介入性欲本身，这就导致他不认识性欲的重要性。

无疑，性在人的生活中起着巨大的作用：可以说，它整个儿介入人的生活；生理学已经向我们指出，睾丸和卵巢的生命同体质的生命相混同。生存者是一个有性欲的身体；其他生存者也是有性欲的身体，因而性总是介入两者的关系中；然而，身体和性是存在的具体表现，人们也正是从存在出发，才能发现其意义：由于不具备这种观点，精神分析将有待解释的事实看做被赋予的。比如，有人对我们说，小女孩对蹲下来小便，露出屁股感到羞耻，但羞耻是什么？同样，在思考男性是否因为有阴茎而感到自豪，或者他的自豪是否表现在他的阴茎中之前，必须知道自豪是什么，主体的意图怎样才能体现在客体中。不应该把性看做不可少的论据；在生存者中，有一种更加原始的“对存在的追求”；性只是其中一个方面。这就是萨特在《存在与虚无》中所指出的；这也是巴什拉在他关于地球、空气、水的著作中所说的：精神分析学家认为，人的首要事实，就是他同自己的身体以及社会内部他的同类身体的关系；但是人对周围自然界的实质投以头等重要的关注，人力图在工作、娱乐，在“能动的想象”的所有经验中发现自然界；人认为能通过以各种各样方式理解的整个世界，具体地汇合存在。耕作土地，挖掘洞穴，这是像拥抱、性交一样原始的活动，若在其中只看到性的象征，那是搞错了；洞，黏液，切口，坚硬，完整，这是首要的实在

① 弗洛伊德《图腾与禁忌》。——原注

性；人赋予它们的关注不是由性决定的，更确切地说，性欲是由这些实在性展现的方式使之生色的。并非因为完整性象征着处女的贞洁，它才吸引男人，而是对完整性的偏爱使处女贞洁变得宝贵。工作、战争、娱乐、艺术，确定世上的存在方式，这些方式决不任自己约减成任何其他方式；它们发现一些与性揭示的品质相互影响的品质；正是同时通过它们和通过这些性体验，个体才进行自我选择。但只有本体论的观点才能恢复这种选择的统一性。

精神分析学家以决定论和“集体无意识”的名义最激烈地拒斥的正是这种选择的概念；这种无意识给人提供现成的形象和具有普遍性的象征主义；正是它解释梦、失败的行为、狂乱、寓意和人的命运的相同性；谈论自由，就无法解释这些使人困惑的和谐。但自由的想法并非不能与某些常数的存在共存的。如果说，尽管理论上有错误，精神分析方法往往仍是有成果的，这是因为在一切特殊历史中有一些论据，其普遍性是无法否认的：处境和行为重复出现；采取决定的时刻是在普遍性和重复中迸发出来的。弗洛伊德说过：“人体结构是命运。”梅洛-庞蒂对这句话作出回应：“身体是普遍性。”存在通过生存者的分离形成一体：它体现在相同的机体中；因此，在本体论和性的联系中会有常数。在特定的时代，一个群体的技术和经济、社会结构向它所有的成员展现一个相同的世界：性欲和社会形式也会有一种恒常的关系；处于相同条件下的相同个体，在既定中会把握相同的意义；这种相同不形成严格的普遍性，但是却使得在个人的历史中存在普遍的类型。在我们看来，象征不像是由一种神秘的无意识形成的寓意，而是通过能指客体的类同物对某种意义的理解；由于一切生存者的存在处境和生存者要面对的人为性之同一性，意义是以同样的方式向大量个体展现的；各种象征不是从天而降，也不从地底深处冒出来：它们完全像语言一样，通过与分离同时产生的人类现实即共在制作出来；这就解释了特殊想象在其中也有它的位置：在实践上，精神分析方法不得不承认这种特殊想象，而不管理论上接受与否。例如，这种观点使我们能理解通常给以阴茎的价值[①]。不从存在的事实出发，不可能阐明这一点：主体的异化倾向；主体对它的自由感到焦虑，便在事物中寻找自身，这构成一种逃避的方式；这是一种非常根本的倾向，以至一旦断奶后，孩子便与一切分离，他竭力在镜子中，在他双亲的目光中把握他异化的存在。原始人在超自然力、在图腾中异化；文明人在他们个体的心灵、在他们的自我、在他们的名字、在他们的财产、在他们的作品中异化：这是非本真性的第一次诱惑：阴茎特别适于对小男孩起到这种“分身”的作用：对他来说，这是外于他的客体，同时这就是自己；这是一个玩具、一个玩偶，也是他的肉体；双亲和乳母把它看做一个小人儿。于是人们设想，对孩子来说，阴茎变成“一个 alter ego[②]，通常比他更加狡猾、更加聪明、更加灵活”[③]；由于小便功能和稍后的阴茎勃起介于有意识的过程和本能发生的过程之间，由于阴茎是一个多变的、几乎是外来的、主观感受到的快感的源泉，因而被主体确立为自身又异于自身；特定的超越性以可以把握的方式体现在阴茎中，它是自豪的源泉；因为男性生殖器是分开的，男人可以把满溢而出的生命汇合到他的个体性中。于是人们设想，阴茎的长度，小便喷射、勃起、射精有力与否，对他来说变成衡量自身价值的尺度[④]。因此，毫无例外，男

---

① 在《第二性II》第一章，我们还要详细谈及这个问题。——原注

② 拉丁文，他我。

③ 爱丽斯·巴林特《孩子的内心生活》，第 101 页。——原注

④ 有人给我举出农民孩子以比赛大便来取乐的例子：那个大便最多、最硬的人获得一种威信，在游戏、甚至在搏斗中任何别的成功都不能与其相比。粪便在这里起着同阴茎一样的作用：同样有异化。——原注

性生殖器在肉体上体现了超越性；也因此，孩子感到自己被超越，就是说，其超越性被父亲侵占了，于是再现了弗洛伊德的“去势情结”的观点。小女孩缺乏这“他我”，没有在一件可以把握的东西中异化，没有得到补偿，由此导致她使自身完全成为客体，导致将自我确立为他者；她是否曾与男孩子做过比较的问题退居次要地位；重要的是，即使她没有意识到，缺乏阴茎还是妨碍她展示自己的性别；由此产生许多后果。但我们指出的这些常数并没有确定一种命运：男性生殖器拥有那么多的价值，因为它象征在其他方面实现的最高权力。如果女人成功地确定自身是主体，她便会创造出男性生殖器的对等物：体现女孩子的希望的玩偶，能够变成比阴茎更宝贵的一种占有物[①]。在一些母系血缘的社会中，女人掌握这个群体得以异化的面具；于是阴茎大大失去了它的荣耀。只有在从整体上被把握的处境中，生理特权才建立起真正的人与人关系的特权。精神分析只能在历史环境中找到真理。

说女人是雌性是不够的，同样不能通过女人对自身具有女性特点的意识来定义女人：女人在她所属的社会中意识到这一点。精神分析的语言本身，将无意识和全部精神生活都内化，设想个体的戏剧在内部进行：情结、倾向等等用词，都牵涉到这出戏剧。但生命是与世界的一种关系；正是通过世界进行自我选择，个体才得以自我确定；我们必须转向世界，才能回答纠缠着我们的问题。特别是精神分析无法解释为什么女人是他者。因为弗洛伊德也承认，阴茎的威信通过父亲的至高无上来解释，他承认不知道男性优势的根源。

我们没有一股脑儿抛弃精神分析的贡献，其中某些观点是有成

---

① 我们将在第二部再讨论这些想法，这里我们仅仅初步提一下。——原注

果的，我们拒绝的是它的方法。首先，我们不限于把性欲看做一种论据：不管这种态度多么短视，这正是对女性性欲的描绘的贫乏所揭示的；我已经说过，精神分析学家从来没有从正面，而仅仅从男性性欲出发研究它；他们似乎不知道男性对女性具有的吸引力的基本矛盾。弗洛伊德主义者和阿德勒主义者把女人面对男性感受到的焦虑解释为就像一种被剥夺的欲望的反面。施特克尔清楚地看到，这里有一种原初的反应；但他只是肤浅地解释了这点：女人会害怕破坏童贞、插入体内、怀孕、痛苦，这种恐惧抑制她的欲望；这种解释过于理性。不应该以为欲望伪装为焦虑或者受到恐惧的打击，不如将女性欲望这种既急迫又惊恐的要求看成原始就有的；吸引和拒斥这两者不可分割的综合标志了女性欲望的特点。值得注意的是，许多雌性动物在它们期待交媾时却逃避交媾：人们斥之为调情、虚伪；但是，企图把原始的习性看做复杂的行为加以解释，那是荒唐的；相反，这些习性正是人们在女人身上称为调情、虚伪的态度的源头。“被动性欲”的观点令人困惑，因为人们是从男性出发把性欲看成冲动和能量；但他们并没有先验地设想，一束光可以同时是黄色的和蓝色的：必须有绿色的直觉。如果不是用“能量”等模糊词汇去定义性欲，而是以人的其他态度，即抓住、骗取、吃、做、忍受等等的含义去解释性的意义，就能更好地限定范围；因为这是理解对象的特殊方式之一；不仅仅要研究性欲对象在性行为中的特点，而且还要研究它在一般的感知中的特点。这种考察摆脱了精神分析将性欲看做不可约减的框架。

另外我们将以完全不同的方式提出女性命运的问题：我们将把女人放在价值世界中，给予女人的行为以自由的维度。我们认为，女人要在确定自己的超越性和异化为客体之间做选择；女人不是相互矛盾的冲动的玩物；她创造出一些解决方法，其中有一种伦理的等级。精神分析将权威替代价值，将冲动替代选择，提出道德的代用品：这是正常状态的观点。这种观点在治疗学上当然十分有用；但它在一般精神分析领域扩展开来，达到令人不安的地步。描绘的框架作为一种规律提出来；机械论的心理学无疑不会接受道德创造的概念；必要时它能说明最起码的东西，却永远不是最多的东西；必要时它承认失败，却永远不承认创造。如果说主体不在总体中再现被看做正常状态的发展，人们就会说，发展中断了，便把这种中断看做一种缺失，一种否定，而永远不会看做积极的决定。这使得对名人的精神分析非常令人反感：人们对我们说，如此这般的移情，如此这般的升华，不能成功地在他们身上进行；却不去设想他们也许拒绝这样做，而且也许有好理由；人们也不想认为他们的行为可能受到随意提出的目的之驱动。人们总是通过他与过去的联系，而不是根据他投向的未来解释个体。因此，给我们的只是一个非本真的形象，在非本真性中，除了正常状态，找不到别的准则。对女性命运的描绘属于这种令人震惊的观点。根据精神分析学家所理解的观点，“等同于”母亲或父亲，就是在一个典范中异化，就是更喜欢一个外来的形象，而不是自身存在的自发演变，就是要扮演存在。他们向我们指出，女人被两种异化方式吸引；十分明显，扮演成为一个男人，对她来说会是失败之源；但要扮演成为一个女人的游戏也是一个诱饵：成为女人，就会成为客体、他者；而他者在放弃中仍然是主体。对女人来说，真正的问题是拒绝这些逃避，而作为超越性自我实现，于是问题在于要看到所谓男性态度和女性态度向她展示了何种可能性；当一个孩子在某个亲人的指点下踏上人生旅途时，这也许是因为他自由地继续他们的计划：他的行为可能是目的推动的选择达到的结果。即使在阿德勒那里，权力意志也只不过是一种荒诞的能量；他把体现超越性的一切计划称之为“男性的抗议”；据他看来，一个小女孩爬树，是要与男孩子比肩：他想象不出，爬树令她高兴；对母亲来说，男孩子完全不是一个“阴茎的对等物”；画画，写作，从政，不仅是“良好的升华”：这里有着目的，是他们所希望的。否认它，就是曲解整部人类史。人们会在我们的描述和精神分析学家的描述之间看到某些相似。这是因为根据男人的观点——也即男女精神分析学家所采用的那个观点——异化行为是女性的，正如主体确立超越性的行为是男性的。有个妇女史学家唐纳森指出，“男人是一个雄性的人，女人是一个雌性的人。”这个定义被不对称地歪曲了；在精神分析学家那里，只有男人被定义为人，而女人被定义为女性：每当女人作为人行动时，就被说成她模仿男性。精神分析学家给我们描绘女孩和少女期待要与父母等同，在“男性化”和“女性化”两种倾向之间犹豫不决；而我们把女孩设想成在摆在她面前的客体、他者的角色与要求自由两者之间犹豫不决；因此，我们会在某些事实上达成一致：特别是当我们考察在女人面前展开的非本真逃避的道路时。但我们给予她们的是完全不同于弗洛伊德主义者或阿德勒主义者所给予的意义。对我们来说，女人被定义为正在一个价值世界中寻找价值的人，认识这个世界的经济和社会结构是必不可少的；我们将通过女人的整个处境，以存在主义的观点去研究她。

第三章　历史唯物主义观点

历史唯物主义的理论阐明了十分重要的真理。人类不是一种动物，而是一个历史现实。人类社会是一个反自然：它不是被动地忍受自然的在场，它使自然为自己所用。这种为自己所用不是一个内部的和主观的活动：它客观上在实践中进行。因此，女人不会简单地被看做一个有性欲的机体：在生物学的论据中，唯有在行动中取得具体价值的论据才有重要性；女人对自身的意识不是由她的性欲确定的，而是反映了一种取决于社会经济结构的处境，这个结构表现了人类达到的技术发展的程度。可以看出，从生物学来说，标志女人的两个本质特点如下：她对世界的掌握不如男人来得广泛；她更屈从于物种。但这些事实在经济和社会的背景下看来，则具有完全不同的价值。在人类历史上，对世界的掌握，从来不由赤身裸体来确定：手，用以握东西的拇指，已经朝工具超越，工具增加了它的能力；从史前最古老的资料开始，人就总是像被武装起来。在要舞动沉重的大棒，击败野兽的时代，女人的体力弱就构成明显的劣势：只要工具要求稍微高过女人拥有的力量就足以使她显得完全无能。但是，可能出现相反的情况：技术消除了男女体力上的不平等。只有在需要的时候，充足的体力才产生优势，拥有过多的体力不比拥有足够的体力更好。因此，使用大量的现代机器，只要求一部分男性体力：如果需要的最低限度并不高于女人的能力，她就在劳动中变成与男人相等。事实上，今日人们简单地按一下电钮，便能够控制巨大的能量。至于女人在生育方面所受的奴役，则依风俗不同而相异：如果女人被迫生育很多，又要独自养育孩子，她们就深受奴役；如果女人能自由生育，在怀孕时社会帮助她，并照顾孩子，母亲的负担就轻松了，很容易在工作中得到补偿。

正是根据这种观点，恩格斯在《家庭、私有制和国家的起源》中描述了女人的历史：这历史本质上取决于技术史。在石器时代，土地为部落的全体成员所有，原始的铲和锄头的基本性质限制了农业的可能性：女人的力量只够从事开发园子的劳动。在这种原始分工中，两性已经从某种程度上构成了两个阶级；在两个阶级中存在平等；男人狩猎和捕鱼，女人待在家里；但家庭任务包括了生产劳动：制造陶器、纺织、园艺；由此，女人在经济活动中具有重要作用。由于发现了铜、锡、青铜、铁，随着犁的出现，农业扩展了领域：开发森林、耕耘农田都需要密集的劳动。于是人求助于他人的服务，迫使他们成为奴隶。私有制出现了：奴隶主和地主也变成了女人的所有者。这就是"女性的具有世界历史意义的失败"[①]。这失败是由于随着新工具的发明，劳动分工带来的变化。"从前保证妇女在家中占统治地位的同一原因——妇女只限于从事家务劳动——现在却保证男子在家中占统治地位；妇女的家庭劳动同男子谋取生活资料的劳动比较起来失去了意义——男子的劳动就是一切，妇女的劳动是无足轻重的附属品。"[②]于是，父权代替了母

---

① 《马克思恩格斯选集》第四卷，人民出版社，1972 年，第 52 页。原引文有出入，下同。

② 同上，第 158 页。

权：领地的转让是从父到子，而不是从妻子到她的部落。于是出现了建立在私有制之上的父系家庭。在这样一个家庭中，女人受压迫，作为主宰者统治着的男人荒淫无度、任意妄为：他同女奴或妓女睡觉，他可以有多个配偶。一旦风俗允许也能以牙还牙，女人便以不忠来报复：婚姻自然而然以通奸来补全。这是女人对她所忍受的家庭奴役的唯一自卫手段：她遭受的社会压迫是她遭受的经济压迫的后果。平等只有两性在法律上权利平等时才能重新建立；但这种解放要求全部女性返回到公共职业中。“妇女的解放，只有在妇女可以大量地、社会规模地参加生产，而家务劳动只占她们极少的工夫的时候，才有可能。而这只有依靠现代大工业才能办到，现代大工业不仅容许大量的妇女劳动，而且是真正要求这样的劳动……”①

这样，女人的命运和社会主义的命运便紧密结合在一起，正像倍倍尔在关于妇女的大部头著作中所写的那样。书中说：“妇女和无产者，两者都是受压迫的。”正是从机械化带来的经济发展应该将两者解放出来。妇女问题约减为工作能力问题。在技术适应女人的能力的时代，女人是强大的，当女人不能利用技术的时候则会失去优势，在现代世界中，女人重新获得与男人的平等。资本主义的老式家长制统治的抗拒力量，在大多数国家阻止这种平等具体实现：只有这些抗拒被粉碎了，平等才会实现。苏联的宣传称平等已经在苏联实现。当社会主义在全世界实现的时候，就再也不分男人和女人，而只有彼此平等的劳动者。

虽然恩格斯所作的综述比我们前面考察过的理论前进了一步，但它使我们失望：最重要的问题被回避了。整个历史的要点是从群体制过渡到私有制，他却绝对没有向我们指出这个过渡是怎样形成

---

① 《马克思恩格斯选集》第四卷，人民出版社，1972 年，第 158 页。

的；恩格斯甚至承认，“我们至今还不得而知。”[1]他不仅不知道其中的历史细节，而且也没有做出任何解释。同样不清楚的是，私有制必然导致妇女的奴役地位。历史唯物主义将必须解释的事实看做被赋予的：它不加以讨论便提出将人与私有制相连的利益联系；但这种利益作为社会机构的根源，本身的根源又在哪里呢？因此，恩格斯的陈述仍然是表面的，他发现的真相显得像是偶然的。这是因为不超出历史唯物主义，就不可能深入这些真相。他不能为我们指出的问题提供解决办法，因为这些问题关系到整个人类，而不是homo œconomicus[2]这个抽象物。

比如，很明显，个人占有财物这个想法本身，只有从生存者的原始条件出发才能获得意义。为了使这个想法出现，首先必须在主体中有一种倾向，在彻底的特殊性中，将自己的存在确定为自主和分开的。人们懂得，只要个体没有掌握客观上满足这种意图的办法，这种意图就仍然是主观的、内在的、没有实在性的：缺少合适的工具，个体一开始感受不到他对世界的掌握能力，感到自身迷失在自然和集体中，被动，受威胁，是冥冥中的力量手中的玩物；只有等同于整个部落，他才敢思考：图腾、神力、大地，是集体的现实。发现青铜使人类在艰苦的生产劳动的考验中发现自身是创造者，能主宰自然，再也用不着对自然恐惧，面对被战胜的抵抗，敢于把自身把握为自主的主动性，在其特殊性中自我实现。[3]但是，如果人一开始就不愿意这样做，就永远不能自我实现；劳动的教益

---

① 《马克思恩格斯选集》第四卷，人民出版社，1972年，第157页。

② 拉丁文，经济人。

③ 加斯东·巴什拉在《大地和意志的梦想》中特别对铁匠的劳动做了有启发性的研究。他指出，人怎样通过锤子和铁砧确定自身和自我分离。“铁匠的时刻既是很独立的又是扩大的时刻。它通过这一瞬间的强力促使劳动者掌握时间，”（第142页）稍后：“打铁的人接受起来反对他的宇宙的挑战。”——原注

不会刻写在被动的主体中：主体在锻造工具时锻造自我，在征服大地时自我征服。再者，主体的确定还不足以解释所有制：在挑战、斗争和一对一的格斗中，每个意识可以试图升至主宰地位。为了使挑战具有交换礼物的宗教节日的形式，就是说具有经济竞争的形式，为了从此开始，先是首领，然后是部落的成员要求私有财产，人类必须有另外一种原始的倾向：我们已经在上一章说过，生存者只有在异化中才能把握自身；生存者在世界上外来的并使之成为自己的形象中寻找自身。在图腾、神力中，在他占据的领土中，部落遇到的是他异化的存在；当个体同群体分离开来时，他要求个人得到体现：神力先在首领身上，然后在每个人身上个体化了；与此同时，人人都想将一块土地、劳动工具、收获据为己有。在这些属于他的财富中，人重新找到他自己，因为他消失在这些财富中，于是人们明白，可以给予财富同他的生命本身一样基本的重要性。于是人对他的财产的兴趣变成一种可以理解的关系。但是人们看到，不能只通过工具解释这一点：必须把握被工具武装起来的人的态度，这种态度牵涉到本体论的基础。

同样，不可能从私有制中推断对妇女的压迫。这里，恩格斯的观点的不足很明显。他非常明白，女人体力的弱点只是在与青铜工具和铁工具的关系中才变成具体的劣势，但是，他没有看到女人劳动能力的局限本身，只是从某种角度看才构成具体的不利。正因为男人是超越的和有雄心的，他才通过新工具计划新的要求：当他发明了青铜工具时，他不再满足于开发园子，他想开垦和种植广阔的田野：这个意图不是从青铜本身迸发出来的。女人的体能不够带来了她的衰败，因为男人用增长财富和扩展的计划使她害怕。这个计划还不足以解释她要受压迫：性别的劳动分工本来可以成为友好的联合。如果男人与他的同类的原始关系仅仅是友谊关系，就不能解释任何类型的奴役：这个现象是人竭力在客观上获得主宰地位的意识扩张的结果。如果在人的意识中没有他者的原始范畴，以及统治他者的原始愿望，那么发明青铜器就不会带来对妇女的压迫。恩格斯也没有考虑到这种压迫的特殊性。他力图把性别的压迫归于阶级冲突：他这样做并没有充分的信心；论点经不起推敲。确实，劳动的性别分工和由此产生的压迫在某些方面令人想起阶级的分化，但是，人们不会把它们混淆起来；在阶级分化中没有任何生物学的基础；在劳动中，奴隶意识到自身与主人的差别；无产者总是在反抗自身状况，重新成为本质，对剥削者构成一种威胁；其追求的是作为阶级消失。我们在导言中说过，女人的处境是如何不同，特别是由于生活和利益使她与男人相联，以及男人发现女人扮演同谋的角色：女人身上没有任何革命的愿望，她不会作为性别自我消灭：她仅仅要求取消某些性别特殊化的后果。更为严重的是，人们不会不带自欺地把女人只看做劳动者；无论在社会经济还是在个人生活中，她的生育作用和她的生产能力是同样重要的；在某些时代，生孩子比扶犁更有用。恩格斯回避了问题；他只限于宣称，社会主义共同体将取消家庭：这是很抽象的解决办法；大家知道，苏联根据生产的迫切需要和人口增长的需要获得不同程度的平衡，不得不经常和彻底地改变家庭政策；再说，消灭家庭不一定能解放妇女：斯巴达和纳粹政权的例子证明，直接依附于国家，女人并不会少受男性的压迫。真正社会主义的伦理学，就是说寻求正义，而不取消自由，给个体负担但不消灭个体性，由于女人的状况问题，它处于非常尴尬的局面。不可能把怀孕简简单单地比做像服兵役一样的一种工作或一种服务。要求女人生孩子比管理公民的日常事务要更深入地破坏女人的生活：任何国家都从来不敢强制性交。在性行为中，在怀孕时，女人不仅投入时间和精力，而且投入本质的价值。理性的唯物主义徒劳地想不承认性欲的这种戏剧性：人们不能管理性本能：弗洛伊德说，不能肯定性本能本身是否不承载着对顺从的拒绝；可以肯定的是，它不能被纳入社会性中，因为在性欲中有一种此刻对时间、个体对普遍的反抗；企图引导性欲和利用性欲，就有扼杀性欲的危险，因为不能像支配无生命的物质那样支配活生生的自发性；更不能勉强它，就像勉强自由一样。人们不会强迫女人生孩子：所能做的是，把她禁闭在某种处境中，怀孕对她来说是唯一的出路：法律和风俗把婚姻强加给她，禁止避孕措施和人工流产，禁止离婚。苏联今日恢复的正是这些家长制的古老约束；它使家长制的婚姻理论重新复活；由此，它重新要求女人成为性欲对象：最近有篇讲话鼓励苏联女公民好好打扮，涂脂抹粉，变得娇媚，以便留住丈夫，激起他的欲望。通过这个例子，可以清楚地看到，不可能把女人仅仅看做一种生产力：她对于男人来说是一个性伙伴，一个生儿育女者，一个性欲对象，一个他者，通过她，男人寻找自己。极权制度或者独裁制度徒劳地不约而同地禁止心理分析，宣称对于忠诚地融入集体的公民来说，个人悲剧不会发生，性是一种经验，普遍性总是在其中被个体性重新抓住。在民主社会主义中，阶级会被消灭，但不是个体，个人命运的问题会保留全部重要性：性别差异也保留全部重要性。将女人和男人联结起来的性关系不像男人对女人保持的性关系；将女人和孩子联结起来的关系独一无二。这种处境不是被唯一的青铜器创造的：机器不足以消灭它。为她要求一切权利，要求一切一般意义的人所拥有的机会，并不意味着应该对她的特殊处境视而不见。为了了解这种境况，必须越出历史唯物主义，它在男人和女人身上只看到经济实体。

因此，我们以同样的理由拒绝弗洛伊德的性一元论和恩格斯的经济一元论。一个精神分析学家会把女人所有的社会要求解释为

“男性化抗议”的现象；相反，对马克思主义者来说，性欲通过或多或少复杂的转弯抹角，不断表达其经济状况；但“阴蒂的”或“阴道的”范畴就像“资产阶级的”或“无产阶级的”范畴一样，同样无法禁闭一个具体的女人。将个人戏剧看做人类的经济史的同时，只有存在主义的基础能够让人从整体理解生命这种特殊形式。弗洛伊德主义的价值来自认为生存者是一个身体：它作为身体面对其他身体感受自己的方式，具体反映了它的存在处境。同样，马克思主义的论断中属实的是，生存者的本体论意图，根据提供给他的物质可能性，特别根据向它展示的技术的可能性，具有具体的形象。但是，如果不把这些可能性融入人类现实的整体中，仅以性和技术是什么也不能解释的。因此，在弗洛伊德那里，超我提出的禁忌的自我的冲动就显得像偶然的事实；在恩格斯关于家庭历史的论说中，最重要的事件似乎按照一种神秘的偶然性的任意行为意外地出现。为了发现女人，我们不会拒绝生物学、精神分析和历史唯物主义的某些贡献，但是我们认为，身体、性生活、技术只有在人以存在的总体观点把握它们的时候，才具体地存在。体力、男性生殖器官、工具的价值只能在价值世界中才能确定：它受到朝向存在超越自己的生存者的根本计划的制约。

第二部　历史

一

这个世界总是属于男性的：人们为此提出的任何理由，我们都觉得不够充分。正是根据存在主义哲学，重新捡起史前和人种志的论据，我们才能明白性别的等级是怎样建立的。我们已经提出过，当人的两个范畴出现时，每一个都想把自己的统治权强加给另一个；如果两者都能够坚持这种要求，那么两者之间要么是在敌意，要么是在友谊中创造出一种相互的关系，不过始终处在紧张状态；如果两者之一享有特权，一个就战胜另一个，设法让后者处在被压迫状态。因此，人们明白，男人具有统治女人的意愿，但是，什么特权使男人实现这种意愿呢？

人种志学者提供的关于人类社会的原始形态的资料，是极为矛盾的，尤其是他们很了解情况，却非常缺乏系统，因此矛盾更显突出。特别困难的是要设想在农业时期之前女人的处境。人们甚至不清楚，在与今日截然不同的生活条件下，女人的肌肉组织及呼吸器官是否不像男人那样发达。女人要做艰苦的劳动，特别是女人要肩负重担；但后一个事实模糊不清：也许是，之所以女人要承担这个作用，这是因为在队列中，男人要保持双手能自由活动，以对付可能出现的野兽或人之类的侵犯者；因此男人的角色更危险，它要求更强壮有力。然而，在许多情况下，女人似乎相当强壮和有足够的抵抗能力，可以参加征战。根据希罗多德①的叙述，根据有关达荷美的“亚马孙”②的传说，以及许多其他的古代和现代的见证，女人有时参加战争，或者参加血腥的家族复仇；她们表现出与男性一样的勇气和残忍：可以举出她们大口吃敌人的肝的例子。尽管如此，当时同今日一样，男人确实体力占优势；在大棒加野兽的时代，在大自然的阻力达到最高点、工具最简陋的时代，这种优势应该具有极大的重要性。无论如何，不管女人当时多么强壮，对她们来说，在与敌对的世界作斗争时，生殖的束缚代表可怕的障碍：据叙述，“亚马孙”割掉她们的乳房，这意味着至少在打仗时期，她们拒绝怀孕。至于正常的女人，怀孕、分娩、月经削弱她们的工作能力，迫使她们长时期肢体不灵便；为了抗击敌人，为了保存自身和她们的后代，她们需要战士的保护，需要男性从事的狩猎和捕鱼得来的物品；由于她们显然无法控制生育，由于大自然并不保证女人有不育期，就像其他雌性哺乳动物那样，重复怀孕要占据她们的大部分精力和时间；她们不能保证自己生下的孩子能存活。这是第一个带来严重后果的事实：人类的肇始是艰难的；捡拾食物、狩猎和捕鱼的民族，只能从土地获得微薄的财富，而且要做出艰苦努力；按照集体财富来说，出生孩子太多；女人不合逻辑的生育，妨碍她积极参与财富的增长，而她却在无限制地产生新的需要。她对物种的延续是必不可少的，却生育得太多了：保证生育和生产平衡的是男人。因此，女人面对身为创造者的男性，甚至没有维持生命的特权；她不起与精子相对的卵子的作用，也不起与男性生殖器相对的子宫的作用；她在延续人种的努力中，只占有一分子，正是由于男人，这种努力才达到具体的结果。

生产—生育的平衡最终总会建立起来，哪怕要付出杀婴、牺牲、战争的代价，从集体得以继续存在的观点看来，男女都是必不可少的；人们甚至可以设想，在食物丰盛的某些阶段，女人的保护

---

① Herodotus（约前484—约前425），古希腊历史学家，著有《历史》。

② Amazon，希腊神话中由女战士组成的一个种族的成员，相传曾居住在黑海边。达荷美即当今的贝宁。

和哺育作用，使男性从属于女人—母亲；有些雌性动物在怀孕期间获得完全自主；为什么女人不能成功地使自己成为台柱子呢？即使在人类最需要新生儿的年代，劳动力的需求也超过原材料的需求，甚至在怀孕最受尊敬的时期，做母亲也不允许女人获得首要地位[1]。理由是，人类不是一个简单的自然物种，并不追求作为物种延续；它的计划不是停滞，它要趋向于自我超越。

原始群体并不关心后代。他们并不束缚在一块领土上，一无所有，不体现在任何稳定的东西中，不能形成任何永恒的具体思想；他们不考虑延续生命，在他们的后裔中认不出自己；他们不怕死亡，不要求有继承者；对他们来说，孩子构成一个负担，而不是财富；证明是，在游牧民族中，杀婴行为总是很多的；许多没有被杀的新生儿由于卫生条件堪虞，在普遍的无所谓中死去。生育的女人因而没有创造的骄傲；她感到自己是无形力量的玩偶，痛苦的分娩是无用的，甚至是讨厌的事。后来，人们渐渐给予孩子重视。但无论如何，生育、喂奶，不是*活动*，这是自然的作用；其中没有任何计划；因此，女人在其中感觉不到对自身生存高傲地肯定的理由；她被动地忍受自身的生理命运。她投身于家务劳动，因为只有这种劳动与做母亲的负担相协调，它们把她束缚在重复性和内在性中；它们日复一日以相同的形式再现，这种形式世世代代延续下去，几乎不改变；它们不生产任何新的东西。男人的情况完全不同；他不像工蜂那样通过一个简单的生命过程，而是通过超越动物状态的行为抚育集体。Homo faber[2]自开天辟地以来就是一个创造者：他的手臂武装起来，为了打落果实、攻击野兽的棍和棒是他用来扩大掌

① 社会学今日不再相信巴霍芬的错误理论。——原注
② 拉丁文，劳动的人。

握世界的能力的工具；他不只将海里捕到的鱼运回家里：首先必须挖成独木舟，征服水域；为了将世界的财富据为己有，他吞并世界本身。在这种行动中，他感受到自己的能力；他提出目的，设想通往目的的道路：他作为存在者自我实现。为了维持，他创造；他超越了现在，他展开未来。因此，捕鱼和狩猎具有神圣的性质。人们用节日和欢呼迎接他的成功；男人在其中看到自己作为人的价值。今日，当他建造了堤坝、摩天大楼、原子反应堆时，他更加表现出这种骄傲。他不仅致力于维持既定的世界，还要突破边界，投下一个新的未来的基础。

他的活动有另一个维度，这维度给予他最高的尊严：他的活动往往是危险的。如果血液只是一种养料，那么它的价值不比牛奶更高；但猎人不是肉店老板：在同野兽的搏斗中，他要冒危险。战士为了提高他所属的群体和部落的威信，要拿自己的生命当赌注。由此他出色地证明，对人来说，生命不是最高价值，生命应该为比它更重要的目的服务。落在女人身上的最厉害的诅咒，就是她被排除在这些远征之外；男人不是因为献出生命，而是因为冒生命危险，才高出于动物之上；因此，在人类中，优越性不是给予生育的女性，而是给予杀生的男性。

我们这里掌握着整个秘密的关键。根据生物学，一个物种只有自我更新才能维持下去，但这种更新只不过是同一生命以不同的形式重复再现。正是通过存在来超越生命，人类才保证生命的重复再现：通过这种超越，人类创造了价值，而纯粹的重复不具有任何价值。在动物身上，雄性活动的无动机和多变是徒劳的，因为它没有任何计划；它不为物种效劳，它所做的事便什么也不是；而男人在为物种效劳时，是在塑造世界的面貌，他创造新工具，他发明，他铸造未来。他把自己确立为统治者，得到女人的协助：因为她也是一个生存者，超越性驻足于她身上，她的计划不是重复生命，而是超越到另一个未来；她在自己存在的核心确认男性意图。她在庆祝男性的成功和胜利的节日中与男人联合起来。她的不幸，从生物学上说，就是注定要重复生命，而在她自己的眼中，生命自身并不承载存在理由，而这些理由比生命本身更加重要。

黑格尔通过辩证法界定主仆关系，其中某些段落更适用于男女之间的关系。他说，主人的特权，来自通过以自己的生命去冒险的事实，确认精神，并以之作为生命的对立面，但事实上，被战胜的奴隶经历过同样的冒险；而女人原本就是一个给予生命的生存者，并没有以她的生命来冒险；在男人和她之间，从没有过战斗；黑格尔的定义尤其适用于女人。“另一个（意识）是从属的意识，对它而言，本质的现实是动物的生命，就是说，由另一个实体给予的存在。”但这种关系与压迫不同，因为女人追求、也承认男性具体达到的价值；正是男性开辟了未来，她也朝这个未来超越；事实上，女人从来不以女性价值去反对男性价值，创造这种分裂的是希望维持男性特权的男人；他们只是为了禁闭女人，才想创造一个女性领域——生命和内在性的法规；生存者正是越过性别的一切规范，在超越的活动中自我辩解：女人的屈从就是证明。她们今日所要求的，就是作为与男人同样的生存者得到承认，而不是让存在屈从于生命，让人听命于动物性。

存在主义观点让我们明白，原始群体的生物学和经济的处境必定导致男性的统治。女性比男性更受到物种的折磨；人类总是寻求摆脱特定命运；通过发明工具，对人来说，维持生命变成活动与计划，而在怀孕时，女人像动物一样被身体所束缚了。正是因为人类在存在中对自身提出了问题，就是说更偏爱生存理由而不是生命，所以面对女人，男人确立为主人；人类的计划不是在时间中重复自己，而是主宰现时和创造未来。男性的活动在创造价值的同时，也将存在本身构成价值；男性活动战胜了生命的错综复杂的力量，也奴役自然和女人。如今我们必须明白，这种处境如何延续下来，世世代代发展下去。人类给予内部确定为他者的这一部分什么位置呢？给予她什么权利呢？怎样界定她呢？

二

我们刚才看到，在原始群体中，女人的命运是十分艰难的；在雌性动物身上，生育作用是自然而然地受到限制的，在生育时，个体多少被免除了其他疲劳；只有雌性家畜有时作为繁殖工具之外，还要承担劳作，被苛求的主人盘剥到精疲力竭，体能耗尽。这无疑是在与敌对世界斗争、要求充分利用群体资源的时期女人的状况；不断和无节制的生育产生的疲劳，还要加上艰苦的家务劳动产生的疲劳。但某些历史学家认为，正是在这个阶段，男性的统治最不明显；必须更确切地说，这种优势是被直接体验的，还没有被提出和被要求；人们并没有想方设法弥补损害女人的严酷的不利状况，但也不谋求侮辱她，像后来在家长制下发生的那样。任何制度都不认可性别的不平等；况且没有制度：没有私有制，没有继承制度，没有法律。宗教是中性的：崇拜某种无性别的图腾。

当游牧民族在土地上定居下来，变成农民时，可以看到制度和法律出现了。人不再限于与敌对力量作艰苦的搏斗；人开始通过强加于世界的面貌具体地表现自己，设想这个世界和自我设想；这时，性别差异反映在集体的结构中，具有特殊性：在农业共同体中，女人往往具有不同寻常的威信。这种威信主要可以通过孩子在建立于土地劳动基础上的文明中有着全新的重要性来解释；人安居在一片土地上，将土地变为私有；所有制以集体的形式出现；它要求土地所有者有后代；怀孕变成一种神圣的功能。许多部落生活在共同体制度中：这并不意味着女人属于集体中的所有男人；今日人们不大相信，曾经实现过群婚；男女只是作为群体才有宗教的、社会的和经济的生活：他们的个体性仍然是一个纯粹的生物学现象；婚姻不管是什么形式：一夫一妻制、一夫多妻制、一妻多夫制，也只不过是世俗的偶然事件，不产生任何神秘的联系。对妻子来说，这不是受任何奴役的源泉，她仍然融入部落中。在同一图腾下汇聚起来的部落整体，神秘地具有同一神力，物质上共同享受同一片土地。根据上文谈过的异化过程，部落以客观和具体的形式在这片土地上把握自己；由于土地的永久性，部落自我实现为一个在时间的流逝中得以长存的单位。唯有采用存在主义的观点，才能让人明白在部落、氏族、家庭和所有制之间延续至今的同一性。农业共同体以植根于往昔、与未来相连的观念代替只存在一时的游牧部落观：人们尊敬图腾祖先，这祖先将名字赋予部落的成员；而部落极为关注它的后代：它通过遗留给后代、让他们去开垦的土地，得以延续下去。共同体考虑它的统一，期望生存能超越现时：它在孩子中认出自己，将孩子认做亲人，在孩子身上自我完成和自我超越。

但是许多原始人不知道父亲在生育后代中所占的份额；他们把孩子看作飘浮在某些树、某些岩石四周，某些神圣的地方，降落到女人体内的祖先亡灵化身再现；有的部落认为，女人不应该是处女，以便让这种潜入成为可能，但是其他部族认为，也可以通过鼻孔或口潜入；无论如何，破坏童贞在这里是次要的，出于神秘的理由，这很少成为丈夫的特权。显然，母亲对孩子的出生是必不可少的；正是她在怀中保存和供养胚胎，因此也是通过她，部落的生命散布于可见的世界上。所以，女性起到头等重要的作用。孩子往往属于他们母亲的部落，用她的名字，参与她的权利，特别参与享有部落拥有的土地。于是，共同体的财产由女人传递：通过她们，田野和收获确保给予部落的成员，反过来，通过他们的母亲，孩子们被分派到这样或那样的土地。因此可以认为，土地神秘地属于女人：她们对土地和收获既有宗教的又有合法的控制力。将二者结合起来的联系比隶属关系还要紧密；母权制以女人真正掌握土地为特征；生命的延续，也即本质上代代相传的生命，通过变形，在女人与土地之间完成。在游牧部落中，生育只是一个意外，土地的财富未被认识；但是农业劳动者赞美在田垄间和母腹内繁殖的神秘；他知道自己像牲畜和收获一样产生出来，期望部落产生其他的人，他们在延续田野的丰饶的同时也延续了部落；在他看来，整个大自然就像一个母亲；土地是女人；女人身上盘踞着像土地一样晦暗不明的威力[①]。部分出于这个理由，农业劳动托付给女人：她能够把祖先的亡灵召唤到自己怀里，她也有让播种过的田野迸发出果实和麦穗的能力。在这两种情况下，关系到的不是创造活动，而是有魔力的咒语。在这个阶段，人不再限于捡拾土地的产品，但是人还不了解土地的威力；人在技术和魔法之间犹豫；人感到自己是被动的，附属于随意分配生与死的大自然。当然，人多少承认性行为和耕作土地的技术的用处，但是，孩子和收获仍然是像超自然的恩赐一样；正是属于女人体内神秘的气息在这世界上吸引了埋藏在生命的神秘根源中的财富。这样的信念今日在印第安人、澳大利亚人、波

① 一个盎格鲁-撒克逊的古老魔咒说："敬礼，人类的母亲大地，愿你在同上帝的拥抱中孕育，充满为人所用的果实。"——原注

利尼西亚人的许多部落中依然根深蒂固[①]；尤其因为这种信念与集体的实际利益相一致，所以更具有重要意义。母亲这一职能使女人只能在家里生活；当男人去打猎、捕鱼、打仗时，她自然而然待在家里。但在原始群体中，只能经营小规模的、包括在村子范围内的园地；种植是家务活；石器时代的工具不要求高强度的劳动；经济和神秘观念都一致同意把农业劳动交给女人。在家庭工业开始产生的情况下，这也是她们的事儿：她们编织毯子和被子，她们制造陶器。时常是她们主持商品交换：商业掌握在她们手里。因此，部落的生活通过她们得以维持和扩大；孩子、畜群、收获、器皿，整个群体的繁荣都取决于她们的劳动和有魔力的能耐，她们是群体的灵魂。那么多的本事使男人产生混杂着恐惧的尊敬，这反映在他们的崇拜中。整个格格不入的*自然*就集中在她们身上。

我们已经说过：男人只有通过思考*他者*，才思考自己；他以二元论去把握世界；这二元论先是没有性别特征。但自然而然地，由于不同于自以为相同的男人，女人被列在*他者*的范畴中；*他者*包括女人；她先是地位不够重要，不能单独体现*他者*，以至在*他者*的中心再分出一部分：在古老的宇宙起源论中，同一个元素往往既体现出雄性又体现出雌性；因此，在巴比伦人那里，大洋和大海是宇宙混沌的双重体现。当女人的作用增长时，她几乎占据了*他者*的范围整体。于是出现了女神，人们通过女神，崇拜繁殖的观念。在苏

---

① 在乌干达，在东印度群岛的班塔人中，一个不能生育的女人被看作对园地有危险。在尼科巴群岛，人们认为如果让一个怀孕的女人劳作，收获会更加丰盛。在婆罗洲，由女人选择和保存种子。“看来，人们感到在她们身上有一种与种子天然的亲缘关系，她们说是种子处在怀孕状态中。有时，女人在稻谷生长时，在稻田中过夜。”（霍斯和麦克杜格尔）在以前的印度，裸体女人黑夜在田野里拉犁。奥里诺科河流域的印第安人让妇女播种和种植，因为“同女人知道怀孕和生孩子一样，她们播下的种子植下的根带来的果实，要比男人的手种植的种子收获丰富得多”。（弗雷泽）在弗雷泽的著作中可以找到大量相同的例子。——原注

萨[1]，人们找到了“大母神”最古老的形象，穿长裙戴高帽的“伟大母亲”的形象，其他塑像展现的女神头上缠得高高的；克里特岛发掘出好几个女神的肖像。女神有时是臀部过肥的蹲姿，有时是苗条些的站姿，有时穿着衣服，往往是裸体，双臂抱紧在肥大的乳房下。她是天后，一只鸽子象征着她；她也是地狱的皇后，她从地狱爬出来，蛇象征着她。她出现在高山、森林、大海和泉水中。她处处创造生命；如果她杀生，她也使生命复活。她像大自然一样任性、淫荡、残忍，既慈悲又使人恐惧，统治着整个爱琴海、弗里吉亚[2]、叙利亚、安纳托利亚[3]和整个西亚。她在巴比伦名叫伊什塔尔[4]，在闪米特人[5]中叫阿斯塔特[6]，在希腊人中叫该亚、瑞亚或库柏勒[7]；在埃及以伊希斯[8]的特点出现；男性的神附属于她。女人作为在天堂和地狱的遥远区域中最高的偶像，在人间就像所有的神一样被禁忌环绕，她本身就是禁忌；由于她掌握的权力，人们把她看作魔女、女巫；人们把她同祈祷结合起来，她有时变成女祭司，就像古代凯尔特人[9]中的德鲁伊特[10]一样；有时她参与部落的统治，甚至她会独自进行统治。这些远古时代并没有给我们留下任

① Susa，古代埃兰王国的都城，在今伊朗胡齐斯坦省。1850 年英国考古学家洛夫特斯确定苏萨的遗址。

② Phrygia，小亚细亚的古地名，地域变化很大，公元前 1200 年即已存在，被印欧民族占据过。

③ Anatolia，又名小亚细亚，亚洲西南部的半岛，大体相当于土耳其的亚洲部分。

④ Ishtar，巴比伦和亚述神话中的女神，司战争与性爱。

⑤ Semitic，起源于阿拉伯半岛和叙利亚沙漠的游牧民族。古代包括巴比伦人、亚述人、希伯来人和腓尼基人等，近代指阿拉伯人和犹太人等。

⑥ Astarte，古代近东地区所奉女神，司爱情与战争。

⑦ Gaea，希腊大地女神。Rhea，希腊女神，与丰产有关，宙斯等大神之母。Cybele，又译西布莉、赛比利，弗里吉亚的女神，众神之母，对她的崇拜后传入希腊。

⑧ Isis，古埃及的生命和健康之神，丰产和母性的保护者。

⑨ Celt，古代印欧民族的一个分支，自公元前 2000 年散居于欧洲大部分地区，后部分地融入罗马帝国。

⑩ Druid，凯尔特人中一批有学识的人，担任祭司、教师和法官。

何文学。但是父系制的重要时期在神话、纪念性建筑物和传说中保存着女人占据很高地位的时代的回忆。从女性的观点看来，婆罗门时代是《梨俱吠陀》[1]时代的倒退，而后者又是在它之前的原始阶段的倒退。伊斯兰之前的时代的贝都因女人[2]有着远远高于《古兰经》为她们指定的地位。尼俄柏和美狄亚的伟大形象令人想起那个时代：母亲们将孩子们视为自己的财产，以自己的孩子们为骄傲。在荷马史诗中，安德洛玛刻、赫卡柏[3]占有重要地位，古希腊已不再承认藏在闺房阴影中的女人有相同的重要性。

这些事实使人设想，在原始时代，存在一个真正的女人统治时期；巴霍芬提出的这个假设，恩格斯重新引用；从母权制到父权制的过渡，在他看来，就像“女性的具有世界历史意义的失败”。但事实上，女人的这个黄金时代只是一个神话。要说女人是他者，就是说在两性之间不存在相互性的关系：作为大地、母亲、女神，她对男人来说不再是一个同类；她的威力正是超越人的范围才确定下来的，因此，她在此之外。社会始终是男性的；政权总是落在男人手里。列维-斯特劳斯在他对原始社会的研究的结论中断言：“公共权威，或者简而言之社会权威，总是归于男人的。”同类，另一个人，和他一样，同他建立起相互关系，对男性来说，这总是一个雄性个体。在集体的中心，以这样或那样的形式显示出来的二元性，使一部分男人反对另一部分男人，而女人属于男人拥有的财产，是男人之间的一个交换工具。错误来自人们混淆了互相激烈排斥的他性的两种形态。在女人被看做绝对他者的情况下，就是说——不管

① *Rig-Veda*，印度最古老的宗教文献，为颂诗集。

② Bedouin，从摩洛哥至埃及、叙利亚、阿拉伯地区游牧的阿拉伯人。

③ Andromache，希腊神话中赫克托耳之妻，在《伊利亚特》中与丈夫生离死别的段落十分著名，是忠贞妻子的形象。Hecuba，特洛伊王普里阿摩斯之妻，生了十九个孩子，是母性痛苦的象征。

她的魔力如何——她被看做是非本质，准确地说，不可能把她看做另一个主体[①]。因此女人从来没有建立起一个分离的群体，而是面对男性群体自为地构成的；她们同男人从来没有直接的和自主的关系。列维-斯特劳斯说："构成婚姻的相互关系不是在男人和女人之间建立的，而是利用女人在男人之间建立的，女人只不过是形成这种关系的主要理由。"[②]女人的具体状况不受血统类型的影响，而血统在女人所属的社会中具有头等重要性；无论是以父系制、母系制、双边制还是不区分制（不区分制从来不是严格的），女人总是在男人的保护下；唯一的问题是，要知道在结婚后，女人是否还屈从于父亲或者哥哥的权威——这种权威也扩展到她的孩子们——或者转到丈夫的权威之下。无论如何："女人，她从来只是她的后裔的象征……母系制，这是女人的父亲或兄弟的手一直伸展到丈夫的村子。"[③]女人只是权利的媒介，而不是权利的掌握者。事实上，是两个男性群体的关系被血统制所确定，而不是两性的关系。实际上，女人的具体状况不是以稳定的方式与这样或那样的权利联结起来。在母系制中，有时女人占据一个很高的地位，还必须留意的是，一个女人当首领，一个女王处于部落之首，绝对不意味着女人在那里是至高无上的：俄国的叶卡捷琳娜[④]登基丝毫没有改变俄国女农奴的命运；这样的女人也有可能经常生活在屈辱之中。再说，女人待在她的部落里，而她的丈夫只能短暂地、甚至秘密地去拜访

---

① 可以看到，这种区分延续了下来。把女人看做他者的时代最激烈地拒绝将女人作为人融合到社会中。今日，女人变成了失去神秘光晕的另一类人。反女性主义者始终玩弄这种模棱两可的词句。他们乐意把女人赞扬为他者，以便将女人的他性看成绝对的、不可约减的，拒绝让女人进入人类的共在。——原注

② 参阅列维-斯特劳斯《亲属的基本结构》。——原注

③ 同上。——原注

④ Catherine II，Catherine the Great（1729—1796），俄国女皇。

她的情况是非常罕见的。她总是生活在丈夫的家中，这个事实足以表明男性的优越地位。列维-斯特劳斯说：“在血统形态变动的后面，入住夫家的常规表明了标志人类社会特点的两性不对等的基本关系。”由于她把孩子们留在自己身边，部落的领土结构因此不与它的图腾崇拜的结构相吻合：图腾崇拜的结构是严密地建立的，而领土结构是偶然形成的；但实际上，领土结构最为重要，因为人们劳动和生活的地方，要比神秘的附属更为重要。在传播最广的过渡形态中，有两种权利，一种是宗教的，另一种建立在土地的占有和田地劳动之上，两者互相渗透。婚姻作为一种习俗，仍然具有巨大而重要的社会意义，而夫妇家庭尽管排除了宗教意义，就人际这方面而言，却显得非常重要。即使在性关系十分自由的集体中，也要求女人结了婚再生孩子；她不能单独同自己的子女组成一个自主的群体；她的兄弟的宗教保护是不够的；要求有一个丈夫存在。他对孩子们往往负有重大责任；孩子们不属于他的部落，但是，是由他抚养他们长大；在丈夫和妻子、父亲和儿子之间，形成共同生活、劳动、有共同利益和亲情的关系。在世俗的家庭和图腾崇拜的部落之间，关系非常复杂，结婚仪式多种多样即可为证。最初，丈夫向另一个部落买来妻子，或者至少在这两个部落之间有一种人与物的交换。第一个部落提供它的一个成员，第二个部落出让牲畜、收成、劳动。但由于丈夫要负担他的妻子和妻子的孩子们，有时他从妻子的兄弟们那里收到一笔报酬。在神秘实体和经济实体之间，平衡是不稳定的。男人往往更关心他的儿子们而不是他的侄子们；他正是作为父亲去选择确定自己的位置，只要这种确定一旦可能实现。因此，当一个社会的发展导致人意识到自身，并要强加自己的意愿时，这个社会便趋向于父系制。但有必要强调，即便面对生命、自然和女人的神秘，男人还处于混沌不清之中，他也从来未曾放弃自己的权力；女人身上危险的魔力使他害怕时，他便把她确立为本质，是他把她置于这样的地位，这样，他在自己同意的异化中成了本质；尽管繁殖的能力进入到女人身上，但男人仍然是她的主人，正如他是富饶的土地的主人那样；女人注定是屈从的，被占有的，被利用的，就像她体现其丰沛魔力的自然那样。她在男人眼中所享有的威信，是从男人身上获得的；他们跪在他者面前，他们崇拜母亲—女神。但是，不管后者多么强有力，却是通过男性意识创造的概念被把握的。男人创造的一切偶像，不管塑造得多么可怕，事实上都附属于他，因此，他也可能摧毁这些偶像。在原始社会，这种附属没有得到承认，也没有被确立，可是，它本身直接存在；一旦男人更清晰地意识到自身，一旦男人敢于自我确定和反对，这种附属便很容易变得间接。其实，即使男人自视为既定的、被动的、要忍受日晒雨淋的命运，他也自我确认为超越性、计划；在他身上，精神、意志已经得到确认，与生命的混沌和偶然性是相对立的。由女人代表的各种图腾崇拜的祖先，或多或少清晰地在其动物或树木的名字上表明了男性本原；女人延续着这个本原的肉体存在，但她的作用仅仅是抚育，而不是创造；在任何一个领域她都不创造；她给部落孩子和面包，维持部落的生命，如此而已：她仍然注定处于内在性中；她仅仅体现社会静态的、封闭于自身的面貌。而男人继续占据将群体引向自然和整个人类的职能；与男人相称的工作，只有战争、狩猎、捕鱼，他获得外来的战利品，使之归于部落；战争、狩猎、捕鱼，代表存在的扩张和朝向世界的超越；男性是超越的唯一体现。他还没有实际的方法，完全统治女人—大地，他还不敢起来反对她，但是，他已经想摆脱她。据我看来，正是应该在这种意愿中寻找在母系血统的社会中流传极广的异族通婚的有名习俗的深刻原因。即使男人不知道他在生育中所起的作用，对他来说，婚姻也有重要意义：他正是由此达到成年人的尊严，平分世界的一部分；他通过母亲与部落、祖先和一切构成他的实质的东西相连；但是，在他所有的世俗作用，即劳动、婚姻中，他想摆脱这个圈子，确定超越性，对抗内在性，开辟一个不同于过去的未来，虽然他植根于过去；根据不同社会承认的隶属类型，禁止乱伦采取了不同形式，不过这种禁止从原始时代至今仍保留同样的意义：男人期望拥有的是他不是的东西；他与在他看来不是自身的他者相结合。因此，妻子不应分享丈夫的神力，她应该与他属于不同家族，也就是不属于他的部落。原始婚姻有时建立在要么真实要么象征性的抢亲之上：这是因为对他人的暴力是对他性最明确的确定。战士用暴力获得妻子，表明了他善于归并外来的财富，突破了他的出生给他确定的命运范围；不同形式下的买卖——支付战利品，提供各项服务——表现出同样的意义，却少了很多光彩[①]。

男人逐渐地把他的经验传播开来，在他的描述和他的实际生活中，是男性本原取得胜利。精神战胜了生命，超越性战胜了内在性，技术战胜了魔力，理性战胜了迷信。女人的贬值代表人类史上一个必要的阶段，因为她不是从自己的积极价值中，而是从男人的

① 我们在上文提及的列维-斯特劳斯的论文中，找到形式略微不同的对这个观点的确认。从他的研究中得出，禁止乱伦绝不是产生异族通婚的始因，但它以否定形式反映了异族通婚的积极意愿。没有任何直接的理由让一个女人和她的部落的男人交往显得不恰当，但从社会方面来说是有用的：她属于提供服务的部分，由此每个部落不是自我封闭的，而是与另一部落建立相互依存的关系："异族通婚具有积极多于否定的价值……它禁止族内婚……当然不是因为血亲婚姻与生物学上的危险相连，而是因为从异族婚姻中得到社会的好处。"群体不应以私人的名义去消耗构成它的一种财产的女人，而应该将女人变成一个交流的工具；如果与同部落的女人结婚受到禁止，"唯一的理由是，她是同一个，而女人应该（因此可能）变成他者……被卖为奴隶的女人能成为与原始社会中被给予的女人一样的女人。对这一种和那一种女人来说，所需的他性符号应是一种结构中某种见解的后果，而不是一种内在特征的后果。"——原注

弱点中获取威信；令人不安的自然神秘体现在她身上：当男人从自然中解放出来时，也摆脱了她的控制。是从石器到青铜时代的过渡让男人通过自己的劳动实现对土地的征服和对自身的征服。农业劳动者是服从土地、发芽、季节摆布的，他是被动的，他祈求，他等待，因此，图腾崇拜的精神遍布人类世界；农民要忍受包围着他的力量的拨弄。相反，工人根据自己的意图模仿制造工具；他用双手通过工具实现自己的计划；面对抗拒他、但被他征服的无活力的自然，他确定自己为至高无上的意志；他敲打铁砧，加快造出工具，而什么也不能加快麦穗的成熟；他按照造出的东西领会他的责任；他灵活或者笨拙的动作造出它或打碎它，他谨慎而灵巧，使之达到完美，为此而骄傲：他的成功不取决于神灵而是取决于自己；他向同伴挑战，他为自己的成功感到自豪；即使他还对仪式做出某些让步，准确的技术对他来说更加重要；神秘的价值退居第二位，实际的利益进到第一位；他没有完全从神灵中解放出来，但他与神灵分离，也就使神灵与他分离；他把他们放逐到奥林匹斯的天庭，给自己保留人间的领域；当第一下槌声响起时，伟大的潘神[1]开始萎缩，人类的统治由此开始。男人学会掌权。在他有创造力的手臂同制造出来的物件的关系中，他试验因果律：播下的种子发芽或者不发芽，而金属总是以同样的方式对火、淬火、机械作用作出反应；这个器皿世界任其封闭在明晰的概念中，于是，理性思想、逻辑和数学出现了。宇宙的整个面貌起了天翻地覆的变化。女人的宗教与农业的时代相连，这是不可约减的时间、偶然性、命运、期待、神秘的时代；*劳动的人*的时代是能够战胜空间的时代，是必然性、计划、行动、理性的时代。即使男人要面对大地，今后则要作为工人

① Pan，希腊神话中的森林之神和牧神，长羊角、羊耳、羊腿、羊蹄。

面对大地；他发现，人能够使土地肥沃，休耕是好的，必须以某种方式播种某样作物：是他使收获增加；他挖掘河渠，他灌溉土地或者给土地排水，他开辟道路，建造庙宇：他创造新世界。那些在母亲—女神的形象下存在的民族，那些以母系延续的民族，在某个原始文明阶段也止步了。这是因为女人只有在男人成为自身恐惧的奴隶，听任自己无能时才受到尊敬：他是在恐惧中，而不是在爱中，对她给以崇拜。他只有以把她赶下台来开始行动，才能发挥自己的才干。① 他要将标举创造力、知识、智慧、秩序的男性本原认定为主宰。在母亲—女神旁边，出现一个神，儿子或情人，比她要低级，但形神酷似她，与她联合起来。这个神也体现了繁殖的本原：这是一头公牛，是弥诺陶洛斯②，是使埃及平原肥沃的尼罗河。他在秋天死去，在刀枪不入但哀伤不已的妻子—母亲贡献出她的力量，寻找他的身体使之复活以后，春天他又再生了。不仅在克里特岛，在地中海的所有沿岸都可看到这一对：在埃及，这是伊希斯和何露斯③、腓尼基的阿斯塔特和阿多尼斯④、小亚细亚的库柏勒和阿提斯⑤，还有古希腊的瑞亚和宙斯。随后，“伟大母亲”退位了。在埃及，女人的境况异乎寻常地有利，象征天空的女神努特，还有伊希斯，丰饶的大地的象征，即尼罗河俄赛里斯⑥之妻，都是

---

① 当然，这是个必要非充分条件：有些父系文明在原始阶段便停滞了；还有的文明，如玛雅文明，则是衰退了。在母权社会和父权社会之间，没有绝对的等级，但是，只有后者才在技术和意识形态方面继续发展。——原注

② Minotaur，希腊神话中克里特岛的半人半牛怪物。

③ Horus，古埃及所奉之神，形象似隼。 太阳和月亮是其双目。

④ Adonis，希腊神话中的美少年，也被视为巴比伦的坦木兹神，他是植物的精灵，他的死亡和再生表示自然的循环。

⑤ Attis，弗里吉亚的自然之神。

⑥ Osiris，古埃及冥府之神，也赐予万物生命的力量，从植物萌芽到尼罗河常年的泛滥，无所不管。

极为重要的女神。不过，太阳、光和雄性精力之神拉[①]才是最高的王。在巴比伦，伊什塔尔只是贝勒-马尔杜克[②]之妻；是后者创造万物，并保证万物的和谐。闪米特人的神是男性的。宙斯在天庭统治时，该亚、瑞亚、库柏勒必须退位：只剩得墨忒耳[③]作为一个虽然还很庄重却是次要的神。吠陀的神有妻子，但人们不像崇拜他们那样崇拜她们。罗马的朱庇特没有与他比肩的神。[④]

因此，父系制的胜利既不是偶然的，也不是暴烈革命的结果。从人类的起源开始，生理上的优势使男性独自确立为至高无上的主体；他们从来没有放弃这个特权；他们把自己的生存部分交付自然和女人；但他们随后重新夺取过来；女人注定要扮演他者的角色，就这样注定只拥有暂时的威力：无论是奴隶还是偶像，都从来不是自己选择命运。弗雷泽说过："男人造神，女人崇拜神。"正是男人决定他们最高地位的神是女性还是男性；女人在社会中的位置，总是男人给她们指定的；在任何时代，女人都没有强加自己的法律。

如果生产劳动适合女人的体力，女人也许能同男人一起征服自然；人类也许会通过男性和女性的个体相对于神来确定自身；但是女人不能把工具带来的希望变成自身的希望。恩格斯只是不完整地解释了女人的失势：发明了青铜器和铁器深刻地改变了生产力的平

---

① Ra，又称瑞，古埃及主神，太阳神，有光轮，或长隼头，创造自身和其他八神。

② Marduk，巴比伦主神，宇宙万物仰赖他得以存在，故又称贝勒（Bel，主）。

③ Demeter，希腊宗教中的农业和丰收女神，宙斯的配偶。

④ 有趣的是要指出这一点（根据贝古昂先生1934年的《心理学日记》），在奥瑞纳文化时代（译者按，欧洲旧石器时代后期），可以找到许多小塑像，表现夸张强调性别属性的女人：她们以丰腴和对外阴的强调而引人注目。另外，也可以在岩洞里找到粗略描绘的孤立的外阴。在梭鲁特时期和马格德林时期（译者按，均为欧洲旧石器时代晚期），这些肖像消失了。在奥瑞纳文化时代，男性小塑像很罕见，从来没有男性器官的描绘。在马格德林时期，还找得到某些外阴的图，但数量很少，相反，发现了大量的男性生殖器图像。——原注

衡，由此女人的劣势确定下来了，这样说是不够的；这种劣势本身不足以解释她忍受的压迫。对她来说不利的是，对男工来说，她没有成为一个劳动伙伴，而是被排除出人类的共在：认为女人是弱者，生产能力低一等，都不能解释这种排除；这是因为她不参与他的工作和思考方式，因为她受到生命秘密的控制，因为男性不承认她是一个同类；一旦他不接受她，她在他眼里保留着他者的维度，男人就只能变成她的压迫者。男性要扩张和统治的意愿，把女性的无能变成了一种诅咒。男人希望通过新技术开辟新的可能性：他召唤顺从的劳动力，迫使自己的同类成为奴隶。由于奴隶的劳动比女人能够提供的劳动成效多得多，她便失去了她在部落中所起的经济作用。主人在同奴隶的关系中，感到他的主宰作用，要比他对女人以往含混的权威彻底得多。女人由于生育而受到尊敬和畏惧，是异于男人的他者，具有他者的令人不安的特点，即使在她依赖男人的时候，仍然以某种方式掌握男人；主人与奴隶的关系的相互性对她来说如今已存在，因此她并不被贬为奴隶。奴隶不受任何禁忌保护，只是一个被奴役的人，与他人没有不同，但却低下：奴隶同主人的关系的辩证作用要花几个世纪才变为现实；在已形成的父系制社会中，奴隶只是一头人面牲畜：主人对它滥施权威，由此激起主人的骄傲，骄傲使他转而反对女人。他所获得的一切，用来反对她；他越是变得强大，她就越是失利。尤其是当他变成土地的所有者时[①]，他也要求拥有女人。不久以前，他被神力和土地所占有，如今，他拥有一个灵魂和一片土地；他从女人那里解放出来，要求拥有一个女人和他的后代。他期望在他在田地运用的劳动完全属于他，为此，劳动者必须属于他：他奴役他的妻子和

① 参阅第一部第三章。——原注

他的孩子们。他必须有继承人，他把自己的财产遗留给孩子，在孩子身上，他的世俗生命得以延续，并使他死后获得灵魂安息的必要荣耀。崇拜家神与私有制的建立重叠，继承人的作用既是经济方面的，又是神秘的。因此，一旦农业不再是主要受到魔力影响的活动，变成一种创造性劳动时，男人就发现自己的生殖能力；他要求得到自己的孩子，同时要求得到自己的收获。①

在原始时代，没有比父系亲属关系代替母亲血统更重要的意识形态的革命了；此后，母亲被贬低到乳母、女仆的行列，而父亲的主宰地位受到颂扬；父亲掌握大权，并传递给后代。在埃斯库罗斯②的《复仇女神》中，阿波罗宣布新的真理："并不是母亲产生所谓她的孩子：她只是流入她的怀中的种子的乳母；生育的人是父亲。女人作为一个外来的保管人，接受种子，如果神乐意，她就保存它。"显然，这些论断不是来自科学的发现，它们是公开主张一种信念。无疑，男人从这种技术因果律的经验中汲取对自身的创造力的自信，这种经验引导他认为，他同母亲一样，对生育必不可少。观念指导了观察，但是，这种观察局限于给父亲与母亲平等的作用：它引人设想，在自然方面，怀孕的条件是精液与月经相遇；这是亚里士多德表达的观点：女人只是物质，"在一切生育的人中，男性的活动本原是最好的和更神圣的"，这个观点表现了超越一切认识的力量意愿。男人特别要把后代归属于自己，最终摆脱了女性的控制，他从女人手中获得了世界的统治权。女人注定生育，

---

① 如同女人被比做垄沟，男性生殖器被比作犁，反之亦然。在喀西特时期描绘犁的画中有对生殖行为的刻画；后来造型艺术常常出现男性生殖器与犁同一的作品。lak 一词在某些南亚语中既表示男性生殖器，又代表铲子。一则亚述人对神明的祷告讲道："犁肥沃了大地。"——原注。

② Aeschylus（前 525—前 456），古希腊悲剧作家，著有《俄瑞斯忒亚》《被缚的普罗米修斯》等。

完成次要的任务，被剥夺了实际的重要性和神秘的威信，只作为女仆出现。

男人把这种征服看做激烈斗争的结果。最古老的宇宙起源论之一，也即亚述-巴比伦的宇宙起源论，在一篇七世纪记载的、但再现了古老得多的传说的文字中，向我们叙述男人的胜利。大洋和大海，阿普斯姆和迪亚马特生出了天界、人间和众神；但是他们感到众神太好动，决定统统消灭；是女人—母亲迪亚马特与最强壮和最俊美的孩子贝勒-马尔杜克进行搏斗；后者挑战她，经过可怕的战斗，杀死了她，把她的身体切成两段；他将一半造成天穹，用另一半建造地界的支柱；然后他组成了宇宙，创造了人类。在阐述父系制战胜母权制的《复仇女神》中，俄瑞斯忒斯[①] 也杀死了克吕泰涅斯特拉。通过这些流血的胜利，男性力量、主宰秩序和光明的太阳神的威力，战胜了女性的混沌。众神法庭在赦免俄瑞斯忒斯时，宣称他首先是阿伽门农之子，然后才是克吕泰涅斯特拉之子。古老的母权死亡了：是男性的大胆反叛杀死了它。可以看到，事实上，到父权的过渡是缓慢完成的。男性的征服是一次重新征服：男人只是占有他已经占有的东西；他使权利与现实相一致。既没有斗争、胜利，也没有失败。但这些传说具有深刻意义。在男人确定自己为主体和自由时，他者的概念传布开来。从这时起，同他者的关系成为一出戏剧：他者的存在是一种威胁、一种危险。柏拉图没有否认这一点，希腊的古老哲学指出，他性与否定，因此与恶是同一回事。确立他者，就是确定善恶二元论。因此，宗教和法规带着极大的敌意对待女人。在人类上升到用文字书写神话及其法律的时代，父系

① Orestes，希腊神话中阿伽门农和克吕泰涅斯特拉之子，为父报仇，杀死母亲。阿波罗为他辩护，认为父亲作为血统比母亲更重要，投票结果取胜。

制最终确立了：制定法规的是男性。很自然，男性给予女人一个从属的地位，但是，有人会设想，他们以对待孩子和家畜一样的善意去看待她。没有这回事。立法者筹划对女人的压迫，对女人是恐惧的。对于女人具有的双重性，人们尤其记得的是不利的一面：她从神圣变成不洁，被献给亚当、要成为他妻子的夏娃，贻害了全人类；当异教神明要向人报仇时，便创造了女人，是女人的头生子潘朵拉放出了人类要忍受的一切罪恶。他者，就是面对主动的被动，就是粉碎统一的复杂，就是与形式相反的内容，就是抗拒秩序的混乱。因此，女人注定作恶。毕达哥拉斯说："有一个产生了秩序、光明和男人的好本原和一个产生了混乱、黑暗和女人的坏本原。"《摩奴法典》将女人定义为卑劣的人，让她处于奴役状态是合适的。《利未记》[①]将女人列入族长拥有的役畜之中。梭伦[②]法不给女人任何权利。罗马法把女人置于受监护的地位，宣示她的"愚蠢"。教会法把女人看做"魔鬼之门"。《古兰经》极其轻蔑地对待女人。

然而，恶是善必不可少的，正如物质对精神，黑夜对光明一样。男人知道，为了满足他的愿望，为了延续他的存在，女人对他是必不可少的；必须让她融入社会：在她屈从于男性建立的秩序的情况下，她清洗了她原有的污秽。这个思想在《摩奴法典》中表达得很清晰："一个经过合法婚姻的女人，具有同她的丈夫一样的品质，就像消失在大海里的河流那样，她在死后被接受进入同一天堂。"《圣经》也这样赞赏地描绘"才德的妇人"的肖像。基督教尽管仇恨肉体，却尊敬作牺牲的处女和贞洁顺从的妻子。女人与崇

---

① 《圣经·旧约》中的一卷，是有关祭司和祭司职务之事的手册。
② Solon（约前630—前560），雅典政治家、诗人。

拜结合，甚至能起重要的宗教作用：印度的婆罗门的妻子，罗马的女祭司和她们的丈夫一样神圣；在一对夫妇中，统治的是男人，但男女本原的结合对生育、生命和社会秩序来说，仍然是必要的。

他者、女性的这种双重性，随后反映在她的后续历史中；女人顺从男人的意志直至如今。但这种意志是模棱两可的：女人完全被归入了东西的行列，而男人力图用他征服和拥有的东西装饰自己的尊严；他者在他看来保留着一点原始的魔力；怎样把妻子同时变成女仆和伴侣，这是他要解决的问题之一；他的态度随着一个个世纪的流逝而变化，这也带来了女性命运的变化。①

三

女人由于私有制的到来而被赶下台，她的命运在多少世纪中始终与私有制相连：她的历史大部分与继承史有关。如果人们在脑中保留这种想法：物主在财产中异化了自身的存在，便会明白这种制度的极端重要性；物主对财产比对生命本身更加看重；财产超越了暂时生命的狭窄界限，越过身体的毁灭而存在下去，是不朽灵魂在人间的感性的象征；但只有财产依然留在拥有者的手里这种延续存在才能实现：只有财产属于拥有者的后代、并确认这后代属于他的情况下，才能超越死亡，仍旧属于他。耕耘父亲的领地，崇拜父亲的神力，对继承者来说，这是唯一的、也是同一的责任：他保证了祖先在人间和冥界的延续。男人于是既不同意与妻子分享财产，也

① 我们在下文要审察西方在这方面的变化。在东方、印度、中国，妇女史实际上是一部漫长的不变的奴役历史。我们将集中研究法国从中世纪至今的情况，因为法国的情况是典型的。——原注

不同意平分孩子。他做不到完全和永远强加他的意图。但在父系制强大的时期，他从妻子那里夺取了所有占据和转移财产的权利。再说，否认她有这些权利看来是符合逻辑的。认为一个女人的孩子不再属于她的，孩子一下子就与女人所出自的群体没有任何联系了。女人今后不再通过婚姻从一个部落借到另一个部落了：她彻底脱离她所出生的群体，归并到她的丈夫的群体中；他买下她，就像买下一头牲畜或一个奴隶那样，他把自己在家庭的神圣地位强加在她身上：她生下的孩子属于丈夫的家族。如果她是继承人，她就会没有通融余地把娘家的财产转移到丈夫的财产中，所以人们小心地把她排除出继承。但反过来，由于女人一无所有，所以到不了一个人所享有的尊严的高度；她本人属于男人的财产，首先是她父亲的财产，然后是她丈夫的财产。在严格的父系制下，父亲可以在他的男孩或女孩出生时就判处他们死亡；但社会往往限制他杀男婴的权力：凡是正常出生的男婴，都可以活下去；而遗弃女孩的习惯十分普遍；在阿拉伯人那里，存在大量杀婴的例子：女孩一出生，就被扔到壕沟里。接受女孩是父亲十分宽容的行为；女人只有在获得某种恩惠的情况下才能进入群居生活，而不是像男性那样合法。无论如何，当孩子是个女儿时，对母亲来说，生孩子的耻辱显得更加严重：在希伯来人那里，《利未记》要求在这种情况下净身要比生男孩时间长两倍。在存在“血的代价”习惯的群体中，当牺牲者是女孩时，只要求一小笔款子：她的价值与男孩相比，如同奴隶的价值与自由人相比。父亲对少女有一切权力；通过婚姻，他把她完全转让给她的丈夫。既然她是他的财产，像奴隶、役畜和东西一样，那么很自然，男人乐意要多少妻子，便可以有多少妻子；只有经济理由才限制一夫多妻制；丈夫可以随便休妻，社会几乎不给予她们任何保护。反过来，女人要受到严格的贞操管束。尽管有禁忌，母权制社会允许风俗极其随便；很少要求婚前贞洁，也不把通奸看得十分严重。相反，当女人变成男人的财产时，他要求她是处女，完全忠实，否则要严加惩罚；继承权有可能给予外来子嗣，是最严重的罪，因此，pater familias①有权处死有罪的妻子。私有制存在的时间有多长，女人对丈夫的不忠实就有多长时间被看做严重的叛逆罪。至今在通奸条款上表现得不平等的一切法规，都认为女人犯下的错误是严重的，因为她有可能把一个私生子带到家庭中。虽然自奥古斯都②以来，丈夫自行审判妻子的权利被取消，拿破仑法典还允许陪审团赦免自行审判的丈夫。当女人既属于父系部落，又属于夫婿的家庭时，在互相纠缠、甚至互相对立的两种关系中，她成功地保有相当大的自由，两个系统的每一个都给她支持，去对抗另一个：比如，她常常可以随意选择丈夫，因为婚姻只不过是一件世俗的事，不影响社会的深层结构。但在父系制中，她是她父亲的财产，他按自己的意愿把她嫁出去；然后，她被缚在丈夫家中，只是他的物品，她所进入的genos③的物品。

当家庭和私有财产无可争议地成为社会的基础时，女人也完全被异化了。这正是在穆斯林世界中的情形。这个世界的结构是封建的，就是说，没有一个国家足够强大到统一不同的部落，并使之臣服：任何权力都不能击败家长的权力。正当阿拉伯人成为战士和征服者时，宗教产生了，它对女人表现了彻底的蔑视。《古兰经》说："因为真主使他们比她们更优越，又因为他们所费的财产。"她从来没有真正的权力，也没有神秘的威信。贝都因女人艰苦地劳动，扶犁和扛重物，由此，她与丈夫建立起互相依存的关系；她自

① 拉丁文，家长。
② Augustus（前63—14），古罗马帝国皇帝。
③ 拉丁文，氏族。

由地出门，不用遮住面孔。戴面纱和关在家里的穆斯林女人，今日在大部分社会阶层中还是奴隶。我记得在突尼斯的一个穴居人村子里的地下岩洞里面居住着四个女人：年老的妻子瞎了一只眼，没有牙齿，面孔憔悴得可怕，在发出呛人的烟的一小堆炭火上煮着面食；两个年轻一点、但也几乎脸容毁损的妻子摇晃着怀里的孩子，其中一个在喂奶；一个年轻的受宠女人坐在一部织机前，穿着绫罗绸缎，披金戴银，编织着一股股羊毛。我离开这个幽暗的岩洞——内在性的王国、子宫和坟墓——时，在升向亮光的过道里遇到了穿一身白衣服、干净而显得神采奕奕、微笑着的、像太阳般灿烂的男子。他从市场回来，刚才他在那里跟其他男人谈论事务；他要在他所归属的并与他不可分的广阔世界的中心里这属于他的隐居地度过几个小时。对憔悴的老女人和注定要同样迅速衰败的新嫁娘来说，没有别的世界，只有烟气腾腾的岩洞，她们只到夜晚才静悄悄地戴着面纱出来。

《圣经》时代的犹太人的风俗差不多与阿拉伯人是一样的。家长是一夫多妻的，他们差不多能随意休妻；要求年轻的妻子送到丈夫那里时是处女，否则要严厉地惩罚；她如果通奸，要被石头砸死；她被禁闭起来，做家务劳动，就像“才德的妇人”的肖像所证明的那样：“她寻找羊绒和麻，甘心用手作工……未到黎明她就起来……她的灯终夜不灭……她观察家务，并不吃闲饭。”即使她贞洁和勤劳，仍然是不洁的，受到种种禁忌的包围；法庭不接受她的证词。僧侣以最深的蔑视提到女人：“我认为女人比死更苦涩，女人的心是陷阱和网，她的手是束缚……我在一千个人中找到一个伟大的男人，但我在所有人中找不到一个杰出的女人。”在丈夫死时，根据法律或者习惯，要求寡妇嫁给死者的一个兄弟。

这种叔娶嫂制的习俗在很多东方民族中可以看到。在女人要受监护的所有制度下，存在的问题之一是寡妇的处境。最彻底的解决办法是让她们为丈夫殉葬。但即使在印度，法律也并非一定要强加这样的牺牲；《摩奴法典》同意妻子在丈夫死后可以活下去；惊心动魄的自杀从来只是一种贵族时尚。更常见的是，寡妇为丈夫的继承者所占有。叔娶嫂制有时具有一妻多夫制的形式；为了防止寡居的不稳定，将一个家庭的所有弟兄给一个女人做丈夫，这种习俗也用来保护氏族，防止丈夫可能的性无能。根据恺撒[①]的一篇文字，似乎在布列塔尼，一个家庭的所有男人共同拥有一定数量的妻子。

父系制不是在所有地方都以这种彻底的形式建立起来的。在巴比伦，《汉穆拉比[②]法典》承认女人拥有一定权利：女人获得父亲遗产的一部分，她出嫁时，她的父亲给她一笔陪嫁。在波斯，流行一夫多妻制；女人一到结婚年龄，父亲便为她选择丈夫，妻子对丈夫要绝对服从；但她比大多数东方女人更受尊重；不禁止乱伦，兄弟姐妹之间的婚姻是常见的；她负责孩子的教育，如果是男孩，教到七岁，如果是女孩，教到婚嫁。如果儿子不配获得遗产，女人可以获得丈夫的部分遗产；如果丈夫死时没有留下成年儿子，她是“有特权的妻子”，会让她监护未成年孩子和管理事务。婚姻法规清楚地表明家长拥有后代的重要性。似乎有五种婚姻形式[③]：一，女人在父母的同意下结婚；称她为“有特权的妻子”；她的孩子属于她的丈夫。二，当女人是独生女时，她的第一个孩子要交给她的父母，成为她的替身；然后她变成“有特权的妻子”。三，如果一个男人死时是单身，他的家庭便给一个外来的女人陪嫁和送她

---

① Gaius Julius Caesar（前100—前44），古罗马将军、政治家。

② Hammurabi（？—前1750），巴比伦第一王朝阿莫里特王朝的第六代国王。《汉穆拉比法典》是现存最全面，最完整的巴比伦法律汇编。

③ 这里的陈述引用了C·胡亚特《古代波斯和伊朗文明》第195至196页的论述。——原注

出嫁：把她称为过继的女人；一半的孩子属于死者，另外一半属于她活着的丈夫。四，一个没有孩子的寡妇再婚，称为帮佣女人：她二婚的孩子一半归于死去的丈夫。五，未得到父母同意结婚的女人，在她已成年的长子让他父亲给予她“有特权的妻子”的名分之前，不能继承她父母的遗产；如果她的丈夫先死，她便被看作未成年，要接受监护。过继女人和帮佣女人的法规，确立了男人在不一定与自己有血缘关系的后代中延续下去的权利。这就证明我们上文所说的：这个关系可以说是男人希望越过他有限的生命获得人间和阴间的不朽而创造的。

在埃及，女人的状况最为有利。女神—母亲在变成妻子时保留住威望；夫妻是宗教和社会的单位；女人仿佛是男人的同盟者和补充。她的魔力很少带有敌意，以至人们克服了对乱伦的恐惧，毫不迟疑地混淆姐妹与妻子。[①] 她和男人有同样的权利，有同样的司法权力；她继承和拥有财产。这种特殊的机遇不是偶然得来的：由于古埃及土地属于国王、教士和武士的高级阶层；对于个人来说，土地所有仅仅是用益物权；地产是不得转让的，通过继承转移的财产，只有很少一点价值，分享一部分财产不会有什么不妥。由于不存在私有财产，女人保留了人的尊严。她自由地结婚，寡妇也可以随意再婚。男性实行一夫多妻制，虽然他的所有孩子都是合法的，但是他只有一个真正的妻子，只有她能参加祭祀，并合法地与他相连：其他女人只是被剥夺一切权利的奴隶。为首的妻子在结婚时不改变状况：她仍然能掌握她的财产，并自由地缔结协约。当法老波克霍利斯建立私有制时，女人占有非常强大的地位，不会失势；波克霍利斯开辟了签订婚约的时代，结婚本身变成契约性质。有三种

① 至少在某些情况下，兄弟应当娶他的姐妹。——原注

类型的契约：一种奴役性的婚姻；女人变成男人的物品，但是当他没有其他妻妾时，她有特殊地位；而合法妻子被看做与男人平等，他们共同拥有一切财产；丈夫往往在离婚的情况下，主动向她支付一笔钱。这种习俗稍后产生一种对女人特别有利的契约：丈夫同意给她一种人为的信誉。通奸要判重刑，但夫妻双方几乎都有离婚的自由。实行契约大大限制了一夫多妻制；女人获得财产，并转让给她的孩子们，这就导致富豪寡头阶级的产生。托勒密四世宣布，女人没有得到丈夫同意，再也不能变换她的财产，这就使她们处于永远的次要地位。但即使在她们拥有特殊地位的时代——在古代世界独一无二——她们在社会上与男人也不是平等的；她们能参加祭祀与政事，可以扮演摄政者的角色，不过法老是男性；教士和武士是男性；她们只是以次要的方式参与公共生活；而在私生活中，人们要求她们单向的忠实。

希腊人的风俗十分接近东方的风俗，然而他们不实行一夫多妻制。人们不清楚究竟是什么原因。事实上，维持一个内宫是一个沉重的负担：只有奢侈的所罗门①，只有《一千零一夜》中的苏丹，只有国王、首领、富有的地主，才能够给自己提供广大后宫的奢华；一般人满足于拥有三四个女人；农民很少有超过两个妻子。另外——除了在埃及，那里没有特殊的土地所有制——力图原封不动地保持财产，导致长子对父亲遗产享有特殊权利；女人之间的等级由此建立起来，主要继承人的母亲拥有远高于其他妻子的尊严。如果女人也拥有财产，有陪嫁，对她的丈夫来说，她是一个人：把他与她联系起来的纽带既是宗教的，也是排他的。也许由此出发，建立起只承认一个妻子的习俗：事实上，希腊男公民也在实行一夫多

① Solomon（前972—前932），以色列王，他的统治标志着以色列达到鼎盛时期。

妻制，因为他能够在城市的妓女和内室的女仆那里满足他的欲望。狄摩西尼[①]说：“我们有提供精神享受的高级妓女，有提供感官享受的小妾，还有给我们生儿育女的妻子。”在主人的妻子生病、不适、怀孕或者分娩后恢复期间，小妾便在主人床上代替他的妻子；这样，从内室到后宫，差异并不是很大。在雅典，女人被关在她的房间里，法律规定她受到严厉的束缚，由特别法官监视。她一辈子都要受到不断的监护；她处于她的监护者的权力之下：要么是她的父亲，要么是丈夫，要么是丈夫的继承人，这些人都不在时，是由政府官员代表的国家；他们是她的主人，他们拥有她，像拥有一件商品，监护者的权力同时扩展到人和财产上；监护者可以任意转让他的权力：父亲将女儿过继或出嫁；丈夫可以休妻，把她让给一个新丈夫。但希腊法律保证女人有一笔嫁妆，用来维持她的生活，如果婚姻解除，这笔嫁妆要全部归还她；在很少见的情况下，法律允许女人提出离婚；但社会给予她的只有这些保障。当然，全部遗产归于男孩子们。陪嫁不代表通过血统获得的财产，而是一种监护者必须承担的费用。由于可以利用陪嫁，寡妇不再被看做丈夫继承者手中可继承的财物：她回到父母的监护下。

建立在父系亲属关系基础上的社会存在的一个问题是，在缺少男性后裔的情况下如何处理继承。希腊人设立了父系族内通婚：女继承人应该嫁给她父系中最年老的亲属；这样，她的父亲遗留给她的财产，转移到属于同一群体的孩子身上；女继承人不继承财产，而仅仅是一部生产继承者的机器；这种习俗把女人完全置于男人控制之下，因为她自动地被送给她的家族男性中的头生子，这个人往往是一个老人。

---

① Demosthenes（前384—前322），雅典演说家、政治家。

既然对女人的压迫其根源在于延续家族和保持财产原封不动的意愿，如果她摆脱家族，她就摆脱了这种绝对的从属状态；如果社会否认私有制并拒绝家庭，女人的命运就会大大改善。共同体制度占据优势的斯巴达[①]是唯一一个这样的社会：女人几乎受到与男人同等的对待。姑娘像男孩子一样成长；妻子不关在丈夫的家中：她的丈夫只允许对她进行夜间短暂的拜访；他的妻子不怎么属于他，另一个男人用优生学的名义可以要求同她结合：通奸的概念本身在遗产消失的同时也消失了；所有的孩子共同属于整个城市，女人也不专门侍候一个主人：或者反过来，可以说，公民既不拥有自己的财产，也没有专门属于自己的后代，所以也没有妻子。女人忍受怀孕的束缚，就像男人遭受战争的束缚一样。但是，除了完成这个世俗的责任以外，没有任何束缚限制他们的自由。

在上文刚刚谈到的自由女人和生活在氏族内部的女奴之外——家长对女奴有绝对的所有权——在希腊还有妓女。原始民族实行宿娼，将女人出让给过路客人，这其中可能有神秘的理由。原始民族还实行神圣卖淫，目的在于释放生育的神秘威力，有利于集体。这种习俗存在于古代。希罗多德转述说，在公元前五世纪，每个巴比伦女人应该在她的一生中有一次在宁利尔神庙献身于一个外邦人，换取一枚钱币，交到神庙的金库里；然后她回来生活在圣洁之中。宗教卖淫在埃及的“舞女”和印度寺院的舞蹈女子身上延续至今，后者构成了受尊敬的从事音乐和舞蹈的女子的阶层，但是在埃及、印度、西亚，神圣卖淫往往会过渡到合法的卖淫，僧侣阶层在这种交易中找到一种发财致富的手段。在希伯来人中，甚至有捐纳的妓

---

① Sparta，希腊拉科尼亚地区古都，在公元前9世纪建立，伯罗奔尼撒战争结束后，成为希腊最强城邦。

女。在希腊，尤其在海边、海岛和城邦，有许多外国人到来，那里耸立着一些神庙，可以看到“款待陌生人的年轻姑娘”，正像品达[①]所说的那样：她们收到的钱用于宗教崇拜，就是说，给教士以维持他们的生活。事实上，是在虚伪的形式下利用——尤其在科林斯[②]——水手和游客对性的需要；这已经涉及捐纳卖淫。是梭伦把它设立为一种制度。他购买亚洲的女奴，把她们关在雅典的维纳斯神庙附近的妓院中，离港口不远，交给“淫媒”管理，他们负责保证这个机构在财务上运转；每个妓女领工资，全部利润归国家。后来开辟了“kapailéia”，这是私人的妓院：红色的阴茎被用做招牌。不久，除了女奴，底层的希腊女人作为寄宿者收容其中。妓院被看作非常必要，以至被认为是不可侵犯的处所。但妓女臭名昭著，她们没有任何社会权利，她们的孩子不必供养她们；她们要穿一套五颜六色的特殊服装，装饰着花枝，头发染成藏红色。除了被关在那里的女人，还有一些自由妓女，可以把她们分为三类：与今日有牌照的妓女一样的妓院妓女；舞女和吹笛女组成的艺妓；一般来自科林斯的半上流社会的高等妓女，她们与希腊最显赫的男人有公开的关系，起着现代“上流社会女人”的社会作用。第一类妓女大多是被解放的女奴或者底层希腊姑娘，她们受到从事淫媒业者的盘剥，过着可悲的生活。第二类妓女由于她们的音乐才能，常常会发财致富：最著名的是拉米亚，她先是托勒密一世的情妇，然后是战胜他的马其顿国王德米特里一世[③]的情妇。至于最后一类妓女，大家知道，有好几个因她们的情人而闻名。她们有人身自由，拥有

① Pindaros（前518—约前438），古希腊抒情诗人。
② Corinth，希腊中部城市，古城遗址位于科林斯湾东端。
③ Demetrius I Poliorcetes（约前336—前283），马其顿国王在公元前307年从马其顿的卡山得手中解放了雅典，并在公元前306年在萨拉米斯对托勒密取得了决定性胜利。

财产，聪明，有教养，是艺术家，男人被她们所迷惑，受到另眼相看。由于她们逃离家庭，处于社会之外，她们也摆脱了男人：她们可以被男人看做同类人，几乎平起平坐。在阿斯帕西娅、弗丽内、拉伊丝[1]身上，确立了被解放的女人对老实的家庭主妇的优势。

除了这些光彩夺目的例外，希腊女人被贬到半奴隶的状态；她甚至没有表示愤怒的自由：阿斯帕西娅，感情更激荡的萨福[2]，几乎不能发出几声抗议。在荷马[3]那里，还有一些英雄时代的模糊记忆；那时女人具有某些权力，然而，武士们无情地把她们赶回她们的房间。在赫西奥德[4]的作品中，可以找到同样的蔑视："信赖女人的人就是信赖盗贼。"在伟大的古典时代，女人绝对禁闭在内室中。伯里克利[5]说："最好的女人是男人提到最少的女人。"柏拉图提议建立一个女人委员会，管理共和国，给姑娘自由教育，这是一个例外；他激起阿里斯托芬的嘲弄；在《吕西斯忒拉忒》中，有个丈夫回答询问公众事务的妻子说："这与你无关。闭嘴吧，否则你要挨打了……织你的布吧。"当亚里士多德宣称，妻子是有缺陷的女人，她应该幽禁在自己的家里生活、附属于男人时，他表达的是共同的见解。他断言："奴隶完全被剥夺议事的自由；女人拥有这种自由，但能力不足、效率低下。"据色诺芬[6]看来，妻子和丈夫完全格格不入："有没有你与之交谈比你跟你妻子交谈更少的

---

① Aspasia（前470—前410），希腊美女，很有智慧，公元前5世纪来到雅典，她的家是雅典知识界的聚会点。Phryne，公元前四世纪的希腊妓女，吹奏笛子，极为富有。Laïs，雅典好几个妓女的名字。

② Sappho（前610—前580），希腊女诗人，善写抒情诗。

③ Homer，传说中公元前9世纪的盲诗人，史诗《伊利亚特》和《奥德修斯》的作者。

④ Hesiod（前8世纪—前7世纪），古希腊诗人，著有《工作与时日》《神谱》等。

⑤ Pericles（前495—前429），雅典政治家，对雅典民主体制和雅典帝国在公元前5世纪晚期的全面发展做出重大贡献。

⑥ Xenophone（前431—前350），古希腊历史学家、军事家，著有《长征记》《经济论》等。

人？——极少……”在《经济论》中向妻子提出的一切要求，就是让她成为一个专注的、谨慎的、撙节的、像蜜蜂一样勤劳的家庭主妇，一个模范的管家。女人被降到平凡的地位，没有妨碍希腊人深深蔑视女人。在公元前七世纪，阿尔基洛科斯①写过针对女人的辛辣的讽刺诗；在阿莫尔戈斯岛的西摩尼德斯②的作品中可以读到：“女人是神创造出来的最大的恶：尽管女人有时看来有用，她们不久就变成主人的烦恼。”在希波纳克斯③的作品中：“你的妻子给你快乐的生活只有两天：婚礼那天和她下葬那天。”在米利都传奇④中，爱奥尼亚人表达了最多的恼怒：其中有以弗所的女人的故事。这个时期尤其谴责女人懒惰、刻薄、爱挥霍，就是说，正是缺乏人们要求女人应有的品质。米南德⑤写道：“在陆地和海洋中有许多怪物，但所有怪物中最大的还是女人。”“女人是抓住你不松手的一种痛苦。”当通过建立陪嫁制度，女人具有某种重要性时，有人哀叹女人的狂妄；这是阿里斯托芬，尤其是米南德熟习的题材之一。“我娶了一个有陪嫁的女巫。我娶她是为了她的田地和房子，阿波罗啊，这是最大的恶啊！……”“创造了婚姻的那个人真该诅咒，然后第二个人、第三个人、第四个人和所有模仿他的人都该受诅咒。”“如果你是穷人，却娶了一个富有的妻子，这等于把你降低到既是奴隶又是穷人。”希腊女人受到过分严密的看管，以至无法指责她的品行；贬低的不是她的肉体。结婚的负担和束缚更

① Archilochus（前675—前635），古希腊抒情诗人，是第一位有作品留传下来的希腊作家。
② Simonides of Amorgos（前7世纪），古希腊诗人。
③ Hipponax（前6世纪），古希腊诗人，只留下一些短讽刺诗。
④ Milesian tale，简短的爱情或流浪汉奇遇故事，最早由米利都人阿里斯提得斯所写或搜集。
⑤ Menander（约前342—前291），古希腊喜剧诗人，著有《恨世者》《愤怒》等。

多地落在男人身上：这让我们设想，尽管女人的处境严酷，尽管她几乎没有任何权利，她仍然应该在家庭中占据一个重要地位，享受到某些自主；她注定要服从，却可能不服从；她可以用吵闹、眼泪、絮叨的话语、咒骂来折磨丈夫，用于奴役女人的婚姻，对丈夫来说也是一条锁链。在克桑蒂佩[①]这个人物身上，概括了希腊公民对泼妇妻子和夫妻生活不幸的责备。

正是家庭和国家的冲突确定了罗马女人的历史。伊特鲁里亚人构成一个母系血统的社会，很可能在罗马王国的时代仍然经历着与母权制相连的异族通婚：拉丁诸王并不互相继承王权。可以肯定的是，仅仅在塔奎尼乌斯[②]去世后，父权才得以确立。农业所有制、私人领地、家庭成为社会的细胞。女人将紧紧地受制于财产，因而是受制于家庭：法律甚至剥夺了她一切希腊女人都拥有的保障；她生活在无能为力和奴役状态中。当然，她被排除出公共事务，凡是"男性职务"都严格地对她禁绝；她在公民生活中是一个永远的受监护者。人们不直接拒绝给她一部分父亲的遗产，但通过迂回的方式阻碍她拥有：人们将她置于监护者的权威之下。盖尤斯[③]说："监护制度是根据监护者的利益建立的，以便让他们作为她的推定继承人，使女人不能通过遗嘱从他们那里夺走遗产，也不能通过让与或者债务减少这笔遗产。"女人的第一监护人是她的父亲；没有父亲的话，父系的男性亲属完成这个职权。当女人结婚时，她过渡到丈夫"手里"；有三种婚姻形式：同盟婚，夫妻面对

---

① Xanthippe（前5世纪—前4世纪初），古希腊哲学家苏格拉底的妻子，传说她极为尖酸刻薄，苏格拉底娶她是为了锻炼自己的耐心。

② Tarquinius（约前7世纪末—前6世纪初），传说中罗马的第五代国王，据传说建造了大广场、大竞技场、朱庇特神庙和下水道。

③ Gaius（130—180），罗马法学家。

祭司向卡皮托利尼山丘上的朱庇特贡献一份双粒小麦做的点心；买卖婚，平民身份的父亲通过想象的出售，将他的女儿“作为财产转让给”丈夫；时效婚，先同居一年；这三种形式都是“夫权婚制”，就是说，丈夫代替父亲或者父系亲属监护人；他的妻子被看做他的一个女儿，今后是他对她本人和她的财产握有全权。但从“十二铜表法”[①]时代起，由于罗马女人同时属于父系氏族和丈夫氏族，于是产生冲突，这是她的获得合法地位的起源。事实上，“夫权婚制”的婚姻剥夺了父系亲属监护人的权利。为了保护父系亲属的利益，可以看到出现了“非夫权婚制”的婚姻；在这种情况下，女人的财产仍然在监护人的掌握之中，丈夫只对妻子本人享有权利；他同对女儿保持绝对权威的家长平分这个权利。家庭法庭负责解决父亲与丈夫之间可能出现的争端：这样的体系让女人从求助于父亲到求助于丈夫，或从求助于丈夫到求助于父亲；她不是一个个人的物品。再者，虽然氏族极其强大，就像这个法庭独立于公众法庭之外的存在本身所证明的那样，但是作为法庭首脑的家长首先是一个公民：他的权威是有限的，他绝对统治妻子和孩子们；但他们不是他的财产；更确切地说，他管理他们的生活，是为了公益；女人生孩子，她的家务劳动往往包括农活，她对国家十分有用，受到极大的尊敬。这里人们注意到一个十分重要的事实，我们在历史的发展过程中都看得到：抽象权利不足以确定女人的具体处境；处境大半取决于她所起的经济作用；甚至往往抽象的自由和具体权力朝相反方向变化。罗马女人比希腊女人从法律上说受到更加严重的奴役，却更深地融合到社会中；在家里，她位于中庭，这是住宅的中心，

① 罗马第一部法律汇编（公元前5世纪中叶），刻写在十二张铜牌上，公示在大广场。

而不是被打发到幽闭的内室中；是她主持奴隶们的劳动；她指导孩子们的教育，她对孩子们的影响时常延伸至岁数很大；她分担丈夫的劳动和忧虑，她被看做他的财产共有者；Ubi tu Gaius, ego Gaia[①]，不是一句空话；人们把古罗马妇人称为“主理”；她是家庭主妇，参与祭祀，不是奴隶，而是男人的伴侣；把她和他结合在一起的联系是这样神圣，以至在五个世纪中没有出现过一起离婚。她没有被禁闭在她的房间里：她参加饭局、节日，她上剧院；在街上，男人给她让路，执政官和侍从官在她经过时站立一旁。历史上的传说给予她出色的作用：人们相当了解萨宾女人、卢克雷蒂娅[②]、薇吉妮的传说；科里奥拉努斯[③]向他母亲和他妻子让步；李锡尼[④]认可了罗马民主的胜利，他的法律可能是由他的妻子给以启示的；是科涅利亚[⑤]铸造了格拉古家族的灵魂。加图[⑥]说过：“到处男人统治女人，而我们这些统治所有人的男人，是我们的女人统治我们。”

罗马女人的合法地位逐渐适应她的实际状况。在贵族寡头统治时代，每一个家长在共和国内部都是一个独立的君主；但是，当国家政权确立时，它要同财产的集中和强势家庭的傲慢作斗争。家庭法庭在公共法庭面前消失了。女人获得了越来越重要的权利。起先有四种权力限制着她的自由：父亲和丈夫控制着她本人，监护人和

① 拉丁文，你盖尤斯在哪儿，我盖亚就在哪儿。
② Lucretia（？—前509），罗马贵妇，传说她受塔奎尼乌斯之子侮辱后自尽。
③ Gnaeus Marcius Coriolanus（前6世纪末—前5世纪初），公元前491年罗马发生饥馑，他因提出以废除保民官制度换取发赈粮而遭流放。后带领沃尔西人的军队打回罗马，只在其妻子和母亲的恳求下才撤兵。
④ Valerius Licinianus Licinius（250—325），罗马帝国皇帝。
⑤ Cornelia（约前189—前110），罗马改革家提比略和盖约的母亲，早年守寡，教育孩子们，她是品德高尚、知识渊博的罗马女人的典型。
⑥ Marcus Porcius Cato（前234—前149），罗马政治家、演说家、拉丁散文作家。

"夫权婚制"控制着她的财产。国家允许父亲和丈夫对抗，以便限制他们的权力：由国家法庭来判决通奸和离婚等案例。同样，人们用夫权摧毁了监护，又用监护摧毁了夫权。为了维护监护人的利益，已经将夫权和婚姻分开；随后，女人要么签订虚拟的婚约，要么从父亲或国家那里得到百依百顺的监护人，使得夫权婚制变成用以摆脱监护人的手段。在帝国的立法之下监护被完全取消了。与此同时，女人获得她的独立的积极保证：她的父亲不得不给她一笔陪嫁；在婚姻解除之后，这笔陪嫁不回到父系亲属手里，而且它决不属于丈夫；女人可以不时通过突然离婚，要求收回这笔陪嫁，这就置男人于她的控制之下。普劳图斯[①]说："在接受陪嫁时，他卖掉了自己的权力。"从共和国结束开始，母亲与父亲一样有权受到孩子们的尊敬；人们给予她在存在监护制度或者丈夫品行不端的情况下守护后代的权利。在哈德良[②]时代，当她有三个孩子，而且死去的丈夫没有后代时，元老院法令赋予她继承每一个 ab intestat[③] 孩子的财产。在马可·奥勒利乌斯[④]时代，罗马家庭的发展完成了：从一七八年起，母亲以自己的孩子们为继承者，他们胜过了父系亲属；此后，家庭建立在 conjunctio sanguinis[⑤] 的基础上，母亲与父亲并列；女儿像她的兄弟们一样有继承权。

然而，在罗马法的历史中可以观察到一种变化，与我们刚才描述的事实相背离：中央权力让女人独立于家庭之外，又把她置于自己的监护之下；它使她处于各种各样合法的无权状态中。

---

① Titus Maccius Plautus（约前254—前184），古罗马喜剧家，著有《驴子的喜剧》《一罐金子》等。

② Publius Aelius Hadrianus（76—138），古罗马皇帝。

③ 拉丁文，无遗嘱。

④ Marcus Aurelius（121—180），古罗马皇帝、哲学家，著有《思想录》。

⑤ 拉丁文，血亲关系。

事实上，如果她既富有又独立，她就具有令人不安的重要性；因此，人们要竭力用一只手抽回另一只手让与的东西。禁止罗马人挥霍的奥契亚法，在汉尼拔[1]威胁罗马时被投票通过了：危险过去以后，女人要求废除这一法律；加图在一篇著名的演讲中要求女人维持现状，但罗马女人聚集在公共广场上示威战胜了他。尤其因为风俗日益松弛，随之提出更为严厉的各种法律，但未获得重大成效：这些法律不断引起舞弊。只有韦利奥斯·帕特库洛斯[2]提出的元老院法令取得了胜利，这个法令禁止女人为他人"缔约"[3]，剥夺她几乎所有的世俗权力。正当女人实际上最解放的时期，人们却宣称她的性别低下，这是上述的男人为自身辩解过程的出色例证：虽然不再限制她作为女儿、妻子、姐妹的权利，却拒绝她作为女性与男人平起平坐；借口"女性愚蠢、脆弱"来侮辱她。

事实是，罗马女人没有很好地利用她们新获得的自由；这是因为她们被禁止积极地利用它。从这两种相反的潮流——一种是寻求个人自由的潮流，让女人摆脱家庭，一种是国家加以干预的潮流，把她作为个人来粗暴对待——产生的结晶，她的处境没有获得平衡。她是继承人，她和父亲一样有权得到孩子们的尊敬，她立遗嘱，她依仗陪嫁制度摆脱了配偶的约束，她可以随意离婚和再婚：但她无法以否定的方式获得解放，因为没有向她建议如何具体利用她的权利。经济独立是抽象的，因为它不产生任何政治权力；正因此，罗马女人由于不能行动，便只能示威：她们吵吵嚷嚷，在城里四处活动，她们包围法庭，她们制造阴谋，强加规定，挑起内战；她们列队去寻找神母的塑像，沿着台伯河护送它向前，就

---

① Hannibal（前247—前183），迦太基将军、政治家，一生与罗马共和国为敌。
② Marcus Velleius Paterculus（约前19—约31），罗马军人、官员、历史学家。
③ 就是说禁止通过契约与他人结合。——原注

这样将东方的神引进罗马；在公元前一一四年，爆发了维斯太贞女的丑闻①，她们的社团被取消了。当家庭解体使过去的个人品德变得无用和过时的时候，由于公共生活和公共品德与女人无缘，她们不再有任何道德准则。她们在两种解决办法中作选择：要么执着地尊重与她们的祖先一样的价值观念，要么不再承认任何一种价值观念。在一世纪末二世纪初，可以看到许多女人像在共和国时期那样是她们丈夫的伙伴和合伙人：普洛蒂娜分享图拉真②的光荣和责任；萨宾女人由于善行而闻名，以至在生前，塑像就把她神圣化；在提比略统治时期，塞克丝蒂亚拒绝在厄米利乌斯·斯考鲁斯③死后还生存下去，帕塞亚也拒绝在蓬波尼乌斯·拉伯斯死后还生存下去；波利娜与塞内加④同时割开血管；小普林尼⑤使阿里亚的“Pœte, non dolet”⑥闻名；马提雅尔⑦赞赏克洛蒂亚·吕菲纳、薇吉妮、苏尔皮西亚是无可挑剔的妻子和忠诚的母亲。但是有许多女人拒绝做母亲，离婚率增加；法律继续禁止通奸：有些罗马女人竟至于登记为妓女，为的是在放荡中无所顾忌。⑧之

---

① 古罗马宗教中主持对女灶神维斯太国祭的女祭司称为维斯太贞女，选中后必须守童贞。公元前114年，三名维斯太贞女被发现与男性有染，于次年被处死。

② Trajan（53—117），罗马帝国皇帝，普洛蒂娜是他的妻子，以关心人民的利益及其美德在生前深受爱戴。

③ Aemilius Scaurus，罗马诗人，元老院议员，因被指控判国罪自杀。塞克丝蒂亚是他的妻子。

④ Lucius Annaeus Seneca（前4—65），古罗马作家、政治家、哲学家，著有《变瓜记》《菲德拉》等。波利娜是他的妻子，在塞内加遭诬陷时企图自杀。

⑤ Caius Plinius Caecilius Secundus（61—约113），罗马作家、行政官，留下《图拉真颂》。

⑥ 拉丁文，不知痛苦的诗人。

⑦ Marcus Valerius Martialis（38—约103），罗马铭辞诗人。

⑧ 罗马同希腊一样，公开容忍卖淫。有两种妓女阶层：一种禁闭在妓院，另一种是“良家妇女”，自由地从事自己的职业；她们没有权利穿上主妇的服装；她们在时尚、习俗和艺术方面有一定影响力，但她们的地位不如雅典的高级妓女高。——原注

前，拉丁语文学总是尊重女性，而讽刺诗人猛烈抨击她们。再说，他们并不抨击所有的女人，而主要抨击他们的同时代女人。尤维纳利斯[①]指责她们奢华、贪食，责备她们企图做男人的事：她们对政治感兴趣，投身研究案件的卷宗，同语法学家、修辞学家讨论，热衷于打猎、驱车比赛、击剑和搏斗。事实是，她们尤其在娱乐的乐趣和恶习方面与男人相匹敌；要达到更高的目标，她们则缺乏足够的教育；再说，她们也没有提出任何目标；行动对她们来说是禁止的。古老共和国的罗马女人在世间有一个位置，而由于缺乏抽象的权利和经济独立，又被禁锢起来；衰落时期的罗马女人是假解放的典型，在一个男人实实在在地是唯一主人的世界中，只不过拥有空洞的自由：她虽自由，却"什么也做不了"。

四

女性状况的发展并没有持续不断地进行下去。随着异民族的大规模入侵，整个文明受到质疑。罗马法本身受到新意识形态的影响：基督教；在随后几个世纪里，野蛮民族成功地推行他们的法律。经济、社会和政治处境起了翻天覆地的变化：女性处境也受到了影响。

基督教意识形态大大助长了对女人的压迫。在《福音书》里也许有一种仁慈的气息，既惠及麻风病人，也惠及女人；小人物、奴隶和女人最热切地关注新法律。在基督教早期，当女人屈从于教会的枷锁时，她们相对受到敬重；她们在男人身边表现得像殉教者一样；但她们只能以次要身份参加祭祀；"女执事"只允许完成世俗

① Juvenal（60—127），古罗马讽刺诗人。

的任务：照顾病人、援助穷人。如果说婚姻被看做要求互相忠实的一种制度，那么也很显然，妻子应该完全附属于丈夫：通过圣保罗①，激烈反对女性的犹太传统确立了。圣保罗嘱咐女人要谦让和克制；他把女人附属于男人的准则建立在《旧约》和《新约》之上。“起初，男人不是由女人而出。女人乃是由男人而出。并且男人不是为女人造的。女人乃是为男人造的。”另一处：“教会怎样顺服基督，妻子也要怎样凡事顺服丈夫。”在这种肉体受到诅咒的宗教里，女人被看做魔鬼最可怕的诱惑。德尔图良②写道：“女人，你是魔鬼之门。你说服了魔鬼不敢正面攻击的人。正是由于你，天主之子不得不死去；你本应总是身穿丧服和破衣烂衫滚开。”圣安布罗斯③：“亚当被夏娃引向犯罪，而不是夏娃被亚当引向犯罪。被女人引向犯罪的那个人，她把他当做君主是正确的。”圣约翰·克里索斯托④：“在一切野兽中，找不到比女人更有害的了。”当四世纪教会法产生时，婚姻被看做是对人类弱点的一种让步，与基督的完美是不相容的。圣哲罗姆⑤写道：“让我们手握斧头，从根部将结婚这棵不结果实的树砍掉吧。”从格列高利六世⑥起，当教士被迫过单身生活时，女人的危险性受到更严厉的强调：所有教父都宣布女人卑劣。当托马斯·阿奎那声称女人只不过是“偶然的”、不完美的存在，是一种失败的人时，他是忠于这

---

① Saint Paul（约10—约67），基督教的使徒，在耶稣去世仅仅数年之后改信基督教，成为其主要使徒。

② Quintus Septimus Florens Tertullianus（160—约222），基督教神学家、伦理学家、拉丁语作家，著有《论基督的肉体复活》《论灵魂》等。

③ Saint Ambrose（约339—397），基督教米兰主教、《圣经》评注家。

④ Saint John Chrysostom（约347—407），早期教父、解经家、君士坦丁堡大主教，讲道透彻动人，他的名字含有“金嘴”之意。

⑤ Saint Jerome（约347—420），早期教父，做过教皇秘书，将《圣经》的修改本译成拉丁文。

⑥ Gregory VI（1048年去世），第一百四十六任教皇。

个传统的。“男人是女人的头，正如基督是男人的头一样，”他写道，“女人注定在男人的控制下生活，不具备她的首脑的任何权威，这是始终不变的。”因此，教会法除了嫁资制以外，不承认任何婚姻制度，而嫁资制使女人无能和一事无成。不仅禁止女人做男性的祭礼，而且禁止她在法庭作证，人们不承认她作证的价值。罗马各代皇帝渐渐受到教父的影响；《查士丁尼法典》[1]赞美作为妻子和母亲的女人，但要让她屈从于这些作用；女人的无能并非由于她的性别，而是由于她在家庭中的处境。离婚是被禁止的，规定婚姻要举行公开仪式；母亲对她的孩子们拥有同父亲一样的权威，她对他们的财产有同样的继承权；如果她的丈夫去世，她便成为他们合法的监护人。韦利奥斯·帕特库洛斯提出的元老院法令被修改：今后，她可以为第三方缔约，但她不能替丈夫缔约；她的陪嫁变成不得转让：这是孩子的财产，她不得使用它。

在被野蛮民族占领的土地上，与这些法律并行不悖的是日耳曼的传统。日耳曼人的风俗是特殊的。他们只有在战争时期才有首领；在和平时期，家庭是一个自主的群体；看起来，它是建立于母系血统和父系制氏族的部落的中间状态；母亲的兄弟与父亲有同样权力，两者对他们的外甥女和女儿有着同她丈夫同样的权威。在一切权力都以暴力为根源的社会里，女人事实上是完全没有权力的；但是，人们承认她有权，这是她所附属的家庭权力的双重性向她保证的；她虽受奴役，却受到尊敬；她的丈夫买下她，但这购买的代价构成她亡夫的遗产，也属于她；另外她的父亲给她陪嫁；她能继承父亲部分遗产，在她的父母被杀害的情况下，由凶手支付一部分

---

① *Codex Justinianeus*，拜占庭皇帝查士丁尼一世主持下于529—565年完成的法律和法律解释的汇编。

妥协金。家庭是一夫一妻制，通奸受到严厉惩罚，婚姻受到尊重。女人始终是受监护的，但她与丈夫紧密相连。塔西佗[①]写道："在和平时期，在战争时期，她分享他的命运，她同他一起生活，她同他一起死去。"她参加战斗，将食物捎给战士，亲临战场鼓励他们。她成了寡妇以后，她的亡夫的一部分权力转移给她。由于体力差显得柔弱，不被看做是道德低下的表现。有些女人是祭司，预言者，这使人设想，她们受到比男人更高的教育。稍后在继承时，在归于女人的物品中，可以看到首饰和书籍。

正是这个传统延续到中世纪。女人绝对从属于父亲和丈夫：在克洛维时代[②]，监护制一辈子压在女人身上；但是法兰克人摒弃了日耳曼人的贞洁观念：在墨洛温王朝和加洛林王朝[③]时期，是多配偶制占据主导地位；女人结婚不要求得到她的同意，丈夫对她有生杀予夺之权，可以随意休掉她；像女仆一样对待她。她受到法律保护，但她是作为男人的财产和孩子们的母亲才受到保护。没有证明便把她称做"妓女"，是一种侮辱，要支付高于对男人一切侮辱十五倍的罚款；劫掠一个已婚女人等罪于杀死一个自由男人；握住一个已婚女人的手或臂膀，要罚款十五至三十五苏；禁止人工流产，否则罚款一百苏；杀死一个怀孕女人，要付出四倍于杀死一个自由男人的罚款；证明自己有生育能力的女人的价值是一个自由男人的三倍；但是，当她不能再做母亲时，她就失去所有价值；如果她嫁给一个奴隶，她就不受法律保护，她的父亲可以杀死她。她作为人

---

① Publius Cornelius Tacitus（约56—约120），罗马帝国雄辩家、历史学家，著有《历史》和《编年史》。

② 克洛维一世（Clovis I，约466—511）至三世（Clovis III，682—695）统治时期，他们是法兰克国王。

③ 墨洛温王朝是法兰克王国的第一个王朝（486—751）；加洛林王朝是法兰克王国的第二个王朝（751—987）。

没有任何权利。然而，当国家变得强大时，我们看到和罗马相似的变化：对没有权力的人，也即孩子和女人的监护，不再是家庭的权力，而变成公共的负担；从查理曼[①]时代起，压在女人身上的“监护权”属于国王；起先，他只有在女人失去她的自然监护人的情况下才加以干预；随后，他逐渐夺取家族权力；但这种变化并没有带来法兰克女人的解放。监护制对监护人来说变成一种负担；他有责任保护他的受监护人：这种保护对她来说像之前的奴役一样。

当封建制在中世纪早期摆脱了动荡，终于形成时，女性的状况显得十分不稳定。当时封建权利的特点是，在领主权和财产权、公共权利和个人权利之间存在混乱。这就解释了女人被这种制度左右、轮流处于忽低忽高的地位中。先是她的一切个人权利被否认，因为她没有任何政治权利。事实上，直到十一世纪，秩序建立在唯一的权力之上，财产建立在武器的多少之上。法学家们说，采邑是“一块以武力为代价获得的土地”；女人不能掌握封建领地，因为她不能保卫它。当采邑变成世袭和财产时，她的处境改变了；可以看到，在日耳曼人的法律中，残留着母权制：在缺乏男性继承人时，女儿可以继承。由此，大约在十一世纪，封建制度允许女性继承。但兵役总是要求封臣来承担；女人的命运并没有因她变成了继承人而得到改善；她需要男性的监护人；是丈夫起着这种作用：是他得到封地，支撑着采邑，享用财产的收益。像希腊的父系族内通婚，女人是领地转让的工具而不是它的拥有者；她没有因此获得解放；可以说，她被采邑吞并了，她属于不动产。领地不再是古罗马氏族时代那样的家庭物品：它是领主的财产，而女人也属于领主。

---

① Charlemagne（742—814），又称查理一世，法兰克国王，在他统治下，王朝达到盛期。

是他为她选择丈夫；当她有了孩子时，她把他们给予他而不是给予她的丈夫：他们将是保卫他的财产的封臣。因此，她是领地的奴隶，而且通过强加给她的丈夫的“保护”，成为这个领地的主人的奴隶：极少时代比此刻她的命运更艰难了。一个女继承人，是一块土地和一座城堡：求婚者互相争夺这个猎物，当父亲或领主把少女作为礼物送给某个男爵时，她有时只有十二岁或者更小。多结几次婚，对一个男人来说就是增加他的领地；因此，休妻的情况大量存在；教会伪善地允许这样做；亲属之间通婚一直到第七亲等都被禁止，亲属是以精神关系如教父—教母的关系和血统关系来确定的，但人们总是找到某个借口来加以废除；在十一世纪，大量妇女被休掉四五次之多。女人当了寡妇应该马上接受一个新主子。在武功歌① 中，可以看到查理曼将他在西班牙战死的贵族的所有寡妇成批再嫁的场面；在《吉拉尔·德·维埃纳》② 中，勃艮第公爵夫人亲自向国王提出要求，嫁一个新丈夫。“我的丈夫刚去世，但服丧有什么用呢？……请给我找到一个强大的丈夫，因为我很需要他来保卫我的土地。”大量史诗给我们指出，国王或者君主暴虐地处置少女和寡妇。也可以看到丈夫颐指气使地对待作为礼物送给他的妻子；他虐待她，打她耳光，揪她的头发，殴打她；在《博韦人的习惯法》中，博马努瓦尔③ 所要求的一切，就是丈夫“理智地惩罚”他的妻子。这种武士文明对女人只有蔑视。骑士不关注女人：对他来说，

---

① Chanson de geste，中世纪欧洲以歌颂贵族维护封建王国、建功立业的史诗，以《罗兰之歌》为代表。

② *Girard de Vienne*，属于武功歌第三系即吉约姆·德·奥朗日系，写于 13 世纪初，约七千行，描写吉约姆的父亲得到封地维埃纳，但查理曼大帝同他结怨，围攻他七年；最后查理曼的侄子罗兰和吉拉尔的侄子奥利维埃决斗，经过天主调解，他们一起去攻打异教徒。

③ Beaumanoir（1246—1296），法国行政官、法学家，《博韦人的习惯法》是一部较早的旧法国法律的汇编。

他的坐骑是有价值得多的宝库；在武功歌中，总是少女向年轻人示爱；结婚以后，又要求她们单方面的忠实；男人不将她们与自己的生活相结合。“当一个骑士要比武时去向一个贵妇讨主意，就该受到诅咒。”在《雷诺·德·蒙托邦》[①]中，可以读到这段粗鲁的喊叫：“回到你们色彩缤纷、金碧辉煌的内室去吧，待在阴暗中，喝酒、吃饭、刺绣、给丝绸染色，但不要管我们的事。我们的事是用利剑和利刃去搏斗。别说话了！”女人有时分担男性艰苦的生活。少女时，她已经精通各种身体训练，她骑马，带着鹰隼打猎；她几乎不接受任何教育，毫无廉耻心地长大：是她在城堡里接待客人，照料他们吃饭、沐浴，侍候他们，帮助他们就寝；成为人妻后，有时她要追逐野兽，完成长途跋涉和困难的朝圣；当丈夫在远方时，是她保卫领地。人们赞赏这些城堡女主人，称呼她们为“悍妇”，因为她们就像男人一样做事：她们贪婪、忘恩负义、残忍，她们压迫自己的仆从。史书和传说给我们留下对其中几个女人的回忆：城堡女主人奥比让人建造了一座比任何主塔更高的塔楼，然后立马砍下了建筑师的头，以便保住她的秘密；她把丈夫赶出领地：他偷偷地回来，杀死了她。马比耶是罗杰·德·蒙哥马利的妻子，以将她的领地中的贵族贬为乞丐为乐：他们砍下她的头，报了仇。朱利安娜是英格兰的亨利一世的私生女，保卫布勒特伊城堡，引诱他中埋伏，为此，他严厉地惩罚她。然而，这样的事例是异乎寻常的。一般说来，城堡女主人在纺织、做祷告、等待丈夫归来的百无聊赖中度日。

① *Renaud de Montauban*，属于武功歌第二系即敦·德·梅央斯系，写于13世纪，叙述埃蒙的四个儿子在谋害了皇帝的侄子贝尔托莱以后潜逃，在加斯柯涅建造了蒙托邦城堡，受到查理曼围攻。最后他们去朝圣，圣洁地死在科隆。这是根据圣徒雷诺的事迹写成的史诗。

人们时常认为，十二世纪在地中海沿岸的南部地区产生的骑士爱情，会改善女性命运。对于它的起源，就有好几种论断互相对立：据一些人看来，“骑士爱情”来自于女主人与她的年轻仆从的关系；另外一些人将骑士爱情与纯洁派异端和圣母崇拜联系在一起；还有些人认为世俗的爱情来源于一般对天主的爱。人们不太肯定，爱情法庭是否存在过。可以肯定的是，面对有罪孽的夏娃，教会赞扬救世主的母亲：对她的崇拜变得如此重要，以至可以说，在十三世纪，天主变成了女人；一种女人的神秘主义因而在宗教方面发展了。另外，城堡生活的闲散使贵妇们周围盛行交谈、彬彬有礼、诗意相交织的氛围；有文化气质的女人，如瓦伦蒂努瓦的贝阿特丽丝、阿基坦的埃利诺和她的女儿法兰西的玛丽①，纳瓦拉的布朗什和许多其他贵妇，吸引着诗人，让他们寄住家中；先是在南方，然后在北方出现文化兴盛，使女人获得新的威信。骑士爱情常常被描绘成柏拉图式的爱情；克雷蒂安·德·特鲁瓦②也许是为了取悦他的女保护人，将通奸从他的故事诗中排除了：除了朗斯洛和格妮艾芙③的爱情，他不描绘其他有罪的爱情；但事实上，由于封建体制中的丈夫是一个监护者和暴君，女人便在婚姻之外寻找情人；骑士爱情是对正统风俗的野蛮的一种补偿。“现代意义上的爱情关系，在古代是在社会之外才有，”恩格斯指出，“中世纪是从具有性爱萌芽的古代世界停止的时候开始的，即是从通奸开始的。”④实际上，爱情具有的这种形式，与婚姻制度延续的时间一

① Eleanor of Aquitaine（1122—1204），英国王后，阿基坦公爵的女儿；Marie de France（1145—1198），法国女诗人。

② Chrestian de Troyes（约1135—1190），法国诗人，著有《朗斯洛或囚车骑士》《伊万或狮骑士》等。

③ Geneviève，圆桌骑士系列中的人物，亚瑟王的妻子，为朗斯洛所爱。

④ 《马克思恩格斯选集》第四卷，人民出版社，1972年，第73页。

样长。

事实上，即使骑士爱情缓解了女性的命运，它也不能深刻地加以改变。并非作为意识形态的宗教和诗歌导致妇女的解放；在封建时代末期，正是由于完全不同的原因，女人获得了一点地盘。当王权的至高无上强加到封地领主身上时，领主便失去了一大部分权力：特别是逐渐取消了领主决定他的封臣的婚姻的权力；与此同时，剥夺了封建监护人享有他监护的女子的财产的权力；失去了依附于监护的利益；当采邑的义务约减到金钱补偿时，监护本身也消失了；女人不能保证服兵役，但她可以像男人一样用金钱来补偿；于是采邑只是一种普通的财产；再没有理由让两性不受到平等的对待。事实上，在德国、瑞士、意大利，女人仍然要屈从于不断的监护；但根据博马努瓦尔的话来看，法国同意“一个姑娘与一个男人等值”。日耳曼传统将一个保护人给女人做监护人：当她不再需要保护人时，她就免去监护人；作为女性，她不再因无能而受打击。无论单身或成了寡妇，她都有男人的一切权利；财产使她具有最高权力：她拥有一个采邑时，便治理它，这意味着她有判决权，她签订协议，她颁布法律。甚至可以看到她起军事上的作用，指挥军队，参加战斗；在贞德[1]之前，就有女兵，即使这个奥尔良少女令人惊讶，但她并没有引起反感。

然而，有那么多的因素联合起来反对女人独立，它们从来没有一起被废除：体力上的虚弱不再起作用了，但是，在女人结婚的情况下，她的从属状态仍然对社会有用。因此，在封建制度消失时，丈夫的权威依然保存下来。可以看到这种悖论延续至今：最充分地

① Jeanne d'Arc（约 1412—1431），法国女英雄，是洛林地区的农家女，带领法国军队奋起抗击入侵英军，被宗教裁判所以异端和女巫罪判处火刑。

结合到社会中的女人，是拥有最少特权的女人。在世俗的封建形式中，婚姻保持着同军事封建制时期一样的面貌：丈夫仍然是妻子的监护人。当资产阶级形成时，它遵守同样的法则。在习惯法和封建法中，只有在婚姻之外才有解放；少女和寡妇有着与男人同样的权利；但在结婚后，女人便处在丈夫的监护和监管中；他可以殴打她；他监视她的品行、她的关系、她的通信，他不是根据婚约而是由于结婚的事实本身，掌握她的财产。博马努瓦尔说："由于结了婚，双方的财产因婚姻而成为共同的，两者共同监管财产。"这是因为财产的利益要求贵族和资产者只让一个人去管理。这并不是因为女人被视作根本无能，才让妻子从属于丈夫：当没有什么与此相悖时，人们承认女人能充分发挥她的能耐。从封建社会至今，已婚女人被无情地牺牲给私有制。有必要指出，丈夫掌握的财产越多，这种奴役就越严格：在有产阶级中，女人的附属总是最具体；家长制家庭至今仍然在富有的地主中残存；男人在社会方面和经济方面越是强大，他便越有权威起着家长的作用。相反，双方赤贫倒使夫妻关系变成互相依存的关系。既不是封建社会也不是教会解放了妇女。更确切地说，正是从奴役开始，父系制家庭逐渐过渡到真正的夫妻家庭。农奴和他的妻子一无所有，他们只能共同拥有他们的房子、家具和器皿：男人没有任何理由成为毫无财产的妻子的主人；相反，把他们结合在一起的劳动关系和利益关系，把妻子提高到伴侣的身份。当奴役制度废除时，穷困还存在；正是在乡村的小群体和在手工业者中，可以看到夫妻平等地生活；妻子既不是物件，也不是女仆：那是富人的奢侈；穷人感受到把他与另一半相联结的关系的相互性；在自由劳动中，女人获得了具体的自主，因为她重新起到经济的和社会的作用。中世纪的笑剧和韵文故事反映了在手工业者、小商人、农民的圈子里，丈夫除了能打妻子以外，对她没有别的特权，但她用诡计来对付力气，夫妻处于势均力敌的状态。而富有的女人要以顺从来补偿她的无所事事。

在中世纪，女人还保留着某些特权：在乡村，她参加居民集会和基层会议，为的是选举三级会议的议员；丈夫只对家具拥有权威，而要让与不动产，必须得到妻子的同意。正是在十六世纪延续了整个旧制度的法律才汇编完成；在这个时期，封建风俗完全消失了，没有什么保护女人反对男人要把她们锁在家庭中的企图。对女人极为蔑视的罗马法的影响发挥了作用；如同在古罗马时代，对女性的愚蠢和脆弱的激烈抨击，起源不在法典中，而是作为证据出现的；然后男人才找到行动理由，就像这样做很合适似的。在《果园之梦》中，可以读到："在女人的坏品行中，我理所当然感到，第一，女人就本性来说罪有应得……第二，女人就本性来说非常吝啬……第三，她们的意图来得非常突然……第四，女人就其意图来说是邪恶的……第五，她们爱耍花招……再者，女人爱说假话，因此，按照民法，女人不能在遗嘱中作为证人……再者，女人总是做与别人吩咐她去做的相反的事……再者，女人信口开河，袒露自己的罪孽和耻辱。再者，她们刁钻狡诈。圣奥古斯丁老爷说过：'女人是一头牲畜，既不坚定，又不稳定。'丈夫无法理解女人的仇恨，她邪恶得要命，是一切争吵和争辩的根源，给伤风败俗开辟了道路。"大约在这个时期，类似的文字竞相出现。这一篇文字引人注目的是，每一个指责都为法典反对女人和造成她们卑下处境的一项条款作辩解。当然，禁止她们做一切"男性的事务"；人们又恢复韦利奥斯·帕特库洛斯提出的剥夺她们一切世俗权利的元老院法令；长子继承权和男性特权把她们置于次要地位，以便收回父亲的遗产。单身姑娘仍然在父亲的监护之下；如果他没有嫁出她，一般把她关进修道院。允许未婚母亲寻找孩子父亲，但她只有权索取分娩费用和孩子的抚养费；她结婚后受丈夫管辖：他确定住所，管理家庭生活，如果她通奸就休掉她，把她关进修道院，或者稍后得到有国王封印的信，把她关进巴士底狱[①]；他如果不授权，任何行为都没有法律效力；女人为群体带来的一切财产等同于罗马法意义的陪嫁；但是，由于不能解除婚姻，必须等到丈夫死后财产才能回到妻子手里；这个格言由此而来："Uxor non est proprie socia sed speratur fore."[②]由于女人不管理她的财产，即使她保留财产权，她也不对财产负有责任；财产不为她的行动提供任何内容：她对世界没有具体的控制。甚至她的孩子们，也像在《复仇女神》中描述的时代那样，人们认为他们属于父亲而不是属于她：她把他们"给了"她的丈夫，他的权威远远高于她，他是她的后代的真正主人；这甚至是拿破仑使用的一个论据，他宣称，同一棵梨树属于梨子主人一样，女人属于她为之生儿育女的男人的财产。这就是法国女人在整个旧制度之下的地位；韦利奥斯法逐渐被废除，但必须等到《拿破仑法典》[③]颁布，才彻底消失。丈夫要负责妻子的债务，正如要负责她的品行，她只向他作汇报；她几乎同公共权力没有任何直接关系，也同家庭之外的个人没有任何自主的关系。她在劳动和做母亲时更像女仆，而不是合作伙伴：她创造的东西、价值和人，不是她自己的财产，而是家庭的财产，因此是作为家庭首脑的男人的财产。在其他国家，她的地位并不会更自由；有些国家保留了监护制；在所有国家中，已婚女人的权力等于零，风俗十分严厉。所有的欧洲法典都是根据教会法、罗马法和日耳曼法起草的，这些法

---

① Bastille，巴黎东侧的中世纪要塞，在17世纪改为国家监狱。大革命时，它作为旧制度的象征而被群众占领和拆毁。

② 拉丁文，女人不是真正的同盟者，但是有希望成为同盟者。

③ *Code Napoléon*，1804年颁布的法国民法典。

规都对女人不利；所有国家都认同私有制和家庭，服从这些制度的要求。

在所有这些国家，“正派女人”屈从于家庭的后果之一是存在卖淫。妓女被伪善地维持在社会边缘，完成最为重要的作用之一。基督教蔑视她们，但把她们当做必不可少的罪恶加以接受。圣奥古斯丁说：“取消妓女，就会使社会被放荡扰乱。”后来托马斯·阿奎那——或者至少以他的名字在《论君主政治》第四卷署名的神学家——宣称：“从社会内部去掉妓女，放荡就会以各种混乱来扰乱社会。妓女在一个城邦中，正如垃圾场在一座宫殿中一样：取消垃圾场，宫殿就会变成一个污秽和发出恶臭的地方。”在中世纪早期，流行极度放荡的风俗，不需要妓女；但是，当资产阶级家庭形成，严格实行一夫一妻制时，就必须让男人到家庭外面去寻找快乐。

查理曼颁布敕令极端严格禁止卖淫是徒劳的，圣路易①在一二五四年下令驱逐妓女，在一二六九年下令摧毁妓院都是徒劳的：儒安维尔②告诉我们，在达米埃塔③，妓女的帐篷与国王的帐篷连在一起。后来，查理九世④在法国的努力，十八世纪玛丽·特蕾西亚⑤在奥地利的努力，同样归于失败。社会结构使卖淫必不可少。叔本华⑥后来夸大其辞地说：“妓女是在一夫一妻制祭坛上的人肉

---

① Saint Louis（1214—1270），即路易九世，法国国王，在第八次十字军东征中死于鼠疫。

② Joinville（约1224—1317），法国编年史作家，参加过第七次十字军东征，著有《圣路易史》。

③ Damietta，埃及杜姆亚特省省会。

④ Charles IX（1550—1574），法国国王，曾下令在圣巴托罗缪之夜屠杀新教徒。

⑤ Maria Theresa（1717—1780），奥地利女大公，匈牙利和波希米亚女王，神圣罗马帝国皇帝弗兰茨一世的皇后。

⑥ Arthur Schopenhauer（1788—1860），德国哲学家，著有《作为意志和表现的世界》等。

祭献。”欧洲的一个伦理学史家莱基提出了同样的观点：“作为恶习的最高典型，她们是德行最积极的守护者。”人们正确地将她们的地位与常常与之等同的犹太人相提并论[①]：高利贷、非法买卖就像婚外性行为一样，受到教会禁止；但是社会不能缺少金融投机，也不能缺少卖淫，这些职能因而转移到受诅咒的阶层：人们把这些活动圈在犹太人区域或者特定街区中。在巴黎，受到小范围治理的女人在狭小肮脏的住所里干活，她们早上来到，傍晚在宵禁开始时离开；她们住在某些街道，没有权利离开那里，在大部分城市中，妓院位于城外。就像犹太人一样，人们强迫她们在衣服上戴上不同的标记。在法国，通常是用一根指定颜色的饰带悬挂在一个肩膀上；往往禁止她们穿正派女人的绫罗绸缎、皮裘和戴首饰。她们理所当然声名狼藉，没有任何办法对抗警察和法官；只消几个邻居提出要求，便可以把她们赶出住所。对她们当中的大多数人来说，生活艰难、悲苦。有些妓女关在妓院中。一个法国旅行家安东尼·德·拉兰留下了十五世纪末巴伦西亚[②]的一所西班牙妓院的描述。他说，这个地方“像一座小城市那样大，四面有围墙封住，只有一扇门。门前竖起一个绞刑架，是为可能待在里面的坏蛋准备的；门口有一个男人不让守候的人随便进去，他对他们说，如果他们有钱，并愿意付钱给他，他会给他们好处，他们的钱不会丢失；而如果他们有钱，却不付钱，万一夜里有人偷了他们的钱，门卫概不负责。这个地方有三四条街遍布妓院，每一个里面，胸脯丰满的妓女穿着天鹅绒和绸缎。有两三百个妓女；她们的屋子里都是上好的床单。费用是四个银币，这对我们来说是一笔大数目……那里有小酒

① “经过佩伊潘来到西斯特隆（译者按，上普罗旺斯的镇子）的女人，就像犹太人一样，要给圣克莱尔的贵妇们五苏的通行费。”（巴乌托）——原注

② Valencia，西班牙东部省份。

店。只有在傍晚或夜里才能透过热闹气氛，重新看到这地方亮如白昼，因为她们这时坐在门口，漂亮的挂灯照射着她们，可以更好地观看她们。有两个医生住在城里，每个星期来看妓女，了解是否有病或有其他隐情，再将她们赶出这个地方。如果城里出现疫病，这里的贵族老爷就会下令让她们自作安排，妓女便被打发到她们愿意去的地方。”[①] 此书的作者对组织严密的警察感到吃惊。许多妓女是自由的；有些挣钱很多。如同罗马的高级妓女，高等的卖笑生涯提供了比“正派女人”的生活更多自由的可能性。

有一个特殊情况，就是法国单身女人的处境；她享受到合法的独立，与妻子受奴役的地位对比鲜明；她是一个异常的人；因此，风俗急匆匆地要收回法律给予她的一切；她拥有一切世俗权利；但这是抽象的、空洞的权利；她既不拥有经济自主，也不拥有社会尊严，一般说来，老姑娘躲藏在父亲家庭的暗影中，或者在修道院内找到她的同类：她在那里要么不服从，要么犯罪，没有其他形式的自由，如同衰落时期的罗马女人只有以生活放荡来自我解放。只要她们的解放是否定的，这种否定性便是女人的命运。

在这样的条件下，可以看到，一个女人很少有行动的可能，或者简单地说自我表现的可能：在劳动阶级中，经济压迫取消了性别的不平等；但是，它也夺走了个人的所有机会；在贵族和资产阶级中，女人作为女性受到侮辱：她只有过寄生的生活；她很少受教育；必须出现异乎寻常的情况，她才能设想和实现具体的计划。王后、女摄政者拥有这罕见的幸福：她们的崇高地位激励她们超越自己的性别；在法国，《萨利克法典》[②] 禁止女人继承王位；但是在

---

① 见黎方贝格《谈话词典》中《生活狂乱的女人和姑娘》。——原注
② *Lex Salica*，在克洛维时代颁布的萨利克人的法典。

丈夫身边、在他们死后，她们有时起很大的作用：圣克洛提尔达、圣拉德贡达、卡斯蒂利亚的布朗什[①]就是这样。修道院生活使女人独立于男人：有些女修道院院长具有很大权力；爱洛依丝[②]既作为女修道院院长又因为她的爱情而闻名。在将女人与天主结合在一起的神秘的、因而是自主的关系中，女性心灵汲取了男性心灵的灵感和力量；社会给予她们的尊敬，使她们能够完成艰难的事业。贞德的经历属于奇迹，再说，这仅仅是短暂的征战。但锡耶纳的圣凯瑟琳[③]的故事是含义深远的；她在锡耶纳完全正常的生活中，通过仁慈和表现强烈内心生活的异象，获得了显赫的声誉；这样，她得到了成功所必需的威望，这威望是女人一般说来缺乏的；人们求助于她的影响去劝勉死刑犯，挽回迷途的人，平息家庭和城邦之间的争端。她受到崇尚她的群体的拥护，正是这样，她得以完成调解的使命，从一个城市到另一个城市宣讲要听命于教皇，与各地主教和各国君主保持广泛的通信，最后被佛罗伦萨选为使者，到阿维尼翁[④]去寻找教皇。王后们以神圣的权力，圣女们以光辉的品德，在社会中获得支持，这种支持使她们能与男人比肩。相反，对于其他女人，人们要求默默的谦逊。像克里斯蒂娜·德·皮桑[⑤]这样一个女人的成功，是一个出人意料的机会，不过她还必须守寡和负担孩子，才能决定以自己的笔去谋生。

---

① Sainte Clotilde（约 465—545），克洛维一世的妻子；Sainte Radegonde（约 520—587），法国墨洛温王朝国王克洛塔尔一世的妻子；Blanche de Castille（1188—1252），法国国王路易八世的妻子。

② Héloïse（1098—1164），她与家庭教师阿贝拉尔恋爱，生下一子，随后阿贝拉尔被去势；爱洛依丝入阿让特伊女隐修院，并成为院长。

③ Catherine of Siena（1347—1380），天主教多明我会女修士，奥秘神学家。

④ Avignon，法国南部城市，14 世纪教皇都城曾设在这里。

⑤ Christine de Pisan（1364—1430），法国女诗人，从小生活在查理五世的宫廷里，经历坎坷。她的诗歌抒发年轻守寡的痛苦，维护妇女地位，歌颂贞德的事迹。

总的说来，事实上中世纪男人的看法对女人很不利。当然，骑士爱情诗人歌颂爱情；可以看到许多爱情艺术，其中有安德烈·勒沙普兰的诗歌和著名的《玫瑰传奇》[①]，纪尧姆·德·洛里在诗中激励年轻人投身于为贵妇效劳。但与这种受到行吟诗人影响的文学相对照的是狡猾地抨击女性、体现市民思想的作品：小故事诗、笑剧、故事诗，指责她们懒惰、爱卖弄风情、奢华。女人最坏的敌人是教士。他们指责的是婚姻。教会主持婚配，却禁止基督教的精英人物结婚：这里有一个矛盾，它是"女人之争"的根源。在《玫瑰传奇》第一部分写出之后十五年发表的《马蒂厄的哀叹》中，这种矛盾得到有力的揭示；后者在一百年后译成法文，在当时十分著名。马蒂厄娶了一个女人后，失去了他的"教士身份"；他诅咒他的婚姻，诅咒女人和一般意义的婚姻。既然在婚姻和教士身份之间不可调和，为什么天主创造出女人呢？在婚姻中不可能存在平静：这一定是魔鬼所为；或者天主那时不知道自己在做什么。马蒂厄希望在末日审判时，女人不要复活。但天主回答他，婚姻是一个炼狱，由此可上天堂；马蒂厄在梦中被送到天堂，看到一群丈夫喊着"看啊，看啊，真正的受难者！"来迎接他。让·德·默恩也是一个教士，可以看到他所写的部分受相同灵感的启发；他敦促年轻人摆脱女人的枷锁；他首先攻击爱情：

爱是憎恶的国度，
爱是含情的仇恨。

---

① *Le roman de la rose*，法国中世纪文学的重要作品，第一部分的作者是纪尧姆·德·洛里，约写于1230年，共四千余行；第二部分的作者是让·德·默恩，写于1280年，约一万八千行，见第16页脚注③。长诗以隐喻手法描写爱情。

他抨击婚姻将男人置于奴役状态，让男人注定受骗；他对女人发出激烈的指责。女人的辩护者们在回答中竭力表明女人的优越性。下文是其中几个论据，女性的辩护者一直到十七世纪都从中借鉴：

> 女人高于男人之处如下。在物质上：因为亚当是用泥土做的，而夏娃是用亚当的一根肋骨做的。在地点上：因为亚当是在天堂之外创造的，而夏娃是在天堂里创造的。在受孕上：因为女人孕育了天主，这是男人做不到的。在显灵方面：因为基督死后向一个女人即抹大拉显灵。在赞颂方面：因为女人受到的赞颂在众天使之上，她就是慈悲为怀的马利亚……①

对此，反对者反驳说，基督先向女人显灵是因为他知道女人多嘴多舌，而他急于让人知道他已复活。

争论在十五世纪继续进行。《婚姻十五乐》②的作者善意地描绘可怜丈夫的不幸。厄斯塔什·德尚③关于同样的题材写过一首没完没了的长诗。正是在这时期，开始了玫瑰传奇之争。人们破天荒第一次看到女人拿起笔来保卫自己的性别；克里斯蒂娜·德·皮桑在《给爱神的书简诗》中激烈地抨击教士。教士立即起来保卫让·德·默恩；但巴黎大学的主事热尔松④站在克里斯蒂娜一边，他用法语起草论文，为了让更多读者看得懂。"坦率者"马丁将难以理

---

① 原文为拉丁文，由作者译成法文。

② 从让·德·默恩的作品中汲取题材，抨击婚姻，认为所谓欢乐是"世间最大的烦恼"。

③ Eustache Deschamps（约1346—1406），法国诗人，法国第一部诗论《修辞艺术》的作者。

④ Jean de Gerson（1363—1429），法国神学家。

解的《贵妇的头巾》投入战场，人们在两百年后还在阅读这部作品。克里斯蒂娜重新介入。她特别要求允许女人受教育："如果习俗让少女上学，让她们一起学科学，就像对待儿子那样，她们便能同样完美地学会并理解所有的技艺和科学，如同男孩子那样。"

事实上，这场争论只间接地牵涉到女人。谁也没有想过为她们要求不同于加在她们身上的社会角色。更确切地说，是要对照教士的生活和婚姻状况，就是说，这是由教会对婚姻的态度模棱两可引起的男性问题。后来路德[①]拒绝教士的独身制，解决了这个冲突。女性状况没有受到这场文学论战的影响。笑剧和小故事诗的讽刺，在嘲笑社会如此这般的同时，并不想改变它：它嘲弄女人，但丝毫不对女人搞阴谋诡计。骑士诗歌赞颂女性，但这样的崇拜并没有带来两性平等。"争论"是反映社会态度，而不是改变社会态度的次要现象。

有人说过，女人的法定地位从十五世纪初到十九世纪几乎没变；但是，在享有特权的阶级中，她的具体处境却在变化。意大利文艺复兴是一个个性自由发展的时期，有利于孕育各种各样不分性别的、强有力的个性。可以看到一些强有力的女君主，诸如阿拉贡女王胡安娜、那不勒斯的乔瓦娜、伊莎贝尔·德·埃斯特[②]；其他女性是无所顾忌的冒险家，像男人一样拿起武器：诸如吉罗拉莫·里亚里奥的妻子为弗利[③]的自由而斗争；希波莉塔·菲奥拉曼蒂指

① Martin Luther（1483—1546），德国宗教改革家，创立新教。

② Juana d'Aragon（约1479—1555），绰号疯子胡安娜，也任卡斯蒂利亚女王；Giovanna Ⅰ（1326—1382），Giovanna Ⅱ（1371—1435），那不勒斯女王；Isabelle d'Este（1474—1539），意大利文艺复兴时期重要政治人物，曾任曼托瓦摄政王。

③ Forli，意大利北部城市。

挥米兰公爵的军队，在帕维亚[1]围城战中，她指挥一连贵妇开到城根。为了保卫城市，反对蒙吕克[2]，锡耶纳的女人组成了三支队伍，每一支队伍有三千个人，由女人指挥。其他意大利女人以学问或才能闻名：诸如伊索拉·诺加拉、维罗尼卡·甘巴拉、加斯帕拉·斯坦帕拉、米开朗琪罗的女友维多利亚·柯隆纳，尤其是洛伦佐·德·梅迪奇和朱利亚诺·德·梅迪奇的母亲卢克雷齐亚·托尔纳博尼，她写过颂歌、施洗约翰[3]和圣母的传记。在这些与众不同的女子中间，大部分都是高级妓女；精神自由加上生活作风的自由，其中许多人通过她们从事的职业获得经济自主，得到男人敬重和赞赏；她们保护艺术，关注文学、哲学，自己也常常写作或绘画：伊莎贝尔·德·卢纳、卡塔里娜·迪·圣切尔索、诗人兼音乐家英佩里亚，她们恢复阿斯帕西娅和弗丽内的传统。但对许多人来说，自由还只不过具有放荡的外貌：意大利的贵妇和妓女的狂饮滥喝和所犯罪恶是传奇性的。

随后的几个世纪，在那些地位或财产使之从日常道德中解放出来的女人中，这种放荡也是可以看到的自由的主要形式；日常道德从总体上说像中世纪时一样严格。至于要积极地实现自由，仍然只有一小部分人做得到。王后总是有特权的：卡特琳娜·德·梅迪奇、伊丽莎白一世、伊莎贝拉一世[4]都是杰出的女君主。有几个杰出的圣女也受到尊敬。阿维拉的圣德肋撒[5]的惊人命运几乎可以与

① Pavia，意大利北部城市，多次落入法国人、西班牙人、奥地利人之手。
② Montluc（1502—1577），法国元帅，曾参与攻打帕维亚的战斗。
③ John the Baptist，犹太人先知。
④ Catherine de Médicis（1519—1589），法国王后，后任法国摄政王；Elizabeth I of England（1533—1603），英国女王，她的统治是英国历史上重要的一页；Isabella I（1451—1504），又称伊莎贝尔一世，卡斯蒂利亚王后。
⑤ Teresa of Ávila（1515—1582），西班牙加尔默罗会修女。

圣凯瑟琳的命运以同样方式来解释：她在信仰天主中汲取对自身的牢固信念；她将适合于自己身份的品德升到最高点，让自己得到听她忏悔的神父和基督教世界的支持，由此她可以摆脱一个修女的普通地位；她创建修道院，管理修道院，她漫游、工作，以一个男人敢于冒险的勇气坚持下去；社会没有给她设置障碍；甚至写作也不是一种大胆行为：听她忏悔的神父要她这样做。她出色地表现出，一旦出于惊人的偶然，给了一个女人通常给予男人的机会，她也可以达到男人一样的高度。

但事实上，这些机会是很不平均的；在十六世纪，女人仍然很少受教育。布列塔尼的安娜① 将很多女人叫到不久以前只看得到男人的宫廷里；她千方百计组织一队陪伴王后的少女：她关心她们的教育，胜过关心她们的修养。在这些不久便以思维、知识、著述脱颖而出的女子中，大部分是贵妇：德·雷斯公爵夫人、德·利涅罗勒夫人、德·罗昂公爵夫人和她的女儿安娜；最著名的是王妃：玛戈王后和纳瓦拉的玛格丽特② 。佩尔内特·杜·吉耶③ 好像是一个平民女子；但路易丝·拉贝④ 可能是一个高级妓女：无论如何，她的生活作风极为自由。

十七世纪的女性主要在智力方面继续独树一帜；上流社会的生活在发展，文化在传播；在沙龙中女人所起的作用巨大；由于她们没有投身于建设世界，她们有闲暇投身到交谈、艺术和文学中；她们没有受到正规的教育，但是，通过交谈、阅读、私人家庭教师的教育或者公共讲座，她们终于获得了高于她们丈夫的知识：德·古

① Anne de Bretagne（1476—1514），法国王后。
② La reine Margot（1553—1615），即瓦卢瓦的玛格丽特，写过诗歌和回忆录；Marguerite de Navarre（1492—1549），纳瓦拉王后，著有短篇小说集《七日谈》。
③ Pernette du Guillet（1520—1545），法国女诗人，她的爱情诗写得委婉深沉。
④ Louise Labé（1524—1566），法国女诗人，写过二十四首十四行诗。

尔奈小姐、德·朗布耶夫人、德·斯居代里小姐、德·拉法耶特夫人、德·塞维尼夫人[①]在法国享有广泛的声誉；在法国以外，同样的声誉与伊丽莎白王妃、克里斯蒂娜女王[②]、舒尔曼小姐的名字相连，后者与整个学术界通信。女人由于拥有广博的学问及随之而来的威望，终于干预男人的世界；许多雄心勃勃的女人从文学和爱情决疑论滑向政治阴谋。一六二三年，教皇大使写道："在法国，一切大事件、一切重大的阴谋往往都取决于女人。"德·孔代王妃制造了"妇女密谋"；奥地利的安娜[③]受到一批女人包围，她乐意听取她们的建议；黎塞留[④]乐意倾听德·艾吉永公爵夫人[⑤]的意见；众所周知，在投石党事件[⑥]期间，德·蒙巴赞夫人、德·谢弗勒兹夫人、德·蒙庞西埃小姐、德·龙格维尔公爵夫人、安娜·德·贡扎格[⑦]和许多其他女人起了什么作用。最后，德·曼特农夫人[⑧]做出了一个光辉例证，表明一个灵活的女顾问能对国家事务起到什么影响。女人作为激励者、顾问、阴谋家，以间接方式起到最有效的

---

① Marie de Gournay（1566—1645），法国女作家，著有《古尔奈小姐的阴影》等；Catherine de Rambouillet（1588—1655），侯爵夫人，原籍意大利，她的沙龙是上流社会人士聚会之地；Madeleine de Scudéry（1607—1701），法国女小说家，著有《伟大的西吕斯》《克莱莉》等，注重心理分析；Marie-Madeleine de La Fayette（1634—1693），法国女小说家，中篇小说《克莱芙王妃》被看做法国第一部重要的心理小说；Madame de Sévigné（1626—1696），法国女作家，她的《书简集》共收一千七百多封信。

② Christina of Sweden（1626—1689），瑞典女王。

③ Anne d'Autriche（1601—1666），法国王后，路易十三的妻子。

④ Richelieu（1585—1642），红衣主教，路易十三的首席大臣。

⑤ La duchesse d'Aiguillon（1604—1675），黎塞留的侄女。

⑥ 发生在十七世纪中叶，是法国贵族企图抑制王国政府权势增长的行动。

⑦ Madame de Montbazon（1610—1657），投石党事件后被流放；La duchesse de Chevreuse（1600—1679），多次参加反政府阴谋；Anne de Montpensier（1627—1693），是欧洲最富有的继承人之一，曾设法搬出巴士底狱的大炮，向国王军队轰击；Anne de Gonzague（1616—1684），参与投石党事件，企图救出被囚禁的贵族。

⑧ Madame de Maintenon（1635—1719），法国国王路易十四的第二个妻子。

作用：西班牙的于尔森王妃[1]统治时具有更多的威望，可是她的生涯短促。在这些杰出贵妇之外，有几类人物在摆脱资产阶级束缚的圈子里确立地位；可以看到出现一种新类型人物：女演员。一五四五年，第一次看到一个女人出现在舞台上；一五九二年，仍然只有一个女演员；十七世纪初，大部分女演员都是男演员的妻子；随后她们在职业和私生活中取得独立。至于交际花，在弗丽内、英佩里亚以后，在尼侬·德·朗克洛[2]身上找到最完美的体现：她善于利用自己的性别，并超越它；由于生活在男人中间，她具有男性的优点；作风的独立使她倾向于精神独立：尼侬·德·朗克洛将自由发展到当时一个女人所能达到的极限。

在十八世纪，女人的自由和独立还要扩大。原则上风俗仍然是严厉的：少女只接受简单的教育；让她结婚或者进入修道院都不需要征得她的同意。资产阶级是上升阶级，它的存在巩固了，强加给妻子严格的道德。但相反，贵族的解体允许上流社会女人最大的放荡，甚至上层资产阶级都受到这些榜样传染；无论修道院还是家庭，都不能约束女人。对她们当中的大多数人来说，这种自由再一次是否定的和抽象的：她们仅限于寻找快乐。但是聪明的和有雄心的女子，为自身创造了行动的可能性。沙龙生活获得新发展：人们相当清楚若弗兰夫人、杜·德方夫人、德·莱斯皮纳斯小姐、德·埃皮奈夫人、德·唐森夫人[3]所

---

① La Princesse des Ursins（1642—1722），法国贵妇，1701—1714 年西班牙王位继承战争时，对西班牙政府施加巨大影响。

② Ninon de Lenclos（1620—1705），法国贵妇，她的沙龙吸引了文学界和政治界的知名人物。

③ Marie Thérese Geoffrin（1699—1777），法国启蒙运动重要人物，她的沙龙在欧洲声誉斐然；Marquise du Deffand（1697—1780），在沙龙中接待作家和百科全书派；Julie de Lespinasse（1732—1776），先协助德方夫人，后自己开设沙龙；Louise d'Epinay（1726—1783），在蒙莫朗西的领地内接待启蒙作家；Claudine Guérin de Tencin（1682—1749），法国女作家，开设沙龙。

起的作用；女人作为保护人、灵感来源，构成作家特别喜爱的读者；她们关注文学、哲学、科学：她们像杜·沙特莱夫人[①]那样，有自己的物理工作室、化学实验室，她们做实验，她们解剖；她们比以往任何时候更加积极地干预政治生活；德·普里夫人、德·马伊夫人、德·沙托纳弗夫人、德·蓬巴杜夫人、杜·巴里夫人[②]轮番统治着路易十五[③]；几乎没有一个大臣没有女顾问；以至孟德斯鸠认为，在法国，一切都是由女人完成的；他说，她们构成“国家中的一个新国家”；柯莱[④]在一七八九年前夕写道：“她们在法国人中占据着极大优势，她们让法国人这样屈从自己，以至法国人只听从她们去思想和感觉。”在上流社会女子旁边，还有女演员和风流女子，她们享有广泛声誉：索菲·阿尔努、朱丽·塔尔马、阿德里安娜·勒库夫勒[⑤]。

这样，在整个旧制度下，想有所作为的女人最容易接近的是文化领域。然而，没有女人达到但丁或莎士比亚的高峰；这个事实可以通过她们地位的总体平庸来解释。文化从来只是女性精英的特权而不是群众的特权；男性天才往往出自群众；甚至享有特权的女子也会在她们周围遇到障碍，阻止她们到达高峰。什么也不能阻止圣德肋撒、叶卡捷琳娜二世的飞腾，但有上千种情况联合起来反对女作家。在弗吉尼亚·伍尔夫[⑥]的小书《一间自己的屋子》中，她以

---

① Emilie du Châtelet（1706—1749），法国女数学家、物理学家、哲学家。

② Marquise de Prie（1698—1727），一度是路易十五官廷中最有权势的女人；Madame de Pompadour（1721—1764），路易十五的宠姬；Madame du Barry（1743—1793），路易十五的宠姬，大革命时被处决。

③ Louis XV（1710—1774），法国国王。

④ Charles Collé（1709—1783），法国歌谣作家、戏剧家，著有《酒中真理》等。

⑤ Sophie Arnould（1740—1802），法国女歌唱家；Adrienne Lecouvreur（1692—1730），法国女演员。

⑥ Virginia Woolf（1882—1941），英国女作家，著有《达洛卫夫人》《到灯塔去》《海浪》等。

创造一个虚构中的莎士比亚妹妹的命运来自娱；当莎士比亚在中学里学会一点拉丁语、语法、逻辑时，她在家中仍然处于完全无知的状态；当他偷猎、跑遍田野、同女邻居睡觉时，她却在父母的眼皮下缝补破衣烂衫；即使她像他一样大胆离家，到伦敦去寻找发财机会，她也不会变成女演员，自由谋生：要么她被领回家去，被强迫出嫁；要么她受到诱惑，被人抛弃，声誉扫地，绝望地自杀。也可以想象她变成一个寻欢作乐的妓女，一个莫尔·弗兰德斯那样的女人，就像丹尼尔·笛福[①]生动描绘的那样，但无论如何，她不会指挥一支军队和写作悲剧。伍尔夫指出，在英国，女作家总是引起敌意的。约翰逊博士把女作家比做“一条用后腿走路的狗：这不是很好，但令人惊奇”。艺术家比任何人更关注他人的见解；女人紧紧地依赖他人的见解：可以设想，对一个女艺术家来说，需要什么力量才敢对此置之不顾；通常她在这种斗争中耗尽精力。在十七世纪末，身为贵族、没有孩子的温希尔西夫人试图冒险写作；她的作品的某些段落表明，她具有敏感和诗意的本质；但是她在仇恨、愤怒和恐惧中衰竭了：

唉！一个拿起笔的女人
被看做这样自以为是，
以至她决不能赎罪！

几乎她所有的作品都用来表达对女性境况的愤怒。纽卡斯尔公爵夫人的情况也一样；她也是贵妇，她写作引起了愤慨。她愤怒地

---

① Daniel Defoe（1660—1731），英国小说家，著有《鲁滨逊漂流记》、《莫尔·弗兰德斯》等。

写道："女人像蟑螂或者猫头鹰一样生活，像虫子一样死去。"她受到侮辱和嘲笑，只得在自己的领地里闭门不出；尽管她的气质宽宏，也变得半疯狂了，只能产生荒唐的蹩脚作品。直到十八世纪，平民女子阿芙拉·贝恩成为寡妇以后，才像男人一样以笔耕为生；其他女子追随她的榜样；但即使在十九世纪，她们仍然时常不得不隐藏起来；她们甚至没有"一间自己的屋子"，就是说，她们享受不到物质的独立这种内心自由所必需的条件之一。

可以看到，由于上流社会生活的发展以及它与精神生活的紧密联系，法国女人的处境更为有利了。然而，舆论很大程度是敌视"女才子"的。在文艺复兴时期，贵妇和有才学的女人掀起一场为女性争地位的运动；从意大利舶来的柏拉图的理论将爱情和女人精神化。大量文人力图捍卫女人。可以看到出现《贞女大帆船》《太太骑士》等等作品。伊拉斯谟[①]在《小元老院》中让柯奈莉说话，她犀利地提出女性的指责："男人是暴君……他们把我们当做玩偶……他们把我们变成洗衣妇和厨娘。"伊拉斯谟要求让女人受教育。柯内留斯·阿格里帕[②]在一部十分著名的作品《为女性之杰出及崇高辩护书》中，竭力指出女性的优越性。他重新引用《旧约》中的老论据：夏娃意为生命，亚当意为大地。女人是在男人之后创造的，比男人更完善。她出生在天堂，他却出生在天堂外。当她落到水里时，她浮出水面；男人却沉没了。她是用亚当的一根肋骨，而不是用泥土做成的。她的月经治愈所有的疾病，无知的夏娃只犯了小错，而犯罪的是亚当；因此天主让自己是个男人，再说，他复活以后向女人显灵。然后，阿格里帕宣称，女人比男人更有美德。

---

① Desiderius Erasmus（约1469—1536），荷兰人文主义者，著有《愚人颂》等。

② Cornelius Agrippa von Nettesheim（1486—1535），德国医生、神秘学家、哲学家，查理五世的宫廷秘书。

他列举一些“明智的贵妇”，她们可以因性别而自豪，这也是同类辩护的一种老生常谈。最后，他提出一份对男性暴虐的控诉书：“男人暴虐，其行为违反一切权利，侵犯自然的平等而不受惩罚，剥夺了女人与生俱来的自由。”她生孩子，与男人一样聪明，甚至比男人更细腻；限制她的活动是不能容忍的，“这显然不是根据天主的命令，不是出于需要，也不是出于理性去做的，而是出于习俗力量、出于教育、出于干活需要，主要出于暴力和压迫”。当然，他没有要求男女平等，而是希望尊重女性。这部作品获得极大成功。《不可攻克的堡垒》是另一篇针对女人的辩护词；埃罗埃[①]的《完美的女友》沾染了柏拉图的神秘主义。波斯特尔[②]在一部预示了圣西门[③]学说的有趣的书中，宣布一个新夏娃的到来，这是人类的再生母亲：他甚至以为遇到了她；她死了，也许在他身上再现，瓦卢瓦的玛格丽特要更有节制，在她的《博学而灵活的讲话》中宣称，在女人身上有着神圣的东西。纳瓦拉的玛格丽特作为最有效地为女性事业服务的作家，提出以情感神秘主义和贞洁却不假正经的理想来反对风俗的淫荡，她竭力调和婚姻与爱情，以争取女人的荣誉和幸福。当然，女人的敌对者没有放下武器。例如，在回答阿格里帕的《男女两性的争论》里，可以找到中世纪的古老论据。拉伯雷[④]在《巨人传》第三卷中对婚姻作了犀利的嘲讽，这是重拾马蒂厄和德尚的传统：在“德廉美修道院”制定法律的却是女人。

---

① Antoine Héroët（1492—1568），法国诗人，《完美的女友》是一首哲理诗，阐述柏拉图精神恋爱的观点。

② Guillaume Postel（1510—1581），法国作家、东方学者、语文学家。

③ Henri de Saint-Simon（1760—1825），法国空想社会主义者，著有《一个日内瓦居民给他的同胞的信》《工业体系》等。

④ François Rabelais（约1494—1553），法国小说家，人文主义者，欧洲长篇小说的开创者之一，著有《巨人传》等，在《巨人传》第一卷中，约翰修士战胜入侵之敌后，国王为他建造了“德廉美修道院”。

反女性主义在一六一七年发动新的刻毒批评，这就是雅克·奥利维埃的《女人的不完美和狡猾的基础读本》；在封面上可以看到一幅版画，画着一个女人长着哈比[①]的手，她身上覆盖着淫荡的羽毛，用鸡爪栖息，因为她像母鸡一样是个糟糕的家庭主妇：在每个字母下面写上她的一个缺陷。这次又是一个教士重新挑起古老的争论；德·古尔奈小姐通过《男女平等》加以反驳。色情文学《巴那斯和讽刺工作室》攻击女人的生活作风，为了贬低她们，这些假虔诚者援引圣保罗、教父、《传道书》的话。女人也给马图兰·雷尼耶[②]和他的朋友们的讽刺取之不竭的题材。在另一个阵营中，女人的辩护者重拾阿格里帕的论据，竞相加以评论。博斯克在《正派女人》中提出，要允许女人受教育。《阿丝特蕾》[③]和整个骑士文学以回旋诗、十四行诗、哀歌等等歌颂她们的事迹。

女人所获得的成功，引来了对她们的新抨击；女才子使舆论感到不满；观众为《可笑的女才子》、稍后是《女博士》[④]喝彩。并非莫里哀与女人为敌：他激烈抨击逼婚，为少女要求情感自由，为妻子要求敬重和独立。相反，波舒哀在他的布道词中不太宽容女子。他宣讲道，第一个女人只是“亚当的一部分和一种缩影，而在精神上几乎是同样的比例”。布瓦洛[⑤]对女人的讽刺只是修辞的练

① Harpy，希腊神话中司暴风的有翅女怪。

② Mathurin Régnier（1573—1613），法国诗人，著有《讽刺诗》等，抨击当时的风俗。

③ *L'Astrée*，矫饰文学的代表作（前三部1607—1627），奥诺雷·德·于尔菲（Honoré d'Urfé，1567—1625）所作，第四和第五部由巴尔塔查·巴罗（Balthazar Baro，1590—1650）续写。

④ *Les Précieuses ridicules* 和 *Les Femmes savantes* 都是莫里哀的喜剧，前者讽刺资产阶级沾染了贵族沙龙的典雅风气，制造了矫揉造作的典雅语言；后者抨击把思辨教育与典雅、假正经结合起来。

⑤ Nicolas Boileau-Despréaux（1636—1711），法国古典主义理论家、诗人，著有《讽刺诗》和《诗的艺术》等，前者的第十首《论女人》抨击女才子。

习，但引起别人举起盾牌：普拉东、勒尼亚尔、佩罗[①] 愤怒地加以反击。拉布吕耶尔、圣埃弗勒蒙[②] 支持女性。当时最坚决的女性主义者是普兰·德·拉巴尔，他在一六七三年发表了一部笛卡儿观点的著作《论两性平等》。他认为，男人作为强者，处处使男性处于有利地位，而女人出于习惯，接受这种附属地位。她们从来没有机会：既没有自由，也没有受教育的机会。因此，不能根据她们在过去的所作所为来评价她们。没有什么表明，她们低于男人。生理结构显示出差异，但是没有任何差异对男性构成特权。普兰·德·拉巴尔下结论时提出要女人接受坚实的教育。丰特奈尔[③] 为女人写过《论世界的多元性》。费奈隆[④] 跟随德·曼特农夫人和弗勒里神父，在他的教育论纲中表现得犹豫不决，而教育界的冉森派教徒罗兰[⑤] 却相反，希望女人进行认真的学习。

十八世纪对此也有分歧。一七四四年，在阿姆斯特丹，《关于女人灵魂的争论》的作者宣称："仅仅为了男人才创造出来的女人，在世界末日到来时不会再存在，因为女人对于为此而创造的对象不再有用了，因此必然得出，女人的灵魂不是不朽的。"卢梭作为资产阶级的代言人，以不那么彻底的方式让妻子为丈夫和母性作

---

① Nicolas Pradon（1632—1698），法国剧作家，曾写出一部《菲德拉》，想击败拉辛；Jean-François Regnard（1655—1709），法国剧作家，曾被海盗劫持到阿尔及尔，著有《赌徒》等；Charles Perrault（1628—1703），法国诗人、童话故事作家，在“古今之争”中力图挣脱古典主义规则的束缚。

② Jean de La Bruyère（1645—1696），法国古典主义散文家，著有《品性论》；Saint Evremond（1615—1703），法国伦理学家、批评家。

③ Fontenelle（1657—1757），法国散文家，著有《论世界的多元性》《论寓言之起源》等。

④ Fénelon（1651—1715），法国古典散文家、天主教大主教，著有《论女子教育》《忒勒马科斯历险记》等。前者指出女孩子的缺点，提出女子教育的方案，强调因材施教，选好家庭女教师，让她们成为好的家庭主妇。

⑤ Charles Rollin（1661—1741），法国作家、历史学家，曾任巴黎大学校长，著有《论学习》《古代史》等。

奉献。他断言："女人所接受的全部教育应该与男人相关……女人生来是向男人让步的，并且忍受不公正。"然而，十八世纪的民主思想和个性自由思想对女人是有利的；在大多数哲学家看来，女人是与男性同等的人。伏尔泰揭露她们命运的不公正。狄德罗认为她们的弱势大部分是社会造成的。他写道："女人啊，我为你们抱屈喊冤！"他认为："在一切习俗中，民法的残酷与自然的残酷联合起来对付女人。她们受到蠢人一样的对待。"孟德斯鸠自相矛盾地认为，女人应该在家庭生活中从属于男人，但是没有什么阻止她们从事政治活动。"女人成为家庭主妇是违反理性和自然的……她们治理一个帝国却并非如此。"爱尔维修[①]指出，女人教育的荒唐造成了她的弱势；达朗贝尔[②]同意这种观点。在德·西雷夫人的作品中，可以看到经济方面的女性主义悄悄地出现了。但只有梅尔西埃[③]在他的《巴黎图景》里对女工的贫困表示愤怒，这就牵涉到妇女劳动的根本问题。孔多塞[④]期待女人能参与政治生活。他认为女人与男人平等，捍卫女人，反驳历来的攻讦："据说女人……确切地说没有正义感，她们更多是服从感情而不是意识……（但是）并非本性，而是教育、社会生活造成这种不同。"在另一处："女人越是受到法律的奴役，她们的威望就越是处于危险状态……如果女人不关心保持威望，对她们来说，威望不再是自我保护和摆脱压迫的唯一方法，它就会缩减下去。"

---

① Claude-Adrien Helvétius（1715—1771），法国哲学家，百科全书派的重要人物，著有《论精神》《论人、人的智力和教育》等。

② Jean Le Rond d'Alembert（1717—1783），法国哲学家、作家、数学家，百科全书派的主将之一，著有《论液体的平衡和运动》《文学与哲学合集》等。

③ Louis-Sébastien Mercier（1740—1814），法国作家、戏剧理论家，著有《论戏剧或戏剧艺术新论》《巴黎图景》《新巴黎》等。

④ Condorcet（1743—1794），法国哲学家、数学家、政治家，百科全书派，著有《伏尔泰传》《人类精神进步的图景描述》等。

五

人们可能认为要等待大革命来改变女性命运。根本不是这么回事。这次资产阶级革命尊重资产阶级的制度和价值；它差不多专门是由男人来完成的。重要的是强调在整个旧制度时期，劳动阶级的妇女作为女性拥有了最多的独立。女人有权经商，她具有自主从事她的职业所必需的一切才能。她以缝补女工、洗衣女工、抛光女工、零售女商贩等身份参加生产；她要么在家里，要么在小企业中干活；她的物质独立使她在生活作风上有很大的自由：下层妇女可以出门，经常出入小酒店，差不多像男人一样支配自己的身体；她是丈夫的合作者和同等的人。正是在经济方面，而不是在性的方面，她要遭受压迫。在农村，农妇大量参加农业劳动；她被当作女仆；她往往不与丈夫和儿子们同桌吃饭，她比他们干活更辛苦，在疲劳之外，还要加上生育的负担。但正像在古代的农业社会中那样，她对男人是必不可少的，因此她也受到尊敬；他们的财产、他们的利益、他们的思虑是共同的；她在家里行使很大的权威。这些女人正是从她们艰苦的生活中才能确立为人，要求得到权利；但胆怯和顺从的传统压在她们身上：三级会议的备忘录只显示女性所提要求的几乎微不足道的一部分；这些要求只限于此："男人不能从事属于女人特权的职业。"当然，可以看到在示威游行和骚乱中女人站在她们的男人一边；正是她们到凡尔赛去寻找"面包店老板、老板娘和小伙计"。但不是老百姓领导了革命事业，也不是老百姓摘取果实。至于资产阶级女子，她们中有些热情地与自由事业结合在一起：罗兰夫人、吕西尔·德穆兰[①]、泰罗瓦涅·德·梅里库；她们当中有一位深刻地影响了事件的进程：夏洛特·柯黛，她暗杀了马拉[②]。有过一些女性主义运动。奥兰普·德·古日在一七八九年提出一个《女权宣言》，与《人权宣言》[③]相抗衡；她在这份宣言中要求取消所有的男性特权。一七九〇年，在《贫穷的雅科特的动议》和其他类似的檄文中，可以找到同样的观点；尽管有孔多塞的支持，这些努力都流产了，奥兰普死在断头台上。除了她创办的《不耐烦者报》，还出现了其他小报，但都昙花一现。妇女俱乐部大多与男性的俱乐部一样纷纷涌现，却被后者吸收了。一七九三年雾月[④]二十八日，当共和与革命妇女协会主席、女演员萝丝·拉贡布在妇女代表团的陪同下，强行进入省议会时，检察官肖梅特[⑤]在议会中发表讲话，这篇讲话好像从圣保罗和托马斯·阿奎那的言论中得到启发："从什么时候起允许女人放弃她们的性别，成为男人呢？……（大自然）对女人说过：做女人吧。照料孩子，做细碎的家务，忍受生育的各种不安，这就是你的工作。"人们禁止她们进入议会，不久甚至禁止她们进入俱乐部理事会，她们曾在那里接受政治上的初步训练。一七九〇年，取消了长子继承法和男性的特权；女孩和男孩在遗产的继承上变得平等；一七九二年，法律准许离婚，由此，婚姻关系不

---

① Jeanne-Marie Roland（1754—1793），法国女政治家，受过良好教育，热情参加大革命，撰写文章，成为吉伦特党的灵魂，被监禁期间，撰写《回忆录》，最后上了断头台；Lucile Desmoulins（1770—1794），法国政治家德穆兰之妻，法国大革命期间被处决。

② Jean-Paul Marat（1743—1793），法国政治家、医生和新闻工作者，大革命时期激进的山岳派领袖。1793 年 7 月 13 日，被吉伦特派支持者夏洛特·科黛（Charlotte Corday，1768—1793）刺杀。

③ *Déclaration des droits de l'Homme et du Citoyen*，全名为《人权和公民权宣言》，1789 年在制宪议会上通过。

④ 法兰西共和历第二个月，相当于公历 10 月 22 日到 11 月 20 日。

⑤ Pierre-Gaspard Chaumette（1763—1794），法国政治家，因其极端民主主义被革命法庭处决。

再那么严紧了；但这只是微小的成功。资产阶级的女人与家庭结合得太紧密，以至她们互相之间没有具体的团结；她们不构成一个能强行提出要求的、分隔开来的阶层；在经济上，她们过着寄生的生活。因此，当那些本可以不顾性别参与政治事件的女子因自己所属的阶级受到遏止时，那个行动阶级的女子却被迫作为女人待在一边。当经济权力落到男性劳动者的手里时，女性劳动者要获得过寄生生活的妇女——不管是贵族还是资产阶级的女子——永远得不到的权力，就变得可能了。

在法国大革命清洗的期间，女人享受到无政府状态的自由。但当社会重新组织起来时，女人重新被严厉地奴役。从女性主义的观点来看，法国走在其他国家前面；不过，对现代法国女人来说是不幸的，她的地位在军事专政时期就被决定了；《拿破仑法典》在一个世纪中固定了她的命运，大大推迟了她的解放。就像所有的军人一样，拿破仑只愿意在女人身上看到一个母亲；可是，作为资产阶级革命的继承者，他不想粉碎社会结构，给予母亲超过妻子的优势；他禁止寻找父亲；他严厉地限定未婚妈妈和私生子的权利。然而，已婚女人本身虽有母亲的尊严，却也无计可施；封建的悖论延续下来。女孩和母亲都被剥夺了公民的资格，这就禁止她们承担诸如律师、监护人的职责。但单身女人充分享受公民权利，而婚姻保留着监护制。女人应当服从丈夫；如果她通奸，他可以判她监禁，并能跟她离婚；如果他当场捉奸，杀死了有罪的女人，在法律看来，他是可以赦免的；而丈夫只有将一个姘妇带到家中才会被判罚款，也只有在这种情况下，妻子才能与他离婚。由男人确定住在哪里，他对孩子们比母亲有多得多的权利；除非妻子经商，为了让她能承担义务，授权给她是必要的。丈夫的权力同时严格实施在妻子身上和她的财产上。

在整个十九世纪，司法不断加强法规的严厉程度，尤其是剥夺女人的一切让与权。一八二六年，复辟时期[①]取消了离婚；一八四八年的制宪议会拒绝恢复离婚；离婚直到一八八四年才重新恢复，但仍然很难获准离婚。这是因为资产阶级一直不够强大，而它明白工业革命带来的威胁；它是以惴惴不安的权威确立的。承袭于十八世纪的思想自由没有动摇家庭伦理；家庭伦理仍然像十九世纪初期的反动思想家约瑟夫·德·迈斯特尔和博纳尔[②]所定义的那样。他们将秩序的价值建立在神的意志上，要求一个严格按等级制建立的社会；家庭作为不可分解的社会细胞，将是社会的小宇宙。博纳尔说："男人之于女人，正如女人之于孩子；政权之于大臣正如大臣之于臣民。"因此，丈夫统治，妻子经营，孩子服从。离婚当然被禁止；女人禁闭在家中。博纳尔还说："女人属于家庭，而不属于政治社会，大自然创造她们，是让她们照料家务，而不是行使公共职权。"在勒普拉[③]于十九世纪中叶界定的家庭中，这种等级受到尊重。

奥古斯特·孔德[④]以有点不同的方式也要求性别分等级；他认为在性别之间"有着肉体和精神两方面的根本不同，在所有的动物中，尤其在人类中，这种不同深刻地将两者区分开来"。女性是一种"持续的童年"，这就使女人远离"人类的理想类型"。这种生

① 拿破仑于一八一四年四月退位，由波旁王朝的路易十八登基，然后是查理十世上台。复辟王朝实行君主立宪制。

② Joseph de Maistre（1753—1821），法国作家、政治家，著有《圣彼得堡之夜》等，反对革命学说，主张建立王权和神权；Louis de Bonald（1754—1840），政治哲学家、政治家，极端保王派，是旧制度的捍卫者。

③ Frédéric Le Play（1806—1882），法国工程师、经济学家、社会学家，著有《欧洲工人》《社会改革》等。

④ Auguste Comte（1798—1857），法国哲学家，创立实证主义，著有《实证哲学体系》等。

理上的幼稚，表现为一种弱智；这种纯粹情感的生物的角色，就是妻子和家庭主妇，她不能同男人竞争："无论领导还是教育，都对她不合适。"正如在博纳尔的著作中，女人被禁锢在家庭里，而在这个小型社会中，父亲统治，因为女人"不能胜任一切治理，哪怕家庭的治理"；女人只能经营和建议。她的教育应该受到限制。"女人和无产者既不能也不应该成为创造者，而且他们也不想那样。"孔德预见到，社会的演变会导致完全取消在家庭之外的女性劳动。孔德受到他对克洛蒂德·德·沃的爱情的影响，在他的著作的第二部分颂扬女人，直至将女人等同于神，是伟大存在的表现；在人类的神庙中，实证主义的宗教向人民提议崇拜女人；但是只是因为她的美德，她才配得上这崇拜；而男人在行动时，她却在爱：她比他要利他主义得多。根据实证主义的体系，她仍然被关在家庭中；她被禁止离婚，甚至希望她永远当寡妇；她没有任何经济权利，也没有任何政治权利；她只是妻子和教育者。

巴尔扎克以更加玩世不恭的方式表达同一理想。"女人的命运和她唯一的光荣，就是使男人的心跳动，"他在《婚姻生理学》中写道，"女人是人们通过婚约获得的一宗财产；她是动产，因为拥有她也就有了这证书；女人确切地说只是男人的从属。"他在这里成为资产阶级的代言人，资产阶级的反女性主义通过反对十八世纪的淫荡和反对威胁自己的进步思想，增加了活力。巴尔扎克在《婚姻生理学》的开头非常清楚地陈述，这种排除了爱情的制度必然导致女人去通奸，他劝告丈夫严加看管妻子，如果他想避免名誉受损的可笑场面的话。必须不让女人受教育和有文化，必须禁止她去做一切能让她发展个性的事，强迫她穿不舒服的衣衫，鼓励她遵守引起贫血的饮食制度。资产阶级准确地遵循这个纲领；女人在厨房、家务中受奴役，人们小心翼翼地监视她的生活作风；把女人封闭在处世的礼仪中，处世之道妨碍一切独立的企图。作为补偿，人们尊敬她们，彬彬有礼地对待她们。巴尔扎克说："已婚女人是一个奴隶，必须懂得把她置于宝座上。"凡是在无足轻重的情况下，男人理应在女人面前表示谦敬，为她们让出首要的位置，这是合适的；非但不必让女人去负重，像在原始社会中那样，反而要赶快让她们卸下一切艰苦的任务和一切忧思：这是让她们同时摆脱一切责任。男人希望女人受到轻松生活的欺骗和引诱，会接受担任母亲和家庭主妇的角色，他们正是企图将女人禁闭其中。事实是，大部分资产阶级女人投降了。由于她们的教育和寄生的处境使她们从属于男人，她们甚至不敢提出要求，胆敢这样做的女人也得不到什么回应。萧伯纳说过："如果锁链会带来敬重，那么给人套上锁链比去掉他们的锁链更加容易。"资产阶级女人看重自己的锁链，因为她看重阶级特权。人们不厌其烦地向她解释，她知道，妇女解放会削弱资产阶级社会；从男性那里解放出来，她就不得不工作；她对在私有财产方面的权利从属于丈夫感到不满，却会更加哀叹这种所有制被取消；她感受不到同工人阶级妇女的任何一致：她更亲近自己的丈夫，而不是纺织女工。她把丈夫的利益变成自己的利益。

然而，这些顽固的抵抗并不能阻止历史前进；机器的广泛使用摧毁了土地所有制，促进了劳动阶级解放，相应地推动了妇女解放。各种形式的社会主义要让女人摆脱家庭，赞同她的解放：柏拉图梦想一种共同体制度，让女人在其中获得自主，与斯巴达女人享有的自主一样。随着圣西门、傅立叶、卡贝[1]的乌托邦社会主义出现，"自由妇女"的乌托邦产生了。圣西门主张普天下联合的思

① Charles Fourier（1772—1837），法国空想主义者，著有《论家务和农业的联合》等；Etienne Cabet（1788—1856），法国社会主义者，著有《伊卡里亚旅行记》等。

想，要求废除一切奴役：对工人的奴役和对女人的奴役；这是因为女人像男人一样也是人，圣西门和在他之后的勒鲁、佩格、卡尔诺[①]都要求妇女解放。不幸的是，这个合理的观点对学派产生充分影响。这个学派以女性的名义颂扬妇女，这是妨碍女性的最可靠的方法。在社会单位即夫妻的名义下，昂方坦[②]神父想把女人引进每对夫妻中当精神导师，他把这个精神导师叫做夫妇教士；他期待女人—救世主带来一个更美好的世界，“妇女的同伴”乘船到东方，寻找这个女性救世主。他受到傅立叶将妇女解放和为肉体正名混同起来的影响；傅立叶为所有个体要求服从情感肉欲的自由；他想以爱情代替婚姻；他不是从女人的个体，而是从女人的情爱功能去看待她。卡贝也赞成，伊卡里亚的共产主义能实现性别的完全平等，虽然他只让女人有限地参与政治生活。事实上，女人在圣西门运动中只占有次要地位，唯有克莱尔·巴扎尔起到相当重要的作用，她创办一份名为《新女性》的报纸，并维持了一个短暂时期。其他许多小型杂志随后出现，但它们提出的要求很胆小；它们要求的是女子教育而不是女子解放；卡尔诺，随后是勒古维[③]，正是致力于提高女子教育。女人作为合作者和生育者的思想延续了整个十九世纪；在维克多·雨果的作品中可以找到这种观点。但妇女解放事业更确切地说由于这些理论失去影响，这些理论非但没有将女人等同于男人，反而使女人与男人对立，承认女人凭借直觉

① Pierre Leroux（1797—1871），法国哲学家、政治家，宣扬圣西门主义，著有《论人道》等；Pecqueux（1801—1887），法国经济学家，圣西门主义者，著有《论与自由的关系中的物质改善》等；Lazare Hippolyte Carnot（1801—1888），法国政治家，圣西门主义者。

② Barthélemy-Prosper Enfantin（1796—1864），法国社会主义者，圣西门主义的主要宣传者，创办《生产者报》和《寰球报》。

③ Ernest Legouvé（1807—1903），法国作家，著有《阿德里安娜·勒库夫勒》《太太的战役》等。

和感情，而不是理性。妇女解放事业也由于拥护者的笨拙而失去影响。一八四八年，女人创办了俱乐部和报纸；欧仁妮·尼布瓦耶出版了《妇女之声》，卡贝与这份报纸合作。一个妇女代表团前往市政厅，要求获得“妇女权利”，但是一无所获。一八四九年，让娜·德库安出现在议会选举中，她展开竞选，陷入了可笑的境地。“维苏威女子”运动和布卢默[①]主义者运动也遭到同样的下场，她们穿着奇装异服散步。当时最明智的女人远离这些运动：德·斯达尔夫人[②]为她自己的事业，而不是为了她的姐妹们的事业斗争；乔治·桑[③]要求自由恋爱的权利，但她拒绝跟《妇女之声》合作；她的要求尤其是情感方面的。弗洛拉·特里斯坦[④]相信通过妇女能拯救人民；但她更关注工人阶级的解放，而不是女性的解放。达维德·斯特恩、德·吉拉丹[⑤]夫人却与女性主义运动联合。

总体说来，十九世纪发展起来的改革运动，由于是在平等中寻找正义，所以有利于女性主义。有一个引人注目的例外：蒲鲁东[⑥]。也许由于他的农民出身，他激烈反对圣西门的神秘主义；他是农业小地产私有制的拥护者，同时，他认为女人应该被禁锢在家庭中。“要么当家庭主妇，要么当妓女”，这是他把女人禁锢起来的窘境。到那时为止，对女性主义的攻击是由保守派进行的，他们同样猛烈地攻击社会主义：例如，《喧嚷》杂志在这里找到取之不尽的

---

① Amelia Jenks Bloomer (1818—1894)，美国女改革家，创办妇女杂志《百合花》，争取女权，并提倡一种经她改革的女式长裤。

② Germaine de Staël (1766—1817)，法国女作家，著有《台尔芬》《柯丽娜》等。

③ George Sand (1804—1876)，法国女作家，著有《魔沼》等。

④ Flora Tristan (1803—1844)，法国女政治活动家，著有《贱民的跋涉》《工人团结》等。

⑤ Delphine de Girardin (1804—1855)，法国女作家，写作小说和戏剧，著有《巴黎通信》等。

⑥ Pierre-Joseph Proudhon (1809—1865)，法国无政府主义之父，著有《什么是所有权》、《贫困的哲学》等。

嘲笑源泉；是蒲鲁东打破了女性主义和社会主义的联盟；他抨击由勒鲁主持的社会主义妇女的宴会，他斥责让娜·德库安。在《正义》这部著作中，他提出，女人应该始终从属于男人；唯有男人才算得上社会个体；在夫妻之间没有会使人联想到平等的合作关系，而是团结；女人低于男人，首先是因为她的体力只有男性体力的三分之二，其次是因为她在智力和精神上同等程度地低下：她的总体价值是2 ×2 ×2，与男人的3 ×3 ×3 相比，即等于男性价值的8/27。有两个女人，亚当夫人和德·埃里库夫人回答了他，一个非常坚决，第二个激烈而不够中肯，蒲鲁东通过《淫妇政治又名现代妇女》给以反驳。然而，像所有反女性主义者那样，他对作为男性奴隶和镜子的“真正的女人”说出热烈的连祷文；尽管是这样虔诚，他还是不得不承认，他给妻子的生活并没有使她幸福：蒲鲁东夫人的信充斥长篇的哀诉。

这些理论上的争论并没有影响事件的进程：更确切地说，它们犹豫地反映这些事件。女人之所以重新获得史前以来就失去的经济重要性，是因为她摆脱了家庭，在工厂中参加生产。是机器造成这种变化，因为男女劳动者之间体力的差异在大量情况下已经消除了。由于工业突飞猛进，对劳动力的需求超过了男性劳动者所能提供的，女人的合作就成为必然的了。这才是在十九世纪改变了女人的命运，为女人开辟了一个新时代的大革命。马克思和恩格斯衡量过这个新时代的全部意义，他们承诺妇女将会因无产者的解放而解放。确实，倍倍尔说：“女人和男劳动者，两者有共同点：他们都是被压迫者。”由于技术发展使两者的生产劳动变得重要，他们将一起摆脱压迫。恩格斯指出，女人的命运与私有制的历史紧密联结在一起；一次灾难使父权制代替了母权制，使女人受到财产的奴役；但是，工业革命是对这种失势的补偿，将导致女性的解放。他写道："妇女的解放，只有在妇女可以大量地、社会规模地参加生产，而家务劳动只占她们极少的工夫的时候，才有可能。而这只有依靠现代大工业才能办到，现代大工业不仅容许大量的妇女劳动，而且是真正要求这样的劳动。"

十九世纪初期，妇女比男性劳动者更屈辱地受到剥削。家庭劳动构成英国人称之为"sweating system"①的东西；尽管要持续劳动，女工所得仍不足以满足自己的需要。于勒·西蒙在《女工》中，甚至保守派的勒鲁瓦-博利厄②在发表于一八七三年的《十九世纪的妇女劳动》中揭露了丑恶的流弊；后者宣称，有二十多万法国女工每天挣不到五十生丁③。可以理解，她们急于涌向手工场；再说，在工场之外，不久只剩下针线活、洗衣和家务劳动，都是只支付填不饱肚子的工资的奴隶活儿；甚至花边、针织品等等都被工厂夺走；相反，在棉布、羊毛、丝绸工业中有大量的用工需求。女工尤其用在纺纱和织布车间。老板往往更喜欢她们，而不是男人。"她们干得更好，工资更少。"这种无耻的说法阐明了妇女劳动的悲剧。因为女人正是通过劳动获得做人的尊严的，但这要特别艰苦和缓慢地获得。纺纱和织布是在糟糕的卫生条件下进行的。布朗基④写道："在里昂的边饰车间，有的女人不得不同时用脚和手，几乎吊在皮带上干活。"一八三一年，丝织业女工夏天从凌晨三点钟干到晚上十一点钟，每天干十七小时，诺贝尔·特吕甘说，这是

① 英文，血汗体系。

② Jules Simon（1814—1896），法国政治家、哲学家，著有《女工》《劳动》等；Paul Leroy-Beaulieu（1843—1916），法国经济学家，创办《法国经济学家》，著有《财富分配》等。

③ 法国辅币名，等于法郎的百分之一。

④ Louis Auguste Blanqui（1805—1881），法国社会主义理论家，主张采取冒险行动，组织秘密会社，密谋起义。

“在阳光从来照不进去的、往往不卫生的车间。这些少女中的一半在学徒期结束之前都得了肺病。当她们抱怨时，别人责备她们装腔作势”[①]。另外，代理人奸污年轻女工。《里昂运动真相》的匿名作者说：“为了达到目的，他们无所不用其极，利用需要和饥饿。”有时，妇女兼做农活和工厂的活儿。人们无耻地剥削她们。马克思在《资本论》的一个注释中叙述道：“工厂主E先生对我说，他只使用妇女来操纵他的机械织机；他喜欢使用已婚妇女，特别是必须养家糊口的妇女；这种女人要比未婚女人更专心更听话，她们不得不尽最大努力去取得必要的生活资料。这样一来，”马克思补充说，“美德，女性特有的美德，反而害了她们自己，她们温柔恭顺的天性，竟成为她们受奴役和苦难的手段。”[②]G·德维尔在概述《资本论》和评论倍倍尔的著作时写道：“要么做宠物，要么做役畜，女人今日几乎只能如此。不工作的话，她要由男人供养，她累死累活，仍然要由男人供养。”女工的处境是如此悲惨，以至西斯蒙迪[③]、布朗基要求禁止女人到车间。原因部分在于，女人首先不会自卫、组成工会。妇女“联合会”从一八四八年开始出现，开初，这是生产联合会。运动进展极其缓慢，正如下列数字所表明的那样：

一九〇五年，在总共781392个工会会员中，有69405个女人；

一九〇八年，在总共957120个工会会员中，有88906个女人；

一九一二年，在总数1064413个工会会员中，有92336个女人；

一九二〇年，在1580967个劳动者中，有239016个加入工会的

---

① 诺·特吕甘《一个无产者的回忆和冒险》，转引自E·多莱昂斯《工人运动史》第一卷。——原注

② 马克思《资本论》第一卷，人民出版社，1975年，第441页。

③ Jean de Sismondi（1773—1842），瑞士历史学家、经济学家，著有《政治经济学新原则》《政治经济学研究》《意大利共和国史》等。

女工和女职工，而在农业女工中，1083957 个人中只有 36193 个工会会员，也就是说在总数 3076585 个加入工会的劳动者中，一共有 292000 个女人。这是由于忍辱负重和顺从的传统，缺乏团结和集体意识，才使她们面对新出现的可能性，毫无还手之力。

这种态度导致妇女劳动缓慢地、很晚才走上正轨。必须等到一八七四年才有法律加以干预；尽管在第一帝国时期① 开展了运动，只有两个规定涉及女性：一个规定禁止未成年女工晚上干活，要求让她们在星期天和假日歇工；她们的工作时间限制在每天十二小时之内；至于二十一岁以上的女人，只限于禁止她们在矿井和采石场的地底下干活。第一个《妇女劳动宪章》始于一八九二年十一月二日：它禁止晚上干活，限制工厂的日工作时间；但它给各种各样的欺诈打开了大门。一九〇〇年，日工作时间限定在十小时；一九〇五年，每周的休息变得必不可少；一九〇七年，女工可以自由支配她的收入；一九〇九年，保证给生产的女人带薪产假；一九一一年，强行恢复一八九二年的规定；一九一三年，规定了关于妇女在生产前后的休息方式，禁止她们做危险的和过分劳累的工作。一个社会法规逐渐建立起来，妇女劳动附有卫生保障：要求女售货员有座位，户外设摊禁止长期停留，等等。关于妇女劳动的卫生条件、在怀孕的情况下准许请假等，国际劳工组织达成了国际协定。

女工克制不作为的第二个后果，就是她们要满足于低工资。为什么妇女工资被确定在这么低的水平上？对于这个现象，人们提出了各种各样的解释，取决于各种因素。以女人的需要比男人少作为理由是不充分的，这只是一种后来的辩解。更确切地说，就像人们

---

① 指拿破仑创立的帝国（1804—1814）。

看到的那样，女人不懂得自卫、反抗剥削者；她们要面对监狱的竞争，监狱把不需要支付劳动力的产品投放到市场上；她们还要互相竞争。另外必须指出，在一个存在夫妻共同体的社会内部，女人力图通过工作解放自己：她属于父亲、丈夫的家，往往满足于给家庭带来一点支持；她在家庭之外工作，却是为了家庭；既然对女工来说，并不用提供家庭的全部需要，她必然会接受远远低于男人所要求的报酬。很多妇女满足于压低的工资，全部妇女工资自然处于对雇主最有利的水平。

在法国，根据一八八九年至一八九三年进行的调查，女工的日工作时间与男工相等，只得到男性工资的一半。根据一九〇八年的调查，家庭女工每小时的最高收入不超过二十生丁，有的竟至低到五生丁：受这样剥削的女人要维持生活，不可能不接受施舍或者没有保护人。在美国，一九一八年，女人的工资只有男人的一半。大约在这个时期，在德国的煤矿开采同样数量的煤，女人得到的大约比男人少25%。在一九一一年至一九四三年之间，法国妇女的工资比男人的工资提高得要快一些，但是她们的工资仍然明显要低。

如果说雇主由于女人接受低工资而迫不及待地欢迎她们，同样的事实却引起了男工的抗拒。在无产者的事业和妇女的事业之间，并没有倍倍尔和恩格斯所认为的如此紧密的团结。这有点类似美国黑人劳工问题。一个社会最受压迫的少数人，情愿让压迫者用做一件武器，反对他们所依附的阶级的全体；同样，她们首先像敌人一样出现，必须对这种处境有更深入的认识，才能让黑人和白人、女工和男工的利益成功地结合起来，而不是互相对抗。可以理解，男工在这种廉价劳动力的竞争中，首先看到的是一种可怕的威胁，他们表现出敌意。仅仅当女人结合到工会生活中，她们才能保卫自身利益，不再把工人阶级的整体利益置于危险之中。

尽管有这一切困难，妇女劳动仍在继续变化。一九〇〇年，在法国，还有九十万家庭女工在制造衣服、皮具、丧葬花圈、手提包、玻璃器皿、巴黎的高级化妆品；但这数目已大大减少了。一九〇六年，42%达到工作年龄的女人（在十八至六十岁之间），在农业、工业、商业、银行、保险业、办公室、自由职业中当雇员。由于第一次世界大战和第二次世界大战引起的劳动力危机，这种变化迅速扩大到全世界。小资产阶级、中等资产阶级决定追随这种变化，女人也进入自由职业中。根据第二次世界大战之前最后一次人口普查，在全部十八到六十岁的女性中，法国有42%在工作，在芬兰有37%在工作，在德国有34.2%在工作，在印度有27.7%在工作，在英国有26.9%在工作，在荷兰有19.2%在工作，在美国有17.7%在工作。但在法国和印度，由于农村劳动很重要，百分比才这样高。如果排除了农村人口，一九四〇年在法国约有五十万企业首脑，一百万女雇员，两百万女工，一百五十万离群索居的女人或者失业的女人。在女工中，有六十五万人在家里工作；一百二十万人在加工工业中工作，其中四十四万人在纺织工业中工作，三十一万五千人在服装业中工作，三十八万人在家里做裁缝。至于商业、自由职业、公共服务业，法国、英国和美国差不多处于同样状况。

我们已经看到，妇女面对的主要问题之一是她的生育作用和生产劳动的作用如何协调。历史之初，让妇女做家务劳动，禁止她参与建设世界的深刻原因，就是让她屈从于生育职能。在雌性动物身上，有一种发情和季节的节奏配合，保证其节约力量；相反，就女人而言，从青春期到绝经，自然并不限制她的生育能力。某些文明禁止过早结合；可以举出某些印第安人部落，要求保证给女人在两次生育之间至少休息两年；但总的说来，在许多世纪中，女性的生育能力并没有被限制。从古代开始[1]，避孕措施一般用在女人身上：用药水、栓剂、阴道塞；但这些措施是妓女和医生的秘密；也许衰落时期的罗马女人已经知道这秘密了，讽刺作家责备她们生育少。但是中世纪却不知道这些措施；十八世纪之前找不到这些措施的蛛丝马迹。对很多女人来说，在这段时期里，生活是不断地怀孕；甚至作风轻佻的女人也经历多次怀孕，为她们的放荡付出代价。在某些时代，人类感到必须减少人口数量；但是与此同时，这些民族担心自身被削弱；在出现危机和贫困的时期，正是通过推迟未婚女人的结婚年龄，实现降低出生率。早婚和女人能怀上多少孩子就生多少孩子仍是大势所趋，唯有孩子夭折才能减少存活孩子的数目。十七世纪，德·普尔神父[2]已经对女人注定的“爱情肿胀”提出抗议；德·塞维尼夫人嘱咐她的女儿避免过多怀孕。但要到十八世纪，马尔萨斯[3]主义才在法国发展起来。首先是富裕阶级，然后是全体人民，认为根据父母的收入来限制孩子数目是合理的，避孕方法开始进入风俗。一七七八年，人口统计学家莫罗写道：“不仅仅富有的女人把人类的繁殖看做古代的一种谎言，除了人，一切动物都不知道的这些不祥秘密已经深入到农村；直到村子里，人们都在欺骗自然。”“中止性交”先是在资产阶级中传播，然后在农

---

① “已知最古老的避孕方法可能记载于公元前两千年的一张埃及纸莎草上，上面建议将鳄鱼粪便、蜜、泡碱和一种树胶的古怪合成物放入阴道中。”（P·阿里埃斯《法国人口史》）中世纪的波斯医生了解三十一种避孕方法，其中只有九种是用于男人的。在哈德良时代，索拉诺斯解释说，在射精时，不想要孩子的女人应该“屏住呼吸，身体向后退一点，让精液不能进入‘子宫’，马上起来，蹲下去，并且打喷嚏”。——原注

② 参阅《女才子》（1656）。——原注

③ Thomas Robert Malthus（1766—1834），英国经济学家、人口学家，主张控制人口，著有《人口原理》等。

民和工人中流传开来；已有的用于避免性病的套子变成避孕工具，尤其在一八四〇年左右发现了硫化物以后传播开来。[①] 在盎格鲁-撒克逊民族的国家里，birth-control[②] 是正式允许的，而且已经发现了许多方法，能够分解不久以前难以分开的这两种功能：性功能和生育功能。维也纳医学准确地说明了受孕的机理，受孕的有利条件，也启发了回避受孕的方法。在法国，宣传避孕和出售子宫托、阴道塞等等是被禁止的；但是“节育”仍然传播开来。

至于堕胎，没有一个地方被法律正式准许。罗马法不给予胚胎生命特殊的保护；它不把 nasciturus[③] 看成人，而是看做母体的一部分。Partus antequam edatur mulieris portio est vel viscerum.[④] 在罗马衰落时期，堕胎似乎是一种正常措施，即使立法者想鼓励生育，也不敢禁止。如果妻子不顾丈夫的意愿，不想要孩子，丈夫可以让她受惩罚，不过罪名是不服从丈夫。在整个东方文明和希腊罗马文明中，堕胎是被法律允许的。

是基督教赋予胚胎以灵魂，在这一点上推翻了伦理观；于是堕胎变成了对胎儿本身犯下的罪行。圣奥古斯丁说：“但凡不能按自己的能力生育孩子的女人，就等于杀人一样有罪，企图在怀孕以后伤害自己的女人也一样是犯罪。”在拜占庭，堕胎的女人只受到暂时流放的惩罚；在杀婴的蛮族中，只有在违背母亲的意愿，通过暴力堕胎时才受到指责：只要付出了流血的代价，就可以补赎。但是，最初几次的主教会议反对这种“杀人罪”，给以最严厉的惩罚，不管胎儿预计有多大。然而一个问题成为无休无止的争论的话

---

① “一九三〇年左右，一个美国商号一年内出售了两千万个避孕套。十五个美国工厂每天生产一百五十万个避孕套。”（P · 阿里埃斯）——原注

② 英文，节育。

③ 拉丁文，胎儿。

④ “孩子出生前是女人的一部分、一种内脏。”——原注

题：灵魂什么时候进入身体？托马斯·阿奎那和大部分作者确定大约在第四十天灵魂进入男孩身体，而女孩子是在第八十天；这是有灵魂的胎儿和没有灵魂的胎儿之间的一个分界线。在中世纪，悔罪书宣称："如果一个怀孕的女人在第四十五天以前让她的胎儿死去，她要悔罪一年。如果是在第六十天结束时，要悔罪三年。最后，如果孩子已经有了灵魂，她应该被看做犯了杀人罪。"然而，悔罪书又说："一个贫穷的女人由于无力抚育孩子而堕胎，和一个女人只是想隐藏通奸罪而堕胎，两者之间有很大不同。"一五五六年，亨利二世[①]颁布了关于隐瞒怀孕的著名敕令；普通的隐瞒就要处以死刑，由此得出，死刑更有理由用于惩罚堕胎了；事实上，敕令针对的是杀婴罪，但也允许对堕胎的当事人和同谋者处以死刑。有灵魂的胎儿和没有灵魂的胎儿的区分，在十八世纪左右消失了。在这一世纪末，贝卡里亚[②]在法国的影响十分巨大，他为不想要孩子的女人辩护。一七九一年的法律原谅不想要孩子的女人，但要惩罚她的同谋者"二十年镣铐"。堕胎是杀人罪的观点在十九世纪消失了：更确切地说，人们把它看做对国家的犯罪。一八一〇年的法律绝对禁止堕胎，否则对堕胎的女人和她的同谋者处以监禁和苦役；事实上，一旦母亲的生命危在旦夕，医生总是选择实施堕胎。甚至由于法律十分严厉，将近世纪末，法官不再执行这一法律，只有极少数人遭到逮捕，五分之四的被控告者获释。一九二三年，一部新法律仍然要求手术的同谋和主刀人服苦役，但是只惩罚女人监禁或罚款；一九三九年，一项新法令专门针对技术人员：不再给予他们任何缓期。一九四一年，堕胎被定为反对国家安全的罪行。在

---

① Henri II（1519—1559），法国国王，反对新教，在比武中被矛刺中，受伤而死。

② Casare Beccaria（1738—1794），意大利犯罪学家、经济学家，主张司法改革，减轻刑罚，《论犯罪和惩罚》在欧洲有很大影响。

其他国家，堕胎被当做一项轻罪来处理；然而在英国，这是一项重罪，受到监禁或服苦役的惩罚。总体说来，法典和法庭对堕胎的女人要比对同谋者宽容得多。然而，教会一点不宽容。一九一七年三月二十七日颁布的教会法宣称："实施堕胎者，包括母亲，一旦获得实证，都要照例革除教门，latœ sententiœ[①]。"任何理由都不足为凭，即使母亲面临死亡的危险。最近，教皇还宣称，在母亲的生命与孩子的生命之间，必须牺牲前者：事实上，受过洗礼的母亲可以进入天堂——奇怪的是，并没人考虑到地狱——而胎儿是要永远待在炼狱的。[②]

堕胎只有在纳粹之前的德国、一九三六年之前的苏联短时期被正式允许过。尽管宗教和法律屡屡禁止，堕胎在所有国家占有重要地位。在法国，每年有八十万至一百万次——同出生一样多——三分之二的堕胎女人是已婚妇女，许多人已经有一两个孩子。尽管有偏见、抗拒、过时道德的残存，人们还是看到实现了从自由生育到国家或个人控制的生育。产科学的进步大大减少了分娩的危险；生孩子的痛苦正在消失；最近——一九四九年三月——英国规定，使用某些麻醉方法是必不可少的；这些方法已经在美国普遍使用，并开始在法国流传开来。人工授精使人类控制了生育职能。特别是这些变化对女人来说极其重要；她可以减少怀孕次数，使怀孕合理地

---

① 拉丁文，切切此令。

② 我们将在《第二性 II》中再讨论这种观点。这里仅仅指出，天主教徒远远没有严格地遵守圣奥古斯丁的理论。忏悔神父在年轻的未婚妻的婚礼前夕悄悄地对她说，她可以在性交"合理合法地"完成时，跟她的丈夫不管做什么事；积极实施节育——包括"中止性交"——是被禁止的；但人们有权利用维也纳的性学专家制定的日程表，在女人不可能怀孕的日子里，实施这种行为，虽然性行为唯一公认的目的是生育。有些精神导师甚至将这张日程表告诉他们的基督徒。事实上，有许多"基督徒母亲"只有两三个孩子，却在最后一次生育以后并不停止发生一切夫妻关系。——原注

与她的生活结合起来，而不是成为生育的奴隶。在十九世纪，轮到女人从自然中解放出来；她能够控制自己的身体。她在极大的程度上免去生育的奴役，可以完成在她面前出现的、保证她彻底独立的经济角色。

正是通过参加生产、摆脱生育奴役这两个因素的汇合，女性处境的变化得到了解释。正如恩格斯所预见的，她的社会和政治地位必然要改变。在法国由孔多塞，在英国由玛丽·沃斯通克拉夫特[①]在她的著作《为女权辩护》中发起，然后在十九世纪初由圣西门主义者重新掀起的女性主义运动，缺乏具体基础，未能达到目的。目前，妇女的要求将会增加分量。这些要求在资产阶级内部响起。随着工业文明的迅速发展，地产较之动产的重要性减弱了：以家庭为单位的原则失去了它的力量。资本的流动性使拥有者不是被他的财产所占有，而是单方面拥有它和支配它。女人正是通过财产基本上依附于丈夫：财产被取消，他们的地位就是并列的，甚至孩子们构成的联系，也不能与利益的稳固性相比。因此，个体相对于群体得到确立；这种演变特别在资本主义的现代形式取得胜利的美国令人瞩目：离婚在那里很流行，丈夫和妻子只是暂时的合作者。在法国，农村人口很多，《拿破仑法典》保护已婚妇女，演变会是很缓慢的。一八八四年，离婚重新获准，妻子可以在丈夫犯有通奸的情况下获准离婚；然而，在刑罚方面，还维持性别的不同：通奸只有在妻子犯下时才是犯罪。一九〇七年加以限制的监护权，要到一九一七年才解除限制。一九一二年，允许寻找私生子的父亲。必须等到一九三八年和一九四二年，才会看到已婚妇女的地位改变：当时，废除了女子服从的责任，尽管父亲仍然是家长；他确定住处，

---

① Mary Wollstonecraft（1759—1797），英国作家、女权主义者。

但妻子可以反对他的选择，如果她有充足理由的话；她的权利增加了；但说法令人困惑：“已婚女人充分拥有权利。这种权利只受到婚约和法律的限制。”前后两个条款相悖。夫妻平等还没有实现。

至于政治权利，在法国、英国、美国来之不易。一八六七年，斯图亚特·穆勒在英国议会上为妇女的选举权做了第一次辩护，在这以前，还没有人公开辩护过。他在自己的著述中强烈要求在家庭和社会内部男女平等。“我深信，以法律名义使一种性别从属于另一种性别的两性社会关系，本身是不好的，形成反对人类进步的主要障碍之一；我深信，这种关系应该让位于完全平等。”在他之后，英国女人在福西特夫人的领导下，在政治上联合起来；法国女人站在玛丽亚·德雷姆[①]身后，后者在一八六八年至一八七一年之间在一系列政治演讲中研究妇女命运；她在一场激烈的争论中支持对小仲马[②]的指责，小仲马向被不忠实的妻子欺骗的丈夫建议：“把她杀死。”列昂·黎希埃才是女权主义的真正奠基者；一八六九年，他提出了“女权”，一八七八年举办了女权国际代表大会；选举权问题尚未涉及；女人只限于要求公民权利；在三十年内，在法国和英国，这个运动仍然十分小心翼翼地进行。但有一个女人于贝尔丁娜·奥克莱掀起了一场争取选举权的运动，她创办了一个组织“妇女选举”和一份报纸《女公民》。许多协会在她的影响下建立起来，但她们的行动不是很有效。女权运动的这种弱点其根源在于内部分裂；说实在的，就像之前已经指出的那样，女人作为女性，不是相互支持的：她们先是与自己的阶级联结在一起；资产阶级妇女的利益与无产者妇女的利益不相一致。革命的女权主义恢复

① Maria Deraismes（1828—1894），法国女权运动家。

② Alexandre Dumas fils（1824—1895），法国小说家、剧作家，著有《茶花女》《半上流社会》《私生子》等。

圣西门主义和马克思主义的传统；再说，必须指出，如路易丝·米歇尔[①] 就反对女权主义，因为这个运动不断转移本来应该全部用于阶级斗争的力量；通过废除资本，妇女的命运才能解决。

一八七九年，社会党代表大会宣布两性平等，自此以后，女权主义与社会主义的联盟不再是秘密，但既然总的说来妇女是要从劳动者的解放中等待自由的到来，她们就只有以次要的方式关注她们自己的事业。相反，资产阶级妇女要求在现存社会中的新权利，她们不让自己成为革命者；她们希望将品行改革引入风俗中：消灭酗酒、色情文学和卖淫。一八九二年，召开了名为女权主义的代表大会，这次大会给这场运动冠名，大会并没有多大收获。一八九七年，通过了一项法律，允许妇女出庭作证，但是，一个企图登记做律师的法律女博士的请求被驳回。一八九八年，妇女在商务法庭、劳动高级法庭获得选举权和被选举权，能进入公共救济事业局委员会和美术学院。一九〇〇年，一次新的代表大会将女权主义者聚集在一起，但是它也没有获得重大成果。一九〇一年，妇女选举权的问题第一次由维维亚尼[②] 在议会上提出，他还提出限制单身女子和离婚女人的选举权。当时，女权运动获得重要进展。一九〇九年，创立了争取妇女选举权的法国联盟，组织者是不伦瑞克夫人；她组织演讲、集会、代表大会、游行。一九〇九年，比松[③] 就迪索苏瓦给予妇女在地方议会选举权的提议提出一份报告。一九一〇年，托马[④] 提出一个为女性主张选举权的议案；一九一八年这个议案重新提出，一九一九年众议院通过了这个议案；但在一九二二年参议院

---

① Louise Michel（1830—1905），法国女作家，无政府主义者，作品有《回忆录》等。

② René Viviani（1863—1925），法国政治家、社会党成员。

③ Ferdinand Buisson（1841—1932），法国教育家、政治家，诺贝尔和平奖获得者。

④ Albert Thomas（1878—1932），法国政治家、历史学家，著有《德国工团主义》。

否决了它。情况相当复杂。在革命的女权主义、不伦瑞克夫人所谓的独立女权主义之外，要加上基督教女权主义：一九一九年，本笃十五世[①]宣布主张妇女有选举权，博德里亚主教和塞蒂扬热神父在这方面作了热烈的宣传；事实上，天主教徒认为，女人在法国代表保守和宗教的因素；这正是激进分子所担心的：他们反对的真正理由，在于他们害怕，要是妇女有选举权，票数会转移。在参议院，许多天主教徒，共和联盟的议员党团，另外还有极左党派，都赞成妇女有选举权，但是众议院中大多数人是反对的。直到一九三二年，众议院运用拖延方式，拒绝讨论关于妇女选举权的议案；但在一九三二年，众议院以三百一十九票对一票通过给予妇女选举权和被选举权的修正案，参议院开始一场辩论，持续了好几次会议：修正案被否决了。在《政府公报》上发表的报导意味深长；其中可以看到反女权主义者在半个世纪的著作中发挥的所有论据，要罗列这些著作会是枯燥乏味的。首先是雅致的、很有风度的论据：我们太喜欢女人，所以不让女人投票；他们以蒲鲁东的方式颂扬“真正的女人”，这种女人接受“要么当妓女要么当家庭主妇”的格言：女人投票会失去魅力，她坐在台座上，不会从上面掉下来；她成为女选民会丧失一切，什么也得不到，她统治男人不需要选票，等等。他们更加庄重地提出家庭利益来反对：女人的位置在家中；政治争论会带来夫妻不和。有些人认为应采取一种有节制的反女权主义。女人不同于男人。她们不要服兵役。妓女要投票吗？还有人狂妄地断言男性的优越：投票是一种负担而不是一种权利，女人与这种负担不相称。她们没有男人聪明，比男人受教育少。如果她们投票，

① Benedict XV （1854—1922），第二百五十六任教皇，第一次世界大战期间，他保持中立。

男人就会女性化了。她们没有受过政治教育。她们会听从丈夫的口令去投票。如果她们想自由，首先要摆脱她们的缝纫工作。他们也以一种美妙的天真提出这种论据：在法国女人比男人多。尽管所有这些异议理屈词穷，但要等到一九四五年法国女人才获得政治权利。

新西兰从一八九三年起给予妇女充分的权利；澳大利亚在一九〇八年紧随其后。而在英国和美国，胜利来之不易。维多利亚时代[①]的英国严厉地将妇女限制在家中，简·奥斯丁[②]躲藏起来写作；必须勇气十足、命运异乎寻常，才能成为乔治·艾略特、艾米莉·勃朗特[③]；一八八八年，一个英国学者写道："女人不仅不是人，她们甚至不是人类的一半，而是仅仅专用于生育的亚种。"福西特夫人约在上世纪末创立了争取选举权的运动，但像在法国一样，这是一个小心翼翼的运动。约在一九〇三年，妇女的要求出现突变。潘克赫斯特[④]一家在伦敦创建了"妇女社会政治同盟"，它与工党联合，采取坚定的战斗行动。在历史上破天荒第一次看到妇女作为女人做出努力：这给予英国和美国的"争取参政的妇女"的激烈行动以特殊意味。她们在十五年内采取施压政策，在某些方面令人想起甘地[⑤]的态度：她们拒绝暴力，或多或少巧妙地发明代用品。她们在自由党大会期间，高举写着"争取妇女选举权"标语的布条，冲进艾伯特纪念堂；她们强行冲进阿斯奎斯爵士[⑥]的办公室，在海德公

① 指英国女王维多利亚（Victoria，1819—1901）的统治时期。
② Jane Austen（1775—1817），英国女小说家，最著名的作品是《傲慢与偏见》。
③ George Eliot（1819—1880），英国女小说家，著有《弗洛斯河上的磨坊》等；Emily Brontë（1818—1848），英国女诗人、小说家，著有《呼啸山庄》等。
④ Emmeline Pankhurst（1858—1928），英国女政治家。
⑤ Mohandas Karamchand Gandhi（1869—1948），印度哲学家、政治家，倡导非暴力主义，被称为"圣雄"。
⑥ Herbert Henry Asquith（1852—1928），英国政治家，自由党内阁首相。

园或者特拉法加尔广场集会，在街上高举标语牌游行，举行演讲会；在游行时，她们侮辱警察，或者用石块袭击他们，以挑起审讯；在监狱里，她们采取绝食策略；她们搜集资金，在自己周围聚集起几百万男女；她们激发起舆论，以至在一九〇七年，有两百个议员设立了一个委员会，支持妇女有选举权；此后，每年，他们当中都有一些人提出一个给予妇女选举权的法律提案，每年都以同样的论据被否决。一九〇七年，"争取妇女选举权联盟"第一次行进到议会去，有大量围着披巾的女工和一些贵族妇女参加这次行进；警察驱赶她们；但是翌年，由于当局威胁禁止已婚女人进入矿井的巷道工作，兰开夏的女工在"争取妇女选举权联盟"的号召下，在伦敦召开大会。被监禁的争取参政的妇女在一九〇九年以长时间绝食回应新发生的逮捕事件。她们被释放后，又组织了游行：其中一个骑在马上，被人用石灰粉刷，她代表伊丽莎白女王。一九一〇年七月十八日，这一天妇女选举权法要提交给议会，一个九公里长的游行队伍穿过伦敦，冉冉前行；这部法律被否决了，又举行新的大会，又有人被逮捕。一九一二年，她们采取更加激烈的策略：她们焚烧没人住的房子，撕毁油画，践踏花坛，向警察投掷石块；同时，她们一个代表团接一个代表团派遣到劳埃德·乔治、爱德华·格雷[①]那里；她们躲在艾伯特纪念堂，在劳埃德·乔治讲话时吵吵闹闹地干预。战争中止了她们的活动。很难知道这种行动在多大程度上促进了事件的发展。一九一八年，英国女人获得选举权，但带有诸多限制，然后在一九二八年取消了限制：大半是由于她们在战争中的效劳使她们获得了这场胜利。

① Lloyd George（1863—1945），英国政治家，曾任首相；Edward Grey（1862—1933），英国政治家，曾任外交大臣。

美国妇女先是比欧洲妇女获得更多的解放。十九世纪初期，女人要和男人一起参加艰苦的拓荒劳动，和他们并肩斗争；她们人数比他们少得多，因此很受重视。但她们的地位逐渐接近欧洲女人，男人还对她们献殷勤，她们保留着文化特权和家庭内部的统治地位，法律乐意给予她们一种宗教上的和道德上的作用，但是社会的操纵权仍然全部在男人手里。约在一八三〇年有些女人开始要求她们的政治权利。她们也开展一场支持黑人的运动。一八四〇年在伦敦召开的反对奴隶制代表大会一结束，公谊会女教徒柳克丽霞·莫特[①] 便创建了一个女权主义协会。一八四〇年七月十八日，在塞尼卡福尔斯召开的年会上，她们起草了一个宣言，其中公谊会的思想占据了主导地位，这个宣言给美国的整个女权主义定了调。“男女生来是平等的，由造物主赋予不可剥夺的权利……政府建立起来是为了保障这些权利……男人把已婚女人变成一具死尸，虽然她也是公民……他剥夺了耶和华给予的特权，而只有耶和华能够给人指定行动范围。”三年后，斯陀夫人[②] 写出《汤姆叔叔的小屋》，掀起支持黑人的舆论。爱默生和林肯[③] 支持女权主义运动。当南北战争爆发时，妇女热情地参加；但她们要求给黑人选举权的修正案应这样起草却是徒劳：“不管肤色和性别……都不对选举权构成障碍。”然而，修正案的一个条款含混不清，女权主义的杰出领袖安东尼[④] 小姐以此为借口，与她的十四个同志在罗彻斯特投票；她被判处一百美元罚款。一八六九年，她创立了“全国争取妇女选举权

① Lucretia Mott（1793—1880），美国妇女运动先驱。

② Harriet Beecher Stowe（1811—1896），美国女小说家，著有《汤姆叔叔的小屋》等，引起激烈争论，影响南北战争。

③ Ralph Waldo Emerson（1803—1883），美国散文家、哲学家；Abraham Lincoln（1809—1865），美国第十六任总统，主张解放黑奴。

④ Susan Brownell Anthony（1820—1906），美国女权主义先驱。

协会”，同一年，怀俄明州给予妇女选举权。但直到一八九三年，科罗拉多州，然后在一八九六年爱达荷州和犹他州才追随这个榜样。随后的进展十分缓慢。但在经济方面，她们比欧洲妇女成功得多。一九〇〇年，美国有五百万妇女工作，其中一百三十万人从事工业，五十万人从事商业；在商业、工业和所有自由职业中有大量妇女。有女律师、女医生，三千三百七十三个女牧师。著名的玛丽·巴克·艾娣[1]创建了“基督教科学派”。妇女习惯参加俱乐部：一九〇〇年，俱乐部大约有两百万成员。

然而，只有九个州给予妇女选举权。一九一三年，争取妇女选举权的运动，根据英国运动模式组织起来。它由两个女子领导：史蒂文斯小姐和一个年轻的公谊会教徒艾丽丝·保尔[2]。她们从威尔逊[3]那里获得准许，举着旗帜、佩戴标志，进行大规模游行；随后她们组织了一场运动：举行演讲会、开大会、组织各种各样的游行示威。在妇女获得选举权的九个州中，有选举权的妇女身穿盛装到州政府大厦，要求全国妇女都有选举权。在芝加哥，妇女第一次集合成一个党，旨在解放女性：这次聚会形成“妇女党”。一九一七年，争取参政的妇女创造了一种新策略：她们久久地站在白宫前面，手里举着旗帜，往往把自己锁在铁栅上，让人无法驱赶她们。过了六个月，当局逮捕她们，她们被遣送到奥克斯卡加的教养院；她们绝食，最终获得释放。新的游行带来动乱端倪。政府最后同意在众议院任命一个选举委员会。妇女党执行委员会在华盛顿召开一次会议；会议结束时，将赋予妇女选举权的修正案提交给众议院，修正案于一九一八年一月十日投票通过。剩下的是要获得参议院通

① Marie Baker Eddy（1821—1910），美国基督教科学派的创始人。
② Alice Paul（1885—1977），美国女权运动领袖。
③ Woodrow Wilson（1856—1924），美国第二十八任总统，诺贝尔和平奖获得者。

过。威尔逊不答应施加足够压力，争取参政的妇女重新开始游行；她们在白宫门口举行集会。总统决定向参议院发出吁请，但修正案被两票的多数否决了。共和党占多数席位的国会在一九一九年六月投票通过修正案。随后争取两性完全平等的斗争持续了十年。在美洲国家联盟一九二八年于哈瓦那举行的第六次大会上，妇女取得同意设立一个妇女泛美委员会。一九三三年，《蒙得维的亚公约》以国际公约提高妇女地位。十九个美洲国家签署了给予妇女一切权利平等的公约。

在瑞典，还存在一个十分重要的女权主义运动。瑞典女人以古老传统的名义要求“受教育、工作、自由”的权利。尤其是女文人指挥战斗，妇女问题的精神方面首先使她们感兴趣；然后她们组织成一个个强大的协会，争取自由党人，但遭到保守党的敌视。一九〇七年，挪威女人获得选举权，一九〇六年，芬兰女人获得选举权，而瑞典女人还要再等待数年。

拉丁国家像东方国家一样，通过比法律还严厉的风俗压迫妇女。在意大利，法西斯一贯阻挠女权主义发展。奉行法西斯主义的意大利寻找教会的同盟，强调尊重家庭，延长妇女奴隶地位的传统，加倍奴役妇女：让女人隶属于政权和丈夫。在德国，情况很不相同。一七九〇年，大学生希佩尔抛出第一个德国女权主义宣言。十九世纪初，与乔治·桑类似的要求情感自由的女权主义盛行。一八四八年，第一个德国女权主义者路易丝·奥托[①]为妇女要求权利，协助改造她们的国家：她的女权主义主要是民族主义的。一八六五年，她创建了“德国妇女总协会”。德国社会党人与倍倍尔一

① Louise Otto（1819—1895），德国女权运动先驱。

起，要求取消性别不平等。克拉拉·蔡特金[①]于一八九二年进入社会民主党委员会。可以看到女工协会和社会党妇女组成的联合会出现。一九一四年，德国妇女企图建立一支全国的娘子军，遭到失败，但是她们热烈参与为战争出力。德国败北后，她们获得选举权，参与政治生活；罗莎·卢森堡[②]在斯巴达克斯同盟中与李卜克内西[③]并肩战斗，一九一九年被杀害。大多数德国女人赞成执政党；其中好几位在德国国会占有席位。希特勒重新把拿破仑的理想强加给得到解放的妇女："Küche, Kirche, Kinder."[④]他宣称："一个女人的在场会给德国国会蒙羞。"由于纳粹是反对天主教和反对资产阶级的，它给母亲一个有特权的位置；给予未婚母亲和私生子的保护，大半把妇女从婚姻中解放出来；像在斯巴达一样，女人属于国家，而远不是属于任何个人，这比起生活在资本主义制度下的资产阶级女子，所给予的自主既多又少。

在苏联，女权主义运动获得最广泛的发展。十九世纪末，它在知识分子阶层的女大学生中酝酿；她们更多关注个人事业，而不是总体的革命行动；她们"走向人民"，用虚无主义方法反对公共安全秩序防卫部：薇拉·查苏利奇于一八七八年杀死警察厅长特列波夫。在日俄战争中，女人取代了男人的许多工作；她们意识到自身，"俄国争取女权联盟"要求两性在政治上平等；第一届杜马成立了一个争取女权的议会党团，但没有成效。劳动妇女的解放要来自革命。一九〇五年，她们已经广泛参加了在全国展开的群众政治

---

① Clara Zetkin（1857—1933），德国女权主义者、社会主义者、共产党领袖。

② Rosa Luxembourg（1871—1919），波兰裔德国工人运动女活动家，著有《群众罢工、党和工会》《俄国革命》等。

③ Karl Liebknecht（1871—1919），德国社会民主党人，著有《军国主义和反军国主义》等。

④ 德文，厨房，教堂，孩子。

性罢工，她们登上街垒。一九一七年，十月革命爆发前几天，正值国际妇女节（三月八日），她们在圣彼得堡的街上结队游行，要求面包、和平、丈夫归来。她们参加十月起义；在一九一八年至一九二〇年之间，她们在经济方面，甚至在苏联反对入侵者的斗争中起着巨大的作用。列宁忠于马克思主义的传统，将妇女解放与劳动者的解放结合起来；他给予她们政治平等和经济平等。

一九三六年的《宪法》第一二二条款提出："在苏联，妇女在经济、政务、文化、公众和政治的各个生活领域享受与男子同等的权利。"这些准则被共产国际明确化。共产国际要求："男女在法律和实际生活中实现社会平等。夫妇权利和家庭法规要彻底改变。承认生育具有社会职能。社会要承担家务、教育孩子和青少年的责任。组织文明的斗争，反对将妇女变成奴隶的意识形态和传统。"在经济领域，妇女取得的成果是辉煌的。她获得与男性劳动力相等的工资，她积极地参加生产；由此，她具有巨大的社会和政治重要性。在法苏协会最近出版的小册子中，提到一九三九年的全国选举，有四十五万七千个女公民入选区、专区、城市和乡村的苏维埃，有一千四百八十个女公民入选社会主义共和国的苏维埃，有二百二十七个女公民入选苏联最高苏维埃。将近一千万人加入工会。她们构成苏联工人和职工总数的40%；在斯达汉诺夫的工作者中有大量女工。众所周知，苏联妇女在多大程度上参加上一次战争；甚至在男性占主导地位的生产部门，她们也提供了大量劳动：冶金工业和采矿、放排、铁路，等等。她们以女飞行员、女跳伞员而闻名遐迩，她们组织过游击队。

妇女这样参与公众生活，挑起了一个难以解决的问题：她在家庭生活中的作用。在整整一个时期中，人们力图把妇女从家庭束缚中解放出来：一九二四年十一月十六日，第三国际的全会宣称：

“只要家庭的概念和家庭关系还残存，革命就还没有起到作用。”尊重自由结合、离婚手续简便、堕胎合法，保证了女人面对男人的自由处境；在产假、托儿所、幼儿园等方面立法，减轻了做母亲的负担。很难通过带偏见的、矛盾的证明，分清她的具体状况；可以肯定的是，今日，生育的要求带来了不同的家庭政策：家庭作为基本的社会单位而存在，女人同时是劳动者和主妇[①]。性道德十分严格；一九三六年六月颁布的法律被一九四一年六月七日颁布的法律加强，自此以来，禁止堕胎，离婚差不多被取消；通奸受到风俗的谴责。苏联妇女像所有的劳动者那样紧紧依附于国家，也与她的家庭紧紧联系起来，但参与政治生活并获得生产劳动给予的尊严，她的地位特殊，能够仔细地研究这种特殊性将是很有用的；不幸的是，情况不允许我这样做。

在联合国妇女地位委员会刚刚召开的会议中，要求两性权利的平等受到各国的承认，赞成好几个主张把这种合法地位变为具体现实的提案。因此，看来这场斗争取得了胜利。在未来，妇女会越来越深入地融合到以前属于男性的社会中。

如果我们对这部历史投以鸟瞰式的一瞥，我们会从中得出几个结论。首先是这个结论：整部妇女史是由男人写就的。同在美国一样，没有黑人问题，这是一个白人问题[②]；同样，“反犹不是一个犹太人问题：这是我们的问题”[③]；因此，妇女问题始终是一个男

---

① 共青团中央委员会书记奥尔嘉·米莎科娃在1944年的一次访问中宣称：“苏联妇女应当力图使自己像本性和优雅情趣所允许的那样吸引人。战后，她们应该像女人那样穿着，具有女性的举止……人们告诉姑娘们，要像姑娘那样表现自己和走路，出于这种理由，她们会穿也许很紧身的裙子，迫使她们举止优雅。”——原注

② 参阅米达尔《美国的困境》。——原注

③ 参阅让-保罗·萨特《对犹太人问题的思考》。——原注

人的问题。可以看到，男人一开始是为何以体力取得精神的威信；他们创造了价值、风俗、宗教；女人从来没有跟他们争夺这种支配权。几个孤立的女人——萨福、克里斯蒂娜·德·皮桑、玛丽·沃斯通克拉夫特、奥兰普·德·古日——对妇女命运的严酷提出抗议；有时会激起集体的示威行动，但罗马妇女联合反对“奥契亚法”，或争取参政的盎格鲁-撒克逊妇女只是在男人准备好忍受的情况下，才成功地施加压力。他们总是把女人命运掌握在自己手里；他们并没有从女人的利益出发做出这种决定；他们关注的是自己的计划、自己的担心、自己的需要。他们尊敬女神—母亲，是因为大自然使他们恐惧，一旦青铜器工具的发明使他们能够反对她的地位，他们便建立起父权制；是家庭和国家的冲突确定了当时女人的地位；基督徒面对天主、世界和自己的肉体的态度，反映在他给女人指定的地位中；中世纪的“女人之争”是教士和非教职人员关于婚姻和单身的争论；正是建立在私有制基础之上的社会制度导致对已婚女子的监护，也正是由男人实现的技术革命解放了今日的妇女。正是男性伦理观的演变，导致许多家庭通过“节育”控制人口，部分地使女人从生育的奴役中解放出来。女权主义本身从来不是一个自主的运动：它部分是政治家手中的一个工具，部分是反映更深刻的社会悲剧的附加现象。女人从来没有构成一个独立的阶层：事实上，她们并没有力图作为女性在历史上起作用。要求女人作为肉体、生命和内在性，作为他者出现的理论，是男性的意识形态，绝不表达女性的要求。大多数妇女对命运逆来顺受，不想做出任何行动；企图加以改变的女子不想封闭在她们的特殊性中，不想使它获胜，而是想加以克服。当她们进入世界的进程时，是采取男人的观点、跟男人保持一致。

总的说来，这种干预作用是次要的，断断续续的。女人享受到某些经济自主并参加生产时，她们仍然属于被压迫阶级，作为劳动者，她们比男性劳动者更受奴役。统治阶级中的女人是寄生的，屈从于男性的法律：在这两种情况下，行动几乎不可能。法律和风俗并不总是一致的：在两者之间建立的平衡使女人从来得不到具体的自由。在古代的罗马共和国中，经济条件给女人具体的权力，但是她没有合法的独立身份；在农业文明和小商贩社会中往往也是这样；女人在家中是主妇—女仆，在社会上是次一等的。相反，在社会解体时期，女人获得解放；但当她不再是男人的臣属时，却失去了她的采邑；她只有一种否定的自由，只通过放荡和挥霍表现出来：在罗马的衰落时期、文艺复兴时期、十八世纪、督政时期①就是这样。或者她找到事做，但受到奴役；或者她被解放，但再没有什么事可做。其中，值得注意的是，已婚女子在社会中有地位，但享受不到任何权利；而单身的正派姑娘或者妓女却有和男人一样的一切权利；然而直至本世纪，她多少被排除出社会生活之外。从权利和风俗的这种相悖中，可以得出一个有趣的悖论：自由的爱情没有被法律禁止，而通奸是一种罪行；然而，往往“犯错误”的少女名誉扫地，而妻子的无行却受到宽恕：从十七世纪至今，大量少女结婚是为了能够自由地找情夫。通过这种巧妙的体制，广大女性受到紧紧的管束：必须出现异乎寻常的情况，女人的个性才能够在这两类抽象或具体的束缚中成功地确立。对于做出了能与男人媲美的业绩的女子，社会体制拥有的力量会超越一切性别差异加以颂扬。伊莎贝拉一世、伊丽莎白一世、叶卡捷琳娜二世既不是男性，也不是女性：是君主。值得注意的是，她们的女性身份在社会上被取消

---

① 由共和三年的宪法建立的政权（1795 年 8 月），至共和八年雾月十八日（1799 年 11 月 9 日）拿破仑上台为止，其时，经济和社会危机加剧。

了，不再构成劣势：有过辉煌统治时期的女王，其耀眼程度无比地高于杰出的国王。宗教也经历同样的变化：锡耶纳的圣凯瑟琳、圣德肋撒是超越一切生理条件的圣洁灵魂；她们的世俗生活和宗教生活，她们的行动和著述，升至很少有男人达到的高度。我们有权设想，其他女人不能青史留名，是因为她们被禁锢在自身的境况中。她们只能以否定的或者间接的方式干预生活。犹滴[①]、夏洛特·柯黛、薇拉·查苏利奇进行暗杀；投石党的女活动家进行密谋；在法国大革命和巴黎公社中，女人与男人并肩战斗，反对既存秩序；既然这种自由不意味着权利，也不带来权力，那就允许女人强硬地拒绝和反抗，但禁止她参与积极的建设；至多她成功地通过迂回的道路干预男人的事业。阿斯帕西娅、德·曼特农夫人、于尔森王妃，是别人言听计从的女顾问：还必须有人愿意听取她们的意见。当男人说服女人，她是最出色的时，他们是有意夸大这些影响的广度；然而事实上，凡是开始具体行动时，女人的声音便沉默了；她们可以挑起战争，却不能为一场战役出谋划策；她们只有在政治限于搞阴谋时，才能左右政治：真正控制世界的权力从来不在女人手里；她们既没有对技术发展也没有对经济变革采取过行动，她们既没有缔造也没有毁灭过国家，她们没有发现新大陆。某些事件是由她们掀起的，可是她们大半是借口，而不是经手人。卢克雷蒂娅的自杀只有象征价值。被压迫者可以当做牺牲品；在基督教徒受迫害的时期，在社会或国家崩溃之后，女人扮演了这种证人的角色；但是牺牲者从来改变不了世界面貌。甚至妇女的游行和主动精神，也只有在男人决定让它们有效地延续下去时才具有价值。在斯陀夫人周围

---

① Judith，《圣经》外典《犹滴传》中的女英雄，她为了挽救贝图利亚，引诱敌将荷罗孚尼，将他灌醉后，割下他的头颅。

组织起来的美国女人，激烈地掀起反对奴隶制的舆论，然而南北战争的真正起因不是情感方面的。一九一七年三月八日的“妇女节”也许加速了俄国革命，不过它只是一个讯号。大多数女英雄都是属于古怪类型的：女冒险家、特立独行的女人，是由于她们命运的特殊性，而不是由于她们行动的重要性才显得与众不同的；因此，贞德、罗兰夫人、弗洛拉·特里斯坦，如果人们把她们与黎塞留、丹东、列宁相比，就会看到，她们的伟大主要是主观性的：这是典范的形象，而不是历史的经手人。伟大人物从群众中产生，他被时势载着走：妇女群众处在历史的边缘，对她们每一个人来说，时势是一个障碍，而不是一个跳板。为了改变世界面貌，首先必须牢牢地扎根在其中；但牢牢地扎根在社会中的女人，却是屈从于社会的女人；除非被神力选中——在这种情况下，她们表现出和男人一样能干——雄心勃勃的女人、女英雄都是怪人。女人直到开始感到自身生活在这个世界上，才出现了像罗莎·卢森堡、居里夫人①这样的例子。她们光辉地表明，不是女人的低下决定了她们在历史上的无足轻重，而是她们在历史上的无足轻重，使她们注定了低下。②

在她们最为成功地确立自身的领域里，就是说在文化领域里，事实是很明显的。她们的命运与文学艺术的命运深入地联结在一起；在日耳曼人中，预言者、祭司的职责由女人承担；因为她们处在世界边缘，当男人通过文化竭力越过他们的宇宙界限，达到他者

① Marie Curie（1867—1934），法国女物理学家，原籍波兰，与丈夫一起发现了钋和镭，获得诺贝尔物理学奖和化学奖。

② 值得注意的是，在巴黎，一千个塑像中（如果排除出于纯粹建筑上的原因、构成卢森堡花园的圆形花坛的王后塑像），只有十个塑像是女性。有三个是献给贞德的。其他几个是德·塞居尔夫人、乔治·桑、萨拉·贝因哈特、布里柯夫人和德·希尔施男爵夫人、玛丽亚·德雷姆、罗莎·博纳尔。——原注

时，便转向了她们。骑士诗歌的神秘主义，人文主义的好奇心，意大利文艺复兴时期繁荣的对美的品味，十七世纪的故作风雅，十八世纪的进步理想，在不同形式中颂扬女性。于是女人成了诗歌的中心、艺术作品的要义所在；女人拥有的闲暇使她们投身于精神的乐趣中：她们作为作家的缪斯、评判者和读者，变成作家的竞争对手；往往是女人使一种感觉方式、一种给男性心灵提供养料的伦理观占据上风，女人以此干预自身的命运：女子教育大半是女性的成果。然而，如果说有知识的女子所起的这种集体作用是重要的，她们的个人贡献总的说来价值却很小。这是因为只有女子在思想和艺术领域占有特殊位置，她才能介入行动；但是艺术和思想活生生的源泉是在行动中，对于想再现世界，又处于世界边缘的人，这不是有利的处境：这里，为了超越既定，仍然首先需要深深植根于其中。当集体处于人类等级的劣势中，个人有所作为几乎是不可能的。玛丽·巴什基尔采夫[①]问道："穿着裙子，您指望我们去哪儿？"司汤达说："凡是生为女人的天才，都是为公众幸福送命的。"说实话，人不是生来是天才，是变成天才的；至今女人的地位使这种变化成为不可能。

反女性主义者从对历史的审察得出两个互相矛盾的论据：第一，女人从来没有创造出伟大的东西；第二，女人的处境从来不阻止伟大女性的成长。在这两个断言中，有着自欺；好些有天赋的女人的成功，既不能补偿也不能作为女人整体水平一贯低下的借口；这些成功很少见和很有限的事实，恰好证明了时势对她们是不利的。正如克里斯蒂娜·德·皮森、普兰·德·拉巴尔、孔多塞、斯图亚特·穆勒、司汤达所赞同的那样，在任何领域，女人从来没有

① Marie Bashkirtseff（1860—1884），俄国女画家，有日记存世。

机会。因此，今日她们之中有许多人要求新的地位；她们并非要求使她们的女性气质得到彰显：她们希望像全人类一样，在自己身上超越性压倒内在性；她们希望最终能给予她们抽象的权利和具体的可能性，没有这两者的结合，自由只是一种欺骗。①

这种意愿正在实现。但我们经历的时期是一个过渡时期；这个始终属于男人的世界，仍然掌握在他们手中；大部分父权制文明的体制和价值还残存着。抽象权利还远远没有在各地完全赋予女人：在瑞士，妇女还没有选举权；在法国，一九四二年颁布的法律稍加弱化，但仍然维持丈夫的优越地位。我们刚才说过，抽象权利从来不足以保证让女人具体地控制世界：在两性之间，今日还没有真正的平等。

首先，婚姻的负担对女人来说远远比男人沉重。可以看到，生育的束缚要么公开地，要么秘密地由“节育”来减轻；但是，这没有普遍地展开，也没有严格地实行；由于堕胎正式受到禁止，许多女人要么通过不受监督的堕胎手术损害身体，要么要忍受多次生育。照料孩子和家庭还几乎完全要由女人来承担。特别在法国，反女性主义的传统是这样顽固，以至男人认为分担以前属于女人做的家务就是降低了地位。这就导致女人比男人更难将家庭生活和劳动者的角色调和起来。在社会要求女人做出这种努力的情况下，她的生存要比丈夫艰难得多。

例如，我们来看一看农妇的命运。在法国，她们构成参加生产劳动的妇女的多数，她们一般说来都结了婚。事实上，单身农妇往

---

① 这里，反女性主义者仍然在玩弄模棱两可的词句。有时，他们认为抽象自由一无是处，赞扬被奴役的女人能够在这个世界上起到伟大作用：因此，她们还要求什么呢？有时，他们不承认这个事实：否定性的放荡开辟不了任何具体的可能性，他们责备抽象地获得解放的妇女没有表明过自身价值。——原注

往在父亲家中，或者在兄弟家中，或者在姐妹家中仍然是女仆；她只有在接受一个丈夫的统治的情况下才变成主妇；风俗和传统在各个地区给她指定了不同的角色：诺曼底的农妇要做饭，而科西嘉岛的女人不跟男人坐在同一张桌上吃饭；但无论如何，农妇在家庭经济中起着一种极为重要的作用，她与男人共同承担责任，跟他的利益紧密相联，和他分享财产；她受到尊敬，往往实际上是她在管理：她的处境令人想起女人在古代农业共同体中所占据的地位。她时常跟丈夫有一样多或者更多的精神威望，但是她的具体条件要艰苦得多。照料园子、家禽饲养棚、牲口圈和猪圈的工作落在她一人身上；她参加重体力劳动：打扫马厩、施肥、播种、耕作、锄草、割草；她锄地，除莠草，收获庄稼，收获葡萄，有时帮助往车上装草和卸车，收割牧草，砍柴，捆柴禾，褥草，等等。另外，她要准备饭餐，做家务：洗衣，缝补，等等。她要完成生育和照料孩子的艰苦负担。她黎明即起，喂养家禽和小家畜，准备男人们的早餐，照料孩子们，到地里，或者树林里，或者菜园里干活；她要到泉水去打水，准备午饭，洗餐具，重新到地里去干活，直到吃晚饭，吃完晚饭，她要在临睡前缝补、打扫、脱玉米粒，等等。由于她没有空闲照顾自己的身体，即使是在怀孕期间也如此，她很快变形，过早衰老和憔悴，疾病缠身。男人不时在社会生活中找到的一些补偿，农妇是没份儿的：每逢星期天和赶集的日子，他到城里去，会见其他男人，上咖啡馆，喝酒，玩纸牌，他打猎、钓鱼。她待在农场里，没有任何乐趣。只有富裕的农妇有女仆做帮手，或者免去田间劳动，过着幸福而平衡的生活：她们在社会上受到尊敬，在家里享有很大的威望，不被劳动压垮。但是，大部分时间，农村劳动把女人逼到役畜的地位。

女商贩、管理小企业的老板娘，任何时候都享有特权；从中世纪以来，只有她们是法典承认有公民权利的；杂货店老板娘、奶品店老板娘、旅馆老板娘、烟店老板娘，具有同男人一样的地位；不管单身还是寡妇，她们本身就在社会上构成存在的理由；结婚以后，她们与丈夫有同样的自主权。她们很幸运能够在家里工作，而且一般说来用不着全神贯注。

对女工、女职员、女秘书、女售货员这样在外面工作的人来说，情况就完全不一样了。想把她们的职业和照顾家务（购买东西、准备饭餐、打扫、料理衣服，至少要求每天工作三小时半，星期天则要六小时；还要加上工厂或者办公室的工作时间，数目就很大了）结合起来要困难得多。至于自由职业，即使是女律师、女医生、女教师，她们的家务劳动会有人帮手，对她们来说，家庭和孩子也是负担，需要挂心，这是沉重的障碍。在美国，家务由于有巧妙的技术手段而简单化；但是，要求女工注意衣着和打扮，则强加另一种束缚；她仍然要照料家庭和孩子。另一方面，在工作中寻找独立的女人，要比男性竞争者少很多机会。她的工资在很多职业中低于男人的工资；她的工作专业化程度低，因此工资要远低于技工的工资；同样的工作，她的报酬要少。由于她在男人的世界里是一个新来者，她成功的机会比他们少。听从女人的命令工作，无论男女都同样气恼；他们总是更相信男人；做女人要不是一个污点，至少也是一种怪异。为了“爬上去”，女人得到男人的支持是有用的。男人占据着最有利的位置，他们拥有最重要的岗位。强调这一点是很重要的：男人和女人在经济上构成两个阶层。①

---

① 在美国，巨额财产往往最终落在女人手里：她们比丈夫年轻，比他们活得久，继承丈夫的财产；但是她们已经年老了，很少主动进行新的投资；她们宁可食利，而不做老板。实际上是男人掌握着资本。无论如何，这些富有的享有特权的女人，只是很少一部分人。在美国更甚于欧洲，一个女人要当律师、医生等等，爬到一个很高的社会地位，几乎是不可能的。——原注

左右着女人目前状况的事实是，在正在成形的新文明中还残存着最古老传统的痼弊。这正是那些匆匆做出判断的观察家不了解的情况，他们认为女人不能胜任今日摆在她们面前的机会，或者在这些机会中只看到危险的诱惑。真相是女人的处境正失去平衡，正因此，女人很难适应。是给女人敞开了工厂、办公室、院系的大门，但是，人们继续认为，对女人来说，结婚是最体面的生涯，能使女人完全不用参与集体生活。就像在原始文明中，做爱是她有权让人或多或少直接付费的一种服务。除了在苏联①，到处都允许现代女人把自己的身体看做一笔可以利用的资本。卖淫是被容忍的②，卖弄色相受到鼓励。允许已婚女人受丈夫供养；再者，她拥有比单身女人更高的社会尊严。风俗不准单身女人拥有与单身男人同样的性自由；特别是她几乎被禁止生育，未婚母亲是丑闻的对象。灰姑娘的传说③怎会不保留它的全部价值呢？一切都仍然在鼓励少女期待从“白马王子”那里获得财富和幸福，而不是独自尝试困难而不一定成功的征服。特别是，她可以期望依仗他进入高于她的阶层，这个奇迹是她工作一辈子也不能带来的。但这样一种希冀是有害的，因为它将她的力量和利益分割开来④；这种分割对女人来说兴许是最严重的障碍。父母抚养女儿是为了让她结婚，他们并不想鼓励她的个人发展；她在婚姻中看到那么多的利益，以至她本人希望结

---

① 至少根据官方的理论。——原注

② 在盎格鲁-撒克逊民族的国家，卖淫问题从来未被解决。直至1900年，英美的习惯法规定只有在卖淫成为丑闻，并且产生混乱时才被看做是轻罪。后来，卖淫或多或少被严厉地制止，在英国和美国的各个州或多或少取得成功，美国的立法在这一点各不相同。在法国，随着长期的废奴运动，1946年4月13日颁布的法律下令关闭妓院和加强整顿拉皮条：“理由是，妓院的存在与人类尊严的基本原则和给予女人在现代社会中的角色不相调和……”然而卖淫依然继续存在。显然不是通过否定性的和虚伪的措施，就能改变局面的。——原注

③ 参阅菲利普·怀利《蝮蛇的一代》。——原注

④ 我们在《第二性 II》还要详尽地回到这一点上来。——原注

婚；这就使得她往往不如她的兄弟们受到那么多的专业训练，受到那么扎实的培养，她不是那么全身心投入到自己的职业中；由此，她注定要处于低下的地位；恶性循环形成了：这种低下加强了她要找到一个丈夫的愿望。凡是利益背面总有负担；但如果负担太沉重，利益就无异于束缚；今日对大多数劳动者来说，工作是一种讨厌的徭役：对女人来说，这种徭役没有使她得到具体社会尊严、作风自由、经济独立的补偿；十分自然的是，大量女工和女职员只把劳动的权利看做一种义务，结婚才能使她们从这种义务中解脱出来。由于她意识到自身，也由于她可以通过工作摆脱婚姻，她也不肯顺从地接受婚姻的隶属关系。她期待兼顾家庭生活与职业不需要她使出累人的绝招。即使在这时候，只要还存在便利的诱惑——由于对某些人有利的经济不平等和承认女人拥有向这些享有特权者出卖自身的权利——她仍然需要做出比男人更大的精神努力，去选择获得独立的道路。人们不是很明白，诱惑也是障碍，甚至是最危险的障碍之一。这里，诱惑双倍加大了欺骗性，因为美满婚事的彩票中只有千分之一的中奖者。眼下这个时代鼓励女人，甚至逼迫她们工作；但在她们的眼中闪耀出逍遥和欢乐的天堂：颂扬处于那些被束缚在人间的女人之上的中奖者。

男人拥有的经济特权，他们的社会价值，婚姻的威望，得到一个男人支持的益处，这一切鼓励女人热烈地要取悦男人。她们整体还处于附庸地位。因此，女人并非为其所是，而是作为男人所确定的那样认识自己和做出选择。因此，我们必须首先按照男人所想象的那样描绘女人，因为“她为了男人而存在”是她的具体境况的基本要素之一。

第三部　神话

第一章

历史向我们表明，男人总是掌握所有的具体权力；从父权制开始，男人就认为将女人保持在从属的地位是有用的；他们的法典是为了对付女人而设立的；女人就是这样具体构成他者。这种状况服务于男性的经济利益，但是它也适合他们的本体论的和伦理的要求。一旦主体力图确立，限制主体和否定它的他者仍然必不可少：主体只有通过这种不是它本身的实体才能到达自身。因此，男人的生活从来不是充实和休憩，它是缺失和活动，它是斗争。男人面对自己，与大自然相遇；他有办法控制它，力图使它驯服。但是它无法满足他。要么它只作为纯粹抽象的对立面而存在，它是障碍，与他格格不入；要么它被动地忍受男人的愿望，让他掌握；他只在消耗它，也就是说在摧毁它的时候才掌握它。在这两种情况下，他是单独的人；他触到一块石头的时候是单独的，他消化一颗果实时是单独的。只有当他者面对自身在场时，才有他者的在场：就是说，真正的他性是与自我意识分离、又与之同一的意识的他性。是其他人的存在使每个男人摆脱他的内在性，使他能够完成自身存在的实在性，能够作为超越，作为向客体的逃逸，作为计划，达到自我完善。但是这种外在的自由既确认我的自由，也与之发生冲突：这是不幸意识的悲剧；每个意识都企图作为至高无上的主体单独出现。每一个意识都力图把另一个意识压制到奴役状态来达到自我完善。可是，在劳动和恐惧中的奴隶也感到自身是本质，根据辩证法，主人变成非本质。这出戏剧可以通过每个人在他者中的自由确认，通过每个人同时将自身和他者当做客体、又反过来当做主体来完成。不过，具体实现这种确认自由的友谊和宽容，却不是很容易具有的品德；它们无疑是人的最高完善，人正是由此处于真实之中，但这种真实是不断形成又不断消失的斗争的真实；它要求人在每一时刻自我克服。我们也可以换另一种说法，当男人放弃为了承担他的生存而存在时，便接触到一种本真的道德态度；通过这种转变，男人就放弃一切占有，因为占有是一种寻找存在的方式；可是他由此达到真正明智的转变却永远完成不了，但必须不断去完成，这转变要求持续不断的紧张。以至男人如果不能在孤独中达到自我完善时，在与他人的关系中便不断处于危险状态：他的生活是一项艰难的事业，永远不能保证一定成功。

但是男人不喜欢困难；他害怕危险。男人矛盾地渴望生活和休憩、生存和存在；他很清楚，“精神不安”是其发展的代价，男人与客体的距离是面对自身在场的代价；然而，男人梦想在不安中得到宁静，梦想意识所存身的晦暗不明的充实。这个梦想的化身，正是女人；她是外在于男人的自然和与之过于相像的同类之间理想的媒介①。她既不以大自然敌对的沉默去对抗他，也不以互相承认的严厉要求去对抗他；她通过独一无二的特权，成为一种意识，似

---

① 米歇尔·卡鲁日写道：“……女人不是男人的无用重复，而是男人和大自然活生生的结合得以完成的迷人所在。一旦她消失，便只剩下男人，在一个冰冷的世界中成为没有护照的外国人。她是大地本身，被推到生活的顶峰，是变得有感觉的和欢乐的大地；没有她，对于男人来说，大地便是无声的、死寂的。”（《女人的能力》，《南方笔记》第292期。）——原注

乎可以在她的肉体中占有这个意识。靠了她，便有了一种逃避主奴之间无情的辩证关系的方法，这种关系的根源就在自由的相互性中。

我们已经看到，最初不存在获得解放的妇女，也没有男性去奴役她们，性别的区分也绝不会构成阶级之分。把女人比做奴隶是一个错误；有些女人是奴隶，但总是存在自由的女人，就是说，她们具有宗教和社会的尊严：她们接受男人的至高无上，男人并不感到会使他们沦为客体的反抗的威胁。这样，女人表现为非本质，永远不会变为本质，就像不需互换的绝对他者。关于创世的所有神话都表达了这种重视男性的信念，其中就有《创世记》的传说，它通过基督教，在西方文明中延续下去。夏娃没有同男人一起创造出来；她既不是用不同的物质创造的，也不是用塑造亚当的泥巴创造的：她是从第一个男性的肋骨抽取出来的。她的出生本身就不是自主的；天主没有自发地选择为了她本身去创造她，为的是反过来让她直接受到宠爱：天主把她指定给男人；正是为了不让亚当孤独，天主把她给了他，她的因果都在丈夫身上；她是按照非本质的方式创造的他的补充。因此，她像是一种有特权的猎物。她是升至意识的半透明状态的自然，她是自然而然顺从的一种意识。这正是男人往往在女人身上寄托的美好希望：他期望在肉体上占有一个存在，通过用驯顺的自由使自己在自身的自由中获得确认，作为存在达到自我完善。任何男人都不会同意成为女人，而所有男人都希望有女人。“我们感谢天主创造了女人。”“大自然是仁慈的，因为它把女人赐予男人。”在这些句子和其他类似的句子中，男人再一次以狂妄而幼稚的口吻断言，他在这世界上的在场是不可避免的事实和权利，而女人的存在是一个普通的偶然事件，不过这是一个美妙的偶然事件。女人作为他者，与男人在自身感到虚无的存在相比，显得是一种存在的充实；他者在主体看来是客体，是自在，因而被确立为存在。生存者心中的那种缺失，积极地体现在女人身上，男人正是通过她与之汇合，期待自我实现。

然而，对他来说，她并不代表他者的唯一化身，她在历史的进程中并不总是保持同样的重要性。有时，她被其他偶像遮没了。当城邦、国家吞没了公民时，便再也没有可能考虑到个人命运。斯巴达女人忠于国家，地位高于其他希腊女人。但她也没有被任何男性梦想所美化。对领袖的崇拜，不管是拿破仑、墨索里尼还是希特勒，排除了其他一切崇拜。在军事专政和极权制度下，女人不再是一个有特权的客体。大家明白，在公民不太清楚生活意义的富裕国家里，女人会被神化：美国的情况就是这样。相反，社会主义的意识形态要求人人平等，从现在直至未来都拒绝任何一类人成为客体或偶像：在马克思宣布的真正民主的社会里，没有他者的位置。然而，很少男人完全符合自己选择做的士兵、战斗者的形象；在他们作为个体的情况下，他们认为女人保留着特殊的价值。我读过德国士兵写给法国妓女的信，信中不顾纳粹主义，多愁善感的习俗显得天真活泼。共产党作家，例如法国的阿拉贡、意大利的维多里尼[①]，在他们的作品中都给予女人——情人或母亲——头等重要的位置。也许女人神话有朝一日会消失：女人越是作为人而确立，他者的美好品质就越要在她们身上消失。但是今日他者仍然存在于所有男人的心中。

一切神话都牵涉到一个主体，它把自己的希望和恐惧投向超越的天空。女人由于不是作为主体确立的，没有创造反映她们计划的

---

① Louis Aragon（1897—1982），法国作家，1928 年加入法国共产党，著有诗集《断肠集》《爱尔莎的眼睛》，小说《圣周风雨录》等；Elio Vittorini（1908—1966），意大利作家，1942 年加入意大利共产党，著有《红石竹花》《人与非人》等。

男性神话；女人没有属于自己的宗教和诗歌：她们仍然是通过男人的梦想去梦想。她们崇拜的是男人创造的天神。男人创造出伟大的男性形象来自我歌颂：赫拉克勒斯、普罗米修斯、帕尔齐法尔[①]；在这些英雄的命运中，女人只起次要作用。无疑存在一些在男人与女人的关系中抓住的粗线条的男性形象：父亲、诱惑者、丈夫、嫉妒者、好儿子、坏儿子；但这也是男人确定的，它们达不到神话的崇高；它们只不过是一些老生常谈。而女人特别是在她与男人的关系中被确定的。男女两个类别的不对称，表现在有关性的神话的单向构成中。人们有时用“le sexe”[②]来指女人；因为她是肉体及其快乐和危险：对女人来说，男人是有性特征的，有肉欲的，这是一个真理，却从来没有被宣布过，因为没有人宣布。将世界呈现为世界，是男人的活动；他们以自己的观点描绘世界，把自己的观点和绝对真理混淆起来。

要描绘一种神话总是很难的；它不让人把握，也不让人勾勒轮廓，它纠缠着意识，却不让自身作为凝固的东西摆在意识面前。它如此变化无常和矛盾，以至人们一开始无法觉察它是统一的：大利拉[③]和犹滴，阿斯帕西娅和卢克雷蒂娅，潘朵拉和雅典娜[④]，女人同时是夏娃和圣母马利亚。她是一个偶像、一个女仆、生命的源泉、黑暗的势力；她是沉默真理，她是诡计、多嘴多舌、谎言；她是医者，又是女巫；她是男人的猎物，她是他的不幸，她是他没有和想拥有的一切，是他的否定和存在理由。

---

① Prometheus，希腊神话中的泰坦神，为人类盗取天火，被钉在高加索山上，有只鹰不断吞吃他的肝脏。Parceval，亚瑟王传奇中的一个英雄人物。

② 见第9页脚注③。

③ Dalila，《圣经》中的人物，她引诱大力士参孙，得知他的力量来自头发，于是在他睡熟时剃光他的头发，出卖了他。这是个背信弃义的女人形象。

④ Athena，希腊神话中的战争、工艺和智慧的女神。

克尔恺郭尔[①]说："成为女人是某种非常古怪、非常混杂、非常复杂的东西，以至任何谓语都表达不出来，人们想运用的多个谓语自相矛盾到了这般田地，以至于只有一个女人才受得了。"[②]这是由于女人没有受到积极看待，就像她是自为的存在那样，而是被否定地看待，就像她在男人看来那样。因为即使有其他不同于女人的他者，女人仍然总是被定名为他者。她的含糊不清，是他者概念本身含糊不清：是人类状况在它与他者的关系中确立时含糊不清。有人已经说过，他者就是恶；但对善必不可少，反过来又回到善；我正是通过它达到一切，但正是它把我和整体分离；它是无限之门和我的有限之尺度。因此，女人不体现任何凝固的概念；通过她，不断地完成从希望到失败，从仇恨到爱，从善到恶，从恶到善。不管通过什么角度看待她，正是这种矛盾的双重性首先引人注目。

男人在女人身上寻找他者，看成自然，看成他的同类。但是我们知道，男人对于自然有着何种矛盾的情感。人开垦自然，但自然压垮他，人产生于自然，又死于自然中；自然是他存在的源泉，又是他使之顺从自己意志的王国；这是一种灵魂受困其中的物质，这是最高的实体；它是偶然性和概念，有限和全部；它是与精神相对的东西和精神本身。它时而是同盟者，时而是敌人，像生命从中涌现的黑暗混沌，像生命本身，又像生命趋向的彼世：女人作为母亲、妻子和概念概括了自然；这些形象时而相混，时而相互对立，每一种形象都有双重面貌。

人将自己植根于自然中；人像动物和植物一样产生；他很清

① Søren Kierkegaard（1813—1855），丹麦神学家、思想家，著有《恐惧与颤栗》《论生活道路的各阶段》《致死的疾病》等。

② 见《论生活道路的各阶段》。——原注

楚，只有活着才能存在。但自从父权制出现以来，生命在人的眼里具有双重面貌：它是意识、意志、超越性，它是精神；它又是物质、被动性、内在性，它是肉体。埃斯库罗斯、亚里士多德、希波克拉底宣称，在人间和奥林匹斯山[①]，男性本原是有真正的创造力的，由此产生形式、数量、运动；有了得墨忒耳，麦穗才会增加，但麦穗的根源和它的实体是在宙斯身上；女人的繁殖力只被看做一种被动的品质。她是土地，男人是种子，她是水，而他是火。创造往往被想象成火与水的结合；是温热的潮湿产生了活生生的存在；太阳是海洋的丈夫；太阳、火是男性的神；而海洋是找得到的最普遍的母性象征之一。不活动的水受火热阳光的作用，阳光使水受精。同样，农夫犁开的土地一动不动地在犁沟里接受种子。但她的作用是必不可少的：是她供养胚芽，给胚芽以庇护，并提供养料。因此，即使大母神被废黜，人类还是继续崇拜生育女神[②]；人类靠了库柏勒，获得丰收、畜群和兴旺。人类自身的生命得之于她。人赞美水同赞美火一样。歌德在《浮士德·悲剧第二部》中写道："光荣属于大海！光荣属于她环绕着圣火的波涛！光荣属于波浪！光荣属于火！光荣属于奇特的冒险！"人颂扬大地，就像布莱克[③]称之为"The matron Clay"[④]那样。一个印度的先知建议他的弟子们不要锄地，因为"这是以农业劳动伤害或者切割、撕裂我们共同的母亲……我会拿一把刀戳入我母亲的怀里吗？……我会切开

① Olympia，希腊神话中的圣山，是众神居住的地方。

② 一首荷马时代的赞歌说："我要歌唱大地，她是有坚实基础的普天下的母亲，是可尊敬的老祖宗，在她的泥土中供养一切存在物。"埃斯库罗斯也赞颂大地"孕育了所有的人，养育他们，然后重新接受他们繁殖的胚芽"。——原注

③ William Blake（1757—1827），英国诗人、画家，著有《诗的素描》《天真之歌》《经验之歌》等。

④ 英文，泥土主妇。

她的肉体，一直切到她的骨头吗？……我怎么敢割掉我母亲的长发呢？”在印度中部的“拜加人”也认为“用犁撕开大地母亲的胸怀”是罪过。反过来，埃斯库罗斯提到俄狄浦斯时说，他“敢于在将他形成的神圣犁沟里播种”。索福克勒斯[①]谈到“父性的犁沟”和“农夫，他是播种时节只拜访一次的远方田野的主人”。在埃及的一首歌曲中，被爱的人宣称：“我是大地！”在伊斯兰的典籍中，女人被称做“田野……葡萄园”。阿西西的圣方济各[②]在他的一首赞歌中提到“我们的姐妹，大地，我们的母亲，保存我们，给我们照料，开出五颜六色的花，长出青草，结出各种各样的果实”。在阿基洗泥浴的米什莱感叹道：“我们亲爱的共同母亲！我们是一体的。我来自你，又回到你那里！……”甚至有些时代盛行一种活力论的浪漫主义，期望生命战胜精神：大地、女人的神奇生殖力显得比男性共同协力进行的活动更美妙；男人梦想重新与母性的黑暗融合，为的是重新找到他的存在的真正源泉。母亲是伸到宇宙深处的根，汲取其中的汁液，她是喷射出活水的泉源，这活水也是有营养的奶汁、一股温热的泉水、土和水混合而成并富有再生力的泥。[③]

但是，男人身上对肉体状态的反叛更为常见；他将自己看成一个失势的神；他的不幸是，从光辉的、秩序井然的天上，掉到母腹的混沌黑暗中。他期待从中认出自己的这团火、这股主动而纯粹的气息，被女人禁闭在烂泥里。他期望自己像纯粹的概念，像一、一切、绝对精神一样必然；他感到自己被关在一个狭小的身体里，关

① Sophocles（前496—前406），古希腊悲剧作家，著有《俄狄浦斯王》、《厄勒克特拉》等。

② San Francesco d'Assisi（1181或1182—1226），方济各会的创始人。

③ “按字面说，女人是伊希斯、丰饶的大自然。她是河流和河床、根和玫瑰、土地和樱桃树、葡萄树和葡萄。”（米·卡鲁日，出处见上文所引。）——原注

在一个不是他所选择的时空里，他没有被召唤到那里，一无用处，笨重，荒诞。肉体的偶然性，这就是他的存在本身的偶然性，他要在孤单中，在无法证明其合理的无偿性中忍受这种偶然性。这也必然置他于死地。在子宫（就像坟墓一样神秘和封闭的子宫）里成形的这种颤动的胶质，太容易令人想起腐尸柔软的黏滞性，以致他不会不带着战栗转过头去。但凡生命正在形成的地方，萌芽、发酵，都会引起厌恶，因为它是在分崩离析中成形的；黏性的胚胎开始了一个周期，这个周期要在死亡的腐烂中结束。因为人厌恶无偿性和死亡，所以厌恶被生出来；人想否认自己的动物性关系；残忍的大自然凭借出生这一事实控制着人类。在原始人身上，分娩受到最严格的禁忌包围；特别是，应该仔细地烧掉胎盘，或者把胎盘扔到海里去，因为任何获得胎盘的人，都会把新生儿的命运掌握在自己手里；形成胎儿的这种物质，是胎儿附属性的标志；消灭了胎盘，就让个体摆脱活的黏稠物质，实现自主。生孩子的污物溅到母亲身上。《利未记》和所有的古代法典将洁身礼强加给产妇；在许多农村地区，安产感谢礼的仪式维持着这种传统。人们知道，面对一个怀孕女人的肚子和奶妈鼓胀的乳房，孩子、少女和男人感到多么局促不安，这种本能的局促不安往往在嘲笑中掩饰过去。在迪皮特伦[①] 博物馆里，好奇的人带着病态的兴味，观看蜡做的胚胎和保存下来的胎儿，他们会带着同样的兴味去掘开一个坟墓。尽管社会对生育投以尊敬，生育职能却使人产生本能的反感。如果小男孩在幼年时耽于肉欲，依恋母亲的肉体，等到他长大，踏上社会，意识到自己的个体存在时，这肉体就令他恐惧；他不想知晓这肉体，在他

① Guillaume Dupuytren（1777—1835），法国外科医生、病理学家，病理解剖学的奠基人之一。

的母亲身上只想看到一个精神上的人；如果他坚持认为她是纯洁的、圣洁的，这更多是因为不想承认她有身体，而不是出于爱的嫉妒。一个青年和他的同学们一起散步时，遇到他的母亲、姐妹们、他家的某个女人，便感到窘迫，脸涨得通红，这是因为她们的在场使他想起他力图逃离的内在性区域；这暴露了他力图摆脱的根底。当母亲抱吻小男孩，爱抚他时，他的恼怒具有同样的意义；他否认家庭、母亲、母亲的怀抱。他想像雅典娜一样从头到脚武装起来，刀枪不入，出现在成人的世界上。① 被怀上，被生出来，这是压在他的命运之上的诅咒，不洁玷污他的存在。这是他的死亡的预告。崇拜生育总是与崇拜死人联结在一起。大地—母亲把她的孩子们的骸骨埋葬在她的怀抱里。是女人——帕耳开和摩伊赖② ——在纺织人的命运，但也是她们切断这些线。在大多数民间故事中，死神是女人，为死者哭泣也属于女人的事，因为死亡是她们的作品。③

因此，女人—母亲有一副黑暗的脸：她是混沌，一切从那里产生，有朝一日一切又回到那里；她是虚无。在黑夜中，日光显示的世界的各种面貌互相混同：封闭在物质的一般性和不透明中的精神之夜、睡眠和虚无之夜中。在大海的中心笼罩着黑夜：女人是古代航行者恐惧的 Mare tenebrarum④ ；在大地的深处是黑夜。人受到沉入这黑夜的威胁，它是生殖力的反面，使人恐惧。人渴望天空、亮

① 参阅下文我们关于蒙泰朗的研究，他是这种态度的杰出代表。——原注

② Parcae，罗马神话中的命运三女神，Moirae，希腊神话中的命运三女神。克洛托掌管命运之线，拉刻西斯掌管命运之线的长短和命运的盛衰，阿特罗波斯掌管切断生命之线。这三个老妇人都有些跛足，以示命运变化之慢。

③ 得墨忒耳是 mater dolorosa（痛苦的母亲）的典型。但是其他女神——伊什塔尔和阿耳忒弥斯——是残忍的。迦利手中拿着一只盛满鲜血的脑壳。印度的一首诗这样说她：“你刚被杀死的几个儿子的头颅像项链一样挂在你的脖子上……你的外形像雨云一样美，你的脚沾满了鲜血。”——原注

④ 拉丁文，黑暗的大海。

光、阳光灿烂的峰顶、蓝天纯粹而晶莹的寒冷；在人的脚下，有一个潮湿的、热烘烘的、幽暗的、时刻准备逮住人的深渊；许多传说告诉我们，英雄重新陷入母性的黑暗中：岩洞、深渊、地狱，万劫不复。

但这里，双重性重新起作用：如果生育总是与死亡相连，那么死亡也与生育相连。受到憎恨的死亡显得像新生一样，于是它也受到祝福。死去的英雄像俄赛里斯一样每到春天复活，通过新的分娩再生。荣格[①]说，人的最高希望“就是死亡幽暗的水变成生命之水，死亡和它冰冷的拥抱是母亲的怀抱，一切就像大海一样，尽管太阳没入它的深处，却在其中再生”[②]。太阳神沉入大海的怀抱及其光辉的再现，是许多神话学的共同题材。人同时想活，又渴望休憩、睡眠和虚无。人不希望不朽，由此，人可以学会热爱死亡。“无机物质是母亲的怀抱，”尼采[③]写道，“摆脱了生命，重新变成真实，才是尽善尽美。懂得这一点的人会把重新回到无感觉的尘土中看成一个节日。”乔叟[④]让这篇祈祷从一个长生不死的老人的嘴里念出：

> 我用棍子日日夜夜
> 敲打我母亲的大门——土地，
> 我说：亲爱的母亲啊，让我进去吧。

---

① Carl Gustav Jung（1875—1961），瑞士心理学家，提出集体无意识的概念，著有《里比多的变形》《心理类型》《心理学与宗教》等。

② 见《里比多的变形》。——原注

③ Friedrich Nietzsche（1844—1900），德国哲学家，提出“强力意志”和“超人”概念，著有《悲剧的诞生》《查拉图斯特拉如是说》等。

④ Geoffrey Chaucer（约1342—1400），英国作家、诗人，著有《禽鸟的议会》《好女人的传说》《坎特伯雷故事集》等。

男人希望确定个体的存在，骄傲地依靠“本质差异”，但他也希望粉碎自我的樊篱，与水、大地、黑夜混合，与虚无混合，与一切混合。把男人置于有限中的女人，也允许他超越自己的局限，她拥有的模棱两可的魔力由此而来。

在一切文明中，直到今日，女人仍然让男人恐惧：这是对他投射在她身上的、自己肉体的偶然性的恐惧。未到青春期的小姑娘不包含威胁，她不是任何禁忌的对象，不具有任何神圣性。在许多原始社会中，她的性别本身显得是无邪的：从童年开始，允许男孩子和姑娘玩色情游戏。从女人能生育之日起，她变得不纯洁。人们经常描绘原始社会中，小姑娘初潮之日围绕着她的严厉禁忌；甚至在女人受到特别重视的埃及，她在来月经期间要受到禁闭。[①] 往往让她待在屋顶上，把她打发到村子范围之外的小屋中，既不能去看她，也不得触摸她：更有甚者，她不能用自己的手触摸自己；在捉蚤子成为家常便饭的民族中，人们交给她一根小棍子，她可以用来给自己搔痒；她不应该用手指去碰食物；有时，她被完全禁止吃东西；还有的时候，母亲和姐妹可以用一个工具喂她进食；但是，凡是在这期间同她接触过的东西都应该烧掉。通过这第一次考验，月经禁忌就不那么严厉了，不过，禁忌还是严格的。在《利未记》中尤其可以看到：“女人行经，必污秽七天，凡摸她的，必不洁净到晚上。凡摸她床的……在女人的床上，或在她坐的物上，若有别的物件，人一摸了，必不洁净到晚上。”这篇文字与谈到漏症在男人身上产生的不洁恰好是对应的。净化的祭品在两种情况下是相同的。必须要有七天时间来排出月经，而且要带着两只斑鸠或者两只

① 神秘的、神话的信仰与个人的信念之间的区别，在下列事实中是明显的：列维-斯特劳斯指出：“尼姆巴戈的年轻男人，利用女人月经期间被规定所处的孤独状态形成的绝密环境，去看他们的情妇。”——原注

雏鸽到祭司那里，他会把它们献给神。需要指出的是，在母权制社会，与月经相连的效力是模糊不清的。一方面，月经使社会活动瘫痪，摧毁生命活力，使花朵憔悴，使果实掉落下来；可是它也有好效果：月经用在春药和治疗中，特别用来医治割破的伤口和瘀血。直到今日，有些印第安人出发去攻打常常光顾河边的怪兽时，在船头放上沾满月经血污的纤维团：流出的血对他们超自然的敌人是不祥的。某些希腊城邦的少女把沾上她们初潮鲜血的布送到阿斯塔特的神庙去敬奉。但是，自从父权制产生以来，就只认为女性身上流出的可疑液体是不祥的。普林尼在《博物史》中说："来月经的女人会糟蹋庄稼，使园子凋零，扼杀胚芽，使果实落地，杀死蜜蜂；如果她碰到酒，酒就变成醋；奶会变酸……"

一个英国古代的诗人表达了同样的情感，他写道：

噢！女人，你的月经是灾害
必须保护整个自然不受损害。

这些信念强有力地延续到今日。一八七八年，英国医学协会的一个成员在《英国医学杂志》上刊登了一篇学术报告，文章中宣称："肉一旦被来月经的妇女碰过以后就要腐烂，这是一个不争的事实"；他说自己经历过两个火腿在这样的情况下变质的案例。本世纪初，在法国北部的制糖厂里，有条规定禁止被盎格鲁-撒克逊人称做"curse"①、"灾祸"的东西触及的妇女进入工厂：因为糖会变黑。在西贡，鸦片工厂里不用女工：由于月经的关系，鸦片会变苦。这些信念在法国的许多农村地区还残存着。所有的厨娘都知

① 英文，月经。该词还有"受诅咒物"之意。

道，如果她来月经，或者只不过面对一个来月经的女人，就不可能做成蛋黄酱。最近在安茹[1]，有一个老园丁把当年收获的苹果酒存放在食物贮藏室里，写信告诉主人说："必须要求家中的年轻太太和女宾在每月的某几天不要穿过食物贮藏室：她们会妨碍苹果酒发酵。"厨娘了解到这封信的内容后，耸耸肩说："这从来没有妨碍过苹果酒发酵，这仅仅对肥肉不好：不能在一个来月经的女人面前腌肉，肉会腐烂。"[2]

把这种厌恶归结于一般对血的厌恶，说服力是非常不够的：当然，血本身是一种比任何别的"神力"更神圣、更深邃的元素，它同时是生与死。经血的不祥能力更为奇特。它体现了女性的本质。因此，流血使女人本身处于危险之中，她的"神力"就这样被物质化了。在沙戈民族的秘密祭礼中，怂恿女孩子小心隐瞒经血。"不要给你的母亲看见，她会死去的。不要给你的女伴看见，因为可能有一个坏女孩把你用来擦拭的布搞到手，你结婚后就会不生育。不要给一个恶妇看见，她会把这块布放在她的草房上面……那样的话，你就不会有孩子。不要把布扔在小径上或者扔在灌木丛里，一个恶人会拿来干坏事。把它埋在土里。不要让你的父亲、你的兄弟们和姐妹们看见这血。如果你让人看见，这是一个罪过。"[3] 在阿留申人[4] 那里，如果女儿刚来月经时被父亲看见，她就有变成瞎子

---

① Anjou，法国西部地区。

② 一个谢尔的医生向我指出，在他居住的地区，在同样的情况下，禁止妇女进入蘑菇房。今天还有人讨论这些偏见有无根据的问题。比奈医生提出有利于他们的唯一事实是辛克的一个观察（维涅举的例）。辛克可能见过鲜花在一个来月经的女仆手里枯萎；由这个女人制造的发酵蛋糕只升高三厘米，而不是平时正常应该达到的五厘米。无论如何，这些事实十分贫乏，缺乏根据，因为要看到，这种信念传播得既深又广，根源无疑是神秘的。——原注

③ 参阅列维-斯特劳斯《亲属的基本结构》。——原注

④ Aleut，阿留申群岛和阿拉斯加半岛西部的土著。

或聋子的危险。他们认为，这时女人被精灵附身，具有危险的能力。有些原始人相信，月经是由于被蛇咬引起的，女人与蛇和蜥蜴有可疑的亲缘关系：月经会有爬行动物的毒素。《利未记》将月经与漏症相提并论；流血的女性不仅有一个伤口，而且有一个可疑的伤口。维尼[1] 把玷污的概念和生病的概念结合在一起，他写道："女人是生病的孩子，十二倍的不纯。"作为复杂的体内炼金术的结果，这种女人要忍受的周期性出血，奇特地与月亮的周期一致：月亮也是危险地反复无常的[2]。女人参与这种可怕的齿轮传动，它控制着行星和太阳运行，女人是制约星辰、潮汐命运的宇宙力量的猎物，男人要忍受她令人不安的辐射。尤其令人惊讶的是，月经的出血与变质的奶油、不凝结的蛋黄酱、发酵、解体的概念相连；还有人认为，这血很可能引起易碎物质破裂；它可能使小提琴和竖琴的琴弦断裂；但它尤其对有机物质有影响，介于物质和生命中间；这并非由于它是血，而是因为它是从生殖器官中流出来的；人们甚至并不了解它准确的作用，就知道它与生命的孕育相连：古人不知道卵巢的存在，竟然在月经中看到精液的补充物。事实上，并非这血使女人变成不洁，更确切地说，它彰显出不洁；它出现在女人可能受孕的时候；等到它消失了，女人一般来说再次变得不孕；它从胎儿成形的肚子中喷射而出。通过它，表达了男人对女性生育所感到的恐惧。

---

① Alfred de Vigny（1797—1863），法国浪漫派作家，著有《古今诗集》《命运集》等。

② 月亮是生育能力的源泉；她作为"女人的主人"出现；人们常常以为，她变做一个男人或者一条蛇与女人交媾。蛇是月亮的显灵；它蜕皮和更新，它是不死的，这是一种分配丰产和学问的力量。是它掌管着神圣的源泉、生命之树、青春之泉，等等。但也是它夺走了人长生不老的能力。据说它与女人交媾。波斯人的传统，还有犹太人的文化传统都认为，月经源于第一个女人同蛇的关系。——原注

在关于处在不洁状态的女人的禁忌中，没有一个像禁止这时同她进行性交那样严厉。《利未记》判定违反规定的男人七天不洁。《摩奴法典》更加严厉：“一个接近被月经排泄物玷污的女人的男人，要彻底失去智慧、能量、力量、活力。”苦修修士命令与月经期女人发生性关系的男人苦修五十天。因为在那时女性本原被认为达到它的力量的顶点，人们担心在亲密的接触中，它会战胜男性本原。男人更加朦胧地厌恶在他占有的女人身上，重新找到他所恐惧的母亲的本质；他竭力分开女性的这两种面貌，因此，禁止乱伦以异族通婚的形式，或者以更现代的形式，成为普遍的法则；因此，在女人更为专注于她的生育角色时，即在月经期、怀孕期、哺乳期，男人远离女人，不与之性交。恋母情结——必须修正这个概念——并不与这种态度相悖，而是相反，与此相连。男人把女人当做世界混沌的源泉和有机体的混乱变化来加以防范。

然而，也正是在这种形象中，她使得与宇宙和天神分离的社会继续同它们保持联系。今日，她仍然在贝都因人、易洛魁人[①] 中保证田野的丰收；在古希腊，她倾听地底的声音；她截取风和树的语言：她是皮提亚、西比尔[②] 、女先知，死人和天神借她的嘴说话。今日她保留着这些神化的权力：她是通灵人、手相家、用纸牌算命的女人、预言家、受神灵启示的人；她听到各种声音，看到异象。当男人感到需要重新投入动植物生命的怀抱中时——就像安泰俄斯[③] 接触大地能恢复力量一样——他们便求助于女人。对土地的崇拜，经过希腊和罗马的理性文明还残存下来。这些崇拜通常是脱离

---

① Irquois，在北美生活的操易洛魁语的印第安人。
② Pythia， 希腊神话中特尔菲城阿波罗神庙中的女祭司。Sibyl，指古希腊的女先知。
③ Antaeus，希腊神话中海神波塞冬和地神该亚之子，只要他同大地接触，他的母亲就不断赋予他新的力量。

正式宗教生活展开的；最后甚至像在埃莱夫西斯[①] 那样，采取秘密仪式的形式：它们的含义与太阳崇拜的含义相反，在太阳崇拜中，男人肯定自己的分离意志和精神意志；它们是这种意志的补充；男人竭力通过出神状态摆脱自身的孤独：这就是秘密仪式、酒神节的目的。在男性重新征服的世界中，是一个男性的神狄俄尼索斯剥夺了伊什塔尔、阿斯塔特的魔力和蛮力；但仍然是女人在他的形象周围肆虐：梅纳德、梯伊阿得、巴尚特[②] 呼吁男人来到宗教的迷醉和神圣的疯狂中。神圣的卖淫的作用也是相同的：这同时是发泄和疏导生育的力量。今日，民间节日仍然以纵欲为特点；女人在其中不仅仅是一种享乐对象，而且是一种达到个体在其中自我超越的hybris[③] 的方法。乔治 · 巴塔耶[④] 写道："一个人在自己内心深处具有的失落感、悲剧感，即'盲目的神奇'，只能在一张床上遇到。"

发泄性欲时，男人拥抱着情人，竭力迷失在肉体的无限神秘中。但我们看到，相反，正常的性欲将母亲与妻子区分开来。男人对神秘的生命炼金术感到厌恶，而他自己的生命却从大地的甜美果实中得到养料和满足；他希望将果实据为己有；他觊觎芙蓉出水的维纳斯。女人首先是作为妻子出现在父权制中，因为最高的创造者是男性。夏娃在成为人类的母亲之前，是亚当的女伴；她被献给男人，是为了让他占有她，让她怀孕，就像他占有土地和使土地丰收；通过她，他把整个大自然变成他的王国。男人在性行为中寻找的不仅是一种主观的短暂乐趣。他想征服、攫取、占有；拥有一个

① Eleusis，古希腊港口城市，以埃莱夫西斯秘仪的发源地而闻名。
② Maenad，Thyiad，Bacchant，分别是酒神的女祭司，女信徒和崇拜者。
③ 源自古希腊文，一作 hubris，僭妄。
④ Georges Bataille (1897—1962)，法国作家，著有《拉斯卡，又名艺术的产生》《文学和恶》等。

女人，就是战胜她；他深入到她体内，就像犁刀插入犁沟中；他把她变成自己的东西，就像他把耕作的田地变成自己的那样；他耕耘、种植、播种：这些意象如同文字一样古老；从古至今，人们可以举出上千个这种例子：《摩奴法典》说："女人像农田，而男人像种子。"在安德烈·马松[①]的一幅画中，可以看到一个男人手里拿着一把铲子，在挖掘一个女性生殖器形状的园子[②]。女人是她丈夫的猎物、他的财产。

男性在恐惧和欲望之间、在担心被不可控制的力量占有和攫取这些力量的意愿之间的犹豫不决，鲜明地表现在童贞的神话中。男性时而惧怕它，时而期待或者甚至苛求它，它好像女性神秘最完美的形式；于是，它同时成了女性神秘最令人不安和最迷惑人的表现。根据男人感到自己被包围的力量压倒，或者根据他骄傲地自认为能够吞并这些力量，他拒绝或者要求他的妻子嫁给他时是处女。在最原始的社会中，女人的能力受到颂扬，恐惧占了上风；女人在新婚之夜最好不是处女。马可·波罗[③]关于西藏人是这样断言的："他们之中谁也不愿意娶一个可能是处女的姑娘做妻子。"人们有时以理性的方式解释这种拒绝：男人不愿意要一个没有挑起过男人性欲的妻子。阿拉伯地理学家贝克里谈到斯拉夫人时说："如果一个男人结婚时发现他的妻子是处女，他便对她说：'如果你有点价值，男人就会爱上你，就会有一个人夺走你的童贞。'"然后他把她赶走和休掉。有人甚至认为，有些原始人只接受同一个已经是母亲、表现出她有生育能力的女人结婚。但是，不要处女为妻的习俗

---

① André Masson（1896—1987），法国超现实主义画家。

② 拉伯雷把男性性器官称为"大自然的农夫"。前文已分析过将男性生殖器犁、女人犁沟相对照的宗教和历史的根源。——原注

③ Marco Polo（约 1254—1324），意大利旅行家，1271—1295 年从欧洲到亚洲旅行，其间在中国逗留 17 年。

流传如此广泛的真正原因是神秘的。有些民族设想，在阴道里有一条蛇，在处女膜破裂时会咬丈夫；人们赋予童贞的血以可怕的功能，认为它与经血相似，也能够毁灭男性的活力。这些意象表明了如下观点，即女性本原如果原封不动的话，就更有力量，包含更大的威胁。[①] 有时候，不会出现非处女的问题；例如，在马林诺夫斯基[②] 描绘的土著人中，由于性行为从童年起就被允许，因此姑娘绝对不是处女。有时，母亲、姐姐或者某个收生婆有步骤地破坏小姑娘的童贞，在她的整个童年时期，扩大阴道口。也有时破坏童贞是在青春期由女人们用一根棍子、一块骨头、一块石头进行的，仅仅被当作外科手术看待。在其他部落，小姑娘到了青春期，要屈从于一次野蛮的秘密祭礼： 男人们把她拖出村外，用工具破坏她的童贞，或者奸污她。最常见的仪式之一是把处女提供给过路的异乡人，要么认为他们对于“神力”没有反应，这种“神力”只对部落的男性有危险；要么不在乎不幸会落在他们身上。更常见的是，祭司、医生、酋长，或者部落首领，在举行婚礼的前一夜破坏未婚妻的童贞；在马拉巴尔[③] 海岸，婆罗门负责做这种事，看起来他们并无乐趣，却要求巨额报酬。众所周知，凡是神圣的东西对不信教的人都是危险的，而祝圣的人却能运用而没有危险；因此可以理解，祭司和首领能够驯服邪恶的力量，而丈夫应该对这种力量加以防范。在罗马，这类习俗只留下一种象征性的仪式： 人们让未婚妻坐

---

① 由此得出一种力量，在战斗中把这种力量归于处女： 比如瓦尔基里女神（译者按，古斯堪的纳维亚神话中，为奥丁神服务并被派赴战场选择有资格进入瓦尔哈拉殿堂的阵亡者的少女。）、奥尔良的童贞女（译者按，即贞德）。——原注

② Bronislaw Kasper Malinowski（1884—1942），波兰籍英国人类学家，研究澳大利亚、新几内亚和特罗布里昂诸岛部落的性和家庭习俗。他否定恋母情结。

③ Malabar，印度西部地区。

在一个普里阿普斯[①] 石像的生殖器上，这有双重目的：提高生殖力，并且消耗她身上过于强有力、因而甚至有害的流体。丈夫还用其他方法来自卫：他亲自破坏处女的童贞，但这必须与保护他不受侵害的仪式同时进行；比如，他当着全村人的面，用一根棍子或一块骨头来做。在萨摩亚[②]，他事先用白布裹在手指上，再把沾上血迹的碎布片分发给与会者。有时，男人也被允许以正常方式破坏妻子的童贞，但是三天内不能在她身上射精，避免受精的胚胎被处女膜的血玷污。

神圣与否的分别常出现一百八十度的转变：处女血在不那么原始的社会中变成一种吉利的象征。在法国，还有些村庄，婚礼后的早晨，要在亲朋好友面前展示带血的床单。这是因为在父权制中男人变成了妻子的主人；在动物中使人害怕的特点，或者未被驯服的因素，对懂得驯养的主人来说，则变成宝贵的特点。男人把野马的暴烈、雷霆和瀑布的万钧之力变成使他兴旺的工具。因此，他希望把妻子整个原封未动归为己有。在强加给少女的关于德行的禁令中，理性的动因无疑起着作用：就像妻子的贞洁一样，未婚妻的纯洁是必要的，为的是不让父亲有任何危险将自己的财产遗留给外人的孩子。可是，当男人把妻子看做自己的个人财产时，就更直接地要求女人保持童贞。首先，积极地实现占有这一概念总是不可能的；事实上，人永远也拥有不了什么，也拥有不了任何人；因此便企图以否定的方式来实现；确定财产属于自己的最稳妥方式，就是阻止别人享用它。其次，对人来说，没有什么比从来不属于任何人的东西更加令人渴望了。于是，征服就显现为独一无二的、绝对的

① Priapus，希腊神话中的生育之神。
② Samoa，位于太平洋的波利尼西亚群岛。

事。处女地总是吸引着探险者；每年登山运动员为了想闯入无人踏足过的一座山，甚至仅仅想在山坡上开辟一条新路，都会付出生命代价；好奇的人冒生命危险，下到从来没有探测过的岩洞底部。人们已经驯服的东西，变成一个工具；从根底被切断，就失去最深邃的品质：未被征服的湍流比公共喷泉的水包含更多的希望。一个处女的身体有着暗泉的清新，有着清晨含苞欲放的花冠的毛绒绒，就像阳光还没有抚摸过的珍珠般的东方。岩洞、神庙、殿堂、秘密的花园，犹如孩子那样，男人被任何意识都从没有触动过的、暗影幢幢和封闭的地方所迷惑，这个地方正期待着被赋予灵魂：如果他是唯一一个去抓住和深入这些东西的人，他觉得事实上是他创造了它。再说，一切欲望所追逐的目的之一，就是享用激起他欲望的、招引他去毁灭的东西。比起插入时让处女膜完好无损，男人破坏处女膜对女性身体的占有方式更为亲密；在这种不可逆转的行动中，他毫不含糊地把女人身体变成一个被动的东西，他确定了对它的占有。这意义非常准确地表现在骑士的传说里：他在荆棘丛生的灌木中艰难地开辟一条道路，为的是采摘一朵没有人闻过的玫瑰；他不仅发现了它，而且折断了花茎，于是他征服了它。形象是如此清晰，在民间语言中，用"摘花"来比喻占有一个女人，就意味着毁掉她的童贞，"破坏童贞"[①]这个词即来源于此。

但是，只有童贞和青春联系起来，才具有这种性的吸引力；否则，神秘就会重新变得令人不安了。今日，许多男人面对时间拖得过长的处女感到厌恶；将"老姑娘"看成尖酸刻薄的恶女人，不仅仅是出于心理原因。诅咒是在她们的肉体本身，这个肉体不对任何主体构成客体，任何欲望也没有对它发生兴趣，在男人的世界里找

① 法文 défloration，源于拉丁文 deflorare，即 enlever la fleur（采摘花朵）。

不到一席之地就开放和憔悴了；它脱离了自身命运，变成一个古怪的东西，就像一个无法与人交流思想的疯子那样令人不安。有一个四十岁的女人，风韵犹存，但被推定为处女，我听到过一个男人粗野地说她："里面布满了蜘蛛网……"确实，无人问津、毫无用处的地窖和阁楼，充满了不干净的神秘；幽灵乐意光顾那里；被人抛弃的房子，变成精灵的住地。除非女子的童贞献给一位天神，否则人们会认为她要同魔鬼成亲。男人控制不了的处女，摆脱了男人力量的老女人，比其他女人更容易被看做女巫；因为女人的命运注定属于另一个人，如果她没有被男人的枷锁套住，她就准备接受魔鬼的枷锁。

新嫁娘通过破坏童贞的仪式被驱魔，或者相反，因她的童贞获得净化，可以被看作令人垂青的猎物。情人抱吻她，是期望占有生活的所有财富。她是整个动物界，整个人间的植物界：瞪羚、母鹿、百合和玫瑰、毛茸茸的桃子、香喷喷的覆盆子；她是宝石、贝壳、玛瑙、珍珠、丝绸、天蓝色、泉水的清冽、空气、火焰、大地和水。东方和西方所有的诗人都把女人的身体变成鲜花、果实、鸟儿。这里，仍然必须援引古代、中世纪和现代整部厚厚的选集。大家相当熟悉《圣经 · 雅歌》，意中人对他的心上人说：

你的眼好像鸽子眼……
你的头发如同山羊……
你的牙齿如新剪毛的一群母羊……
你的面颊如同一块石榴……
你的双乳好像一对小鹿……
你的舌下有蜜，有奶……

在《秘术17》中，安德烈·布勒东[①] 重复这永恒的赞歌："梅吕齐娜听到第二下叫声，她从不成球状的髋部喷射出来，她的肚子是八月的整个收获，她的身躯从弯成弓形的腰肢发出烟火，腰里长出两只燕子的翅膀，她的乳房是在叫声中被逮住的白鼬，由于被燃烧的嘴中炽热的煤闪闪发光而目眩神迷。她的手臂是在吟唱和发出芬芳的小溪的灵魂……"

在女人身上，男人重新发现闪烁的繁星和梦幻般的月亮，阳光，岩洞的幽暗；反过来，灌木中的野花、花园里骄傲的玫瑰是女人。山林水泽的女仙、美人鱼、水精、仙女，常常出没于田野、树林、湖泊、海洋、荒原。在男人的心中，没有什么比这种万物有灵论更根深蒂固的了。在水手看来，大海是一个危险的、忘恩负义的、难以征服的女人，但是他要通过自己的努力温存她，以便制服她。对登山者来说，大山是女人，骄傲、桀骜不驯、贞洁而又凶恶，他要冒着生命危险去占有她。人们经常认为，这些比喻表现了性的升华；确切地说，它们表达了女人与各种元素之间有一种像性欲本身那样本来就存在的亲缘关系。男人对占有女人的期待，有别于征服本能；她是一个特殊对象，通过这个对象，他征服自然。别的对象也可能起到这种作用。有时，男人在年轻的男孩子身上寻找海滩的沙子、黑夜的柔美、金银花的清香。但是性的插入不是实现对土地的肉体占有的唯一方式。在斯坦贝克[②] 的小说《致未知之神》中，描写一个人在自己和大自然之间选择了一块长满苔藓的岩

---

① André Breton（1896—1966），法国超现实主义理论家、诗人，著有《超现实主义宣言》《娜嘉》《秘术17》等。

② John Steinbeck（1902—1968），美国小说家，诺贝尔文学奖获得者，著有《愤怒的葡萄》、《珍珠》等。

石作为中介；在《牝猫》中，柯莱特[1]描绘了一个年轻丈夫，他把自己的爱集中在他喜爱的牝猫身上，因为通过这只温柔而野性的动物，他可以掌握肉欲世界，这是他妻子的肉体不能给他的。在大海中，在高山上，他者可以像在女人身上一样完美地体现出来；它们以同样被动和意料不到的反抗对付男人，使他能够自我实现；它们是一种要克服的拒绝行为，一个要占有的猎物。如果大海和高山是女人，这是因为女人对情人来说，也是大海和高山。[2]

但是，并非随便哪个女人都能在男人和世界之间充当中介；男人并不满足于在他的女伴身上找到他自己的性器官的补充器官。她必须体现生命神奇的快乐，同时遮盖生活混沌的神秘。因此，男人首先要求她年轻和健康，因为男人将一个活生生的东西抱在怀里，只有当他忘记死亡寓于一切生命中，他才能对此感到入迷。他还要进一步期望：意中人是美丽的。女性美的理想是多变的；但是某些要求是持续不变的；既然女人的命运是被占有，就必须让她的身体具有物品那种惰性的、被动的性质。男性美是身体对活动职能的适

---

① Sidonie-Gabrielle Colette（1873—1954），法国女小说家，著有《流浪女伶》《茜多》《牝猫》等。

② 巴什拉在《大地和意志的梦想》中所援引的萨米维尔的话是意味深长的："这些围绕我一圈而睡的大山，我逐渐不再把它们看做要与之战斗的敌人，要用脚踩的雌性或者要获得的战利品，为的是向我自己提供，并且向别人提供一个我自己的价值的证明。"高山—女人的双重含义，通过"要与之战斗的敌人"、"战利品"、强权的"证明"一致的想法而确立起来。

例如，可以在桑戈尔（译者按，塞内加尔诗人）的这两首诗中看到这种相互性：

赤裸的女人，暗黑的女人！
肉质坚实的熟果子，黑色葡萄酒的阴暗的沉醉，使我的嘴变得抒情。
天际明净的热带草原，在东风热烈的抚摸下战栗的热带草原。
以及：
噢！噢！躺在你的森林之床上的刚果，在被征服的非洲的女王
愿山峰的男性生殖器托高你的楼宇
因为通过我的头、我的舌头，你是女人，因为通过我的肚子你是女人。
——原注

应，是力量、敏捷、灵活，表现出一种超越性，它激励肉体永远不应沉沦。只有在像斯巴达、法西斯时期的意大利、纳粹时期的德国这样的社会中，女性理想才是与男性理想对称的，这些社会将女人隶属于国家，而不是个人，只将女人看做母亲，决不给肉欲任何位置。但是，当女人被当做财产交给男人时，男人所要求的是，在她身上，肉体呈现出纯粹的人为性。她的身体不是作为主体性的发散，而是作为充满内在性的东西来看待的；这个身体不应该返回到世界的其余部分，它不应该给有别于自身的另一事物提供希望：它应当遏止欲望。这种要求最幼稚的形式，就是霍屯督人[①]欣慕的臀部过肥的维纳斯的那种理想的模样，臀部是身体上神经分布最少的部分，那部分肉体就像没有用途的既定。东方人对肥胖女人的爱好属于同一类型；他们喜欢这种荒诞的过分的脂肪增多，这绝不是由任何计划引起的，除存在于此没有其他意义。[②] 即使在感觉更敏锐的文明中（形式与和谐的概念已经渗入那里），乳房和臀部由于发育的无偿性和偶然性，仍然是有特殊意义的东西。习俗和时尚往往致力于将女人的身体同她的超越性隔绝开来：裹脚的中国女人几乎不能走路，好莱坞女明星精心护理的指甲使她失去她的手，高跟鞋、女用紧身褡、裙环、裙撑、有衬架支撑的女裙，与其说是用来强调女性身体的曲线，不如说是用来增加肢体的不灵便。因肥胖而变得笨重，或者相反，瘦得面色苍白，寸步难行，因不合适的衣服和礼仪而难以行动，正是这时，在男人看来，这身体就像属于他的

---

① Hottentot，非洲南部地区的游牧民族，一作科伊科伊人。

② “霍屯督女人的臀部不像布什曼女人一样肥大和持恒；霍屯督人把这种构形看成是美的，从童年起就按摩他们的女儿的臀部，使之发达。同样，女人人为的增肥，真正的填喂法（主要的两种方法是不活动和大量吃适当的食物，特别是乳汁）在非洲各地可以看到。在阿尔及利亚、突尼斯和摩洛哥，城里富裕的阿拉伯人和以色列人还在这样做。”（吕凯《心理学日记》，1934 年。《岩洞的维纳斯》。）——原注

东西。涂脂抹粉、首饰也使身体和脸僵化。首饰的作用十分复杂；在有些原始人看来，它有一种神圣的性质；但它最通常的作用是把女人变成偶像。这是具有两重性的偶像：男人希望她肉感，她的美属于花朵和果实的美；而她也应该像宝石一样是平滑的、坚硬的、永恒的。首饰的作用是同时让她更密切地属于自然和使她摆脱自然，这是将人为的凝固的必要性赋予活生生的生命。女人使自己变成植物、豹子、钻石、珍珠，将花朵、皮裘、宝石、贝壳、羽毛和她的身体混合起来；她使自己变得香气扑鼻，像玫瑰和百合一样散发出芬芳，但羽毛、丝绸、珍珠和香水也用来掩盖她的肉体和气味的动物似的粗俗特点。她涂口红，搽胭脂，给予它们面具似的一动不动的牢固；她的目光，她使之约束在厚厚的眼线和睫毛膏中，只剩下眼睛的闪烁装饰；她的头发扎成辫子，烫成小卷，像雕塑般优美，失去了令人不安的植物性的神秘。在打扮过的女人身上，自然虽然在场，但是被一种人的意愿俘虏了，按照男人的欲望被重新塑造了。一个女人，自然在她身上越充分地展现魅力、受到越严格的控制，她就越发秀色可餐："精心修饰的"女人总是理想的肉欲对象。对更自然的美的爱好，往往只是精心打扮的一种似是而非的形式。雷米·德·古尔蒙[1]希望女人头发飘拂，像溪水和牧场的草一样自由自在，但要在维罗尼卡·莱克[2]的发型上，而不是在真正任其处于自然状态的蓬乱头发上，才能有抚摸水波和麦浪之感。一个女人越年轻健康，她的有光泽的处女身看来越是具有永恒的清新，矫揉造作对她越是没有用；但必须对男人隐瞒他拥抱的这个猎物的肉体弱点以及威胁着它的衰退。这也是因为男人惧怕女人的偶然命运，因

---

① Rémy de Gourmont（1858—1915），法国作家、批评家，著有《文学漫步》《哲学漫步》等。

② Veronica Lake（1922—1973），美国演员，在电影中总是留着波浪长发。

为他梦想她是不变的，必然的，所以他在她脸上、躯体和腿上寻找某种概念的正确。在原始民族中，这一概念仅仅是大众典型的完美呈现：厚嘴唇、扁鼻子的种族塑造出厚嘴唇、扁鼻子的维纳斯；后来，人们将更复杂的审美标准用于女人。无论如何，一个女人的脸型和比例越是和谐，她就越是获得男人的欢心，因为她好像摆脱了自然事物的变形。这样就导致古怪的悖论：男人期待在女人身上把握自然，不过是改变了的自然，便将女人推到矫揉造作中。女人不仅是自然的，而且同样是反自然的；这不仅是在用电烫发、用蜡脱毛、用乳胶紧身带的文明中，而且也是在头顶托盘的女黑人的国度中，在中国和地球上的所有地方。斯威夫特[1] 在有名的《西莉亚颂》中揭露过这种弄虚作假；他带着厌恶描绘卖俏女人的用具，又带着厌恶请人注意她的身体动物般的顺从；他表示愤慨是错上加错；因为男人既希望女人是动物和植物，又希望她隐藏在人造的盔甲后面；他喜欢她从水波中和从一间时装店中出来，赤身裸体又穿着衣服，在衣服下面光着身子，正像他在人类世界中遇到的她那样。城市人在女人身上寻找动物性；但对服兵役的年轻农民来说，妓院体现了城市的全部魅力。女人是田野和牧场，但她也是巴比伦。

然而，这正是第一个谎言，女人的第一次叛变：这是生命本身的叛变，哪怕生命具有最吸引人的形式，其中也存在老年和死亡的酵母。男人对她的享用本身，毁掉了她最宝贵的性质：多次怀孕使她变胖，她丧失了性感的魅力；即使不生育，岁月的流逝也足以改变她的魅力。女人变得衰弱、丑陋、衰老，令人憎恶。俗话说，她

① Jonathan Swift（1667—1745），英裔爱尔兰小说家、讽刺散文家，著有《格列佛游记》等。

憔悴了，凋谢了，仿佛在指一棵植物。当然，在男人身上也是如此，衰老令人害怕；可是，正常的男人不会在其他男人身上体验肉体；他和这些自主的别人的身体只有抽象的联系。正是在属于他的这个女人的身体上，男人才明显感到肉体的衰败。正是以男人敌视的目光，维庸[①]笔下的“美丽的制盔女”审视自己身体的衰老。老女人、丑女人不仅是没有吸引力的对象，她们还会引起混杂着恐惧的厌恶。在她们身上，可以重新看到母亲令人不安的形象，妻子的魅力已然消失。

妻子本身是一个危险的猎物。在从水波中出现、像水沫般鲜活、像收获的庄稼般金黄的维纳斯身上，得墨忒耳得以继续存在；男人通过从女人身上得到的享受，将她占为己有，也在她身上唤醒还混沌不清的生育能力；他插入的和生育孩子的是同一器官。因此，在一切社会中，男人受到那么多的禁忌保护，对付女性的威胁。反过来则不同，女人没有什么要害怕男人；男人的性器官被看做是世俗的。男性生殖器可以提高到神的尊严地位：在对它的崇拜中，没有加入任何恐惧因素，而在日常生活中，女人用不着从神秘主义角度上防备它；它对她来说仅仅是有利的。另外，值得指出的是，在许多母权制社会中，性关系十分自由；但这仅仅是在女人的童年时期、青春初期，这时性交还没有与生育的概念相连。马林诺夫斯基有点惊讶地叙述，一起自由地睡在“单身者之家”的年轻人，主动表达他们的爱情；这是因为未婚姑娘被看做不能生孩子，而性行为只是一种平静的世俗的乐趣。相反，她一旦结婚，丈夫就不应该再给她任何公开的爱的表示，他不应该碰触她，一切对他们

① François Villon（约 1431—1463 以后），一译维永，法国诗人，著有《小遗言集》《大遗言集》《绞刑犯谣曲》等。《美丽的制盔女》描写一个制盔女在晚年对青春娇态的回忆。

亲密关系的暗示都是渎神的：这是因为这时她已经具有母亲的可怕本质，性交变成了神圣的行为。此后，性交被禁忌包围，行动要格外小心。耕地、播种和种植时，禁止性交：因为在这种情况下，人们不愿意让生殖力浪费在性交中，生殖力对庄稼丰收，因而对共同体的财产是必不可少的；正是出于对与生育有关的能力的尊重，人们下令要节欲。而在大多数情况下，禁欲保护着丈夫的生殖力；当男人出发去捕鱼、打猎，尤其准备去打仗时，实行禁欲；在同女人结合时，男性本原被削弱了，因此，每当他需要使用全部体力时，他必须避免与女人结合。人们寻思，男人对女人感到的恐惧是否来自一般而言性带来的恐惧，或者相反。人们看到，特别在《利未记》中，遗精被看做一种耻辱，虽然女人没有参与。在我们现代社会，手淫被看做一种危险和罪过：许多沉浸其中的孩子和年轻人，这样做时会感到可怕的焦虑。社会的干预，特别是父母的干预，使这种孤独的乐趣成为一种恶习；可是，不止一个年轻小伙子本能地受到开头几次射精的惊吓：流血或者射出精液，凡是他自身的物质的排泄都令他不安；是他的生命、他的“神力”离他而去。然而，即使主观上一个男人可以在女人不在场的情况下经历肉欲的体验，客观上，女人还是牵连到他的性欲中：正如柏拉图在两性人的神话中所说的，男性的机体也预示了女人的机体。他在发现自己的性器官的同时，也发现了女人，即令她没有在肉体上，也没有在想象中委身于他；反过来，女人在作为性的象征时是可怕的。人们永远不能把生命经验的内在一面同超越的一面分开：我所害怕或者期待的，总是我自己的存在的一个化身，但是任何东西只有通过不是我的东西才能到达我身上。非我与遗精相连，与阴茎勃起相连，如果不是以女人的准确形象，至少作为自然和生命出现：个体感到被外来的魔力控制。因此，他对女人的感情的双重性也出现在他对自己的性器官的态度上：他为此而骄傲，他嘲笑它，他感到羞耻。小男孩挑战似的将他的阴茎与他的伙伴们的阴茎相比；它的第一次勃起令他骄傲，同时又使他害怕。男人让人把他的性器官看做超越性和力量的象征；他同时从横纹肌中和从一种魔力中引以为荣：这是一种自由，充满了自由向往的既定的全部偶然性；他正是受到这种矛盾的外表迷惑；不过他怀疑是圈套；他以为通过这个器官自我确立，这个器官却不服从他；它由于欲望得不到满足而难受，意想不到地勃起，有时是在梦中卸除负担，表现出一种可疑的、任性的生命力。男人以为使精神战胜生命，使主动战胜被动；他的意识让自然保持距离，他的意志则改变自然，但是在性器官的形象中，他重新找到生命、自然和被动。叔本华写道："性器官是意志的真正中心，其相反的一极是大脑。"他所称为意志的东西，是对生命的依恋，是痛苦和死亡，而大脑是思想，它在呈现生命的同时也摆脱生命：性羞耻，据他看来，就是我们在对肉欲愚蠢的迷恋面前感到的羞耻。即使人们拒绝他的理论固有的悲观主义，他在性器官—大脑的对立中看到人的二元性表现是对的。人作为主体，确定世界，他待在自己确定的世界之外，让自己成为世界的主宰；如果他把自己把握为肉体，把握为性器官，他就不再是自主的意识，透明的自由：他介入世界，就是一个有限的、要消亡的客体。无疑生育行为超越了身体的界限，但在同一时刻，它又设立这些界限。作为生殖之父的阴茎，与母体的子宫是对称的；男人来自女人肚子里受到供养的胚胎，本身又是胚胎的承载者，通过这一给予生命的种子，他自己的生命否认自身。黑格尔说："孩子的出生，是父母的死亡。"射精是死亡的许诺，它确定了物种，与个体对立；性器官的存在及其主动性否定了主体引以为荣的特殊性。这样用生命否定精神，使性器官成为耻辱的对象。男人在把男性生殖器看做超越性和主动性，看做将他者变为己有的方式的情况下，颂扬男性生殖器；而当他在其中只看到一个被动的肉体，因为这肉体，他成为生命看不见的力量的玩偶时，他又对生殖器感到羞耻。这种羞耻会隐藏在讽刺中。他人的性器官很容易引起笑声；由于阴茎勃起模仿一种自然的动作，却并非自愿，所以常常显得可笑；生殖器官一旦显露，一旦提及，就引起快乐。马林诺夫斯基叙述，在和他一起生活的野蛮人中，只要一说出这些“可耻部分”的名字，就会引起抑制不住的笑声；许多粗俗的玩笑，都仅仅是些基本的文字游戏。在有些原始人中，在给园子锄草的日子里，女人有权残暴地侵害任何一个冒冒失失闯进村子的外来人；她们往往群起而攻之，把他打得半死：部落的男人嘲笑这种业绩；经过这种侵害，受害者成为被动的依附性的肉体；他被女人占有了，而且通过她们，被她们的丈夫占有了；而在正常的性交中，男人却想确立自己为占有者。

正是在这时，他将最为明显地体会到他的肉体处境的两重性。只有在他的性行为成为将他者据为己有的方式，他才能骄傲地承担它，而这个占有的梦想只会导致失败。在真正占有时，他者作为他者消失了，被消耗和被毁灭了：只有《一千零一夜》中的苏丹才有权在黎明把他的妃子从他的床上拉走，砍下她们的头颅；女人在与男人的交欢以后活下来，甚至由此而摆脱他；一旦他松开双臂，他的猎物便又与他格格不入；她变得崭新、原封不动、随时准备让一个新情人以同样短暂的方式占有。男性的梦想之一是给女人“打上烙印”，使她永远属于自己；但最狂妄的人也知道，最后只剩回忆，最热烈的意象同感受相比也显得冷冰冰。全部文学都揭示了这一失败。人们将这失败归因于女人，称她朝三暮四、水性杨花，因为她的身体使她注定属于一般意义上的男人，而不是属于一个特定的男人。她的背叛格外忘恩负义：是她把情人变成一个猎物。只有一个身体能够接触另一个身体；男人只有在自身变为肉体时，才能控制被觊觎的肉体；夏娃被献给亚当，是为了让他在她身上完成他的超越性，她却把他带到内在性的黑夜里；母亲为儿子创造了这黑暗的子宫，他却想逃避，情妇又在快感的昏眩中，在他周围重新封闭子宫不透明的黏壁。他想占有，却被占有。气味、潮湿、疲惫、无聊，全部文学描绘了成为肉体的意识的这种沮丧的激情。往往包含着厌恶的欲望，得到满足时，便又返回厌恶。“Post coïtum homo animal triste.”① “肉体是忧郁的。”然而，甚至在情人的怀里，男人也没有找到最终的平静。不久，欲望又在他身上产生了；往往这不是对一般女人的欲望，而是对这个特定女人的欲望。她于是具有特别令人不安的力量。因为在他自己的体内，男人感到性欲需要，就像一种与饥饿或者干渴类似、并无特定对象的一般需要：把他依附于这个特定女人的身体的联系，是由他者铸造的。这是一种神秘的联系，就像他的根基就在其中的、不纯洁的、生殖力强的腹部，这是一种被动的力量：它是有魔力的。在连载小说中，女人被描绘成巫婆、魔法师，她迷惑男人，用魔法蛊惑男人；这类小说的陈词滥调，反映了最古老的和最有普遍性的神话。女人注定懂魔法。阿兰② 说，魔法就是事物中拖曳着的精神；当一个行动不是来自原动力，而是来自被动性时，它就是有魔力的；准确地说，男人总是把女人看作既定的内在性；她收获庄稼和生育孩子，并不是通过她的意志产生的行为；她不是主体、超越性、创造力，而是载满流体的客体。在男人崇拜这种神秘性的社会里，女人由于这些品质，与崇拜相连，被尊

---

① 拉丁文，性交后人这种动物是忧郁的。

② Alain，原名 Emile-Auguste Chartier（1868—1951），法国哲学家、散文家，著有《闲话》《论幸福》等。

为女祭司；当男人为了让社会战胜自然，让理智战胜生命，让意志战胜惰性既定而斗争时，女人于是被看做女巫。大家知道区分祭司和巫师的不同：前者以所有成员的名义，为共同体的利益，与神灵和法律取得一致，控制和引导他所驾驭的力量；巫师在社会之外活动，按照自己的情感，违背神和法律。然而，女人没有完全融入男人的世界；作为他者，她与男人是对立的；很自然，她运用自身掌握的力量，不是为了让超越性的影响贯穿人类共同体而扩展到未来，而是由于被分开，被对立，要把男人带往分离的孤独和内在性的黑暗中。她是海妖，她的歌声引诱水手撞上暗礁；她是把自己的情人们变成牲畜的喀耳刻[①]，是吸引钓鱼者沉到池塘底部的水精。被她的魅力俘虏的男人再也没有意志，再也没有计划，再也没有未来；他不再是公民，而是受自己欲望奴役的肉体，他从共同体中被勾销了，关在一刹那中，被动地被快感的折磨束缚住；邪恶的女巫师以情欲对抗责任，以现时对抗时间的总体，她把旅行者留在远离家园的地方，她倾泻遗忘。在千方百计将他者据为己有的同时，男人必须仍然是他自己；在无法占有的失败中，他力图变成这个他无法与之结合的他者；于是他异化了，迷失了，喝下春药，变成异于自身的人，他沉没到致人死命的水流之底。母亲在给儿子生命的同时，又注定他死亡；恋女使情郎舍弃生命，投身于长眠。这种将爱情与死亡相结合的联系，在特里斯坦[②]的传说中得到动人的表现，但它具有更原始的真理。男人从肉体中生出，作为肉体在爱情中自我完成，而肉体是许诺给坟墓的。由此，证实了女人与死亡的联

① Circe，希腊神话中的女巫，精通魔法。奥德修斯的伙伴喝了她调制的魔酒而变成猪。

② Tristan，骑士诗中最动人的诗篇《特里斯坦和伊瑟》的主人公，他和王后因误喝魔药，产生永生不渝的爱情，终至酿成悲剧。

盟；巨大的收割机的形象与使麦穗生长的繁殖力的形象截然相反。可是它也显得像可怕的新嫁娘，她的骨架在骗人的柔软肉体中显现。[1]

因此，男人在作为情人或母亲的女人身上首先热爱和憎恨的东西，是她动物性的命运的凝固形象，是她的存在必不可少、却又注定她有限的和死亡的生命。从他出生那一日起，男人便开始迈向死亡：这是母亲体现的真理。在繁衍时，他便相对于物种确立自身：这是他在妻子的怀里学到的东西；在骚动和快感中，甚至在繁殖之前，他忘却了特殊的自我。虽然他想加以分辨，但他在这一个女人和另一个女人身上只找到一个显著的事实：她的肉体。他一面希望尊敬他的母亲，渴望他的情妇；一面在厌恶和恐惧中反抗她们。

有一篇含义丰富的文字，我们从中找到几乎所有神话的综合，这就是让-里夏尔·布洛克[2] 在《库尔德之夜》中描绘年轻的萨德同比他年长许多、但风韵犹存的一个女人在一座城市遭洗劫时的交欢：

> 黑夜抹去了事物和感受的轮廓。他不再抱紧女人，将她靠在自己身上。他终于到达从世界肇始以来无尽的旅行的目的地。他逐渐消失在无限中，这无限在他周围不停地、无形地摇摆着。所有女人融合在一个巨大的、自我封闭的、像欲望一样阴沉沉的、像夏天一样灼热的国度……他带着惶恐，赞赏地认出封闭在女人身上的力量、像缎子一样伸展的长

---

① 比如在普雷维尔编剧的芭蕾舞剧《约会》中，以及在科克托编剧的芭蕾舞剧《年轻人和死神》中，死神是以被爱少女的容貌出现的。——原注

② Jean-Richard Bloch（1884—1947），法国作家，著有《莱维》《公司》《库尔德之夜》等。

腿、像两座象牙山冈的膝盖。当他溯背脊光滑的轴心而上，经过腰，直到肩膀时，他觉得跑遍了支撑着世界的穹顶本身。而肚子使他不断想起一切生命产生和返回的有弹性和柔滑的海洋，它有着潮汐、天际、无边无际的表面，是隐居地中的隐居地。

这时，想戳破这美妙的外表，到它的美之源泉本身去的狂热抓住了他。一阵同时袭来的震荡使两人交缠在一起。女人只为了像土地一样裂开，为了向他露出她的内脏，为了充满意中人的情绪而存在。欢乐变成杀手。他们联合起来，像要向人捅一刀。

……他，孤立的人，被割裂的人，被分离的人，被肢解的人，即将从自己的本质中喷射而出，摆脱他肉体的牢狱，终于连同物质和灵魂，滚到宇宙的物质之中。至今还没有被人感受过的最高幸福属于他，这是超越创造物的界限，将主体和客体、问题和答案融化在同一赞颂中，将一切非存在物合并到存在之中，通过最后的痉挛达到不可达到的王国的幸福。

……琴弓的每一次来回，都在他掌握的宝贵乐器中唤醒越来越尖厉的颤栗。突然，最后一次痉挛使萨德脱离天穹，把他扔向地面和烂泥。

女人的欲望并没有得到满足，她把她的情人夹在大腿间，他不由自主地感到欲望再生：于是，他觉得她像一种敌对的力量夺走他的男性生殖力，他一面重新占有她，一面深深地咬她的喉咙，把她杀死。这样，从母亲到情妇，到死亡，通过复杂的迂回曲折的周期循环又回到了原点。

根据男人强调肉欲这出戏剧的这一方面或那一方面，他有许多可以采取的态度。如果一个男人没有想到生命只有一次，如果他并不担忧他的特殊命运，如果他不怕死，他就会愉快地接受他的动物性。在穆斯林那里，由于社会的封建结构不允许求助于国家以反对家庭，由于宗教表达了这种文明的武士理想，直接将男人从属于死神，剥夺了女人的魔力，女人便被降到屈辱的状态：那个分分秒秒准备沉浸在穆罕默德的天堂飨宴中的男人，在人间有什么可恐惧的呢？于是男人可以安心地享用女人，用不着反对自身，也用不着反对女人。《一千零一夜》的故事把女人看做跟水果、果酱、华美的蛋糕、香油一样的甜蜜欢乐的源泉。今天，在许多地中海沿岸的民族中，还可以找到这种追求感官享乐的态度：满足于一时，不追求不朽，南欧的男人透过天空和海洋的光辉，把握大自然奢华的一面，喜欢女人不厌其多；在传统上，他蔑视女人，不把她们当做人：在喜欢女人身体与喜欢沙和水之间不做大的区别；在她们身上和在他自己身上，他都感受不到对肉体的恐惧。在《西西里的谈话》中，维多里尼带着平静的赞赏态度说是在七岁时发现了女人的裸体。希腊和罗马的理性思维证实了这种本能的态度。希腊的乐观主义哲学超越了毕达哥拉斯的善恶二元论；低等服从于高级，这样的观念对他是有用的：这种和谐的意识形态对肉体不表示任何敌意。个体转向概念的天空，或者转向城邦或国家，像Νοῦς[①]一样思索，或者作为公民以为克服了自身的动物状态：不管他沉湎于肉欲，还是奉行禁欲主义，女人即使稳固地融入男性社会也只有次要的地位。当然，理性主义从来都没有取得完全胜利，肉欲体验在这些文明中保留双重性：礼仪、神话、文学即是明证。但女性的吸引力和危险却只以弱化的形式表现在其中。正是基督教使女人重新具有令人畏惧的威信：对另一性别的恐惧，在男人看来，是痛苦的意

① 希腊文，精神。

识被撕裂的表现。基督徒同自身分裂开来；肉体和灵魂、生命和精神彼此分离：原罪使身体变成灵魂的敌人；凡是肉体的爱慕都显得邪恶[①]。人通过基督的赎罪，转向天堂，才能得救；但从本原来说，人却是腐朽的；他的出生使他不仅注定死亡，而且注定罚入地狱；正是因为神的恩宠，天堂才会向他开放，可是，在他的自然存在的各种变化中，有着一种诅咒。恶是绝对的现实；肉体是罪恶。当然，既然女人一直是他者，人们就不会认为男性和女性彼此互为肉体：对于基督徒来说，肉体是怀有敌意的他者，就是女人。尘世、性和魔鬼的诱惑就体现在她身上。所有的教父都强调她引导亚当犯罪的事实。必须重新举出德尔图良的话："女人！你是魔鬼之门。你说服连魔鬼都不敢正面攻击的那个人。正是由于你，天主之子不得不死。你应该永远穿上丧服和破衣烂衫，然后滚开。"整个基督教文学都竭力夸大男人对女人感到的厌恶。德尔图良把女人定义为 Templum aedificatum super cloacam[②]。圣奥古斯丁厌恶地强调性器官和排泄器官的混合：Inter fœces et urinam nascimur[③]。基督教对女人身体的厌恶发展到同意给天主屈辱性的死，而让他免去出生的玷污：东仪天主教会的以弗所会议，西方的拉特兰会议[④]都断定基督是处女怀孕孕育的。最初的几位教父——奥利金、德尔图良、哲罗姆——都认为马利亚像其他女人一样，是在血与污秽中分娩的；不过，是圣安布罗斯和圣奥古斯丁的见解占了上风。圣母的

① 直至十二世纪末，神学家们——除了圣安塞姆以外——都根据圣奥古斯丁的理论，认为原罪与生育的法则本身相连。圣奥古斯丁写道："贪欲是一种恶习……人的肉体通过它而出生，是罪恶的肉体。"托马斯·阿奎那说："两性的结合自从原罪以来伴随着贪欲，又把原罪传给孩子。"——原注

② 拉丁文，建在下水道上的神庙。

③ 拉丁文，我们于屎尿之间出生。

④ 指基督教会主教及其他领导人讨论并解决教义、教会管理和其他问题的会议。以弗所会议于 431 年召开；拉特兰会议举行过多次（1123—1516）。

怀抱仍然是封闭的。自中世纪以来，拥有一个身体的事实，在女人身上被看做一个耻辱。甚至科学也长期被这种厌恶搞得止步不前。林奈[①] 在他对自然的论述中，将研究女人的生殖器官看做“可恶的”而搁置一边。法国医生德洛朗愤慨地寻思：“这种被称为男人的充满理性和判断的神圣动物，怎么会被女人的这些淫邪部位所吸引，这些部位被体液弄得污秽不堪，可耻地位于躯干的最下方。”今日，许多其他说法与基督教的说法相互影响；甚至基督教的说法也不止一个方面；例如，在清教徒的世界里，对肉体的仇视延续下来；例如反映在福克纳的《八月之光》[②] 中；主人公最初的性经验，在他身上引起可怕的精神震动。在所有文学作品中，经常可见表现一个年轻人在第一次性交后心理紊乱，直至呕吐；即使事实上这样的反应很罕见，反复描写这种情况却不是偶然的。特别是在清教主义所渗透的盎格鲁-撒克逊国家中，女人在大多数青少年和许多男人身上引起多少被承认的恐惧。这种恐惧在法国相当根深蒂固地存在着。米歇尔·莱里斯[③] 在《人的时代》中写道：“我经常倾向于把女性器官看做肮脏的东西，或者一个伤口，因此更吸引人，但本身具有危险，就像一切血淋淋的、分泌黏液的、传染疾病的东西。”关于花柳病的观念表达了这种恐惧；并非疾病使女人变得可怕；疾病显得可怕，因为它们来自女人；有人给我举出一些年轻人的例子，他们设想过度发生性关系足以产生淋病。人们也乐意相信，通过性交，男人失去体力、脑子的明晰，身体中的磷会耗尽，他的感觉会变迟钝。的确，手淫会产生同样的危

---

① Carl von Linné（1707—1778），瑞典植物学家、探险家，对物种进行分类。
② 福克纳的《八月之光》发表于1932年。
③ Michel Leiris（1901—1990），法国作家、人类学家，著有《基点》《人的时代》《杂凑》等。

险；甚至出于道德的理由，社会把手淫看作比正常的性行为更为有害。合法婚姻和生育的愿望防止肉欲带来的危害。但是我已经说过，他者被牵连到一切性行为中；他者最通常以女人的面貌出现。正是面对女人，男人最明显地感到自身肉体的被动性。女人是吸血鬼、食尸鬼、吃人妖、酒鬼；她的性器官贪婪地从男性性器官中吸取营养。有些精神分析学家企图给这些设想以科学根据：女人从性交中获得的全部乐趣，来自她象征性地给男人去势，将他的性器官据为己有。似乎这些理论本身就需要进行精神分析，杜撰这些理论的医生在其中投射了祖先的恐惧。①

这些恐惧的根源来自这一点：他性越过一切合并，存在于他者中。在父权制社会里，女人保留了许多在原始社会中拥有的令人不安的品质。因此，人们从不把她交给自然，用禁忌围绕她，给她行洁身礼，把她置于祭司的控制下；人们教导男人绝对不要在她处于原始的裸体状态时接近她，而是要通过使她摆脱大地、摆脱肉体、变成人这种造物的仪式和圣事来接近她：这时，她拥有的魔力就被疏导了，正如在发明了避雷针和电站以后，雷电被消解一样。甚至可以利用她来为集体利益服务：这里可以看到这种标志男女关系特征的钟摆运动的另一个阶段。他爱她是以她属于他为前提的，他对她感到恐惧是因为她仍然是他者；但正由于她是可怕的他者，他竭力让她更进一步属于他：这一点导致他把她提高到一个人的尊严地位，承认她是他的同类。

在父权制家庭中，女人的魔力被深深地驯化。女人让社会把宇宙的力量融入她的体内。杜梅齐尔在他的作品《密多罗—伐楼拿》

① 我们在前文已说明雌螳螂的神话并不具有生物学依据。——原注

中指出，在印度和罗马，男性权力有两种方式确立自身：在伐楼拿和罗慕路斯[①] 身上，在乾闼婆和卢波库斯[②] 身上，它是袭击、劫持、混乱、僭妄；这时女人作为必须被抢走、被施以强暴的人出现；被抢走的萨宾女人如果不生育，人们便用山羊皮带抽打她们，用暴力来补偿过度的暴力。相反，密多罗、努马·庞皮利马斯、婆罗门和古罗马祭司却保证城邦的秩序和理性的平衡：女人通过仪式复杂的婚姻与丈夫联结在一起，她同他合作，为他保证掌握自然中一切雌性力量；在罗马，如果朱庇特的祭司的妻子去世，他就辞去他的职责。在埃及，伊希斯就是这样失去她母亲—女神的最高权力，但仍然是宽宏的、微笑的、仁慈的和明智的，是俄赛里斯出色的妻子。当女人这样作为男人的合作者、他的补充、他的另一半出现时，她就必然拥有一种意识、一个灵魂；否则他不会如此亲密地依附于一个不具备人的本质的人。我们已经看到，《摩奴法典》允许合法妻子与丈夫一样升入天堂。男人越是个体化并且要求他的个体性，他就越在自己的妻子身上认识到这是一个个体，她有自由。对自己命运无忧无虑的东方人，满足于只把女人作为享乐对象；但是，西方人一旦提升至意识到他的存在的特殊性，他的梦想便是被一种外来的、驯顺的自由承认。希腊人在闺房的女俘中，找不到他所要求的同类：因此，他把爱情转移到男性同伴身上，他们的肉体像他的一样，潜藏着一种意识和一种自由，或者他把爱情献给高等妓女，她们的独立、学养和精神几乎与他并驾齐驱。当情况允许的时候，妻子能最好地满足男人的要求。罗马公民在主妇身上看到的是一个人：在科涅利亚、阿里亚身上，他占有的是他的分身。奇特

① Romulus，传说中罗马的创建者和第一位国王。
② Gandharva，印度教的神，司音乐；Lupercus，古罗马的畜牧神。

的是，基督教在某个方面要求男女平等。它憎恶她身上的肉体；如果她否定自己的肉体，她就同男性一样是天主的创造物，被救世主赎回：她便排列在男性旁边，位于将会获得天堂快乐的灵魂中间。男女都是天主的仆从，几乎同天使一样没有性别，并得到天恩的帮助，一同推拒尘世的诱惑。如果女人同意否定自身的动物性，由于她曾代表了罪恶，她也是战胜了罪恶的选民获得胜利的光辉化身。[①] 当然，为人类赎罪的神圣救世主是男性；人类必须为自身的得救合作，女人正是在最令人羞耻、最邪恶的形象中，受到召唤，表现其顺从的良好意愿。基督是天主；但正是圣母，一个女人，统治着全人类。只有在社会边缘发展起来的教派，才在女人身上复活伟大女神的古代特权。教会表达的是父权制文明，并为之效劳，在这种文明中，女人最好能附属于男人。她让自己成为他恭顺的女仆，也就成为一个受祝福的圣女。因此，在中世纪盛期，耸立着对男人有利的最完美的女人形象：被荣耀围绕的基督母亲的脸。她是女罪人夏娃的相反形象；她把蛇踩死在脚下；她是得救的中介，就像夏娃是下地狱的中介一样。

女人作为母亲是可怕的；必须在怀孕中使她变形和屈服。马利亚的童贞特别有一种否定的价值：通过她，肉体被赎回，而她是没有肉欲的；她没有被碰触过，也没有被占有过。对于亚洲的大母神，人们也不承认她有丈夫：她孕育了世界，孤独地统治它；她可以出于任性而有贪欲，但在她身上，母亲的伟大没有被强加于妻子的屈从所降低。因此，马利亚没有经历性欲带来的玷污。她同女战士密涅瓦有亲缘关系，是象牙塔、城堡、不可攻克的塔楼。古代的女祭司像大部分基督教圣女一样，也是处女。献身于善的女人，应

① 例如，她在克洛岱尔作品中的特殊位置由此而来，参阅第三部第二章第三节。——原注

该在她体力完整无损的光辉中将自身奉献出去；她必须在未被征服的完整中保持女性的本原。人们拒绝马利亚的妻子身份，是因为要更纯粹地在她身上赞美女人—母亲。她仅仅是接受了给她指定的从属作用，才受到赞美。“我是主的使女。”在人类历史上是第一次母亲跪在儿子面前；她坦率地承认自己的低下。这里，男性最崇高的胜利在对马利亚的崇拜中实现了：用失败结局来为女人恢复名誉。伊什塔尔、阿斯塔特、库柏勒是残忍的、任性的、淫荡的；她们是强大的；既是死的源泉，又是生的源泉，她们生下男人，让他们成为自己的奴隶。在基督教中，生与死是只属于天主的事，从母体出生的男人永远摆脱了母体，大地只等待他的尸骨；他的灵魂的命运不在母亲的权力所及范围内；洗礼圣事使烧掉胎盘或者扔到水里的仪式变得可笑了。在人间再也没有魔法的位置：天主是唯一的王。人性本恶，但面对天恩，人性无能为力。怀孕作为自然现象，不赋予女人任何权力。因此，如果女人想克服身上的原罪污点，她只能在天主面前俯首听命，天主的意志要她服从男人。通过这种服从，她可以在男性的神话体系中扮演一个新角色。当她想成为统治者，而且只要她尚未明确让位时，她被打败，让人踩在脚下，却可以作为臣民受到尊重。她没有失去任何原始属性，但这些属性改变了标志，它们从不祥的变成吉祥的；妖术变成神术。作为女仆，女人有权获得最辉煌的荣誉。

既然她是作为*母亲*受到奴役，她首先作为母亲受到敬爱和尊重。在母性的两种古代面孔中，今日的男人只愿意承认含笑的面孔。男人局限在时间和空间中，只有一个身体和一次有限的生命，在外于自身的*自然*和*历史*的怀抱里只是一个个体。女人像他一样是有限的，因为精神驻留在她身上而与他是同类，她属于*自然*，被生命的无限流水穿越而过；因此，她显得像是个体和宇宙的中介，当母亲的形象变得令人放心和圣洁时，男人自然而然怀着爱转向她。他迷失在自然中时竭力要摆脱自然，可是一旦与自然分离，他又希望回到自然。母亲稳固地处在家庭和社会中，与法律和风俗和谐一致，她是善的化身：她参与自然，使之变得美好；她不再是精神的敌人；如果她仍然是神秘的，那么这是一种带着微笑的神秘，就像达·芬奇笔下圣母的神秘微笑。男人不愿成为女人，但是他梦想身上包含一切、因此也包含与他有别的这个女人：在他对自己母亲的崇拜中，他想把外在于他的财富据为己有。承认自己是母亲的儿子，就是在他身上承认母亲，就是将女性与大地、生命、过去相融合并将其归入自身。在维多里尼的《西西里的谈话》中，主人公在他母亲身边寻找的就是故乡的土地、它的气息和果实、他的童年、对他的祖先的回忆、传统、他的个人生活已经脱离的根。这种扎根本身在男人身上激发超越的骄傲；他高兴地赞赏自己挣脱母亲的怀抱，出发去寻找冒险、开拓未来，去打仗；如果没有人企图挽留他，他的出发就不会这样激动人心：它就会显得像一次偶然事件，而不是艰难获得的胜利。他也很高兴地知道母亲的怀抱仍然准备迎接他。在行动的紧张过后，主人公喜爱重新在母亲身边品味内在性的休息：母亲是庇护所，是睡眠；通过她的手，他重新沉浸在自然的怀抱里，他让自己被生命的大河载着走，像在子宫里一样平静，像在坟墓里一样平静。如果传统要求他死时呼唤母亲，这是因为在母亲的目光下，甚至与出生相对称、不可分割地与整个肉体生活相连的死亡也被驯服了。母亲仍然像命运女神帕耳开的古代神话中那样，与死亡相连；埋葬和哭丧都属于她来管。她的作用正是将死与生命、社会、善融合在一起。因此，对“英雄母亲”的崇拜一贯受到鼓励：如果社会得到母亲们的同意，让儿子去赴难，它就自认为有权利把他们杀死。由于母亲对儿子有影响，拉拢母亲对社会是有利的：因此，母亲受到那么多尊敬的包围，人们赋予她各种美德，为她创造一种宗教，禁止回避它，否则就是渎圣、渎神；人们把她当成道德的守护人；她作为男人的仆人和权力的仆人，慢慢地引导她的孩子们走上规划好的路。一个群体越是坚决地主张乐观，它就越顺从地接受这温柔的权威，母亲就越是变得美好。美国人的"Mom"①变成一种偶像，菲利普·怀利在《蝮蛇的一代》中作了描绘，因为美国的官方意识形态是最固执的乐观主义。颂扬母亲，就是接受在动物和社会两种形式下的出生、生命和死亡，就是宣布自然与社会的和谐。正是因为梦想完成这种结合，奥古斯特·孔德把女人变成未来人类的神。但是也正是因此，一切反叛者都激烈地指责母亲的形象：他们嘲笑母亲，拒绝人们通过这一风俗和法律的守护者强加给他们的既定。②

---

① 英文，妈妈。

② 这里必须援引米歇尔·莱里斯题为《母亲》的整首诗。下文是几段有特点的摘录：

黑色的、淡紫色的、紫色的母亲——窃取黑夜的女贼——是拥有隐蔽的职业的女巫生下了你，摇晃你、疼爱你、给你入殓，当她还没有蜷着身体把最后的玩具交到你手里，而你把它温柔地放进棺材中。……

母亲——眇目的塑像，矗立在完好的殿堂中央的命运女神——这是抚摸你的大自然，熏香你的风，整个儿进入你身体、让你升到天堂（托你到多重圈之上）、使你腐朽的世界。……

母亲——不管是年轻还是年老，漂亮还是丑陋，宽宏还是固执——就是讽刺画像、爱嫉妒的女魔、失败的原型——如果观念（栖居在严格的大写字母的三脚支架上憔悴的女预言者）真的只是活泼的、轻巧的、闪烁的思想的戏仿……

母亲——不论她的臀部浑圆还是干瘪，她的乳房抖动还是坚硬——从一开始一切女人注定的衰微，就是月经来潮之下闪光的岩石逐渐变成碎末，就是一长列满载华美货物的沙漠商队缓慢地隐没在年深月久的大漠沙子下面。

母亲——窥伺的死亡天使，紧抱的宇宙天使，由时间的浪潮抛掷爱的天使——就是有荒诞图案的贝壳（肯定有毒的标志）为被遗忘的水塘产生一圈圈涟漪，它要投向深深的承水盆。

母亲——永远为一切、为我们穿丧服的幽暗水坑——就是呈现虹彩、正在消失的、冒气的恶臭，一个接一个气泡，鼓起兽性的大阴影（它羞于自身的肉体和乳汁），一个还在酝酿之中的雷霆要撕碎的绷紧的风帆……

这些无辜的婊子是否想过为了赎补将我们生下来的罪过而赤脚在时间中慢行？——原注

母亲被赋予的尊敬的光轮和包围着她的禁忌，压抑住敌对的厌恶，这种厌恶自发地与她激发的肉欲的温柔混合起来。但在潜伏的形式下，对怀孕的恐惧残留下来。特别有趣的是，需要指出在法国，自从中世纪以来，人们创造了一个次要神话，它让这些厌恶自由地表达出来：这就是岳母（后母）[①]的神话。从韵文故事诗到滑稽剧，男人通过嘲弄不受任何禁忌保护的岳母，嘲弄的是普遍意义的生育。他仇恨自己所爱的妻子被生出来：岳母是衰老的明显形象，她生出了女儿，同时让女儿衰老，她的肥胖，她的皱纹，预示了年轻的新嫁娘也要变胖起皱，她的未来就这样不妙地被预示出来了；在自己母亲旁边，她不再是一个个体，而是一个物种的这一刻；她不再是被追逐的猎物、受宠爱的妻子，因为她的特殊存在消解在普遍生命之中。她的特殊性被普遍性嘲弄地否定了，精神的自主因它扎根于过去和肉体之中而被否定了：男人是在一个滑稽人物身上把这种嘲弄具体化的；但在他的嘲笑中有如许的怨恨，这是因为他很清楚，他妻子的命运就是全人类的命运：这是他的命运。在所有国家中，传说和故事也在续弦身上体现母性的残酷一面。是后母竭力要让白雪公主死掉。在恶毒的后母身上——在德·塞居尔夫人[②]的书中，菲希尼太太鞭打索菲——戴着骷髅项链的古代的迦利延续下来了。

然而，在神圣化的母亲背后，聚集着一群女性白魔法师，她们用草药汁和星星的闪光为男人效劳：祖母、目光慈祥的老妇人、好心肠的女仆、修女、妙手回春的女护士、像魏尔伦[③]所梦想的

---

① belle - mère，法文中岳母和后母为同一词。

② Madame de Ségur（1799—1874），法国女作家，著有《一头驴子的回忆录》《索菲的不幸》《典范的小姑娘》等。

③ Paul Verlaine（1844—1896），法国诗人，象征派先驱，注重诗歌的音乐性，著有《忧郁诗章》《佳节集》《美好的歌》《无言的情歌》《智慧集》等。

恋女：

> 她温柔、爱遐想、褐发、从不惊奇，
> 有时吻你的额头，像一个孩子。

人们赋予她们有虬结的葡萄藤和清凉的水那样明晰的神秘；她们给伤口包扎和治愈病患；她们的智慧是生命的沉静的智慧，她们不用你开口，善解人意。男人在她们身边忘却了一切骄傲；他体验到沉醉和重新变成孩子的柔情，因为从他到她，不用争夺任何威信：他不会羡慕自然的非人品质；这些在行的聪明人忠心耿耿，照料他，自认为是他的女仆；他折服于她们仁爱的魅力，因为他知道，他虽然顺从，仍然是她们的主人。姐妹们、童年的女友、纯洁的少女们，所有未来的母亲都属于这群受到祝福的人。甚至妻子，当她的肉体魅力消失了的时候，对于许多男人来说，她不像一个情人，而更像他们的孩子的母亲。从母亲受到敬重和奴役之日起，可以毫无恐惧地在妻子身上重新找到她，她也受到敬重和奴役。赎回母亲，就是赎回肉体，因此，是赎回肉体结合和妻子。

“贤妻”被结婚仪式剥夺了魔法武器，在经济上和社会上从属于她的丈夫，对男人来说，这是最宝贵的财富。她是这样完全属于他，以至同他具有一样的本质：“你盖尤斯在哪儿，我盖亚就在哪儿”；她用他的姓氏，信奉他的神，他为她负责：他把她称为自己的另一半。他为自己的妻子，正像为他的房子、他的土地、他的畜群、他的财产一样感到骄傲，有时更有甚者；正是通过她，在世人眼里，他表现出自己的力量：她是他的尺度，他在人间的份额。在东方人那里，妻子要使自己肥胖：人们看到她吃得好睡得好，使她的主人脸上有光。[1] 一个穆斯林拥有的妻子越多，她们看来身体越健康，他就越受到尊敬。在资产阶级社会，女人的作用之一，就是炫耀自己：她的美丽、她的魅力、她的聪明、她的优雅，是丈夫财产的外在标志，同他的小轿车的车身具有同等价值。他要是富有，就让她一身绫罗绸缎、珠光宝气。他要是穷一点，就夸耀她的道德品质和持家才能；哪怕他没有财产，要是有一个伺候他的妻子，便认为在人间拥有某样东西：《驯悍记》[2] 的男主人公召集所有的邻居，向他们显示他善于以淫威制服他的妻子。凡是男人都多少重现康道里斯[3]：他炫耀自己的妻子，因为他认为这样是展示自己的价值。

女人不仅取悦男人的社会虚荣心；她也使他感到更隐秘的骄傲；他沉醉于对她的控制；当女人被看成一个人的时候，在犁刀划破田沟的自然界形象之上，重叠着更为精神性的象征；丈夫不仅是在性爱意义上的，而且在精神上和智力上"塑造"他的妻子；他教育她，给她留下标记，给她打下他的烙印。男人喜爱的梦想之一，是用他的意志浸润事物，塑造事物的形式，渗透事物的实质：女人尤其是"软面团"，被动地让人揉捏和塑造，她一面让步，一面抵抗，这就使得男性的行动延续下去。可塑性过高的物质，因其柔顺而自行消亡；女人身上宝贵之处，是有样东西没完没了地逃脱一切约束；因此，男人主宰的是这样一个实体，尤其因为它要越出他的范围，它就更值得控制。她在他身上唤醒一个未知的存在，他骄傲地承认这是自身；在夫妻适度的狂欢中，他发现自己动物性的光彩：他是雄性；女人相应地是雌性，但此时，这个词具有最悦耳的

① 参阅本章第 223 页注。——原注

② *The Taming of the Shrew*，莎士比亚的剧本。

③ Candaules（前 735—前 708），吕底亚的国王，传说他的虚荣心发展到让宠臣躲起来偷看王后沐浴，赞赏她的美。

声音：雌性孕育、喂奶、舔幼兽、保护它们、冒着生命危险去救它们，对人类来说这是一个典范：男人动情地要求他的妻子有这种耐心、这种忠诚；家长想关在家里的仍然是自然，但它必须包含一切对社会、对家庭、对家长有利的品德。孩子和男人共有的愿望之一，就是揭露隐藏在事物内部的秘密；从这个观点出发，物质是靠不住的：一个肚子洞穿的布娃娃，它的肚子露在外面，它再没有内在；活生生的内心更加不可洞悉；女人的肚子是内在性和深处的象征；它部分透露自身的秘密，例如，是在女人的面孔显出快感的时候；但它也保留这些秘密；男人把生命隐秘的颤动引入家里，这占有却毁掉其秘密。在人类世界中，女人转换了雌性动物的职能：她维持生命，她控制内在性的区域；她将子宫的热力和亲近转到家庭中；是她保留和激发积淀往昔和预示未来之处；她生下未来的一代，养儿育女；靠了她，男人在工作和行动中所消耗的存在，又汇集起来，同时重新投入她的内在性中：当晚上他回到家里的时候，他便抛锚上岸；通过妻子，日子的延续得到保证；不管他在外面的世界遇到多少意外的事，她总是保证有饭吃，有觉睡；她修补因活动而毁坏或者损耗的一切：她为疲乏的劳动者准备食物，如果他病了，她照顾他，她缝补、洗涮。在她建立和延续的夫妇世界中，她引进整个广阔的世界：她点燃炉火，在家里摆上花，驯服来自太阳、水和大地的气息。倍倍尔引用的一个资产阶级作家，这样严肃地概括这个理想："男人想要这样一个人，不仅她的心为他而跳动，而且她的手为他的额头擦汗，他希望每天回家时都看到和平、秩序、平静、沉静的权威笼罩在他身上和事物上面；他想要这样一个人，把女人难以名状的香气，也就是家庭生活朝气蓬勃的热力散布到一切事物之上。"

人们看到，自从基督教出现以来，女人的形象精神化了；男人希望通过她把握的美丽、热烈、亲密，不再是可感知的品质；她不但没有概括事物美妙的外表，反而变成它们的灵魂；比肉体的神秘更加深邃，她的心中有一种隐秘的、纯粹的在场，世界的真相反映在其中。她是住宅、家庭、家园的灵魂。她也是更广泛的群体的灵魂：城市、省份或国家。荣格指出，由于城邦内部包容着公民，所以总是被比做母亲：因此，库柏勒戴着塔楼的冠冕出现；出于同样的理由，人们说“祖国母亲”；这不仅是抚育人的土地，这也是因为更微妙的实在性在女人身上找到象征。在《旧约》和《启示录》中，耶路撒冷、巴比伦不仅是母亲：它们也是妻子。存在处女城市和像巴比伦和推罗[①]这样的妓女城市。人们也将法国称为教会的“长女”；法国和意大利是拉丁语系的姐妹。女人的职能并没有规定，而仅仅代表法国、罗马、日耳曼，协和广场上代表斯特拉斯堡和里昂的雕像是女性。这种等同不仅是象征性的：实际上许多人深有同感。[②]旅行者常常向女人探询他游览的地方的关键：当他拥抱一个意大利女人、一个西班牙女人时，他仿佛掌握了意大利、西班牙的美妙本质。有个新闻记者说：“来到一个新城市时，我总是先去一个妓院。”如果一块桂皮巧克力能使纪德发现整个西班牙，那么一个异国人的亲吻更加会将一个国家连同它的植物、动物、传统、文化都给予情人。女人既不概括政治机构，也不概括经济财富，但是她同时体现肉体和神力。在拉马丁的《格拉齐耶拉》到洛

---

① Tyr，腓尼基的古城，建立在海岛上，在公元前十六世纪已经繁荣，公元前十二世纪成为东地中海的主要港口。

② 在克洛岱尔最近所写的一首可耻的诗中，这是讽喻的，他把印度支那称为“这个黄种女人”；在黑人诗人的诗中，相反，这种等同是有感情的：

祖先沉睡其中的黑色国家的灵魂
生活和说话
今天晚上
在不安的力量中沿着你凹下去的腰部。——原注

蒂和莫朗[1] 的小说中，外国人正是通过女人，力图将一个地区的灵魂据为己有。迷娘、西尔薇、米蕾依、高龙巴、嘉尔曼，揭示了意大利、瓦莱、普罗旺斯、科西嘉岛和安达卢西亚最内在的真实。歌德被腓特烈时代的阿尔萨斯女子爱上，在德国人看来是阿尔萨斯并入德国的象征；反过来，柯莱特·博多什拒绝嫁给一个德国人，在巴雷斯[2] 看来，是阿尔萨斯拒绝了德国。贝蕾尼丝这个小人物象征了艾格莫尔特[3] 和整个高雅而谨慎的文明；她也代表作家本人的敏锐。因为在作为自然、城市和宇宙的灵魂的女人身上，男人也看到了自身神秘的分身；男人的灵魂是一个女人普赛克[4] 。

普赛克在爱伦·坡[5] 的《尤娜路姆》中有着女性的特点："这里，有一次，经过一条巨大的柏树路，我同我的灵魂一起游荡——和我的灵魂普赛克一起在一条柏树路上……于是，我安抚普赛克，亲吻她……我说：温柔的姐妹，门上写着什么？"

而马拉美[6] 在同"一个灵魂或者我们的思想"（也就是出现在人的头脑中的神）的戏剧对话中，把它称为"一个如此美妙的不正常的太太（原文如此）"[7] 。

---

① Alfonse de Lamartine（1790—1869），法国浪漫派诗人，著有《沉思集》等，《格拉齐耶拉》是他后期的小说；Pierre Loti（1850—1923），法国小说家、海军军官，多以异国风情为题材，著有《冰岛渔夫》《菊子夫人》等；Paul Morand（1888—1976），法国作家、外交家，著有《被压迫的人》《塞尔的索菲·多罗泰长眠于此》等。

② Maurice Barrès（1862—1923），法国作家，著有"自我崇拜"三部曲和《民族毅力小说》《柯莱特·博多什》《受神灵启示的山冈》等。

③ Aigues-Mortes，法国南方近海村镇。

④ Psyche，希腊神话中人类灵魂的化身，以长着翅膀的少女形象出现。

⑤ Edgar Allan Poe（1809—1849），美国诗人、小说家，著有《黑猫》《红色死亡的假面舞会》《金甲虫》等。

⑥ Stéphane Mallarmé（1842—1898），法国诗人，诗歌象征派运动领袖，著有《海风》《牧神午后》等。

⑦ 见《剧院草图》。——原注

和谐的自我不同于一个梦
顺从而坚定的女人沉默之后
紧随着纯洁的行动！……
神秘的自我……

瓦莱里[①] 如此招呼她。基督教用不那么肉感的在场代替山林水泽女神和仙女，但不可触摸的女性气质仍然缠绕家庭、风景、城市和个体本身。

这个埋没在黑夜中的真相也在天空中发出光芒；灵魂既是完美的内在性，同时是超越性、概念。不仅城市和国家，而且实体、抽象的制度也具有女性特点：教堂、犹太教堂、共和国、人类都是女人，和平、战争、自由、革命、胜利也是女人。[②] 男人面对自身作为本质的他者确立的理想，他使之女性化，因为女人是他性的可感知的形象；因此，在寓言和画集中，所有的比喻都是女人。[③] 女人作为灵魂和概念，也是两者的中介：她是引导基督徒走向天主的天恩，她是引导但丁游天国的贝雅特里齐，是召唤彼特拉克[④] 走向诗歌最高峰的劳拉。在一切把自然与精神等同的理论中，她是以和谐、理性、真理的身份出现的。诺斯替派[⑤] 将智慧变成一个女人：索菲；他们把世人的得救，甚至世界的创造都归功于她。于是，女

① Paul Valéry（1871—1945），法国象征派诗人，著有《年轻的命运女神》《海滨墓园》《幻美集》等。
② 这些名词在法文中都是阴性。
③ 语文学在这个问题上不如说是神秘的；所有的语言学家一致认为，各个具体词语的阴阳性分类纯粹是偶然的。但在法文中，大多数实体都是阴性：美、忠诚，等等。在德文中，大多数外来词、他者是阴性：酒吧，等等。——原注
④ Francesco Petrarch（1304—1374），意大利诗人，以十四行诗闻名，著有《阿非利加》《歌集》等。劳拉是他诗歌中思慕的意中人。
⑤ Gnosticism，公元二世纪盛行于希腊-罗马世界的一种哲学和宗教运动，促使基督教制订正典、信经和主教制。

人不再是肉体，而是光荣的身体；人们不再想要占有她，而是在不可触摸的光辉中尊崇她；爱伦·坡笔下苍白的女尸像水、像风、像回忆一样是流动的；对骑士之爱、对女才子来说，以及在一切风流的传统中，女人不再是一个动物，而是一个飘逸的存在，一股气息，一注光芒。正因此，女性之夜的朦胧变为透明，黑暗变为纯洁，就像在诺瓦利斯[①]的这些篇章中：

> 夜晚的沉醉，美妙的睡眠，你朝我降落下来；景色缓缓地升起，在景色之上翱翔着我解脱的、再生的精神。文字变成一片云彩，透过云彩，我瞥见**意中人**改变的面容。
>
> 对你来说，幽暗的夜，我们令你愉快吗？……一种珍贵的香膏从你的手中流出，一注光芒从你的花束中落下。你留住灵魂沉甸甸的翅膀。一股隐晦的、难以名状的激动攫住我们：我看到一个严肃的、又快乐又恐惧的面孔温柔地、沉思默想地迎向我，我在这些束紧的发卷下认出**母亲**宝贵的青春……**黑夜**在我们心中张开的无限之眼，在我们看来它们比这些闪烁的星星更加美妙。

女人所起的向下的吸引力倒转过来了；她不再把男人引向地心，而是引向天空。

> **永恒的女性**
> 吸引我们向上。

---

① Novalis（1772—1801），德国浪漫派诗人，因未婚妻早逝著有《夜歌》等，夜在他笔下是神圣一体的象征。

歌德在《浮士德 · 悲剧第二部》的结尾这样宣称。

既然圣母马利亚是最完美的形象，是再生和献身于善的女人中最普遍受崇敬的一位，研究一下她是怎样通过文学和画集出现的，将会大有裨益。下面是中世纪虔诚的基督徒向圣母默念的连祷文的一段摘录：

> ……崇高的圣母，你是多产的**露水**、**快乐之泉**、**仁慈之渠**、平息我们的狂热的**活水之井**。
>
> 你是天主给孤儿喂奶的**乳房**……
>
> 你是一切善的**骨髓**、**面包心和核心**。
>
> 你是不使诡计、爱从不改变的**女人**……
>
> 你是牺牲**洗涤池**、治愈麻风病人的**药**、灵活的**物理学家**，在萨莱诺和蒙彼利埃[1] 无出其右……
>
> 你是妙手回春的**贵妇**，你那么美、那么白、那么长的手指治愈病人的鼻子、嘴巴，造出新的眼睛和新的耳朵。你平息狂热，使瘫痪的人重新活动起来，使懒惰的人振作起来，使死人复活。

在这些祈祷文中，可以看到上文所说的大部分女性特质。圣母是生殖力、露水、生命的源泉；很多形象把她安排在井、泉水、喷泉旁边；“生命之泉”的说法是流行最广的说法之一；她不是造物主，但她使土地肥沃，使埋藏在地底下的东西在阳光下喷发。她是事物外表下封闭着的深邃事实：核心、骨髓。因为她，欲望平息了：她献身给男人以满足他。凡是生命受到威胁的地方，她去拯救

---

[1] Salerno，意大利南部城市；Montpellier，法国南部城市，濒临地中海。

这生命，使它复原：她治愈人，使人强壮。因为生命来自天主，作为人和生命之间的中介，她也是人类和天主之间的代言人。德尔图良说“魔鬼之门”，但变形之后，她成了天堂之门；绘画给我们表现的是她向天堂打开一扇门或者一扇窗户；或者，在大地和天空之间竖起一架云梯。更明晰的是，她成了律师，在她的儿子身边，为人类的得救辩护：许多描绘末日审判的油画表现圣母敞开胸怀，以光荣的母性的名义，恳求基督。她把孩子放在大衣的皱褶中保护他们；她仁慈的爱紧随他们到海洋、战场，经历重重危险。她以仁慈的名义打动神的法庭：可以看到“掌管天平的圣母”微笑着使放上灵魂的秤盘向善的一边倾斜。

这个仁慈和温柔的角色，是一切归于女人的最重要的角色之一。女人即使融入社会，也灵活地越出界限，因为她具有生命潜伏着的宽宏。在男人想要实现的计划和自然的偶然性之间存在的距离，在某些情况下似乎是令人不安的；当女人过于驯顺，不会威胁男人的事业，只限于充实这事业和使它过于扎眼的方面变得灵活一些的时候，她就变成有用了。男性的神代表命运；在女神这一边，可以看到抽象的善良、任性的恩惠。基督教的天主有着正义的严厉；圣母有着仁慈的温柔。在人间，男人是法律、理性、必然性的保卫者；女人了解男人和他相信的必然性所固有的偶然性；在她的嘴唇上面绽开的神秘的讽刺和她灵活的宽宏大度由此而来。她在痛苦中生孩子，她照料男人的伤口，她给新生儿喂奶和埋葬死人；她从男人那里了解到一切侮辱他的骄傲和意志的东西。她一边在他面前屈膝，让肉体屈从于精神，一边坚守住精神的肉欲界限；她怀疑男人坚实的建筑的严肃性，她磨平这些建筑的棱角；她加进无偿的奢华和意想不到的妩媚；她对男人的魅力，来自这一事实：她能温柔地使他们虚心意识到他们真正的状况；这是她醒悟的、痛苦的、带讽刺意味的、多情的智慧之秘密所在。甚至轻佻、任性和无知在她身上也是迷人的品质，因为它们在世界之内和之外得到发展，而男人选择在这个世界中生活，但不愿感到被禁闭其中。面对确定的意义、按有用目的制造的工具，她彰显原封不动的事物的神秘；她让诗歌的气息掠过城市街道和耕作过的田野。诗歌要截取日常的散文之外存在的东西：女人是有巨大诗意的实体，因为男人在她身上投射了他决定不愿成为的一切。她象征着梦；对男人来说，梦是最内在又最外在的在场，是他不愿意要、不愿意做却又渴望和不能达到的东西；作为深邃的内在性和遥远的超越性的神秘他者，把自己的特点赋予他。正因此，奥蕾莉亚拜访梦中的奈瓦尔[①]，她以梦的形象赋予他整个世界。“她开始在明亮的阳光下长大，花园逐渐成形，花坛和树木变成她衣服的蔷薇花饰和齿形边饰；而她的脸和手臂把它们的轮廓印在天空紫红的云彩上。我目睹她随着变形而消失，因为她好像消失在自己的巨大形体之中。‘不要离我而去！’我喊道，‘因为大自然随着你而死去。’”

既然女人是男人诗歌活动的内容，那么女人就是他的缪斯：缪斯是女人。缪斯是造物主和他从中汲取的自然源泉之间的中介。男人正是通过其精神深深扎入自然中的女人，探测寂静和丰产黑夜的深渊。缪斯自身什么也没有创造；是变得聪明的西比尔驯顺地成为主人的女仆。即使在具体和实用的领域中她的建议也将会是有用的，男人想在不要他的同类援助的情况下达到他设想的目的，他往往讨厌另一个男人的意见；他设想女人以其他价值的名义，以他不想掌握的、超过他本能的、更直接与真实一致的智慧的名义

---

① Gérard de Nerval（1808—1855），法国诗人，擅长写梦，著有《奥蕾莉亚》《幻想集》等。

同他说话；这是埃吉里娅[1] 给予咨询者的“直觉”；他谦逊地询问她，就像询问繁星那样。这种“直觉”一直介入到事务或者政治中：阿斯帕西娅和德·曼特农夫人今日还从事这种兴旺发达的职业。[2]

男人乐意给女人的还有另外一种职能：她作为男人活动的目的和他们做决定的源泉，同时还是价值的尺度。她是一个有特权的法官。男人梦想有个他者不仅为了占有它，也是为了得到他者的肯定；他必须保持一种持续的紧张，才可能被同类的男人肯定：因此，他希望来自外界的注视给予他的生活、他的事业、他本人一种绝对价值。天主的注视是隐蔽的，陌生的，令人不安的：即使在信仰的时代，也只有几个神秘主义者为此而激动。这个神圣的角色，往往转到女人身上。她接近男人，由男人控制，不会提出与他格格不入的价值：由于她是他者，她仍然外在于男人的世界，因此能够客观地把握他。是她在每一次特殊的情况中揭示出勇气、力量和美的在场或缺乏，同时从外部确认它们的普遍价值。男人过于在意男人之间的合作关系和斗争关系，不能互相成为观察者：他们互不凝视。女人外在于他们的活动，不参与他们的比武和搏斗：她的整个处境使她注定扮演这个注视的角色。骑士是为他的贵妇在比武中搏斗；诗人力求得到的是女人的赞同。当拉斯蒂涅想征服巴黎的时候，他首先想到的是拥有女人，不完全是为了拥有她们的肉体，而更多的是为了享受只有她们才能够给一个男人创造的这种声誉。巴尔扎克把自己青年时期的经历投射到他的年轻主人公身上：他正是在年长的情妇身边开始成长的；女人不仅在《幽谷百合》中扮演教

---

① Egeria，古罗马宗教中的精灵，传说她是努马·庞皮利乌斯国王的妻子和顾问。
② 毫无疑问，她们确实表现了与男人完全一样的智力。——原注

育者的角色；在《情感教育》、司汤达的小说和其他许多教育小说中的女人也被赋予这个角色。我们已经看到，女人既是自然，又是反自然：像体现自然一样，她也体现了社会；在她身上概括了一个时代的文明、它的文化，就像在骑士诗歌中，在《十日谈》中，在《阿丝特蕾》中所看到的一样；她引领时尚，主持沙龙，引导和反映舆论。名声、光荣是女人。马拉美说："群众是女人。"在女人带领下，年轻男人初次进入"上流社会"和所谓"生活"这复杂的现实。她是英雄、冒险家、个人主义者追求的特殊目标之一。在古代，可以看到珀尔修斯救出安德洛墨达[①]，俄耳甫斯到地狱寻找欧律狄克[②]，特洛伊人战斗，是为了保住美丽的海伦。骑士传奇除了解救被俘的公主，不知道有别的骁勇。如果白马王子不唤醒睡美人，不赠予"驴皮"礼物，他会做什么呢？国王娶牧羊女的神话既取悦男人，也取悦女人。富有的男人需要赠送，否则他无用的财富就是抽象的：他面前必须有一个人可以赠送东西。灰姑娘的神话被菲利普·怀利在《蝮蛇的一代》中渲染了一番，尤其在繁荣的国家里十分流行；它在美国比在其他地方更有魅力，因为那里的男人对他们的财富更加不知道怎么办：他们一辈子致力于挣钱，如果不把钱献给一个女人，怎么来花掉呢？其中，奥尔逊·威尔斯[③]在《公民凯恩》中体现了这种虚假的豪爽的强权行为：正是为了确认自己的力量，凯恩选择用自己的赠予压垮一个默默无闻的歌女，把她作

---

① Perseus，希腊神话中的英雄，宙斯之子，他杀死海怪，救出埃塞俄比亚的国王之女安德洛墨达（Andromeda）。

② Orpheus，希腊神话中的歌手，欧律狄克（Eurydice）是他的妻子，被毒蛇咬死；他到地狱去，用音乐迷住冥王，冥王准欧律狄克复生，但要求他在引她返回阳间的路上不得回头看她，他未能做到，结果她仍被抓回阴间。

③ Orson Welles（1915—1985），美国电影导演，作品有《公民凯恩》《从上海来的女人》等。

为一个伟大的歌唱家强加给观众。我们还可以举出在法国有许多小型的公民凯恩。在另外一部电影《剃刀边缘》中，当主人公从印度回来时拥有高度智慧，他只用来做一件事，就是扶植一个妓女。显而易见，男人梦想成为赠予者、解放者、救世主，还是希望奴役女人；因为，为了唤醒睡美人，必须让她睡着；必须有吃人妖魔和恶龙，才会有被囚禁的公主。男人越是有兴味从事艰难的事业，他便越是乐于让女人独立。征服比解救和给予更为吸引人。西方一般男人的理想，是女人自由地忍受他的主宰，她不经过争论不会接受他的想法，但向他的理智让步，明智地抗拒他，最后让他说服。他的自尊心越是增强，他越是喜欢冒更大的危险：制服彭忒西勒亚[①]比娶一个俯首听命的灰姑娘更美。“武士喜欢危险和游戏，”尼采说，“因此，他喜欢女人，因为她们是最危险的游戏。”喜欢危险和游戏的男人，如果还想制服女人，会很高兴看到她变成女战士[②]：他心里所要求的是，这场斗争对他是一场游戏，而女人将自己的命运投进去；这是作为解放者或征服者的男人的真正胜利：因为女人自由地承认这是自己的命运。

因此，“有一个女人”的说法包含双重含义：对象和法官的职能没有分割。从女人被看做人的时候开始，只有在她同意的情况下才能征服她；必须战胜她。是睡美人的微笑使王子感到满足：被囚的公主王妃幸福和感激的眼泪证明了骑士的骁勇。反过来，她的注视没有男人注视抽象的严厉，它让人着迷。因此，英雄主义和诗意是引诱的方式，但女人让人诱惑，赞扬英雄主义和诗意。在强调个

---

① Penthesilea，希腊神话中亚马孙人的女王，美丽而勇敢，受到阿喀琉斯的赞美，一说被他杀死。

② 美国侦探小说——或者美式侦探小说——是一个引人注目的例子。比如，彼得·切尼的主人公总是与一个极其危险、除了他们别人都不能制服的女人交手：整部小说是一场决斗，她最后被康皮荣或者卡拉汉战胜，落入他的怀抱。——原注

体的人看来，她掌握一种更本质的特权：他认为她不是得到普遍承认的价值尺度，而是他的特殊价值和存在的揭示。一个男人是被他的同类根据他所做的事客观地、按一般尺度来评判的。但他的某些品质，特别是他维持生命必需的品质，只会让女人感兴趣；他要让她感到刚强有力、可爱、迷人、温柔、无情：如果他看重这些更隐秘的品质，那他对她有绝对需要；他通过她了解到成为另一个人的奇迹，这另一个人也是最深刻的自我。马尔罗[①]有一篇文字，出色地表达了个人主义者对所爱女人的期待。乔思忖："人们用耳朵听到别人的声音，用喉咙听到他自己的声音。是的。人们用喉咙也听到他的生命和别人的生命吗？……对别人来说，我是我做过的事……只有对梅来说，他不是他做过的事；只有对他来说，她完全不同于她的生平。爱情通过交欢，将两个人粘连在一起，抵抗孤独，她不是给男人带来帮助；这是给疯子、给无可比拟的胜过一切的魔鬼，凡是人都是为他自己，他在自己心里疼爱人。自从他的母亲去世，梅是唯一的这样一个人，对她而言，他不是乔·吉佐尔，而是最紧密的同谋者……男人不是我的同类，他们是观察我和评判我的人；我的同类是爱我而不注视我的人，他们爱我，胜过一切，爱我而对抗失势、庸俗、叛变，爱我而不是爱我做过的事或要做的事，他们将非常爱我，以至我将爱我自己，一直到包括自杀。"[②]使乔的态度变得人道和令人感动的是，它牵涉到相互性，他要求梅爱真正的他，而不是要奉承的好感。在许多男人身上，这个要求降格了：他们不要求准确的印象，而是在一双活泼的眼睛深处寻找充满赞叹和感激的神圣化形象。女人往往被比做水，主要因为她是如那

---

① André Malraux（1901—1976），法国作家、政治家，曾任法国文化部长，著有《征服者》《王家大道》《人的状况》《希望》《反回忆录》等。

② 见《人的状况》。——原注

喀索斯[①]一般的男性自我端详的镜子：他真诚地或者自欺地俯身向着她。无论如何，他要求她的是，在他身外成为他不能在自身把握的一切，因为生存者的内在只是虚无，为了达到自身，他必须投射到一个对象身上。对他来说，女人是最高的补偿，因为女人是在他可能占有其肉体的外在形式下出现的他自己的神化。当他把那个对他而言概括了世界、他强加自己的价值和法则的人紧抱在怀里时，他抱紧的是这个“无可比拟的魔鬼”本身。于是，他同这个他使之变成自身的他者结合时，他希望达到自身。女人作为财富、猎物、游戏、危险、缪斯、向导、法官、中介、镜子，成为他者，主体在其中自我超越，不受限制，他者反对主体，又不加以否定；她是他者，让人合并，但仍然始终是他者。因此，她对男人的快乐和他的胜利是这样必不可少，可以说，如果她不存在，男人也会把她创造出来。

他们已经创造出她。[②]可是没有男人的创造，女人也存在。因此，她既是他们梦想的体现，又是梦想的失败。没有一个女人的形象不马上产生相反的形象：她是生与死，自然与人造，光明与黑夜。在我们观察她的某些方面，由于非本质必然反转为本质，我们总是看到同样的波动。在圣母和贝雅特里齐的形象中，残存着夏娃和喀耳刻。

“通过女人，”克尔恺郭尔写道，“理想性进入生命，没有她，男人会成为什么？许多男人依仗某个少女成为天才……但他们之中没有一个人因为与之结婚的少女而成为天才……”

“女人正是在否定的关系中，使男人在追求理想时充满活

① Narcissus，希腊神话中的美少年，只爱水中自己的倒影。

② “男人创造了女人，用的究竟是什么？用他的神、他的理想的一根肋骨。”（尼采《偶像的黄昏》）——原注

力……同女人的否定关系能使我们变成无限……同女人的积极关系使男人从总体来看变得有限。”[1] 这就是说，当女人是一个概念时，她是必不可少的；而男人把自己的超越性投射到这概念中；但也是说，女人作为客观的、自为存在的、限于自身的实体是不祥的。克尔恺郭尔认为在拒绝娶他的未婚妻时，同女人建立了唯一有效的关系。他在这个意义上是对的：将女人确立为无限他者的神话，随即带来了它的反面。

因为她是虚假的无限，无真实性的理想，所以她是有限和平庸，同时是谎言。她就是这样出现在拉福格[2] 的作品中，他在自己的全部作品中表达了对欺骗的怨恨，他认为男人同女人一样应受谴责。奥菲莉亚、莎乐美[3] 事实上都只是“小女人”。哈姆雷特想：“奥菲莉亚之所以爱我，因为她得到的‘恩惠’，因为我在社会上和精神上都比她的女朋友们优越。掌灯时，她会对舒适安逸发出平庸的议论！”女人使男人遐想，她想的却是舒适、浓汤；人们和她谈论灵魂，而她只是一个身体。情人以为在追逐理想，其实却是自然的玩偶，自然利用所有这些神秘性为生育的目的服务。事实上，她代表日常生活；她是愚蠢、谨慎、平庸、无聊。这是一首题为《我们的小妻子》的诗歌所表达的意思：

……我掌握所有学校的技艺
我有适应一切趣味的心灵
请将我脸上的花朵一一采摘

---

① 见《酒的真理》。——原注
② Jules Laforgue（1860—1887），法国诗人，著有《悲歌集》《月亮圣母的模仿》等。
③ Salome（？ —约72），犹太人公主，希罗底的女儿，她为国王跳舞，代价是要将施洗约翰的头盛在银盘里。

请吮吸我的嘴，而不是我的声音
不要再进一步寻觅：
谁也看不清里面，甚至我自己。
我们的爱情有差异
为了让我向你伸出手来
你只消是天真的男子
我是永恒的女性！
我的目的在繁星里消失！
我就是伟大的伊希斯！
谁也没有撩起我的面纱
请只将我的绿洲留在记忆……

男人成功地奴役女人，但在这种情况下，占有她却失去了吸引力。女人的魔力融合到家庭和社会中，与其说变形，不如说消失了；她下降到女仆的地位，不再是不可制服的猎物，不再象征大自然的所有财宝。自从骑士之爱产生以来，婚姻扼杀爱情已是老生常谈。妻子受到太多的蔑视或者太多的尊敬，变得太过日常，不再是肉欲的对象。婚礼原本是用来保护男人，对抗女人的；女人变成男人的财产，但我们拥有的一切却反过来拥有我们；婚姻对男人来说也是一种奴役；这时，他落在自然设下的陷阱里：为了追求一个艳若桃李的少女，男人一辈子要供养一个臃肿的主妇、一个干枯的老妪；用来美化他的存在的精细首饰，变成可恶的累赘：克桑蒂佩是这类女性典型之一，男人提起她总是谈虎色变。[①] 甚至在女人年轻时，婚姻中也有欺骗，因为要将性爱社会化，只有扼杀性爱。性爱

① 可以看到，在希腊和中世纪，这是许多诉苦的题材。——原注

要求瞬间，反对时间，要求个体，反对群体；它肯定分离，反对沟通；它反叛一切规章；它包含敌视社会的准则。风俗从来不屈服于制度和法律的严厉：爱情在任何时代都与它们相悖。在希腊和罗马，它以肉欲的形象向年轻人或妓女说话；骑士之爱既是肉欲的又是柏拉图式的精神恋爱，总是献给另外一个男人的妻子。特里斯坦的故事是描写通奸的史诗。一九〇〇年左右重新创造女人神话的时代，是通奸变成整个文学的题材的时代。有些作家，例如伯恩斯坦[①]，他们不遗余力地为资产阶级制度辩护，竭力将肉欲和爱情重新融入婚姻中，但波托-里什[②] 在《恋女》中指出这两种价值不相容，却更为真实。通奸只能随同婚姻本身一起消失。因为婚姻的目的可以说让男人对他的妻子免疫，但在他看来，其他女人保留令人眼花缭乱的魅力；他转向她们。女人使自己成为同谋。因为她们反抗想要剥夺她们所有武器的秩序。为了让女人脱离自然，为了通过仪式和契约让男人奴役女人，人们赋予她一个人该拥有的尊严，人们赋予她自由。而自由正是摆脱了一切奴役；如果让一个原本身上就有魔力的人有自由，自由就变得很危险。尤其男人采取权宜措施后就止步，自由便变得特别危险；他只有把女人变成一个女仆，剥夺她的超越性，才肯接受女人进入男性世界；人们给予她的自由只有否定用途；女人用它来拒绝；女人只有被囚禁，才变得自由；她放弃这种人类特权是为了找回自然客体的威力。白天，她阴险地扮演顺从女仆的角色，而晚上，她变成牝猫、母羊；她重新扮演塞壬的角色，或者跨上一把扫帚，逃往魔鬼的舞池。有时，她对丈夫施展她的夜间魔力，但更谨慎的是对丈夫掩盖她的变形；她选择外来

① Henri Bernstein（1876—1953），法国剧作家，著有《雅克兄弟》《以色列人》等。
② Georges de Porto-Riche（1849—1930），法国剧作家，著有《恋女》《老人》等。

人作为猎物；他们对她没有权利，对他们来说，她仍然是植物、泉水、星星、女巫。因此她注定不忠实：这是她的自由所能具有的唯一的具体面孔。她甚至越过欲望、思想、意识，变得不忠实；由于人们把她看作一个客体，她被献给选择夺取她的任何一个主体；她被关在闺房，藏在面纱底下，人们还是不能肯定她是否没有引起任何人的欲望：让一个外人产生欲望，已经是冒犯她的丈夫和社会。另外，她常常让自己成为这种命运的同谋；仅仅通过谎言和通奸，她才能证明，她不是别人的东西，才能否认男性的意图。因此，男人的嫉妒迅速被唤醒了，可以在传说中看到，女人无缘无故受到怀疑，稍有疑点就受到惩罚，例如热纳维耶芙·德·布拉班特和苔丝狄蒙娜①；格丽泽尔达② 甚至在受怀疑之前，已经忍受过最严酷的考验；如果女人事先不被怀疑，这个故事就会是荒唐的；不必指出她的错误：要由她来证明她的纯洁。因此，嫉妒也是难以满足的；我们已经说过，占有从来不能积极实现；即使禁止别人来汲水，也不能占有解渴的泉水：爱嫉妒的男人很清楚这一点。从本质上说，女人是水性杨花的，就像水是流动的一样；任何人类力量都不能违背一种自然真理。在所有的文学中，如在《一千零一夜》和《十日谈》中，可以看到女人的诡计战胜了男人的谨慎。男人不仅出于个人主义的意愿当了狱卒：社会作为父亲、兄弟、丈夫，让他负责自己妻子的品行。出于经济和宗教原因，命令她守节，每个男公民都应该被证实是自己父亲的儿子。同样重要的是，强迫女人同社会赋予她的角色相一致。男人有这样一种双重要求使得女人口是心非：

---

① Geneviève de Brabant，据中世纪的民间传说，她是布拉班特公爵的女儿，婚后，丈夫去打仗，但她已怀孕。管家无法引诱她，便诬陷她通奸。她在仆人的帮助下带着孩子逃到森林。后来真相大白。她被看做受到迫害但最后胜利的美德的化身。Desdemona，《奥赛罗》的女主人公，受到奥赛罗的怀疑而被杀死。

② Griselda，《十日谈》的女主人公，顺从和忠诚的象征。

他希望女人属于自己，又希望她仍然是外人；他梦想她同时是女仆和女巫。他公开表明的仅仅是第一个愿望；另一个愿望是一个狡猾的要求，他隐藏在心底和身上；这个愿望否认道德和社会；它像他者，像反叛的自然，像“坏女人”一样坏。男人没有完全投身于他设立的想强加于人的善；他同恶保持可耻的勾结关系。然而，凡是恶敢于无耻地显露面目的地方，他都去同恶战斗。在夜晚的黑暗中，男人怂恿女人去犯罪。但在大白天，他抛弃罪恶和女罪人。女人作为床笫秘密的罪人，只会以更多的热情公开崇拜德行。同在原始人中一样，男性是世俗的，而女性负责宗教和魔术的功能，在更现代的社会中，男人的错误只是不严重的小过错；人们常常宽容地对待它；即使男人不服从共同体的法律，仍继续属于它；他只是一个闯祸的孩子，并不深深地威胁着集体的秩序。相反，如果女人逃离社会，返回自然和魔鬼那里，她就在集体内部释放不可控制的和邪恶的力量。在放荡的行为引起的责备之中，总是掺杂了恐惧。如果丈夫不能成功地强迫妻子遵守妇道，他就和她一起犯下过错，他的不幸在社会看来是一个耻辱，有的文明非常严厉，他必须杀死犯罪的女人，使自己洗脱她的罪。在其他文明中，人们通过嘲弄来惩罚可怜兮兮的丈夫，或者让他赤裸裸地骑在一头驴上游街。共同体负责代替他惩罚有罪的女人，因为她不仅触犯了他，而且触犯了整个集体。这些习俗在迷信而神秘的、肉欲的却恐惧肉体的西班牙，以特别激烈的方式存在。卡尔德隆·德·拉·巴尔卡、加西亚·洛尔卡、巴列-因克兰① 将这些习俗变成许多悲剧的题材。在洛尔卡

① Pedro Calderón de la Barca（1600—1681），西班牙剧作家，著有《人生是梦》等。Federico García Lorca（1898—1936），西班牙诗人、剧作家，著有《吉卜赛谣曲集》《贝尔纳达·阿尔瓦的家》等。Ramón María del Valle Inclán（1866—1936），西班牙作家，著有《四季奏鸣曲》《波希米亚之光》《暴君班德拉斯》等。

的《贝尔纳达·阿尔瓦的家》中，村里的长舌妇想惩罚受引诱的少女，用炽热的炭火"在她犯罪的地方"烧死她。在巴列-因克兰的《神圣的话》中，通奸的女人像一个同魔鬼跳舞的女巫一样；她的过错被发现之后，全村人聚集起来，要扒掉她的衣服，然后淹死她。有许多传统叙述，人们就是这样剥光女罪人的衣服；然后用石头砸死她，就像《福音书》中所记载的那样，人们活埋她，淹死她，烧死她。这些酷刑的意义是，在剥夺她的社会尊严之后，再把她这样归还自然；她由于自己的罪，释放出邪恶的自然气息：赎罪是在一种神圣的狂欢中完成的，女人们脱光女罪人的衣服，殴打她，杀死她，轮到她们释放神秘的、但有利的气息，因为她们与社会一致。

这种野蛮的严厉，随着迷信减弱、恐惧消失而消逝。但在农村里，人们不信任地注视着不信天主、飘泊无定的吉卜赛女人。自由地施展自己魅力的女人：女冒险家、以色相骗取钱财的女人、有无法抵御的诱惑力的女人，仍然是令人不安的类型。在好莱坞电影的坏女人身上，残留着喀耳刻的形象。有些女人像女巫一样被烧死，仅仅因为她们漂亮。在外省对美德假正经的惊叹中，面对生活放荡的女人，有一种古老的恐惧延续下来。

对一个爱冒险的男人来说，正是这些危险使女人成为一种迷人的玩物。他放弃丈夫的权利，拒绝依靠社会法律，试图在一对一的单挑中战胜她。他力图占有抗拒的女人；他在她要逃避他的自由中追逐她。可是枉然。不能分享自由：自由的女人往往要用这种自由来反对男人。即便睡美人也可能醒来时很不快，她也可以不承认唤醒她的人就是白马王子，她可以不微笑。这正是公民凯恩的情况，他所保护的女人显得像个受压迫者，他的仁慈暴露出强权和暴虐的意志；英雄的妻子无动于衷地听着他叙述自己的业绩，诗人所梦想的缪斯一面听他朗诵诗歌一面打哈欠。亚马孙可以厌烦地拒绝战斗；她也可以从战斗中胜出。衰落时期的罗马女人，今日的许多美国女人，把她们的任性或者她们的法律强加给男人。灰姑娘在哪里？男人希望赠予，而女人夺取。这不再是游戏，而是在自卫。一旦女人自由了，除了自由地创造，她没有别的命运。两性的关系于是成为斗争关系。对男人来说，她变成了同类，和她被看成是陌生的自然的时代一样可怕。养育孩子的、忠诚的、耐心的雌性，反过来成为一头贪婪的吃人野兽。坏女人也将她的根伸进大地，伸进生活，但大地是壕沟，生命是一场无情的战斗：人们以凶残的昆虫——螳螂、蜘蛛——代替勤劳的蜜蜂、孵蛋的母鸡；女人不再哺育孩子，而是吃掉男人；卵子不再是丰产的谷仓，而是惰性物质的陷阱，精子被去势，淹死在里面；子宫这个温暖的、平静的、稳妥的洞穴，变成吸食的章鱼、肉食植物、抽搐痉挛的黑洞；一条蛇待在里面，无法餍足地吞没男性力量。同样的辩证逻辑把肉欲对象变成一个邪恶的女魔法师，把女仆变成一个叛徒，把灰姑娘变成一个吃人魔女，把一切女人变成敌人：这是男人带着自欺把自己确立为独一无二的主体而要支付的代价。

然而，这敌对的面孔也不是女人最后的面孔。更确切地说，善恶二元论渗入到女性的体内。毕达哥拉斯将善的本原比作男人，将恶的原则比作女人。男人在吞并女人的时候，力图战胜恶；他们部分成功了；基督教引进赎罪和得救思想的同时，给罚下地狱这个词以充分的意义，同样，正是面对变得神圣的女人，坏女人更显突出。从中世纪延续至今的这场“女人之争”中，有些男人只想看到他们梦想的受祝福的女人，另外一些男人只想看到否定他们梦想的受诅咒的女人。事实上，如果男人可以在女人身上找到一切，这是因为她同时有两副面孔。她以肉体的和活生生的方式，表现出生命由此获得意义的一切价值和反价值。善与恶泾渭分明，二者在忠诚的母亲和负心的情人的特征下互相对立；在英国的古老谣曲《兰达尔，我的儿子》中，一个年轻的骑士被他的情人下毒，死在他母亲的怀里。黎施潘[①]的《讨厌的人》以更加动人、但品位更差的方式重复同一个题材。天使般的米沙埃拉与邪恶的嘉尔曼相对照。母亲、忠实的未婚妻、耐心的妻子，自告奋勇地包扎以姿色骗取钱财的女人和负心女人在男人心上造成的伤口。在这些清晰地确定的两极之间，还存在一系列模棱两可的形象，她们是可怜的、可恨的、犯罪的、受害的、卖俏的、虚弱的、天使般的、魔鬼般的女人。由此，一系列品行和感情吸引着男人，充实男人。

女人这种复杂性本身使他着迷：这是他用很少的花费便能感到目眩神迷的美妙仆人。她是天使还是魔鬼？难以确定这一点，于是她成了一个斯芬克司[②]。巴黎最有名的妓院之一就托庇于它。在女性的兴盛时代，在穿紧身衣的时代，在保罗·布尔热、亨利·巴塔耶[③]、法国康康舞盛行的时代，斯芬克司的题材在戏剧、诗歌和歌曲中长盛不衰："你是谁，你从哪里来，古怪的斯芬克司？"人们还没有结束对女性神秘的梦想和讨论。正是为了保卫这种神秘，男人长期恳求女人不要放弃长裙、衬裙、面纱、长手套、高帮皮鞋：凡是在他者身上强调区别的东西，都使她更加诱人，因为男人想据为己有的正是这个他者。可以看到阿兰-傅尼埃[④]在信中指责英国女人的 shake-hand[⑤] 太过男孩子气：正是法国女人腼腆的保留使他

---

① Jean Richepin（1849—1926），法国作家，著有《乞丐之歌》《讨厌的人》等。
② Sphinx，希腊神话中女首狮身长有翅膀的怪物。
③ Paul Bourget（1852—1935），法国小说家、批评家，著有《弟子》《离婚》等。Henri Bataille(1872—1922)，法国诗人、剧作家，著有《白色房间》《旅行》等。
④ Alain-Fournier（1886—1914），法国小说家，著有《大个子莫尔纳》等。
⑤ 英文，握手。

心情紊乱不安。女人必须是神秘的，不为人知的，使人能够像爱一位远方公主那样爱她；傅尼埃看来并不对跟他有过来往的女人特别尊重，但童年、青年时代的一切美好，对失落的天堂的一切思念，他都体现在一个女人身上，这个女人的首要品德便是显得不可接近。他描画出伊沃娜·德·加莱纯白无瑕、金光闪闪的形象。但是，如果女性的错误会产生神秘感，那么男人甚至会喜爱这些错误。一个男人威严地对一个有理智的女人说："一个女人应该任性。"任性是难以预料的；它赋予女人水波的妩媚；谎言以迷人的闪光装饰她；卖俏、甚至放荡给她醉人香气。靠不住、不可捉摸、难以理解、表里不一，这样她就最好地迎合男人的矛盾欲望；她是有无数变形的玛雅。以少女的面容呈现斯芬克司是一个常见现象：童贞是男人，尤其是他们放荡时感到最撩人的秘密之一；少女的纯洁使人产生放荡的希望，在她的纯洁中不知隐藏着怎样的堕落；她仍然接近动植物，却已经对社会礼仪表示驯服，既不是孩子，又不是成年人；她胆怯的女性身份不引起恐惧，而只是稍微引起不安。人们明白，她是女性奥秘的特殊形象之一。当"真正的少女"消失了的时候，对她的崇拜变成有点过时。相反，在冈蒂荣[1]取得辉煌成功的一出戏里，他赋予玛雅以妓女的形象，保留了她的许多威望。这是最富有造型美的女性典型之一，它最出色地表现了恶习与美德的伟大游戏。对于胆小怕事的清教徒来说，她体现了恶、羞耻、疾病、罚入地狱；她引起了恐惧和厌恶；她不属于任何男人，而是人尽可夫，以这种交易为生；由此，她又找到了原始的淫荡的母亲—女神那种可怕的独立，她代表了未被男性社会神圣化的、仍

① Charles Gantillon(1909—1967)，法国戏剧导演，将乔治·费多、让·科克托的作品搬上舞台。

然拥有不祥能力的女性；在性行为中，男性不能设想占有她，他仅仅出卖给肉体这个魔鬼，盎格鲁-撒克逊人尤其感到这是一种屈辱、一种玷污，在他们看来，肉体多少是受诅咒的。相反，肉体吓不倒的男人，在妓女身上喜欢的是对肉体宽容的、粗俗的肯定；他在妓女身上看到对女性的颂扬，任何道德都没有使之黯然失色；他在她的身体上重新找到这种魔力，以前这种魔力使女人与繁星和大海相连：米勒[①] 如果同一个妓女睡过觉，便以为探测到生命、死亡、宇宙的深渊本身；他在舒适的阴道潮湿的黑暗深处与天主会合。因为在虚伪地崇奉道德的世界的边缘，妓女是一种贱民，而"失足的姑娘"也可以被看做否定一切官方品德；她的可耻使她与真正的圣女相似；因为沉沦会受到赞美；基督看好抹大拉的马利亚；罪人更容易打开天堂之门，胜过虚伪的道德。因此，拉斯柯尔尼科夫在索尼娅[②] 的脚下，献出引导他犯罪的男性狂妄的骄傲，他由于杀人，将存在于一切人身上的分离意志扩大了：一个忍辱负重、被大家抛弃的卑微的妓女才能真正地认可他的退让。[③] "失足的姑娘"一词引起了令人不安的反响；许多男人梦想堕落；这不是那么容易的，人们不容易以积极的形象达到恶；甚至恶魔式的人物也害怕作恶多端；女人容许不冒太大的风险做黑弥撒，在黑弥撒上，撒旦虽然没

---

① Henry Miller（1891—1980），美国小说家，著有《北回归线》《南回归线》《在玫瑰色的十字架上受刑》等。

② Raskolnikov，Sonia，陀思妥耶夫斯基的小说《罪与罚》中的男女主人公。拉斯柯尔尼科夫杀死了一个放高利贷的老太婆，受尽内心斗争的折磨，在无边苦难的化身索尼娅的感化下投案自首。

③ 马塞尔·施沃布在《莫内尔卷》中诗意地阐述这个神话："我要对你谈到那些小个子妓女，你会了解开始的情况……你看，她们对你发出怜悯的喊声，用她们瘦骨嶙峋的手抚摸你的手。她们只有在你十分不幸时才理解你；她们同你一起哭泣，安慰你……你看，她们当中没有一个人能同你待在一起。她们会过于忧伤，当你不再哭泣时，她们呆下去会感到羞耻，不敢看你。她们告诉你要让你知道的教训，然后才走开。她们不顾寒冷和下雨，前来吻你的额角，擦拭你的眼睛，而可怕的黑暗重新夺走她们……用不着去想她们在黑暗中能干些什么。"——原注

有受到邀请，却被提及；女人处在男性世界的边缘：与她有关的行为不会真正引起严重后果；然而她是一个人，因此，人们能够通过她完成对人类法律可怜的反抗。从缪塞到乔治·巴塔耶，形象丑陋而又迷人的放荡，就是经常接触“妓女”。萨德和马索克[①]在女人身上满足纠缠着他们的欲望；他们的弟子和大多数要满足“恶习”的男人，通常都去找妓女。她们在女人中是最顺从男性的，然而却更能摆脱他们；这就使得她们具有那么多各种各样的含义。然而没有任何一种女性形象：处女、母亲、妻子、姐妹、女仆、情人、大贤大德的女子、笑盈盈的后宫女奴，能够概括男人反复无常的愿望。

心理学——特别是精神分析——应当揭示个体对千变万化的神话某一方面特别感兴趣的原因；为什么他以这样特殊的形式来体现神话。这神话与一切情结、顽念、偏执有关。特别有很多神经官能症患者，其病根是源于禁忌的头脑混乱：这种情况在禁忌确定在先的情况下才会出现；外界的社会压力不足以解释它的存在；事实上，社会禁忌不仅是成规；它们具有——其中有各种含义——一种本体论的意义，每个个体都要经历这种特殊的体验。比如，审察一下“恋母情结”是很有意思的；人们过多把它看做由于本能的倾向和社会禁忌之间的斗争而产生；但首先这是主体本身内在的冲突。孩子对母亲怀抱的依恋，首先是以直接的形式、在普遍性和内在性中与生命相联；拒绝断奶，就是拒绝这种个体一旦与一切分离，便注定要遭受的遗弃；正是从这时起，而且随着个体化和进一步分离，人们将他对今后脱离的母体保留的兴趣称做“性”；他的肉欲

① Marquis de Sade（1740—1814），法国作家，著有《闺房中的哲学》、《索多玛一百二十天》等；Leopold von Sacher-Masoch（1836—1895），奥地利作家，著有《穿裘皮的维纳斯》等。

于是间接化了，它变成趋向异体的超越性。孩子越是迅速和越是坚决地成为主体，否认他的自主性的肉体联系便变得越发令他讨厌了。于是他摆脱抚摸，母亲施加于他的权威、她对他拥有的权利、有时是她在场本身，使他感到一种羞耻。尤其他觉得，把她当做肉体是尴尬和淫秽的表现，便避免想到她的身体；在他对父亲或者她的第二个丈夫，或者她的情人所感到的憎恶中，耻辱多于嫉妒：使他想起他的母亲是一个肉身，就等于使他想起他的出生，他全力去摒弃这件事；或者至少他希望给予此事以重大宇宙现象的庄严；他的母亲必须概括了自然，自然产生了所有人，却不属于任何人；他憎恶她成为猎物，并非因为——像人们常常认为的那样——他自己想占有她，而是因为他希望她超越一切占有而存在：她不应该有妻子或者情人的庸俗维度。在青春期他的性欲趋向男性化时，母亲的身体终于使他慌乱了；但她使他想到一般的女性；时常看到一条大腿、一只乳房而唤醒的欲望，在小男孩确定这肉体是母体时便熄灭了。有不少乱伦的情况，因为青少年处于不安的年龄，也是表现反常的年龄，这个年龄段中，厌恶引起亵渎行为，禁忌产生诱惑。但是不应当认为，儿子天真地想同母亲睡觉，来自外界的禁忌介入其中，压迫着他；相反，正由于这种在个体心中形成的禁忌，使欲望产生。这种禁忌是最正常、最普遍的反应。但它不是来自掩盖本能欲望的社会的禁忌。更确切地说，尊重是最初厌恶的升华；年轻人不肯将他的母亲看成肉体；他使她变形，让她等同于社会向他提供的神圣化的女人纯洁的形象之一。由此，他力图强化母亲的理想形象，以利于下一代。但下一代只有受到个体的辩证法的召唤时，才具有强大的力量。既然每个女人体内都有女人的，因而是母亲的一般本质，可以肯定的是，对待母亲的态度在同妻子和情人的关系中重现；不过没有人们通常想象的那么简单。具体地、肉欲地想得到母亲的青少年，可能想在她身上得到一般而言的女人：他的狂热在无论哪个女人身边都会平息下来；他不是注定陷于乱伦的思念中。[1] 反过来，一个年轻人如果对他的母亲有过温柔的、不过是柏拉图式的精神恋爱的倾慕，也可能希望无论如何女人具有母亲的纯洁。

人们相当清楚地知道性欲、一般说是对女性的性欲在病理行为和正常行为中的重要性。有时，其他的对象女性化了；既然女人大半是男人的创造，他可以通过一个男性身体来创造她：在男性同性恋中，保持着性别的区分。但一般说来，是在女人身上寻找女人。正是通过她，通过在她身上具有的最好和最坏的东西，男人最初尝到幸福、痛苦、恶习、美德、贪婪、舍弃、忠诚、暴虐，他初次认识了自己；她是游戏和冒险，但也是考验；她是胜利奏出的凯歌，更粗俗一点，是战胜失败奏出的凯歌；她是失落后的昏眩，对罚入地狱和死亡的惊诧。有一整个富有含义的世界，这些含义只通过女人而存在；她是男人的行动和感情的实质，期待着她们的自由的一切价值化身。人们明白，哪怕注定要忍受最残忍的沮丧，男人也不希望放弃包容所有梦的这个梦。

这就是为什么女人有双重的、骗人的面孔：她是男人所召唤的一切，又是他达不到的一切。她是慈善的自然和人类之间明智的中介；她是未被制服的自然对付一切智慧的诱惑。她在肉体上体现从善到恶一切精神价值及其反面；她是行动的实质和妨碍行动的东西，是男人对世界的掌握和他的失败；这样，她处于男人对他的存在的一切思索、他能给予这存在的一切表述的源头；然而，她千方百计要他离开自身，让他沉没到静默和死亡中。他期待她不仅是女

① 司汤达的例子引人注目。——原注

仆和妻子，也是他的观众和法官，她在她的存在中确定他；但她用无动于衷、嘲弄和讥笑否认他。他在她身上投射他的所愿、所惧、所爱、所恨。如果很难对此说点什么，这是因为男人在她身上寻找整个自我，还因为她是一切。只不过她是非本质事物的世界上的一切：她是整个他者。作为他者，她也不同于自身，不同于对她的期待。作为一切，她从来不是她应该成为的这个；她是永恒的欺骗，是存在的欺骗本身，这存在永远不能完成，也不能与全体生存者和解。

第二章

为了证实以上对普遍看法中存在的女性神话的分析，我们下面要考虑它在有些作家的作品中特殊的、混合诸说的形象。其中，我们觉得蒙泰朗、戴·赫·劳伦斯、克洛岱尔、布勒东、司汤达对女人的态度是有典型性的。

一　蒙泰朗或者厌恶的面包

男人重新捡起了毕达哥拉斯的傲慢的善恶二元论，为己所用，蒙泰朗可列入这个悠久的传统中。他在尼采之后认为，只有弱势时代才赞扬永恒的女性，英雄应该起来反对 Magna Mater[①]。这个精通英雄主义的专家，致力于把女人赶下台去。女人是黑夜、混乱、内在性。关于托尔斯泰夫人，他写道："这痉挛的黑暗，绝对是纯粹状态的女性。"[②] 据他看来，今日的男人赋予女性缺陷以积极形象，真是十分愚蠢和卑劣：人们谈论女人的本能、她们的直觉、她们的预言能力，本来却应该揭穿她们的缺乏逻辑、她们顽固的无知、她们无法把握真实的无能；事实上，她们既不是观察家，也不是心理学家；她们既不会观察事物，也不理解人；她们的神秘是一个诱饵，她们不可探测的宝库具有虚无的深度；她们没有什么可以给男人的，只能损害男人。对蒙泰朗来说，母亲首先是大敌；在青年时期的一出戏剧《流亡》中，他搬上舞台的是一个母亲阻止儿子参军的故事；在《奥林匹克竞技者》中，那个想投身于体育运动的少年，被他母亲怯弱的自私“阻止”了；在《单身汉》和《少女们》中，母亲以引人憎恶的笔调描绘。她的罪恶就是想把儿子永远关在她肚子的黑暗中；她使他变成残废，为的是能够独占他，以此填满她的存在的虚空；她是最可恨的教育家；她切断孩子的翅膀，让他远离他向往的高峰，她使他变得愚蠢和卑劣。这些叱责不是没有根据的。但通过蒙泰朗对妻子—母亲的明确责备，显而易见，他憎恶她的是他自己的出生。他认为自己是神，他想成为神：因为他是男性，因为他是一个“高级的人”，因为他是蒙泰朗。神不是被生出来的；如果他有身体的话，他的身体是在既坚硬又柔顺的肌肉中铸成的意志，而不是生与死默默地栖息其中的肉体；这终有一死的、偶然的、脆弱的、他否认的肉体，他要母亲来承担责任。“阿喀琉斯身上唯一脆弱的地方，就是被他母亲捏住的地方。”③ 蒙泰朗从来不想承担人的状况；从一开始，他引以为豪的东西就是害怕地逃跑，逃避通过肉体介入世界的自由包含的危险；他想确认自由，可是拒绝介入；他没有牵挂又没有根底，却梦想自身是至高无上地封闭的主体；回忆自己肉体的起源，扰乱了这个梦，他凭借自己惯用的一个方法：他不是克服它，而是否认它。

在蒙泰朗看来，情人像母亲一样不祥；她妨碍男人在自己身上

---

① 拉丁文，伟大的母亲。
② 见《论女人》。——原注
③ 同上。——原注

复活神；他宣称，女人的命运就是在直接性中生活，她用感受来滋养自身，她沉醉于内在性中，她渴望幸福，她想把男人关在里面；她感受不到超越性的冲动，她没有崇高感；她喜欢处在衰弱中，而不是处在充盈力量中的情人，是受苦中而不是欢乐中的情人；她希望他解除武装和不幸，甚至想不顾事实让他相信自己不幸。他超越她，由此他摆脱她，可她想把他限制在她自己的尺度内，以便攫住他。因为她需要他，她不能满足自己的需要，是一个寄生的人。通过多米尼克的眼睛，蒙泰朗让和拉纳拉格一起散步的女郎出现时，“宛若没有脊椎的生物，吊在她们的情人的手臂上，如同乔装打扮的大鼻涕虫一样”[①]；据他看来，除了女运动员，女人都是不完整的人，注定要受奴役；她们软绵绵的，没有肌肉，没有对世界的控制力；因此，她们想方设法要获得一个情人，最好是一个丈夫。据我所知，螳螂的神话蒙泰朗没有用过，但他用的是它的内涵：对女人来说，爱是吞噬；她号称献身，实则夺取。他举出托尔斯泰夫人的呼喊为例：“我通过他而活。我为他而活；我要求他对我也一样。”他揭示这样一种疯狂爱情的危险，他感到《传道书》里的话真实得可怕：“一个对你怀有恶意的男人，胜过一个对你有善意的女人。”他援引利奥泰[②]的经验：“我的手下人结了婚，便成了半个男人。”尤其对“高级的人”来说，他认为结婚不妙；这是一种可笑的平庸化；试想能不能说：埃斯库罗斯夫人，或者“我要去但丁家里赴宴”？一个堂堂男子汉的威望要为此扫地；尤其婚姻破坏了主人公美妙的孤独，他“需要不让自己分心”[③]。我已经说过，蒙泰朗选择了一种没有对象的自由，就是说，他更喜欢自主的幻

---

① 见《梦》。——原注

② Hubert Lyautey（1854—1934），法国元帅，曾任法国驻摩洛哥总督。

③ 见《论女人》。——原注

象，而不是介入世界的真正自由；他想捍卫这种自由自在，对抗女人；女人拖累人，压抑人。“这是一个严酷的象征：男人不能笔直向前走，因为他所爱的女人挽着他的手臂。”① “我在燃烧，她却把我熄灭。我在水上行走，她拖住我的手臂，我沉了下去。”② 既然她仅仅是缺乏、贫困、否定，而且她的魔法是虚假的，那么她怎么会有那么大的威力呢？蒙泰朗没有作解释。他仅仅骄傲地说：“狮子理所当然害怕蚊蝇。”③ 但是回答显而易见：当只有一个人的时候，自然很容易自认为是君主，当小心翼翼不肯负重时，自然很容易自认为强有力。蒙泰朗选择了容易的办法；他宣称崇尚难以达到的价值，但他力图很容易就达到这些价值。《帕西法尔》中的国王说：“只有我们给自己戴上的王冠，才是值得戴在头上的。”这是个方便的准则。蒙泰朗的额头上戴得太重了，他身穿紫红袍；可是，只要外人看一眼就可以发现，他的王冠是彩纸做的，他就像安徒生笔下的国王那样，全身赤裸。梦中行走在水上，比起真正走在陆地上远远不那么累人。因此，狮子蒙泰朗带着恐惧避开女性这蚊蝇：他害怕真实的考验。④

如果蒙泰朗真的使永恒的女性的神话破灭，那就应该祝贺他：否定了女人才能使女人成为人。但可以看到，他没有打碎偶像：他把她变成魔鬼。他自己也相信这种晦暗不明的、不可约减的本质：女性；他步亚里士多德和托马斯·阿奎那之后尘，认为她应从否定去界定；女人由于缺乏阳刚气而是女人；这就是一切女人应该忍受

---

① 见《少女们》。——原注
② 同上。——原注
③ 同上。——原注
④ 这个过程被阿德勒看做精神病的经典起源。在“追求优越”与“自卑情结”中感到分裂的个体，在社会和他之间建立尽可能大的距离，为的是不需要面对现实的考验。他知道，这会破坏他只能在自欺的阴影下保持的意图。——原注

而不能改变的命运。企图摆脱这命运的女人，处于人类阶梯的最低一级：她不能成功地变成男人，也放弃了成为一个女人；她只是微不足道的丑八怪、一个幌子；她是一个躯体和一个意识的事实不会赋予她任何实体：蒙泰朗不时是个柏拉图式的精神恋爱者，他似乎认为，只有阴柔和阳刚的概念才占有存在；不属于两者的个体，只是表面的存在。他无可挽回地谴责这些“半鸟半女人的吸血鬼”，她们胆敢作为自主的主体出现、思想和行动。他想通过勾画安德蕾·阿克邦的肖像，证明任何竭力把自己变成一个人物的女人，都会变成扮鬼脸的木偶。当然，安德蕾是丑陋的，没有风度，穿着不好，甚至肮脏，指甲和前臂脏兮兮的：给她灌输的一点点文化足以扼杀她的女性特征；科斯塔尔向我们保证，她是聪明的，但蒙泰朗描写她的每一页都表明她十分愚蠢；科斯塔尔声称对她抱着同情；蒙泰朗使我们感到她令人讨厌。通过这种灵活的模棱两可的描写，他证明了女性智力的愚蠢，并确定生得难看在女人身上败坏了她趋向的一切男性品质。

蒙泰朗想把女运动员算作例外；她们通过自主地锻炼身体，可以征服一个人的精神、心灵，但仍然很容易把她们从这高处拉下来；他热情地赞颂一个一千米赛跑的得胜女运动员，却悄悄地离开她；他不怀疑很容易勾引她，而他希望她能免于这种地位下降。多米尼克没有能够一直待在阿尔邦叫她的高峰上；她爱上了他：“那个曾是精神和灵魂的女人流着汗，发出香气，而且喘着气，小声地咳嗽。”[①] 阿尔邦生气了，把她赶走。可以认为，一个女人由于体育训练而扼杀了她身上的肉体；自主的存在注入女人肉体是丑恶可耻的；一旦意识进入了女人的肉体，它就是可憎恶的。女人最好成

① 见《梦》。——原注

为纯粹的肉体。蒙泰朗赞成东方人的态度：女性作为享乐对象，在人间有一个位置，无疑是卑微的但是有价值的位置；她在男性从中得到的乐趣中，并仅仅在这乐趣中找到生存的理由。理想的女人是完全愚蠢的和完全顺从的；她总是准备好接待男人，而对他一无所求。杜丝[①]就是这样的女人，阿尔邦不时赞赏她，“杜丝，愚蠢得可爱，随着愚蠢程度的增加，总是更加令人垂涎……在爱情之外一无用处，于是他坚定而又温柔地回避她。”[②]小个子的阿拉伯女人拉迪佳就是这样，她是沉静的爱情之兽，驯服地接受乐趣和金钱。可以想象，在一列西班牙火车上遇到的这样一头“雌兽”：“她的神态是这样愚蠢，以至我开始想得到她。”[③]作者解释说：“在女人身上令人恼火的是她们想有理智；她们夸大了她们的动物性，她们勾画出超人。”[④]

然而蒙泰朗决不是一个东方的苏丹；首先他缺乏肉欲。他远远没有毫无保留地在“雌兽”身上寻欢作乐；她们是“病态的、不健康的、从来不是绝对干净的”[⑤]；科斯塔尔告诉我们，小伙子的头发比女人的头发发出更强烈、更好闻的气味；他有时在索朗热面前，在“这种甜蜜蜜的，几乎令人恶心的气味和这没有肌肉、没有神经、像一条白色鼻涕虫的身体”[⑥]面前感到厌恶。他梦想与他更相称的、更对等的人之间的拥抱，温柔会从被战胜的力量中产生……东方人从女人身上得到肉欲的快乐，由此在情侣之间建立起肉体的相互性：这正是《圣经·雅歌》《一千零一夜》的故事和许

① Douce，这个词用做形容词意为温柔的。
② 见《梦》。——原注
③ 见《卡斯蒂利亚的小公主》。——原注
④ 同上。——原注
⑤ 见《少女们》。——原注
⑥ 同上。——原注

多阿拉伯诗歌赞美意中人的热烈祈求所表达的东西；当然有坏女人，但也有妙不可言的女人，追求肉欲的男人信赖地投入她们的怀抱，而不感到屈辱。而蒙泰朗的主人公总是处于防守地位：“夺取而不被夺取，这是高级的男人和女人之间唯一可以接受的公式。”① 他乐意谈到欲望来临的时刻，他觉得这是男性进攻的时刻；他回避享乐的时刻；也许他会发现，他也出汗、喘气、“发出他的香味”；但是不：谁敢呼吸他的气味，感觉到他湿漉漉的呢？他解除武装的肉体不为任何人存在，因为没有任何人面对着他：他是唯一的意识，透明的、至高的、纯粹的在场；如果快感是为了他的意识本身而存在的，那么他没有考虑到这一点：这会反过来作用于他。他得意地谈起他给人的快乐，从来不提他得到的快乐：获得，这就是依附。“我向一个女人要求的，是给她乐趣。”② 快感的热烈、鲜活是共同谋划的：他不容许任何共同谋划，他更喜欢控制人的高傲的孤独。他在女人身上寻找的不是肉欲的，而是精神的满足。

首先是一种骄傲的满足，它期待表现出来，而不冒危险。在女人面前，“就和走近马、公牛时的感觉一样：同样的不确定，同样的衡量自己的能耐的兴味”。③ 同别的男人衡量一下，这会是很大胆的；他们会加入比赛；他们会强加给你意料不到的计算方式，他们会让外人来裁决；面对一头公牛、一匹马，你自己做裁判，这是更有把握得多的事。女人也是这样，如果选择得好，便独自面对她：“我不喜欢处于平等地位，因为在女人身上，我寻找的是孩子。”这种愚蠢的大白话什么也没有解释：为什么他寻找的是孩

① 见《少女们》。——原注
② 同上。——原注
③ 见《卡斯蒂利亚的小公主》。——原注

子，而不是对等的人呢？蒙泰朗如果宣称，他，蒙泰朗，没有对等的人，也许会更真诚；说白了，他不想有对等的人：他的同类使他害怕。在写作《奥林匹克竞技者》的时期，他赞赏运动中竞争的严格，竞争分出等级，不能作弊；但是他自己没有听取这教训；在他后来的作品和生活中，他的主人公像他一样不用作任何对抗：他们与动物、风景、孩子、孩子般的女人打交道，永远不同对等的人打交道。蒙泰朗不久以前热衷于运动的明晰、严谨，现在只接受这样的女人作为情人：他出于小心翼翼的傲慢，不需要担心她的任何评头论足；他选择的女人是"被动的和植物的"，幼稚的，愚蠢的，爱钱的。他一贯避免给予她们一种意识：如果他发现有某种意识的痕迹，他就勃然大怒，一走了之；他不同女人建立任何主体间关系：她在男人的王国中只应是一个普通的有生命的对象；他从来不把她当做主体来考虑；他从来不考虑她的观点。蒙泰朗的主人公是自大狂，这种伦理十分方便：他只关心同自身的关系。他喜爱女人——更确切地说他博得女人喜爱——不是为了享受她，而是为了享受自身：由于女人绝对低下，她的存在揭示了男性实质的、本质的和不可变更的优势；没有危险。

因此，杜丝的愚蠢使阿尔邦"从某种方面重构古代半神娶了一个神奇的鹅妈妈的感受"[①]。一旦科斯塔尔接触到索朗热，便变成一头壮美的狮子："他们刚刚坐在一起，他便把手放在姑娘的大腿上（在她的连衣裙上面），然后把她放在自己身体的当中，好像一头狮子把它的爪子放在猎获的肉块上……"[②]这个动作，那么多的男人每天在电影院的黑暗中十分谦逊地完成了，科斯塔尔向他们宣

① 见《梦》。——原注
② 见《少女们》。——原注

称，这是“我主的原始动作”[①]。如果情人和丈夫像他一样有庄严感，在占有情妇之前拥抱她们，他们不用花很多代价便了解这些强有力的变形。“他朦胧地闻着这个女人的脸，像一头狮子撕咬着抓在爪子中的肉时不时停下来舔舔它。”[②]这种食肉兽的骄傲，不是男性从女性身上获得的唯一乐趣；对他来说，她是用来自由体验自己心情的借口，而且总是不冒风险，做做试验。科斯塔尔有一夜甚至以忍受痛苦为乐，痛苦的滋味受够了，他轻快地扑向一只鸡腿。一般人只能难得允许自己这样任性。还有其他或强烈或微妙的乐趣。比如，纡尊降贵；科斯塔尔迁就到回复有些女人的信，有时甚至表示关心；他对一个有灵感的小农妇卖弄了一番博学之后，写道：“我怀疑你能否理解我，但是，如果我降低到你的水平，那就更好。”[③]有时，他乐于按自己的形象去塑造一个女人：“我希望你对我来说像一块缠头巾……我把你抬高到我的地位，就是希望你不要有别于我。”[④]他给索朗热制造一些美好的回忆，以此取乐。尤其当他同一个女人睡觉时，他着迷地沉浸于自己的挥霍：他是个给人快乐、平静、热情、力量、快感的人，他花费的这些财富使他满足。他丝毫不欠他的情人们；为了确定这一点，他常常付她们钱；即使性交是双方的，女人也是他的受恩者，而他不是：她什么也没有给予，他则是夺取。因此，他使索朗热失去童贞那天，把她打发到盥洗室去，觉得是绝对正常的；即使一个女人受到百般宠爱，男人对她感到局促不安总是不成的；他理所当然是男性，她理所当然是女性，注定要冲洗下身。在这里科斯塔尔的傲慢非常忠实地模仿

---

① 见《少女们》。——原注
② 同上。——原注
③ 同上。——原注
④ 同上。——原注

粗野行为，很难把他与没有教养的旅行推销员区分开来。

一个女人的首要责任，是顺从他的豪爽要求；当科斯塔尔设想索朗热不欣赏他的抚爱时，他大发脾气。他疼爱拉迪佳，是因为他插入她的身体时，她的脸闪出快乐的光芒。这时他感到既是食肉兽，又是高贵的王子的快意。我们不禁感到困惑，如果被占有和得到满足的女人只是一样可怜的东西，一堆跳动着意识代用品的平淡乏味的肉，那么占有和满足的迷醉又从何而来？科斯塔尔怎么能跟这些无用的造物浪费这么多时间呢？

这些矛盾心理显示出他的傲慢，这只不过是虚荣心而已。

比当强者、慷慨的人、主子更妙不可言的快乐，就是对女性的怜悯。科斯塔尔不时激动地在心里感到如许博爱的沉重和同情、如许“对女人的怜悯”。有什么比硬心肠的人意外的温柔更令人感动呢？当他俯身对着女人这些有病的动物时，他在自己身上复活了埃皮纳尔[①]画片的崇高形象。即使是女运动员，他也喜欢看到她们被战胜，受了伤，疲乏不堪，受到伤害；至于其他女人，他希望她们尽可能地解除武装。她们的月经令他厌恶，但科斯塔尔告诉我们：“他总是喜欢女人来月经的那几天……”[②] 有时他向这种怜悯让步；他竟至许下诺言，虽然无法兑现：他许诺要帮助安德蕾，要娶索朗热。当怜悯从他心中退走时，这些诺言便烟消云散了：他没有权利食言吗？是他制定游戏规则，他只有一个对手，只同自己比试。

低下，可怜，这还不够。蒙泰朗希望女人是可鄙的。他有时认为，欲望和蔑视的冲突是一出动人的悲剧：“啊！希望获得被蔑视

---

① Epinal，法国孚日省首府，以制作民间画片著名。
② 见《少女们》。——原注

的东西，多么动人的悲剧啊！……几乎在同一个动作中要吸引过来又推拒出去，点燃又赶快扔掉，像划一根火柴那样，这就是我们与女人的关系的悲剧！”[1] 事实上，只有从火柴的角度来看才是悲剧，而这是可以忽略的角度。至于划火柴的人，考虑的是不要烧到自己的手指，显而易见，这种操练使他高兴。如果他的乐趣不是“希望获得被蔑视的东西”，他就不会一直拒绝希望得到他敬重的东西：阿尔邦就不会推拒多米尼克；他会选择“在平等中去爱”；他可以避免如此蔑视他所希望得到的东西：毕竟，在理论上看不出一个年轻、漂亮、热情、简单的小个子西班牙舞女如此可鄙；是因为她贫穷，出身低贱，没有文化吗？恐怕在蒙泰朗看来，事实上这并非缺点。他看不起她尤其是因为她天经地义是女人；他说得很清楚，并非女性的神秘引起男性的遐想，而是这些遐想创造了这种神秘；但他也把自己主观性要求的东西投入到客体中：并非因为她们是可鄙的，他才蔑视女人，是因为他想蔑视她们，他才觉得她们卑劣。尤其在她们和他之间距离越大，他就越是感到自己栖息在高傲的峰顶；这就解释了为何他为自己的主人公们选择了一些如此差劲的女人：他用来同大作家科斯塔尔相对照的，是一个受到性欲和无聊折磨的外省老处女，还有一个极右的、愚蠢的、自私的小资产阶级女子；这是用非常卑微的尺度去衡量一个优秀个体：这种笨拙的谨慎使我们觉得他非常渺小。但没有关系，科斯塔尔自以为伟大。女人最微不足道的弱点足以培育他的傲慢。《少女们》的一段文字特别能说明问题。索朗热在同科斯塔尔睡觉之前，先打扮一下。“她上盥洗间，而科斯塔尔回想起，他有过一匹母马，它这样骄傲、这样讲究，他骑在它的背上时它从来不小便，也不大便。”这

[1] 见《卡斯蒂利亚的小公主》。——原注

里显示出对肉体的厌恶（人们想到斯威夫特：西莉亚在大便），想把女人等同于一头家畜，拒绝承认她有任何自主，哪怕是小便的自主；尤其当科斯塔尔愤怒时，他忘了他也有膀胱和结肠；同样，当他对一个浑身汗水、发出气味的女人感到恶心时，他抹掉了自己所有的分泌物：他是一个由结实的肌肉和性器官组成的纯粹的精神。蒙泰朗在《致欲望之泉》宣称："蔑视比欲望更高贵。"而阿尔瓦罗说："我的面包是厌恶。"[①] 当他自我沉醉时，蔑视是多么好的借口啊！由于沉思和判断，人们感到完全不同于被判决的另一个人，不花代价便洗刷掉受到指责的污点。蒙泰朗在他整个一生多么陶醉地发泄对世人的蔑视！他仅仅揭露他们的愚蠢，便自以为聪明，仅仅揭露他们的怯弱，便自以为勇敢。在德军占领法国初期，他对被打败的同胞嗤之以鼻：他自己既不是法国人，又不是战败者；他超然物外。总之，委婉地说，他呀，蒙泰朗，发出指责，却和别人一样没有预见到败北；他甚至不同意当军官，马上又开始火冒三丈地指责起来[②]。他假装为自己的厌恶而抱歉，是为了更真实地感受厌恶和更进一步以此消遣。事实上，他感到乐在其中，千方百计引导女人做卑劣的事。他乐于用金钱和首饰去引诱贫穷的姑娘：她们接受他不怀好意的礼物，他就快活。他以同安德蕾玩性虐待狂的游戏来取乐，不是让她痛苦，而是看着她堕落。他怂恿索朗热犯下杀婴罪；她同意这样做，科斯塔尔的感官便欲火炎炎：他在蔑视的快活中占有了这个可能的杀人凶手。

这种态度的关键，是那篇毛虫的寓言给我们提供的：不管里面隐藏着什么意图，它本身已相当能说明问题[③]。蒙泰朗往毛毛虫身

---

① 见《圣地亚哥的主人》。——原注
② 见《夏至集》第301页。——原注
③ 同上，第286页。——原注

上撒尿，放过一些毛毛虫，弄死另外一些，以此取乐；他开玩笑地怜悯那些竭力想活的毛毛虫，宽容地让它们碰碰运气；这种游戏使他着迷。没有毛毛虫，小便就只是一种分泌物；它变成生与死的工具；面对爬行的虫子，放松膀胱的人体验天主的专横和孤独；不会受到报复的威胁。因此，面对雌兽，这雄兽在台座上时而残酷，时而温柔，时而公正，时而任性，给予、夺回、给人满足、怜悯、发怒；他只服从自己的乐趣；他是至高的、自由的、独一无二的。这些牲畜必须是牲畜；人们有意选择它们，恭维它们的弱点，把它们看成牲畜，如此穷追猛打，它们最后都接受各自的地位。路易斯安那州和佐治亚州的白人就是这样着迷于黑人的小偷小摸和谎言：他们因此更坚信自己的肤色给予他们的优越地位；如果其中一个黑人固执地要保持正直，白人就进一步虐待他。在集中营里，人就这样有步骤地变坏：庄园主的子孙在这种卑劣行为中找到证明，他们有超人的本质。

这种巧合并不偶然。众所周知，蒙泰朗赞赏纳粹的意识形态。他着迷地看到卐字形成为太阳十字，在一个太阳节日里取胜。“太阳十字的胜利不仅是太阳的胜利，异教的胜利。它是代表一切旋转的太阳原则的胜利……我看到，在这一天，充满我的、我歌唱的、我全身心都感到主宰我一生的原则胜利了。”[1] 同样，众所周知，在德国人占领法国期间，他怀着何种合情合理的崇高感，向法国人提议学习这些“散发出力量的伟大风格的”[2] 德国人。使他在旗鼓相当的对手面前如惊弓之鸟的那种恐惧感，让他跪在胜利者面前：他相信通过这跪拜，他能同他们等同；他也成了胜利者，这是他始

① 见《夏至集》第308页。——原注
② 同上，第199页。——原注

终盼望的，不管是与一头公牛搏斗，与毛毛虫搏斗，还是与女人搏斗，与生命本身和自由搏斗。这样说是不错的：在胜利之前，他已经焚香礼拜过了“极权的魔术师们”[①]。像他们一样，他一直是虚无主义者，他总是憎恨人。“人甚至不值得被引导（人类不需要对你做什么就让你如此憎恨）。”[②] 像他们一样，他相信，有些人，不管种族、民族还是蒙泰朗他本人，掌握一种绝对特权，使他们对他人有一切权利。他的整个道德观呼吁进行战争和迫害，并为之辩解。为了判断他对女人的态度，有必要仔细考察这种伦理观。因为毕竟需要知道她们以什么名义受到谴责。

纳粹的神话有一种历史的基础结构：虚无主义表达了德国的绝望；英雄崇拜为几百万士兵为之捐躯的积极目的服务。蒙泰朗的态度没有任何积极的对立面，它只表达他自己的存在选择。事实上，这个英雄选择了恐惧。在所有人的意识中，都有一种要达到至高无上的企图，但这种意图只能通过冒险得到确认；任何优越地位从来不是恩赐的，因为人约减到他的主观性中，便什么也不是；等级是在人的行为和作品中才能建立的；业绩要不断地去获得：蒙泰朗知道这一点。“人只有对准备为之冒险的东西才有权利。”可是，他从来不愿意在自己的同类中冒自己的险。正是因为他不敢面对人类，才取消它。《死了的王后》中的国王说：“人的障碍是使人愤怒的障碍。”这是因为他们揭穿了有虚荣心的人在自己周围创造的迷惑人的“仙境”。必须否认他们。值得注意的是，蒙泰朗的任何一部作品都不曾给我们描绘人与人的冲突；和平共处是生动的伟大戏剧：他回避它。他的主人公总是独自站在动物、孩子、女人、风

① 见《秋分集》第57页。——原注
② 见《致欲望之泉》。——原注

景面前；他忍受着自己的欲望的折磨（就像《帕尔齐法尔》中的王后）或者忍受他自己的要求的折磨（像《圣地亚哥的主人》），但他的身边永远没有人。甚至《梦》中的阿尔邦也没有同伴：普里内生前，他憎恨普里内，他只对普里内的尸体激动。蒙泰朗的作品就像他的生平一样，只接受一种意识。

同样，一切感情都从这个世界消失；如果只有一个主体的话，不可能有主体间关系。爱情是微不足道的；并非以友谊的名义，爱情遭到蔑视，因为“友谊缺乏内脏”[①]。人与人的一切团结都被高傲地拒绝了。英雄没有塑造出来，它没有受到空间和时间的限制：“我看不出有任何合理的理由，要去关心对我而言是同时代的外界事物，而不是无论过去哪一个年代的事。”[②]别人发生的任何事对他来说都不重要：“说真的，对我来说，事件毫不重要。它们在我身上照射的光芒掠过我时，我才喜欢它们……因此，它们愿意怎样就怎样吧……”[③]行动是不可能的：“有热情、能量、胆量，却由于不相信任何与人有关的东西，便不能用来支配它们！”[④]就是说，一切超越性都是被禁止的。蒙泰朗承认这一点。爱情和友谊是无意义的，蔑视妨碍行动；他不相信为艺术而艺术，他不相信天主。剩下来只有乐趣的内在性：“我唯一的雄心就是比别人更好地利用我的感官，”[⑤]他在一九二五年这样写道。还有：“总之，我想要什么呢？占有这样的人：他们在平静和诗意中令我喜欢。”[⑥]一九四一年，他写道：“我这个不停指责的人，我在这二十年中做

① 见《致欲望之泉》。——原注
② 见《掌握自己》第13页。——原注
③ 见《夏至集》第316页。——原注
④ 见《致欲望之泉》。——原注
⑤ 同上。——原注
⑥ 同上。——原注

了些什么呢？这些年是一个使我充满欢乐的梦。我各种生活都体验过，沉醉于我喜欢的东西：我嘴对嘴地接触生活！”[①] 不错。但女人不正是因为躺在内在性中，才被人践踏吗？蒙泰朗以何种更高的目的、何种更伟大的意图，去反对母亲和情人占有的爱呢？他自己也在寻求“占有”；至于“嘴对嘴地接触生活”，许多女人都超过了他。确实，他古怪地品味奇特的感受：从动物、小伙子、未到青春期的小姑娘那里得到的感受；一个热烈的情人竟没有考虑过把她十二岁的女儿放到他的床上，他为此感到愤怒：这是一种缺少热情的平庸。难道他不知道女人的肉欲也像男性的肉欲一样折磨人吗？如果是根据这个标准去给两性分等级，她们也许占优势。说实话，在这一方面，蒙泰朗惊人地前后不一。他以“交替”的名义宣称，由于任何东西都没有价值，因而一切具有同样价值；他接受一切，他想拥抱一切，他乐于让他的豁达吓坏母亲们；然而是他在德军占领法国期间要求对电影和报纸进行“严格调查”[②]；美国姑娘的大腿使他恶心，一头公牛发光的性器官却令他兴奋：各有所好；人人按照自己的方式重新创造“仙境”；这个爱饮酒作乐的人以什么价值的名义厌恶地唾弃别人的欢宴呢？因为这些欢宴不是他的欢宴吗？整个伦理观就在于成为蒙泰朗吗？

显然他会回答，享乐不是一切：必须要讲方式。必须让快乐成为弃绝的反面，必须让享乐者也感到拥有一个英雄和一个圣人的品质。但是许多女人精于把她们的乐趣与自己塑造的高大形象调和起来。为什么我们要相信，蒙泰朗的自恋梦，比她们的梦更有价

---

① 见《夏至集》第 301 页。——原注

② “我们要求一个有自由决定权的机构，阻止一切它认为会损害法国人优良品质的东西。以法国人优良品质的名义要求一种严格调查。”（《夏至集》第 270 页）——原注

值呢？

事实上，正因为这关系到梦。因为蒙泰朗拒绝一切客观的内容，所以他玩弄的词如伟大、神圣、英雄主义只是假象。蒙泰朗害怕拿他的优越地位放到人们当中去冒险；为了沉醉于这种令人兴奋的酒，他躲到云彩中：独一无二者必定是至高无上者。他把自己关在空中楼阁里：镜子无尽地把他的形象反射回来，他以为居住在土地上就够了，但他只是一个束缚于自身的隐居者。他自以为是自由的，却为了自我失去了自由；他根据从埃皮纳尔画片借用来的规格制作蒙泰朗的塑像。阿尔邦赶走多米尼克，是因为他在照镜子时发现一张傻瓜的脸表明了这种奴役状态：只有通过别人的眼睛才成为傻瓜。高傲的阿尔邦让自己的心屈从于他蔑视的这种集体意识。蒙泰朗的自由是一种态度，而不是一种现实。他没有行动的目的，自然不可能行动，他用手势来聊以自慰：这是一出滑稽剧。对他而言，女人是合适的对手；她们给他配戏，他夺取了头牌角色，他戴上桂冠，穿上紫红色衣服，但这一切是在他的私人舞台上进行的；来到公共广场，处在真正的灯光中，在真实的天空下，这个演员便什么也看不清了，再也站不稳，他跌跌撞撞，倒了下来。科斯塔尔在清醒时叫道："说到底，这些在女人身上得到的'胜利'是多么可笑啊！"[1] 的确，蒙泰朗给我们提供的价值、业绩是可悲的玩笑。使他沉醉的丰功伟绩也不过是手势，决不是业绩：他为佩雷格里努斯的自杀，帕尔齐法尔的大胆，那个让对手躲在自己的雨伞下、然后在决斗中劈死他的日本人的潇洒而激动。但他宣称："对手本人和他被认为要体现的思想，没有那么高的重要性。"[2] 这句

---

① 见《少女们》。——原注

② 见《夏至集》第 211 页。——原注

表白在一九四一年有弦外之音。他还说，凡是战争都是美的，不管结果如何；力量总是可赞叹的，不管它为什么服务。“如果我们想保持唯一可以接受的人的概念的话：也即人同时是英雄和智者，那么我们必然走向没有信仰的战斗。”① 奇怪的是，蒙泰朗对一切事业高傲的漠然，不是倾向于抵抗运动，而是倾向于民族革命；奇怪的是，他最高的自由是选择了屈从；奇怪的是，他不是在游击队中，而是在战胜者中寻找英雄智慧的奥秘。这也不是偶然的。《死了的王后》和《圣地亚哥的主人》的假崇高导致的是这种欺骗。由于这些剧本想达到的意图更多，就更能说明问题，其中可以看到两个威严的男性，将只因是人而有罪的女人牺牲给他们空洞的骄傲；她们希望获得爱情和人间幸福：为了惩罚她们，夺取了其中一个的生命，夺取了另一个的灵魂。如果我们要问以什么名义这样做？作者会再一次高傲地回答：什么名义也不要。他不希望国王以过于严厉的理由去杀死伊涅丝；这样杀人只是普通的政治罪行。他说：“我为什么要杀她？无疑有一个理由，但我不去辨别。”理由是必须让太阳的原则战胜人间的平庸，但这个原则我们已经看到了，不阐明任何目的：他要求毁灭，如此而已。至于阿尔瓦罗，蒙泰朗在一篇序言中告诉我们，他对当时的某些人感兴趣的是“他们不容置辩的信仰、他们对外界现实的蔑视、他们对毁灭的兴趣、他们动辄就要发火的愤怒”。圣地亚哥的主人正是把他的女儿牺牲给这种愤怒。他要给这种愤怒饰以神秘这个闪光的美好字眼。喜欢幸福超过喜欢神秘，难道不是平庸吗？事实上，牺牲和舍弃只有一个目的、一个人类的目的，在这种情况下才是有意义的；超越特殊爱情和个人幸福的目的，只能在承认爱情和幸福的价值的世界上才能显现；

① 见《夏至集》第211页。——原注

“年轻女工的道德”比虚幻的仙境更为真实，因为它植根于生活和现实中：正是从这里喷发出更广泛的愿望。很容易设想一下伊涅丝·德·卡斯特罗在布痕瓦尔德[1]，国王以国家利益为托词向德国大使献殷勤。许多年轻女工在德国占领期间得到我们的尊敬，而蒙泰朗则不会。他满口的空洞词汇由于空洞无物而变得危险：超人的神秘容忍一切人间的破坏。事实是，在我们谈到的惨剧中，它由两种谋杀来确定，一种是肉体的，另一种是精神的；阿尔瓦罗很快便变成一个凶狠、孤独、让人认不出的宗教裁判所大法官；国王不被人理解，他被人抛弃，像希姆莱[2]一样，也很快变得和阿尔瓦罗一样。杀女人，杀犹太人，杀女性化的男人和受犹太人影响的基督徒，杀以这种高傲思想的名义去屠杀时感到兴味或乐趣的一切。只有通过否定，否定的神秘才能确立。真正的超越是积极迈向未来，人的未来。假英雄为了说服自己到达很远的地方，飞得很高，他总是向后看，向脚下看；他蔑视人、指责人、压迫人、迫害人、折磨人、屠杀人。他正是通过作恶向别人表示，他自认为高于别人。当蒙泰朗停止“嘴对嘴地接触生活”时，他用一只手指威严地向我们指点的，就是这样的高峰。

“如同拉阿拉伯戽斗水车的驴子一样，我旋转，我旋转，盲目地，无休无止地沿着自己的足迹重复走着。只不过，我没有抽上来清凉的水。”对于蒙泰朗在一九二七年做出的这个表白，没有什么可补充的。清凉的水从来没有喷射出来过。也许蒙泰朗不得不点燃烧死佩雷格里努斯的柴堆：这是最合乎逻辑的解决办法。他宁愿躲藏在自我崇拜中。他不但没有献身于他不会使之变得繁华的世界，

---

① Buchenwald，德国境内的集中营，靠近魏玛，建于 1937 年。

② Heinrich Himmler（1900—1945），纳粹头目，建立党卫军，成为盖世太保首脑、内政部长，后被发现与盟军联系而被解职，最后被英国人抓住。

反而满足于在其中映出自己；他按照只有自己的眼睛能看到的海市蜃楼去安排自己的生活。他写道："君主们在任何情况下，甚至在溃败时也是自如的。"[①] 因为他在失败中自得其乐，所以自以为是国王。他从尼采那里学到，"女人是英雄的消遣物。"他相信，只要拿女人来取乐，就可以被奉为英雄。如此等等。正如科斯塔尔所说的："说到底，多么可笑！"

二 戴·赫·劳伦斯或者
男性生殖器的骄傲

劳伦斯与蒙泰朗正相反。对他来说，问题不在于确定男女的特殊关系，而在于将这两者重新置于生命的实体之中。这个实体既不是表现，也不是意志：它包含了动物性，人就植根于其中。劳伦斯激烈地反对性器官—大脑的对照；在他那里，有一种宇宙的乐观主义，与叔本华的悲观主义截然相反，表现在男性生殖器中的生存意志是欢乐：思想和行动的根源应该在男性生殖器中，否则就是空洞的、机械的、贫瘠的概念。纯粹的性欲周期是不够的，因为它回到内在性中：它是死亡的同义词，但这种割裂的实在：性和死亡，胜过与变成腐殖土的肉体相分离的存在。男人不仅仅像安泰俄斯一样，需要不时重新与土地接触；男人的生命应该全面表现出阳刚气，它直接提出和要求女人；女人既不是消遣，也不是猎物，她不是面对主体的客体，而是相反一极的存在所必不可少的一极。不了解这个真理的男人，例如拿破仑，错失了他们的命运：他们是失败

① 见《夏至集》第312页。——原注

者。个体不是通过确定其特殊性，而是通过尽可能激烈地实现普遍性才能得救：不管是男性还是女性，都绝不应该在肉欲关系中寻找自身骄傲的胜利，或对自我的颂扬；像利用意志的工具一样利用性器官，是不可弥补的错误；应该粉碎自我的障碍，超越意识的限制本身，抛弃一切个人的至高无上。没有什么比表现一个正在分娩的女人的塑像更美的了："一个空虚得可怕、尖锐的、在感受的重负下变成抽象的，直至毫无意义的形象。"[①] 这种迷醉状态既不是牺牲，也不是舍弃；两性的任何一方都不让对方吞没；男人和女人都不应该像一对配偶的碎片那样呈现；性器官不是一个伤口；每一个都是完整的存在，是完美的一极；当一方确信其阳刚气时，另一方则确信其阴柔美，"每一方都成功地达到性别两极连通的完美"[②]；性行为不是任何一方的吞并或投降，而是一方促成另一方的完美实现。当厄秀拉和伯金终于相遇时，"他们彼此间给予这种星体之间的平衡，唯有这种平衡才能称做自由……她对他的关系就是他对她的关系，这是神秘的、可触知的另一个实体自古以来就有的华美"[③]。一对情侣彼此进入到情欲的剧烈痛苦中，也就进入到他者，进入一切。保罗和克拉拉在产生爱情时也是这样[④]：对他来说，她是"强有力的、古怪的、粗野的生命，与他的生命混合在一起。力量远远大过他们，以至他们陷于沉默。他们相遇了，在他们的相遇中，混合着无数根草的生命冲动和繁星的旋转"。查特莱夫人和梅勒斯达到了同样的宇宙般广大的欢乐：他们彼此交融，同时与树木、阳光、雨水融汇。劳伦斯在《为查特莱夫人辩护》中进一

① 见《恋爱中的女人》。——原注
② 同上。——原注
③ 同上。——原注
④ 见《儿子与情人》。——原注

步发展了这个理论："婚姻如果不是持续地和彻底地崇拜男性生殖器，如果不是与太阳、大地、月亮、星辰、行星、岁月的节奏、季节和年份的节奏、五年祭和世纪的节奏联结在一起，那么婚姻就只是一个幻象。婚姻如果不是建立在血液的联系上，那么就什么也不是。因为血液是心灵的实质。""男女的血液是两条永远不同的河流，不能混同。"因此，这两条河流弯弯曲曲绕着整个生命流淌。"男性生殖器是一腔热血，充满女人的血谷。男性强大的血河在最深处围绕着女人的血河……但这两条河流的任何一条都不冲决堤坝。这是最完美的融合……这是最大的秘密之一。"这种融合是一种奇迹般的充实，但它要求取消"个人"的奢望。当个人力求互相到达又互不否认时，由于一般说来是在现代文明中，他们的企图便注定失败。于是有一种"个人的、清白的、冰冷的、神经质的、诗意的"性欲，这会使每个人的生命之流软弱无力。情侣把对方看成工具，这就在他们之间产生仇恨：查特莱夫人和迈克利斯就是这样；他们封闭在自己的主体性中；他们经历类似酒精或鸦片带来的那种狂热，但这种狂热是没有对象的：他们发现不了另一方的实体；他们什么也达不到。劳伦斯会把科斯塔尔判决为无药可救。他在杰拉德[①]身上描绘了这类骄傲而自私的男性中的一个；杰拉德要为他与古娟一起陷入的苦难负绝大部分责任。他爱动脑筋，意志坚强，在空洞地确定自我中自得其乐，顶住生活的艰难：为了驯服一匹烈性母马的乐趣，他把这匹母马硬顶在栅栏上，一列火车在栅栏后面轰隆隆驶过，他把母马难对付的腹部都卡出血来，沉醉于自己的能耐中。这种控制的意志，贬低女人，对女人施加压力；她由于软弱，变成了奴隶。杰拉德俯身对

① 见《恋爱中的女人》。——原注

着米内特："这个被奸污的奴隶的存在理由，就是持续不断地被奸污，她简单的目光使杰拉德的神经颤动……他的意志是唯一的意志，她是他的意志的被动实质。"这是一种可悲的主宰欲；如果女人只是一种被动实质，男性主宰的东西就什么也不是。他以为在夺取，在充实自己：这是一种诱饵。杰拉德把古娟紧抱在怀里："她是他的存在所宠爱的丰富实质……她融化在他身上，他达到完美。"一旦他离开她，他便重新变得孤独和空虚；第二天，她不来幽会。如果女人是强有力的，男性的企图在她身上会激起对称的企图；她受到迷惑，又桀骜不驯，时而变成受虐狂，时而变成虐待狂。当古娟看到杰拉德将发狂的母马腹部夹紧在大腿之间时，她惶惶然不知所措；当杰拉德的奶娘向她叙述从前"她捏他的小屁股"时，她也感到惶惶然。男性的狂妄自大激发了女性的反抗。厄秀拉被伯金性欲的纯洁所征服和挽救，就像猎场看守人对查特莱夫人所做的那样，杰拉德却把古娟拖进一场没有出路的斗争中。一天夜里，不幸的他被丧事压垮了，倒在她的怀抱里。"她是生活的大浴场，他爱她。她是一切事物的母亲和实质。她的乳房温柔的、奇迹般的分泌物，像有治疗奇效的淋巴液，像能使人镇静的生命之流，渗入他干枯的、有病的脑子，他像重新沐浴在母亲怀抱中一样感到完美无缺。"这一夜，他预感到跟女人结合是什么样的，但是太晚了，他的幸福变质了，因为古娟并没有真正地出现；她让杰拉德睡在她的肩上，而她始终未合眼，很不耐烦，心已离去。这是对折磨自身的人的惩罚：他不能独自除去他的孤独；在竖起自我的障碍的同时，他竖起了他者的障碍：他永远不会同他者汇合。最后，杰拉德死了，是古娟和他自己害了他。

因此，两性中任何一个一开始都没有特权。任何一个都不是主体。女人不是一个猎物，更不是一个普通的借口。马尔罗[①] 指出，和印度人不同，对劳伦斯来说，女人和风景不同，并不是与无限接触的机会：这是以另一种方式把她变为一个客体。她像男人一样是真实的；必须达到的是真正的结合。因此，劳伦斯赞同他的主人公对他们的情人所要求的不止是献身：保罗不接受米丽安以温柔的牺牲方式献身给他；伯金不愿意厄秀拉仅仅在他的怀抱里寻求乐趣；封闭在自身中的女人，不管是冷漠的还是热烈的，都让男人处在孤独中：他应该赶走她。两个人必须身心相许。如果这献身完成了，他们就应该永远对对方忠实。劳伦斯是一夫一妻制的拥护者。只有在关注人的特殊性的情况下，他才在其中寻找多样性，但崇拜男性生殖器的婚姻是建立在普遍性的基础上的。当阴阳的沟通确立时，任何改变的愿望都是不可想象的：这是一种完美的、自我封闭的、确定的沟通。

互相献身，互相忠实，就真的是互相承认占据统治地位了吗？远非如此。劳伦斯狂热地相信男性至高无上。“崇拜男性生殖器的婚姻”这个词本身，在性和男性生殖器之间划等号，便足以证明这一点。在神秘地结缡的两股血流中，男性生殖器的血流占据优势。“男性生殖器用做这两条河流的纽带：它把两种不同的节奏结合成只有一条河流。”因此，男人不仅是夫妻关系中的一方，而且是他们的关系；他是他们的超越：“通往未来的桥梁就是男性生殖器。”劳伦斯想以男性生殖器的崇拜代替母亲—女神的崇拜；当他想阐明宇宙的性别本质时，他提出的不是女人的肚子，而是男人的阳刚特征。他几乎从来不描绘被女人弄得神魂颠倒的男人，但他上百次指出女人受到男性热烈的、微妙的、暗示的召唤，暗地里心潮

① 《〈查特莱夫人的情人〉序》。——原注

澎湃；他的女主人公是漂亮和健康的，但不会令人神魂颠倒；而他的男主人公是令人不安的动物。是雄性动物体现生命局促不安的和强有力的神秘；女人受到它的诱惑：这一个女人受到狐狸的引诱，那一个女人爱上一头种公马，古娟狂热地向一群年轻的公牛挑战；她被一只兔子倔强的活力弄得心神不安。社会特权加入这种宇宙特权之中。无疑是因为男性生殖器的血流是狂热的，咄咄逼人的，因为它跨至未来——劳伦斯对此只做了不完全的解释——“举着生命的旗帜向前”[①] 的正是男人；他趋向于目的，他体现超越性；女人沉溺于自己的情感，她整个是内在的；她注定属于内在性。男人不仅在性生活中扮演积极的角色，而且正是通过他，性生活才被超越；他扎根于性欲世界中，但他从中逃逸出来；她却封闭在其中。思想和行动植根于男性生殖器中；缺少男性生殖器，女人对思想也好，对行动也好，都没有权利了：她可以扮演男人的角色，甚至扮演得很出色，但这是一种不真实的游戏。“女人的吸力往下，往地心。她的深邃的极性是朝下流动，是月亮的引力。相反，男人的极性是往上，往太阳和白天活动。”[②] 对女人来说，“最深邃的意识潜伏在她的腹部和腰部……如果她转身向上，一切都会崩溃。”[③] 在行动方面，男人应该是倡导者，积极的一方；女人在情感方面是积极的一方。因此，劳伦斯恢复了博纳尔、奥古斯特·孔德、克莱芒·沃泰尔的资产阶级传统观点。女人应该将自己的生存依附于男人的生存。“她应当相信你身上的、你趋向于的深邃目的。”[④] 于是男人会给予她无限的温存和感激。“啊！当女人信任你，接受让

① 见《下意识的想象》。——原注
② 同上。——原注
③ 同上。——原注
④ 同上。——原注

你的意图超越她的时候，回到家里待在妻子身边是多么温馨啊……你会对爱你的女人感到无尽的感激……”[①] 劳伦斯还说，为了对得起这忠诚，男人必须真正地怀有一个杰出的意图；如果他的计划只是一个骗局，夫妻便陷入可笑的欺骗中，还不如封闭在女性的循环中：爱情和死亡，就像安娜·卡列尼娜和沃伦斯基，嘉尔曼和唐何塞那样，而不要像皮埃尔和娜塔莎那样互相欺骗。除了这一点保留，劳伦斯所宣扬的是按照蒲鲁东、卢梭的方式实行一夫一妻制，女人从丈夫那里证实她的存在的合理性。劳伦斯反对期待颠倒角色的女人，口吻像蒙泰朗一样充满仇恨。她要放弃扮演伟大的母亲，放弃掌握生活的真理；她夺取和吞噬，将男性割裂，使他重新陷入内在性之中，偏离他的目的。劳伦斯远远没有诅咒母性，恰恰相反；他很高兴有肉身，他接受自己的出生，他敬爱他的母亲；在他的作品中，母亲以真正女性的光辉榜样出现；她们是纯粹的忘我，绝对的宽宏，她们的全部活力都放在孩子身上：她们乐意让孩子变成一个男人，她们为此而骄傲。但必须警惕这样的自私情人，她想把男人重新拖回到童年去；她毁掉男性的冲动。“作为女性行星的月亮，把我们向后拖去。”[②] 她不断谈论爱情，但对她来说，爱是攫取，是填满她在自己身上感到的空虚；这种爱接近仇恨；赫曼尼就是这样，她忍受着可怕的缺陷的痛苦，因为她从来不知道献身，却想吞并伯金；她失败了；她想杀死他，她打他时感到的肉欲迷醉，与快感的痉挛相同。[③] 劳伦斯憎恨现代女性，认为她们是要求意识的赛璐珞和橡胶的合成物。当女人有了性的觉醒时，她便“行

---

① 见《下意识的想象》。——原注
② 同上。——原注
③ 见《恋爱中的女人》。——原注

走在生活中，以完全理智的、服从机械意志的命令的方式行动”[①]。他不让她具有自主的性欲；她生来是为了献身，而不是为了夺取的。通过梅勒斯的口，劳伦斯发出了对女同性恋者的憎恨。他也谴责面对男人保持超脱或咄咄逼人态度的女人；当米丽安抚摸保罗的肋部，对他说“你很漂亮”时，保罗感到被伤害，十分气愤。古娟像米丽安一样，当她迷醉于情人的俊美时，也犯了错误：这种凝视使他们分离，就像冰冷的女知识分子的讽刺一样，她们认为阴茎微不足道，或者男人的这种运动可笑；狂热地追求快感也同样要受指责：有一种激烈的孤独的性快感也导致隔阂，女人不应该追求它。劳伦斯描绘了许多独立的、有统治欲的女人肖像，她们错过了女性的使命。厄秀拉和古娟属于这一类人。开始，厄秀拉是一个缠住男人不放的女人。“男人应该献身于她，不留一丝一毫……”[②]她要学会控制自己的意志。古娟则很固执；她喜欢思考，是个艺术家，强烈地羡慕男人的独立和行动自由；她坚持要将自己的个性保持原封不动；她想为自己活着；她爱讽刺人，占有欲强，会永远封闭在自己的主体性中。最能说明问题的形象是米丽安，因为她最少矫揉造作。[③]杰拉德要为古娟的失败负部分的责任；面对保罗，米丽安独自扛着不幸的重负。她也想成为一个男人，而她憎恨男人；她不能忍受自己处在普遍性之中；她想“特立独行”；生活的广阔潮流没有从她身上越过，她可以像一个女巫或者像一个女祭司，从来不像一个酒神的女祭司；只有当她在心灵中重新创造出某些事物，给予它们一种宗教的价值时，她才被它们所感动：这种狂热本身使她与生命分

① 见《下意识的想象》。——原注
② 见《恋爱中的女人》。——原注
③ 见《儿子与情人》。——原注

离；她是富有诗意的、神秘的、不适应环境的。“她过分努力，反而作茧自缚……她不笨拙，但她从来做不出得体的动作。”她寻求内心的欢乐，现实使她害怕；肉欲使她害怕；当她同保罗睡觉时，她的心独自待在一边，处在恐惧中；她始终是意识，而不是生命：她不是一个女伴；她不同意与情人融合；她想把他吸收到自己身上。他对这种意愿感到气愤；当他看到她抚摸花朵时，他开始大发雷霆：可以说她想夺走花的心；他侮辱她：“你是一个爱情的乞丐；你不需要爱，但需要被爱。你想充满爱，因为你缺少某样东西，我不知道是什么。”性不是为了填满空虚的；它应该是一个完美的人的表现。女人称之为爱情的东西，是在她们希望夺取的男性力量面前她们的热望。保罗的母亲对米丽安做了这样清晰的思考：“她想要他的一切，她想从他身上抽取出他，把他吞掉。”当她的朋友生病时，她很高兴，因为她能够照料他：她想服侍他，但这是一种将她的意志强加给他的方式。因为她仍然与他分隔开，她在保罗身上激起“一股如同发烧一般的热情，就像鸦片所起的作用”，可是她不能给他带来快乐和平静；从她的爱情中，在她的内心，“她憎恨保罗，因为他爱她，控制着她”。因此，保罗离开她。他在克拉拉那里寻找平衡；克拉拉漂亮、活跃、像只小动物，毫无保留地献身；一对情人达到超越彼此的迷醉时刻，不过克拉拉并不懂得这个事实。她以为这种欢乐归于保罗本人，归于他的特殊性，她希望把他据为己有：她无法留住他，因为她也希望他的一切全部属于她。一旦爱情个体化，它就变成自私、贪婪，性爱的奇迹消失了。

女人必须抛弃个人的爱：无论梅勒斯还是西普里亚诺，都不愿意对他们的情人说情话。泰蕾莎是个典范的女人，当凯特问她，她爱不爱雷蒙时，她愤怒了。[1] 她回答："他是我的生命。"她同意向他献身，这跟爱情是两码事。女人应该像男人一样，去掉一切骄傲和一切意志；如果她对男人来说体现了生命，他对她而言也体现生命；查特莱夫人只有在认识到这个真理时，才找到平静与欢乐："她会放弃女性严厉而耀眼的权力，这种权力使她疲乏和严酷无情，她会投入到生活的新沐浴中，投入到发出恋爱的无声之歌的内脏深处"；这时，她沉浸在酒神女祭司的迷醉中；她盲目地顺从她的情人，在他的怀抱中忘却自身，同他构成和谐的一对，与风雨、树木、春天的花朵融洽无间。同样，厄秀拉在伯金的手中舍弃了她的个性，他们达到"繁星之间的平衡"。《羽蛇》尤其反映了劳伦斯完整的理想。因为西普里亚诺是"举着生活的旗帜向前"的人之一；他有一个全身心投入的使命，在他身上，阳刚气自我超越和自我颂扬，直至神化：如果他把自己尊为神，这不是欺骗；这是因为凡是十足的男子汉都是神；因此，他值得一个女人绝对忠诚。凯特充满西方人的偏见，先是拒绝这样的从属地位，她坚守自己的个性和有限的存在，但逐渐地她让生活的广阔潮流渗入体内，她把身心都献给了西普里亚诺。这不是奴隶的投降：在做出与他待在一起的决定之前，她要求他承认他需要她；他承认了，因为事实上，女人对男人是必不可少的；于是她同意今后只做他的女伴；她接受他的目的、他的价值、他的天地。这种顺从表现在情欲本身之中；劳伦斯不希望女人在寻求快乐时显得拘谨，不希望由于使她颤动的痉挛而与男性分开；他故意不让她有性高潮；当西普里亚诺感到在她身上这种神经性的性欲高潮快要来临时，他便与凯特分开；她自己也放弃了这种性欲的自主。"她的女人的强烈意志和她的欲望，在她

---

① 见《羽蛇》。——原注

身上平息下来，烟消云散，让她感到十分温馨和顺从，就像温泉从地底无声地涌出，然而其暗藏的力量又是这样积极和强大。”

我们明白为什么劳伦斯的小说被看做“女子教育”了。女人比起男人来说，服从宇宙秩序要无比困难得多，因为男人是以自主的方式服从，而女人需要男性做中介。当他者采取外来意识和外来意志的面目时，确实有投降的成分；相反，自主的顺从，尤其酷似权威的决定。劳伦斯的男主人公要么一开始受谴责，要么一开始，他们便掌握智慧的秘密。[①] 他们对宇宙的顺从早就完成，他们从中获得那么强的信心，以至他们显得像高傲的个人主义者那样狂妄；有一位神灵通过他们的口在说话：这就是劳伦斯本人。而女人应该在她们的神的面前俯首听命。即令男人是男性生殖器而不是脑子，具有阳刚气的男人仍然保持其特权；女人不是恶，她甚至是善的，但要从属于男人。劳伦斯给我们提供的仍然是“真正的女人”的理想，就是说毫无保留地接受他者身份的女人的理想。

三　克洛岱尔和主的女仆

克洛岱尔的天主教独创性，在于这是一种极其执着的乐观主义，甚至使恶本身转成了善。

同样的恶
包含着不容任其失去的善。[②]

---

① 除了《儿子与情人》中的保罗，他是最生动的人物。但这是唯一向我们展示男性成长的小说。——原注
② 见《正午的分界》。——原注

克洛岱尔自然采用造物主的观点——因为人们设想造物主是无所不能的、无所不知的和仁慈的——赞成一切创造；要是没有地狱和罪恶，便不会有自由和得救；当天主让这个世界从虚无中出现时，已经预先设想了犯罪和赎罪。在犹太人和基督徒看来，夏娃不听话导致她的女儿们处于不利的状况中：众所周知，教父们是多么恶劣地对待女人。相反，如果承认她为神的意图服务，那么她便得到谅解。“女人啊！过去，在人间乐园，她用不听话为天主效劳；在她和天主之间建立了这种深深的和睦；她通过堕落以肉体去赎罪！”[①] 无疑，她是罪恶之源，正是因为她，男人失去了天堂。但是，人们的罪被赎回了，这个世界重新得到祝福：

> 我们根本没有离开天主起先安置我们的天上乐园。[②]
> 整个大地是乐土。[③]

凡是出自天主之手、被施予的东西，自身不会是坏的：“我们正是以天主的全部作品向天主祈祷！凡是他创造的东西，都不是无用的，不会与别的东西格格不入。”[④] 甚至没有任何东西是不必要的。“他创造的所有东西都相通，同时彼此是必不可少的。”[⑤] 因此，女人在宇宙的和谐中有她的位置，但这不是随便哪个位置；有一种“古怪的激情，在撒旦眼里，这是引诱人犯罪的激情，它将永恒和虚无这朵短暂开放的花联结起来”[⑥] 。

---

① 见《索菲的艳遇》。——原注
② 见《三声部大合唱》。——原注
③ 见《在卢瓦-谢尔的谈话》。——原注
④ 见《缎子鞋》。——原注
⑤ 见《向圣母报信》。——原注
⑥ 见《索菲的艳遇》。——原注

女人无疑会是毁灭性的：克洛岱尔在勒希[1]身上表现了把男人引向毁灭的坏女人；在《正午的分界》中，伊泽毁掉她在自己爱情的陷阱中捕获的男人的生活。但如果没有这种毁灭的危险，也就不存在得救。女人“是天主故意引入自己神奇创造中的危险因素”[2]。男人经历肉体的诱惑是好事。“正是我们身上的这个敌人，给予我们的生命戏剧性的因素，这是刺激性的因素。如果我们的心灵不是受到这样激烈的打击，它就会沉睡，而现在它扑扑乱跳……这一斗争正是胜利的初习阶段。”[3]不仅通过精神的道路，而且通过肉体的道路，男人受召唤去意识到自己的心灵。“为了告诉男人，还有什么肉体比女人肉体更加强有力呢？”[4]凡是让他摆脱睡眠和安全的东西，对他都是有用的；爱情不管以什么形式呈现，都具有这种品性，它出现在“我们个人的小天地中，这个天地是由我们平庸的理性安排的，就像一个极端的捣乱因素”[5]。往往女人只是一个靠不住的幻想供给者：

> 我是不会被遵守的诺言，我的恩惠就在其中。
>
> 我是带着不存在事物的遗憾而存在的温柔。我是带着错误面孔的真理，谁爱我都根本不用考虑要分清这两者。[6]

但是幻想也起到作用；这正是守护天使对普鲁埃兹夫人所宣布的：

---

① 见《交换》。——原注
② 见《索菲的艳遇》。——原注
③ 见《朝阳中的黑鸟》。——原注
④ 见《缎子鞋》。——原注
⑤ 见《立场和建议》。——原注
⑥ 见《城市》。——原注

“甚至罪孽！罪孽也能效劳。”

“因此，他爱我是好的喽？”

“你教会他有欲望是好的。”

“幻想的欲望吗？总是离他而去的影子般的欲望吗？”

“对存在事物的欲望，对不存在事物的幻想。通过幻想，欲望是通过不存在事物的存在事物。”①

通过天主的意志，普鲁埃兹以往对罗德里格来说就是：

穿过他的心的一把长剑。②

但女人不仅仅是天主手里的这把剑，这种灼伤；这个世界的善不是命定地遭到拒绝的：它们也是一种养料；男人必须通通接受，并据为己有。对他来说，心爱的女人体现了世间一切可以感触的美；她在他的嘴唇上是一首崇拜的赞歌。“您多么美啊，维奥莱娜，您所在的这个世界是多么美啊。”③

站在我面前的这个女人是什么样的？她比风的气息更温柔，宛若穿过嫩叶的月光……看，她如同新生的蜜蜂，展开还很嫩弱的翅膀，如同一只高大的牝鹿，如同一朵不晓得自身多么美丽的鲜花。④

让我呼吸你的香气，当大地闪闪发亮，像祭坛被水洗过，

① 见《缎子鞋》。——原注
② 同上。——原注
③ 见《向圣母报信》。——原注
④ 见《少女维奥莱娜》。——原注

长出黄色和蓝色的花朵时，你的香味就像大地的芬芳，

有如夏天发出麦秸和草的香气，有如秋天的香气……[①]

她概括了整个大自然：玫瑰和百合、星星、果实、鸟儿、风、月亮、太阳、喷泉，“在正午的阳光下大港口轻微的嘈杂声”[②]。她有过之而无不及：是个同类。

然而，这一回，对我来说，在黑夜的流沙中，这个亮点完全不同于一颗星星，

像我一样的某个人……[③]

你将不再是单独一个人，但是在你内心，同你在一起，总是那个忠诚的女人。有个永远属于你的人，再也不会被夺走，她是你的妻子。[④]

有个人倾听我说的话，并且信赖我。

一个嗓音低沉的伙伴把我们抱在怀里，向我们保证，他是一个女人。[⑤]

男人全心全意把她搂在自己的心房上，在这片土地上找到他的根，自我实现。

我获得这个女人，这就是我的尺度和我的那一部分

---

① 见《城市》。——原注
② 见《缎子鞋》。——原注
③ 同上。——原注
④ 见《城市》。——原注
⑤ 见《硬面包》。——原注

土地。[①]

她抱起来不轻，但男人生来就不受约束：

瞧，愚蠢的男人看到这个荒诞的人，这个沉甸甸的、笨重的大家伙同他在一起感到很吃惊。

那么多的衣服，那么多的头发，干什么用的？

他再也不能，他再也不想摆脱她。[②]

这是因为这个负担也是一个宝库。维奥莱娜说："我是一个巨大的宝库。"

相应地，女人正是通过献身给男人，完成了她在人间的命运。

因为做一个女人，如果不是为了被采摘，那么还有什么用呢？

这朵玫瑰如果不是为了被吞噬，有什么用呢？她一旦生出来，

如果不是属于另外一个人，成为一头强壮雄狮的猎物，又有什么用呢？[③]

我们只有在他的怀抱里才是一个女人，只有在他的心里才是一杯美酒，我们能做什么呢？[④]

但是你——我的心灵说：我不是生来无用的，那个被召

---

① 见《城市》。——原注
② 见《正午的分界》。——原注
③ 见《三声部大合唱》。——原注
④ 同上。——原注

唤来采摘我的人是存在的！

啊，这颗等待着我的心！对我来说，充满它是多么快乐啊。[①]

当然，男女的结合，应该在天主的面前完成；它是神圣的，处在永恒中；它应该获得意志的深层运作的赞同，不会被个体的任性所打断。“爱情，两个自由人给予彼此的赞同，在天主看来是一件非常重大的事，以致他使这结合成为神圣的事。处处都一样，圣事使仅仅是心灵的崇高愿望成为现实。”[②] 还有：

婚姻不是快乐，而是牺牲快乐，这是两颗心灵的考察，它们为了自身之外的一个目的，而且今后永远

要互相满足。[③]

通过这个结合，男女要互相给予的不仅是快乐，而且每个人将拥有他（她）的存在。“这个在我心灵内的心灵，他会找到它！……是他来到我身边，向我伸出了手……他是我的爱好！怎么说呢？他是我的起源！因为他和为了他，我才来到世上。”[④]

我自身的一部分，我原以为它并不存在，因为再说我心有旁骛，没有考虑过它。啊，天主，它是存在的，它可怕地活着。[⑤]

---

① 见《三声部大合唱》。——原注
② 见《立场和建议》第二卷。——原注
③ 见《缎子鞋》。——原注
④ 见《托比和萨拉之书》。——原注
⑤ 见《受辱的父亲》。——原注

对于那个他使之变得完整的人来说，他显得是必不可少的，他存在的合理性得到证明。普鲁埃兹的天使说：“你在他身上是必不可少的。”罗德里格则说：

因为死亡如果不再是必要的，那么该称作什么？

她什么时候能够不需要我呢？我什么时候对她来说不再是这样的人：没有我，她不能成为自身呢？①

据说，在生活以及同他人的神秘关系之外，不会形成心灵。

但我们俩，超过这一点，随着你说话，我存在；在这两个人之间有同样的回应。

当别人为我们做准备时，奥里昂，我想，在你身上还储存着一点物质，我正是由这些你缺少的东西做成的。②

在这种必要的美妙结合中，天堂重新找到了，死亡被战胜了：

这个人由男人和女人重新合成，这个曾存在于天堂的人。③

我们俩只能通过彼此才能成功地摆脱死亡。

紫色如果同橘黄色融合，就能得出纯正的红。④

最后，每个人以别人的面目达到完全状态的他者，即天主。

---

① 见《缎子鞋》。——原注
② 见《受辱的父亲》。——原注
③ 见《圣徒之页》。——原注
④ 见《缎子鞋》。——原注

我们互相给予的，是不同形式的天主。①

如果起初你没有在我的眼睛里看到他，你会那么盼望上天吗？②

啊！不要再做女人，让我在你的脸上终于看到这个天主，你是无法容纳他的。③

对天主的热爱在我们身上召唤着生物那种本能，召唤着这种感觉：我们本身是不完美的，我们获得的至善，是在我们身外的某个人。④

因此，每个人在别人身上都找到人世生活的意义，还有这种生活贫乏的无可争辩的证明：

既然我不能给予他天堂，至少我能让他摆脱大地。只有我能够根据他的欲望给他提供部分东西。⑤

我向你要求的是，我想给你的是，不是暂时的东西，而是永恒的东西。⑥

然而，女人的作用和男人的作用不是恰好对称的。在社会方面，男人有明显的优势。克洛岱尔相信等级制，尤其是家庭中的等级：丈夫是家长。安娜·韦科尔主宰着她的家。唐佩拉热自认为是园丁，被赋予照管这棵脆弱的植物，即普鲁埃兹夫人的任务；他给

---

① 见《圣徒之页》。——原注
② 同上。——原注
③ 见《缎子鞋》。——原注
④ 见《立场和建议》第一卷。——原注
⑤ 见《缎子鞋》。——原注
⑥ 见《受辱的父亲》。——原注

她一个使命，她想不到要拒绝。仅仅作为男性这一事实，便给以特权。西涅问道："我是谁，可怜的姑娘，竟敢跟我家族的男性相比？"① 是男人在耕种田地，建造大教堂，用剑战斗，探索世界，征服土地，行动和做事。天主在人间的意图通过他来完成。女人只作为助手出现。她要安分守己，耐心等待，维持现状：

"我安于现状，长守于斯。"西涅说。

她保卫库封塔纳的遗产，当他在远方为事业而战时，她誊清账目。女人给战斗者带来希望："我带来不可抗拒的希望。"② 还有怜悯：

我怜悯过他。因为当他转身寻找他的母亲时，和转向受侮辱的妻子不同，

处在一种信赖和耻辱的精神状态中。③

金头临死时喃喃地说：

这是受伤者的勇气，衰弱者的支持，

垂死者的陪伴……

不管女人是否了解处在虚弱状态中的男人，克洛岱尔也没有责备她；相反，他感到在蒙泰朗和劳伦斯的男性骄傲是亵渎行为。男

① 见《人质》。——原注
② 见《城市》。——原注
③ 见《交换》。——原注

人自知有肉欲和可鄙，并没有忘却自己的来源和与此相应的死亡，这是好的。凡是妻子都能说出玛尔特的这番话：

> 不错，不是我生出了你。
> 但我在这里是为了向你重新要求生命。由此，男人面对女人，产生
> 这种意识的混乱，就像面对债主一样。①

但这种弱点要在力量面前屈服。在婚姻中，妻子献身给丈夫，丈夫要为她负责：拉拉面对克弗尔躺在地上，他把脚踩在她身上。妻子对丈夫的关系，女儿对父亲的关系，姐妹对兄弟的关系，是从属的关系。西涅在乔治掌握中所起的誓，是骑士对君主所起的誓。

> 你是头儿，而我呢，是看守火堆的可怜的女预言者。②
> 让我像一个新骑士那样起誓吧！我的老爷啊！我的兄长啊，让我在你的掌握中
> 像一个发愿的修女那样起誓吧，
> 我的家族的男性啊！③

忠实、光明磊落，是封臣最重要的品德。作为女人，温柔、谦卑、忍让，她以家族、子孙的名义而自豪、百折不回；骄傲的西涅·德·库封塔纳和金头的公主就是这样，后者肩上扛着她被暗

---

① 见《交换》。——原注
② 见《人质》。——原注
③ 同上。——原注

杀的父亲的尸体，接受孤独和粗俗生活的悲苦，以及耶稣受难般的痛苦，在金头临终时帮助他，然后死在他身边。因此，在我们看来，女人时常是调停人、中介人：她是听从末底改命令的以斯帖[1]，是服从司祭的犹滴；她的体弱、她的胆怯、她的羞耻心，她都能通过对自己的事业的忠诚去克服，因为这事业是她的主人的事业；她在自己的忠诚中汲取力量，使她成为最宝贵的工具。

在人性这方面，她仿佛是从附属本身汲取她的尊严。但是在天主看来，她是完全自主的人。对男人来说，存在是超越，而对女人来说，存在是维持，这只是从人间的角度看来，才在他们之间建立起差异：无论如何，超越不是在人间，而是在天主那里完成的。女人和天主的联系，就像与她的伴侣那样直接的，甚至更加亲密、更加秘密的联系。正是通过男人——还是一个教士——的声音，天主对西涅说话；维奥莱娜在她孤独的心中听到天主的声音，而普鲁埃兹只同守护天使打交道。克洛岱尔最崇高的形象是女人：西涅、维奥莱娜、普鲁埃兹。在他看来，部分是由于神圣在于遁世。女人不那么投入到人类的计划中，她少一点个人的意志：她生来是为了献身的，不是为了夺取的，更接近完美的忠诚。对人间欢乐的超越正是通过她进行的，这种欢乐是合法的，美好的，但牺牲这种欢乐更加美好。西涅做出牺牲是出于一个确定的理由：救出教皇。普鲁埃兹先是逆来顺受，因为她对罗德里格的爱是被禁止的：

> 你想让我将一个通奸的女人重新投入到你的怀中吗？……
> 我可能只不过是不久后将死在你的心窝上的一个女人，而不是

① Esther，《圣经》中的人物，犹太美女，她嫁给国王，使犹太人免遭大臣哈曼的威胁，并让她的堂兄弟末底改取代哈曼。

你渴望的那颗永恒的星星。[①]

但当这爱情可以解除禁忌时，她却不想做任何尝试，要在这个世界上实现爱情。因为天使对她喃喃地说：

普鲁埃兹，我的姐妹，你是沐浴在天主光辉中的孩子，我向你致敬，

这个天使们注视的普鲁埃兹，不知道他在注视着她，你塑造出来是为了把她给予他。[②]

她是人，她是女人，她不会逆来顺受而没有反抗：

他不会经历我具有的这种爱好！[③]

但是她知道，她同罗德里格真正的婚姻只有在她拒绝的情况下才能实现：

当再也没有任何办法逃遁的时候，当我要永远固定在这不可能成功的婚姻中的时候，当再也没有办法摆脱我强有力的肉体发出的喊声和这无情的空虚的时候，当我向他证明他的虚无和我的虚无的时候，当他的虚无中再也没有我的虚无不能够证实的秘密的时候。

正是这时，我把赤裸的和心碎欲裂的他献给天主，让天主

---

① 见《缎子鞋》。——原注
② 同上。——原注
③ 同上。——原注

> 在雷霆中充实他的身体，正是这时，我将拥有一个丈夫，将一个神抱在我的怀里。①

维奥莱娜的决心更加神秘，更加无目的；因为当她有可能和她所爱的、也爱着她的男人合法结合时，她选择了麻风和失明。

> 雅克，也许
>
> 我们过于相爱，以至我们互相属于反而不对，互相属于反而不好。②

女人这样古怪地献身于神圣的英雄主义，主要是因为克洛岱尔仍然是以男性的观点去看待她们。当然，从性别互为补充的观点看来，两性都体现他者；但从他的男性观点看来，无论如何，女人往往显得像绝对的他者。有一种神秘的超越，“我们知道，我们通过自身是无能为力的，由此，女人对我们具有的这种魅力，相当于天恩的力量”③。我们在这里只代表男性，而不是人类，面对男人的不完美，女人是无限的召唤。在某种意义上，这里有一种从属的新准则：通过与圣人结合，每个人都是其他所有人的工具；但女人更确切地是男人得救的工具，而不会出现相反的情况。《缎子鞋》是描写罗德里格得救的史诗。悲剧以他的兄弟为他向天主所做的祈祷开始，以普鲁埃兹引导罗德里格达到神圣的死而结束。从另一种意义上说，女人由此获得最高的自主：因为她的使命内化于她身上，她让男人得救，或者充当男人的榜样，在孤独中实现自己

---

① 见《缎子鞋》。——原注
② 见《少女维奥莱娜》。——原注
③ 见《缎子鞋》。——原注

的得救。皮埃尔·德·克拉翁向维奥莱娜预言她的命运，他在她心里采集她的牺牲的美妙果实；他当着大教堂里男人的面赞美她。维奥莱娜没有别人援助就实现了得救。在克洛岱尔的作品中，有一种女人的神秘主义，与但丁面对贝雅特里齐的神秘主义、与诺斯替教派的神秘主义、与圣西门传统将女人称做生殖者的神秘主义相似。由于男人和女人同样是天主的创造物，天主也给女人自主的命运。因此，女人由于成为他者——我是天主的使女——而成为主体；她在自为存在中作为他者出现。

《索菲的艳遇》中有一篇文字几乎概括了克洛岱尔所有的观点。我们读到，天主给予女人“这副面孔，不管这面孔多么遥远和变形，它是女人某种完美的形象。他让它具有魅力。他将结束和起点放在一起。他让她拥有他的意图，能给男人具有创造力的睡眠，她也在这睡眠中被孕育。她是命运的支柱。她是赠予。她是占有的可能性……她是不断地把造物主与他的作品联结起来的这种感情纽带的基石。她包含着他。她是观察和行动的灵魂。可以说，她同他分享耐心和创造的能力”。

在某种意义上，女人似乎不能得到更多的赞美了。但说到底，克洛岱尔只是诗意地表达稍稍现代化的天主教传统。人们一直认为，女人的人间使命丝毫无损于她超自然力的自主权；但是反过来，天主教徒承认她有这种自主权的同时，也认为自己被允许在这个世界上保留男性的特权。男人在天主身上赞美女人，而在人间把她当做女仆来对待：甚至越是要求她完全顺从，就越是使她走向得救的道路。忠于孩子、丈夫、家庭、领地、祖国、教会，这是她的命运，资产阶级总是给她指定这个命运；男人贡献他的主动性，女人贡献她本人；以神意的名义使这等级神圣化，这一点没有改变等级，相反，是企图让等级永远固定不变。

四　布勒东或者诗歌

尽管在克洛岱尔的宗教世界和布勒东的诗歌天地之间隔开一个深渊，但他们给女人所指定的角色却有相同点：女人是一个干扰因素；她把男人从内在性的睡眠中拉出来；入口、钥匙、门、桥梁，这是启迪但丁到天国去的贝雅特里齐。“如果我们稍微观察一下感情世界，那么会发现男人对女人的爱情，坚持以巨大的、浅黄褐色的花朵填满天空。对于总是感到需要相信自身呆在可靠之地的人来说，爱情始终是最可怕的绊脚石。”对另一个女人的爱情导致对他者的爱情。“对于这样一个人来说，正是在有选择性的爱情的最高阶段，人类之爱的闸门大开……”对布勒东来说，天堂不是一个陌生的地方：它就在这里；它向善于撩开日常普通事物之幕的人打开；其中，肉欲消除了虚假认识的圈套。“今日，性的世界……据我所知，不断地以它坚不可摧的黑夜核心来对抗我们洞察宇宙的意志。”与神秘相撞，这是了解神秘的唯一方法。女人是谜，并提出了谜；叠加的各种各样的面孔组成“唯一的存在，我们在里面有可能看到斯芬克司最后的化身”；因此，她是启示。布勒东对他爱上的一个女人说：“你是秘密的形象本身。”稍后又说：“你带给我的启示，甚至在知道它可能是什么之前，我已经知道这是一个启示。”这就是说，女人是诗歌。她在热拉尔·德·奈瓦尔的作品中也起着这种作用，但在西尔维和奥蕾莉亚身上，她有着回忆或者幻象的可靠性，因为梦比现实更真实，同现实不完全重合；对布勒东来说，两者完美地重合：只有一个世界；诗意是客观地存在于事物之中的，而女人毫无疑义是有血有肉的存在。人们不是在半梦半醒中遇到女人，而是非常清醒地在普通的大白天遇到她，这一天像日历上的其他日子一样有准确的日期——四月五日，四月十二日，十月四日，五月二十九日——在一个普通的地点：一个咖啡馆，或者街角。但她总是因某个奇异的特点而与众不同。娜嘉“高高仰着头，跟其他所有的行人不一样……妆化得很古怪……我从来没有见过这样的眼睛。”布勒东走近了她。“她在微笑，不过十分神秘，怎么说呢，就像很知道底细一样。”在《疯狂的爱情》中：“这个刚走进来的少妇，好像被一片烟雾围绕着——火包裹着她吗？……我可以说，一九三四年五月二十九日，在这个广场上，这个女人漂亮得出奇[①]。”诗人马上意识到，她要在他的命运中起作用；有时，这只是转瞬即逝的、次要的作用；就像《连通器》中大利拉眼中的孩子；甚至当时在她周围产生了一些小小的奇迹：在跟这个大利拉幽会之前，布勒东看到一篇善意的文章，署名的是一个很久没有见面的朋友，名叫参孙。有时，奇迹接二连三地发生；五月二十九日的那个陌生女人，水神一样在一个杂耍歌舞剧场表演一个游泳节目，她已被在一家餐厅里听到的一个双关语“Ondine, on dîne”[②]所提及；她同诗人第一次出远门，曾在十一年前他所写的一首诗中被详细描写过。这些女巫中最异乎寻常的是娜嘉：她预言未来，从她的嘴中说出与此同时她朋友在脑海中浮现的字句和意象；她的梦和意图都是神谕，她说：“我是游荡的灵魂”；她走向生活是“以奇特的方式，这种方式只建立在纯粹的直觉上，不断地产生奇迹”；在她周围，客观的偶然产生大量的奇特事件；她是这样奇迹般地摆脱表面现象，以至她藐视规律和理性：她最后进了

① 字体变化为布勒东所加。——原注
② 意为水神，吃晚饭，两者谐音。

疯人院。这是“一个自由的天才，犹如空气中的精灵一样，实施某些魔术能暂时缚住它，但无法使之屈服”。正因如此，她未能充分完成她女性的角色。她是通灵者，预言者，受到神灵启示，过于接近访问过奈瓦尔的虚幻造物；她打开超现实世界的大门，但她不能献出这个世界，因为她不会献身。女人是在爱情中自我实现的，她真正受到伤害；既是特殊的，又接受特殊的命运——并非无根地飘泊在世界上——这时她概括一切。当她的美丽达到最高阶段的时刻，是在黑夜的这一刻：“那时，她是完美的镜子，在这面镜子中，一切曾经存在、一切曾经受到召唤存在的东西，都完美地沐浴在这一次就要存在的东西里。”对布勒东来说，“找到地方和方式”，与“在身心中占有实体”混同在一起。这种占有只是在互相的爱，即肉欲的爱中才有可能。“被爱女人的肖像不仅应该是人们对之微笑的形象，而且应该是人们询问的神谕”；但是，只有女人本身不同于概念或者形象时，这肖像才会是神谕；她应该是“物质世界的基石”；对通灵者来说，这个世界本身就是诗歌，他必须在这个世界上真正占有贝雅特里齐。“只有互相的爱情才能产生完全的、不受任何东西控制的磁化作用，它使肉体成为太阳，给肉体留下光辉的印记，使精神成为永远喷水的、永不枯竭的、始终鲜活的源泉，它的水一劳永逸地奔向金盏花和欧百里香之间。”

这种不可摧毁的爱情只能是独一无二的。这是布勒东的态度存在的悖论，从《连通器》到《秘术 17》，他执着地给予不同的女人独一无二的永恒爱情。据他看来，正是社会环境妨碍了男人选择的自由，将他导向错误的选择；另外，通过这些错误，他实际上寻找一个女人。如果他记起被爱女人的面孔，他“同样会在所有这些女人面孔中只发现一张面孔：最后[1]一张所爱女人的面孔”。“再说，多少次我可以看到，在这些截然不同的外貌中，从这一张面孔到另一张面孔，最异乎寻常的共同特点在竭力确定下来。”他对《疯狂的爱情》中的水神问道：“这个女人最后就是你吗？你仅仅应在今天到来吗？”而在《秘术 17》中：“你很清楚，第一次看到你时，我没有丝毫犹豫就认出了你。”在一个完美的、改造过的世界里，由于互相的、绝对的赠予，夫妻是不可分离的：既然被爱的女人是一切，另外一个女人怎么会有容身之地呢？她也是这另一个；她越是成为自身，就越是会这样。“奇特与爱情不可分离。因为你是独一无二的，对我而言，你必然是另一个，另一个你自己。走过千姿百态的群芳丛，我爱穿红衬衫、不断变化的你，爱穿灰衬衫、赤裸裸的你。”提到一个不同的、但同样是独一无二的女人时，布勒东写道：“互相的爱，就像我考虑的那样，是一种多面镜子组成的装置，它把我从千百种不同的角度反映出来，对我来说，陌生人会显出我所爱的女人的形象，总是因为将我本人欲望神圣化而格外令人惊讶，也格外充满生命力。”

这个独一无二的女人，既有血有肉又是人造的，既是自然的又是有人性的女人，与超现实主义者喜爱的朦胧对象有着同样的诱惑力：她像诗人在跳蚤市场发现，或者在梦幻中创造的调羹—鞋子、桌子—狼、大理石般的糖；她深入到突然显示出真实性的熟悉对象的秘密中；深入到植物和石头的秘密中。她是一切事物：

我的妻子有薪火的头发
有热力闪电的思想

---

① 字体变化为布勒东所加。——原注

有沙漏的身材
……我的妻子有海藻和古老糖果的性别
……我的妻子有草原的眼睛

但她尤其是美。对布勒东来说，美不是一种自我欣赏的概念，而是一种只通过激情显现出来——因而存在——的现实；只有通过女人世上才有美。

> 正是在这里，在人类熔炉的深处，在这个悖论区域，两个真正互相选择的人的融合，将古老太阳的时代失去的价值归还一切事物，但孤独通过自然的幻想之一强烈表现出来；大自然在阿拉斯加火山口周围使冰雪保存在灰烬下面，正是在这儿，多年以前，我要求人们去寻找新的美，专门带着充满激情的目的去看待美。
>
> 抽搐的美将是色情的，隐晦的，既爆发又凝固的，既有诱惑力，又视环境而定的，或者将不是这样的。

一切生存者都是从女人那里得到意义的。“正是通过爱情和只有通过爱情，才能实现最高程度的本质和存在融合。”这融合是为情侣，同时越过全世界而实现的。“世界在仅仅一个人身上的重新创造、重新染色，就像它们通过爱情实现的那样，射出千百道光，照亮人间。”对一切诗人——或者几乎所有诗人——来说，女人体现了大自然；但是，据布勒东看来，女人不仅仅表现了自然，她还解放了自然。因为自然不讲明晰的语言，必须深入到秘术中，才能把握它的真相，这真相与它的美是同一回事：诗歌不单单是它的反映，更是开启它的钥匙；在这里，女人与诗歌没有区别。因此，她是不可缺少的媒介，没有她，整个大地就要沉默：“对我来说，只有在爱情、唯一的爱情、一个人的爱情这家庭炉火忽而升腾忽而降低时，自然才会自行发亮和自行熄灭，才能为我所用或妨害我。我在缺乏这种爱情时，才了解到真正空虚的天空。只缺少一个来自我的火的巨大彩虹，以便给存在事物以价值……我注视着我们刚刚点燃的、旺盛的树枝篝火上面我张开的手，直至头昏目眩，你的手是有魔力的，你的手是透明的，翱翔在我的生命之火上面。”对布勒东来说，每个被爱的女人是一个自然的奇迹：“一棵难以忘怀的蕨，在一口古井内壁上攀爬。”“……我不知是什么耀眼的、如此沉重的东西，以至她只能记得……自然的肉体的巨大需求，同时更加温柔地令人想起某些正在开放的挺拔花朵懒洋洋的姿态。”反过来，一切自然奇迹同被爱的女人混同起来，当他因一个岩洞、一朵花、一座山而激动时，他赞美的是她。在泰德的支座上捂热双手的女人和泰德本人之间，一切距离都被取消了。诗人只在一首祈祷文中提到这两者：“出色的泰德！夺走我的生命吧！我既是天堂入口，又是地狱入口，因此我更喜欢你像谜一样，能够将自然之美托上云霄，又吞没一切。”

美超出了美；它与“认识的深沉黑夜”混同；它是真理和永恒、绝对；女人解放的不是世界暂时的和偶然的面貌，而是世界必然的本质，不是像柏拉图设想的凝固本质，而是“爆炸性的—固定的”本质。“我在自身没有发现别的宝库，只有给我打开这片无边草地的钥匙，自从我认识你以来，这片草地总是由仅仅一种不断长高的植物组成，这种植物不断扩大的摆锤，把我导向死亡……因为一个女人和一个男人直到世界末日都应当是你和我，会轮到他们永不回头地滑向无尽的小径，滑向视觉的光芒，滑向生命和生命遗忘的边缘……最大的希望，我指的是所有其他希望都概括在里面的希望，是对所有人来说都是这样，是对所有人来说这可以延续下去，是从一个人到另一个人的绝对献身，它只能相互存在，在大家看来，这是在生活上面架设的唯一一座自然的和超自然的天桥。”

因此，女人因为自身激发和分享的爱情，对每个男人来说是唯一可能的得救。在《秘术 17》中，她的使命扩大了，也更明确了：她应该拯救人类。布勒东任何时候都沿袭傅立叶的传统，傅立叶要求给肉体恢复名誉，把女人作为肉欲的对象来赞扬；他很自然地形成了将女人作为生殖者的圣西门主义观念。在当下的社会中，是男性在统治，以至在古尔蒙的口中，说兰波“女里女气的”是一种侮辱。然而，“这样的时代将会来临：贬低男人，看重女人；男人现在濒临垮台……是的，在男人的想象中歌唱的、失足的女人，在经过对两者的考验后，也将成为新生的女人。首先，女人必须重新找到自己，她必须从男人的目光在她周围建成的地狱中学会重新认识自己。”

她应该起到的作用，首先是安抚的作用。“我总是目瞪口呆，听不到她的声音，她不想从天生的、两种不可抵御的、无价的声调转变中得到尽可能多的利益、广大的利益，这一种声调对男人说话，另一种声调是让她得到孩子的充分信任。女人的拒绝和惊恐的巨大喊声，这种总是强有力的喊声，什么样的奇迹和未来都可以创造……一个普普通通的女人什么时候要制造另一种奇迹呢，即把手臂伸到要争斗的男人中间，对他们说：你们是兄弟。”如果女人今日显得不适应环境，失去平衡，这是男性的暴虐对女人产生的后果；但是，她保留着神奇的能力，因为她扎根于生命的活泉水中，而男人已失去它的秘密。“梅吕齐娜，险些被惶惶不安的生活攫住的梅吕齐娜，依附于碎石、水草或黑夜绒毛的底层的梅吕齐娜，我正是向她祈求，只有她能消解野蛮时代。她是完整的女性也是今日的女性，失去了人的地位，成了自己漂浮的根基的囚徒，但也是通过这根，她同自然界的基本力量进行神圣的沟通……因为男人的浮躁和嫉妒，神话便剥夺了女人身为人的地位。”

因此，今日应当为女人仗义执言；在期待她能恢复生活中真正价值的同时，“在艺术上毫不含糊地宣布反对男人和支持女人”的时刻来到了。“女人—孩子。艺术应该有条不紊地为她来到一切感觉的王国做准备。”为什么是女人—孩子？布勒东给我们解释说：“我选择女人—孩子，不是用这个来反对另一个女人，而是因为在她身上，并且仅仅在她身上，有另一个[①]棱镜，对我来说，好像处于绝对透明的状态……”

在女人简单地等同于一个人的情况下，她像男人一样，不能够拯救这个沉沦的世界；是女性将他者这个因素引入文明；他者是生命和诗歌的真谛，唯有他者才能解放人类。

布勒东的观点只限于诗歌方面，女人仅仅是作为诗歌，因而是作为他者才得到考察的。在人们思索女人的命运时，会牵涉相互爱情的理想：女人除了爱情，没有别的天职；这不会降低她的身份，因为男人的天职也是爱情。然而，人们也许想知道，对女人来说，爱情是否人世的关键、美的显露；她在情人身上会找到这种美吗？或者会在她自己的形象中找到这种美吗？她是否能进行这种诗歌活动，通过一个有感觉的人实现诗意，或者她只局限于赞同她的情人的事业？她本身是诗歌、眼前的诗歌，也就是对男人而言的诗歌；布勒东没有对我们说，对自身而言，她是否也是诗歌。布勒东谈到女人时，不把她作为主体。他也从来不提坏女人的形象。在他的全部作品中——尽管在几篇宣言和小册子中，他抨击了人的丑类——

① 字体变化为布勒东所加。——原注

他并不关心理清对外界表面的抗拒，而着力于显示隐秘的真相：他只因为她是有特权的“嘴”而对她感兴趣。她深深地扎根于自然中，接近大地，显得像彼世的关键。在布勒东身上，有着诺斯替神秘教派的作品一样对自然难以理解的论述，诺斯替教派在索菲亚身上看到赎罪、甚至创造的准则，就像但丁那样把贝雅特里齐选作向导，又像彼特拉克那样被劳拉的爱情所启迪。因此，最深地扎根于自然的人，最接近大地的人，也是彼世的关键。作为真理、美、诗歌，她是一切：再一次是在他者的形象中的一切，除开自身的一切。

五　司汤达或者真实的传奇性

我离开当代，如今回到司汤达身上，是因为走出女人被轮流打扮成泼妇、水仙、晨星、美人鱼的狂欢节，接近一个生活在有血有肉的女人中间的男人，那是令人愉悦的。

司汤达从童年时代起就带着肉欲爱过女人，他把青少年时代的热望投射到女人身上：他乐于设想把一个陌生的美女从危险中救出来，获得她的爱情。来到巴黎时，他最渴望的是得到“一个迷人的女子；我们相爱，她了解我的心灵”……年老时，他在尘土中写下他最热爱的女人们的姓名首字母。他告诉我们：“我想，梦幻曾是我超过一切最喜欢的东西。”正是女人的形象孕育了他的梦想；回忆起她们使得眼前的景象生色。“我相信，对我来说，从多勒通过大路接近阿尔布瓦时，岩石的线条是梅蒂尔德[1] 的心灵可感触到

[1] Métilde，《吕西安 · 娄万》中的人物。

的、明显的形象。”音乐、绘画、建筑，他所珍爱的一切，他都带着一个不幸的情人的灵魂去热爱；哪怕他是在罗马漫步，在每一个拐角，都出现一个女人；在被她们在他身上挑起的遗憾、欲望、忧愁和欢乐中，他感受到自己心灵的爱好；他愿意将她们作为自己的审判官：他常常走访她们的沙龙，竭力要在她们的眼中表现得光彩夺目；他把他最大的幸福、最大的痛苦归于她们，她们是他主要的关注对象；他希望得到她们的爱情，胜过得到一切友谊，希望得到她们的友谊，胜过得到男人的友谊；女人启迪了他写书的灵感，女人形象充满了他的书；他多半是为她们而写书的。“一九〇〇年，我热爱的心灵——罗兰夫人们、梅拉妮·吉尔贝们……会有可能看我的书。”她们是他的生命的实质。她们的这种特权从何而来？

女人的这个温柔朋友，正是因为喜欢女人的真实，不相信女性的神秘；任何本质都不能一劳永逸地界定女人；“永恒的女性”的概念，在他看来是学究气的、可笑的。“学究们两千年来一再对我们说，女人思想更加活跃，男人更为稳重；女人思想更加细腻，男人注意力更集中。过去有个在凡尔赛花园里漫步的巴黎人给他所见到的一切下结论，说是树木长出来时就像修剪过了。”在男女之间的不同，反映了他们处境的不同。比如，女人怎么会不比她们的情人更浪漫呢？“一个女人有一件活儿要刺绣，这是乏味的事，只是件手工活，她在思念着情人，而他在平原骑马奔驰，带着他的骑兵队，如果他有个闪失，就会被禁闭起来。”同样，人们指责女人缺少理性。“女人更喜欢情感而不是理智；这非常简单：由于我们平庸的习惯，女人在家庭中不承担任何事务，对她们来说理智从来没用……你让妻子和你两块土地上的佃农了结事务吧，我敢打赌，账册会比你料理得更好。”如果在历史上找到的女性天才那么少，那是因为社会剥夺了她们的一切表达方法。“一切生来是女人[①] 的天才，为了公众的幸福而毁灭了；一旦她们偶然有办法显露自己，请看她们会表现出最了不起的才能。”她们要承受的最恶劣的不利条件，就是使她们变得愚笨的教育；压迫者总是力图压抑被压迫者；男人有意拒绝给予女人机会。“我们让她们身上最出色的，对她们和对我们都最有利的品质闲置不用。”十岁的小姑娘比她的兄弟更活跃、更细腻；二十岁时，顽童变成有才干的男人，而姑娘变成“大傻瓜，笨拙、胆小、害怕蜘蛛”；错误在于她接受的培养。需要给女人同给男孩一样多的教育。反女性主义者反驳说，有教养和聪明的女人是魔鬼：一切恶都来自她们始终是异常的；如果她们都能够和男人一样自然地接触文化，她们会同样正常地加以运用。在把她们变得残缺不全以后，便迫使她们接受反常的法则；人们让她们违反自己的心意去结婚，期待她们忠实，甚至离婚也被责备为无行。人们迫使大量女人无所事事，而在工作之外是没有幸福可言的。这种情况使司汤达感到愤慨，他从中看到责备女人的一切缺陷的根源。她们既不是天使、魔鬼，也不是斯芬克司：愚蠢的风俗把她们变成半奴隶状态的人。

正是因为她们是被压迫者，所以她们当中最优秀的人不会沾染压迫者的污点；她们自身既不低于也不高于男人；但通过一种古怪的颠倒，她们不幸的处境有利于她们。众所周知，司汤达多么痛恨严肃的精神：金钱、荣誉、地位、权力，在他看来是最不屑一顾的崇拜对象；绝大多数男人都不惜一切追名逐利；学究、显要、资产者、丈夫，在自己身上压制生命和真实迸发的一切火花；他们满脑子现成的思想和学来的感情，服从社会惯例，精神空虚；这些没有

① 字体变化为司汤达所加。——原注

灵魂的人麇集的世界，是一个无聊的荒漠。不幸的是，有许多女人滞留在这些阴郁的沼泽中；这是一些具有“巴黎人狭隘思想”的木偶，或者是假虔诚的女人；司汤达感到“对正派女人和她们不可避免的虚伪有一种难以忍受的厌恶”；她们对无所事事也采取严肃的态度，使得她们的丈夫呆若木鸡；教育使她们愚蠢、好嫉妒、有虚荣心、爱说闲话、由于百无聊赖而变得恶毒、冷漠、无情、自命不凡、心眼儿坏，这样的女人遍布巴黎和外省；可以看到她们挤在德·雷纳尔夫人、德·沙斯特莱夫人[①] 的高贵面孔后面。司汤达以仇恨的态度细心刻画的女人，无疑是格朗台夫人，他把她写成罗朗夫人[②] 、梅蒂尔德的反面。她漂亮，但毫无表情，倨傲，缺乏魅力，以“遐迩闻名的美德”使人恐惧，但不了解来自心灵的真正的羞耻心；她自炫其美，自以为了不起，只知道从外表去模仿庄重；说到底，她是庸俗和卑劣的；“她没有性格……她使我厌烦，”娄万先生想道，“工于心计，一心考虑她的计划成功。”她的全部野心在于让她的丈夫成为大臣；“她的头脑缺乏想象力”；她谨慎小心，墨守成规，总是避免爱情，不会做出豪爽的行动；当这冷漠的心灵泛起激情的时候，她便把它燃烧掉，不让它发出闪光。

只消把这个形象颠倒过来，就可以发现司汤达对女人的所求：首先是不要让自己落入严肃的陷阱；由于所谓重大的事都超出她们的能力范围，她们不像男人那样冒险，在其中异化；她们有更多的机会保持这种自然状态、这种纯真、这种宽容，那是司汤达置于其他一切价值之上的；他在她们身上所欣赏的是，我们今日称之为本真性的东西，这是他喜欢或者带着热情创造的所有女人的共同特

① Madame de Rênal，《红与黑》中的人物。Madame de Chasteller，《吕西安·娄万》中的人物。

② Madame Grandet，Madame Roland，《吕西安·娄万》中的人物。

点；她们都是自由的和真实的人。她们的自由在她们之中的某些人身上以夺目的方式表现出来：安杰莱·彼得拉加，“意大利式、卢克雷齐亚·博尔吉亚式的卓越妓女”，或者阿聚尔夫人，“杜巴里夫人式的妓女……我遇到的最有头脑的法国女人之一”，她们公开抨击风俗。拉米埃尔[①] 嘲笑习俗、风俗、法律；桑塞维利纳[②] 热情地投身于阴谋中，在罪行面前不后退。其他女人由于她们的精神活力上升到平庸之上：诸如孟塔、玛蒂尔德·德·拉莫尔[③]，她们批评、否定、藐视周围的社会，想与之区别开来。在其他女人身上，自由具有否定的面目；在德·沙斯特莱夫人身上出色的地方在于她对一切次要的东西漠不关心；她屈服于父亲的意志，甚至屈服于他的观点，但仍然通过这种无动于衷否定资产阶级的价值，人们责备她的无动于衷是一种幼稚，而这是她无忧无虑的快乐的源泉；克莱莉娅·康梯[④] 也以矜持别具一格；舞会、姑娘们通常的娱乐，让她无动于衷；她好像“要么出于蔑视周围的事物，要么出于惋惜某些消失的幻想”，总是显得很冷漠；她评判世界，对世界的卑劣感到愤怒。正是在德·雷纳尔夫人身上，心灵的独立最深地隐藏起来；她本人并不知道她难以忍受自己的命运；正是她的极端细腻、她强烈的敏感，表现出她对周围人的庸俗的厌恶；她毫不虚伪；她保留了一颗宽容的心，会产生强烈的情感，她对幸福有感受力；在她身上孕育的这种热情，人们几乎从外面感受不到它的热力，但只要吹一口气，就足以使她整个儿燃烧起来。这些女人干脆说是活生生的；她们知道，真正价值的源泉不在外界事物中，而在心中；这正

① Lamiel，司汤达的同名小说的主人公。
② Sanseverina，《帕尔马修道院》中的人物。
③ Mathilde de La Mole，《红与黑》中的人物。
④ Clélia Conti，《帕尔马修道院》中的人物。

是她们生活圈子的魅力所在：她们仅仅由于带着梦想、欲望、欢乐、激动、创造，出现在这个世界上，便驱赶了无聊。桑塞维利纳夫人，这个“积极的心灵”害怕无聊超过害怕死亡。滞留在无聊中，“这只是不死，”她说，“这不是活着”；她“总是为某种事激动，总是很活跃，也很快乐”。所有的女人要么轻率、幼稚，要么深沉，要么快乐，要么庄重，要么大胆，要么隐秘，不接受人类陷入的深沉的睡眠。这些懂得保持真空自由的女人，一旦遇到与她们相称的对象，便因热情上升到英雄主义；她们的心灵力量，她们的能量，则表现为全部介入的深度纯粹。

但只有自由还不足以使她们具有如此多的浪漫吸引力：纯粹的自由，人们是在尊重中而不是在激动中承认它；感动人的是她的努力，排除刁难她的障碍，充分发挥她的才干；在女人身上，斗争越是艰难，就越是动人。对外界束缚取得的胜利，已经足以使司汤达着迷；在《意大利遗事》中，他把笔下的女主人公禁闭在修道院深处，或者把她们关在爱嫉妒的丈夫的宫殿里：她们必须设想出千百种诡计，才能与情人相会；隐蔽的门、绳梯、血迹斑斑的箱子、劫持、非法监禁、暗杀、激情的发泄和死不服从，都得到巧妙的运用，施展出各种手段；死亡、咄咄逼人的折磨，使得他给我们描绘的狂热心灵表现出来的大胆更光彩夺目。甚至在他更成熟的作品中，司汤达仍然对这种明显的传奇性很敏感：这种传奇性是发自心灵的显豁形象；两者不能区分开来，就像嘴巴和微笑不能分开一样。克莱莉娅发明了用字母同法布利斯[1] 通消息的办法，同时也重新塑造了爱情；桑塞维利纳夫人被描绘成“一个总是真诚的心灵，她从来不会谨慎从事，而是整个儿投入眼前的印象中”；当她制造

① Fabrice，《帕尔马修道院》的男主人公。

阴谋，要毒死亲王和淹没帕尔马时，这颗心灵展现在我们面前：她就是自己选择要进行的崇高而疯狂的行动。玛蒂尔德·德·拉莫尔靠在窗子上的梯子，完全不同于戏剧中的道具：这是她的骄傲的不谨慎行为、她追求异乎寻常的兴趣、她撩人的大胆可以触摸到的形式。这些人物要不是周围有敌人：监狱的墙壁、君主的意志、家庭的严厉，她们的品质是不会显现的。

最难以克服的束缚，则是人人在自己身上遇到的束缚：正是这时，自由的历险最危险，最激动人心，最有刺激性。显而易见，司汤达笔下的女主人公越是被严密地禁闭起来，他对她们的好感也就越发强烈。诚然，他欣赏妓女，不管她们高尚与否，她们彻底将习俗践踏在脚下；他更温柔地喜欢出于审慎和羞耻心而行动有所顾忌的梅蒂尔德。吕西安·娄万喜欢待在德·奥坎库夫人这个生活放荡的女人身边，但他热烈地爱着的是贞洁的、有保留的、犹豫不决的德·沙斯特莱夫人；法布利斯欣赏桑塞维利纳夫人的整个心灵，她在无论什么面前都从不退让，但他更喜欢克莱莉娅，是这个姑娘获得了他的心。德·雷纳尔夫人受到她的骄傲、偏见和无知的束缚，也许是司汤达创造的所有女性中最令他惊讶的一个。他乐意把他笔下的女主人公安放在外省一个狭小的环境里，在丈夫或者愚蠢的父亲的控制之下；他乐于让她们没有文化，甚至满脑子错误思想。德·雷纳尔夫人和德·沙斯特莱夫人都是执着的正统派[①]；前者胆怯，没有任何人生经验，后者绝顶聪明，但她不了解自己聪明的价值；因而，她们对自己的错误不能负责任，更确切地说，她们是社会体制和风俗的受害者；传奇性就从错误中产生，就像诗意从失败中产生一样。在充分了解情况之下，思想明晰，决定自己的行动，

① 法国历史上波旁王朝嫡长系的拥护者。

这种头脑得到读者的赞许，或者受到无情的责备；而读者怀着恐惧、怜悯、讽刺和热爱，赞赏在黑暗中寻找道路的宽容心灵表现出的勇气和使出的诡计。因为她们受到蒙蔽，读者在她们身上看到像羞耻心、骄傲、极度的细腻这样既迷人又无用的品质充分展现，从某种意义上说，这些是缺点：它们产生谎言、敏感、愤怒，但它们足以通过女人所处的处境来解释；她们在小事情上，或者至少在“只有从感情来说才有重要意义的事情”上，表现出骄傲，因为一切“所谓重要”的事都在她们能力范围之外；她们的羞耻心源于她们要忍受的从属地位：因为她们被禁止在行动中发挥才干，所以她们对她们的存在本身提出怀疑；她们觉得，别人的意识，尤其她们情人的意识，显示出她们的真实面目：她们感到恐惧，竭力摆脱这意识；在她们的逃遁、犹豫和反抗中，甚至在她们的谎言中，表现出对价值的真正思虑；正是这一点使她们变得可敬；不过，这表现得很笨拙，甚至带着自欺，正是这一点使她们动人，甚至有点可笑。当自由陷入自身的圈套，跟自己弄虚作假时，它最深刻地具有人情味，在司汤达看来，是最动人的。司汤达笔下的女人，在她们的心向她们提出意想不到的问题时，她们是动人的：任何法则、任何方法、任何论证、任何来自外界的榜样，都不再能引导她们；她们必须独自做决定：这种孤单是自由的极端时刻。克莱莉娅是在开明的思想中长大的，她很明智和理智，但她接受的观点，不管正确的还是错误的，在道德的冲突中却根本救不了她；德·雷纳尔夫人不顾她的道德观，爱上于连，克莱莉娅不顾自己的理智去救法布利斯：在这两种情况中，都有着对一切公认价值的超越。使司汤达兴奋的正是这种大胆；尤其它几乎不敢表露出来，它就格外动人：它表现得更加自然、更加自发、更加真实。在德·雷纳尔夫人身上，胆量是被淳朴掩盖着的：她不了解爱情，不知道辨认爱情，毫无抵抗地向爱情让步；可以说，因为度过了黑夜，所以面对激情闪闪发亮的光芒时毫无抵抗之力；她迎接光芒，目眩神迷，哪怕是对抗天主，对抗地狱；当这热情之火暗淡下来时，她重又落入丈夫和教士控制的黑暗中；她不相信自己的判断，但明显的事实压倒了她；她一旦重见于连，又重新把自己的心灵交给他；她的悔恨、听她忏悔的神父让她写下的信，让人衡量出这颗热烈而真诚的心灵要越过多少距离，才能摆脱社会把她禁闭起来的监狱，到达幸福的天堂。在克莱莉娅身上，冲突更自觉；她在对父亲诚实和爱情的怜悯中游移不定；她为自己寻找理由；司汤达所相信的价值的胜利，尤其在伪善的文明的受害者将它感受为失败时，令他觉得更加光彩夺目；他很高兴看到她们运用诡计和自欺，让激情和幸福得到承认，压倒她们相信的谎言：克莱莉娅答应圣母不再见法布利斯，却在两年内接受他的亲吻、拥抱，只不过闭上眼睛，她既是可笑的，又是动人的。司汤达以同样柔和的讽刺态度看待德·沙斯特莱夫人的迟疑不决和玛蒂尔德·德·拉莫尔的前后不一；那么多的迂回曲折、反反复复、审慎小心、掩盖起来的胜利和失败，为的是达到简单的和合法的目的，对司汤达来说，这是最令人着迷的喜剧；其中有着可笑的东西，因为女演员既是法官又是当事人，因为她自己欺骗自己，因为她在只消做一个决定、症结就能解开的地方，给自己设置了困难的道路；然而，这些道路表现出能够折磨一个高尚心灵的最可敬的思虑：这个心灵希望自己获得的尊敬名副其实；她将对自己的赞同看得高于别人的赞同，由此，她作为一种绝对达到自我完成。这些没有回响的独自争论，比内阁危机更加严重；德·沙斯特莱夫人思忖，她回应还是不回应吕西安·娄万的爱情，她对自己和别人是这样判断的：能够相信别人吗？能够相信自己的心吗？爱情和人的誓言的价值是什么？信赖和恋爱是愚蠢的还是宽容的？这些疑问对每个人和所有人的生活的意义本身提出了怀疑。所谓严肃的人，事实上是微不足道的，因为他接受现成的生活的理由；而一个热恋的、深沉的女人每时每刻都在修正既存的价值；她了解毫无支持的自由的持续紧张状态；因此，她感到自己不断处在危险中：她会在一刹那间获得一切，或者失去一切。正是这种在不安中承担的危险，给她的故事一种英雄冒险的色彩。赌注下得最高：这种生存的意义本身是每个人的份额，是她唯一的份额。米娜·德·万格尔[①] 的恶作剧在某种意义上可能显得很荒唐，但也遵从一整套道德观。“她的生活是一场错误的算计吗？她的幸福持续了八个月。这是一个过于热烈的心灵，以至不能满足于生活的真实。”玛蒂尔德·德·拉莫尔没有克莱莉娅或者德·沙斯特莱夫人真诚；她按照为自己编造出的设想，而不是按照爱情和幸福的显著事实去安排自己的行动：洁身自好与失身相比，在所爱的人面前自惭形秽与抗拒他相比，更值得骄傲、更加崇高吗？在怀疑中，她也是独自一人，她以自尊来冒险，她把这个看得比生命还重要。这是穿过无知、偏见、欺骗的黑暗，在爱情摇曳的炽热光芒中热烈地寻找真正的生活理由，这是幸福或死亡、崇高或羞耻的无尽冒险，而这种冒险给女人命运以传奇般的光荣。

女人当然不知道她释放出的诱惑力；自我赞赏，扮演一个人物，这总是一种非本真的姿态；格朗台夫人与罗朗夫人相比之下，证明她不像后者；玛蒂尔德·德·拉莫尔引人注目，是因为她在自己的戏剧中变得糊涂，当她以为控制住自己的心时，她往往忍受着心灵的折磨；在她摆脱自己意志的时候，她令我们感动。但最纯洁的女主人公都不会意识到自身。德·雷纳尔夫人不知道自己妩媚，

① Mina de Vanghel，司汤达的同名短篇小说的女主人公。

正如德·沙斯特莱夫人不知道自己聪明。作者和读者会与情人等同，情人感受到深深的喜悦之一就在这里：他是见证人，因为他，内心的丰富感情显露出来；德·雷纳尔夫人远离别人的目光展示的这种热烈，德·沙斯特莱夫人周围的人不知道的这种“热烈、不断变化、深沉的头脑”，只有情人能够欣赏；纵然别人赞赏桑塞维利纳夫人的头脑，最能深入到她心灵的人却是他。在女人面前，男人品味着欣赏的乐趣；他就像欣赏风景或一幅画那样沉醉其中；她在他的心中歌唱，使天空产生细微的色彩差别。这种展示是将男人展示给他自己：男人如果没有细腻、敏感、热烈的心灵，是不能理解女人的细腻、敏感和热烈的；女人的情感创造了一个变化微妙、要求多样的世界，发现这个世界会丰富情人的情感：在德·雷纳尔夫人身边，于连变成了另外一个人，不再是他早先决定成为的野心家，他重新做出选择。如果男人对女人只有一个浅薄的愿望，他就会觉得勾引她是乐趣。真正的爱情会改变他的生活。“维特[①]式的爱情向感情和对美的享受打开了心灵……不管它以什么形式出现，甚至是穿上棕色粗呢衣服。它让人找到幸福，即使没有财富也罢……”“这是生活中的一个新目标，一切都与这个目标有关，它改变一切的面貌。爱情将整个大自然，连同它崇高的面貌，就像昨天创造出来的一件新玩意儿一样，投入一个男人的眼中。”爱情粉碎了日常常规，赶走了无聊，司汤达在无聊中看到一种深深的恶，因为它代表一切生或死的理由的缺席；情人有一个目标，这足以使每一天变成一场冒险：对司汤达说来，在孟塔的地窖里度过三天是何等的快乐！绳梯、血迹斑斑的箱子，在他的小说里表达的是这种对奇特事物的趣味。爱情，也就是说女人，使生存的真正目的显示

① Werther，歌德的小说《少年维特之烦恼》中的主人公。

出来：美、幸福、感觉和世界的新鲜。它夺走人的心灵，也因此给人控制权；男人同他的情人经历同样的紧张、同样的冒险，比共同从事一门职业感到更加真切。当于连在玛蒂尔德竖起的梯子脚下踌躇不决时，他对自己的整个命运提出怀疑：正是在这时，他发挥出自己真正的能耐。于连、法布利斯、吕西安正是通过女人，在她们的影响下，对她们的品行做出反应，才初次认识世界和自身。在司汤达的作品中，女人作为考验、报偿、法官、朋友，真正是黑格尔曾经想把她们变成的东西：这一他者—意识从他者—主体那里得到了真实，又在互相承认中，给予他同样的真实。在爱情中互相承认的幸福情侣，向宇宙和时间提出挑战；他们做到自足，实现了绝对。

这是假设女人不是纯粹的他性：她本身是主体。司汤达从来不局限于根据男主人公去描写女主人公：他给予她们自己的命运。他尝试做一件更罕见的，我想任何小说家还从来没有提出过的事业：他把自己投射在女性人物身上。他并不像马里沃俯身对着玛丽安娜，或者理查逊俯身对着克拉丽莎那样[①]俯身对着拉米埃尔：他支持拉米埃尔的命运，就像他支持于连的命运一样。由于这一点，拉米埃尔的形象有点概念化，但它具有特别的意义。司汤达在少女周围竖起各种各样可以想象的障碍：她是贫穷的，是个农妇，无知，由充满各种偏见的人粗俗地培养；可是，一旦她明白了“真蠢”这两个字的全部含义，她便撇开自己道路上的各种道德障碍。她的思想的自由运作允许她将好奇、雄心、快乐的各种意念为己所用；面对这样坚定的心灵，物质障碍不会不被铲平；对她来说，唯一的问题将是在一个平庸的世界中安排一个适合她的命运。她要在犯罪和

① Pierre de Marivaux（1688—1763），法国作家，著有剧作《爱情偶遇游戏》、小说《玛丽安娜的一生》等；Samuel Richardson（1689—1761），英国作家，著有书信体小说《帕米拉》《克拉丽莎》。

死亡中实现自我：这也是给于连指定的命运。对伟大的心灵来说，在一个这样的社会中是没有位置的：男女都同样处于困境。

司汤达既是这样深入地具有传奇性，同时又这样坚决地是个女性主义者，这是令人注目的；一般说来，女性主义者的头脑都是理性的，在各方面都采取具有普遍性的观点；但司汤达不仅以一般自由的名义，而且以个人幸福的名义，要求妇女解放。他认为，爱情没有什么可损失的；相反，对男人而言成为一个平起平坐的女人，能够更全面地理解爱情，爱情也就越真实。人们在女人身上欣赏的某些品质也许将会消失：它们的价值来自表现在女人身上的自由；自由会以其他面目表现出来；而传奇性不会从世上消失。处于不同处境的两个分开的人，在自由中对抗，其中一个通过另一个寻找存在的理由，两者总是要经历充满危险和机会的爱情。司汤达信赖真理；一旦离开了真理，人便会活生生地死去；凡是在真理闪闪发光的地方，美、幸福、爱情、自身有其理由的快乐，也闪闪发光。因此，如同拒绝严肃的欺骗性，他也拒绝神话的虚假诗意。人类现实对他来说已经足够了。据他看来，女人简单地说就是人：哪怕梦幻也不能创造出更令人迷醉的东西了。

六

通过上述例子，可以看到，在每一个特殊作家的作品中，反映出一些重要的集体神话：女人是作为肉体出现的；男性肉体是由母亲的肚子生出来的，在情人的拥抱中重生；因此，女人与自然类似，她体现了自然；她是野兽、血谷、开放的玫瑰、美人鱼、山冈的曲线，给予男人腐殖土、活力、可感触的美和世界的灵魂；她能掌握诗意的关键；她能作为这个世界和彼世的中介：不管是女神还是女预言者，不管是星星还是女巫，她打开了超自然、超现实的大门；她注定是内在性；通过自身的被动性，她散布平静与和谐：如果她拒绝这种作用，她就成为螳螂、吃人的女妖。无论如何，她像有特权的他者一样出现，主体通过它得以实现：男人的尺度之一、他的平衡、他的得救、他的历险、他的幸福。

这些神话每一个都以不同的方式组成。他者是按照个体为确立自身而选择的特殊方式加以特殊界定的。凡是人都作为自由和超越性而确立，但男人并不都给予这两个词以同样的含义。对蒙泰朗来说，超越性是一种状态：他就是超越，他翱翔在英雄的天空中；女人待在地上，在他的脚下；他乐于测量他和女人之间隔开的距离；他不时将女人朝自己托起，抓住她，再把她掷到地上；他从来不下降到她黏糊糊的黑暗的范围内。劳伦斯将超越性置于男性生殖器中；男性生殖器只有靠了女人才有生命和力量；因而内在性是好的和必要的；宣称不接触地面、远非是半神的假英雄，不会成为一个男人；女人不是可鄙的，她是深埋地下的财富、滚烫的泉水；但她应该放弃一切个人的超越性，并限于孕育男性的超越性。克洛岱尔也要求给予男性同样的忠诚：对他来说，女人维持生命，而男人通过行动延长生命的冲动；但对天主教徒来说，凡是在人间掠过的东西，都沐浴在徒劳的内在性中：唯一的超越是天主；在天主看来，行动的男人和伺候男人的女人，是完全平等的；每个人都要超越人间的生存状况：得救无论如何是一项自主的事。对布勒东来说，性别的等级颠倒过来；男性将他的超越性放入其中的行动和有意识的思想，他觉得是产生战争、蠢事、官僚、否定人性的乏味的欺骗；内在性、现实纯粹的不透明的在场才是真理；真正的超越性要通过返回内在性才能实现。他的态度与蒙泰朗的态度正好相反：蒙泰朗喜欢战争，因为可以在战争中摆脱女人，布勒东尊敬女人，因为她带来安宁；前者将精神和主观性混同，拒绝既定的世界；后者认为精神在客观上存在于世界的中心；女人损害蒙泰朗，因为她粉碎了他的孤独；对布勒东来说，她是启示，因为她让他摆脱主观性。至于司汤达，可以看到，女人在他的作品中几乎具有一种神话的价值：他把女人也看做是一种超越性；对于这个人道主义者来说，自由正是在相互关系中完成的；他者仅仅是一个他人，这就够了，据他看来，生命是“有刺激性的盐”；他不寻找“星系的平衡”，他不吃厌恶的面包；他不等待奇迹出现；他不期待与宇宙或者诗歌打交道，而是与自由打交道。

这是因为他感到自身是半透明的自由。别人——这是最重要的一点——作为超越性而存在，但感到自身是心中一种不透明的存在的俘虏：他们把这个“黑夜打不碎的核心”投到女人身上。蒙泰朗有一种阿德勒式的情结，从中产生浓重的自欺：他在女人身上体现这一整套自命不凡和恐惧的想法；他对女人的厌恶，正是他担心对自己感到的厌恶；他企图在女人身上践踏他自身不足可能存在的证明；他求助于蔑视来拯救自己；女人是他把身上所有的魔鬼投进去的壕沟。[①] 劳伦斯的生平向我们表明，他忍受着相同情结之苦，不过这是更为纯粹的肉欲情结：在他的作品中，女人具有补偿性神话的价值；通过她，作家拿不稳的男子生殖力得到赞美；当他描绘凯特待在西普里亚诺的脚下时，他以为对弗丽达取得了男性的胜利；他也不允许他的伴侣对他产生怀疑：如果她对他的目的提出质疑，他无疑会对他的目的失去信心；她的作用是使他放心。他要求她给

① 司汤达提前评判过蒙泰朗玩弄的残忍手段：“无动于衷有什么用呢？品味爱情，不过没有憎恶。憎恶总是来自需要对自己的价值感到有把握的卑劣心灵。”——原注

他平静、休息、信赖，就像蒙泰朗要求女人确信他的优越，他们要求得到他们所缺乏的东西。克洛岱尔并不缺少自信：如果他胆小，这只是在天主的奥秘中。因此，在他的作品中没有任何性别斗争的痕迹。男人大胆地承担女人的重负：她是诱惑或者得救的机会。对布勒东来说，男人似乎只有通过存在于他身上的神秘才是真实的；他乐意让娜嘉看到这颗星星：他朝这颗星星走去，星星就像“一朵无心之花的心”；他的梦幻、他的预感、他的内心语言的自发展现，在这些摆脱意志和理智控制的活动之中他认出了自我：女人是这种被遮住的存在的可见形象，这种存在比他意识到的个性更为本质得多。

司汤达平静地与自身保持一致，但他需要女人，就像她需要他一样，为了让他分散的存在集中到一个形象和一个命运的统一之中；男人之成为男人，仿佛是为了他人，但还必须让他人赋予他意识：其他男人对他们的同类过于无动于衷；只有恋爱中的女人才向情人打开自己的心扉，整个儿为他遮蔽。除了在天主那里找到一个尊贵的见证人的克洛岱尔，我们考察过的所有作家，用马尔罗的话来说，都期待着女人珍惜他们身上这个只有他们了解的“无可比拟的魔鬼”。男人在合作或者斗争中，在普遍性中互相对抗。蒙泰朗是个为男性写作的作家，劳伦斯是个空谈理论的人，布勒东是一个流派的领袖，司汤达是个外交家或者是个才智之士；正是女人在蒙泰朗身上揭示出他是个出色的、残忍的王子，在劳伦斯身上揭示出他是个令人不安的农牧神，在布勒东身上揭示出他是个天神，或者太阳，或者像“在斯芬克司脚下被雷电击倒的那样黑乎乎和冰冷的人”[①]，在司汤达身上显示出这是个诱惑者、迷人的男人和情人。

---

① 见《娜嘉》。——原注

对于他们当中的每一位来说，理想的女人将是最准确地体现能够向他显示自己的他者。蒙泰朗具有太阳般的精神，在女人身上寻找纯粹的动物性；劳伦斯是男性生殖器论者，要求女人在普遍性上概括女性；克洛岱尔将女人界定为灵魂伴侣；布勒东喜欢扎根在自然中的梅吕齐娜，他把希望寄托在女人—孩子身上；司汤达期望他的情人聪明、有教养、思想自由和行为自由：一个平等的人。但是，给平等的人、女人—孩子、灵魂伴侣、女人—性、雌性动物保留唯一的人间命运的，总是男人。不管通过她寻找自身的“自我”是怎样的，只有她同意充当他的严酷考验，他才能发挥作用。无论如何，人们要求她忘却自身和献出爱情。蒙泰朗同意对这样的女人温柔一些：她能让他估计出自己男性的威力；劳伦斯向为他献身的女人唱出火热的赞歌；克洛岱尔赞美女附庸、女仆、屈从男性同时顺从天主的女信徒；布勒东希望女人是人类的救星，因为她能把最完整的爱给予孩子和情人；甚至在司汤达笔下，女主人公比男主人公更加动人心弦，因为她们更加狂热地投身于爱情；她们帮助男人完成他的命运，正如普鲁埃兹为罗德里格的得救做出贡献；在司汤达的小说中，她们往往把情人从破产、监狱或者死亡中救出来。女性的忠诚被蒙泰朗和劳伦斯要求作为一种责任；克洛岱尔、布勒东、司汤达不那么狂妄，把忠诚作为宽厚的选择来赞扬；他们希望不用宣称自己配得到忠诚就获得它；但是——除了令人吃惊的《拉米埃尔》——他们所有的作品都表明，他们期待女人具有这种利他主义，孔德赞赏女人的这种利他主义，并且强加给女人，据他看来，这同时构成明显的低劣和朦胧的优势。

我们可以再举例子，但总是使我们推出同样的结论。每个作家在界定女人的时候，也界定了他的一般伦理观和他对自身的特殊看法：他往往也在她的身上记录自己对世界的看法和自恋的梦想之间存在的距离。在一部作品中，自始至终女性元素的缺乏或者微不足道，本身是一种症状；当这种情况总体上概括了他者的一切方面时，正如在劳伦斯的作品中那样，就极其重要了；如果女人仅仅被看作另一个人，而作家关心的是她的生平的个人经历，就像司汤达所写的那样，它仍然很重要；在我们这样的时代，每个人的个人问题都退居第二位，这种情况就失去重要性。但在每个男人仍然需要意识到自身，哪怕是为了超越自身的情况下，女人作为他者仍然起作用。

第三章

女性神话在文学中起着巨大作用，但在日常生活中它起到何种作用呢？它在多大程度上影响着风俗和个人的品行呢？为了回答这个问题，必须明确它同现实保持什么关系。

有各种各样的神话。女性神话是一个静止的神话，它将人类状况不变的——即将人类“分为”两种个体的方面升华，女性神话把从经验中获得的现实或者根据经验概念化的现实，投射到柏拉图哲学的领域；在这一点上，它以超越的、超时间的、不变的、必然的概念取代价值、意义、概念、经验论的法则。这个概念是无可争议的，因为它处于既定之外；它具有绝对的真实。因此，神话思维以独一无二的、固定的*永恒的女性*去对抗女人分散的、偶然的和多样性的存在；如果对女性神话所作的界定与有血有肉的女人的行为相悖，那么这些行为就是错的：人们并非宣称*女性*是个实体，而是宣称女人不是女性。经验得出的相反结论丝毫不能否定神话。神话以某种方式植根于经验。因此，女人不同于男人是正确的，这种他性在欲望、拥抱、爱情中被具体感受到，但真正的关系具有相互性；只有如此，才会产生真正的戏剧：它通过肉欲、爱情、友谊以及失望、仇恨、竞争的交替，成为争当本质的意识斗争，它是对彼此确认的自由的承认，它是从敌意到合作的不确定的过渡。确立女人，就是确立绝对的他者，不需要相互性，罔顾经验，拒绝她是一个主体、一个同类。

在具体现实中，女人面目各异，但关于女人所建立起来的每一个神话，都企图整个儿概括她；每一个女人都自认为是独一无二的：结果是，存在互不相容的多种神话，男人面对女性这一概念奇特的不一致困惑不解；由于凡是女人都被列入多种原型说，每一种原型都认为囊括了唯一的真理，男人在他们的妻子面前重新感到以往智者派的惊讶，智者派不明白，人会同时是金发和褐发。社会现象已开始向绝对过渡：关系很容易凝固成阶级，职能凝固成类型，就像在幼稚的心态中，关系凝固成事物一样。比如，父权制社会集中表现在财产的保存上，必然地导致除了掌握和传承财产的个体，还存在从财产所有者手上夺取财产，并使之流通的男女；男人——冒险家、骗子、强盗、投机家——一般来说得不到集体的承认；运用自己色相的女人，有可能让年轻人甚至家长挥霍家产，而不用违法；她们把他们的财产据为己有，或者骗取他们的遗产；由于这种角色被看成是邪恶的，所以人们把扮演这种角色的女人称为“坏女人”。事实上，她们可以反过来作为守护天使出现在另一个家庭中——她们的父亲、兄弟、丈夫、情人的家庭中；正如掠夺富有的金融家的交际花，对画家和作家来说却是文艺的资助者。在实际生活中，阿斯帕西娅、蓬巴杜夫人这样的人物的两可作用，很容易得到理解。如果有人提出女人是螳螂、曼德拉草、魔鬼，同时发现女人也是缪斯、母亲—女神、贝雅特里齐时，就会摸不着头脑。

由于群体的代表和社会类型，一般是通过对立统一原则来界定的，双重意义好像是永恒的女性内在的属性。圣洁的母亲与残酷的后母互为关联、天使般的少女与邪恶的处女互为关联；人们也时而说母亲相当于生命，或者母亲相当于死亡，时而说凡是处女都是一个纯洁的精神或者是一个注定属于魔鬼的肉体。

显然不是现实让社会或者个人在两种对立统一原则之间做出选择；在每个时代，每种情况下，社会和个人都根据各自需要做出决定。它们往往将制度和所依附的价值投射到所采用的神话中。因此，要求女人待在家中的父权制，把女人界定为情感、内心、内在性；事实上，一切生存者同时是内在性和超越性；当人们没有向生存者提出目标，或者阻止它达到任何目标，剥夺它的胜利时，生存者的超越性便徒劳地陷入往昔，就是说重新陷入内在性中；这是在父权制下给女人指定的命运；但这绝不是一种天职，正如奴隶状态不是奴隶的天职一样。在奥古斯特 · 孔德笔下，可以清楚地看到这种神话学的发展。将女人等同于利他主义，就是给男人保证他拥有忠诚于他的绝对权利，就是强迫女人要绝对地忠诚。

不应该把神话同某种意义的理解混淆起来；意义是内在于事物的；它在活生生的体验中向意识显示出来；而神话是一种超越的概念，摆脱了一切意识的控制。当米歇尔 · 莱里斯在《人的时代》中描绘他对女性器官的幻觉时，他告诉我们一些意义，却根本没有提到神话。对女人身体的赞叹，对月经流血的厌恶，都是对具体现实的感知。在发现女性肉体的肉欲性质的经验中，没有任何神秘的东西，当企图通过与花朵或宝石作对比表现这些性质时，也没有过渡到神话。要说女人就是肉体，要说肉体就是黑夜和死亡，或者说她就是宇宙的光辉，这无异于离开大地的真实，飞到虚无的空中。因为男人对女人来说也是肉体；而女人有别于肉欲对象；对每个人来说，在每次体验中，肉体具有特殊意义。同样确实的是，女人——像男人一样——是一个植根于自然的存在；她比男性更加受到物种的奴役，她的动物性更加明显；但是在她身上同在他身上一样，既定是由存在承担的，她也属于人类。把她等同于自然，这是一种简单的偏见。

很少有神话比这种偏见更有利于统治阶层：这种偏见为这个阶层的所有特权辩护，甚至允许它加以滥用。男人不需要考虑减轻女人的命运加诸其生理上的痛苦和负担，因为它们是“自然的意愿”；男人以此作为借口，使女性状况变得越发悲惨，例如拒绝给予女人一切性快感的权利，让她像一头役畜那样干活。①

在所有神话中，任何一个都不比女性之“谜”的神话更深地扎根于男性的心中。它有很多优势。首先，它让人不用花力气便能解释一切看来难以解释的现象；不“了解”女人的男人，很高兴将客观的抗拒去代替主观的缺陷；他不但不承认自己的无知，反而认为在他身外存在一种神秘：这是一个托词，同时取悦怠惰和虚荣心。一颗恋爱的心灵，会这样去避免失望：如果意中人的品行是任性的，她的言词是愚蠢的，神秘就用作托词。最后，依仗这神秘，这种否定关系才得以延续下去，在克尔恺郭尔看来，否定关系比起积极占有可取得多；面对活生生的这个谜，男人是单独一人：单独同他的梦想、希望、恐惧、爱情、虚荣在一起；这种可能从恶习发展到神秘的狂喜状态的主观游戏，对许多人来说，是一种比与人的真正关系更有吸引力的体验。那么，如此有用的幻想建立在什么样的基础之上呢？

在某种意义上，女人确实是神秘的，用梅特林克② 的话来说，

---

① 参阅巴尔扎克《婚姻生理学》：“不用担心她的怨言、喊叫、痛苦；大自然把她造就成为我们所用，为的是承担一切：孩子、烦闷、男人的殴打和惩处。不用自责严酷。在一切所谓文明国家的法规中，男人在这句血淋淋的题词中写下了妇女的命运：‘Vae victis！让弱者不幸！’”——原注

② Maurice Maeterlinck（1862—1949），比利时作家，诺贝尔文学奖获得者，著有《佩莱亚斯和梅利桑德》、《青鸟》等。

“像所有人一样神秘”。每个人只有对自身才是主体；每个人在他的内在性中能把握的只有自身：从这个观点看来，他者总是神秘的。在男人看来，自为存在的不透明在女性他者身上更为明显；他们不能通过任何感应的作用深入理解她特殊的经验：女人性快感的性质，月经带来的不适，分娩的痛苦，他们注定都不知道。事实上，神秘有相互性：女人作为他者、作为男性的他者，在一切男人的心中也有自我封闭的、女人不能捉摸的一种存在；她不知道男人的性欲是什么样的。按照我们论证过的普遍规律，男人用来思考世界的范畴是根据他们的观点建立的，被看成是绝对的：他们根本不知道相互性。由于女人对男人来说是神秘的，她才被看作本身就是神秘的。

说实在的，她的处境很容易令她被这样看待。她的生理特征十分复杂；她接受这种命运，就像接受一件怪事；对她来说，她的身体不是她本人的明晰显现；她感到在其中异化了；在一切个体身上，将生理生活和心理生活结合起来的纽带，或者不如说存在于个体的人为性和承受人为性的自由之间的关系，是人类状况带来的最难解开的谜：这个谜正是在女人身上以最令人困惑的方式显现的。

但所谓的神秘，并非是意识的主观孤独，也不是有机体生命的奥秘。这个词在交流的层次上获得它真正的意义：它不约减为纯粹的沉默、黑夜、缺失；它牵涉到无法表达出来的、处于开始阶段的存在。要说女人是谜，并非说她沉默，而是说她的语言没有被理解；她在那里，但是掩盖在面纱下；她越过这些不确定的显现而存在。她是谁？是一个天使，一个魔鬼，一个受神灵启示的人，一个演员？人们设想，要么这些问题没有答案，要么更确切地说，任何回答都不合理，因为彻底的模棱两可影响着女性；在她的心中，她难以界定自身：她是一个斯芬克司。

事实是，要确定她是谁，她会感到左右为难；问题不包含回答；并非隐藏着的真相过于变化多端，让人难以划定：这是因为在这方面没有真相。一个生存者除了所做的事，什么也不是；可能性不会超越真实，本质不会先于存在：人从纯粹的主体性上来说，什么也不是。人们根据其行动来衡量他。对于一个农妇，人们可以说，她是一个好的或者坏的劳动者，对于一个女演员，人们可以说，她有或者没有才能。但如果从内在性的存在去看待一个女人，就绝对没有什么话可说，她不在任何类别之内。在爱情或者夫妇关系中，在女人是从属、他者的一切关系中，人们恰恰是在她的内在性中把握她的。引人注目的是，女同学、女同事、女合作者并不神秘；相反，如果从属者是男性，如果一个年轻小伙子面对一个年长的、更富有的男人或女人，便显得是非本质的客体，他也被神秘包围着。这使我们发现女性神秘在经济方面的基础。感情同样什么也不是。“在感情方面，真实与想象混同，”纪德写道，“只需要设想，人是为了爱而爱，因此，只消这样去想：当一个人恋爱的时候，便想象在恋爱，马上就爱得少一点……”在想象和真实之间，只有通过行为才有区别。男人在这个世界上掌握一种享有特权的处境，只有他才能够主动地表达他的爱情；他往往维持女人的生活，或者至少帮助她；在娶她时，他给予她一个社会地位；他赠送她礼物；他的经济和社会独立，使他能够采取主动和手段：德·诺布瓦先生同德·维尔帕里西夫人[①]分开后，做了二十四小时的旅行，再同她会合；他经常很忙，而她无所事事：他同她一起度过的时间，是他给予她的；她获得了：是高兴、激动，还是仅仅为了消遣？她

---

① Marquis de Norpois，Marquise de Villeparisis，法国作家马塞尔·普鲁斯特的小说《追忆似水年华》中的人物。

出于爱情，还是出于利害关系接受这种恩惠？她爱丈夫还是婚姻？当然，男人做出的证明也是模糊不清的：他给予这样的赠与是出于爱情还是出于怜悯？通常说来，女人在同男人交易中得到大量好处，同女人的交易只是在男人爱她的情况下，对男人才有好处。因此，根据他的总体态度，差不多可以估计他爱她的程度。而女人没有什么办法测量自己的心；她根据他的脾气，对他的感情采取不同的看法，只要她是被动地承受这种感情，任何阐释都不是真实的。在她掌握经济和社会特权的罕见情况下，神秘性便颠倒过来：这清楚地表明，这不是同这一性别，或同另一性别，而是同一种处境联结在一起的。对于许多女人来说，超越性的道路是被阻塞的：因为她们什么事也不做，她们不让自己成为任何有作为的人；她们漫无边际地寻思自己本来可以成为什么样的人，这导致她们自问她们是什么：这是徒劳的询问；如果男人不能发现这秘密的本质，这是因为它干脆并不存在。女人待在世界的边缘，不能在这个世界上客观地自我确定，她的神秘隐藏的只不过是虚无。

另外，就像一切被压迫者那样，有时她会故意隐蔽自己的客观面貌；奴隶、仆人、土著，凡是隶属于主人的人，都学会用不变的微笑或者谜一样的无动于衷去对付主人；他们真正的感情，他们真正的行为，都小心地隐藏起来。人们也教会女人从青少年时期起便向男人说谎，使诡计，采用迂回的手段。她带着虚假的面孔去接近男人；她是谨慎的、虚伪的，是在演戏。

但是神话思维所承认的女性的神秘，是一种更深刻的现实。事实上，它直接隶属于绝对他者的神话学。如果人们承认，非本质的意识也是一种半透明的、能够进行“我思故我在”的主体性，人们就会承认它事实上至高无上，返回到本质；为了让一切相互性显得不可能，必须让他者成为对自身的他者，必须让其主体性本身受到他性的影响；这种可能作为意识被异化的意识，在其纯粹的内在性的存在中，会明显地成为神秘；由于她对自身是神秘，她本身就成为神秘；她会成为绝对的神秘。正是这样，黑人和黄种人除了掩饰所带来的神秘外，还有另外的神秘，因为他们被看做绝对非本质的他者。必须指出，使一般欧洲人极感困惑的美国公民，却不被看做“神秘的”：人们更谦虚地认为不了解美国人；因此女人不总是“了解”男人，但不存在男性的神秘；这是因为富有的美国人、男人属于主人那一边，而神秘是奴隶的属性。

当然，只能在暧昧不明的自欺中猜想神秘的积极现实；这神秘就像某些处于边缘的幻觉，一旦想将它固定下来，它就消失了。文学总是不能成功地描绘“神秘的”女人；她们只能在小说开头作为古怪的、谜一样的人物出现；除非故事不结束，否则她们最终要透露自己的秘密，于是成为协调一致的、半透明的人物。例如，彼得·切尼的作品中的主人公不断地对女人意料不到的任性感到惊讶：读者永远猜不出她们会怎样行动，她们使一切估计落空；事实上，一旦将她们的行动动机向读者袒露出来，她们就显得像普通的机械一样：这一个是间谍，那一个是小偷；不管情节多么巧妙，总是有一个关键，不可能是别的样子，哪怕作者有读者所能期待的一切才能和想象力。神秘永远只是一种海市蜃楼，一旦想把它抓住，它便烟消云散。

因此，我们看到，神话大部分由男人的运用而得到解释。女人神话是一种奢侈品。它只能在男人摆脱了对它的需要的迫切控制时才能出现；人们所经历的关系越是具体，就越不会把它理想化。古埃及的农民、贝都因的农民、中世纪的手工业者、现代工人，在工作和贫困的需要中，同特殊的女人，即他们的妻子有非常确定的关系，不会用吉利或者不祥的光晕去装饰她。具有闲暇去梦想的时代和阶级才竖起女性的黑白两色塑像。但奢华也有一种用处；这些梦想是由利益专横地引导的。诚然，大多数神话的根源在于男人对自身存在和包围他的世界的自发态度，但是尤其在父权社会发生的经验对超越概念的超越，目的是自我辩解；父权社会通过神话以形象的和可以感觉的方式，给个体强加其法律和风俗；正是通过神话的形式，集体的命令才渗透到每个意识中。通过宗教、传统、语言、故事、歌曲、电影为中介，神话一直深入到最严格地屈从于物质现实的存在中。每个人都可以从中得到自己普通经验的升华：这个男人被所爱的女子欺骗了，他宣称她是一个丧失理智的子宫；那个男人受到男子性无能这个想法的缠绕，他宣称这是个螳螂女人；那个男人很高兴有妻子陪伴：她是和谐、休息、养育人的土地。在大多数男人身上可以看到的、对廉价的永恒和小小绝对的爱好，都通过神话获得满足。微小的激动和不高兴，变成超越时间的概念的反映；这种幻觉愉快地取悦虚荣心。

神话是虚假的客观性的陷阱之一，严肃的人会冒冒失失地中这圈套。这仍是用固定的偶像替代实际经验和这一经验所需要的自由判断。女性神话以一动不动地凝视幻景，代替同自主的生存者的真实关系。拉福格大声说："幻景！幻景！既然不能抓住她们，就必须扼杀她们；或者使她们安心，让她们了解信息，使她们放弃对首饰的爱好；使她们真正成为我们平等的伴侣、亲密的朋友、人间的合作者，给她们穿上不同的衣服，剪短她们的头发，对她们和盘托出……"如果男人不再将女人装扮成象征物，他没有什么损失，而是恰恰相反。当梦想纷至沓来、受到控制、变成陈词滥调时，它们比起活生生的现实是贫乏的、单调的：对于真正的梦想家和诗人来说，现实是比过时的神奇事物远为丰富的源泉。最真诚地重视女人的时代，不是骑士制的封建时代，也不是十九世纪对女子献殷勤的时代，而是这样的时期——比如十八世纪——男人把女人看成同类；这个时期，她们真正显得有传奇性：只要读一下《危险的关系》《红与黑》《永别了，武器》，就会明白了。拉克洛、司汤达、海明威的女主人公并不神秘：她们仍然是动人的。承认女人是人，并非使男人的经验贫乏化：如果男人的经验在主体间完成，它丝毫不失去多样性、丰富性和强烈程度；拒绝神话，并非摧毁两性之间的一切戏剧性关系，并非否认通过女性现实真正向男人显示的意义；并非取消诗歌、爱情、冒险、幸福、梦想：这仅仅是要求行为、感情、激情建立在真实之上。①

"女人不见了。女人在哪里？今日的女人不是女人"；可以看到，这些神秘口号的含义是什么。在男人看来——在大批通过男人的眼睛去观察的女人看来——为了成为一个"真正的女人"，拥有一个女人的身体、作为情人、母亲来完成女性的职能是不够的；通过性欲和母性，主体可以要求它的自主；"真正的女人"接受自己作为他者。今日男人的态度表里不一，它在女人身上制造一种剧痛；他们在相当大的程度上认为，女人是同类、平等的人；然而，他们继续要求她是非本质；对她而言，这两种命运是不可调和的；她在两者之间犹豫，不能准确地适应任何一种。她的失衡正是来自于此。在男人身上，在公共生活和私生活之间，没有任何断裂：他越是在行动和工作中肯定他对世界的控制，他便越是显得像男性；在他身上，人的价值和生命价值是一致的；而女人自主获得的成功是与女性身份相矛盾的，因为男人要求"真正的女人"变成客体，

① 关于女人，拉福格还说："由于人们让女人处于奴隶状态和怠惰中，无所事事，只有她的性别是她的武器，她把自己的性别过度发展，变成了女性……我们任其过度发展；她在世上是为了我们……那么，这一切都是虚假的……至今，我们同女人一起玩木偶游戏。这种情况延续得太久了！……"——原注

变成他者。在这一点上，男人的敏感和性欲本身很有可能改变。有一种新的美学已经产生了。即使流行平胸和瘦臀——男性化女人——只是昙花一现，往昔几个世纪喜欢丰满的理想至少不会卷土重来了。男人要求女性的身体是肉体，不过不引人注目；它应该瘦削，而不是肥胖臃肿；它应该有肌肉、灵活、强壮，必须表明超越性；男人喜欢它不是像温室的植物那样苍白，而是经历烈日的考验，像劳动者的身躯一样黧黑。女人的服装变得实用以后，并没有显得无性别：相反，短裙比以前更凸显了大腿和小腿。看不出为什么劳动会使她失去肉体的魅力。把女人同时看做一个社会的人和肉欲的猎物，可能令人困惑：在最近[①] 发表的佩内的一系列绘画中，可以看到一个年轻的未婚夫反悔了，因为他受到漂亮的女市长的诱惑，而这位女市长正要主持他的婚礼；一个女人执行“男性的职务”，同时又激起别人的情欲，长期以来，这是一个多少有点下流玩笑式的话题；愤怒和讽刺逐渐减弱了，一种卖弄风情的新形式似乎正在产生：也许它会产生新的神话。

可以肯定的是，今日女人很难同时承担实现自主个体境况和女性命运；使她们有时被人看做“失落的性别”的愚蠢行为和苦恼，根源正在于此。无疑，盲目地忍受奴役，要比致力于解放自身更舒服：死人比活人更适应泥土。无论如何，回到昔日既不可能，也不值得期待。应该企望的是，男人从他们那方面毫无保留地接受正在出现的处境；只有这样，女人才能毫无痛苦地承受这种处境。那时，拉福格的愿望也就能满足了：“少女啊，什么时候你们能成为我们的兄弟、肝胆相照的亲密兄弟？什么时候我们能真正地握手呢？”那时，“梅吕齐娜也不再忍受只有男人施加的命运之重负的

---

① 1948 年 11 月。——原注

压迫，解脱了的梅吕齐娜……”将重新找到“她作为人的位置”[①]。那时，她将充分地成为人，“女人将会挣脱无限的奴役状态，她将为自身和通过自身生活，男人——至今仍然是可恶的——将会让她自由”[②]。

① 见布勒东《秘术17》。——原注
② 兰波《给P · 德默尼的信》，写于1872年5月15日。——原注

Simone de

Beauvoir

Le Deuxième Sexe

第二性

纪念版

Ⅱ

[法] 西蒙娜 · 德 · 波伏瓦 著

郑克鲁 译

上海译文出版社

目 录

做女人多么不幸啊！然而，做女人最大的不幸，说到底，是不了解这是一种不幸。

克尔恺郭尔

半是受害者，半是同谋，像所有人一样。

让-保罗·萨特

导言

Simone de
Beauvoir

LE DEUXIÈME SEXE

第二性

纪念版

Ⅱ

[法] 西蒙娜·德·波伏瓦 著

郑克鲁 译

上海译文出版社

目　录

导言

今日的女人正在废除女性神话，她们开始具体地肯定她们的独立，但她们不是毫无困难地、完整地经历她们作为人的状况。她们由女人抚养长大，生活在一个女性世界中，她们的正常命运是婚姻，婚姻使她们实际上仍然从属于男人；男性的威信远远没有消失：它依然建立在牢固的经济和社会基础上。因此有必要仔细研究女人的传统命运。女人是怎样学会适应她的生存状况的，她是怎样感受的，她封闭在什么样的天地里，她被允许逃避哪些约束，这就是我竭力要描绘的。只有这样，我们才能明白，女人要继承沉重的过去的传统，尽力铸造新的未来，会面对哪些问题。当我使用“女人”或者“女性”这些词时，我显然没有参照任何原型和任何不变的本质，我的大部分结论都以“教育和风俗的当下状况”为依托。这里并不是要陈述永恒真理，而是要描述每一个女人的特殊生存内在的共同实质。

第一部　成长

第一章　童年

女人不是天生的，而是后天形成的。任何生理的、心理的、经济的命运都界定不了女人在社会内部具有的形象，是整个文明设计出这种介于男性和被去势者之间的、被称为女性的中介产物。唯有另一个人作为中介，才能使一个人确立为他者。只要孩子是自为存在的，他就不会看出自己在性的方面有什么不同。在女孩和男孩身上，身体首先是主体性的辐射和理解世界的工具：他们理解世界，是通过眼睛和手，而不是通过性器官。出生和断奶这两出戏，对于男女婴儿，是以同样方式进行的；他们有同样的兴趣和同样的快感；吮吸首先是最大快感的来源；其次，他们经历肛门期，从共有的排泄功能获得最大满足；他们的生殖器的发育是相同的；他们以同样的好奇和同样的冷漠，去探索自己的身体；他们从阴蒂和阴茎获得同样朦胧的快感；当他们的感受发展到需要一个客体时，便转向母亲：女性柔软的、光滑的、富有弹性的肉体激起了性的欲望，而这些欲望是要攫取；女孩和男孩一样，以攻击性的方式去拥抱母亲，触摸她，爱抚她；如果又有一个孩子出生了，他们表现出同样的嫉妒；他们以同样的行为表现这种嫉妒：愤怒、赌气、乱撒尿；他们用同样的撒娇，去讨大人的欢心。直到十二岁，小姑娘像她的兄弟们一样强壮，表现出同样的智力；没有任何一个方面她不与他们相匹敌。如果在我们看来，她在青春期之前，有时甚至从幼小的时候起，仿佛已经在性的方面显露不同，并非是神秘的本能直接地注定她是被动的，爱撒娇的，富于母性；而是因为他人一开始就介入孩子的生活，从早年起，她的使命就蛮横地注入她体内。

世界最初只是以内在感受的形象向婴儿呈现的；他还淹没在一切内部，就像他待在肚子的黑暗中一样；不管他是吃母乳，还是靠奶瓶长大，他都被母体的温暖所包围。他逐渐学会感受到事物与自身不同，他把它们与自身区别开来；同时，他以多少有些突兀的方式脱离抚育他的母体；有时，他以强烈的情绪宣泄对这种分离做出反应[①]；无论如何，大约是在六个月大的时候，婴儿断奶了，他开始在模仿动作中表现出吸引他人的愿望，这种模仿动作随后变成真正的炫耀。当然，这种态度不是经过深思熟虑的选择确定的；但不需要设想一种处境来让它存在。婴儿以一种直接的方式看到一切生存者最初的戏剧，这是他与他者关系的戏剧。人正是在焦虑中感受到自己被遗弃。他逃避自己的自由和主体性，想消失在一切之中：这就是他宇宙的、泛神论的梦想之根源，是他渴望遗忘、睡眠、迷醉、死亡之根源。他永远不能取消被分隔开的自我：至少他希望达到自在的稳固，石化而成为物；尤其当他人注视着他时，他显得像是一个存在。正是必须以这种观点去阐释儿童的行为：他在肉体的形式下发现有限、孤独、在一个陌生的世界上孤立无援；他力图将自己的存在异化在一个映像中，补偿这个灾难；他人将确立这个映

① 朱迪特·戈蒂埃在她的回忆录中叙述，当别人把她从奶妈那里拉走时，她哭得那样伤心和萎靡不振，以至不得不让她们重新聚在一起。直到很久以后她才断奶。——原注

像的现实和价值。似乎正是从他在镜子中认出自己的映像时起——这一刻与他断奶的时间相吻合——他开始确定自己的身份[①]：他的自我与这个映像浑然一体，以致他仅是在自我异化中形成。不论严格意义上的镜子起着多少重要的作用，可以肯定的是，孩子在将近六个月时开始明白他的双亲的模仿动作，并在他们的目光下把自己看做客体。他已经是一个自主的主体，向世界超越，但他只是在一个异化的形象中遇到自身。

当孩子长大时，他以两种方式对抗最初的遗弃。他力图否认分离：他蜷缩在母亲怀里，寻找她暖人的热量，要求她的爱抚。他力图通过他人的赞同，让自己得到确认。在他看来，成年人是天神：他们有能力给予他存在。他感受到目光的魔力，这目光时而把他变成美妙的小天使，时而把他变成怪物。这两种自卫方式互不排斥，相反，它们互为补充，互相渗透。一旦引诱成功，自身存在的合理性便在获得的亲吻和爱抚中得到证实：孩子在母亲怀中和慈爱的目光下，体验到的是同样幸福的被动性。在最初的三四年中，女孩和男孩的态度没有什么不同；他们都竭力延长断奶以前的幸福状态；在男孩和女孩身上，都可以看到诱惑和炫耀的行为：他们同自己的姐妹一样，期待讨人喜欢，博得微笑，令人赞赏。

否认痛苦比克服痛苦更容易得到满足，消失在一切之中，比被他人的意识石化来得更彻底：肉体结合产生异化，比在别人注视下的任何舍弃更为深刻。诱惑、炫耀，与简单沉浸在母亲怀抱里相比，是一个更为复杂、不容易达到的阶段。成年人目光的魔力是变幻莫测的；孩子自称是隐形的，他的双亲进入游戏中，他们摸索着

---

① 这种理论是由拉康博士在《个体形成中的家族情结》中提出的。这个具有头等重要意义的事实，能解释在发育过程中，“自我保留着这出戏模棱两可的形象”。——原注

寻找他，他们笑着，然后，突然之间，他们表示："你让我们厌烦了，你根本不是隐形的。"孩子的一句话逗人乐，他再说一遍，这回，父母耸耸肩。在这个像卡夫卡笔下的世界一样不确定、一样不可预见的世界上，人们每一步都跌跌撞撞[①]。因此，那么多的孩子都害怕长大；如果他们的父母不再把他们抱在膝上，不再允许他们睡在他们的床上，他们便感到绝望：通过肉体遭受挫折，他们越来越痛苦地感到被遗弃，人从来都是焦虑地意识到这种遗弃的。

正是在这个阶段，小姑娘首先显得像拥有特权。第二次断奶使母亲的身体摆脱了孩子的搂抱，比第一次更缓慢，不那么突如其来；但尤其对男孩子，是逐渐拒绝给他亲吻和温存的；至于对小姑娘，继续给她爱抚，允许她生活在母亲身边，父亲把她抱在膝上，抚弄她的头发；给她穿轻柔的裙子，亲吻她，宽容地对待她的眼泪和任性，仔细地给她梳头，她的表情和撒娇令人开心：身体接触和慈祥的目光保护着她，不让她孤独焦虑。相反，对于小男孩，甚至要禁止他撒娇；他的诱惑伎俩，他的装腔作势，令人恼怒。别人对他说："男人不要求别人拥抱他……男人不照镜子……男儿有泪不轻弹。"人们希望他是"一个小男子汉"；正是从成年人身上解脱出来，他才得到他们的赞许。他通过显得不寻求讨人喜欢，才能令人喜欢。

---

① 在《蓝色的橘子》中，雅絮·戈克莱尔这样谈到她的父亲："我觉得他的好脾气像他的不耐烦一样可怕，因为什么也不能给我解释，是什么能够导致他的好脾气……我拿不稳他脾气的变化，我觉得是受到一个神灵的任意支配，我不安地畏惧他……我抛出自己的话语，就像要玩抛钱币猜正反面的游戏，心里想，我的话会受到怎样的对待呢。"下文，她又叙述这则轶事："有一天，我受到责备后，开始碎碎念：旧桌子、地板刷、炉子、大盆、奶瓶、有柄小平底锅，等等，我的母亲听到我的话，哈哈大笑起来……几天以后，我试图用我的碎碎念软化又一次责备我的母亲：这一回结果不妙。我不但没有令她快乐，反而使她加倍严厉，给我带来补充惩罚。我寻思，大人的行为无疑不可理解。"——原注

许多男孩害怕落在他们身上的艰难的独立，于是希望成为女孩；起初他们穿得像女孩，后来他们往往含着眼泪放弃裙子，穿上长裤，剪去鬈发。有些男孩顽固地坚持女儿装，这是朝同性恋发展的方式之一。莫里斯·萨克斯[①]写道："我热烈地想成为一个姑娘，我意识不到成为男人的伟大，竟至于想坐着撒尿。"然而，如果男孩起初显得不像他的姐妹那样受宠爱，这是因为人们对他有更大的期待。人们强加给他的要求，马上使他地位提高。莫拉斯[②]在他的回忆录中叙述到，他的母亲和祖母宠爱弟弟，他很嫉妒这个弟弟，他的父亲拉起他的手，把他带出房间，对他说："我们是男人；让我们离开这些女人吧。"人们说服男孩，正是由于他优越，才对他有更高的要求；为了鼓励他踏上属于他的艰难道路，人们向他灌输男性的自豪感；这种抽象概念对他来说具有具体形象：它体现在阴茎中；对于自己软绵绵的、小小的性器官，他不是自然而然地感到自豪的；他是通过周围人的态度感受到的。母亲和奶妈延续着将男性生殖器与男性观念合二为一的传统；要么她们承认它在女人对爱情的感激和顺从中所起到的威望作用，要么对她们来说，在婴儿身上见到男性生殖器是这样谦卑的样子，那是一种报复，她们带着古怪的得意对待小男孩的阴茎。拉伯雷对我们叙述了高康大的保姆们的捉弄和戏言[③]；历史记载了路易十三的保姆们类似的话。而不那么厚颜无耻的女人也给小男孩的性器官起爱称，她们对他谈

---

① Maurice Sachs（1906—1945），法国作家。引文出自《巫魔夜会》。

② Charles Maurras（1868—1952），法国作家，右翼政治家，主持《法兰西行动报》，曾支持墨索里尼、佛朗哥、贝当，因而被监禁，死前获得赦免。

③ "……已经开始使用他的小鸡鸡，有一天，他的保姆们在上面装饰美丽的花束、美丽的丝带、美丽的花朵、美丽的绒毛，拿在手里把玩，像赏玩一枚古物，以消磨时间。当它抬起前端撒尿时，令她们非常高兴，她们哈哈大笑。有一个保姆称它为我的小狒狒，另一个称它为我的鸡巴，还有一个称它为我的放荡的根，再有一个称它为我的香肠、我的塞子、我的捣棍、我的推杆、我的拨杆……"——原注

起它时，仿佛谈到一个既是他又不是他的小家伙；就像上文引用过的，她们把它变成“他我，通常比本人更狡猾、更聪明、更灵活”[①]。从解剖学来看，阴茎完全能够充当这个角色；它突出于身体之外，就像一个天生的小玩物，一种玩偶。因此，人们提高孩子这一分身的身价，也就提高他的身价。有个父亲对我叙述，他有一个儿子三岁时还坐着撒尿；他周围都是姐妹和堂表姐妹，这是一个胆小和忧郁的孩子；有一天，他带儿子一起上厕所，对他说：“我来做给你看，男人是怎样小便的。”自此以后，孩子对站着小便非常自豪，看不起姑娘们，“她们通过一个洞小便”；他的蔑视不是来自她们缺乏一个器官的事实，而是因为她们不像他一样受到父亲的看重和启蒙。因此，阴茎并未成为男孩获得优越感的直接特权，他的提高身价反而显得像一种对最后断奶的补偿——这种补偿由大人们发明，并被孩子热烈接受：从此，他不因自己不再是婴儿、不是女孩感到遗憾。随后，他在自己的性别中体现出自己的超越性和自豪的优越感。[②]

小女孩的命运迥然不同。母亲和保姆对她的生殖器既不感到敬意，也不感到温馨；她们不吸引她注意这个隐秘的器官，只能看到器官的外表，也不能让人握住；在某种意义上，她没有性器官。她不感到没有东西是一种缺失；她的身体对她来说明显是完整的；但她以与男孩相异的方式感到自己处在世界上；在她看来，全部因素可以把这种差异变成一种劣势。

很少有问题比有名的女性“阉割情结”引起精神分析学家更多讨论了。今日，大多数人同意，对阴茎的嫉羡以各种各样不同的方

① 见阿·巴林特《孩子的内心生活》第101页。——原注
② 见《第二性 I》第一部第二章。——原注

式表现出来[①]。首先，许多小女孩直到岁数很大仍然不知道男性的人体结构。孩子自然而然接受有男人和女人，正如有太阳和月亮：孩子相信这些词包含的本质，她的好奇心起初不具有分析性。对其他许多女孩来说，这一小块悬在男孩两腿之间的肉是毫无意义的，甚至很可笑；它的奇特与衣服、发型的奇特差不多；往往是在刚出生的小弟弟身上，她发现了自己，海伦妮·多伊奇说："当小女孩很小的时候，她对弟弟的阴茎没有深刻印象"；她援引了一个十八个月的小女孩的例子，她对发现了阴茎绝对无动于衷，直到很久以后，考虑到自己的处境，才给它以价值。甚至会把阴茎看做畸形物：这是一种赘生物，一种说不清的东西，像皮脂囊肿、动物乳房、肉赘一样悬挂着；它会让人产生厌恶。最后，事实是，有许多情况表明小女孩关注兄弟或者男同学的阴茎；但这并不意味着她确实感到一种性别嫉妒，更不意味着她感到自己深深受到缺乏这个器官的伤害；她希望将阴茎据为己有，就像拥有任何东西；但是这个愿望停留在表面上。

可以肯定的是，排泄功能，特别是排尿功能让孩子们极感兴趣：尿床往往是对父母向另一个孩子表示出偏爱的一种抗议。在有的地方，男人是坐着小便的，而女人会站着小便：例如，在许多农妇身上可以看到这种习俗；但在现代西方社会里，风俗一般要求女人蹲下来，而站立姿势留给男性。对小女孩来说，这种差异是最明显的性别差异。为了小便，她必须蹲下，露出屁股，因此要避开人：这是一种羞耻的和不方便的束缚。例如她由于一阵疯笑往往会

① 除了弗洛伊德和阿德勒的著作以外，还有大量的文学作品谈到这个题目。亚伯拉罕第一个提出这个观点：小女孩把她的性器官看成残缺引起的伤口。卡伦·霍妮、琼斯、雅娜·朗普特·德·格鲁特、海·多伊奇、阿·巴林特，都从精神分析的观点研究过这个问题。索绪尔试图将精神分析与皮亚杰和吕凯的观点调和起来。还可以参阅波莱克的《儿童对性别差异的想法》。——原注

小便失禁，这种羞耻便增强了；她的控制能力要弱于男孩。在男孩身上，排尿功能就像自由的游戏，具有一切活动自如的游戏拥有的魅力；阴茎可以任人操纵，可以通过它活动，这给孩子一种浓郁的兴趣。一个小女孩看到一个男孩小便，会赞叹地表示："多么方便啊！"①可以随意让尿喷射到很远的地方：男孩从中获得一种万能的感觉。弗洛伊德谈到过"古代利尿剂的强烈野心"；施特克尔理智地讨论过这个说法，但确实就像卡伦·霍妮所说的，"特别是带有性虐待狂特点的万能幻觉，往往与男性尿的喷射联结在一起"②；这种残存在某些男人身上的幻觉③，在孩子身上是很重要的。亚伯拉罕④谈到过"女人对用管子浇灌会感到很大的快感"；我与萨特和巴什拉⑤的理论相一致，相信不一定是管子与阴茎相似，才成为这种快感的根源⑥；水的喷射就像奇迹一样，是对地心引力的挑战：指挥它，驾驭它，是对自然法则的一个小小胜利；无论如何，对小男孩来说，这里有一种日常生活的乐趣，而他的姐妹们是无法感受的。另外，尤其在乡村，可以通过小便游戏确立大量与事物的关系：水、土、苔藓、雪，等等。有一些小女孩为了了解这些体验，仰面躺下，企图让尿"朝上"喷射出来，或者练习站着撒尿。据卡伦·霍妮的观点，她们也羡慕男孩子能够有权利这样炫耀。卡伦·霍妮指出："一个女病人在街上看到一个男人小便，突然感叹起来：'如果我能向上帝要求一件礼物，这就是在一生中能

① 阿·巴林特的引文。——原注
② 引自《女人身上阉割情结的根源》，原载于《国际精神分析杂志》（1923—1924）。——原注
③ 参阅蒙泰朗《毛毛虫》《夏至集》。——原注
④ Karl Abraham（1877—1925），德国精神分析学家，弗洛伊德的弟子。
⑤ 见《第二性 I》第一部第二章。——原注
⑥ 在某些情况下，这种相似是很明显的。——原注

有一次像男人一样小便。’”在小女孩看来，男孩有权触摸他的阴茎，就像玩弄玩具一样使用它，而她们的器官对她们却是禁忌。种种因素使得她们之中的许多人渴望拥有一个男性性器官，这个事实已为精神分析学家搜集的大量调查和自白所证实。哈夫洛克·蔼理士[①]引用一个名叫泽妮亚的病人的话：“喷水声，尤其是从浇灌水管喷出来的水声，对我来说总是很刺激，令我回想起小时候观察到的我兄弟，甚至其他人小便的喷射声音。”另外有一位 R. S. 太太叙述，儿时，她无限地喜欢把一个小伙伴的阴茎捏在手里：有一天，有人把一根浇花管子交给她：“我觉得捏起来就像捏住阴茎一样，美妙极了。”她强调这个事实：那时阴茎对她来说没有任何性的含义；她仅仅知道它有小便的功能。最有趣的例子是哈夫洛克·蔼理士搜集的弗洛里的例子[②]，施特克尔后来又加以分析。因而我详细地转述如下：

> 说的是一个非常聪明的女人，她是个艺术家，很活跃，生理正常，不是性欲倒错者。她叙述，童年时小便功能起过重要作用；她和她的兄弟们玩小便游戏，他们尿湿了双手，一点儿也不感到厌恶。“我对男性优越的最初感受与小便器官有关。我怨恨大自然剥夺了我这样一个又方便又有装饰性的器官。任何一个缺了壶嘴的茶壶，都不会感到如此凄惨。任何人都不需要向我灌输男性占优势和优越的理论。我面前就有一个确实的证据。”她本人在乡下小便感到很大的乐趣。“对她来说，没有什么比尿喷射在森林一角枯叶上更令

① 参阅哈夫洛克·蔼理士（Henry Havelock Ellis，1859—1939，英国性心理学家）《水神主义》。——原注
② 哈夫洛克·蔼理士《性心理研究》第十三卷。——原注

人愉悦的声音了，她观察尿的吸收。但最令她着迷的是在水里撒尿。”有许多男孩也对这种快乐十分敏感，有一系列幼稚和庸俗的画面，显示小男孩正在池塘或者小溪中撒尿。弗洛里抱怨，她的长裤样式妨碍她想尝试进行试验；往往在乡下散步时，她尽可能久地屏住，然后突然站着尿了出来。“我完全记得这种快感奇特的、禁忌的感觉，还记得我对自己能站着撒尿的惊讶。”据她看来，孩子衣衫的样式在一般女人的心理中有重要意义。“对我来说，不仅需要解开长裤，然后蹲下来，不尿湿前面，是个烦恼的根源，而且后面的衣摆要往上撩起，让屁股露出来，这就解释了为什么在那么多女人身上，羞耻是在后面，而不是在前面。我不得不接受的第一个性的区别，重大的区别，就在于男孩是站着小便，而女孩是蹲下来小便的。也许正因此，我最早的羞耻感更多与我的屁股有关，而不是与我的阴阜有关。”在弗洛里身上，所有这些印象都极为重要，因为她的父亲时常鞭打她直到出血，一个女管家有一天打她屁股，要她小便；她受到受虐狂噩梦和幻觉的纠缠，她在梦和幻觉里被一个小学女教师当着全校学生的面抽打，于是不由自主地尿出来，“这种想法给我一种真正古怪的快感。”她十五岁时，有一次忍不住，在一条不见人影的街上站着撒尿。“我在分析自己的感觉时想道，最重要的是站着撒尿的羞耻，还有射出去的尿在我和地面之间要有多长距离。正是这段距离使这件事变得重要和可笑，即使被衣服遮住了。平时的姿势中，也有隐私的因素。小时候，甚至大孩子的时候，小便射出去也不可能尿得很远；但在十五岁时，我的个子很高，想到会尿得很远，使我感到羞耻。我敢肯定，我提到过的那些太太[①]，惊慌地从朴次茅斯的现代化女厕逃出来，她们认为，对一个女人来说，站着分开两腿，撩起裙子，从身体底下射出这么远的尿来，是很不体面的。”在二十岁时，她又有一次这样的体验，随后常常这样；想到会被人发现，她不得不停下来，感到羞耻与快感混合在一起。“尿仿佛从我身体底下出来，未经我的同意，**但却比我自由自在地尿出来使我更感快意。**[②]这种被看不见的力量抽出体外的古怪感觉，是纯粹女性的快感，具有微妙的魅力。感到一种比你自身更强大的意志使尿急喷而出，有着强烈的魅力。”随后，弗洛里发展了一种混杂着小便困扰的、像挨鞭打似的情欲。

这个例子十分有趣，因为它揭示了儿童经验的好几个因素。但是，显然是特殊的处境使之具有如此巨大的重要性。对于正常环境下成长的小姑娘来说，男孩小便的优越是极为次要的，不至于直接引起自卑感。那些在弗洛伊德之后假设仅仅发现了阴茎就足以产生心灵创伤的精神分析学家，极大地误解了儿童的心理；儿童心理远远不像他们所假设的那样有理性，它分不清种类，也不受矛盾的困扰。当小姑娘看到阴茎时表示“我也有过”或者“我也会有”，甚至“我也有”，这不是自欺的辩解；在场和不在场并不互相排斥；孩子——就像他的图画所证明的那样——远远不信他自己的眼睛所看到的东西，而相信他最终确定的、有意义的图像。他往往不看东西就画，无论如何，他在自己的感觉中只找到放进画中的东西。索

① 指的是她前面叙述过的一个插曲：在朴次茅斯，开设了一个现代化女厕，要求站着小便；可以看到女顾客一进去就马上出来。——原注
② 字体变化为弗洛里所加。——原注

绪尔[1]强调的正是这一点，他引用吕凯的这个十分重要的观点：“一张草图一旦被认定是画错了，它就被认做不存在，孩子对它完全视而不见，可以说被代替它的新草图迷醉了，正如他不重视在纸上偶然画出的线条一样。”男性体型构成一个强有力的形态，往往使小女孩敬服；她对自己的身体完全视而不见。索绪尔引用了一个四岁小女孩的例子，她想如同男孩一样在一道栅栏的栏杆之间小便，说是她想有“一个会喷射的长长的小东西”。她同时断定有阴茎和没有阴茎，这与皮亚杰[2]描绘的孩子身上的“参与”意识是吻合的。小女孩很自然地认为，所有孩子生来都有阴茎，但随后父母将他们中间一些人的割掉了，把她们变成了女孩；这种想法满足了孩子人为造成的想象，孩子将父母神化，正如皮亚杰所说，“把他们想象为孩子拥有一切的根源”；孩子起先不认为阉割是一种惩罚。要让小女孩有一种挫折感，就必须让她出于某种原因，对自己的处境有些不满；正如海伦妮·多伊奇正确地指出的，像看到一个阴茎这样的外在事件，不会导致内在的发展，她说：“看到男性性器官可能造成创伤，但条件是要先有能够产生这种效果的一系列先前的体验。”如果小女孩感到不能用手淫或裸露去满足自己的愿望，如果她的父母压制她的手淫，如果她感到不如她的兄弟得到那么多的爱和看重，她就会把自己的不满投射在男性性器官上。“小姑娘发现跟男孩构造不同，是对她先前感到的一种需要的确认，可以说是这种需要的合理化。”[3]阿德勒正是强调这个事实：父母和周围人做出的评价，给予男孩的威望，在小姑娘看来他的阴茎可以

---

① 引自《精神起因和精神分析法》，原载于《法国精神分析杂志》。——原注

② Jean Piaget（1896—1980），瑞士心理学家，擅长研究儿童心理，著有《儿童的语言和思想》《儿童对世界的再现》《儿童的道德判断》等。

③ 参阅海·多伊奇《女性心理学》。她也引用了 R·亚伯拉罕和 J·H·弗拉姆·奥芬格森的权威说法。——原注

做出解释，并成为象征。她把自己的兄弟看成更高一等；他自己也以自己的男性特征而自豪；于是她羡慕他，感到挫折。有时，她怨恨自己的母亲，很少会责怪父亲；或者她责备自己残害自身，或者她自我安慰，认为阴茎隐藏在自己体内，有朝一日会伸出来的。

毫无疑问，缺乏阴茎在小女孩的命运中起着重要的作用，即便她没有认真地嫉羡它。男孩从阴茎中获得的巨大特权是，由于拥有一个能看得见和握得住的器官，他至少可以部分地与之保持距离。他身体的秘密，它的威胁，他都投到身外，这允许他与它们保持距离：当然，他感到自身的危险是在他的阴茎中，他害怕阉割，但这种恐惧较之小姑娘对“体内”感到的弥漫的恐惧更容易克服，后者的恐惧往往延续女人的整个一生。她极其担忧在自己体内发生的一切，从一开始，她就觉得自己比男性更不透明，更深地受到生命的朦胧的神秘所包围。由于小男孩有一个可以认出自己的他我，可以大胆地承受他的主体性；与之相异的客体本身，变成一个自主、超越性和力量的象征：他衡量自己的阴茎有多长；他和自己的同伴比赛小便能射多远；后来，勃起和射精是满足和挑战的源泉。小姑娘却不能体现在自己身体的任何一部分中。作为补偿，人们把一个外在的东西——布娃娃——放在她手中，让它在她身边完成他我的作用。必须指出，人们把包扎一只受伤手指的绷带也称做poupée（即布娃娃）：一只包扎的、分开的手指，看起来很好玩，是一种骄傲，孩子从此开始异化的过程。但这是一个人面的小塑像——或者在没有小塑像的情况下是一绺玉米穗，甚至是一块木头——以最令人满意的方式代替这个分身，这个天然的玩物，即阴茎。

重大的差别在于，一方面，布娃娃代表整个身体，另一方面，它又是被动的东西。小姑娘由此受到鼓舞，异化为它，把它看做惰性的既定。而男孩子把阴茎当做自主的客体来寻找自我，小姑娘喜爱她的布娃娃，打扮它，就像她梦想自己被打扮和被喜爱那样；反过来，她把自己看做一个美妙的布娃娃。[1]通过恭维与责备，通过形象与词句，她发现了“美”与“丑”这两个词的含义；她很快知道，要令人喜欢，就必须“漂亮得像一幅画”；她竭力要像一幅画，她化妆打扮，她照镜子，她要与公主和仙女媲美。玛丽·巴什基尔采夫给我们提供了孩子爱俏的一个生动例子。她很晚才断奶——三岁半——大约四五岁时，她强烈地感到要被人赞赏，要为他人而存在，这肯定不是偶然的：在一个年龄更大的女孩子身上，断奶的打击应该是强烈的，她不得不更加热切地力图克服这种强加的断奶。她在日记中写道：“五岁时，我穿上妈妈有花边的衣服，头上插花，到客厅跳舞。我是大舞蹈家佩季帕[2]，全家都在那里看我跳舞……”

这种自恋在小女孩身上出现得非常早，它在女人的一生中将起到头等重要的作用，以至人们很自然地把它看做女人神秘本能的流露。但是我们刚才看到，实际上不是解剖学上的命运决定她的态度。把她同男孩区别开来的差异，是一个她可以通过许多方式承受的事实。阴茎肯定构成一个特权，但是，在孩子对它的排泄功能不感兴趣并进入社会以后，它的价值自然而然减少了：如果他过了八九岁，它在他看来仍然保留价值，这是因为它变成了男性特征的象征，而社会上是重视男性特征的。事实上，教育和环境的影响是巨大的。所有孩子都力图通过诱惑和炫耀的行为来补偿断奶；人们强迫男孩越过这个阶段，让他把注意力集中在阴茎上，使他摆脱自恋；而小女孩在将自己变成客体的倾向中得到确认，这种倾向在所

---

① 女人和布娃娃的相似，保持到成年；在法文中，人们通常把一个女人称做布娃娃；在英文中，人们把打扮的女人称做“打扮得漂亮的布娃娃”。——原注

② Maria Petipa（1836—1882），俄罗斯女舞蹈家。

有孩子身上都是共有的。布娃娃有助于这种倾向，然而它并不起决定性作用；男孩也可以喜欢一只玩具熊、一个驼背小丑玩具，他把自身投射到玩具中；正是在整个生活形式中，每个因素——阴茎、布娃娃——获得它的分量。

因此，被动性作为“女性化”的女人特点，是一种从小时候起就在她身上发展起来的特性。可是，认为这是一种生物学的论据则是错误的；事实上，这是教师和社会强加给她的命运。男孩的巨大机会在于，他的为他人存在的方式有利于他确立自为的存在。他学会生存，把它当做朝向世界的自由活动，他与其他男孩较量坚忍和独立，他蔑视女孩。爬树、跟同伴打架、在激烈的游戏中较量，他把自己的身体当做驯服自然和战斗的工具；他对自己的肌肉和性别感到骄傲；通过游戏、运动、斗争、挑战、考验，他均衡地使用自己的力量；同时，他吸取使用暴力的严厉教训；他学会挨揍、蔑视痛苦、从小不掉泪。他做事，他创造，他敢于行动。当然，他考验自己，也“为他人”去接受考验，他对自己的男子气概提出拷问，由此产生许多与大人和他的同伴们有关的问题。但重要的是，在他这种对客体形象的属于自己的操心和通过具体计划自我确定的意志之间，没有根本的对立。他在存在的过程中使自己存在，两者是同一的活动。相反，在女人身上，一开始就在她的自主生存和她的“他者存在”之间有着冲突；人们向她灌输，为了讨人喜欢，就必须竭力令人喜欢，必须成为客体；因此，她应该放弃她的自主。人们把她当做一个活的布娃娃，拒绝给她自由；因此，形成了一个恶性循环；因为她越是少运用自由去理解、把握和发现周围的世界，她就越是在世界上找不到资源，她就越不敢确认自己是主体；要是人们鼓励她去做，她可能表现出与男孩同样的活力、同样的好奇心、同样的主动精神、同样的大胆。当有时人们把她当做男性培养时，便会出现这种情况；这时她就会避免许多问题。[1] 指出这一点是有趣的：做父亲的乐意让女儿接受的正是这种教育；由一个男人抚养长大的女子，摆脱了大部分女性的缺憾。可是风俗反对人们将女孩与男孩完全一律对待。我在一个村里见到过一些三四岁的小姑娘，她们的父亲让她们穿短裤；所有的孩子都捉弄她们："这是女孩还是男孩？"他们想证实一下；以致她们恳求让她们穿裙子。除非她过的是非常孤独的生活，否则，即令父母亲允许她的举止像男孩，她周围的人、她的朋友们、她的教师们，都会不自在。总是有婶婶阿姨、奶奶外婆、堂表姐妹要抵消父亲的影响。一般说来，他对女儿的作用是次要的。压在女人身上的一重诅咒是——米什莱正确地指出过——她在童年时便落在女人手里。男孩起先也是由他的母亲抚养的；但她尊重他的男性特点，他很快便摆脱了她[2]；而她却要使女儿融入女性世界。

下文可以看到母亲与女儿的关系是多么复杂：对母亲来说，女儿既是她的分身，又是另一个人，母亲既极其疼爱她，又与之敌对；母亲把自己的命运强加给孩子：这是一种骄傲地承认女性身份的方式，也是一种报复女性的方式。可以在鸡奸者、赌徒、吸毒者、一切自诩属于某个团体同时又以此为耻的人身上，看到同样的过程：他们以传布信仰的热忱，竭力争取信徒。因此，当一个女孩被托付给女人时，女人会以狂妄与怨恨相交织的热情，努力把她改变成一个像她们一样的女人。甚至一个真诚地为孩子谋取幸福的宽容的女人，一般也会想，把她变成一个"真正的女人"是更为谨慎的，因为这样社会更容易接受她。因此，人们让别的小姑娘和她做

---

① 至少在童年时是这样。相反，在当下的社会状态中，青春期的冲突会激化。——原注

② 当然有许多例外，但这里不可能研究母亲对男孩成长所起的作用。——原注

朋友，把她托付给女教师，她像在古希腊古罗马时代的闺房里，生活在年长的女人中间，人们为她选择书籍和游戏，让她走上她的命运之路，人们要求她拥有女性的美德，教会她烹饪、缝纫、做家务，同时学会打扮、施展魅力、懂廉耻；人们让她穿上不方便而又昂贵的衣服，她必须细心加以料理，人们给她梳理复杂的发式，强加给她举止规范：站立笔直，走路不要像鸭子；为了显得妩媚，她必须约束住随意的动作，人们不许她做出假小子的举动，不许她做激烈的运动，不许她打架：总之，人们促使她像她的女性长辈那样变成一个女仆和一个木偶。今日，由于女性主义的胜利，鼓励她学习、投身于运动，变得越来越正常了；但是，比起男孩，她在运动中没有取得成功，人们会更加容易原谅她；而人们要求她去完成另一项事业，使成功更加困难：人们希望她至少也是一个女人，希望她不要失去她的女性特点。

在幼年时，她对这种命运逆来顺受。孩子在游戏和梦想中活动，在游戏中扮演存在，扮演行动；如果成就只停留在梦想中，行动和存在分得并不清楚。小女孩可以通过封闭在女人命运中、在她的游戏中已经实现的诺言，去补偿男孩眼前的优越。由于她还只了解孩子的天地，她先是觉得母亲拥有比父亲更大的权威；她把世界设想成一种母权制；她模仿她的母亲；她甚至常常颠倒角色，她会这样对母亲说："我长大了，你会变小……"布娃娃不单是她的分身：这也是她的孩子，由于真实的孩子对母亲来说也是一个他我，所以这种职能并不互相排斥；当她责备、惩罚，然后安慰布娃娃时，她同时自卫，反对母亲，她自己具有母亲的尊严：她把母女二人集于一身，她对自己的布娃娃吐露心声，教育它，向它确认自己的统治权威，有时甚至扯掉它的手臂，打它，折磨它：就是说，她通过它完成主体确认和异化的体验。母亲常常与这种想象的生活联结起来：孩子和母亲一起，扮演布娃娃的父亲和母亲，这是男人被排除出去的一对夫妻。这里也没有任何天生的、神秘的“母性本能”。小姑娘看到，照料孩子是归于母亲的职责，人们是这样教育她的；听到的故事、看过的书，她所有的小小体验都证实这一点；人们鼓励她迷恋这些未来的财富，人们给她布娃娃，让这些财富从现在起就具有可以触摸到的面貌。人们专横地给她下达了她的“使命”。由于小女孩觉得生孩子就像她的命运，也由于她比男孩子更关心她的“内部”，她特别对生育的神秘感到好奇；她很快不再相信婴儿是从白菜中生出来的，或者是由鹳带来的；尤其当母亲给了她弟弟妹妹，她很快明白了，婴儿是在母亲肚子里形成的。况且，今日的父母不像以前的父母那样，把生育搞得很神秘；一般说来，她对生育更感到吃惊而不是恐惧，因为她觉得这个现象像施展魔法一样；她还抓不住其中的所有生理学的含义。她先是不知道父亲的作用，设想女人吸收了某些食物才怀孕的，这是一个传说题材（故事里的王后吃了某些水果、某种鱼，生下一个小姑娘或者一个漂亮男孩），后来导致某些女人认为身上怀孕与消化系统有联系。所有这些问题和发现吸引了小女孩的大部分兴趣，孕育了她的想象力。荣格[①]搜集的例子很典型，这个例子与弗洛伊德大约在同时期分析的小汉斯的例子极为相似：

> 将近三岁时，安娜开始询问父母亲，婴儿是怎么来的；听说这是“一些小天使”，她先是想象，人死后会上天堂，再以婴儿的形式再现出来。在四岁时，她有了一个小弟弟；她好像没有注意到母亲怀孕，但当她在母亲分娩的第二天看到母亲

① 见荣格《童年灵魂的冲突》。——原注

时，她困惑而怀疑地望着母亲，最后问她："你不会死吧？"家里人把她打发到她的祖母那里过一段日子；她回来时，有一个保姆被安置在她的床边；她先是讨厌那个保姆，后来又玩看护病人的游戏，并以此为乐；她嫉妒她的弟弟：她嘲笑，给自己编出一些故事，不听话，威胁要重新回到祖母家去；她常常指责母亲不说真话，因为她怀疑母亲在生孩子这件事上说谎；她朦胧地感到，保姆或者母亲"有"一个孩子，这之间存在差异，她问母亲："我会成为像你一样的女人吗？"她常常在夜里大声叫她的爸爸妈妈；由于她周围的人大谈特谈墨西拿①的地震，她借口这引起她的不安；她不断地对此提出问题。有一天，她突然问："为什么索菲比我小？弗里茨出生前在哪儿？他是在天堂吗？他在那里干什么？为什么他直到现在才从天堂下来？"她的母亲最后向她解释，弟弟是在她肚子里长成的，就像植物在泥土里生长一样。安娜对这个想法很着迷。然后她问："他是自个儿出来的吗？""是的。""可是他不能走，怎么出来呢？""他是爬出来的。""那么，那儿有一个洞吗？"她指着自己的胸口，"或者他是从嘴里出来的？"不等回答，她就表示，她知道是鹳把他载来的；但到晚上，她突然说："我的哥哥②在意大利，他有一座用布和玻璃建成的房子，不会倒塌。"她不再对地震感兴趣了，不再要求看火山爆发的照片。她还对布娃娃谈到鹳，不过信心不足。不久，她有了新的好奇。看到她的父亲睡在床上："为什么你睡在床上？你肚子里也有一棵植物吗？"她讲起一个梦；她梦见她的诺亚

① Messina，意大利城市，位于西西里岛东北端。
② 指安娜假想中的哥哥，在她的游戏中扮演重要角色。——原注

方舟："方舟下面有一个盖子，盖子打开了，所有的小动物都从这个口子里掉下来。"事实上，她的诺亚方舟是在屋顶上打开的。这时期，她重新做噩梦：可以猜想到，她寻思父亲的作用。有个怀孕的太太来拜访她的母亲，她母亲第二天看到安娜将一个布娃娃塞到自己的裙子底下，再慢慢地把它头朝下抽出来，说道："你看，婴儿出来了，他几乎完全在外面了。"稍后，在吃一个橘子时，她说："我想把它吞下去，再让它降到底下，一直到我的肚子深处，那么，我就会有一个孩子。"一天早上，她的父亲在盥洗室里，她跳上他的床，平躺在那里，蹬着双腿说："不是吗，爸爸就是这样做的？"随后五个月内，她似乎放弃了她所关心的事，开始对父亲表示不信任：她以为他想淹死她，等等。一天，她兴致勃勃地在园丁的照看下把种子埋在地下，她问父亲："眼睛是种在脑袋上的吗？头发呢？"父亲解释，它们在长出来之前，已经在孩子身体内处于萌芽状态了。于是她问："但小弗里茨怎么进入妈妈的身体里呢？是谁把他种到她的身体里呢？而你，是谁把你种到你妈妈的身体里呢？小弗里茨是从哪里出来的？"她的父亲微笑着说："你是怎么想的？"于是，她指着自己的性器官："他是从这里出来的吗？""是的。""他是怎样进入妈妈身体里的呢？有人在那里下种吗？"于是父亲向她解释，是他下的种。她好像完全满意了，第二天，她戏弄她的母亲："爸爸告诉我，弗里茨是一个小天使，是鹳把他载来的。"她比起以前显得格外平静；但她做了一个梦，梦中她看见园丁们正在撒尿，其中有她的父亲；看到过园丁在刨一只抽屉以后，她梦见他在刨她的生殖器官；她显然一心要了解父亲的准确作用。五岁时，看来她差不多完全明白了，此后她不再感到烦恼。

这个故事很典型，虽然小女孩问的往往不完全是父亲所起的作用，或者在这方面父母表现得十分模棱两可。许多小女孩把垫子藏在她们的围裙底下，扮演怀孕，或者把布娃娃塞在裙子的褶里，让它掉到摇篮里，给它喂奶。男孩像女孩一样，赞赏怀孕的神秘；所有孩子都有一种“深入”的想象力，使他们预感到事物内部有秘密的财富；他们都对“嵌套”的奇迹十分敏感，布娃娃包藏着其他更小的布娃娃，盒子包含着其他盒子，画的中心以缩小的形式再套出画；当人们在他们的眼前展开蓓蕾，给他们看出壳的小鸡，或者在一盆水中展现“日本花”如何令人惊喜时，他们都很着迷。一个小男孩在打开一只充满小糖蛋的复活节彩蛋时，兴高采烈地叫道：“噢！一个妈妈！”让一个孩子从自己的肚子里出来，真像变魔术一样美妙。母亲看来拥有仙女的奇妙魔力。许多男孩感到遗憾，他们没有这样的特权；日后，如果他们偷走鸟蛋，踩踏幼苗，发狂地摧残周围的生命，这是对他们不能孕育出生命进行报复；而小女孩很高兴自己有朝一日能创造出生命。

除了玩布娃娃使这种希望具体化以外，家庭生活也给小女孩提供了肯定自我的可能性。大部分家务劳动是很小的孩子也能完成的；人们一般免除男孩干活；但允许、甚至要求他的姐妹扫地、除尘、拣菜、给婴儿洗澡、熬浓汤时看火。特别是，姐姐经常要做母亲的工作；要么出于方便，要么出于敌视和虐待心理，母亲把一大堆自己的职责都推到她身上；于是她过早地融合到严肃工作的世界中；意识到她的重要性，有助于她承担女性职责；但她却没有幸福的清闲和童年的无忧无虑；她过早地成了女人，过早地了解这种规定强加于人的限制；她在青春期就变成成年人，这给她的经历一种特殊性质。超负荷劳动的孩子，会过早地成为奴隶，被迫过没有快乐的生活。但如果只要求她付出力所能及的努力，她会像大人一样自豪地感到自己能派上用场，乐意分担大人的工作。由于从孩子到主妇没有巨大的距离，这种互相依赖是可能实现的。一个有职业专长的男人，在学徒时离开了童年阶段；对小男孩来说，父亲的活动极其神秘；在他身上，他日后要成为的那个男人刚具雏形。相反，母亲的活动小女孩是可以接触的；她的父母说："她已经是一个小妇人了。"人们有时认为女孩比男孩早熟：实际上，如果她更早接近成年人阶段，这是因为这个阶段在大部分女人身上传统地是处于更为年幼的时期。事实是，她感到自己早熟，她对能在弟妹们身边起到"小妈妈"的作用感到满足；她乐意变得重要，她言之有理，下命令，显得对孩子圈中的弟弟们有优势，对母亲说话平起平坐。

尽管有这些补偿，她在接受给予她的命运时仍不无遗憾；她在成长时羡慕男孩的阳刚气。父母和祖父母有时隐藏不住他们更喜欢男性后裔而不是女性后裔；或者他们对男孩而不是对女孩表现出更多的爱：调查表明，大多数父母期望有儿子，而不是女儿。人们对男孩说话更加庄重、更加尊重，承认他们有更多的权利；男孩轻视女孩，他们自己玩耍，不接受女孩入伙，侮辱她们：他们私下里称她们是"娘儿们"，这个词激起了女孩小时候暗暗的屈辱感。在法国的男女合校里，男孩结伙故意欺负和虐待女孩。如果女孩想同他们竞争，同他们打斗，就会受到谴责。她们加倍羡慕男孩凸显自己的活动，她们有一种自发的愿望，要确定自身征服世界的能力，她们反抗给她们限定的低下处境。比如，她们要忍受不准爬树、爬梯子、上屋顶的禁令。阿德勒注意到，高低的概念十分重要，爬高的想法意味着精神优势，正如在大量英雄传说中所看到的那样；到达树顶、山峰，就是像主宰一样浮现于既定世界之上；在男孩中间，这常常是一个挑战的口实。女孩被禁止做这种英勇举动，坐在树下或大石下，看到耀武扬威的男孩站在她们之上，身心都感到低人一等。如果她在赛跑或跳高中落后，如果她在打架时被摔倒在地，或者干脆站在一旁，她也会有同样的感受。

孩子越成熟，其世界越扩展，男性的优势更确立。与母亲等同往往不再是一个满意的解决办法；如果女孩一开始接受女性的使命，并非她想放弃：正相反，这是为了支配；她想当主妇，因为她觉得主妇圈子有特权；但如果她的交游、她的学习、她的游戏、她的阅读，把她拉出母亲的圈子，她就会明白，世界的主宰不是女人，而是男人。这一发现——远远超过发现阴茎——不可抗拒地改变了她对自我的意识。

两性的等级首先出现在家庭的体验中；她逐渐明白，即使父亲的权威不是在日常生活中最明显地感觉到的，它也是至高无上的；由于它没有受到损害，就具有更多的光辉；即使事实上是母亲作为主妇掌管家事，她一般也能巧妙地突出父亲的意志；在重要时刻，她以他的名义，通过他，提出要求，进行补偿或者惩罚。父亲的生活围绕着神秘的威望：他在家里度过的时刻，他工作的房间，他周围的物件，他关注的事，他的嗜好，都具有神圣的性质。供养家庭的是他，他是家庭的负责人和家长。通常他在外工作，正是通过他，这个家跟世界其他地方沟通：他是这个充满冒险的、广袤的、困难重重的、美妙的世界的化身；他是超越，他是天主。[①]女孩正是在把她举起的有力臂膀中，在她紧紧依偎的有力身体中，感受到这一点。通过他，母亲被废黜了，如同伊希斯被“拉”这位神祇、大地被太阳所废黜一样。但是，这时孩子的处境深刻地改变了：她

① 德·诺阿耶夫人在谈到她的父亲时说：“他的宽宏使我产生巨大的爱和极端的恐惧……首先，他令我惊讶。这个占第一位的男人使一个小姑娘惊讶。我清楚地感到，一切都取决于他。”——原注

被指定有朝一日成为像她万能的母亲一样的女人——她永远不会是至高无上的父亲；把她与母亲联结在一起的纽带，是一种积极的好胜心——她从父亲那里只能被动地期待评价。男孩通过竞争的感觉去把握父亲的优越地位：而女孩带着无能为力的赞赏态度去忍受这种优越地位。我已经说过，弗洛伊德所谓的“恋父情结”，并非像他所说的是一种性欲，这是主体同意在顺从和赞赏中成为客体的深度退让。如果父亲对女儿表现出温柔，她会感到自己的生存得到极好的辩护；她拥有其他女孩难以获得的种种优异品质；她感到心满意足，被奉若神明。她可能整个一生都带着怀念去追寻这种充实与宁静。倘若她得不到这种爱，就可能永远感到自己是有罪的，该受惩罚；要么她可能到别处寻找对自身的评价，对父亲变得冷漠，甚至敌视。再说，父亲不是唯一掌握着世界钥匙的人：一切男人都分享男性的威望；不必把他们看做父亲的“替身”。祖父辈、兄长、叔叔舅舅、同伴的父亲、家庭的男性朋友、老师、教士、医生，都强烈地吸引着小姑娘。成年女性对男人表现出来的热烈敬意，足以把男人捧到很高的地位。①

在小女孩看来，一切都有助于证实这种等级观念。她的历史和文学知识、歌曲、别人催她入睡的传说，都是对男人的赞美。正是男人创造了希腊、罗马帝国、法兰西和所有的国家，正是男人发现了大地，发明了用来开发土地的工具，正是男人治理这个世界，使

① 值得注意的是，尤其在长女身上，可以看到对父亲的崇拜：男人对第一次取得父亲身份最感兴趣；当母亲被新来者夺走，往往是他安慰女儿，正如他安慰儿子那样，而她会热烈地依恋他。相反，小女儿根本不能完全占有她的父亲；通常她既嫉妒他，又嫉妒姐姐；她会依恋因父亲的喜爱而具有很高威望的姐姐，或者转向她的母亲，或者反抗家庭，在外面寻找援助。在许多家庭里，最小的女儿用其他方式获得一种特权地位。当然，许多情况可以改变父亲的古怪偏爱。但我了解的几乎所有情况都证实这种对长女和幼女的颠倒态度进行的观察。——原注

世界充满塑像、绘画、书籍。儿童文学、神话、故事、报道，反映了男人的骄傲和愿望创造出来的神话：小女孩正是通过男人的眼睛，探索世界和从中辨别自己的命运。男性优势占压倒地位：珀尔修斯、赫拉克勒斯、大卫①、阿喀琉斯、朗斯洛、盖克兰②、巴亚尔③、拿破仑，那么多的男人，却只有一个贞德；在她后面，显露出大天使圣米迦勒的伟大男性形象！没有什么比描绘名媛生平的书籍更令人厌烦的了：与杰出男子的生平相比，这是多么苍白的形象啊；她们大部分都淹没在某个男英雄的阴影中。夏娃创造出来不是为她自己，而是作为亚当的妻子，而且是从他的肋骨抽出来的；在《圣经》中只有很少女人，其行为是人所共知的：路得仅仅是为自己找一个丈夫；以斯帖跪在亚哈随鲁面前，获得了犹太人的宽恕，她仍然只不过是末底改手中的驯服工具；犹滴更为大胆，但她也服从祭司，她的功绩回味起来有点可疑：无法与年轻的大卫确实辉煌的胜利媲美。神话中的女神是轻佻的或任性的，在朱庇特面前全都瑟瑟发抖；而普罗米修斯令人赞叹地偷到了天火，潘朵拉却打开了收藏不幸之盒。有一些女巫和老太婆，在故事中实施可怕的权力。其中，在安徒生的《天堂里的花园》中，风神之母的形象令人想起原始的大母神：她的四个巨人儿子抖瑟瑟地服从她，他们行为不轨时，她打他们，把他们装在她的口袋里。但这不是一些吸引人的人物。仙女、美人鱼和水精不受男性统治，更为吸引人；但她们的生存是不确定的，几乎没有个性；她们介入人间，却没有自己的命

---

① David（约前1000—约前962），古以色列国王，统一以色列所有的支派，成为整个民族的实际统治者。

② Bertrand du Guesclin（约1320—1380），法国战将，在英法百年战争中英勇无比，被称为完美骑士的典型。

③ Pierre Terrail，seigneur de Bayard（约1475—1524），法国贵族，参加多次战役，被称为“无畏和无可指责的骑士”。

运：从安徒生的小美人鱼变成女人那一天起，她就经历了爱情的束缚，痛苦变成了她的命运。在现代的故事里，和在古代的传说中一样，男人是有特权的英雄。德·塞居尔夫人的作品是古怪的例外：它们描绘了一个母权社会，丈夫在场的时候，他扮演一个可笑的角色；习惯上，父亲的形象像在真实的世界中一样，戴上了荣耀的光环。《小妇人》中，女性的戏剧是在父亲的保护下进行的；他没有出现，却被神圣化了。在冒险小说中，是男孩子周游世界，作为水手坐船航行，在丛林中靠面包树的果实充饥。一切重要事件都是通过男人才发生的。现实证实了这些小说和传说。如果小女孩看报，如果她听到大人的谈话，她便会看到，今日和从前一样，男人主宰世界。她所赞赏的国家首脑、将军、探险家、音乐家、画家都是男人；使她的心激情澎湃的是男人。

这种威望也反映在超自然界里。通常，由于宗教在女人生活中所起的作用，比她的兄弟更受母亲控制的小姑娘也更受到宗教的影响。然而，在西方宗教中，圣父是一个男人，一个拥有明显男人属性的老头：有一部浓密的白胡子。[①] 对基督徒来说，耶稣更具体地是一个有血有肉的、有一部黄色长胡子的男人。根据神学家的说法，天使没有性别；但是他们用的是男人的名字，表现为俊美的年轻人形象。天主在人间的使者是教皇和主教，教徒亲吻他们的指环；做弥撒和布道的教士，听教徒跪在神功架里、单独向他忏悔，他们都是男人。一个虔诚的小姑娘同圣父的关系与她同人间父亲的关系相似；由于这种关系是在想象中进行的，她甚至经历更彻底的弃绝。

---

① 雅絮·戈克莱尔在《蓝色的橘子》中写道：“另一方面，我不再为无法看到天主而痛苦，因为不久以前我成功地把他想象为我故世的祖父的模样；说实话，这个形象确切地说是人的形象；但我已把我祖父的头和胸部分开，心里把它放在蓝天的背景上，白云形成一条项链，把头像神化。”——原注

其中，天主教对她产生最混乱的影响。[1] 圣母跪着聆听天使的话，回答说："我是主的使女。"抹大拉的马利亚[2] 精疲力竭地待在耶稣脚边，用女人的长发擦拭耶稣的脚。圣女们都跪着向光彩熠熠的耶稣表白她们的爱。孩子在香烟缭绕中跪着，投身于天主和天使的注视：男人的注视。人们往往强调色情语言和女人所说的虔诚语言之间的相似；比如，圣德肋撒这样写道：

> 噢，我敬爱的人，通过对你的爱，我虽然愿意在人间看不到你目光的温柔，感觉不到你嘴唇难以言传的亲吻，但是我恳求你用你的爱激起我的热情……
>
> 我敬爱的人，用你最初的笑容
> 让我很快看到柔情蜜意。
> 啊！让我处在火热的兴奋中。
> 是的，让我隐藏在你心里！
>
> 我愿意被你神圣的目光迷住，我愿意成为你的爱的猎物。有一天，我抱着这种希望，你把我带到爱的家园，同时也就融化在我身上，你最终把我投入这火热的深渊，让我永远变成幸福的牺牲品。

但不应该下结论，这些感情的吐露总是性欲方面的；更确切地

---

① 毫无疑问，意大利、西班牙、法国这些天主教国家的女人，比斯堪的纳维亚和盎格鲁-撒克逊国家的新教徒女人更被动得多，更依附于男人，更顺从和更受辱。这大半来自她们本身的态度——崇拜圣母、忏悔，等等——促使她们趋向受虐狂。——原注

② Mary Magdalene，经过忏悔成为圣女的妓女，见《路加福音》。

说，女性性欲的发展，渗透了女人从童年起就献给男人的宗教情感。确实，小女孩在听忏悔的神甫身边，甚至在空无一人的祭坛脚下会有一阵战栗，接近后来在情人怀里感受到的战栗：这是因为女性的爱情是这样一种形式的体验：在这种体验中，意识对超越意识的存在来说成为客体；而这也是年轻的女信徒在教堂的幽暗中感受到的被动快乐。

她用双手掩住脸，十分沮丧，经历放弃的奇迹：她虽然跪着，却升向上天，她投身于天主的怀抱，却保证了被云彩和天使簇拥着升天。她正是在这种美妙的体验中去仿制她在人世的未来。孩子也能通过许多其他的道路发现这未来：一切都促使她在梦想中投身于男人的怀抱，以便被载往光荣的天国。她懂得了，要获得幸福，必须被爱；为了被爱，必须等待爱情。女人就是睡美人、驴皮公主、灰姑娘、白雪公主，就是接受和忍受的那个人。在歌谣里，在故事中，可以看到青年男子历尽艰险去寻找女人；他刀劈巨龙，与巨人搏斗；她被关在塔楼、宫殿、花园、岩洞里，锁在一块岩石上，被囚禁着，睡熟了；她在等待。总有一天，我的王子会来的…… Some day he'll come along, the man I love ...[①] 民歌的副歌给她灌输要有耐心和充满希望的梦想。对女人来说，最需要的就是迷住一颗男人的心；再大胆，再敢于冒险的女主人公，渴求的就是这个报偿；人们往往要求她们长得美，而不是别的品德。可以理解，对女孩来说，关注体态会成为真正的困扰；不论公主还是牧羊女，总是必须漂亮，才能获得爱情和幸福；丑陋被残忍地与凶恶联系起来，当不幸落在丑陋的人头上时，真搞不清命运惩罚的是她们的罪行还是她们丑陋的外貌。往往年轻美貌、前程似锦的姑娘，开始出现时扮演

① 英文，总有一天，爱我的男人，他会来的……

的是受害者的角色；热纳维耶芙·德·布拉班特和格丽泽尔达的故事，不像表面看来的那样清白无辜；爱情和受苦以动人的方式交织在一起；女人正是通过落入卑劣的深渊，才确保最甜蜜的胜利；女孩懂得了，无论关系到天主还是关系到一个男人，只有同意忍受最彻底的放弃自主，她才能有强大权势：她乐于受虐，受虐让她取得最高的征服成果。圣布朗蒂娜[①]身体雪白，在狮子的爪子下鲜血淋漓，像死人一样躺在玻璃棺材里的白雪公主、睡美人、昏厥的阿达拉[②]，这整整一批受尽摧残、被动的、受伤的、跪在地上、受屈辱的、温柔的女主人公，教导她们的妹妹受难、放弃、有忍辱负重之美的迷人威望。当她的兄弟扮演英雄时，女孩心甘情愿地扮演殉难者并不令人奇怪：异教徒把她投给狮子，蓝胡子[③]揪住她的头发拽她，她的国王丈夫把她放逐到森林深处；她忍辱负重，受苦受难，视死如归，额头上戴上了光环。德·诺阿耶夫人写道："我还只是一个小姑娘的时候，就想吸引男人的温存，使他们不安，被他们搭救，死在他们怀里。"在玛丽·勒阿杜安的《黑帆》中有一个这类受虐梦想的出色范例：

> 七岁时，我不知道用哪一根肋骨造出了我的第一个男人。他又高又修长，非常年轻，穿一套黑缎子衣服，长袖拖地。他美丽的金黄头发洒下一头垂落至肩的沉甸甸的发卷……我把他称为埃德蒙……然后，这一天来到了：我给了他两个弟弟……这三兄弟：埃德蒙、夏尔和塞德里克，他们三个都穿着黑缎子

---

① Sainte Blandine（？—177），在里昂殉难，纪念她的节日在六月二日。

② Atala，法国作家夏多布里昂的同名中篇小说的女主人公，她是印第安人部落首领之女，因宗教原因，无法与情人结合，最后服毒自尽。

③ Barbe-Bleue，童话中的杀人魔王，见贝洛的童话集。

衣服，三个都是金黄头发，身材修长，使我人生领会到古怪的幸福。他们的脚穿上丝袜，多么好看，他们的手多么纤弱，以致我的心灵兜上了千头万绪……我变成了他们的姐姐玛格丽特……我喜欢表现出服从我的弟弟们的乐趣，完全接受他们的摆布。我渴望我的大弟弟对我有生杀予夺之权。我从来不敢让自己抬眼望他。他动辄就叫人用鞭子抽我。当他对我说话时，我是那样因恐惧和尊敬而心慌意乱，居然找不到话来回答他，不断期期艾艾地说"是的，老爷"，"不，老爷"，我从中品味这感觉自己是白痴的奇怪兴趣……当他强加给我的痛苦过于强烈时，我喃喃地说"谢谢，老爷"，有时，我痛苦得几乎支持不住，为了不至喊叫出来，我把嘴唇按在他的手上，冲动终于令我心碎，而我达到这种状态：因过度幸福而宁愿死去。

小女孩有点早熟的年龄，会想象自己已经达到恋爱的岁数：在九岁、十岁时，她喜欢涂脂抹粉，把上身塞得鼓鼓的，化装成太太。但她不想同小男孩开始实现性体验：即使有时她和他们来到角落里，玩"互相展示什么"的游戏，那仅仅是出于对性的好奇。可是她的爱情梦想的伙伴是个成年男子，他要么是纯粹想象中的，要么是参照真实的人：在后一种情况下，孩子只满足于远远地爱他。在柯莱特·奥德里[①]的回忆录中，可以找到这类孩子的梦想的绝好例子；她叙述道，五岁时她发现了爱情。

这同我童年时小小的性快感，比如我骑在餐室的某张椅子上，或者入睡前抚摸自己感到满足，自然没有丝毫关系……感

① Colette Audry（1906—1990），法国女作家。

觉和快感之间唯一的共同点是，这两件事我都是背着我周围的人做的……我对这个年轻人的爱情，在于入睡前想他，设想出奇妙的故事……在普里瓦，我相继爱过我父亲办公室里的所有头头……他们离开时，我从来没有极其难受，因为他们只是一个依托，用来确定我的爱情梦想罢了……晚上我睡觉时，我报复自己太年轻、太胆小。我细心地准备一切，毫不费力就让他显现在眼前，但问题是要改变我自己，以便能从内心看到我自己，因为我变成了她，不再是我。首先，我很漂亮，我十八岁。一只糖果盒给了我很大帮助：一只扁平长方形的糖衣杏仁盒子上，画着两个少女，鸽子围绕着她们。我是个褐发姑娘，一头短短的鬈发，身穿薄纱长裙。我们分开了十年。他回来时几乎没有变老，看到这个美妙的女子，令他神魂颠倒。她好像几乎记不起他，她非常自然、冷漠、充满机智。我为这第一次见面编织了真正精彩的谈话。接着是误会，一场困难的征服，他经历了泄气和嫉妒的难忍时刻。末了，他被逼到走投无路，承认了爱情。她默默地听着，正当他以为一切都完蛋了的时候，她告诉他，她一直在爱他，他们拥抱了一会儿。这情景一般发生在晚上公园的一张长凳上。我看到两个身体靠近了，我听到喃喃的细语声，我同时感到身体温热的接触。但从这时起，一切松开了……我从来没有接近结婚的话题[①]……第二天，我在洗脸时想了一会儿结婚的事。不知怎的，我看到镜子中涂满肥皂的这张脸令我高兴（别的时候我并不感到自己漂亮），并且令我充满希望。我简直要把这张有点惊愕的阴沉的

① 与玛丽·勒阿杜安受虐狂的想象相反，柯莱特·奥德里的想象是虐待狂类型的。她希望意中人受伤，处在危险中，她奋不顾身地救他，让他蒙受耻辱。这是永远不肯接受被动，并力求获得做人的自主性的女人富有个人特点的口吻。——原注

脸，看做好像在未来的道路上远远地等待着我。但必须抓紧时间；脸一擦干净，一切都结束了，我重新看到自己平凡的孩子脑袋，它再也引不起我的兴趣。

游戏和梦想把小女孩引向被动性；但在变成女人以前，她是一个人；她已经知道，承认自己是个女人，就要放弃自己和自残；如果放弃还很诱人，自残就可憎了。男人、爱情还处在遥远的未来的雾中；眼前，小姑娘好像自己的兄弟一样寻找主动性和自主。自由的负担对孩子而言并不沉重，因为它并不牵涉到责任；孩子自知安全地处在成年人的庇护下：他们并不企图逃跑。小女孩对生活的自发冲动，对游戏、笑声、冒险的兴趣，使她觉得母亲的圈子狭窄、令人窒息。她想逃脱她母亲的权威。这种权威比男孩子要接受的权威，以更加经常和亲切得多的方式去实施。母亲的权威很少像柯莱特怀着爱心描绘的“茜多”[①]那样，体贴人和谨慎小心。撇开近乎病理学的情况不谈——但这是很常见的[②]——在这种情况下，母亲是刽子手，在孩子身上满足自己的支配本能和虐待欲，她的女儿是有特权的客体，面对这客体，她想确认为至高无上的主体；这种意图使孩子起来反抗。柯莱特·奥德里描绘了一个正常的小女孩对一个正常的母亲的反抗：

我不会说出实情，不管这是多么无辜，因为我在妈妈面前从来没有感到过无辜。她是举足轻重的大人，只要我还没有痊愈，我就怨恨她。在我的内心，有一个活跃的残忍的伤口，我

① Sido，法国女作家柯莱特在小说《茜多》中描绘的以自己的母亲为原型的人物。
② 参阅维·勒杜克《窒息》、西·德·泰尔瓦涅《母亲的仇恨》和埃·巴赞《毒蛇在握》。——原注

有把握总是重新看到它鲜血淋漓……我不认为她太严厉了；也不认为她没有权利。我认为：不，不，不，我用全力这样说。我不责怪她运用权威这个事实本身，也不责怪她下命令或者作专横的辩护，而是责怪她**想制服我**。她有时这样说，当她不这样说的时候，她的眼睛这样说，她的声音这样说。或者她对太太们说，在受过惩罚之后，孩子更顺从了。这些话留在我的喉咙里，忘不了：我无法把这些话吐出来，也不能吞下去。这种愤怒，在她面前就是我的罪过，在我自己面前也是我的耻辱（因为说到底，她使我害怕，我只能用几句粗暴的话或者无礼的话作为报复，显示自己），但无论如何这也是我的光荣：只要伤口还存在，只要重复制服、顺从、惩罚、屈辱这些字眼，我就感到无言的狂怒，我就不会被制服。

由于母亲往往丧失她的威望，反抗就变得格外强烈。她显得像在等待、忍受、抱怨、哭闹、大发雷霆：在日常现实中，这个不令人喜欢的角色不会导致任何特殊荣誉；作为受害者，她受到蔑视，作为泼妇，她令人厌恶；她的命运显得像乏味的重复的典范：通过她，生活不断地重复，却到不了任何地方；她被确定在家庭主妇的角色中，中止了生存的扩展，她是障碍和否定。她的女儿希望不要像她。她崇拜那些摆脱了女性身份奴役的女人：女演员、女作家、女教授；她满怀激情地投身于运动、学习，她爬树，撕破衣服，想同男孩子一试高下。她往往给自己选择一个知心女友，和她倾心交谈；这是一种排他性的友谊，像爱情一样，通常包含着对性秘密的分享：小女孩交换她们成功搞到的信息并加以评论。时常形成三角关系，其中一个小姑娘爱上了她女友的兄弟；《战争与和平》中的索尼娅就是这样：成为娜塔莎的知心朋友，爱上了娜塔莎的哥哥尼古拉。无论如何，这种友谊笼罩着神秘，在这个时期，孩子一般喜欢有秘密；她把最微不足道的事当成一个秘密：她就是这样对别人用来对付她的好奇心的故弄玄虚做出反应；这也是一种使自己显得重要的方式；她想方设法要获得这种重要性；她力图介入大人的生活。她编造一些关于大人的故事，对此半信半疑，并在故事中扮演重要角色。她同女友们假装对男孩子以蔑视对蔑视；她们结成离群的一伙，嘲笑和讥讽他们。但是，实际上，一旦他们平等地对待她，她受到奉承，便想得到他们的赞同。她希望属于特权等级。在原始部落中，使女人接受男人至高地位的活动，以拒绝她的命运的形式，同样表现在每个新的被接纳者身上：她身上的超越性否定内在性的荒诞。她因受到礼仪规则的侮辱、衣服的妨碍、家务的奴役，并因所有冲动受到阻遏而愤慨不已；在这一点上，人们做过大量调查，这些调查差不多都获得同样结果[①]：所有的男孩——例如古代的柏拉图的说法——都表示他们害怕成为女孩，几乎所有女孩都对自己不是男孩感到遗憾。根据哈夫洛克·蔼理士提供的统计，只有百分之一的男孩愿意成为女孩，百分之七十五的女孩宁愿改变性别。根据卡尔·皮帕尔的一项调查（由博杜安在他的著作《儿童的心灵》中提供），在十二至十五岁的二十个男孩中，有十八个说，他们宁愿成为世上的一切东西，也不愿意做女孩；在二十二个女孩中有十个愿意做男孩；她们提出如下的理由：“男孩更好：他们用不着像女人那样受苦……我的母亲会更爱我……男孩从事更有趣的工作……男孩的学习能力更强……我会以吓唬女孩来取乐……我再也

① 也存在例外，例如，在瑞士的一个学校里，男孩和女孩在舒适和自由的特殊条件下，都接受同样的男女同校的教育，他们表示自己是满意的，但这样的情况属于例外。女孩肯定也能够像男孩一样幸福，可是，在当今社会中，事实是她们并不幸福。——原注

不用怕男孩……他们更自由……男孩的游戏更加有趣……他们不受衣服的束缚……”这最后一点看法反复出现：女孩几乎都抱怨受到她们的连衣裙的束缚，没有活动的自由，不得不时刻注意她们的裙子或者容易弄脏的淡色衣衫。大部分小姑娘将近十岁或十二岁时的确是“假小子”，就是说缺乏成为男孩条件的孩子。她们不仅像忍受匮乏和不公正一样忍受这种痛苦，而且，人们强迫她们接受的那一套行为举止是不正常的。在她们身上，旺盛的生命力受到阻挡，她们没有使用的活力转为烦躁；她们过于文静的工作消耗不尽过于旺盛的精力；她们百无聊赖：出于无聊，要补偿她们忍受的低下地位，她们耽于愁苦的和浪漫的梦想；她们品味这种轻易能实现的逃遁，失去现实感；她们怀着无序的兴奋，沉浸在激动中；她们缺乏行动，却爱说话，有意将没头没尾的话羼杂严肃的词句；她们被丢在一边，“不被理解”，在自恋的感受中寻找安慰：她们把自己看做小说中的女主人公，孤芳自赏，发出抱怨；自然而然，她们变得爱卖俏和装腔作势：这些缺点在青春期有增无减。她们的不适，表现为不耐烦、发脾气、爱哭泣；她们有流泪的爱好——很多女人以后仍保留这种爱好——大半是因为她们喜欢扮演受害者：这既是对严酷命运的抗议，又是一种惹人怜爱的方式。杜庞卢主教[①]写道：“小姑娘非常喜欢哭泣，我知道有几个对着镜子哭，以便双倍地享受这种状态。”她们的大部分戏剧性事件牵涉到家庭关系，她们力图粉碎与母亲的联系：她们时而与母亲是敌对的，时而迫切需要母亲的保护；她们想夺取父亲的爱；她们爱嫉妒、敏感易怒、十分苛求。她们往往编造故事，假设自己是过继的孩子，她们的父母不是真正的双亲；她们让父母过着一种秘密生活；她们想象出彼此的关

① Félix-Antoine-Philibert Dupanloup（1802—1878），法国天主教教士，教育家。

系；她们乐于设想父亲不被理解、生活不幸，他的妻子不是理想的伴侣，他的女儿倒会是他理想的伴侣；或者相反，母亲感到他粗俗和粗暴是对的，她害怕同他发生一切肉体接触。幻觉、装模作样、幼稚的悲剧性事件、虚假的热情、古怪的行为，必须在孩子的处境中，而不是在女性神秘的心灵中寻找这一切的理由。

对于感受到自己是主体、独立、超越性，并且是绝对的个体来说，发现自身低一等是固有本质，这是一种古怪的体验：对于自为确立为主体的人来说，发现自己显示出他性是一种古怪的体验。当小女孩初次接触世界，领悟到自己是一个女人时，她感受到的正是这样。她所属的范畴处处是封闭的，有限制的，受到男性世界的控制：不管她升得多高，冒险到多远，她的头顶上总是有天花板，四周总有挡路的墙壁。男人的神祇在如此遥远的天上，以至对他来说其实没有神祇。小女孩生活在人面的神祇中间。

这种处境不是独一无二的。美国黑人部分融合到把他们当做低等阶层的文明中，他们经历的也是这种处境；使比格·托玛斯[①]在生活初期感到切肤之痛的正是这种确定不疑的劣等性、这种刻写在肤色上被诅咒的他性：他望着飞机飞过，明白了由于他是黑人而不许上天。小女孩明白了由于是女人，不许她航海、到极地探险、进行千百种冒险、享受千百种快乐，她生来属于邪恶的一边。重大的差别是，黑人在抗拒中忍受他们的命运，任何特权都不能弥补他们命运的严酷；而女人被敦促合作。我已经提到过[②]，在期望成为至高无上自由的主体的本真要求旁边，有着生存者对放弃和逃遁的非本真愿望；父母和教育者、书籍和传说、女人和男人，使被动的快

① 参阅理查德·赖特《土生子》。——原注
② 见《第二性 I》中《导言》。——原注

乐在小姑娘面前闪闪发光；在她的整个童年时代，人们已经教会她品尝这些快乐；诱惑越来越狡诈；由于她的超越性的冲动遇到最为严峻的抗拒，她就越是可悲地做出让步。但是，她在接受被动性时，也同意毫无抗拒地忍受外部强加的命运，这种厄运使她恐惧。无论小男孩是有雄心的、冒失的还是胆怯的，他奔向的是开放的未来；无论他是水手还是工程师，无论他留在田地里还是到城里去，他都会看到世界，会变得富有；他面对意外机会，等待着他的未来，感到自己是自由的。女孩会成为妻子、母亲、祖母；她会像她的母亲那样持家，她会像自己受到照顾那样照料她的孩子们：她十二岁，而她的历史已经刻写在天上；她从未创造自己的历史，却日渐一日地发现历史早已成形；这种生活的每一阶段事先都能预料到，而每天都不可抗拒地让她朝前走；当她想到这种生活时，她是好奇而又恐惧的。

因此，女孩比她的兄弟们远远更加关注性的神秘；当然，她的兄弟们也非常关心；可是，在未来，他们做丈夫和父亲的角色并不是他们最操心的；女孩在婚姻中和做母亲时整个命运都将被质疑；她一旦开始预感到其中的秘密，就觉得自己的身体受到可憎的威胁。母性的魔力消失了：不管她了解情况是早是晚，是否一致，她知道孩子不会偶然出现在母亲的肚子里，不会是一根魔杖让孩子从肚子里出来，她焦虑地寻思。一个寄生体要在她体内长大，她往往不觉得美妙，而是可怕；想到这怪异的肿胀，使她恐惧。婴儿怎么会出来的？即便别人从来没有对她谈起分娩时的喊叫和痛苦，她也听到过片言只语，她看过《圣经》中这句话：“你生产儿女必多受苦楚”；她预感到她甚至想象不出的折磨；她设想在肚脐部分要动古怪的手术；如果她设想胎儿是从肛门推出来的，她便会为此不安：可以看到有些女孩以为了解生育过程后，会有神经性便秘。给以正确的解释无济于事：肿胀、撕裂和出血的意象会纠缠着她。女孩越是有想象力，对这些景象就越是敏感，没有一个女孩看到这些景象不发抖。柯莱特叙述在她看过左拉描写分娩的章节[①]后，她的母亲发现她晕倒了。

> 作者描写分娩，展现粗俗而露骨的大量细节，具有解剖学的细致，挥洒自如的色彩、姿态、喊声，从这喊声里，我再也认不出自己田间少女的自控能力。我感到自己的轻信，惊恐不安，认为自己小姑娘的命运受到威胁……在我看来，其他字句描写撕裂的肉体、粪便、污血……我软绵绵地躺在草地上，仿佛偷猎者把一只刚刚活杀的小野兔捎回厨房里。

尽管大人给她安慰，她仍然惴惴不安；她已长大，学会不再相信成年人的话；她正是常常在生殖的奥秘上发现他们的谎言；她也知道，他们把最恐怖的事看做是正常的；如果她感到剧烈的肉体打击：切除扁桃腺、拔牙、割开瘭疽，她会把铭记在心的焦虑投射到分娩上。

怀孕和分娩的肉体性质，马上令人联想到夫妻之间发生“某种肉体的事”。在诸如“同血儿、纯血儿、混血儿”这类说法中经常遇到的“血”字，有时指引着孩子的想象；她会设想，结婚伴随着某种庄严的输血。但往往“肉体的事”仿佛与大小便器官有关；孩子特别会设想，男人把尿撒进了女人体内。性交被想象为肮脏的。这正是使孩子烦乱不安的，对孩子来说，“肮脏的”事受到最严格的禁忌：那么，成年人怎样将这种事融合到他们的生活中呢？孩子

---

① 见《生的快乐》。

先是因其荒谬性无法理解发现的丑事：她感到听到的、读到的和写下的东西毫无意义，她觉得一切都不真实。在卡森·麦卡勒斯迷人的书《婚礼的成员》中，年轻的女主人公发现一对邻居赤身裸体躺在床上，故事的反常并没有让她重视。

> 这是一个夏天的星期日，马洛夫妇的房门敞开着。她仅仅看到房间的一部分、五斗橱的一部分，仅仅看到床脚，马洛太太的胸衣扔在下面。在安静的房间里，有一种她不明白的响声，当她走到门口时，她被一幅景象惊呆了，她瞥了一眼，这景象便使她叫喊着跑到厨房：马洛先生发病了！贝丽尼丝冲向大厅，但是，当她往房间里张望了一下时，仅仅咬紧了嘴唇，砰的一声关上房门……弗兰淇想问贝丽尼丝发现了什么。但贝丽尼丝只是说，他们同平常人一样，还添上说，既然家里有别人，他们至少该懂得把房门关上。弗兰淇知道，她就是这个人，可是她并不明白怎么回事。这是什么类型的发病？她问道。但贝丽尼丝仅仅回答：“小家伙，只不过是普通的发病。”而弗兰淇从她的语调中明白，人家并没有告诉她全部事实。随后，她只记得马洛夫妇是普通人……

当大人让孩子们提防陌生人，对他们解释性行为时，只说这些是病人、有怪癖的人、疯子；这是一种合适的解释；在电影院受到邻座抚摸的女孩，一个路人面对她解开裤纽的女孩，会认为在跟疯子打交道；当然，遇到疯子是令人不快的事：癫痫的发作、歇斯底里的发作、激烈的争吵，打乱了成人世界的秩序，看到这个场面的孩子感到自己处在危险中；但同一个和谐社会中存在流浪汉、乞丐、伤口可怕的残废一样，毕竟也会存在一些不正常的人，而社会根基不会动摇。孩子正是在怀疑父母、朋友们、老师们暗中搞黑弥撒的时候，真正感到恐惧。

> 当别人第一次对我谈起男女性关系时，我宣称这是不可能的，因为我的父母也应该有这种关系，而我过于尊敬他们，以至不相信有这种事。我说，这太令人恶心了，我绝对不会做的。不幸的是，不久，听到我的父母在做这种事，我不得不醒悟了……这一时刻是可怕的；我把脸藏在毯子下，捂住耳朵，我但愿待在千里之外。①

这些衣冠楚楚的体面人教导人要有礼貌、节制、理智，这种人的形象怎么过渡到两个面对面赤身裸体的动物形象呢？成年人自己在动摇根基，抹黑天空。孩子往往固执地拒绝丑恶的发现，宣称“我的父母不做这种事”。或者力图给性交一种合乎礼仪的意象：“想要一个孩子的时候，”一个小姑娘说，“就到医生那里；脱光衣服，蒙住眼睛，因为不应该看；医生将父母亲贴在一起，帮助他们，把事做好。”她把做爱变成外科手术，无疑令人不快，但就像在牙医那里看病一样是体面的。尽管拒绝和逃避，但不安和怀疑还是钻进孩子心里，会产生一种像断奶一样痛苦的现象：这不再是让孩子摆脱母体，而是孩子周围的保护世界崩溃了；孩子的头顶上没有屋顶，孩子被遗弃了，面对黑茫茫的未来孑然一身。增加女孩子焦虑的是，她不能正确地勾勒压在她身上的这种朦胧诅咒的轮廓。得到的信息是不一致的，书上所说的互相矛盾；甚至专门的陈述也消除不了浓重的暗影；提出了上百个问题：性行为痛苦吗？还是美

---

① 李普曼医生《青春与性》中所引。——原注

妙的？要进行多久？五分钟还是一整夜？有时可以读到，一个女人在一次交欢中变成了母亲，而有时经过几小时的肉欲，她仍然不怀孕。人每天都“干这种事”吗？还是只偶尔为之？孩子想通过阅读《圣经》、查阅词典、询问同学去了解情况，在黑暗和厌恶中摸索。在这方面，李普曼医生进行的调查很有趣；下面是接触到性启蒙的几个少女给他提供的一些回答：

我怀着模糊而古怪的想法继续徘徊。无论我的母亲，还是女教师，没有人提到这个问题；任何一本书也没有深入谈论这个问题。逐渐在性行为周围编织出一种危险的神秘和丑陋；起先，性行为在我看来是这样自然。十二岁的大女孩用粗俗的玩笑，在她们和我们班上的女同学之间设立一座桥梁。这一切仍然这样模糊和令人厌恶，我们争论孩子是在哪里形成的；是不是在人身上这种事只发生一次，因为结婚要这样喧闹一番。我十五岁时来月经，让我又一次惊讶。轮到我可以说被带往这个行列中去……

……性启蒙！这个说法在我父母家里是不许提到的！……我在书中寻找，但我苦恼不安，激动恼火地寻找，却不知道怎样找到遵循的途径……我常常到男校去：对男教师来说，问题似乎并不存在……霍尔朗的著作《小男孩和小女孩》终于告诉我真相。我的厌烦和难以忍受的过度激动烟消云散了，虽然我非常不幸，需要很多时间才能承认和明白，只有性欲和肉欲才构成真正的爱情。

我的性启蒙有几个阶段：一、最初的问题和几个模糊的概念（根本不能令人满足）。从三岁半到十一岁……对我在随后几年中提出的问题没有回答。当我七岁时，我在喂雌兔时，突然看到在它身下有几只光溜溜的小兔子……我的母亲对我说，动物和人的幼体，都在母体内长大，从肋部出来。从肋部出生我觉得不合情理……有个带孩子的保姆告诉我许多关于怀孕、月经的事……最后，我的父亲回答我向他提出的关于他的真实作用的问题时，用了花粉和雌蕊的含糊说法。二、几次亲身对性启蒙的尝试（十一至十三岁）。我找到一本百科全书和一本医学著作……这只是理论上的知识，用的是古怪的大字眼。三、获得一些知识（十三至二十岁）：（一）在日常生活中；（二）在科学著作中。

我八岁时常常和一个同龄男孩玩耍。有一次，我们谈到这个问题。由于我的母亲告诉过我，我已经知道，一个女人在体内有许多卵子……每当母亲感到有强烈愿望时，孩子便从其中一个卵子中生出……我给小伙伴作这样的解释时，从他那里得到这个回答："你是十足的傻瓜！当我们的肉店老板和他的妻子想要一个孩子时，他们就上床，他们做缺德的事。"我感到很气愤……我们当时（大约十二岁半）有一个女仆，她告诉我们各种各样的丑事。我没有对妈妈透露过一句，因为我感到羞耻，但我问她，女人坐在男人膝上是不是会有一个孩子，她尽可能清楚地给我解释这一切。

孩子从哪里出来，我在学校里知道了，我感到，这是可怕的事。但他们怎样来到世上？我们俩有一个可以说可怕的想法，尤其是在这件事之后：一个冬天的早晨，天还是漆黑的，我们一起遇到了一个男人，他向我们露出他的性器官，走近我们时对我们说："你们不觉得嚼起来挺好的吗？"我们俩的反感难以想象，恶心得要命。直到二十一岁时，我仍然设想孩子是通过肚脐来到世上的。

一个女孩把我拉到一边，问我道："你知道孩子是从哪里出来的吗？"最后，她斩钉截铁地说："天哪！你真蠢！孩子是从女人的肚子里出来的，要让孩子来到世上，她们就要和男人做非常恶心的事！"然后，她更加详细地向我解释这种恶心的事。我的脸完全变色，绝对不肯相信会有这种事。我们和父母睡在同一个房间……后来有一夜，我听到我原以为不可能的事发生了，于是我感到羞愧，是的，我为父母亲羞愧。这一切使我变成了另一个人。我感到可怕的精神痛苦。我认为自己是一个彻底堕落的人，因为已经知道了这种事。

必须说，甚至连贯的教育也不能解决问题；即使父母和老师真诚，也不可能把性体验诉诸文字和概念；只能在经历性体验中去理解它；凡是分析，即使是最严肃的，也有可笑的一面，无法显示真相。从花的授粉、鱼的授精，到鸡、猫、羊的交配，一直到人类的情爱，都可以从理论上阐明生殖的神秘：情欲和性爱的神秘是完整的。怎样向一个尚无情欲的女孩解释，抚摸或者接吻会产生快感呢？家里人给予和接受亲吻，有时是吻在嘴唇上：为什么在某些情况下黏膜的接触会产生昏眩呢？这就像对盲人描绘色彩。只要缺乏兴奋的直觉，缺乏给予性欲功能以意义与统一的欲望的直觉，它们的各种因素就显得令人不快和怪异。尤其是，当女孩明白她是处女、是封闭的，要变成女人就必须让男人的性器官插入体内时，她会反感。由于裸露癖是一种很广泛的反常表现，许多女孩看到过阴茎勃起；无论如何，她们观察过动物的性器官，遗憾的是，马的性器官常常吸引她们的目光；可以设想，她们对此感到恐惧。害怕分娩，害怕男性性器官，害怕威胁着已婚者的“发作”，对下流行为的厌恶，对毫无意义的动作的嘲笑，这一切往往导致女孩宣称：“我永远不结婚。”① 这是对痛苦、疯狂、淫邪最明确的防卫。人们徒劳地向她解释，到那一天，她会明白无论破坏童贞还是分娩，都不是那么可怕，千百万女人都忍受得了，也都好好的。当一个孩子担心外界事件时，向她预言以后她会自然而然接受的，并不能让她摆脱恐惧：她所恐惧的是自己在未来会异化了，迷途了。毛毛虫变成蛹，再变成蝴蝶，使孩子心里产生不安：在长眠之后，还是同一条毛毛虫吗？它在闪光的翅膀下面认得出自身吗？我认识一些女孩子，看见蛹使她们坠入惶乱的幻想中。

然而，变形在进行。女孩自身不了解变形的意义，但是她意识到，在她同世界、同自己的身体的关系中，有某样东西正在突变：她对不久以前无动于衷的接触、味道和气味十分敏感；她的头脑里掠过古怪的意象；她认不出镜子中的自己了；她感到自己“很古怪”；这就是理查德·休斯② 在《牙买加的旋风》中描绘的小艾米莉：

---

① 雅絮·戈克莱尔在《蓝色的橘子》中写道：“我充满了厌恶，恳求天主给予我一个神职，使我得以不必遵从做母亲的法则。我长时期思考过我不由自主隐瞒的讨厌的神秘以后，仿佛出于神圣的启示，因极度厌恶而变得更加坚定，我得出结论：贞洁无疑是我的天职。其中，插入的想法使她恐惧。因此，这就使得新婚之夜十分可怕！这个发现令我激动不安，除了我想象出的这种插入极其疼痛的恐怖，还要加上厌恶。设想到生育要通过这个途径，我的恐惧进一步增加，但我早就知道，孩子是从母腹中生出来的，我相信他们是通过分裂摆脱母腹的。”——原注

② Richard Hughes（1900—1976），英国作家。

艾米莉为了凉快，坐在没到肚子的水里，几百条小鱼用好奇的嘴搔痒她每一寸身体；简直是毫无感觉的轻吻。最近，她憎恶别人触摸她，这令人讨厌。她不能再忍受下去：她从水里出来，穿上衣服。

甚至玛格丽特·肯尼迪笔下随和的泰莎也感到这种古怪的紊乱：

她突然感到深深的不幸。月光从打开的房门涌进来，她的眼睛盯住被月光一分为二的厅堂的黑暗。她忍受不住。她一跃而起，发出夸张的轻轻的叫声："噢！我多么憎恨全世界！"她于是跑到山里藏起来，惊恐而愤怒，受到似乎充满宁静的屋子的沉郁预感的追逐。她在小径中踉踉跄跄，又开始喃喃自语："我想死，我想死掉。"

她知道，她并不希望自己成为所说的那样，她压根儿不想死。但她话语的激烈似乎使她满足……

在上面所引的卡森·麦卡勒斯的作品中，对这不安的一刻有长篇描写。

正是在夏天，弗兰淇对自己是弗兰淇而感到恶心、疲惫。她憎恶自己，她变得飘忽不定，成了一个在厨房里逛来逛去、什么也干不了的人：又脏又饿，又可怜又忧愁。她还是一个有罪的女人……今年春天是一个没完没了的古怪的季节。事物开始改变，而弗兰淇不明白这种改变……在绿树和四月的鲜花中有某种东西使她变得忧愁。她不知道自己为什么忧愁，但正由于这古怪的忧愁，她觉得自己本该离开城市……她本该离开城市，跑到远方。因为今年滞留不去的春天懒洋洋的，甜蜜蜜的。漫长的下午慢慢流逝，春天绿色的温柔令人心碎……许多东西突然令她想哭。有时，一大清早，她走到院子里，久久地待在那里，凝望黎明；仿佛一个问题在她心里出现，而天空不予回答。以前她从来没有注意到的事物：晚上她散步时望见的屋里的灯火，从一个死胡同里升起的陌生的声音，开始触动她。她望着灯光，倾听声音，内心有样东西在等待中绷紧了。但灯光灭了，声音沉默了，尽管她等待，这就是一切。她担心这些东西让她突然寻思自己是谁，她在这个世界上要变成什么，为什么她待在这里，正在望着灯光或者在倾听，或者在注视天空：独自一人。她害怕起来，她的胸脯奇怪地抽紧了。

……她在城里漫步，她看到和听到的东西似乎没有完结，她身上有着这种不安。她匆匆地做某件事，但这绝不是本该要做的事……在这个季节漫长的黄昏之后，她在全城大步走着，她的神经像忧郁的爵士乐音符在颤动，她的心变得僵硬起来，仿佛停止跳动。

在这不安时期中发生的事，就是这孩子的身体变成女人的身子，开始有肉感。除非腺的功能发育不良，仍然停留在孩子阶段，大约在十二三岁时，青春期的危机开始了。[①]这个危机在女孩身上比在男孩身上要早开始得多，带来重要得多的变化。女孩不安和沮丧地面对它。正当乳房和体毛开始发育时，会产生一种感情，这种感情有时变得自豪，但起初是羞耻；突然，孩子表现出羞耻心，她

① 我们在《第二性 I》第一章已经描绘过特有的生理过程。——原注

拒绝赤身裸体，即使是面对她的姐妹们或者对她的母亲亦然，她怀着惊讶与恐惧观察自己，焦虑地窥测这坚硬的乳核在乳头下出现，在肿胀，有点儿疼痛，而在不久以前乳头还像肚脐一样无伤大雅。她不安地感到，自己身上有一个容易受伤的地方：无疑，这种伤痛比起灼伤和牙痛是很轻微的；但是，不管是受伤还是生病，疼痛总是不正常的；而年轻的胸脯通常汇聚着某种无声的怨恨。有样东西正在掠过，这不是一种病，而是意味着生存的法则本身，但却是斗争和撕裂。当然，从出生到青春期，女孩长大了，不过她从来没有感到自己长大：日复一日，她的身体向她呈现出一件准确而完成的东西；如今，她“发育了”：这个词本身令她害怕；生命现象只有在找到平衡和具有一朵鲜花、一头毛皮光鲜的动物的凝固面貌时，才令人放心；但在胸脯发育时，女孩感到这个词的模棱两可：活生生。她既不是金子，也不是钻石，而是一个古怪的、活动的、不确定的物质，在这物质的中心，正在进行不纯的炼金术。她习惯披长发，飘拂如一束细丝；但在腋下和肚子下部新生的体毛，让她变成动物或者海藻。不管她是不是预先知道，她在这些变化中都会预感到让她脱离自身的最终目的；她被抛入超出自身生存时刻的生命循环之中，她猜测到使她注定属于男人、孩子、坟墓的附属性。乳房就本身而言，显得像无用的、不得体的增生。手臂、大腿、皮肤、肌肉，甚至人坐在上面的圆滚滚的臀部，一切至今都有明显的用途；只有被确定为小便器官的性器官有点暧昧不清，但它是隐秘的，他人看不见。乳房展现在羊毛套衫、罩衫下面，小姑娘与自身混同的这部分身体，显现为肉体；这是他人观察和注意的对象。有个女人对我说过：“我穿了两年短披肩，遮住我的胸脯，我感到非常难为情。”另外一个女人说：“我还记得与我同龄的一个女友，比我更早发育，她弯下腰来捡球时，我通过她的胸衣缝隙看到两只已经很沉重的乳房，这时我感到奇怪的慌乱：看到这个如此接近我的身体，我的身体就要按这模样长成，我为自己感到脸红。”另外一个女人对我说：“十三岁时，我穿着短裙，光着大腿散步。有个男人笑着指出我的腿肚长得太鼓出。第二天，妈妈让我穿上袜子，加长我的裙子，但我永远忘不了别人观察我使我突然感到的打击。”女孩感到她的身体摆脱了她，它不再是她的个体性的明晰表现；它变得陌生；同时，她被他人当做一件东西把握：在街上，别人盯住她看，开始评头论足；她想隐没不见；她担心变成肉体，担心显露她的肉体。

这种厌恶在许多少女身上表现为希望变瘦：她们不再想进食；如果别人强迫她们吃，她们会呕吐；她们不断注意自己的体重。另一些少女变得病态地胆小，走进客厅或者上街是一种酷刑。有时由此而产生精神病。一个典型的例子是，雅内[①]在《困扰和精神衰弱症》中，以娜嘉的名字描绘的病例：

> 娜嘉是一个富家女，极其聪明，体态优美，有艺术天赋，尤其是一个出色的音乐家；但从童年起，她就表现出很固执，动辄易怒：“她非常看重得到爱，要求大家、她的父母、她的姐妹、她的仆人狂热地爱她：而她一旦得到一点爱，就变得这样苛求，这样专横，很快使别人远离而去；她极其敏感，她的堂表兄弟想改变她的性格，他们的嘲笑使她产生羞耻感，这种羞耻感在她身上扎根。”此外，被爱的需要使她产生不长大的念头，希望始终是个被人宠爱、能要求一切的小姑娘，一句

① Pierre Janet（1859—1947），法国心理学家，著有《困扰和精神衰弱症》《语言之前的悟性》等。

话，这种需要使她一想到在长大，便感到恐惧……青春期过早地到来，羞耻心加上担心长大，使情况大大恶化了：既然男人喜欢肥胖的女人，我就想始终保持极瘦。对阴毛和胸脯发育的害怕，增加了先前的恐惧。从十一岁起，由于她穿短裙，觉得大家在注视她；她穿上了长裙，又对自己的脚和臀部感到害臊。月经出现使她变得半疯；当阴毛开始长出来时，她深信自己是世上唯一有这种怪东西的人，直到二十岁，她坚持要脱毛，“让这种野蛮人的装饰消失”。胸脯的发育加剧这些困扰，因为她始终害怕肥胖；她并不憎恨别人肥胖；但她认为，对她而言，这是一个缺陷。“我并不看重要漂亮，但是，如果我发胖了，这会使我太难为情了，会使我恐惧；如果我不幸发胖，我再也不敢让人看到。”于是，她开始想方设法不发胖，她小心翼翼，用誓言约束自己，祈求、赌咒：她发誓重新五至十次念一篇祈祷，单脚跳五次。“如果我在同一首曲子中四次弹到一个音符，我就同意发胖，再也得不到任何人的爱。”她终于决定不吃饭。“我既不想发胖和长大，也不想长得像一个女人，因为我想始终是个小姑娘。”她庄严地决定不再进食；她向母亲的恳求让步，打破这个誓愿，于是人们看到她几小时跪在那里，书写誓言，又撕掉。她十八岁时，她的母亲猝然去世，她强迫自己节食：两碗清汤，一个鸡蛋黄，一匙醋，一杯茶，再掺上一整只柠檬的汁，这就是她一整天所吸收的东西。她饿得发慌。“有几次，我好几小时都在想食物，我饿得心发慌：我咽口水，我咬手帕，我满地滚，我多么想吃东西。”但她抵抗住诱惑。尽管她很漂亮，却认为自己的脸虚胖，长满了水疱；医生说没有看到，她就说他什么也不懂，他不善于“看出在皮肤和肉之间的水疱”。她最终与家人分开，躲在一个小公寓里，只接待看守和医生；她从来不出门；也好不容易才接待她父亲的拜访；有一天他对她说，她面色很好，引起她旧病复发；她担心有一张胖脸、脸色鲜艳、肌肉鼓出。她几乎总是生活在黑暗中，她不能忍受被人看见，甚至希望隐形。

父母的态度往往助长向女孩灌输对自己外貌的羞耻心，有个女人说：[①]

> 我要忍受家里人不断评头论足引起的、对自己身体的自卑感……我的母亲过分虚荣，总是特别希望看到我仪表漂亮，她总是有一大堆细小的地方让女裁缝注意，要掩盖我的缺点：塌肩，臀部太大、太平坦，乳房太丰满，等等。我有几年头颈鼓胀，她不允许我露出颈部……由于我的脚在青春期很丑，别人因我的走路姿势而评点我，我感到特别难受……在这一切当中，肯定有真实的成分，但他们使我非常不幸，尤其像backfisch[②]，我有时那样胆怯，都不知道该怎么办；如果我遇到一个人，我的第一个想法总是“我怎样才能藏起我的脚呢”。

这种羞耻心导致女孩行动笨拙，动辄脸红；脸红使她愈发胆怯，成为嫌恶的对象。例如[③]，施特克尔叙述一个女人，“她少女时，脸红到病态的程度，红得很厉害，以致在一年中，她借口牙痛，在脸上缠上绷带”。

---

① 见施特克尔《性欲冷淡的女人》。——原注

② 德文，少女，黄毛丫头。

③ 见施特克尔《性欲冷淡的女人》。——原注

有时，在可以称之为前青春期，即月经出现前的时期，女孩还没有厌恶自己的身体；她对变成女人很骄傲，满意地窥测胸部的成熟，用手帕垫在胸衣里面，在年长女子周围自炫；她还没有明白在她身上产生的现象的意义。初潮向她揭示了这意义，羞耻感出现了。如果羞耻感已经存在，从这时起就会确定和加剧。所有的叙述是一致的：不论孩子是不是事先得知，这件事在她看来总是令人厌恶的和屈辱的。她的母亲常常忽略了事先提醒她；有人指出过[①]，母亲更愿意向她们的女儿透露怀孕、分娩，甚至性关系的秘密，而不是月经的秘密；这是因为她们也害怕这种女性奴役，这种害怕反映了男性古老的神秘恐惧，她们又转移到后代。当女孩发现内裤有可疑的血迹时，以为患了腹泻、致命大出血、一种可耻的疾病。根据一八九六年哈夫洛克·蔼理士所做的一项调查，在美国中学的一百二十五名女生中，有三十六名在初潮时对此一无所知，有三十九名只有模糊的了解；就是说，她们当中有一半以上的人处在无知之中。在海伦妮·多伊奇看来，一九四六年时情况几乎没有改变。哈夫洛克·蔼理士援引了一个少女的例子，她投入圣旺地区的塞纳河，因为她自以为染上了一种“闻所未闻的疾病”。施特克尔在《给母亲的信》中，还叙述了一个企图自杀的女孩的故事，她在月经中看到玷污她心灵的下流行为的迹象和惩罚。少女害怕是很自然的：她觉得生命离她而去。根据克莱恩和英国精神分析学派的调查，在女孩看来，血表明内部器官受伤。即使听取了慎重的劝告，她可以避免过于强烈的焦虑，却仍然感到羞耻和肮脏：她跑到盥洗室，尽量洗涤或者藏起弄脏的内裤。在柯莱特·奥德里的《在回忆看来》这本书中，可以找到这种体验的典型例子：

---

① 参阅戴利和查德威克的著作，海伦妮·多伊奇在《女性心理学》中所引用。——原注

在这种激动的中心，是突如其来而封闭的悲剧。一天晚上，我在脱衣服时，以为自己生病了；这使我害怕，我小心翼翼，什么也不说，希望第二天会过去……四个星期以后，疼痛又出现了，更加强烈。我悄悄地把短裤扔到浴室门背后放脏衣服的篮子里。天气非常热，走廊里的菱形地砖在我的光脚下是温热的。当我回到床上时，妈妈打开了我的房门：她给我解释这件事。我记不起那一刻她的话对我产生的效果，当她轻声说话时，卡奇突然把头伸进来。看到这张好奇的圆脸，使我激动起来。我朝她嚷嚷，叫她走开，她害怕地消失了。我恳求妈妈去打她，因为她进来之前没有敲门……妈妈的平静，她有点高兴和内行的神态，终于使我失去理智。她走了以后，我陷入到茫茫黑夜中。

突然，我想起两件事：几个月前，卡奇、妈妈和我，我们散步回来，遇到了普里瓦的老医生，他有着雪白的大胡子，像个樵夫一样爽直，他望着我说："夫人，您的女儿，她长大了。"我莫名其妙地立马憎恨他。不久，妈妈回到巴黎后，在五斗橱里整理一叠新的卫生巾。卡奇问："这是什么？"妈妈摆出那副大人的自然神态，透露一部分，却保留大部分秘密："这是稍后给柯莱特的。"我一言不发，提不出任何问题，憎恨我的母亲。

这一整夜，我在床上辗转反侧。这不可能。我会醒过来的。妈妈搞错了，这会过去的，再也不会复返……第二天，我悄悄地起了变化，弄脏了内裤，我必须面对其他人。我仇恨地望着妹妹，因为她还不知道，因为她不知不觉地突然拥有对我的压倒性优势。然后，我开始憎恨男人，他们永远也不会经历这个，却知道这个。最后，我也憎恨女人这样平静地接受下来。我有把握，如果她们知道我身上发生的事，都会幸灾乐祸地这样想："这下轮到你了。"当我看到一个女人时，我心里想，这又是一个。那又是一个。全世界都骗了我。我走路不便，又不敢跑。大地、太阳晒热的绿树、食物，都仿佛发出一种可疑的气味……月经过去了，我违反理智地重新希望不会再来。一个月后，必须向事实让步，最终承认事情不妙了，这回是目瞪口呆了。此后，在我的记忆中有一个"以前"。我的余生只是一个"以后"。

对大多数少女来说，事情都以同样方式发生。她们之中的许多人害怕将她们的秘密告诉周围的人。有个女友告诉过我，她没有了母亲，和父亲还有一个小学女教师生活在一起，在别人发现她来月经之前，她藏起弄脏的内裤，在恐惧和羞耻中度过了三个月。甚至农妇，由于她们知道动物生活粗俗的一面，可以说有抵抗力了，但由于在农村中月经仍然有禁忌的性质，她们也怀着恐惧感到这种诅咒：我认识一个年轻的农妇，她整个冬天在冰冷的溪水里偷偷地洗她的内裤，甚至湿漉漉地又穿在身上，掩盖她不可告人的秘密。我可以举出上百个相同的例子。甚至承认这惊人的不幸也不是一种解脱。无疑，很少有母亲粗暴地打女儿的耳光，说道："笨蛋！你太年轻了。"但不止一个母亲表现出恶劣情绪；大多数母亲不给孩子足够的指点，孩子对第一次月经带来的新情况忧心忡忡：她寻思，将来是不是还有别的意料不到的痛苦；或者她设想，今后，一个男人在场或者与之接触，她就会怀孕，她对男性感到真正的恐惧。即使人们以明智的解释使她免除这些焦虑，也不能使她轻易地获得心境平静。以前，女孩会有点自欺地把自己设想为没有性别的存在，也有可能不这样想自己；她甚至会梦想，有天早上她醒来时变成男人；现在，母亲和阿姨、婶婶带着恭维的神情窃窃私语："眼下这是个大姑娘了。"女人群体获得胜利：她属于她们。她无可挽回地列入女人的一边。她也许会为此而骄傲，她认为自己变成了一个大人，她的生存就要发生激变。例如，蒂德·莫尼埃①叙述道：

> 我们之中有好几个人在假期中成了"大姑娘"；另一些人读中学时已经是大姑娘了，于是一个接一个到院子的洗手间去，她们像女王接待臣民一样，坐在她们的王座上，而我们去"看血"。

但女孩很快会失望，因为她发现，她没有获得任何特权，生活一如既往。唯一的新东西，就是每月重复的不洁之事；有些女孩知道了注定要忍受这个命运时，哭泣好几个小时；进一步加剧她们反抗的是，这种可耻的污点男人是知道的：她们至少希望，女性屈辱的处境面对他们裹上神秘的面纱。但是不，父亲、兄弟、堂表兄弟，男人都知道，甚至有时开玩笑。正是在这时，女孩身上产生对自己过于肉感的身体的厌恶，而且加剧了。第一次突袭过去以后，月经的不快并没有随之消失：每次，少女面对从体内升起的淡淡的臭味——沼泽地、枯萎的紫罗兰的气味——面对不那么红的血，比小时候刮伤流出的鲜血更加可疑，重新感到同样的厌恶。她日夜都要想着换月经带，注意自己的内裤、床单，解决千百个实际而又令人生厌的小问题；在节约的家庭中，月经带每个月都换洗，重新放到叠好的手帕中间；必须把这些从自己体内排出的脏东西交给负责洗涤的人手中：洗衣妇、仆人、母亲、姐姐。药房里出售的这类卫

---

① Thyde Monnier（1887—1967），法国女作家。以下引文出自《自我》。

生纸放在“茶花”、“火绒草”一类写着花名的匣子里，用后扔掉；但在旅行中、度假中和远足中，摆脱卫生纸就没有那么方便，厕所的马桶尤其禁用。《精神分析日记》[①]中的小女主人公描绘她对卫生纸的恐惧，甚至面对她的姐妹，来月经时她也只同意在黑暗中脱衣服。这妨碍人的、讨厌的东西，在剧烈运动时会脱落；比起在街上丢掉短裤是更糟的屈辱：这种可怕的前景有时导致精神衰弱症。出于自然的恶作剧，不适和痛苦往往只在出血之后才开始，而出血的开头可能被忽略；少女往往月经来得不规则：她们担心在散步时、在街上和朋友家里突然来月经；她们担心——像德·谢弗勒兹夫人[②]那样——弄脏衣服和坐椅；这种可能性使有些女孩处在持久的焦虑中。少女越是对女性的缺点感到厌恶，就越是不得不警惕地想到这一点，以免因意外事件或者吐露秘密而承受这奇耻大辱。

下面是李普曼医生[③]在对青少年性问题的调查中，对此所获得的一系列回答：

> 十六岁我第一次感到不适时，一天早上，发现来了月经，我十分害怕。说实话，我知道这会发生；但我是这样羞耻，睡了整整半天，对所有问题我都这样回答：我不能起床。

> 我还不到十二岁，便第一次感到不适，我惊呆了。我恐惧万分，由于我母亲只简单地告诉我，每月都要来的，我把这看

① 译者是克拉拉·马尔罗。——原注
② 德·谢弗勒兹夫人在投石党事件时乔装成男人，在长时间骑马之后，由于在她的马鞍上发现了血迹而被人识破。——原注
③ 参阅李普曼医生《青春与性》。——原注

做十分下流的事，我拒绝承认，男人不会有这种事。

这次冒险经历使我母亲决定对我进行性启蒙，同时没有忘记解释月经。当时我第二次感到失望，因为我一感到不适，便兴高采烈地跑到我母亲房里，她还在睡觉，我把她叫醒，大声说：“妈妈，我有了！”她只回答了我一句：“你就为这事把我叫醒呀！”不管怎样，我把这事看做我一生中真正的大变动。

因此，当我第一次感到不适，证实出血过了几分钟还没有终止时，我感到极其恐惧。然而，我一点也没有对别人透露，连对母亲也只字不提。我刚过十五岁。我至多只有一点痛。只有一次我痛得非常厉害，昏了过去，我躺在房间的地板上差不多有三小时之久。但是，我对此没有再多说什么。

当我身上第一次出现不适时，我差不多是十三岁。我班上的同学和我，我们已经谈起过这件事，轮到我变成大姑娘之一，我感到非常骄傲。我非常庄重地向体育老师解释，我不可能上课，因为我感到不适。

并不是我母亲给我启蒙的。她在十九岁时才来月经，生怕因弄脏了内裤而受责骂，把内裤埋在田野里。

我到了十八岁，这时我来了月经。[①] 我缺乏一切启蒙知

① 这是一个柏林穷苦家庭的少女。——原注

识……夜里，我大量出血，伴随着强烈的腹痛，我无法休息一下。从早晨起，我的心扑通乱跳，我跑到母亲那里，不停地哭泣，向她讨主意。但是我只得到这严厉的责备："你本应早点发觉，不该弄脏床单和床。"这就是全部解释。我自然在脑子里翻来覆去寻找一遍，想知道我可能犯了什么罪，我感到可怕的苦恼。

我已经知道情况如何。我甚至急不可待地等待着，因为我希望我母亲给我透露孩子是怎样生出来的。这一天到来了，但我的母亲保持沉默。然而我感到非常快乐："现在，"我心想，"我也可以生孩子了：我是一位太太。"

这种危机会出现在较低的年龄，男孩要到十五六岁才达到青少年时期，女孩是在十三四岁变成女人的。但他们的体验的基本不同处不是来自这里，这不同也不在于使少女处于可怕境地的生理表现：青春期在两性身上具有完全不同的意义，因为它向他们预示的不是相同的未来。

当然，男孩在青春期也感到他们的身体是令人困惑的在场，但从童年起，他们就对自己的阳刚气感到骄傲，他们正是因阳刚气而骄傲地超越成长的时刻；他们骄傲地互相露出大腿上长出来的、把他们变成男人的体毛；他们的性器官比先前更是一个对比和挑战的对象。变成了成年人，这是一个使他们恐惧的变形：当苛求的自由出现时，许多青少年感到焦虑，但他们愉快地达到男性的尊严。相反，少女为了变成大人，必须局限于女性身份强加给她的范围内。男孩在初生的体毛中赞赏的是不确定的许诺：她面对决定她命运的"剧烈而封闭的戏剧"仍然不知所措。正如阴茎从社会环境中获得特殊价值，是社会环境使月经变成一种诅咒。一个象征阳刚气，另一个象征女性气质：是因为女性气质意味着他性和低劣，它的显现才受到屈辱的对待。女孩的生命在她看来总是像由这种不可触摸的本质所确定，缺乏阴茎不能给予这种本质积极的面貌：从她两腿之间流出的红潮展现的是这种面貌。如果她已经承受了自己的处境，她就愉快地接受月经来临……“现在，你是一位太太。”如果她总是拒绝自己的处境，流血的判决打倒了她；她往往犹豫不决：月经的污迹使她倾向于厌恶和恐惧。“做女人竟然意味着这个！”至今朦胧地从外部压在她身上的命运，潜伏在她的腹中；没有任何办法摆脱；她感到自己受到包围。在一个性别平等的社会中，她只需把月经考虑成进入成年人生活的一种特殊方式；在男人和女人身上，人体经历了其他许多更令人厌恶的束缚：他们很容易适应，因为这些束缚对所有人都是一样的，不代表一种缺陷；月经引起少女的恐惧，因为月经把她们投入到低下和残废的种类。这种贬低的感觉沉重地压在她身上。如果她不失去做人的骄傲，她会保持对自己流血的身体的自豪。如果她成功地保留了做人的骄傲，她对自己的肉体就明显不感到那么屈辱：在体育、社会、智力、宗教的活动中给自己打开了超越道路的少女，不会把这种特别之处看成是一种残废，她会很容易克服这种感觉。之所以将近这个时期少女常常发精神病，是因为她面对让她经受难以想象的考验的无言命运，感到自己毫无防备；在她看来，她的女性身份意味着生病、痛苦、死亡，她对这种命运感到迷惑。

有一个例子生动地阐明了这些焦虑，这就是海伦妮·多伊奇描绘的名叫莫莉的女病人：

莫莉在十四岁时开始忍受心理紊乱的痛苦；这个家庭有五

个孩子，她排行第四；父亲很严厉，每顿饭都批评他的几个女儿，母亲很不幸，夫妻之间常常不说话。有个兄弟离开了家。莫莉很有天分，踢踏舞跳得很好，但她很胆小，忍受不了家庭的气氛；男孩子们使她害怕。她的姐姐违反母亲的意愿结婚了，莫莉对姐姐的怀孕十分关心：她姐姐难产，必须使用产钳；莫莉了解这类情况，知道女人常常死于生产，对此印象深刻。她细心照顾了婴儿两个月；当姐姐离开家的时候，发生激烈的争吵，母亲昏了过去；莫莉也昏倒了：她见过同学在上课时昏倒，死亡和昏倒的想法缠绕着她。当她来月经时，她以尴尬的神态对母亲说："来事儿了。"她和姐姐去买卫生纸；在街上遇到男人时，她低下了头；总之，她厌恶自己。来月经时她并不疼痛，她总是想对母亲隐瞒。有一次，她母亲注意到床单上有一点污迹，便问她是不是感到不适，她否认了，虽然这是事实。有一天，她对姐姐说："现在我什么都会发生。我可能有一个孩子。"姐姐说："那么，你必须同一个男人生活在一起。""可是我跟两个男人生活在一起：爸爸和你的丈夫。"

父亲不允许他的几个女儿晚上独自出去，担心有人强奸她们：这种担心更加让莫莉寻思，男人是可怕的人；从她来月经时开始，她就担心怀孕、难产死去，她紧张极了，逐渐拒绝离开她的房间，甚至想整天待在床上；如果有人强迫她出门，她会惶惶不安；如果她要远离家，就会发作起来，昏倒过去。她害怕小轿车、出租车，她再也睡不着，相信夜里窃贼要闯进屋里，她叫喊和哭泣。对食物有嗜好，有时吃得过多，不让自己昏倒；当她把自己关起来时，也很害怕。她再也不能去上学，也不能过正常的生活。

有一个相似的故事，同来月经没有关系，但表现了女孩对她身体内部所感到的忧虑，这是南希的故事[①]：

> 小姑娘将近十三岁时和她的姐姐很亲密，当她姐姐暗地里订婚，然后结婚时，她对自己了解内情感到很骄傲：分享一个大人的秘密，这是被接纳到成年人中间。她在姐姐家生活了一段时间；但当她姐姐对她说，自己要"买"一个婴儿时，南希嫉妒姐夫和即将出生的孩子；被重新当成孩子，在她面前故弄玄虚，她受不了。她开始感到体内不适，想让人家切除阑尾，手术很成功，但南希在医院里时，情绪很激动；她和自己所憎恶的护士大吵大闹；她想要引诱医生，同他约会，表现出爱挑逗男人，在精神病发作时，她要求医生把她看做妻子；她自责要对几年前小弟弟的夭折负责；她尤其确信，还没有给她切除阑尾，医生把手术刀落在她的胃里：她借口吞下了一便士硬币，要求给她拍X光。

做手术的愿望——特别是切除阑尾——常常在这种年纪产生，少女由此表达了她们对强奸、怀孕、分娩的恐惧。她们感到肚子里有隐隐的威胁，希望外科医生把她们从窥伺着她们的未知危险中拯救出来。

不仅仅是月经出现向女孩预示了她的女人命运。其他可疑的现象也在她身上发生。至今，她的性欲是在阴蒂方面的。很难知道手淫是不是在她身上不如在男孩身上那么普遍；她在出生后的头两年，甚至在头几个月就开始手淫；似乎大约在两岁时她放弃了手

---

① 引自海伦妮·多伊奇《女性心理学》。——原注

淫，直到后来才恢复；从解剖结构来看，植根在男性肉体上的阴茎，比隐蔽的黏膜更加期待触摸，但偶然的接触——孩子攀爬体操器械、爬树、骑自行车——衣服的摩擦，游戏时的触摸，或者同学、大姑娘、成年人的启蒙，常常使女孩子发现她竭力要复现的感觉。无论如何，当获得快感时，这是一种独立的感觉：它具有一切童年娱乐的轻巧和天真。[①]女孩几乎没有在这种个人乐趣和女人命运之间建立联系；她同男孩如果存在性关系的话，基本上是建立在好奇的基础上。这时她觉得自己浑身骚动不安，她认不出自己。性敏感部位的敏感渐渐形成，在女人身上是那么多，竟至可以把她的全身看做性敏感部位：这就是家里人的抚摸，无邪的亲吻，一个女裁缝、一个医生、一个理发师冷漠的接触，一只按在她的头发上或颈脖上的友好的手所给她揭示的；这也是她知道，而且常常在游戏、同男孩或者女孩的嬉闹接触中，故意寻找的：吉尔贝特同普鲁斯特在香榭丽舍的嬉闹就是这样；在男舞伴的怀抱里，在母亲天真的目光下，她感受到奇怪的倦怠。甚至洁身自好的少女也要经历更具体的体验；在"体面人"的圈子里，大家一致同意对这些令人遗憾的事保持沉默；但是，家里的朋友、叔叔、舅舅、堂表兄弟的某些抚摸，还不提祖父、外祖父和父亲，并非母亲所设想的那么与人无犯；一个老师、一个教士、一个医生会很大胆，不谨慎。在维奥莱特·勒杜克的《窒息》中，在西·德·泰尔瓦涅的《母亲的仇恨》和雅絮·戈克莱尔的《蓝色的橘子》中可以找到这样的体验。施特克尔认为，例如，祖父和外祖父往往很危险。有个女人叙述道：

---

① 当然，除了在相当多的情况下，父母或者宗教顾忌的直接或间接的干预，把它当做一种罪过。读者可以在结尾找到一个可恶的例子：孩子有时要屈从于迫害，借口是要把他们从"坏习惯"中解脱出来。——原注

我十五岁。在葬礼的前一天，祖父睡在我家。第二天，我母亲已经起来了，祖父问我，他是否能到我床上来同我玩；我马上起来，没有理他……我开始害怕男人。[1]

另外一个少女回忆起在八岁或十岁时，她的祖父，一个七十岁的老头，抚摸她的性器官，她受到严重的打击。他把小女孩放在他的膝盖上，将一根手指伸进她的阴道。孩子感到非常不安，但绝对不敢对别人提起。从这时起，她非常害怕一切有关性的东西。[2]

女孩一般由于羞耻，对这种事闭口不谈。再说，如果她告诉了父母，他们的反应往往是责备她。“别说蠢话了……你心术不正。”她对某些陌生人的古怪举动也讳莫如深。一个女孩对李普曼医生叙述道：[3]

我们租了鞋匠地下室的一个房间。当我们的房东独自在家时，他便来找我，把我抱在怀里，久久地抱吻我，身子前后扭动。另外，他不是吻在嘴上；因为他把舌头伸进我的嘴里。由于他这样做，我憎恶他。但是我从来没有对此吐露半个字，因为我很害怕。

除了大胆的同学和邪恶的朋友，女孩在电影院里会碰到有人用膝盖顶她的膝盖，夜里在火车上有人的手顺着她的腿滑动，在她走

---

① 见《性欲冷淡的女人》。——原注
② 同上。——原注
③ 见李普曼《青春与性》。——原注

过时小伙子在讥笑，街上有男人尾随她，有人偷偷地触摸她。她不明白这些遭遇的含义。在一个十五岁少女的头脑里，常常是乱糟糟的，因为理论知识和具体体验没有结合在一起。这一个少女已经感受到骚动和欲望的炙热，但想象——像弗朗西斯·雅姆[①]所创造的克拉拉·德·埃莱柏兹——只消男人的一吻便可把她变成母亲。那一个少女对生殖器结构有准确的认识，但当她的舞伴拥抱她时，她却把感到的激动当做偏头痛。如今，少女比从前有更多的知识。然而，某些精神病学家认为，有不止一个少女还不知道性器官除了小便功能，还有另一个功能。[②]无论如何，她们在性冲动和生殖器官之间只建立很少的关系，因为没有男性性器官的勃起那样准确的迹象向她们表明这种关联。有关男人的浪漫梦想、爱情和向她们显露的某些事实的残酷之间，存在这样的脱节，以致她们根本无法加以综合。蒂德·莫尼埃[③]叙述道，她和几个女友发誓要看到男人的身体构造，然后告诉别人：

> 我呀，故意不敲门就进入父亲的房间，我这样描绘："这就像一只羊腿形袖管，就是说，像个滚筒，然后有一样圆圆的东西。"这很难解释。我画了一张图，我甚至画了三张，她们每个人把自己的一张藏在胸衣里拿走了，不时看一眼，哈哈大笑，然后沉思起来……对于像我们这样无知的姑娘来说，怎样把这些东西与感伤的歌曲、美丽的浪漫故事联系起来呢？在这些故事中，爱情完全是由尊重、羞怯、叹息和吻手构成的，被

① Francis Jammes（1868—1938），法国诗人，著有《从黎明三钟经到傍晚三钟经》《报春花的葬礼》等。
② 参阅海伦妮·多伊奇《女性心理学》（1964）。——原注
③ 见《自我》。——原注

升华到制造出一个阉奴。

然而，少女通过阅读、谈话、看戏和抓住的片言只语，给她的肉体骚动以意义；她变得秀色可餐，欲望勃发。在她的狂热、颤栗、出汗、隐隐的不适中，她的身体具有新的令人不安的维度。年轻男人承认他的性欲倾向，因为他愉快地承受他的男性特征；在他身上，性欲望是攻击性的，攫取的；他在其中看到对自己的主体性和超越性的肯定；他在同学们那里炫耀；他的性器官对他来说仍然是一种他引以为豪的骚动；把他投向女性的冲动与把他投向世界的冲动是同一性质的，因此他从中认出自己。相反，女孩的性生活始终是在暗地里的；当她的性欲改变了，侵入全身时，它的神秘就变得令人不安：她忍受骚动，像忍受可耻的疾病一样；骚动不是积极的：这是一种状态，甚至在想象中她也不能通过任何自主的决定，摆脱这种状态；她不梦想占有、揉捏、侵入：她在等待和召唤；她感到自己是附属性的；她在异化的肉体中感到危险。

因为她朦胧的希望，她的被动幸福的梦想，向她明显揭示了她的身体注定是属于另一个人的客体；她只想在她的内在性中了解性体验；她召唤的是手、嘴和另一个肉体的接触，而不是手、嘴和陌生的肉体；她让性伙伴的形象留在暗影中，或者把这形象淹没在理想的雾中；然而，她不能阻止它出现纠缠她。她对男人的恐惧和青春期的反感，具有比以前更模糊的性质，进而更令人焦虑。以前它们来自孩子机体和她成年人的未来之间的深刻分离；如今，它们的根源在于少女从肉体中感受到的复杂性本身。她明白，她注定要被占有，因为她渴望被占有：她反抗自己的欲望。她既希望又怀疑情愿充当猎物的可耻被动性。在男人面前脱光的想法，使她骚动不安；但她也感到，她将被无可挽回地置于他的注视下。攫取和触摸的那只手，是相比眼睛更加专横的在场：它更加使人害怕。而肉体占有最明显和最可憎的象征，就是男性性器官的插入。这个少女视之为自己的身体，她憎恨别人能够像穿透皮革一样穿透它，像撕一块布一样撕裂它。比起伤口和随之而来的疼痛，少女更要拒绝的是忍受这伤口和疼痛。有一天，一个少女对我说："想到被一个男人戳穿真可怕。"并非对男性性器官的恐惧，产生了对男人的恐惧，而是因为这是对恐惧的证实和其象征，在更为普遍的形式下，插入这一概念具有淫秽和屈辱的意义，反过来，这一概念又是这种形式的一个本质因素。

折磨女孩的噩梦和困扰她的幻觉表现了这种焦虑：正当她在自身感到一种隐伏的满足时，强暴的念头在很多情况下纠缠不休。它通过大量多少明确的象征，在梦里和行为中表现出来。少女在睡觉之前搜索房间，生怕发现意图不轨的盗贼；她以为听到家里有窃贼；有人从窗户闯进来，手里握着一把刀，用刀刺穿她。男人多少使她产生恐惧。她开始对父亲感到一些厌恶；她不能忍受烟草气味，憎恶在他之后进入浴室；即使她继续爱他，这种肉体的反感仍然经常出现；如果从童年起就敌视父亲，就像小女孩经常出现的那样，她会摆出一副恼火的面孔。精神病学家说他们年轻的女病人常常做这样的梦：她们想象自己在一个年长女人的眼皮下，并得到她的同意，被一个男人强奸。显然，她们象征性地要求她们的母亲同意她们屈从欲望。因为最可憎地压在她们身上的一个束缚，就是虚伪。正当少女发现身上和她周围有关生活和性的神秘骚动时，却必须要显得"纯洁"和无邪。人们要她如白鼬般雪白，如水晶般透明，让她穿上飘拂的蝉翼纱，用糖衣杏仁颜色的壁纸装饰她的房间，她走近时降低讲话声，禁止她阅读淫书；然而，没有一个好女孩不沉迷于“可恶的”形象和欲望中。她甚至竭力向最好的朋友隐瞒，甚至对自己隐瞒；她只希望按规矩生活和思想；她对自我丧失信心，这给了她一副狡黠的、不幸的、病态的神情；稍后，没有什么比克服这种抑制更困难的了。尽管她尽力抑制，她还是感到难以名状的错误的重压。她不仅是在羞耻中，而且是在忍受羞耻的悔恨中变成女人。

可以理解，对女孩来说，青春期是一个痛苦的不安时期。她不想始终是个孩子。但她觉得成人世界可怕或者令人讨厌，柯莱特·奥德里说：

> 因此，我希望长大，但我绝不想严肃地过那种我看到的成年人的生活。所以我心里孕育着长大的意愿，而又不想承担成年人的处境，绝对不想像父母、女管家、家里的女人、家长那样。

她想摆脱她母亲的枷锁，但是她也有得到母亲保护的迫切需要。错误压在她的良心上：手淫、暧昧的友谊、看坏书，这些给了她必不可少的庇护所。下面这封信[①]，是一个十五岁的少女写给一个女友的，很有特点：

> 妈妈希望我参加X先生的盛大舞会时穿一条长裙，我的第一条长裙。她很惊讶我不愿意。我恳求她让我最后一次穿粉红色的短裙。我是那样害怕。我觉得，如果我穿长裙，妈妈就要出门长途旅行，我不知道她什么时候回来。

① 海伦妮·多伊奇所引。——原注

这不是很蠢吗？有时，她望着我，仿佛我是一个小姑娘似的。啊！如果她知道就好了！她会把我的双手绑在床上，看不起我！

在施特克尔的《性欲冷淡的女人》中，可以看到关于女孩童年的重要材料。这是一个维也纳“Süße Mädel[①]”，她大约在二十一岁时写了一篇详细的忏悔。它构成了我们分别研究的各个时期的具体综合。

“五岁时，我选择一个小男孩理查德做我的游戏伙伴，他六七岁。我一直想知道怎样才能分辨一个孩子是男孩还是女孩。别人对我说，通过耳环，通过鼻子……我满足于这种解释，同时感觉到别人对我隐瞒了什么东西。突然，理查德想小便……我想到把我的便盆借给他。看到他的器官，这对我来说绝对是惊人的东西，我欣喜万分地叫起来：‘你那里长着什么？多漂亮啊！主啊，我也想有一个。’同时我大胆地去触摸它……”有个姑妈发现了他们，此后，孩子们受到严密监视。九岁时，她和另外两个八到十岁的男孩玩结婚游戏，又玩扮作医生的游戏，他们摸她的生殖器官。一天，其中一个男孩用他的性器官去碰她，然后他说，当他的父母结婚时也做同样的事：“我愤怒到极点：噢！不，他们不会做这样的丑事！”她长时间继续这些游戏，同这两个男孩保持情爱和性欲的热烈友谊。她的姑妈有一天知道了，大闹了一场，大人威胁要把她送到教养院。她看不到她最喜欢的阿瑟了，为此非常痛

① 德文，甜姐儿。

苦；她学习开始变差，字写得歪歪扭扭，变得斜视。她和瓦尔特、弗朗索瓦又开始另一段友谊。“瓦尔特占据了我所有的思想和我所有的感官。当我站立或坐在他面前写字时，我允许他在我的裙子底下抚摸我。我的母亲一打开门，他便把手抽回去，而我正在写字。最后，我们有了男女之间的正常关系，但我没有过多答应他；一旦他以为插入了我的阴道，我就马上缩回去，说是有人来了……我不认为这是一种罪孽。”

她和男孩的友谊结束了，只剩下和姑娘们的友谊。“我喜欢艾米，一个举止优雅、很有教养的少女。有一次，在圣诞节，十二岁的我们交换刻着我们名字的小金心项链。我们把这看做一种订婚，彼此发誓‘永远忠实’。我的一部分教育要归之于艾米。她也教我性方面的事。在初中二年级时，我已经开始怀疑鹳带来孩子的故事。我认为孩子来自肚子，必须打开肚子才能让孩子出来。艾米对手淫的介绍尤其使我恐惧。在学校里，福音书的好些段落使我们对性的问题打开了眼界。例如，当圣母马利亚去看以利沙伯时：‘所怀的胎就在腹里跳动。’还有《圣经》其他有趣的段落。我们在这些段落下面画线，当这样做被发现时，全班没有全部得操行低分就算是好的。她也给我指出席勒在《强盗》中谈到的“九个月的回忆”。艾米的父亲调动了，我重新变得孤零零一个。我们用一种自己创造的文字通信，由于感到孤独，我喜欢上一个犹太小姑娘赫德尔。一次，艾米发现我和赫德尔一起从学校里出来。她嫉妒得同我大吵一场。我和赫德尔在一起，一直到我们进入商业学校，我们是最要好的朋友，梦想今后成为姑嫂，因为我爱上了她的一个哥哥，他是大学生。他接近我的时候我心慌意乱，以致对他回答得很可笑。傍晚时，赫德尔和我紧紧挤在小沙发上，当他弹钢琴时，我无缘无故地热泪滔滔。”

“在同赫德尔结下友谊之前，有好几个星期我常常去见一个叫艾拉的穷人姑娘。她被床上的响声弄醒，观察到父母‘在干好事’。她告诉我，她的父亲躺在她母亲身上，她可怕地叫喊，父亲说：‘你快去洗一下，不要出事。’我对她父亲的行为感到惊讶，在街上回避他，对她的母亲感到深深的同情（她这样大声叫喊，准定非常痛苦）。我和另一个女同学谈到阴茎的长度，有一次我听人打赌说有十到十五厘米长；在上刺绣课时，我们拿尺来量，从那个地方沿着肚子一直到我们的裙子上方。我们明显地至少量到肚脐，想到结婚时我们要被完全刺穿，都惶恐不已。”

她看到一条公狗同一条母狗交配。“如果在街上看到一匹马撒尿，我无法移开目光，我相信阴茎的长度给我留下深刻印象。”她观察苍蝇，在农村观察动物。

“十二岁时，我患了严重的扁桃腺炎，去请了一个医生朋友；他坐在我床边，突然，他将手放在我的被子下，几乎接触到我‘那个地方’。我喊叫着跳了起来：‘真是不要脸！’我的母亲跑了过来，医生窘得厉害，宣称我是一个小无赖，他只想捏一下我的小腿肚而已。我不得不请他原谅……我终于来了月经，我的父亲发现我的毛巾有血迹，大吵了一场。他，干净的男人，为什么‘不得不生活在那么多肮脏的女人中间呢’？我觉得，我不适倒是错了似的。”十五岁时，她有另一个女友，她俩用“速写”通信，“为了不让我们家里的任何人读懂我们的信。我们写了许多关于我们征服男人的事。她还给我抄了大量的诗，是她从厕所的墙壁上抄下来的；我记得一首，因为它把在我的想象中如此崇高的爱情贬低到粪土的地步：‘爱情的最高目的是什么？一根茎顶端的四瓣屁股。’我决定绝对不要走到这步田地，一个男人如果真爱一个年轻少女的话，绝不会要求类似的事。十五岁半时，我有了一个弟弟，我非常嫉妒，因为我一直是独生女。我的女友总是请我看看我弟弟的身体构造，但我绝对不能给她所想要的信息。当时，另一个女友给我描绘了一个婚礼之夜，随后，由于好奇，我有了结婚的念头；只不过，根据她的描绘，‘要像马一样喘气’触犯了我的美感……我们当中有谁不愿意结婚，被她所爱的丈夫脱光衣服，抱到床上呢？这是多么诱人啊……”

也许可以说——虽然这是一个正常的，而不是病态的例子——这个女孩是例外的“反常”，她仅仅不像别的女孩受到那么多的监视而已。如果“有教养的”少女的好奇心和欲望不以行动反映出来，它们仍然以幻觉和游戏的形式存在。以前，我认识一个非常虔诚、天真得令人困惑的少女——后来她成了一个完美的女人，充满母爱，忠贞不贰——有一晚她抖抖索索地对一个年长的女人推心置腹地说：“在一个男人面前脱光衣服该是多么美妙啊！设想一下你是我的丈夫吧”；她开始脱衣服，激动得全身哆嗦。任何教育也不能阻止女孩子意识到她的身体，梦想自己的命运；至多只能强加给她严格的压抑，这种压抑随后要成为她的性生活的沉重负担。相反，比较理想的是教会她毫不自满和毫无羞耻地接受自己。

现在，可以理解少女在青春期要忍受怎样的戏剧冲突了：她不接受她的女性身份，就不能变成“一个大人”；她已经知道，她的性别使她注定有一种割裂的、固定的生存；如今她在一种不洁的疾病和一种晦暗的罪行的形式下发现了她的性别。首先，她的低人一等只作为一种缺失而被把握：缺少阴茎变成了玷污和错误。她在向未来迈进时是受伤的、可耻的、不安的、有罪的。

第二章　少女

在整个童年时代，小女孩受到侮辱，感到残缺不全；但是，她认为自己是一个自主的人；在她和父母、朋友的关系中，在她的学习和游戏中，她发现自己像超越性一样面对现在：她不断遐想她未来的被动性。一到青春期，未来不仅接近了：它居于她的身体内；而且变成最具体的现实。它保留一贯的，命中注定的特点；当少年主动地走向成人年龄时，少女却窥视着这个不可预测的新时期的开始，这个时期的情节已经编织好了，时间把她带到那里去。她已经脱离童年的过去，现在只对她显现为一个过渡；她在其中发现不了任何有价值的结果，而仅仅发现消遣。她的青春不知不觉地在等待中消耗。她等待着*男人*。

诚然，少年也梦想着女人，他渴望她；但她只是他生活的一个部分：她并不概括他的命运；从童年起，小女孩不论是想作为一个女人自我实现，还是想克服女性的局限，要想完成和逃避这一点，都有赖于男性；他有珀尔修斯和圣乔治[①]神采奕奕的面孔；他是解放者；他也有钱有势，掌握幸福的钥匙，是“白马王子”。她有预感，在他的爱抚下，自己被生活的洪流席卷而去，就像憩息在母亲的怀抱里；她顺从他温柔的权威，重新感到像在父亲怀抱中一样安全：拥抱和注视的魔力重新把她变为偶像。她总是深信男性的优势；这种男性的威望不是幼稚的幻觉；它有社会经济基础；男人确实是世界的主人；一切都使少女确信，让自己成为男人的仆从是符合自己利益的；她的父母促使她这样做；父亲以女儿取得成功而自豪，母亲从中看到前途似锦；同学们羡慕和赞赏她们当中获得男人最高敬意的人；在美国的大学里，女生的地位是由她积累的“约会”次数来衡量的。结婚不仅是可敬的职业，不像其他许多职业那样累人：唯有结婚才能使女人达到完整的社会尊严，作为情人和母亲在性的方面自我实现。她周围的人正是从这个角度考虑她的前途，她自己也正是这样考虑的。人们一致同意，征服一个丈夫——或者在某些情况下征服一个保护者——对她来说是最重要的事。在她看来，他者体现在男人身上，正如对男人而言，他者体现在她身上一样；但是，她觉得，这个他者是以本质方式出现的，而她面对他，则自认为是非本质的。她从娘家和母亲的控制中摆脱出来，不是通过主动的征服，而是通过在一个新主人的手里重新变得被动和驯服，为自己开创未来的。

人们经常认为，如果她忍受这种放弃，是因为在肉体上和精神上，她变得低于男孩，无法与他们匹敌：她放弃徒劳的竞争，把如何保障她的幸福交给更高阶层的一员来操心。事实上，她的屈辱并非来自既定的低下：相反，是这种屈辱造成了她的所有缺陷；它的根源在于青春少女的过去，在于她周围的社会，正在于给她提供的未来。

当然，青春期改变了少女的身体。她的身体比先前更加脆弱；女人的机体是脆弱的，它们的机能是娇嫩的；异常而妨碍人的乳房

① Saint George（约281—303），基督教殉教者，传说他杀死一条龙，救出公主。

是一个负担；在剧烈运动时，乳房令人想起它们的在场，它们抖动着，令人难受。此后，女人的体力、耐力和灵活性都低于男人。激素分泌不平衡，带来神经和血管舒缩的不稳定。来月经是痛苦的：头痛、疲劳、肚子疼，使得正常活动难以进行，甚至不可能进行；在这些不适之外，往往还要加上心理紊乱；神经质、易怒，女人经常每个月都要经历半精神错乱的状态；神经中枢不再能够保证控制神经系统和交感神经系统；血液循环紊乱，某种自体中毒，将身体变成设置在女人和世界之间的屏障、压在她身上的热雾，使她窒息，把她隔离开来：通过这不适的和被动的肉体，全宇宙成为过于沉重的负担。她受到压迫，被吞没了，由于她外在于世界的其余部分，她变成外在于她自身。一切崩溃了，时间不再相连，他人只通过抽象的承认得到承认；如果推理和逻辑未被损害，就像在忧郁症发作时，它们被用于表现机体紊乱爆发的情绪。这些事实极端重要，但正是女人对待它们的态度决定了它们的重要性。

大约在十三岁时，男孩对暴力有了真正的认识，他们的攻击性、他们的权力意志、他们的挑战兴趣在发展；小女孩正是在这时放弃了粗野的游戏。她仍然参加体育运动，但变得专门化、服从人为规则的体育活动，并不等同于自发地和习惯地去寻求力量；它处于生活的边缘；它无法像无序的战斗、出乎意料的攀登那样，提供世界和自身的大量信息。女运动员永远感受不到男孩将同伴肩膀按到地上的那种征服者的骄傲。再说，在许多国家，大部分少女没有任何运动训练；如同摔跤一样，攀登对她们是禁止的，她们只让自己的身体被动地忍受考验；限制比在幼年时更明确，她们必须放弃摆脱既定的圈子，放弃越出人类的其余部分确定自身：她们被禁止探索、敢作敢为、重新划定可能性的界限。特别是，在年轻人身上如此重要的挑战态度，她们几乎一无所知；当然，女人互相比较，但挑战与这种被动的对峙不是一码事。两个自由的人对峙，是为了争夺对世界的控制权，力图拒绝束缚；爬得比同伴更高，把一只手臂扳倒，是为了确定对整个大地的绝对权力。这种征服行为，少女是不被允许的，她尤其不被允许实施暴力。无疑，在成年人世界，在正常时期，暴力不起重大作用；但它萦绕不去；许多男性行为是在可能出现暴力的背景中形成的：每个街角都有争吵；大部分时间争吵化解了；但男人感受到他的拳头中有着确定自身的意志，足以使他感受到对自己至高无上的确定。男性反对一切冒犯、一切把他压缩为物的企图，诉诸打击和展现拳脚：他不让自己被他人超越，他要处于主体性的中心。暴力是每一个对自己、对自己的热情和对自己的意志的赞同的本真考验；彻底地拒绝暴力，就是拒绝自己接受一切客观真理，就是封闭在抽象的主体性中；不经过肌肉的愤怒和反抗，就仍然处在想象中。不能把自己心里的活动写在世界表面，是一种可怕的挫折。在美国南部，一个黑人绝对不可能对白人使用暴力；这项规定正是神秘的“黑灵魂”的关键；黑人在白人世界的感受方式，他自我调整的行为，他寻找的补偿，他全部的感觉和行动方式，都要由他注定的被动性来解释。在德国人占领时期，有些法国人决定甚至在受到挑衅的情况下也不采取暴力行动——（不论是通过出于自私的谨慎，还是因为他们有要紧的责任去完成）——感到他们在世界上的处境深刻改变了：要取决于他人的任性是否把他们变成客体，他们的主体性再没有办法具体表现出来，它只是一个次要现象。因此，对于被允许并且必须表现自身的男孩和感情缺乏直接有效性的女孩来说，世界的面貌完全不同；他不断地重新质疑世界，他每时每刻起来反对既定事物，因此，当他接受既定事物时，感到积极地确认了它；她却是一味地忍受；世界不需要她就自行确定，它有不变的面貌。这种体力上的无能表现为更普遍的胆怯：她不相信她的身体没有体验过的力量，她不敢行动、反抗、创造：她注定顺从、忍让，只能在社会上接受一个现成的位置。她认为事物的秩序是既定的。有个女人告诉我，在她的整个青年时期，她自欺地否认自己体力上的弱点；承认这一点，就会失去做事的兴趣和勇气，不管是在智力领域还是在政治领域。我认识一个如同男孩一样被养大，自以为像男人一样强壮、精力充沛的姑娘；虽然她非常漂亮，每月来月经时十分痛苦，她仍然没有意识到自己是女性；她像男孩一样鲁莽、生命力旺盛、富有主动性；她有男孩的大胆；如果在街上看见一个孩子或者一个女人挨揍，她会毫不迟疑地用拳头干预。一两次不幸的体验向她显示，在使用暴力方面男性是占上风的。当她衡量出自己的弱点时，她的大部分自信崩溃了；这次变化引导她承认自己是女性，承认自己的被动性，接受了依附。不再信赖自己的身体，就是失去自信。只要看看年轻人如何看重肌肉的重要性，就可以明白一切主体都把自己的身体当做客观的表现来把握。

性冲动只会证实年轻男人从自己身体得出的骄傲，他从中发现超越性和力量的标志。少女可以成功地承受她的欲望，但往往这些欲望保留着羞耻性质。她的整个身体要经受折磨。她小时候对自己“内部”的不信任，更给月经以可疑的性质，使月经显得可恶。正是月经的束缚造成的心态构成严重的障碍。在一定的时期内，压在少女身上的威胁可能使她感到难以忍受，以致她放弃了探险和娱乐，生怕有人知道她的不幸。不幸引起的恐惧在机体上引起反应，加剧紊乱和痛苦。可以看到，女性生理上的特点之一是内分泌与神经调节的联系紧密：互相起作用；女人的身体——特别是少女的身体——在这种意义上是一个“歇斯底里的”身体，可以说在精神生活和生理现象的转换之间没有距离。在少女身上，发现青春期的紊乱带来的变化，加剧了紊乱。因为她觉得自己的身体可疑，她不安地观察它，觉得它有病。它的确有病。可以看到，事实上，这个身体很脆弱，确实产生机体紊乱，但是妇科医生一致说，他们的女病人十分之九得的都是心病，就是说，要么她们的不适没有任何生理依据，要么机体紊乱本身是由于心态促成的。大半是由于做女人的焦虑在折磨着女人的身体。

可以看到，如果女人的生物性处境对她构成障碍，这是由于她被牢牢控制在某种前景中。当神经的脆弱、血管舒缩的不稳定不属于病理性的时候，就不会影响她从事任何职业：在男性中也存在各种各样的体质。每月一两天不适，甚至痛苦，也不是障碍；事实上，大量女人对此能适应，特别每月的“诅咒”可能使之更加不适的女人尤其如此：女运动员、女旅行家、从事艰苦职业的妇女。大部分职业并不要求超过女人所能提供的体力。在体育中，要达到的目标不是独立的体能的成功，而是达到每个机体所固有的完美；次轻量级拳击冠军能与重量级拳击冠军相媲美；女子滑雪冠军不低于比她滑得更快的男子冠军：他们属于两个不同的范畴。正是女运动员积极关注自身的完美，最不感到自己不如男子。总之，身体上的弱点不允许女人学到暴力：如果她能在身体上确认自己，并用另一种方式展现于世界上，这种不足也很容易得到补偿。无论是游泳、攀登峭壁、驾驶飞机，还是同自然界的暴力作斗争、冒险和探险，面对世界，她都不会感到我所说的胆怯。正是在给她甚少出路的整体处境中，这些特殊性变得重要，虽然不是直接地，却确认了童年在她身上形成的自卑情结。

这种情结也会压抑她智力的发展。人们往往指出，少女从青春期起，在智力和艺术领域失去地盘。这有很多原因。最常见的原因之一是，女孩在她周围的人中遇不到给予她兄弟的那种鼓励；正相反，人们希望她也是一个女人，她必须兼顾她的职业负担和与女性身份相关的负担。一所职业学校的女校长在这方面提出了如下见解：

> 少女突然变成一个靠工作谋生的人。她有新的欲望，这些欲望跟家庭毫不相干。她时常必须做出相当巨大的努力……她夜里回到家里，精疲力竭，脑袋里塞满了白天发生的各种各样的事……这时，她受到什么样的对待呢？母亲派她赶快去做事。她要完成没做完的家务，还要料理自己的衣服。不可能摆脱继续纠缠她的各种想法。她感到不幸，将自己的处境与她兄弟的处境做比较，他在家里没有任何事要做，于是她起而反抗。①

母亲毫不迟疑地交给女大学生、女学徒的家务事或者社会上繁重的苦活，终于使她劳累过度。在战争时期，我见过一些女学生，她们是我在塞夫尔② 所教的学生，在学业之外，还要忍受沉重的家务劳动：一个患了波特氏病③，另一个患了脑膜炎。母亲——正如人们看到的那样——暗暗地敌视女儿的解放，一门心思刁难她；人们尊重男孩要成为男人所做的努力，已经承认他有很大的自由。人们要求少女待在家里，出门要受到监视：决不鼓励她自寻消遣和娱乐。很少看到女人独自组织远足、徒步旅行和骑车旅行，或者沉迷于诸如桌球、滚木球等游戏。除了使她们缺乏主动性的教育，风俗也使她们的独立变得困难。如果她们在街上游荡，便有人注视她

① 李普曼《青春与性》中所引。——原注
② Sèvres，位于法国西部，盛产瓷器。
③ 即脊椎结核。Percival Pott（1714—1788），英国外科医生，对脊椎结核作过准确的描述。

们，和她们搭讪。我认识一些少女，她们一点儿不胆怯，但独自在巴黎街头漫步时找不到任何乐趣，因为她们不断受到纠缠，需要时刻保持警惕：她们所有的乐趣都被糟蹋了。如果女大学生像男大学生那样成群结队、欢欢喜喜地走街过巷，她们就会成为众目睽睽的对象；大步走路，唱歌，大声说话，哈哈大笑，吃苹果，这是一种挑衅，她们会受到侮辱、跟踪或者引人攀谈。无忧无虑马上变成举止不当，"有教养的少女"受到约束，并把这种约束变成自己的第二天性，扼杀了自然，旺盛的活力受到压抑。结果产生紧张和无聊。这种无聊是能传播的：少女们很快互相厌倦；她们没有互相禁闭在彼此的牢笼里；这是使得男孩的陪伴变得如此必要的理由之一。这种不能满足自身的无能为力产生了一种胆怯，延续她们整个一生，反映在她们的工作中。她们认为，光辉的胜利是属于男人的；她们不敢有太高的目标。可以看到，十五岁的女孩在同男孩竞争时宣称："男孩地位有利。"这种信念使人泄气。它导致懒惰和平庸。一个少女——对男性没有任何特别的敬重——会指责男人胆怯；人们向她指出，她自己也非常胆怯，她用得意的口吻宣称："噢！一个女人，不是一码事。"

这种缺乏自信的深刻原因，在于女孩认为自己不用对未来负责；她认为对自己提出许多要求是没有用的，因为她的命运最终不是取决于她。她献身于男人，并不是因为知道自己低于他，而是因为献身于男人，才建立起这种自身低下的想法。

事实上，她并非提高了自身的人的价值，才在男性眼中获得价值，而是按照男人的梦想去塑造自身，才能获得价值。在没有获得体验时，她始终意识不到这一点。有时她表现出与男孩一样的好斗；她试图以突如其来的权威、傲然的坦率征服他们：这种态度几乎注定她要失败。她们——从最俯首帖耳的到最睥睨一切的——都懂得，要取悦人，就必须认输。她们的母亲督促她们不再把男孩看做同伴，不要对他们献殷勤，而要扮演被动的角色。即使她们想初建友谊和调情，也应该小心避免表现出采取主动；男人不喜欢假小子，也不喜欢女才子、有头脑的女人；过于大胆、过分有文化、过分聪明、过分有个性，使他们害怕。正如乔治·艾略特所指出的，在大多数小说中，是金发而愚蠢的女主人公战胜了有男子性格的褐发女子；在《弗洛斯河上的磨坊》中，麦琪徒劳地想颠倒角色；她最终死去，是金发的露西嫁给了斯蒂芬；在《最后一个莫希干人》[①]中，是冷漠的艾丽斯获得了男主人公的心，而不是勇敢的科拉；在《小妇人》中，热情的乔只是劳里的童年伙伴；他把爱情献给了平庸乏味的、鬈发的艾米。具有女人气质，就是显得像残废、微不足道、被动、顺从。少女不仅要打扮，要修饰，而且要抑制她的自然，代之以她的女性长辈教导她的妩媚和造作的娇柔。任何对自身的确认，都减弱她的女性气质和诱惑力。使年轻男人初入世界变得相对容易的是，做人的使命和男性使命并不互相抵触：他的童年已经表明了这种幸福命运。在得到独立和自由的同时，他也获得了社会价值，也获得了男性威望：像拉斯蒂涅这样的野心家，同时追求金钱、荣誉和女人；挑动他的模式之一是成为女人奉承的、有权势和有名望的男人。相反，对于少女来说，在她真正的人的地位和女性使命之间是割裂的。因此，对女人来说，青少年时期是非常困难和关键的时刻。至此她是一个自主的人，而她必须放弃她的权力。她不仅像她的兄弟们那样，并以更加尖锐的方式在过去与未来之间被撕裂开来；而且在这两者之间爆发冲突：一是作为主体、主

① *The Last of the Mohicans*，美国作家库柏（James Fenimore Cooper，1789—1851）的代表作。

动性和自由的最初要求，一是促使她承认自身是被动客体的性欲倾向和社会要求。她自发地把自己看做本质的：她怎样决定成为非本质的呢？但是，如果我只能作为他者实现自我，我又怎能放弃我的自我呢？这就是正在成长的女人挣扎着面对的、令人苦恼的两难处境。她摇摆在渴望与厌恶、希望与恐惧之间，拒绝自己召唤的东西，仍然在童年的独立时刻和女性的顺从时刻之间悬而未决：正是这种犹豫不决使她在脱离未成年时尝到青果的酸涩。

少女按照自己先前的选择，以截然不同的方式对她的处境做出反应。“小妇人”、正在成长的主妇，可以很容易地忍受变形；但她也能在她“小母亲”的处境中汲取一种权威感，这种感觉引导她反抗男性的枷锁：她准备建立一种母权制，而不是变成肉欲的对象和女仆。这往往是姐姐们的情况，她们很年轻就承担起重要的责任。“假小子”发现自己成了女人，有时感受到强烈的失望，可能把她直接导向同性恋；然而，她在独立和暴力中寻求的是掌握世界：她可能不愿意放弃女性的权力、做母亲的体验、她的命运的一部分。一般说来，通过某些抵抗，少女同意接受女性身份：在童年的撒娇阶段，面对她的父亲，在肉欲的幻想中，她已经体验了被动性的魅力；她发现了被动性的力量；她的肉体使她产生的羞耻，不久与虚荣混杂在一起。这使她激动的手，这使她激动的目光，是一种召唤、一种祈求；她的身体在她看来像具有魔力；这是一个宝库、一种武器；她为此而骄傲。她的撒娇行为在自主的童年阶段原本已经消失，这时又复活了。她尝试涂脂抹粉，试做各种发式；她不但不藏起乳房，反而按摩它们，使之隆起，她在镜子中研究自己的微笑。动情和诱惑的联系是如此紧密，以至在肉欲敏感还没有苏醒的所有例子中，在主体身上还观察不到任何取悦人的愿望。实验表明，因甲状腺功能减退而感觉迟钝、郁郁寡欢的女病人，通过注射甲状腺制剂，可以得到改善，她们开始微笑，变得快乐和爱撒娇。持唯物和形而上学观点的心理学家大胆地宣称，撒娇是一种甲状腺分泌的“本能”；但这种模糊的解释在这个时期和幼年时是一样不能成立的。事实是，在器官机能不全的所有情况下，如淋巴体质、贫血等等，身体成为负担；它异于自身，怀有敌意，既不希望也不应允任何状态；当它恢复平衡和活力时，主体便马上承认它是属于自己的，并通过它向他人超越。

对少女来说，性的超越性在于自身成为猎物，以便获得猎物。她变成一个客体；她把自己看成一个客体；她惊讶地发现自身存在的新面貌：她觉得自己变成两个人；她非但正好不同于自我，反而开始生存于自我之外。因此，在罗莎蒙德·莱曼[1]的《邀舞》中，可以看到奥莉维亚在镜子中发现一副陌生的面孔：这是她—客体突然矗立在她自己的面前；她感受到瞬息消逝、但强烈的激动：

> 最近，在她从头到脚这样照镜子时，一种特殊的激动伴随着她：偶尔，出乎意料地，她在自己对面看到一个陌生人、一个新人。
>
> 这已经出现过两三次。她照镜子，观察自己。出了什么事？……今天，她看到的是完全不同的一样东西：一副神秘面孔，既阴沉又光彩夺目；一头波浪起伏的充满活力的头发，仿佛被电流穿越而过。她的身体——是由于长裙的关系吗——她觉得和谐地汇聚起来：集中在一起，如花朵般绽放，既灵活又稳定：充满活力。她处在像一幅画的自身面前，面对的是一个

① Rosamond Lehmann（1901—1990），英国女小说家，著有《邀舞》、《谣曲和源泉》等。

> 脸色红润的少女，房间里所有映在镜子中的物象，似乎簇拥着、介绍着，喃喃地说：这是您……

令奥莉维亚目眩神迷的是，她以为在这幅人像中看到了诺言；她从人像中认出自己童年的梦想，而这就是她自己。但少女在这肉体的在场中也爱着这个令她惊奇的身体，就像另一个女人的身体一样令她陶醉。她抚摸自己，抱着自己圆滚滚的肩膀和肘弯，欣赏自己的胸脯、大腿；手淫变成梦想的借口，她从中寻找对自我温柔的占有。在男孩身上，自恋与把他投向被占有的客体的肉欲行为之间存在对立：他的自恋通常在性成熟时消失。女人对情人和对自我都是一个被动客体，少女不同，在她的性欲中有一种原始的不明晰。在复杂的感情中，她要通过占有她身体的男性表示的敬意，得到对她身体的赞美；说她想长得漂亮是为了施展魅力，或者说她力图想施展魅力是为了确信自己长得美，都是把事情简单化了：她独自一人待在自己房中，或在客厅中试图吸引目光，并不区分男人的欲望和自恋。这种混淆在玛丽·巴什基尔采夫身上是明显的。我们已经看到，推迟断奶使她比其他任何孩子更强烈地希望受到他人的重视和好评；从五岁直到青少年时期结束，她把自己全部的爱都献给了自己的形象；她疯狂地赞赏自己的手、自己的脸、自己的娇媚，她写道：“我是我自己的女主人公……”她想成为歌星，让目眩神迷的观众欣赏，自己也以骄傲的目光反过来打量观众；但这种“自闭症”通过浪漫的梦想来表达；从十二岁开始，她恋爱了：这是因为她期待被人爱，在她期望引起的爱慕中，她只寻求自我爱慕的证实。她爱上H公爵，却从来没有跟他说过话；她梦想公爵跪在她脚下：“你会被我的光彩迷住，你会爱我……你配得上我希望成为的那个女人。”我们在《战争与和平》的娜塔莎身上遇到的是同一种情感：

妈妈也不理解我。天哪，我实在是太有头脑了！这个娜塔莎真是娇艳动人！在谈到她时，她继续用第三人称，并把这个感叹放在一个男人的嘴里，这个男人认为她汇集了女性的十全十美。她拥有一切，这一切都是为了她。她是聪明的、可爱的、漂亮的、灵巧的。她游泳，她骑马很出色，她唱歌动听。是的，可以这样说，动听！……

这天早上，她又回到这种自恋、这种自我赞美，这构成了她习惯的心态。“这个娜塔莎是多么迷人啊！”她说，让第三者、一个集体的男性人物说话，“她年轻漂亮，她有美妙的嗓音，她不为难任何人；所以别吵她吧！”

凯瑟琳·曼斯菲尔德[①]在贝丽尔这个人物身上也描绘过自恋和一个女人的命运的浪漫愿望紧紧混杂在一起的情景：

在餐厅，在摇曳闪烁的炉火旁边，贝丽尔坐在垫子上弹吉他。她是为自己弹奏，小声唱着，观察着自己。火光映在她的鞋上，映在吉他的红色琴身上，映在她白皙的手指上……

“要是我在外面，从窗户往里看，看到我这样，我会很吃惊，”她想道。她轻轻地弹伴奏；她不再唱了，但在听。

“我第一次看到你，小姑娘，啊！你一定以为自己是孤独的！你坐在垫子上，你那双小脚也放在上面，你在弹吉他。天

① Katherine Mansfield（1888—1923），新西兰女小说家，长期住在英国，擅长短篇小说，著有《序曲》、《园会》等。

哪！我永远不会忘记……”贝丽尔抬起头，开始唱道：

连月亮也厌倦了

但这时有人重重地敲门。女仆绯红的脸出现了……但不，她忍受不了这个愚蠢的姑娘。她溜到幽暗的客厅，开始踱来踱去。啊！她焦躁不安，焦躁不安。壁炉台上有一面镜子。她撑着胳膊，望着自己苍白的映像。她多么漂亮啊！可惜没有人看到，没有人……贝丽尔微笑了，她的微笑实在太惹人爱了，于是她又微笑了……（《序曲》）

这种自我崇拜在少女身上不仅表现为对自己容貌的爱慕；她期望占有和恭维整个自我。她乐意把自己的心灵倾注在私人日记中，通过日记，她追寻的就是这个目的：玛丽·巴什基尔采夫的日记很有名，是这类体裁的典范。少女对她的本子说话，就像以前对她的布娃娃说话一样，这是一个朋友，一个知己，就像它是一个人那样称呼它。作者一页页写下对父母、同学、老师隐瞒的真相，孤芳自赏，自我陶醉。一个十二岁的小女孩，日记一直写到二十岁，日记的题铭写道：

我是小笔记本
可爱漂亮又谨慎
把你的秘密都告诉我
我是小笔记本。①

① 见德贝斯《青春期自立危机》。——原注

有的人这样表示：“我死后才可阅读”，或者“我死后烧掉”。青春期之前在小女孩身上形成的隐藏秘密的意识越来越强烈。她把自己包在严密的孤独中：她拒绝对周围人显露隐藏的自我，她把这个自我看成真正的自我，事实上这是一个虚构的人物：她扮演舞蹈演员，像托尔斯泰笔下的娜塔莎，或者扮演一个圣女，像玛丽·勒内吕所做的那样，或者干脆扮演她本人这样的奇迹。在这个女主角与她的父母和朋友所熟悉的实际面孔之间，始终存在极大的不同。因此，她说服自己，她不被人理解：她同自己的关系因此更热烈：她迷醉于自己的孤独，感到自己与众不同、高人一等、异乎寻常：她指望未来会对眼下生活的平庸进行报复。她通过梦想逃避这种狭窄而平庸的生活。她一直喜欢遐想：她会比以往更加沉迷于这种倾向；她在富有诗意的陈词滥调下掩盖使她恐惧的世界，给男性安放上月光、彩云、柔和的夜的光轮；她把自己的身体变成由大理石、碧玉、珍珠建成的神庙；她给自己讲述愚蠢的仙女故事。正是由于不能控制世界，她往往陷入愚蠢境地；如果她应该行动，她就必须看清这一点；而她可能是在雾中等待。年轻男子也梦想：他尤其梦想自己担当主动角色的冒险。少女更喜欢神奇而不是冒险，她将摇曳不定的魔力之光投到物和人上面。魔力观念是被动力量的观念，因为她注定要被动，然而她期望有权力，少女相信魔力：相信她身体的魔力，这魔力把男人置于她的枷锁之下，置于命运的一般魔力之下，她不用做什么事，命运就会满足她。至于现实世界，她想把它忘掉。

“有时，在学校里，我不知道怎么了，就逃离了讲解的题目，走神了，飞到幻想之国……”有个少女[①]写道，“当我深

---

① 玛格丽特·埃瓦尔《少女》中所引。——原注

深陷入美妙的遐想中的时候，我完全失去了现实概念。我呆坐在座位上，等醒悟过来时，惊讶地发现自己处在四堵墙壁中间。”

“我更喜欢遐想，而不是写诗，”另一个少女写道，“在我的头脑里构想没头没尾的美丽故事，或者借着星光眺望山峦，构想一个传说。这要美妙得多，因为**格外朦胧**，给人休憩和心旷神怡的感觉。”

遐想可以采取病态的形式，困扰整个人生，如同下面这个例子①：

玛丽·B是个聪明和爱幻想的孩子，在大约十四岁进入青春期的时候，狂妄症发作。“突然，她对父母宣称，她是西班牙王后，态度高傲，裹在一块窗帘中，笑着，唱着，指挥，下命令。”两年内，这种状态在来月经时一再出现；然后有八年，她过着正常的生活，但她很爱幻想，喜欢奢侈，常常苦恼地说：“我是一个职员的女儿。”将近二十三岁时，她对周围的人变得漠不关心和看不起，表现出野心勃勃；她体衰力弱，被送到圣安娜医院，在那里度过了八个月；她回到家里，三年中卧床不起，“脾气很坏，凶恶，粗暴，任性，百无聊赖，让周围的人都过着地狱般的生活”。家里人把她再送到圣安娜医院，她再也出不来了。她卧病在床，对什么也不感兴趣。有

① 根据博雷尔和罗班的《病态的遐想》，明科夫斯基《精神分裂症》中所引。——原注

时——似乎与经期有关——她起床，裹在毯子中，摆出夸张的姿态，装腔作势，对医生微笑，或者讥讽地望着他们……她的言语往往表现出某种肉欲，她高傲的态度表现出狂妄自大的想法。她越来越陷入幻想中，这时，满足的微笑掠过她的面孔；她不再梳妆打扮，甚至弄乱自己的床。“她炫耀古怪的装饰。即使不是赤裸裸地出现，却也不穿内衣，常常不要床单，蜷缩在毯子里，头上戴一顶锡纸做的王冠，她的手臂、手腕、肩膀、脚踝戴着无数丝线和丝带做的手镯脚链。类似的戒指装饰着她的手指。”然而，有时她对自己的状态也会说出完全清醒的体己话。“我记得以前发过病。事实上，我知道这一切都不是真的。我像一个孩子和布娃娃玩耍，我很清楚，布娃娃不是活的，但想说服自己这是活的……我戴帽，我炫耀。这使我高兴，然后，逐渐地，仿佛不由自主似的，我好像中了魔法；我仿佛生活在一个梦里……我像一个女演员，在扮演一个角色。我待在一个想象的世界中。我过着好几种生活，**在所有这些生活中，我是主角**……啊！我经历过那么多不同的生活，有一次，我和一个美国男子结了婚，他非常俊美，戴着金丝边眼镜……我们有一座大公馆，每个人都有自己的房间。我举行多么盛大的宴会啊！……我在穴居人的时代生活过……我以前举行过婚礼。我没有计算过同多少人睡过觉。这有一点落后。人们不理解我赤身裸体，在大腿上戴着一只金手镯。从前，我有一些我非常喜爱的朋友，在我家里举行宴会。有鲜花、香水、貂皮。我的朋友们送给我艺术品、塑像、小汽车……当我光着身子裹在床单里的时候，这令我想起从前的生活。作为艺术家，**我爱镜子里的我**……我在迷醉中成为我愿意成为的样子。我甚至做过蠢事。我有吗啡瘾、可卡因瘾。我有过一些情人……他们在夜里潜入我家。他们成双而来。他们带来理发师，大家看明信片。”她也喜欢医生中的一位，宣称是他的情妇。她有过一个三岁的女儿。她还有一个六岁的女儿，非常有钱，她在旅行。她的父亲是一个非常漂亮的男人。“还有十个类似的故事。每一个都是她在想象中所过的虚构生活。”

可以看到，这种病态的幻想本质上是要满足少女的自恋，她认为没有过上符合她需要的生活，担心面对生存活的真实；玛丽·B只是把许多少女共有的补偿过程推向极端。

然而，少女对自己的孤独崇拜不能满足她。为了实现自己的想法，她需要生存于另一个意识中。她往往在同伴们那里寻找援助。年龄更小时，知心朋友充当她的支持，以便摆脱母亲的圈子，探索世界，特别是性的世界；如今，这知心朋友既是少女摆脱自我限制的客体，又是将自我还给她的证人。有些小女孩互相展示自己的裸体，她们比较胸脯：读者也许记得《穿制服的少女》中描写寄宿女生大胆游戏的场面；她们互相乱摸或者准确地抚摸。正如柯莱特在《克罗蒂娜在学校》中所指出的那样，而罗莎蒙德·莱曼在《灰尘》[①]中表现得不那么坦率，在几乎所有的少女中间都有同性恋倾向；这种倾向几乎与自恋爱好没有分别：每一个少女都垂涎在他人身上体验一下自己肌肤的柔滑和曲线美；反过来，她对自己的钟爱也包含了对女性一般意义的崇拜。在男女两性上，男人是主体；因此男人通常被这种意愿区分开来：这种意愿推动他们接近有别于自身的客体。但女人是欲望的绝对客体；因此，在中学、学校、寄宿学校、画室中，盛行那么多的“特殊友谊”；有的友谊纯粹是精神

① 即《含糊的回答》（*Dusty answer*）。

上的，另外一些是执著于肉欲的。前者尤其指在女友之间互相打开心扉，交换秘密；最热烈的信任的证据是给意中人看私人日记；朋友之间没有出于性欲的拥抱，只交换极端的温情表示，往往迂回地互赠感情的信物：因此，娜塔莎用烧红的铁尺烫伤自己的胳臂，向索尼娅证明自己的爱；她们尤其会互相以千百个爱称称呼对方，交换热烈的通信。例如，这是新英格兰的年轻清教徒艾米莉·狄金森写给她热爱的女友的信：

> 今天一整天我都在想念你，昨天整夜我梦到你。我和你在最美妙的花园里散步，我帮你采摘玫瑰，我的篮子永远装不满。这样，一整天，我请求和你一起散步：夜晚来临时，我很幸福，我心急火燎地计算在我和黑暗，在我的梦和永远装不满的篮子之间隔开的时间……

孟杜斯在《少女的心灵》中援引了大量相似的信：

> 我亲爱的苏珊……我真想在这里抄写几节《雅歌》[①]：你多么漂亮啊，我的朋友，你多么漂亮啊！你像神秘的未婚妻，你像沙仑玫瑰[②]，像幽谷百合，你像她一样，对我来说，胜过普通的少女；你是象征，许多美好崇高事物的象征……正因如此，雪白的苏珊，我以纯洁的、无私的，包含某种宗教意味的爱，深爱着你。

---

① 《圣经·旧约》其中一卷，有不少情歌。
② Sharon，以色列中部的沿海平原，有广阔的果园，“沙仑玫瑰”是《雅歌》中对意中人的称呼。

另一个少女在一篇日记里袒露了不那么高尚的冲动：

我在那里，我的腰被这只雪白的小手搂着，我的手搭在她圆滚滚的肩膀上，我的手臂靠着她赤裸的、温热的手臂，我的胸贴紧在她的酥胸上，我面对着她微启的好看的嘴，露出小小的牙齿……我瑟瑟发抖，感到我的脸火辣辣的。[①]

埃瓦尔夫人在《少女》中也搜集了大量这类亲密感情的吐露：

给我心爱的仙女，我亲爱的心上人。我漂亮的仙女。噢！请对我说，你仍然爱我，请对我说，我对你始终是忠诚的女友。我很忧愁，我那么爱你，噢，我的L……而我无法对你说话，向你表达清楚我的爱慕；没有语言可以描绘我的爱。**我崇拜的人**，这不足以表达我的感受；有时我觉得我的心要爆裂了。被你所爱，这太美了，我难以相信。**噢，我的宝贝**，请对我说，你还会长久地爱我吗？……

从这种激情很容易滑到青少年有罪的爱情；有时，两个女友中的一个控制另一个，虐待狂似的施展她的权力；但往往更多是没有屈辱、没有斗争的互爱；给予快感和获得快感，仍然像每一方自恋而非成为一对情侣时那样单纯。可是这种洁白是苍白无力的；当少女期望进入生活，通向他者时，她想恢复父亲目光的魔力，为己所用，她要求得到天神的爱情和温存。她寻求一个女人，这个女人不像男性那么陌生，那么可怕，但具有男性的威望：一个有职业、能

① 也由孟杜斯在《少女的心灵》中所引。——原注

谋生、有一定社会地位的女人，很容易像一个男人那样有魅力；众所周知，在女学生心中，女教师、女学监会燃起多么炽热的“火焰”。在《妇女军团》中，克莱芒丝·戴恩以圣洁的方式描绘了欲火炎炎的激情。有时，少女对她的知心女友和盘托出自己热烈的爱；甚至有时她们会分享这种激情，双方因更强烈地感受到而自鸣得意。一个女学生这样给要好的女同学写道：

> 我感冒了，卧病在床，我一味想着X小姐。我从来没有这样爱过一个女教师。在第一年，我已经非常爱她；但现在这可是真正的爱。我相信我爱得比你更热烈。我觉得我在抱吻她；我半昏厥过去，我很高兴能回到学校去看她。①

她往往大胆向自己的偶像袒露感情：

> 亲爱的小姐，面对你，我处在一种难以名状的境地中……我看不到你的时候，为了遇到你，我愿献出世上的一切。我每时每刻想念你。如果我看到你，我就满噙热泪，无地自容；在你身边，我是那样渺小，那样无知。当你对我说话的时候，我很窘困、激动，我仿佛听到仙女柔和的嗓音和难以表达的、多情话语的喁喁声；我窥视你的一举一动，谈话时我走神，喃喃地说出一些蠢话：亲爱的小姐，你会承认这是胡言乱语。我从中看到非常清楚的一点，就是我打心眼里爱你。②

---

① 玛格丽特·埃瓦尔《少女》中所引。——原注
② 同上。——原注

一所职业学校的女校长叙述：[1]

我记得，在青年时期，我们互相争夺一位年轻女教师包裹午饭带来的一张纸，我们把纸分成一块块，一块卖到二十芬尼。她用过的地铁票也成了我们收集的对象。

既然被爱的女人要扮演一个男性角色，最好她未婚：已婚并不总是使恋爱的年轻女人沮丧，但令她不快；她憎恶她钟爱的对象要受到丈夫或情人的摆布。这种激情常常是暗地里进行的，或者至少是纯粹柏拉图式的；但和被爱的对象是男性相比，向具体肉欲的过渡要容易得多；即使她和同年女友没有过轻佻的体验，女性身体也不会使少女惧怕；她时常与她的姐妹们、母亲有亲密的接触，其柔情中微妙地渗透了肉欲，在她赞赏的女人身边，从柔情滑入快感，也是不知不觉地进行的。在《穿制服的少女》中，当多萝西·维克吻到赫尔塔·蒂尔的嘴唇时，这吻既是母性的，又是肉欲的。在女人中间，有一种消除羞耻感的合谋关系；一个女人在另一个女人身上唤起的骚动，一般是不强烈的；同性恋的温存既不会破坏童贞，也不用插入：它们满足童年时阴蒂的快感，却不要求有令人不安的新变形。少女可以实现她作为被动客体的使命，却没有感到自身深深地异化。蕾内·维维安在下面的诗句中表达的正是这种情况，她在诗中描绘了“有罪的女人”和她们的女情人的关系：

我们的身体对她们的身体是友爱的明镜，
我们虚幻的吻具有淡淡的柔情，

---

① 李普曼《青春与性》。——原注

我们的手指决不弄皱面颊的汗毛，
皮带解开时我们也能
同时成为姐妹和情人。①

还有在这几句诗中：

因为我们喜欢妩媚和细腻，
我的占有没有伤害你的乳房……
我的嘴不会贪婪地咬住你的嘴。②

通过“乳房”和“嘴”这些词汇诗意的不确切性，她清晰地对女友允诺的是不会对女友施以暴力。正是由于害怕暴力、强奸，少女常常把自己的初恋给予一个年长的女人，而不是一个男人。有男性气概的女人对她来说同时体现了父亲和母亲：她从父亲那里获得权威、超越性，她是价值的源泉和尺度，越出既定世界，她是神圣的；但她仍然是女人：无论是缺乏母亲的抚爱，还是相反，母亲宠爱她的时间过长，少女像她的兄弟们一样渴望着胸脯的温暖；在这种近似她自己肉体的肉体中，她又从容地感到与断奶毁掉的生活直接融合；通过这笼罩着她的陌生注视，使她获得个性的分离被克服了。当然，一切人与人的关系都带来冲突，凡是爱都带来嫉妒。但耸立在处女和她的第一个情人之间的许多困难，在这里都消除了。同性恋的体验可以具有真正爱情的面貌；它可以带给少女非常美妙的平衡，以致她想延续下去，再来一次，对它恋恋不舍；它可以显

① 见《合掌时分》。——原注
② 见《航迹》。——原注

露出或者产生一种同性恋的爱好。[①] 然而，它往往只代表一个阶段，它的简单易行注定了它会消失。在少女给予年长女人的爱中，她嫉羡的是自己的未来：她想把自己认做偶像；除非这个偶像异乎寻常地胜出一筹，否则很快就会黯然失色；当这个妹妹开始确立自身时，她便判断和做出比较：另一位之所以被选择，是因为她有机会接近和不令人害怕，但她没有足够的他性，不能长期确立；男性的神明能更稳固地确立，因为他们的天国更加遥远。少女的好奇和肉欲促使她渴望更强烈的拥抱。她从一开始就往往只把同性恋看做一种过渡、一种启蒙、一种等待；她假装爱、嫉妒、愤怒、骄傲、欢乐、痛苦，同时多少坦率地承认，她没有多大风险地模仿她梦想的爱情，但她还不敢或者还没有机会经历这种爱情。她注定属于男人，她知道这一点，她渴望有正常而完整的女人命运。

男人使她眼花缭乱，但也使她恐惧。为了调和她对他怀有的矛盾心情，她把他身上使她害怕的男性和虔诚崇拜的、光辉四射的神性分解开来。她对男性朋友表现突兀而粗蛮，却崇拜遥远的白马王子：他们是电影演员，她把他们的照片贴在床头上，还有死去或者活着的英雄，但他们无论如何无法接近，只是偶尔看到的陌生人，她知道再也不会重新见到他们。这样的爱情不会引起任何问题。往往她向往的是一个具有社会威望或有才华的男人，而他的身体不会引起她骚动不安：比如一个有点可笑的老教授；这些上年纪的男人已越过少女被封闭其中的世界，少女可以暗地里寄希望于他们，就像献身于天主那样：这样一种奉献没有什么屈辱，可以坦率地承认，因为不存在任何肉体的欲望。浪漫的女人甚至乐意接受，意中人外貌寻常，甚至丑陋，有点微不足道：她只会感到更安全。她假

① 参阅第四章。——原注

装埋怨把自己和他分隔开的障碍；但其实，她选择他正是因为从她到他不存在任何真实关系。因此，她把爱情变成一种抽象的、纯粹主观的体验，不危及她的整体性；她的心在跳动，她经历分离的痛苦、见面时的折磨、怨恨、希望、埋怨、热情，不过是空幻的；她根本没有介入。有趣的是选择的偶像离得越远，就越是光彩夺目：天天遇到的钢琴教师不如说是可笑而丑陋的；如果爱上一个可望而不可即的陌生人，则宁愿他俊美和有阳刚气。重要的是，性的问题无论如何被规避了。这种精神恋爱延长和证实自恋倾向，这时肉欲只出现在内在性中，他者并不真正在场。少女时常以极其强烈的方式展开想象生活，正是因为她从中找到一种借口，使她能回避具体的体验。她选择将幻想和现实混同起来。例如，海伦妮 · 多伊奇[①]提供了一个非常有意义的例子：这是一个漂亮的、有魅力的少女，很容易受到追求，从一开始她就拒绝周围的年轻人；但在她的心底里，十三岁时选择了崇拜一个十七岁的男孩子，确切地说，他长得难看，她从来没有跟他说过话。她弄到了一张他的照片，在上面写了一句题词，三年中，她每天写日记，叙述她想象的体验：他们接吻和热烈地拥抱；有时在他们之间出现流泪的场面，争吵过后，她的眼睛确实红肿了；然后他们和解了，她送给自己鲜花，等等。搬家使她与他分离了，她给他写信，却从来不寄给他，她自己回信给自己。这个故事显然是对她害怕的真实体验的一种自卫。

这个例子几乎是病态的。但它以夸张的情形阐明了一个正常发生的过程。在玛丽 · 巴什基尔采夫那里，可以看到一个想象的感情生活的鲜明例子。她以为爱上了 H 公爵，却从来没有跟他说过话。实际上，她期待的是对自我的赞赏；可是，由于她是女人，尤其在

---

① 见《女性心理学》。——原注

那个时代和在她所属的那个阶级，对她来说，不可能通过自主的生存去获得成功。十八岁时，她明确地写道：“我写信给C，我想成为一个男人。我知道我会成为大人物，但穿上裙子能怎么样呢？结婚是女人的唯一职业；男人有三十六个机会，而女人只有一个，就是零，就像在银行的账户上。”因此她需要一个男人的爱情，但为了能给这爱情崇高的价值，必须让他有崇高的地位。“地位在我之下的男人决不会令我满意，”她写道，“一个富有的独立的男人，会带着骄傲和某种怡然自得的神态。自信是一种胜利的神态。我喜欢H身上这种任性的、自负的和残忍的神态：他有尼禄[①]的特点。”还有：“女人在所爱的男人的优越面前自惭形秽，应该是高等女人能够感到的自尊心的最大享受。”这样，自恋导致了受虐狂：这种联系在梦想蓝胡子、格丽泽尔达、殉教圣女的孩子身上已经见到过了。自我仿佛是为他人，通过他人而构成的：他人越是强大，自我便越是富有和有权；俘虏主人，在自身便包含主人拥有的所有美德；被尼禄所爱，玛丽·巴什基尔采夫便会是尼禄；在他人面前自我虚无化，这就同时实现自在和自为的他人；事实上，这种成为虚无的梦想，是一种骄傲的存在意志。事实上，玛丽·巴什基尔采夫从来没有遇到过足够出类拔萃的男人，使她能接受通过他异化。拜倒在自己塑造的、遥不可及的神祇面前是一回事，而委身于一个有血有肉的男人是另一回事。许多少女长久地执着于通过真实世界去追逐自己的梦想：她们寻找这样一个男人，在她看来，他在地位、贡献、智慧方面都高于其他所有男人；她们希望他比自己年长，事业有成，拥有权威和威望；财产和名声使她们迷恋：意中人作为绝对主体出现，通过自身的爱把光辉和必然性传达给她们。他

① Nero Claudius Caesar Augustus Germanicus（37—68），古罗马皇帝，有暴君之称。

的优越地位使少女把给予他的爱情理想化：并非因为他是男性，她才期望献身于他，而是因为他是这个精英。不久前，一个女友对我说："我想找到巨人，却只找到男人。"少女以这种高要求的名义蔑视过于普通的追求者，回避性的问题。在她的梦想中，她毫无危险地钟爱自己的形象，它作为形象使她迷惑，虽然她一点儿不同意顺从这个形象。玛丽·勒阿杜安① 这样叙述，她乐意看到自己成为牺牲品，死心塌地忠于一个男人，而她确实是个很专横的人。

> 出于某种羞耻，我从来无法表达现实中我的本性里隐藏的倾向，我在梦想中无数次体验。就像我学会认识自己那样，实际上我是专横的、暴烈的，说到底不会屈膝。
>
> 我总是服从自我消失的需要，有时我设想我是一个出色的女人，只因为责任而生活，耽于爱情，到了愚蠢的地步：我竭力满足他微小的意愿。我们在为艰难的生活而挣扎着。他累得要死，晚上脸色苍白、精神不振地回到家里。我呢，我待在一扇没有亮光的窗户旁缝补他的衣服，眼睛都快瞎了。我在一间烟雾腾腾的狭窄厨房里为他准备几样可怜巴巴的菜。我们唯一的孩子不断受到疾病的侵扰。但一丝温柔的、像受难的微笑，总是翕动我的嘴唇，在我的眼里始终看得到这种令人难以忍受的、默默的勇气显现的表情，我在现实中绝对不可能忍受这种勇气而不感到厌恶。

除了这些自恋的沾沾自喜以外，有些少女更具体地感受到需要一个向导、一个老师。当她们摆脱父母的控制时，她们对尚未习惯

① 见《黑帆》。——原注

的自主感到十分窘困；她们只知道消极地加以运用；她们陷入了任性和狂妄中；她们期待重新失去自由。任性的、骄傲的、反抗的、令人难以忍受的、在爱情上被一个有理智的男人征服的少女的故事，是廉价文学和电影的陈词滥调：同时也是取悦男男女女的老掉牙题材。例如，德·塞居尔夫人在《如此童恋》中就叙述了这样的故事。吉赛尔在小时候对过于溺爱她的父亲感到失望，迷恋一个严厉的老姑妈；少女的她受到一个爱责备人的年轻男子朱利安的影响，他无情地对她说实话，羞辱她，竭力改造她；她嫁给一个缺乏个性的富有公爵，在他身边，她非常不幸，她成了寡妇以后，接受了她的导师苛求的爱情，终于找到了快乐和智慧。在路易莎·奥尔科特[1]的《好妻子》中，独立的乔爱上了她未来的丈夫，因为他严厉地责备她做事昏头昏脑；他还斥责她，她马上表示抱歉，俯首帖耳。尽管美国女人自尊心很强，好莱坞的电影还是多少次给我们表现那些难弄的孩子被情人或丈夫的合理的粗暴驯服：左右两记耳光，甚至打屁股，都好像是勾引的可靠方式。但在现实中，从理想爱情过渡到性爱并不简单。许多女人或多或少并不讳言，由于害怕失望，所以小心避免接近她们爱情的对象。如果这个英雄、巨人、半神回应他激发的爱情，并把它变为真正的体验，少女就会感到恐惧，她的偶像变成了一个她厌弃的男性。有些风骚少女想方设法引诱她们觉得“有趣”或者“迷人”的男子，但奇特的是，如果他反过来对她们表现出过于强烈的感情，她们又会气愤；他之所以取悦她们，是因为他显得不可接近，作为情人他变得平庸了。“这是一个男人，跟其他男人一样。”少女责怪他的失势；她以此为借口，

---

① Louisa Alcott（1832—1888），美国女小说家，著有《花的寓言》《小妇人》等，描绘了十九世纪中期的美国生活。《好妻子》是《小妇人》的续篇，有些版本将两部合并出版。

拒绝肉体接触，这触犯了她的处女敏感性。即使少女向她的“理想”让步，她在他的怀抱里仍然是冷漠的，施特克尔说：“有时，冲动过后的少女在这种场面之后自杀了：爱情想象的整座建筑崩塌了，因为理想在‘野兽’的形式下显现。”① 正是出于对不可能的事的爱好，有时当一个男人开始追求少女的女友时，少女却爱上了他，而且她常常会选择一个已婚男人。她乐意迷恋唐璜式的人物，她梦想顺从，恋上这个任何女人都抓不住的勾引者，她怀着改造他的希望：但事实上，她知道她做的事会失败，而这正是她做出选择的原因之一。有些少女承认永远也不能体验到真正的和完美的爱情。她们一辈子都在寻找无法达到的理想。

这是因为在少女的自恋和她的性欲注定她去感受的体验之间存在冲突。女人只有在退让中重新成为本质的，才接受非本质的角色。她让自身成为客体，就变成一个孤芳自赏的偶像；然而她拒绝硬要她回到非本质的无情辩证法。她想成为迷人的宝库，而不是被人占有的一件物品。她喜欢充满魔液的神奇的物神，而不喜欢把自身看做供人观赏、抚摸和损伤的肉体：男人钟爱作为猎物的女人，却逃避女魔头得墨忒耳。

她骄傲于能征服男性的兴趣，引起爱慕，使她不快的是，她反过来要被征服。随着青春期的到来，她懂得了羞耻：羞耻仍然混杂着爱俏和虚荣心，男性的目光既奉承她，又伤害她；她只想让人看到她展露出来的部分：而人们的目光总是过于锐利。这种互相矛盾使男人感到困惑：她袒胸露肩，裸露双腿，而一旦有人注视她，她又脸红、气愤。她乐于挑逗男性，但如果她发现在他身上挑起了欲望，她就厌恶地后退：男性的欲望既是冒犯，又是敬意；在她感到

---

① 见《性欲冷淡的女人》。——原注

应对自己的魅力负责、并自由地施展这种魅力的情况下，她对自己的胜利很着迷，但是，由于她的面容、体态和肉体是要奉献的、要逆来顺受的，她想让它们避开这种觊觎着它们的外来的、鲁莽的自由。正是这种与生俱来的羞耻具有的深层含义，以令人困惑的方式干扰最大胆的卖俏。小女孩可以有惊人的大胆，因为没有意识到她的主动性会暴露她的被动性；一旦她发觉，她就会愤怒和生气。没有什么比注视更加模棱两可的了；它隔开一段距离存在，通过这段距离，它表示尊重，可是，它狡黠地抓住了瞥见的形象。正在成长的女人在这种陷阱中挣扎。她开始放松，但马上约束自己，扼杀身上的欲望。在她还不稳定的身体中，她感受到抚摸时而像是一种温柔的快感，时而像是一种令人不快的瘙痒；亲吻一下先是使她激动，继而突然使她发笑；她让反抗紧随得意而来；她让人抱吻，但装模作样地擦拭嘴唇；她笑盈盈的，十分温柔；然后她突然冷嘲热讽，充满敌意；她做出承诺，又故意忘记。玛蒂尔德·德·拉莫尔就是这样，她受到于连的俊美和少有的品质吸引，想通过自己的爱情达到异乎寻常的命运，但断然拒绝自己感官的控制和外来意识的控制；她从顺从变为狂妄，从恳求变为蔑视；她给予一切，马上又让人付出代价。马塞尔·阿尔朗[①]描画出“莫尼克”的肖像，这个人物也是这样。她把骚动和罪恶混同起来，对她来说，爱情是可耻的退让，她热血沸腾，却憎恶这种激情，她在反抗中顺从。

正是通过展示孩子气和乖僻的性情，“青果”提防着男人。少女往往被描绘成半野性半乖巧的形象。其中，柯莱特在《克罗蒂娜在学校》里，还有在《青苗》里，以诱人的万卡的形象去描绘少

① Marcel Arland（1899—1986），法国小说家，著有《莫尼克》《秩序》《我们最美好的日子》等。

女。她对面前的世界抱着热烈的兴趣，她以女王的身份君临世界之上，但她对男人也有好奇心、肉欲和浪漫的欲望。万卡被荆棘划破了皮、钓虾、爬树，但当她的伙伴菲尔摸她的手时，她颤栗了；她经历了身体成为肉体和女人第一次显现为女人的骚动；她春心萌动，开始想变得美丽：她不时梳头发，涂脂抹粉，穿上薄薄的蝉翼纱，乐意卖俏和吸引人；由于她也是自为而不是仅仅为他而存在，在其他时候，她就穿上难看的旧裙、不合身的裤子；她自身的一部分责备她卖俏，把她看做自暴自弃：她还故意手上沾满墨水，不梳头，一副邋遢相。这种反抗行为使她变得笨拙，她厌恶地感受到了：她很恼火，脸变得通红，越发笨拙，对这些失败的诱惑企图感到恐惧。在这个阶段，少女再不愿意是个孩子，但她不同意变成大人，她时而自责幼稚，时而自责女性的忍让。她处在持续拒绝的态度中。

这就是少女的特点，能让我们了解她大多数行为的关键；她不接受自然和社会给她定下的命运；然而，她没有积极地拒绝它：她内心矛盾重重，无法与世界作斗争；她只限于逃避现实，或者象征性地表示不满。她的每一个欲望都添上了焦虑：她渴望拥有自己的未来，但她担心同过去决裂；她希望"拥有"一个男人，厌恶成为他的猎物。在每一个恐惧后面，都隐藏着一个欲望：强暴令她恐惧，但她渴望被动性。因此，她注定要自欺，使用各种各样的诡计；她易受各种消极的困扰，这些困扰反映了欲望和焦虑的矛盾情感。

在少女身上最常见的表示不满的形式之一，就是嘲弄。女中学生、年轻女工互相讲述多愁善感或者下流的故事，谈到她们的调情、与男人相遇、看到一对情人拥抱时都"噗哧"笑出声来；我认识一些女学生，她们故意从卢森堡公园的情人小径穿过，为了大笑一番；还有一些女学生常去洗土耳其浴，为的是嘲笑里面遇到的大腹便便的、乳房下垂的胖女人；讥笑女人的身体，取笑男人，讥诮爱情，这是一种否认性欲的方式：在这些笑声中，带着对成年人的挑战，是克服自身窘迫的一种方式；玩弄形象和字眼，以便扼杀危险的魔力：我曾看到初三的学生发现拉丁文课文中 femur① 这个词时“噗哧”笑出来。更有甚者，如果小女孩被人拥抱、抚摸，她就会耻笑她的同伴或者和同学们一起发笑，作为报复。我记得有一夜在火车的一个隔间里，两个少女轮流被一个旅行推销员抚弄，他对自己的好运感到异常高兴：每一次，她们都歇斯底里大笑，既色情又羞耻，重新回到青春期的行为。在疯笑的同时，少女寻求语言的帮助：在某些少女的嘴里，可以找到令她们的兄弟们脸红的粗俗词汇；无疑，由于她们一知半解，所说的话在她们身上并没有唤起十分准确的形象，她们不是那么为此而惊骇；再说，她们的目的要不是阻止形象形成，至少是使之变得温和；女中学生互相讲述的粗俗故事远远不是用来满足性欲的本能，而是否认性欲：她们只是从幽默的角度来看待性欲，仿佛在做机械的、几乎是外科的手术。同笑声一样，运用淫秽语言不仅是一种抗议：这也是对成年人的挑战、一种亵渎、一种故意反常的行为。少女拒绝自然和社会，以大量古怪的方式对之挑战和冒犯。人们时常指出，少女有饮食上的怪癖：她吃铅笔芯、封信的小面团、木屑、活虾，吞服成打的阿司匹林；她甚至吃苍蝇和蜘蛛；我认识一个十分聪明的少女，她用咖啡和白葡萄酒合成可怕的混合饮料，强迫自己喝下去；另外，她吃浸过醋的糖；我见过另一个少女，她在色拉里发现一条白色的虫，决定嚼食。所有孩子都热衷于用眼睛、手，更进一步用嘴和胃去体验世

① 拉丁文，大腿、股骨。

界，但在青春期，小女孩尤其乐于在难以消化的、令人厌恶的东西中去体验世界。“令人厌恶的”东西往往吸引着她。有一个漂亮的女孩，平时爱打扮，细心照料自己，被一切她看来“肮脏”的东西所吸引：她摆弄昆虫，欣赏月经弄脏的内裤，吮吸伤口流出的血。玩脏东西，显然是一种克服厌恶的方式；在青春期，这种情感占有十分重要的位置：小女孩对自己过于肉感的身体、对于经血、对于成年人的性交、对于她注定要归属的男性是厌恶的；她在亲近她所反感的东西中自我满足时，却正好是在否认它。“既然我必须每月流血，我喝下我伤口的血是表明我的血不使我害怕。既然我必须服从令人反感的考验，为什么不能嚼食一条白色的虫呢？”这种态度在这个年龄十分常见的自残中以明晰得多的方式表现出来。少女用剃刀划破大腿，用香烟烧灼自己，割伤自己，剥自己的皮；我青年时代的一个女友，为了不去参加令人厌烦的园会，用一把小斧砍伤自己的脚，以致要卧床六周。这些施虐受虐狂的行为，既是一种提前的性体验，也是对它的一种反抗；在忍受这些考验的时候，必须心肠变硬，去对付一切可能的考验，由此使考验变得缓和，包括新婚之夜的磨难。当少女把一条鼻涕虫放在自己的胸脯上时，当她吞下一瓶阿司匹林时，当她自残时，那是在向她未来的情人挑战：你强加给我的，绝不会比我强加给自己的更可恶。这就是她对性爱做出的阴郁而自豪的初次尝试。她注定要成为被动的猎物，但她要求自由，直至忍受痛苦和厌恶。当她用刀砍伤自己，用炭火烧伤自己时，她是抗议破坏她处女膜的插入：她使之变得无效，以表示抗议。既然她以行动来接受痛苦，她是受虐狂，她尤其是一个虐待狂：作为独立的主体，她鞭打、嘲笑、折磨这有依附性的肉体，这注定顺从、她憎恨却不愿摆脱的肉体。因为她无论如何都不选择本真地拒绝自己的命运。施虐受虐的嗜好其实是一种根本性的自欺：

小女孩这样做，是因为她通过拒绝，接受了女人的未来；如果她当初不承认自己是肉体，她就不会仇恨地残害自己的肉体。甚至她的施暴也来自隐忍。当一个男孩子反抗他的父亲和世界时，他用的是有效的暴力；他向一个同学寻衅，他打架，用拳头证实自己是主体：他让世界接受，他超越世界。但自我确认，让人敬服，对少女是禁止的，这就在她心里造成那么多的反抗：她不希望改变世界，也不希望超越世界；她知道，或者至少相信，甚至也许愿意受束缚：她只能破坏；她的愤怒中有着绝望；在生气的晚上，她砸碎杯子、玻璃、花瓶：这不是为了战胜命运；这只是一种象征性的抗议。少女正是通过眼前的无能为力，反抗她未来的受奴役；她远没有摆脱束缚，徒劳地使性子，往往只是被束缚捆得更紧。针对自己和针对周围世界的暴力行为，总是具有消极性质：它们看来了不起，却没有效果。男孩子攀爬悬崖，和同学打架，把肉体痛苦、伤口和肿块看做他沉迷的积极活动微不足道的后果；他既不追求也不逃避这些活动（除非自卑情结使他处于同女人类似的处境）。少女看到自己忍受痛苦：她宁可在自己心里寻找暴力行为和反抗的滋味，而并不对结果感兴趣。她的反常来自她仍然处在童年的天地中，不能或者不愿意真正逃离这个天地；她宁可在自己的笼子里挣扎，也不寻求逃出笼子；她的态度是消极的、反射性的、象征性的。有时候，这种反常采取令人不安的形式。相当多的年轻处女都有偷窃癖；偷窃癖是一种性质十分模糊的“性的升华”；触犯法律、破坏禁忌的意愿，做被禁止和危险的事引起的昏眩，在偷窃的女孩身上无疑是主要原因：但这种情况有双重性。拿走无权得到的东西，这是傲慢地证实自己的独立，是要作为主体面对被窃的东西和谴责偷窃的社会，是拒绝既定秩序和向秩序的守护者挑战；但这种挑战也有受虐狂的一面；偷窃的女孩受到冒险、如果被抓则堕入深渊的吸引；被抓住的危险，给偷窃行为带来有快感的魅力；于是，在充满责备的目光下，在抓住她肩膀的手上，在羞耻中，她完全地、无可挽回地成为客体。拿走东西而不被抓住，处在可能变成猎物的焦虑中，这就是青年女性的危险游戏。在少女身上看到的反常的违法行为，具有同样的意义。有些少女擅长寄匿名信，还有些少女乐于欺骗她们周围的人：有个十四岁的女孩说服了整个村子，有一幢房屋闹鬼。她们既喜欢暗暗施展自己的权力、表现自己的不顺从、对社会的挑战，又享受可能被揭露的危险；她们常常自首，这是她们的快感一个十分重要的部分，她们有时甚至自我揭发未曾犯下的错误和罪行。拒绝成为客体导致使自己重新成为客体，这并不令人奇怪：这是一切消极困扰共有的过程。患有歇斯底里麻痹症的病人，担心瘫痪、渴望瘫痪和实现瘫痪，是同一的：他不再想它，才能治愈它；精神衰弱症患者的抽搐也是这样。深深的自欺使少女类似这种神经官能症患者：嗜好、抽搐、密谋、反常，由于我们指出过的欲望与焦虑的矛盾情绪，可以在她身上找到神经官能症的许多症状。比如，"离家出走"十分常见；她随处乱走，游荡到离家很远的地方，两三天之后自己回来。这不是真正的出走，真正与家庭决裂的行为；这仅仅是一出逃走的戏剧，如果有人向她提议最终让她摆脱周围的人，她往往会完全张皇失措：她一方面想离开周围的人，另一方面又不想这样做。离家出走有时与卖淫幻想相联系：少女梦想她是一个妓女，她多少有点胆怯地扮演这个角色；她浓妆艳抹，倚在窗户上，对行人送秋波；有时她离开家，以致弄假成真。这些行为常常表现出对性欲的厌恶和负罪感：既然我有这种想法、这种兴味，我不比一个妓女更好，我是一个妓女，少女这样想。有时，她力图摆脱这种想法：她想，让我们了结吧，一直走到底；她委身给随便哪个人，想向自己证明性行为是无足轻重的。同时，这样的态度经常表明对母亲的敌视，要么少女憎恶母亲严格的品德，要么她怀疑母亲无行，要么她对过分冷漠的父亲表示怨恨。无论如何，在这种困扰中——就像我们已经谈到过的、往往与之相关的怀孕的幻想中——会有反抗和共谋的纠缠不清的混合，这种混合构成了精神衰弱昏眩症的特点。值得注意的是，在所有这些行为中，少女没有力图超越自然和社会的秩序，她不想缩小可能性的限制，也不想进行价值的蜕变；她满足于在边界和法律都得到保持的既定世界中表现自己的反抗；人们往往把这种态度界定为“魔鬼附身”，它意味着彻底的弄虚作假：承认善是为了嘲笑它，提出规则是为了破坏它，尊重神圣是为了有可能加以亵渎。少女的态度主要通过这个事实来确定：在自欺的烦恼黑暗中，她既拒绝又接受世界和她自己的命运。

然而，她不限于消极地反对强加给她的处境，她也力求弥补不足。未来使她害怕，现在不能满足她；她迟疑不决是否要成为女人；她对还只是个孩子感到恼火；她已经离开过去；她没有介入新生活。她在关注，却什么事也没有做：因为她什么事也没有做，她就什么也没有，她什么也不是。她正是通过做戏和欺骗，竭力填满这空缺。人们时常责备她狡猾、爱说谎，编“故事”。事实是，她注定要保密，要说谎。十六岁时，一个女人已经经历过艰难的考验：青春期、月经、性欲的觉醒、最初的骚动、第一次兴奋、恐惧、厌恶、可疑的体验，她在心里藏着所有这些东西，她学会了小心保守她的秘密。仅仅要藏起卫生带、隐瞒月经的事实就已经把她引导到说谎。在短篇小说《老人》中，凯·安·波特[1]叙述，生活在一九〇〇年左右的美国南方年轻女人，每逢参加舞会，为了阻止

① Katherine Anne Porter（1890—1980），美国女小说家。

月经到来，吞食盐和柠檬的混合物，以致得病：她们担心年轻男人根据她们的眼睛起黑圈、接触她们的手、也许有股气味，了解她们的身体状况，这样想使她们恐慌。当感到两腿之间有带血的布时，说得更普遍一点，当了解肉体与生俱来的不幸时，很难扮演偶像、仙女、远方的公主。羞耻是对被人把握为肉体时自发的拒绝，接近虚伪。尤其是，人们指责少女说谎，是因为她必须装作是客体，而且是一个有魅力的客体，然而她感到自己是不确定的、支离破碎的存在，又了解自己的缺陷。化妆品、假发、束腰的紧身带、“起衬托作用的”乳罩，都是假象；面孔本身戴上了假面具：巧妙地使之产生自然的表情，模仿美妙的被动性；没有什么比在实施女性职责中突然发现一副熟悉的面孔更令人惊异的了；它的超越性否定自身，却模仿内在性；目光不再感知，而是在映照；身体不再活动着，而是等待；所有的举止和微笑都成了召唤；少女解除了武装，任人摆布，只是一朵被奉献的鲜花，待摘下的果子。正是男人鼓励她成为这些诱惑，同时要求被诱惑：然后，他生气和指责。但他对朴实的女孩只有冷漠，甚至敌意。他只受到给他布下陷阱的少女的诱惑；她献身，又在窥伺猎物；她把被动性用作引诱，将自己的弱点用作她的力量的工具；既然她被禁止直率地进攻，就只好施展谋略和算计；她孜孜以求的是显得像白白地奉献；因此，人们责备她背信弃义：的确如此。无疑，由于他要求支配，她不得不向男人奉献顺从的神话。人们能够要求她扼杀最本质的要求吗？她的顺从一开始就是反常的。再说，她欺骗并非仅仅出于狡狯。由于所有道路都给她封死了，她不能*行动*，她必须*存在*，一重诅咒压在她的头上。小时候，她扮演舞蹈家、圣女；后来她扮演自己：真相确实如此吗？在人们封闭她的范围内，这句话是没有意义的。真相就是被揭露的现实，而揭露是通过行动进行的：可是她不行动。她对自己叙述的故事——她也时常对他人叙述——她觉得更能表达她内心感到的可能性，而不是对自己日常生活的平铺直叙。她无法衡量自己：她以做戏来聊以自慰；她生动地描绘一个人物，力图给他重要地位；她试图通过狂妄的行为使自己变得特殊，因为她不被允许在确定的活动中个性化。她知道自己在这个男人世界中不承担责任，微不足道：因为她没有其他严肃的事可做，所以只能“编故事”。季洛杜[①]笔下的厄勒克特拉是一个会编故事的女人，因为要用一把真的剑去完成一件真正的谋杀，是只属于俄瑞斯忒斯所做的事。少女由于还是孩子，在争吵和愤怒中弄得精疲力竭，她让自己病倒，表现出歇斯底里的不安，为的是吸引人注意，成为一个受重视的人。正是为了变得举足轻重，她干预他人的命运；她不择手段；吐露秘密，编造秘密，出卖别人，恶意中伤；她需要周围出现悲剧，以便感觉到是生活着，因为她在自己的生活中找不到援助。出于同样理由，她很任性；我们形成的幻觉，我们从中得到安慰的意象，都是矛盾的：只有行动使不同的时间得到统一。少女没有真正的意志，而只有欲望，她无条理地从这个欲望跳到那个欲望。造成她这种有时很危险的、前后不一的言行的是，每时每刻，她只消进入梦想，便整个儿投入。她处在不妥协、提要求的一边；她对确定和绝对有兴趣：由于不能掌握未来，她想达到永恒。玛丽·勒内吕写道：“我从不放弃。我总是想要一切。我需要喜欢我的生活，以便接受它。”阿努依[②]笔下的安提戈涅对这句话做出回应：“我想要一切，马上就要。”这种孩子般的专横，只能在梦想自己命运的个

① Jean Giraudoux（1882—1944），法国小说家、剧作家，擅长以古代题材影射战争与和平问题，著有《特洛伊战争不会爆发》《厄勒克特拉》等。

② Jean Anouilh（1910—1987），法国剧作家，著有《没有行李的旅行者》《窃贼舞会》《安提戈涅》等。

体身上看到：梦消除了时间和障碍，它需要夸大，以填补现实的不足；凡是拥有真正计划的人，都了解有限性，这是他的具体能力的保证。少女想要得到一切，因为没有任何东西取决于她。面对成年人，尤其面对男人，她的“可怕的孩子”的性格便由此而来。她不接受融入真实世界给人强加的限制；她挑战并试图超越。希尔德①等待索尔尼斯给她一个王国；需要征服它的不是她，因此她希望没有边界；她要求他建造前所未有的最高的塔楼，要求他“爬得像建造的塔一样高”：他犹豫着是否爬上去，担心会昏眩；她留在地上观看，否认偶然性和人类弱点，她不接受现实限制她宏大的梦。对于不在任何危险面前后退的人来说（由于她不需要冒任何危险），成年人总是显得平庸和小心翼翼；她在梦想中让自己异乎寻常地大胆，让成年人和真实的她比试。由于没有机会受到考验，她炫耀自己有最惊人的美德，而不用担心被揭穿。

然而，她的犹豫不决也来自这种缺乏控制；她梦想她是无限的；她在让他人赞赏的人物中仍然是异化的；这取决于外来意识：她危险地处在这个分身中，她将这分身等同于自身，但她被动地忍受它的在场。因此，她是敏感易怒和爱虚荣的。一点点批评，一点点嘲讽，就使她整个儿不自在。她不是从自身的努力，而是从任意做出的赞同中抽取出自己的价值。这种价值不是由特殊的活动确定的，而是由一般的威望建立的；因此，它似乎可以量化；当一件商品变得太一般化时，它的价值就会降低：所以，只有在其他少女都并非如此时，这个少女才是罕见的、不同寻常的、杰出的、卓越的。她的女伴是对手和敌人；她试图贬低她们，否认她们；她爱嫉妒，而不是善意待人。

---

① 参阅易卜生《建筑师》。——原注

可以看出，人们责备少女的所有缺点，只不过更表明了她的处境。在满怀希望和雄心勃勃的年龄，在生活的愿望、在地球上占有一席之地的愿望变得强烈的年龄，知道自己是被动的和依附于他人的，那是令人难堪的状况；女人正是在这种想征服的年龄知道，任何征服对她来说都是不允许的，她应该自我否定，她的未来取决于男人的一时心血来潮。在社会方面和性方面，新的渴望在她身上苏醒后也注定得不到满足；她的一切生命力或精神方面的冲动，马上受到阻遏。可以理解，她很难重新建立自己的平衡。她多变的脾气，她的眼泪，她的神经危机，更多不是生理脆弱的结果，而是深度不适应的标志。

可是，少女通过千百条虚幻的道路要逃避的这种处境，有时她却也确实予以承受。她的缺点令人恼火：但是她有时又以卓越的优点令人惊讶。缺点和优点有同样的根源。她可以将拒绝世界、不安的等待、虚无变成一个跳板，从孤独和自由中探出头来。

少女保守自己的秘密，骚动不安，忍受着难以排解的冲突。这种复杂性使她情感丰富，她的内心生活比她的兄弟们更加深入地发展起来；她更关注心灵的活动，这些活动变得更细腻、更复杂；她比转向外界目标的男孩子有更多的心理感受。她能够重视与世界的对抗。她避免过于严肃和循规蹈矩造成的陷阱。她周围的人异口同声的谎言，受到她的讥笑，她洞若观火。她每天都感受到自己处境的不明朗：她超越无力的抗议，有勇气对既存的乐观主义、现成的价值观、虚伪的和安定人心的道德观重新提出质疑。在《弗洛斯河上的磨坊》中，那个麦琪提供的动人例子就是这样，乔治·艾略特在这个人物身上再现了自己青年时期对维多利亚时代的英国的怀疑和勇敢的反抗；男主人公们——特别是麦琪的兄弟汤姆——执着地肯定已成定论的原则，他们把道德凝固成正式的准则：麦琪企图重新注入生气，她推翻了这些准则，走到孤独的尽头，作为纯粹的自由浮现在男性僵化的世界之上。

少女对这种自由只能消极地运用。但她的不受约束可以产生一种宝贵的感受能力，于是她会表现出忠诚、细心周到、通情达理、多愁善感。罗莎蒙德·莱曼的女主人公们正是以这种柔顺和宽容著称。在《邀舞》中，可以看到奥莉维亚还是胆怯的、笨拙的，几乎不爱俏，带着激动的好奇心仔细观察她即将踏入的世界。她全身心地倾听一个接一个的舞伴，竭力按他们的愿望回答，随声附和，激动得发抖，来者不拒。《灰尘》的女主人公朱蒂有着同样动人的品质。她没有否认童年的快乐，喜欢夜晚在公园的河里赤身裸体地沐浴；她喜欢大自然、书籍、美和生活；她不自恋；她不说谎，不自私，不寻求通过男人赞赏自我：她的爱是赠予。她奉献给一切吸引她的人，不论是男人还是女人，是詹妮弗还是罗迪。她献出自己，却不失去自己：她过着独立的女大学生的生活，有自己的世界、自己的计划。使她有别于男孩子的，是她的等待态度、她的温柔驯顺。虽然难以察觉，但她仍然想当他者：在她看来，他者是美妙的，以至她同时爱上邻居家所有的年轻男子、他们的房子、他们的姐妹、他们的世界；詹妮弗不是作为同伴，而是作为他者，使她着迷。她吸引罗迪和他的堂兄弟们，是因为她能够迁就他们，按他们的愿望塑造自己；她是耐心、温顺、接受和默默受苦的化身。

在玛格丽特·肯尼迪的《恒久的宁芙》中，泰莎则截然不同，但她满心接受自己所喜欢的人，因而也很迷人，她憨直、不爱交际、倾心相许。她不愿自动做出任何退让：首饰、脂粉、化妆、虚伪、故作优雅、谨慎和女性的顺从，她都感到厌恶；她希望被爱，但不戴上假面具；她屈从刘易斯的脾气，但不是奴颜婢膝；她了解他，与他同悲同喜；但一旦他们争吵起来，刘易斯知道他不能用温存来使她驯服：专横和爱虚荣的弗洛伦斯被亲吻征服了，而泰莎却实现了在爱情中保持自由的奇迹，这使她既不怀敌意也不是傲慢地去爱。她的自然有着造作的所有吸引力；在取悦人时，她从不自残、不降低自己，或者凝固成客体。她的周围是一些全身心投入音乐创作的艺术家，她在自己身上感觉不到这个吞噬人的魔鬼；她全心全意地去爱他们，去理解他们，去帮助他们：出于温情而自然的宽厚，她毫不费力地做到了，因此，就在她忘我地帮助他人的时候，她仍然是独立的。她依仗这种纯粹的本真性，避免了青春期的内心冲突；她能够忍受世界的严酷，她在内心没有分裂；她既像无忧无虑的孩子，又像非常明智的女人，和谐统一。敏感的、宽容的、接受力强的、热情的少女，已准备好成为一个杰出的恋爱女人。

当她没有遇到爱情时，有时会遇到诗意。由于她不行动，她便观看、感觉和记录；色彩和微笑能在她身上找到深刻的回响；因为她的命运分散存在于她身外，在已经建立的城市中，在成人的脸上；她以热情的、比年轻男人更非理性的方式去触摸和品味。她由于难以融入人类世界，难以适应这个世界，像孩子一样只能观察它；她对控制事物不感兴趣，而是关注它们的意义；她把握它们特殊的轮廓和出人意料的变形。她很少感觉到身上有创造的勇气，往往也缺乏表达的技巧；在她的谈话、通信、文学随笔、画作中，有时她表现出独到的敏感。少女热情地投向事物，因为她还没有失去超越性；她一事无成，她什么也不是的事实，会使她的冲动更加强烈：她是空无的，又是无限的，她力图从自己的虚无中所达到的，却是一切。因此，她把特殊的爱奉献给*自然*：她比少年更加崇拜自然。*自然*是难以征服的，非人性的，正是它最明显地概括了存在的全部。少女还没有将任何一部分世界归于自己：依仗这种一无所有，世界整个儿是她的王国；当她占有世界时，她也骄傲地占有她自己。柯莱特常常叙述这种青春的狂欢[1]：

因为我那么喜欢黎明，我的母亲为了奖赏我，给了我机会去看黎明。我说服她在三点半叫醒我，我每只手臂挎着一个篮子，朝隐蔽在狭窄的河湾中的菜地、草莓、黑茶藨子和有刺醋栗走去。

三点半时，一切都沉睡在本原的、潮湿而朦胧的蓝色中，当我沿沙路而下时，滞留不散的雾先是沐浴着我的腿，继而是我苗条的小身躯，到我的嘴唇、我的耳朵、比我身体其余部分更敏感的鼻孔……正是在这路上、在这时刻，我意识到自己的价值、难以形容的妩媚状态，意识到我与第一阵吹来的微风、第一只鸟儿、还是椭圆形的、由于正喷薄而出变了形的太阳融为一体……在敲第一遍弥撒钟的时候，我踏上归途。此时，我已瞧了个够，像独猎的小狗般在树林里撒欢绕够了圈，还品尝了素仰的失落之泉的泉水……

玛丽·韦布[2]在《影子之重》中也给我们描绘了一个少女在熟悉风景的亲切中感受的欢乐：

当家里的气氛变得过于阴云密布时，安布尔的神经紧张到要绷断。于是，她越过山冈走到森林里去。她觉得，当多默的居民生活受到法律的控制时，森林却只靠即兴来生存。由于在自然界的美景中苏醒了，她对美有特殊感受。她开始看到相同

① 见《茜多》。——原注
② Mary Webb（1881—1927），英国女小说家。

性；大自然不再是一个个细小的部分的偶然汇集，而是一个和谐体、一首严峻壮丽的诗。美在这里凌驾一切，有种甚至不是来自花朵或星星的光在闪烁……一阵轻轻的、神秘的和迷人的震颤，仿佛穿过整座森林的光一样掠过……安布尔出现在这个绿色世界中，有着某种宗教仪式的意味。在一个万籁俱寂的早晨，她爬上“鸟园”。这是她常常在郁悒不乐的一天开始之前所做的事……她在鸟儿世界的无序中汲取某种安慰……她最后来到“高林”，马上被美迷住了。对她来说，同大自然的交谈十足像一场战斗，好像有一种心情这样说：“我不会让你走，直到你为我祝福……”她靠在一棵野苹果树的树干上，透过内在的听觉突然感受到那么活跃而强烈的树液上升，她设想好像海潮澎湃。然后一阵微风从树的一簇簇花朵下掠过，她重新感受到声音的存在、树叶古怪的话语声……每片花瓣、每片树叶，她都觉得好像在低吟乐曲，令她回忆起她来自的深处。这些微微隆起的花，她觉得每一朵都充满因其脆弱而难以承受的回声……从山冈之顶，飘来一阵香气，潜入树枝中间。有形而且知道形状要消亡的事物，面对掠过这儿、无形和难以名状的东西，瑟瑟发抖。这样，森林不再是一个普通的集合体，而是一个像星云一样光辉的整体……她在这持续不变的存在中拥有自己。正是这个吸引着安布尔，在这大自然鬼怪出没的地方，她生出好奇心，气都接不上来。这使她待在古怪的着迷状态中，一动不动……

像艾米莉·勃朗特和安娜·德·诺阿耶这样不同的女人，在她们的青年时代——然后延长至一生——经历过同样的激情。

上述引文清楚地表明，少女在田野和森林里得到怎样的慰藉。在家里，母亲、法律、习俗、惯例处于支配地位，她想摆脱这往昔；她想轮到她成为至高无上的主体；但是，从社会方面来说，她只有成为女人才能踏入成年人生活；她用退让为自己的解放付出代价；而处在植物和动物当中，她是一个人；她同时从家庭和男性中解脱出来，成为一个主体，一个自由人。她在森林的隐秘中找到自己心灵孤独的形象，而在平原的广阔地平线中找到超越性的感性形象；她本身是这片无垠的荒原、这高耸入云的山顶；这些通向未知的未来之路，她可以走下去，也将走下去；她坐在山冈顶上，拥有世上所有的财富，这财富就在她脚下，供她获取；通过水流的颤动、光线的颤抖，她预感到快乐、眼泪、她还不知晓的狂喜；池塘的涟漪、阳光的斑斑点点，对她隐约地预示了未来的情感历程。气味、颜色说着神秘的语言，其中一个词凸显出来，压倒一切："生命"一词。生存不仅是写在区政府登记册上的抽象命运，它还是未来和肉体财富。拥有一个躯体，不再显得是一个可耻的污点；少女在母亲注视下放弃的这些欲望中，认出在树木中上升的树液；她不再是被诅咒的，骄傲地承认与树叶和鲜花有亲缘关系；她揉碎花冠，知道有朝一日一个活生生的猎物会把她的空手心塞满。肉体不再是污秽的：它是欢乐和美。少女和天空、大地融为一体，是激活和激励世界的难以分辨的气息，她是每一根灌木；她是植根于土地的个体和无限的意识，同时是精神和生命；她的在场就像大地本身一样是专横的、高奏凯歌的。

她有时越过自然，寻找更遥远、更光辉夺目的现实；她准备消失在神秘的迷醉中；在信仰的时代，大量年轻女人请求天主填满她们存在的空无；锡耶纳的圣凯瑟琳和阿维拉的圣德肋撒的使命在很年轻时便显现了。[1] 贞德是一个少女。其他时期，人性显现为最高

---

① 下文我们要论及女性狂热信仰的特殊性质。——原注

目的；于是狂热信仰适应确定的计划；但正是早年的绝对愿望在罗兰夫人、罗莎·卢森堡身上产生使她们的生命赖以生存的热情。少女在奴役状态中，在匮乏中，从彻底的拒绝中可以汲取到最大的勇气。她遇到了诗意；她也遇到了英雄主义。要承受她未能融入社会这个事实的方式之一，就是超越狭隘的视野。

有些女人天性的丰富和力量，在时机有利时，曾使她们将青年时代充满热情的计划延续到她们成年人的生活中去。但这是一些例外。乔治·艾略特让麦琪·塔利弗[①]死去、玛格丽特·肯尼迪让泰莎死去，不是没有理由的。勃朗特姐妹经历的是悲苦的命运。少女是令人同情的，因为她势单力薄地反对世界；可是世界太强大了；如果她执着地要拒绝它，就会粉身碎骨。贝勒·范·楚伊伦[②]以犀利的讽刺和新颖的思想使整个欧洲目眩神迷，她吓坏了所有的追求者：她拒绝做出让步，使她长年处在单身状态，这种状态压抑着她，因为她宣称，“处女和殉道者”的表述是同义叠用。这种固执很少见。在绝大多数情况下，少女意识到双方实力相差悬殊，终于做出让步。狄德罗写信给索菲·沃朗[③]：“你们在十五岁时都死去了。”当战斗只是象征性的反抗时——这是最常见的情况——失败是确定无疑的。少女在梦想中十分挑剔，充满了希望，但很被动，使成年人发出有点怜悯的微笑，他们迫使她忍让。事实上，如果离开这个爱反抗的、古怪的孩子，两年以后重又见到她时，她变乖了，准备好了同意接受女人的生活。柯莱特对万卡预言的就是这个

① Maggie Tulliver，《弗洛斯河上的磨坊》中的人物。

② Belle van Zuylen （1740—1805），又称德·沙里埃尔夫人，瑞士女小说家，对贵族特权、道德常规、宗教正统观念和贫困发表了批判性观点。

③ Sophie Volland（1717—1784），狄德罗的女友、主要通信者，从1755至1784年，狄德罗在写给她的信中，谈到自己的文学活动和编纂《百科全书》的困难。

命运，莫里亚克[1]早期小说中的女主人公也是这样出现的。青年时期的危机，如同拉加什医生称为“办丧事”之类的“痛苦”。少女慢慢地埋葬了她的童年，埋葬了她以前那个独立的、专横的个体，顺从地进入了成人生活。

当然，我们不能仅仅根据年龄来明确分类。有些女人一生都很幼稚，我们描绘过的行为，有时一直延续到很大的岁数。然而，在十五岁的“姑娘”和“大姑娘”之间，总体上有很大不同。后者已准备好接受现实，她几乎不再在想象方面活动，不像以前那样自我分裂。玛丽 · 巴什基尔采夫大约在十八岁时写道：

> 我越是朝青年时代的末期走去，就越是变得无动于衷。很少有事使我激动，而以前的一切都使我激动。

伊雷娜 · 雷维利奥蒂写道：

> 要让男人接受，就必须像他们一样思想和行动，否则，他们会把你看做害群之马，孤独变成了你的命运。我呢，如今我饱尝了孤独之苦，我需要的甚至不是被包围着，而是他们同我在一起……要生活着，而不是紧闭嘴巴、一动不动地存在、等待、梦想、在心里独自诉说。

稍后：

---

① François Mauriac（1885—1970），法国作家，诺贝尔文学奖获得者，擅长写人心中的恶，著有《给麻风病人的吻》《爱的荒漠》《苔蕾丝 · 德斯盖鲁》《蝮蛇结》等。

由于受到奉承、被人追求等等，我变得野心勃勃得可怕。这不再是我十五岁时那种令人颤抖的美妙幸福。这是一种对生活的报复，要往上爬的、冷冷的、讨厌的沉醉。我调情，我逢场作戏。我并没有爱……我变得聪明了、冷静了、习惯于头脑清醒。我失去了我的心。就像出现了裂痕……在两个月内，我离开了童年。

一个十九岁的姑娘的自白几乎如出一辙：①

从前啊！在似乎同本世纪不可共存的精神状态以及这个世纪本身的召唤之间，有着多么大的冲突啊！现在，我感到获得平静。在我身上产生的每一个重大的新想法，不仅没有引起难忍的骚动，没有引起破坏和不断的重建，反而奇迹般地适应我脑子里已有的想法……现在，我不知不觉地从理论观点过渡到日常生活，没有中断。

少女——除非她长得特别难看——终于接受她的女性身份；在最终进入她的命运之前，她往往很高兴能不花代价就享受到她从女性身份中得到的乐趣和胜利；由于还没有受到任何义务的约束，不要负责任，无拘无束，现时对她来说既不是空无的，也不是令人失望的，因为这只是一个阶段；梳妆打扮和调情尚存游戏的轻松，她关于未来的梦想掩盖了游戏的无价值。弗·伍尔夫描绘了一个爱卖弄风情的少女在一个晚会上的印象：

① 德贝斯《青春期自立危机》中所引。——原注

我感到自己在黑暗中全身闪闪发光。我光滑的双腿轻轻地互相摩擦着。项链冰冷的宝石贴在我的胸脯上。我打扮过，做了准备……我的头发的卷曲程度刚刚好。我的嘴唇像我希望的那样艳红。我准备好去与这些登上楼梯的男人和女人会合。这是同我身份相同的人。我从他们面前走过，呈现在他们眼前，就像他们呈现在我眼前那样……在香气氤氲、灯光辉煌的气氛中，我像一棵展开卷曲叶子的蕨草那样心花怒放……我感到心里萌生出千百种念头。我时而调皮、时而快乐、时而倦怠、时而忧愁。我深深扎根，却在上面摇摆着。我向右面倾斜身子，金光闪闪，对这个年轻人说："你过来……"他靠近了，向我走过来。这是我经历过的最激动的时刻。我颤抖，我摇晃……我们俩坐在一起，我身穿绫罗绸缎，他身穿黑白相间的衣服，这不是很迷人吗？同我身份相同的人眼下可能在打量我，所有人，无论男女。我把你们的目光还给你们。我是你们中的一员。我在这里是在我的天地中……门打开了。门不断地打开。它下一次打开时，我的生命也许会改变……门打开了。"噢，走过来。"我对这个年轻人说，一面俯身对着他，仿佛一朵大金花。"走过来。"我对他说，他朝我走来。①

然而，少女越成熟，母亲的权威越压抑着她。如果她在家里做家务，就要忍受只做帮手的不愉快，她宁愿为自己的家、自己的孩子干活。她同母亲的竞争常常加剧：特别是，如果又有弟弟妹妹出生，长女会气愤；她认为她的母亲"已经过时"，如今该由她来生孩子和管家了。如果她在外面工作，当她回到家里时，她要忍受仍

---

① 见《海浪》。——原注

然被当做家庭普通成员对待，而不是被看做一个自主的个体。

她不像以前那样浪漫了，开始更多想到结婚而不是爱情。她不再用神奇的光环去装饰未来的夫婿：她所希望的是在这个世界上有一个安稳的地位，开始过上女人的生活。弗吉尼亚·伍尔夫这样描绘一个乡村的富有少女的想象：

> 不久，在蜜蜂围绕金银花嗡嗡叫的中午炎热时分，我的意中人要来了。他只说一句话，我也只回答他一句话。我会把我身上的一切献给他。我会有孩子，会有系上围裙的女仆和拿着火把的女工。我会有一个厨房，有人会把生病的羔羊搬到里面去取暖，火腿会吊在厨房的小梁上，一挂挂洋葱闪闪发光。我会像我的母亲那样，默默无言，系着一条蓝色围裙，手里拿着大柜的钥匙。[①]

可怜的普鲁·萨恩也有一个相同的梦：[②]

> 我想，永远不结婚是非常可怕的命运。所有的女孩都结婚。一个女孩结婚时，她有一幢房子，也许有一盏灯，晚上，她的男人回家时，她把灯点亮；如果她只有蜡烛，那么也是一样的，因为她可以把蜡烛放在窗户旁边，他就会想："我的妻子在家，她点亮了蜡烛。"会有一天，贝吉迪太太给她制作一只芦苇摇篮；又有一天，可以看到摇篮里有一个漂亮的沉稳的婴儿，他们寄出洗礼仪式的邀请信；邻居跑来，围绕着母亲，

① 见《海浪》。——原注
② 玛丽·韦布《萨恩》。——原注

好像蜜蜂围绕着蜂后。当遇到不顺利的事时，我会想："没关系，普鲁·萨恩！有朝一日你会是自己蜂巢中的蜂后。"

对大多数大姑娘来说，无论她们过的是勤劳的生活还是无聊的生活，无论她们被禁闭在父亲家还是部分能摆脱这个家，获得一个丈夫——或者至少征服一个认真的情人——变成一件越来越紧迫的事。这种操心常常不利于女性之间的友谊。"知心朋友"失去了优先的位置。少女在女伴中看到的与其说是同谋，不如说是竞争者。我认识一个少女，聪明，有天赋，却把自己想象成"远方的公主"：她在诗歌和文学随笔中就是这样描绘自己的；她真诚地承认，她对自己的童年同伴不保留任何眷恋：如果她们又丑又蠢，会不讨她喜欢；如果她们很迷人，会令她害怕。急不可耐地等待男人到来，往往带来诡计、手段和羞辱，挡住了少女的视野；她变得自私和无情。如果"白马王子"姗姗来迟，厌恶和刻毒就会应运而生。

少女的性格和行为表现了她的处境：如果处境改变，少女的面貌也显得不同。今日，她把命运掌握在自己手里，而不是委托给男人，这已经变得可能。如果专注于学习、运动、职业培训、政治社会活动，她就摆脱了男性的困扰，大大减少关注感情和性的冲突。然而，她作为自主的个体，比年轻男人有多得多的困难要克服。我说过，无论她的家庭还是风俗，都不支持她的努力。另外，即便她选择独立，她仍然在生活中腾出一个位置给予男人和爱情。如果她全身心投入某项事业，她往往会担心错过自己女人的命运。这种担心不会得到承认，但它存在着，它破坏已确定的意志，表明了局限。无论如何，有工作的女人想将职业的成功和纯粹女性的成功调和起来；这不仅要求她把大量时间贡献给打扮、美容，而且更严重的是，这意味着她的主要兴趣出现了分歧。男大学生在设想计划之外，乐于投入思维的无偿游戏，由此获益良多；女人的梦想朝着完全不同的方向发展：她会去想容貌、男人、爱情，她只给学习和职业留下最低限度的时间，而在这些方面，多余之物才是不可或缺的。这不是弱智或思想无法集中，而是关系到难以协调的兴趣如何分配。恶性循环在此形成：人们往往惊讶于看到一个女人一旦找到丈夫，便轻易地抛弃音乐、学习、职业；这是因为她太少投入到计划中，以致在完成计划时得不到重大的利益。一切都联合起来遏止她实现个人抱负，而巨大的社会压力促使她在婚姻中找到一个社会地位、一种辩解。自然而然，她不力求通过自身在这个世界上创造自己的地位，或者她只是胆怯地这样做。只要社会上未能实现完全的经济平等，只要风俗允许女人作为妻子和情人利用某些男人掌握的特权，她就还会梦想得到一种被动的成功，阻碍她自身的完善。

但是，不管少女以何种方式进入成年期，她的见习期仍然没有完成。通过缓慢的变化或者突变，她必须经历性的启蒙。有些少女拒绝这个过程。如果她们在童年经历过性方面不愉快的事件，如果笨拙的教育缓慢地将对性的恐惧植根于她们身上，她们就会对男人保留青春少女的反感。情势常常导致某些女人不由自主地延长处女生活。不过在大多数情况下，少女或迟或早会完成她的性的命运。她面对这命运的方式，显然与她的整个过去密切相关。这里也有一种新体验在意想不到的情况下出现，她要自由地去面对。这是一个新阶段，现在我们必须对之加以考察。

第三章　性的启蒙

在某种意义上，女人的性启蒙就像男人的性启蒙一样，从幼年时便开始了。有一个理论上和实践上的见习期，从口唇期、肛门期、生殖期，一直到成年，以持续不断的方式进行。但少女的性体验不是她先前的性冲动的简单延续；这些体验往往具有意料不到的和突如其来的性质；它们总是构成一个新事件，与往昔产生决裂。在少女经历这些体验时，呈现在她面前的所有问题，都以紧迫而尖锐的形式汇聚起来。在某些情况下，危机悠然地获得解决；但也有可能导致悲剧，少女会以自杀或者发疯来了结。无论如何，女人对此的反应，影响了她大部分的命运。所有的精神病学家都同意少女的性欲开端对她来说是极其重要的：这开端在她以后的一生中都会有反响。

这种处境对男女来说，无论在生理、社会还是心理方面，都截然不同。对男人来说，从童年的性欲到成熟期的过渡，相对而言较简单：性快感的客体化不是在内在的在场中实现的，而是指向一个超越的存在。勃起是这种需要的表现；男人以性器官、手、嘴巴和整个身体趋向于他的性伙伴，但他仍然处于这个活动的中心，就像一般说来，主体面对它感知的客体和它操作的工具；他投身到他者身上，却不丧失他的自主；对他来说，女性的肉体是一个猎物，他在她身上把握他的官能对任何客体所要求的品质；无疑，他做不到将这些品质据为己有：至少，他抓住了它们；温存、接吻带来的半是失败，可是这失败本身是一种刺激和一种快乐。性爱在自然的终结中，在高潮中达到统一。性交有明确的生理目的；雄性通过射精排泄出压抑着他的分泌物；发情之后，雄性获得完全的解脱，肯定伴随以快感。当然，快感不是唯一目的；它往往紧随着失望：与其说获得满足了，倒不如说需要消失了。无论如何，确定的行为已经实现，男人毫发未损：他为物种的效劳与他自身的享受混合在一起。女人的性欲要复杂得多，它反映了女性处境的复杂性。读者已经看到[①]，雌性不是将物种的特定力量汇合到她的个体生命中，而是成为物种的牺牲品，物种的利益与她的特殊目的是分离的；这种矛盾在女人身上达到顶点；例如，它表现为两种器官的对立：阴蒂和阴道。在童年阶段，前者是女性性欲的中心：有几位精神病学家认为，在有些小女孩身上存在阴道的敏感，但这是一种大可商榷的观点；不管怎样，它只有次一等的重要性。阴蒂组织在成年时并不改变，[②]女人一生保持这种性欲的自主；阴蒂的痉挛像男性的高潮一样，以近乎机械的方式获得软缩；但是，它只是间接地与正常的性交相连，在生育中不起任何作用。女人正是通过阴道被插入和受精的，阴道只有通过男性的干预才成为性欲中心，这种干预总是构成一种侵犯。从前女人正是通过真正的或模拟的劫持，脱离她的童年世界，被抛到作为妻子的生活中去；是暴力把她从姑娘变成女人：人们也说“夺走”一个姑娘的贞操，“采摘”她的鲜花。这种

---

① 见《第二性 I》第一章。——原注
② 除非加以切除，某些原始部落有这种惯例。——原注

剥夺贞操不是持续演变的和谐结果，而是与往昔的粗暴决裂、一个新周期的开始。快感于是因阴道的内壁收缩而形成，内壁的收缩会导致一个准确的最终的高潮出现吗？这一点至今人们还争论不休。解剖学得出的论据是很含糊的。“解剖学和临床医学大量证据表明，阴道的绝大部分内壁不受神经支配，”金西报告中这样说，“在阴道内可以进行很多手术，而不用求助于麻醉剂。人们证明了，在阴道内，神经局限于靠近阴蒂根部的内壁区域。”然而，除了受神经支配这部分区域的刺激以外，“女性可以意识到客体侵入阴道，特别是阴道肌肉收缩的时候；可是这样获得的满足可能更多地与肌肉的紧张有关，而不是与神经受到的性欲刺激有关。”但是，毫无疑问，阴道快感是存在的；甚至阴道手淫——在成年女人身上——似乎比金西所说的更为普遍。[①]但可以肯定的是，阴道反应是一种很复杂的反应，兼具心理和生理的性质，因为它不仅与整个神经系统有关，而且取决于主体所经历的处境：它要求个体彻底、完全赞同：第一次性交揭开的性欲新周期，要求建立一种神经系统的“组合”，创造一种还没有成形、应该也包容阴蒂系统的形式；这要花很多时间才能实现，有时始终也不能形成。值得注意的是，女人要在两个周期中选择，一个周期延续青春期的独立，而另一个周期使她属于男人和孩子。正常的性交确实使女人从属于男人和物种。是他——如同在几乎所有的动物身上一样——扮演攻击性

---

① 长久以来不断发现，使用人造阴茎可以从今日一直追溯到古代，甚至史前……下面是近年在阴道或者膀胱里找到的一系列东西，而且只有通过外科手术才能取出来：铅笔、封信的蜡块、发夹、线轴、骨制发夹、卷发钳、缝纫针和编织针、针套、圆规、水晶塞、蜡烛、软木塞、掷骰杯、叉子、牙签、牙刷、香膏瓶（施罗德援引的一个例子是，瓶里装着一只金龟子，因此是日本性玩具的代用品）、鸡蛋，等等。大的物品理所当然是在已婚妇女的阴道中发现的。（哈·蔼理士《性心理研究》第一卷）——原注

的角色，而她要接受他的拥抱。在正常情况下，她总是被男人占有，而他只有在阴茎勃起的情况下才能占有她；阴道痉挛比处女膜更确定地将女人封闭起来；除了像阴道痉挛那样的深度反抗，女性的拒绝是可以被克服的；即使发生了阴道痉挛，男性还是有办法在他的肌肉力量使之屈服的身体上得到满足。既然她是客体，她的消极抵抗就不会深刻改变她的自然角色：许多男人不会处心积虑地要知道，与他同床共枕的女人是否愿意性交，还是仅仅顺从而已。奸尸甚至是可能的。没有男子的同意，性交不可能发生，男性的满足是性交的自然结果。即使女人没有感到任何快感，受精也可以进行。另一方面，对她而言，受精远非代表性交过程的完成；相反，正是从这时起，物种对她要求的服务开始了：这种服务在怀孕、分娩和哺乳中缓慢地、艰难地完成。

因此，男女的“人体构造的命运”是迥然不同的。他们的精神和社会处境也不同。父权制文明要求女人保持贞操；人们多少公开地承认男性有满足性欲的权利，而女人要禁闭在婚姻中：对她来说，如果性行为没有受到法规和婚配的许可，就是一种错失、一种堕落、一种失败、一种缺陷；她应该捍卫自己的贞操和荣誉；如果她“屈服”，如果她“堕落”，她就引起蔑视；而即使人们对她的征服者加以责备时，仍然夹杂着赞赏。从原始文明到今日，人们总是认为，对女人来说，夫妻关系是一种“服务”，男人以礼物来感谢她，或者保证养她；但服务就是给自己一个主人，在这种关系中没有任何相互性。婚姻的结构和妓女的生存一样，在于证明女人出卖自己，男人付给她报酬并占有她。没有什么禁止男人征服和占有低等的造物：与女仆私通总是被允许，而资产阶级女子委身于一个司机、一个园丁，社会地位则一落千丈。极端种族主义的美国南方人，在风俗上却总是被允许和黑人妇女睡觉，在南北战争以前和今日都一样，他们以领主的狂妄态度运用这个权力：一个白种女人在奴隶制时期跟一个黑人私通，要被判处死刑，今日她会被处以私刑。男人为了表达和一个女人睡过觉，说是他“占有”了她，“拥有”了她；反过来，为了表示“拥有”某个人，有时无礼地说“和她做爱”；希腊人把未曾和男人有过关系的女人称为Parthenos adamatos——不肯屈服的处女；罗马人称之为未被征服的梅萨利纳，因为她的任何一个情人都没有给过她快感。对情人来说，性爱就是征服和胜利。即使在另外一个男人身上，阴茎勃起往往显得像对性交的可笑模仿，但每个男人也会带着某种虚荣看待自己的勃起。关于男性性欲的词汇从军事词汇中得到启发：情人有士兵的狂热，他的性器官像弓一样绷紧，他射精时是“射击”，这是一架机关枪，一门大炮；他说的是攻击、突袭、胜利。在他的发情中，有着难以形容的英雄主义兴味。班达[①]写道：“生殖行为在于一个人被另一个人占领，一方面是强加征服者的观念，另一方面是强加被征服事物的观念。因此，当谈到自己的爱情关系时，最文明的人也说是征服、攻击、突袭、围城、保卫、失败、投降，清晰地以战争观念来模仿爱情观念。这个行为包含一个人被另一个人污染，给污染者某种自豪，给被污染者某种屈辱，即使后者是同意的。”最后一个句子引出一个新神话：即男人把女人玷污了。其实，射精不是排泄粪便；有人说是“夜间污染”[②]，因为它背离了自然的目的；咖啡会弄脏淡色的衣服，但人们不说这是龌龊的东西，玷污了胃。然而，有些男人认为，女人是不洁的，因为她“被体液弄脏了”，她污染了男性。成为污染者的事实，无论如何只获得十分模糊的优

① 见《于里埃尔的报告》。——原注
② 即遗精。

越性。事实上，男人具有特权的地位，来自他在生物学上的进攻角色和家长、主人的社会职能的结合；正是通过这种职能，生理差别才具有全部意义。因为在这个世界上，男人至高无上，他要求实施他的愿望所采用的暴力作为他至高无上的标志；提到一个具有强烈性欲的男人时，会说他是强壮的、强有力的：这两个形容词把他说成是一种主动性、一种超越性；相反，女人作为一个客体，把她说成是热烈的或者冰冷的，也就是说，她永远只能表现出被动的品质。

因此，女性性欲觉醒的环境完全不同于少年在自己周围遇到的环境。另外，在女人第一次与男性相遇时，她的性欲态度十分复杂。并非像人们有时认为的那样，处女不了解自己的欲望，是男人唤醒她的敏感性，这种说法再一次透露了男性对统治的兴趣，他希望他的女伴毫无自主性，甚至没有对他的渴望；实际上，在男人身上也一样，往往是同女人接触挑起了欲望，反过来，大多数少女在未被任何男人的手触到以前，就狂热地盼望抚摸。伊莎多拉·邓肯在《我的一生》中说：

> 我的臀部昨天还像男孩子的形状，如今变圆了，我整个人强烈感到一种期待，在我身上升起的一种召唤，其含义太清楚了：晚上我再也睡不着，辗转反侧，激动异常，又狂热又痛苦。

有个年轻女人向施特克尔长篇忏悔自己的生平，她叙述道：

> 我开始狂热地调情。我需要“神经的搔痒”（原文如此）。我是舞迷，我跳舞时闭着眼睛，以便完全沉浸在这种乐趣中……在跳舞时，我表现出某种裸露癖，因为肉欲战胜了羞耻。第一年，我狂热地跳舞。我喜欢睡觉，我睡得很多，我天

天手淫，时常达一小时之久……我常常手淫到汗涔涔的，由于疲倦而无法继续，我睡着了……我火烧火燎的，我会接受那个想让我平静下来的人。我不是寻找某个人，而是寻找男人。[①]

更确切地说，处女的骚动并不表现为一种准确的需要：处女并不准确地知道她要什么。在她身上，残留着童年时攻击性的性欲；她最初的冲动是想抓住东西，她还有拥抱和占有的愿望；她希望她觊觎的猎物具有通过味觉、嗅觉、触觉向她表现出有价值的品质；因为性欲不是一个孤立的领域，它延续了感官的梦想和快乐；男孩和女孩、少男和少女都喜欢平滑、奶油状、润滑如缎、柔软、有弹性：向压力让步，却并不解体、也不变形的东西，在目光注视下或在手指抚摸时是滑溜的；女人像男人一样，喜欢往往被比做乳房的沙丘的温热、丝绸的摩擦、鸭绒压脚被绒毛的柔软、一朵花或一只果子的毛茸茸；少女特别喜爱色粉画、烟雾般的珠罗纱、薄纱的苍白颜色。她对粗布、沙砾、假山、苦涩的味道、酸味不感兴趣；她先是像她的兄弟们那样抚摸和喜爱母亲的肉体；她在自恋和模糊或准确的同性恋体验中，把自己看做主体，力图拥有女性的身体。当她面对男性时，她的手心和嘴唇上有主动抚摸猎物的渴望。但男人结实的肌肉、粗糙的往往多毛的皮肤、刺鼻的气味、粗犷的相貌，她觉得并不令人企望，他甚至使她产生厌恶。蕾内·维维安所表达的正是这样，她写道：

我是女人没有权利要求美
……我被迫接受男性的丑陋

① 见《性欲冷淡的女人》。——原注

别人禁止我得到你的头发和眼珠
因为你的头发很长又充满芬芳。

如果女人的攫取和占有倾向极为强烈，她就像蕾内·维维安那样，朝同性恋方向发展。或者她只会选择她能当做女人对待的男性：因此，拉希尔德[①]的《维纳斯先生》的女主人公给自己买了一个年轻的情人，她乐于热烈地抚摸他，但不让自己失身。有的女人喜欢抚摸十三四岁的男孩甚至儿童，却拒绝成年男人。上文已经说过，在大多数女人身上，从童年起被动性欲便发展起来：女人喜欢被拥抱，被抚摸，特别是从青春期起她期望在男人的怀抱中成为肉体；主体的角色就自然落在他身上；她知道这一点；别人一再对她说“男人不需要长得漂亮”；她不应该在他身上寻找客体的惰性品质，而是要寻找力量和阳刚气。因此，她本身产生了分裂：她期待有力的拥抱，使她变形为瑟瑟抖动的物；但粗鲁和力量也成为伤害她的无法阻拦的抵抗。她的敏感既局限在她的皮肤上，也局限在她的手上：皮肤的要求部分地与手的要求相反。她尽可能地选择折中；她献身给一个有阳刚气但相当年轻和有吸引力、可以成为渴求对象的男人；在一个漂亮的青年男子身上，她可以找到她追求的所有魅力；在《雅歌》中，夫妻的愉悦有一种对称性；她在他身上把握他在她身上寻求的东西：大地的动植物、宝石、流水、星星。但她没有办法攫取这些财富；她的人体构造使她注定是笨拙的、无能为力的，像个阉奴一样：占有的愿望由于缺乏一个体现它的器官而落空了。而男人拒绝被动的角色。再说，情况往往导致少女成为男性的猎物，他的抚摸使她激动，而反过来她注视和抚摸他并没有快

① Rachilde，原名 Marguerite Valette-Eymery（1860 —1953），法国女小说家。

感。人们没有说清楚，在夹杂着欲望的厌恶中，不仅有对男性攻击性的恐惧，而且有深深的受挫感：女人的性快感应该在抵制官能性的自发冲动中获得，而在男人身上，触摸和观看的乐趣，和真正的性快感融合在一起。

构成被动性欲的因素是含混不清的。没有什么比触摸这个词更模糊的了。许多男人手里不管揉碎什么东西都不感到厌恶，他们却憎恨草或者牲畜触到他们；女人的肉体接触到丝绸、天鹅绒，有时会愉快地颤抖，有时会汗毛竖起：我记得一个青年时期的女友，她只消看到一只桃子便起鸡皮疙瘩；从激动转到瘙痒，从不舒服转到快感，是很容易的事；搂住身体的双臂可以成为庇护和保护，但它们也可以囚禁和窒息人。在处女身上，这种模棱两可由于她的奇特处境而延续下去：她完成了变形的器官封闭起来。她的肉体不确定的热烈吁求传遍全身，除了性交要完成的地方。任何器官都不让处女满足她主动的性欲，她没有那个迫使她处于被动的人所经历的体验。

然而这种被动性不是纯粹的惰性。为了让女人感到骚动不安，必须让她的机体中产生积极的现象：性敏感部位受神经支配，某些勃起组织膨胀，分泌液体，体温升高，脉搏和呼吸加快。同男人一样，欲望和快感要求她消耗生命力；女性的需要虽然是接受性的，但在一定程度上也有主动性，它表现为神经和肌肉变得紧张。麻木不仁和萎靡不振的女人总是性冷淡的；问题是要知道，是否存在体质性的性冷淡，至于女人的性能力，心理因素肯定起主导作用；但是，生理缺陷和生命力贫乏，无疑特别通过性冷淡表现出来。反过来，如果生命力消耗在有意识的活动中，比如运动中，它就不会融合到性欲的需要中：斯堪的纳维亚人是健康的、强壮的和性冷淡的。“性欲旺盛”的女人将倦怠与“情欲”调和起来，就像意大利女人或者西班牙女人，就是说，她们炽烈的生命力完全融入肉体中。使自身成为客体，使自身成为被动，这与成为被动客体是两回事：一个做爱的女人既不是一个沉睡的女人，也不是一个死人；在她身上有一种不断减退又不断更新的冲动：减退的冲动产生陶醉，欲望在其中持续下去。但是，热情与放弃之间的平衡很容易破坏。男性的欲望是紧张；它可以进入一个神经和肌肉都很紧张的身体：要求机体自愿参与的姿势和动作不但不妨碍它，相反，常常为它效劳。一切意志的努力反而妨碍女性的肉体“被占有”；因此，女人自发地①拒绝使她费力和紧张的性交形式；性交姿态过于突然和过多的改变，对于有意控制的活动的要求——动作或者话语——会破坏陶醉。激起的倾向过于强烈，会带来抽搐、收缩、紧张：女人会抓，会咬，她们的身体成弓形支撑，具有不寻常的力气；可是这些现象只是在达到某种顶点时才会产生，首先，要摆脱一切抑制——肉体上的和精神上的——使一切活生生的精力集中于性行为，顶点才能达到。就是说，少女任人摆布是不够的；顺从、懒洋洋、心不在焉，她既不能满足她的性伙伴，也不能满足她自己。她必须主动参与这种历险，而不论她的处女身还是她充满禁忌、禁令、偏见和挑剔的意识都不愿意积极参与它。

在上述描绘的情况下，可以理解女人的性欲初始是不容易的。可以看到，童年时或者青年时期的突发事件常常会在她身上引起深深的抗拒；这些抗拒有时是不可克服的；少女往往竭力不顾一切，这时在她身上产生激烈的冲突。严格的教育、担心犯罪、对母亲的负罪感，产生强大的阻力。许多阶层把贞洁看得如此之重，以致在

① 下文我们可以看到，可能有心理方面的原因，改变她当下的态度。——原注

合法婚姻之外失去贞洁，仿佛是真正的灾难。出于冲动或出其不意而做出让步的少女，认为是自我玷污。“新婚之夜”将处女献给一个一般说来并非由她真正选择的男人，而他想在几小时内——或者在一段时间内——完成全部性启蒙，这样的新婚之夜也不是一种轻松的体验。一般说来，任何“过渡”，由于确定的、不可逆转的性质，都是令人焦虑的：成为女人，就是不可挽回地与过去决裂；但这种过渡比任何别的过渡更具戏剧性；它不仅仅在昨天和明天之间制造一种断裂；它还把少女抽离想象的世界，她的生存的重要部分曾在这个世界里进行，如今它把她投入到真实的世界。米歇尔·莱里斯以公牛的奔跑类比，把婚床称为“真实的决斗场”；对处女来说，这个说法具有最充分和最可怕的意义。在订婚、调情、追求期间，不论她多么纯朴，她继续生活在仪式和梦想的习惯天地中；她的追求者说的是一种浪漫的，至少是谦恭的语言；他还可能弄虚作假。突然，她被真正的眼睛注视，被真正的手抱住：这种注视和这种搂抱的无情现实使她恐惧。

人体构造的命运和风俗同时赋予男人以启蒙者的角色。无疑，在年轻的处男身边，第一个情人是一个启蒙者；但他具有性欲自主，阴茎勃起即证明了这点；他的情人事实上只是为他提供一个他已经觊觎的对象：一个女人的身体。少女需要男人，以便向他显示自己的身体：她的附属性更大得多。一般说，从他最初的体验起，在男人身上就有着主动性和决断，要么他给性伙伴支付报酬，要么他多少有点简单地追求她和吸引她。相反，在大多数情况下，少女是被追求和被吸引的；即使是她首先挑逗男人，却是他重新把他们的关系掌握在手里；他往往更年长，更内行，可以说是他为这场对她而言新的爱情遭遇负责；他的愿望更有攻击性，更加迫切。不管是情人还是丈夫，是他引导她，直到床上，她在床上唯有献身和服从。即便她在必须具体服膺他的权威时，思想上早已接受了，可当她必须具体地承受时，仍然感到惊慌。首先，她怕这种使自己陷进去的注视。她的羞耻心部分是学来的；但它也有深深的根源；男女都对自己的肉体感到羞耻；在它一动不动的纯粹在场中，在它无根据的内在性中，存在于他人的注视中，肉体像人为性的荒谬偶然性，但它是自身：人们阻止它为他人存在；人们想否认它。有些男人说不能忍受面对一个女人赤身裸体，除非是在勃起的情况下；事实上，通过勃起，肉体变成主动性、力量，性器官不再是惰性的客体，而是像手和脸一样，是主体性的专横表现。这是年轻男人远不像女人那样因羞耻而无力的原因之一；由于年轻男人的攻击性角色，他们较少面临被注视的情况；即使是被注视，他们也很少担心被人评判，因为他们的情人要求他们的并非惰性品质：他们的情结更确切地说放在做爱的能力和给予快感的灵巧上；至少他们能够自卫，竭力取胜。把自己的肉体变成意志不取决于女人：一旦她不能再避开肉体，她便毫无防卫地献出它；即使她希望被抚摸，她也抗拒被观看和被触摸的想法；乳房和臀部成为特别肉感的增生部分后，情况更是如此；很多成年女人即使穿着衣服，也忍受不了被人从背面观看；可以想象，一个天真的恋爱女人要同意展露自己，需要克服多大的心理障碍。无疑，弗丽内这样的女人不害怕注视，相反，她骄傲地赤身裸体：她的美丽给她穿上衣服。但是，即使少女能够和弗丽内媲美，她也永远不敢确信是这样；只要男性的意见没有证实她的虚荣心，她就不能狂妄地对自己的身体感到骄傲。甚至这正是使她恐惧的原因；情人比注视更加可怕：这是一个评判者；他要向她自己展示真实的她；凡是少女，在受到男性的评判时，即使她热烈地迷恋自己的形象，她对自己还是怀疑的；因此，她要求待在暗处，藏在被窝里；当她在镜子中自我欣赏时，她仍然只是让自己去梦想：她通过男人的眼睛去梦想；现在，眼睛出现了；不可能欺骗；不可能斗争：起决定作用的是一种神秘的自由，而这个决定是无可挽回的。在性欲体验的真实考验中，童年和青少年的困扰终于要消失，或者永远证实了；许多少女难以忍受太粗壮的腿肚、太干瘪或太沉重的乳房、瘦削的臀部、某个缺陷；或者，她们害怕某种隐蔽的畸形。施特克尔说：[①]

> 一切少女身上都有各种各样可笑的恐惧，她几乎不敢承认。人们不会相信有那么多少女忍受着身体不正常的顽念，暗暗地受折磨，因为她们缺乏对自己发育正常的信心。比如，一个少女认为，她的“下部开口”不在其位。她原先以为性交是通过肚脐进行的。她感到不幸，她的肚脐是封闭的，她不能伸进去一只手指。另外一个少女以为自己是阴阳人。再一个少女以为自己是残缺不全的，永远不能发生性关系。

即使她们没有经历这些困扰，她们也会设想，她们身体的某些部位过去既对她，也对任何人是不存在的，绝对不存在，却会突然在亮光下浮现出来。少女应该认作属于自己的陌生形象，会引起他的厌恶、冷淡或讽刺吗？她只能忍受男性的评判：赌注投下了。因此，男人的态度会产生如此深刻的反响。他的热情、他的温存可以给女人对自我的信心，这种信心能抵御一切沮丧：直到八十岁，她仍会相信自己是一朵花、岛上的一只鸟儿，曾有一夜，男人的欲望令她绽放。相反，如果情人或丈夫很笨拙，他们会使她产生自卑情结，有时会带来持久的神经官能症；她会感到一种怨恨，这种怨恨

---

① 见《性欲冷淡的女人》。——原注

会表现为固执的冷淡。施特克尔对此提供了鲜明的例子：

> 有个三十六岁的太太，十四年来经受着腰部难忍的疼痛，每次不得不卧床数周……在新婚之夜，她第一次感到这种剧烈的疼痛。在失去童贞时的极度疼痛中，她的丈夫喊道："你欺骗了我，你已不是处女……"疼痛是这个难忍场面的集中表现。这个疾病是对丈夫的惩罚，他不得不花费大笔的钱，支付无数次治疗……这个女人在新婚之夜麻木不仁，以后都是这样……对她来说，新婚之夜是决定她未来一生的可怕创伤。
>
> 有个年轻女人向我咨询神经紊乱，尤其是绝对的性冷淡……在新婚之夜，她的丈夫脱去她的衣服后，喊道："噢！你的腿真是又短又粗！"然后，他试图性交，她毫无反应，只引起痛苦……她很清楚，新婚之夜的侵犯是她性冷淡的原因。
>
> 另一个性冷淡的女人叙述，"在新婚之夜，她的丈夫深深地伤害了她"：看到她脱掉衣服，他竟然说："我的天，你多么瘦！"然后，他决定抚摸她。对她来说，这一刻是难以忘怀和可怕的。多么粗暴啊！
>
> Z. W. 太太同样完全性冷淡。新婚之夜的巨大创伤是，她的丈夫在第一次性交后竟然说："你有一个很大的洞，你欺骗了我。"

目光是危险，双手是另一种威胁。女人一般来说不熟悉暴力；她从来没有经历过年轻男人通过童年和青少年时期的殴斗所克服的考验：成为他人控制的一个肉体；如今她被人掌握，被带往肉体的接触中，男人在这种接触中是强者；她不再自由地梦想、后退和运用策略：她献身于男性，他掌握她。由于她从来没有搏斗过，所以这些类似搏斗的拥抱使她恐惧。她任凭未婚夫、男同学、男同事、有修养和文雅的男人抚摸，可是他呈现出古怪、自私和固执的面貌，她再也无法反抗这个陌生人。少女的第一次体验是一次真正的强奸，男人表现出可怕的粗暴，这种情况并不少见；其中，农村里风俗粗野，年轻农妇往往是半推半就地在壕沟中怀着羞耻与恐惧失去童贞的。无论如何，在一切圈子一切阶级中，处女受到一个只贪图自己享乐的自私情人的粗暴对待，这类例子很常见，或者她被拥有丈夫权利的男人突然占有，妻子的反抗会使他感到受辱，如果破坏童贞很困难，他会火冒三丈。

另外，即使男人彬彬有礼和文雅，第一次插入总是一种侵犯。因为她期待接吻和抚摸乳房，也许她期待在大腿间经历过或者预感到的快感，而男性生殖器戳破少女的处女膜，插入没有被召唤进入的地方。人们时常描绘瘫软在丈夫或者情人怀抱里的处女感到难以忍受的突袭，她以为终于实现她的春梦，却在性器官的隐秘处感到意料不到的疼痛；梦想消失了，骚动不安消失了，爱情变得如同外科手术。

在李普曼医生收集的忏悔①中，我注意到下面典型的一例。这是一个属于普通阶层，在性方面非常无知的少女。

> “我常常设想，只消接吻，就能有一个孩子。我在十八岁时，认识一位先生，我像人们所说的那样迷上了他。”她经常和他一起出去，在谈话中，他向她解释，当一个少女爱上一个男人时，应该向他献身，因为男人没有性关系不能生活，只要他们处境不佳，无法结婚，他们就必须同少女发生关系。她顶

① 法文译文以《青春与性》为名发表。——原注

住了。有一天，他安排了一次远足，以便他们能够一起过夜。她给他写了一封信，向他重复说，对她来说，这会是一次极为严重的损害。约定的那天早上，她交给他一封信，但他看也不看就放在口袋里，他把她带到旅馆；他在精神上控制了她，她爱他；她跟随着他。“我像被催眠一样。一路上，我恳求他饶了我……我一点儿也不知道是怎么到达旅馆的。我唯一记得的是，我全身剧烈地发抖。我的同伴竭力让我平静下来；在我长久地抗拒之后，他才取得成功。这时，我不再控制自己的意志，不由自主地任凭摆布。后来我来到街上的时候，我觉得一切就像一个梦一样，我刚刚从梦中醒过来。”她拒绝重新体验一次，在九年中，她不再结识别的男人。后来当她遇到一个男人向她求婚时，她同意了。

在这种情况下，破坏童贞是一种侵犯。但即使她同意了，这仍然是痛苦的。可以看到，年轻的伊莎多拉·邓肯经历了多么难忍的激情折磨。她遇到了一个非常漂亮的演员，一见面就爱上了他，而他热烈地追求她。①

我感到心旌摇荡，昏头转向，一种想要更紧地抱住他的不可遏制的愿望袭上心头，直到有一天晚上，他控制不住自己，仿佛发了疯一样，把我抱到长沙发上。我惊慌失措，又陶醉其中，然后疼痛得叫喊起来，我初次懂得性交。我承认，我最初的印象是极其恐惧，刺骨的痛，似乎有人同时拔掉我几颗牙齿；但他好像也感到痛苦，出于对他的怜悯，我没有逃避这最

---

① 见《我的一生》。——原注

> 初简直像肢解和折磨一样的疼痛……（第二天）当时对我只是痛苦的体验，在我呻吟和像受难者一样的喊叫中又来一次。我感到自己宛若残缺不全似的。

她后来先同这个情人，然后同别的人经历她抒情地描绘的极乐。

然而，在真实的体验中，就像在不久以前处女的想象中，疼痛并非起到最主要的作用：插入的事实更为重要。男人在性交中只使用外部器官：女人却要被戳入身体内部。无疑，许多年轻男人到女人幽暗的隐秘处去冒险也不是不带着焦虑的；他们感到孩子来到岩洞口和陵墓前的恐惧，也像面对钳口、长柄镰刀、捕狼套子时一样害怕：他们设想，自己膨胀的阴茎会被黏膜的套筒夹住；女人一被插入，便没有这种危险感；但反过来，她感到自己肉体上被异化了。土地所有者确认对自己土地的权利，主妇确认对自己房子的权利，宣称“不许进人”；特别是，由于有人剥夺女人的超越性，所以她们小心翼翼地保卫她们的亲近之物：她们的房间、她们的大柜、她们的箱子都是神圣的。柯莱特叙述，有一天，一个年老的妓女对她说：“夫人，任何男人都从来没有进过我的房间；对于我要同男人干的事，巴黎够大的了。”她掌握不了自己的身体，但至少她拥有一片自己的土地，不许别人接触。相反，少女只拥有自己的身体：这是她最宝贵的财富；进入她的财富的男人夺取了她的财富；这个通俗的词在体验中得到了证实。她预感到的耻辱，现在具体地感受到了：她被控制，被制服，被征服了。像几乎所有的雌性那样，她在性交时处在男人身下。[1]阿德勒很强调由此产生的自卑

① 无疑，位置也可以反过来。但在最初的体验中，男人不进行所谓正常的性交是极其少见的。——原注

感。从童年起，优越与低下的概念就十分重要；爬树是一个具有威信的行为；天空在大地之上，地狱在下面；跌倒和下降是丧失地位，而上升令人振奋；在摔跤中，胜利属于将对手的肩膀按到地上的人；然而，女人以失败的姿态躺在床上；如果男人骑在她身上像骑上一匹戴上缰绳和勒口的役畜那样，那还要更糟。无论如何，她感到自己是被动的；她受到抚摸，被插入，她要忍受性交，而男人主动消耗自己。无疑，男性生殖器不是意志可以控制的横纹肌；它不是犁，也不是剑，而仅仅是肉；男人传递给它的是有意识的运动；它来去、停止、重新开始，而女人顺从地接受它；是男人——尤其当女人是新手时——选择做爱的姿势，决定性交的延续时间和次数。她感到自己是工具：全部自由在另一方。把女人比做小提琴，而把男人比做使她颤动的弓，是一种诗意的说法。巴尔扎克说："做爱时，灵魂撇开不说，女人就像一把琴，只对懂得弹琴的人献出她的秘密。"[①]他利用她夺取快感；他给予她快感；这两个词本身表示没有相互性。女人被灌输了男性的情欲光荣，而女性的骚动是可耻的退让这种习惯观念：她的切身体验证实了这种不对称。不应忘记，男女青年以十分不同的方式感受他们的身体：少年平静地承受它，骄傲地要求满足它的欲望；对于少女来说，尽管自恋，身体是一个异己的令人不安的负担。男人的性器官像手指一样是干净的，简单的；男孩子天真地炫耀自己，他往往骄傲地和挑战地向同伴展示它；女性的性器官对女人本身来说是神秘的、隐蔽的、令人不安的、有黏液的、潮湿的；它每月要流血，有时被体液弄脏，它有隐秘的危险的生命。大部分是因为女人在它那里认不出

① 见《婚姻生理学》。在《爱情体验必备》中，于勒·吉约也这样谈到丈夫："是吟游诗人以他的手和琴弦产生和谐音或者噪音。从这种观点来看，女人是有好几根弦的乐器，按照她调音的好坏，能产生和谐音或者噪音。"——原注

自己，所以她不承认它的欲望是自己的欲望。它的欲望以可耻的方式表现出来。男人“绷紧”，女人“变湿”；在这个词本身，有着对童年尿床、要撒尿时不由自主地、有罪地放松的回忆；男人面对夜晚遗精也感到厌恶；射出液体——尿或精液——并不令男人感到耻辱：这是一种主动行为；但如果液体是被动地排出的，就是耻辱，因为这时身体不再是由肌肉、括约肌、神经组成，由大脑控制反映有意识的主体的机体，而是一个器皿，一个由惰性物质构成的贮藏物，一个受机械摆布的玩物。如果肉体发生渗漏——就像一堵旧墙，或者一具尸体那样——它并非像是射出液体，而像是液化了：这是使人恐惧的解体过程。女性的情欲是贝壳类动物柔软的蠕动；男人是迅猛的，而女人只有不耐烦；她的等待可以变得强烈，却仍然是被动的；男人像鹰隼那样扑向猎物；女人像食肉的植物，又像吞没昆虫和孩子的沼泽那样窥伺；她是吸取、吸盘、液体，她是树脂和胶，是一种静止的、渗透性的和有黏性的召唤：至少她是这样暗中感觉到的。因此，她身上不仅有对企图使她屈服的男性的抗拒，而且有内心冲突。在禁忌、在来自教育和社会的抑制之外，还要加上对来自性体验本身的厌恶和拒绝：两者相互作用，以致在第一次性交后，女人往往比以前更加反抗她的性的命运。

最后，有另外一个因素常常给予男人一种敌对面目，将性交变成一种严重的危险：这就是孩子的威胁。在大多数文明中，私生子让未婚女人在社会和经济上处于极为不利的地位，以致少女一旦知道自己怀孕会自杀，未婚母亲会扼死婴儿；这样的危险构成相当强有力的性约束，使得许多少女遵守风俗要求的婚前贞洁。当约束不足时，向情人让步的少女对情人身上隐藏的可怕危险感到恐惧。例如，施特克尔援引了一个少女的例子，她在整个性交期间喊道：“但愿什么事也不要发生！但愿什么事也不要发生！”甚至在结婚后，女人也往往不愿要孩子，因为她没有一个强壮的身体，或者孩子对年轻夫妇来说是一个过于沉重的负担。如果她对对方，不管是情人还是丈夫，没有绝对信心，她的性欲就会因谨慎而丧失。要么她不安地监视男人的行为，要么性交一结束，她就要跑到盥洗室，将不经她同意射入体内的活精子排除出自己的肚子；这样的卫生手法与抚摸产生的感觉魔力形成强烈的矛盾，刚才两人的愉悦使之结合在一起的身体便截然分开；这时，男性的精子好像有害的病菌和脏东西一样；她清洗自己，如同清洗一个肮脏器皿，而男人极其完整地躺在床上。有个离了婚的年轻女人向我叙述，在不太愉快的新婚之夜，当她必须关在浴室时，她丈夫却懒洋洋地点起一根香烟，这使她非常厌恶：似乎从这一刻起就决定了这对夫妇婚姻的破灭。对射精器官、冲洗器、下身冲洗盆的反感，是女性性冷淡常见的原因之一。更可靠和更合适的避孕方法，大大有助于妇女的性解放；在像美国这样的国家里，使用这些方法很普遍，结婚时保持处女身的少女数目远低于法国；她们在性交时更放松。但是，年轻女人先要克服厌恶，才能把自己的身体当做物：她不能不发抖地接受被一个男人"刺穿"，更不能愉快地忍受被"填塞"，去满足一个男人的欲望。不管她用封闭子宫的办法，还是在身体里塞入杀精子棉塞，一个意识到身体和性器官模棱两可关系的女人，会对冷静的避孕措施感到困惑：有许多男人也很厌恶采用避孕措施。整个性行为证明性交不同时刻的合理性：当身体被它们所具有的性欲改观时，按分析看来令人厌恶的行为就显得自然了；但反过来，一旦将身体和行为分解成隔开的、缺乏意义的成分，这些成分就变成不干净和淫秽了。一个做爱的女人本来会愉快地感到插入像与所爱的男人结合、融合一样，但如果插入是在缺乏激动、欲望和快感的情况下实现的，就具有孩子眼中外科手术的肮脏性质：这正是因为共同采用避孕措施所产生的。无论如何，这些措施不是所有女人都能运用的；许多少女对怀孕的威胁毫无防范，她们忧心忡忡地感到，她们的命运取决于她们所献身的男人的一时兴起。

可以理解，阻力重重，具有如此重大意义的考验，时常产生可怕的创伤。往往潜在的早发性精神错乱在第一次恋爱时就显现出来。施特克尔提供了好几个例子：

> 十九岁的 M. G. 小姐突然患了急性谵妄。我看到她在房间里喊叫着，总是重复："我不愿意！不！我不愿意！"她扯掉裙子，想赤身裸体在走廊里奔跑……必须把她送到精神分析诊疗所。在那里，病情缓和下来，转变成紧张症。这个少女是个速记打字员，爱上了公司的代理人。她和一个女友、两个同事出发到乡下去。其中一个同事要求她到他房间过夜，说"这只是开玩笑"。他连续三个夜晚抚摸她，却不侵犯她的贞操……她"像狗的鼻子一样冷冰冰"，宣称这是令人作呕的事。在几分钟内，她仿佛骚动不安，并且喊道：阿尔弗雷德（代理人的名字），阿尔弗雷德！她后悔了（如果我母亲知道了，她会说什么呢？），回到家里以后，她抱怨犯偏头痛，上床了。

> LX 小姐身体虚弱，常常哭泣，不吃东西，不睡觉；她开始产生幻觉，再也认不得周围的人。她从窗台跳到街上。人们把她送到疗养院。"我看到这个二十三岁的少女坐在她的床上；她没有注意到我进来"……她的脸呈现出忧郁和恐怖，双手伸向前去，仿佛要自卫，双腿交叉，痉挛地扭动。她在叫

喊。“不！不！不！粗野的人！必须阻止这样的人！这使我难受！啊！”然后是一些听不清的字。突然，她的表情改变了，眼睛炯炯发光，嘴唇努起，仿佛在接吻，双腿平静下来，不知不觉分开，她说出几个字，更确切地说是表达快感……发作以默默地、不断地流泪结束……女病人扯她的衬衫，盖住自己，仿佛这是一条裙子，总是重复说：“不！”医生获悉，一个已婚的男同事在她生病时常来看望她，她先是感到很高兴，随后产生想自杀的幻觉。她痊愈了，但她再也不允许任何男人接近她，她拒绝认真的求婚。

其他这样发作的病例没有如此严重。下面这个例子中，后悔失去贞洁，在最初几次性交时连续产生的紊乱中起到主要作用：

一个二十三岁的少女患上了各种恐怖症。是在弗朗齐歇克发病的，她担心接吻或碰到马桶会怀孕……也许一个男人手淫后在水里留下一些精子；她要求浴盆要当她面清洗三次，她不敢在正常姿势中大便。不久以后，开始担心处女膜被撕破，她不敢跳舞、跳跃，或者穿越栅栏，甚至只能小步走路；如果她看到一根柱子，就担心动作笨拙会撕破处女膜，便抖抖索索地绕个大圈子。她的另一个恐怖症是待在火车上或者在人群中，一个男人会从后面插入她的体内，戳破她的处女膜，使她怀孕……在疾病的最后一个时期，她担心在床上或者在衬衫里藏有别针，会进入阴道。每晚，女病人赤身裸体待在房间里，而她不幸的母亲不得不费心地察看内衣……她总是确认她对未婚夫的爱情。检查发现，她已不是处女，她推迟结婚，因为担心未婚夫发现这个令人沮丧的事实。她向他承认受到一个男高音的引诱，她出嫁后痊愈了。[1]

在另一个病例中，是后悔——没有获得性欲满足的补偿——引起了心理紊乱：

H. B. 小姐二十岁，同一个女友到意大利旅行后，表现出严重的忧郁。她拒绝离开自己的房间，一言不发。人们把她送到一个疗养院，在那里她的情况恶化了。她听到咒骂她的声音，大家都嘲笑她，等等。于是把她送回父母家，她待在一个角落里，一动不动。她问医生："为什么我不在犯罪之前就来这里？"她心死了。一切都消失了，一切都摧毁了。她脏兮兮的。她再也唱不出一个音符，同世界相通的桥梁切断了……未婚夫承认曾在罗马找到过她，经过长久的抗拒之后，她献身给他；她泪流不止……她承认和未婚夫相处从来没有乐趣。当她找到一个令她满意的情人时，嫁给了他，痊愈了。

我概述过"维也纳小姑娘"童稚的忏悔。对成年后最初几次体验，她做过一次详尽而激动人心的叙述。可以发现，尽管先前的爱情冒险走得很远了，她的"启蒙"仍然绝对是新鲜的。

"十六岁半时，我进了一个办公室。十七岁半时，我有了第一次休假；对我来说，这是美好的时光。我受到各种男人的追逐……我爱上了一个年轻的办公室同事……我们到公园去。这是一九〇九年四月十五日。他让我坐在长凳上，他的身边。

---

① 见施特克尔《性欲冷淡的女人》。——原注

他抱住我，恳求我说：张开你的嘴吧，但我痉挛地闭上嘴唇。然后，他开始解开我的收腰上装的纽扣。我本想让他这样做，但这时我想起，我还没有乳房；我放弃了他抚摸我时我可能有的快感……四月七日，一个已婚的男同事邀请我同他一起去看展览。我们吃晚饭时喝了葡萄酒。我失去了一点自制力，开始讲一些暧昧的玩笑话。他不顾我的祈求，叫了一辆马车，把我推进去，马儿刚起步，他就抱吻我。他越靠越近，他进一步伸出他的手；我竭尽全力自卫，我记不起他是否达到了目的。第二天，我心情相当紊乱地来到办公室。他给我看满是抓痕的手，那是我抓的……他请求我更经常去看他……我让步了，不太自在，但充满了好奇……一旦他接近我的性器官，我就挣脱开来，回到我的位置上；可是，有一次，他比我更狡猾，战胜了我，可能把手指伸进了我的阴道。我痛得哭了起来。一九〇九年六月，我去度假。我同我的女友去远足。有两个游客突然而至。他们邀请我们作陪。我的同伴想拥抱我的女友，她给了他一拳。他向我扑来，从后面抓住我，让我转向他，抱吻我。我没有抗拒……他邀请我跟他走。我把手伸给他，我们走到森林深处。他抱吻我……他吻我的生殖器，令我非常愤怒。我对他说：‘你怎么能做出这样卑劣的事？’他把自己的阴茎放在我手里……我抚摸它……突然，他拉开我的手，将一块手帕盖到阴茎上，让我不要看到发生的事……两天后，我们一起到利埃辛。在一片偏僻的草场上，他突然脱下披风，把它铺在草地上……他把我摔在地上，他的一条腿放在我的双腿之间。我还没有想到局面的严重性。我恳求他宁可杀了我，也不要剥夺‘我最美丽的首饰’。他变得十分粗野，对我说粗话，用警察来威胁我。他用手按住我的嘴，把他的阴茎伸进去。我以为我的死期到了。我感觉我的胃在翻腾。当他终于结束时，我开始感到他是可以忍受的。他不得不把我扶起来，因为我一直躺在那里。他吻遍我的眼睛和脸。我什么也看不见，听不见。如果他没有扶住我，我会昏头昏脑地倒在车轮下……我们单独待在二等车厢的隔间里，他又解开他的长裤，向我走来。我发出一声叫喊，飞快奔跑着穿过整节火车，直到最后的踏板……末了，他把我看做一只不知好歹的笨鹅，他发出粗野的狂笑，丢开了我，我永远也忘不了这笑声。他让我独自回到维也纳。到达维也纳时，我赶快去厕所，因为我感到有样热乎乎的东西沿着我的大腿流下来。我惊慌失措，看到了血迹。在家里怎么隐藏这个呢？我尽早睡下，哭了几个小时。我总是感到由于阴茎的插入使胃部不适。我的古怪态度和缺少胃口，向我的母亲表明，发生了什么事。我对她承认了一切。她感到这没有什么可怕的……我的同事做了他能做的一切来安慰我。他利用黑暗的夜晚同我在花园里散步，在我的裙子下面抚摸我。我让他这样做；只不过，我一旦感到阴道变得湿漉漉的，便挣脱开来，因为我感到羞耻得可怕。”

她有时同他到一个旅馆里去，但不同他睡觉。她认识了一个十分富有的年轻人，想嫁给他。她同他睡觉，可是一无所感，而且带着厌恶。她和那个同事重新来往，但她思念另一个人，开始患斜视症，变得消瘦。把她送到一个疗养院，在那里，她差一点跟一个年轻的俄国人睡觉，但是在最后一分钟，她把他从床上赶走了。她同一个医生、一个军官开始来往，但不同意发生性关系。这时，她得了精神病，决定去治疗。痊愈后，她同意献身给一个爱她的男人，他随后娶了她。在结婚时，她的性冷淡消失了。

在这几个从大量相似例子中挑选出来的例证里，对方的粗暴，或者至少事件发生的突然性是决定心理创伤或者厌恶的因素。最有利于性启蒙的情况，就是不用暴力，没有惊吓，没有固定的禁令，也没有确定期限，少女慢慢学会克服羞耻心，习惯同她的伴侣相处，喜欢他的抚摸。在这个意义上，只能说年轻的美国女人享有的、今日的法国女人力图争取的自由风尚是有利的：她们几乎不知不觉地从“拥抱”和“抚摸”，发展到完全的性关系。如果性启蒙不那么带有禁忌的性质，少女就能更自由地对待她的伴侣，他身上男性的主宰特点消失了，性启蒙也就更自在了；如果情人也很年轻，是个新手，胆怯，与她相当，少女的抗拒就不那么强烈；她变形成女人也不那么深入。因此，在《青苗》中，柯莱特笔下的万卡在被粗暴地夺去处女贞洁的第二天，表现出一种令她的朋友菲尔吃惊的平静：这是因为她没有感到“被占有”，相反，她为自己摆脱了处女贞洁而自豪，没有感到心烦意乱的惶惑；事实上，菲尔惊讶是错了，他的女友并未了解男性。克罗蒂娜在勒诺的怀抱里跳了一圈舞以后，却远不能说是分毫无损。有人给我举出一个法国女中学生的例子，她迟迟停留在“青果”阶段，在同她的一个同学度过一夜之后，清晨跑到女友那里，向女友宣布：“我同 C 睡过觉了，真好玩。”一个美国中学教师告诉我，她的女学生在成为女人之前，很早就不是处女了；她们的性伙伴对她们太尊重了，以至并未惊动她们的羞耻感，他们过于年轻，过于腼腆，以至没有唤醒她们身上的任何骚动。有些少女投入到性体验中，一再重复这样做，以便摆脱性焦虑；她们希望以此消除好奇和困扰；但往往她们的行为有一种抽象性，这种抽象性与其他少女对未来预感的幻想一样不真实。出于挑战、恐惧和清教徒式的理性主义而献身，这不是实现本真的性体验；这仅仅是获得没有危险、没有乐趣的代用品；性交之所以既不伴随着焦虑，也不伴随着羞耻，是因为骚动不安是表面的，快感并没有侵入肉体。这些被夺走贞操的处女仍然是少女；很可能有一天她们会受制于一个好色和专横的男人，这时，她们会对他进行处女的抗拒。在此期间，她们仍然处在一种青春期内；抚摸使她们感到瘙痒，接吻有时使她们笑起来，她们把做爱看成一种游戏，如果她们没有兴趣以此来消遣，情人的要求会很快使她们觉得讨厌和粗野；她们保留少女的厌恶、恐惧和羞怯。如果她们永远不超越这个阶段——据美国男人的说法，这是很多美国女人的情况——她们就会在半性冷淡中度过一生。只有能够在激动和快感中感受肉欲的女人，才有真正的性成熟。

然而，不应相信性欲强的女人身上一切难以解决的问题都会缓和下来。相反，有时困难更多。女性的骚动不安会达到男人不了解的激烈程度。男性的欲望是强烈的，但却是局部性的，它让他——也许除了性欲高潮的一刻——意识到自身；相反，女人经历真正的异化；对许多女人来说，这个变形是爱情最有快感和最有确定意义的一刻；但它也有造成幻觉的可怕性质。有时，男人面对抱在怀里的女人感到恐惧，她显得那么忘乎所以，陷入迷乱之中；她感到的狂乱是一种比男性有攻击性的疯狂更加彻底的蜕变。这种狂热使她摆脱了羞耻；但在她清醒过来时，又会使她感到羞耻和恐惧；要让她愉快地接受这种狂热——甚至是自豪地接受——至少必须让她在欲火中感受快乐；如果她自豪地满足了自己的欲望，她会再次要求：否则，她会愤怒地放弃。

这里涉及女性性欲的关键问题：在性生活的开始，女人的屈从并没有得到强烈而确定的享受作为补偿。如果她为自己打开了极乐的大门，她就更容易牺牲羞耻和自尊。但我们已经看到，失去贞操不是青春性欲的完美结局；相反，这是一个奇特的现象；阴道快感不会马上产生；根据施特克尔的统计——大量性学家和精神分析学家也证实——只有4%的女人在第一次性交时有快感；50%的女人只是在数周、数月甚至数年之后才有阴道快感。心理因素在这里起着主要作用。女人的身体有种奇特的“歇斯底里”，往往在她身上，意识到的事实与机体表现之间没有任何距离；精神上的抗拒妨碍出现快感；由于得不到任何补偿，抗拒常常持续下去，形成越来越强大的障碍。在许多情况下，出现恶性循环：情人的第一个差错、一个词、一个笨拙的动作、一个狂妄的微笑，影响整个蜜月，甚至夫妇生活；少妇对没有马上获得快感感到失望，对此保留怨恨，使她得不到更幸福的体验。确实，如果缺少正常的满足感，男人总是可以给她阴蒂的快感，尽管道德上有其他说法，这种快感仍然能够使她松弛和平静。但许多女人加以拒绝，因为它比阴道快感更像受到处罚；因为，女人除了要忍受只图自我满足的男人的自私之苦，还会受阻于过分明显的给她快感的意愿。“使另一方享受，”施特克尔说，“就等于说控制对方；献身于某个人，就是屈从他的意志。”如果女人觉得快感自然来自男人本身获得的快感，就像在正常而成功的性交中发生的那样，她就会更容易接受快感。施特克尔还说：“一旦女人意识到性伙伴不想征服她们，她们就会快乐地屈从。”可是，反过来，如果她们感到有这种意图，便会反抗。许多女人厌恶让手抚摸，因为手是一个工具，不参与它给予的快感，它是主动性，而不是肉体；如果性器官本身不是作为渗透着欲望的肉体，而是作为灵活使用的工具出现，女人会感到同样的反感。此外，她觉得一切补偿都在证实她无法经历一个正常女人的感觉。施特克尔根据大量的观察，指出所谓性冷淡的女人的一切欲望是趋向正常的。“她们想像一个正常女人那样到达性高潮，其他方式在道德上不能满足她们。”

因此，男人的态度极端重要。如果他的欲望是暴烈而粗野的，他的性伙伴在他的怀抱里便感到变成纯粹的物；但是，如果他过于约束自己，过于冷淡，他就构不成肉体；他要求女人变成物，而不让她反过来控制他。在这两种情况下，她的自尊心要起来反抗；为了让她能够协调把她变成肉欲客体的变形和她主体性的要求，必须让她成为男性的猎物，同时也把他变成猎物。因此，女人常常顽固地性冷淡。如果情人缺少吸引力，如果他冷淡、漫不经心、笨拙，他就挑不起她的性欲，或者让她得不到满足；即使他有阳刚气而且是老手，他仍然可能引起她拒绝的反应；女人害怕他的控制：某些女人只有同胆怯的、没有才干的，甚至半阳痿的、不会使她们害怕的男人一起才能找到快感。男人很容易在他的情人身上唤起醋意和怨恨。怨恨是女性性冷淡最常见的根源；在床上，女人以侮辱性的冷淡让男性付出她认为自己受到的一切冒犯的代价；在她的态度中，常常有一种攻击性的自卑情结：既然你不爱我，既然我有缺点，不能取悦你，既然我受到蔑视，我也不会沉迷于爱情、欲望和快感中。如果他以漫不经心的态度侮辱她，如果他激起她的嫉妒，如果他迟迟不表白，如果他把她变成情妇，而她希望结婚，她就这样同时报复他和自己；甚至在来往开始顺利时，也可能出现不满，引起这种反应。引起这种敌对态度的男人，很少能成功地亲自战胜它。但是一个有说服力的、爱情的或者尊重的证明，有可能改变局面。可以看到有些在情人怀里抱不信任和强硬态度的女人，一只结婚戒指就会改变她们：她们获得幸福，受到奉承，心安理得，一切抗拒便会烟消云散。一个受尊敬的、多情的、细腻的新情人，最能将一个气恼的女人变成一个幸福的情人或者妻子；如果他让她摆脱自卑情结，她会热烈地献身于他。

施特克尔的著作《性欲冷淡的女人》主要致力于阐明女性性冷

淡中心理因素的作用。下面几个例子清楚地表明，性冷淡往往是对丈夫或情人的怨恨行为：

G. S. 小姐献身于一个男人，等待着他娶她为妻，但是她强调一个事实，就是“她不是一定要结婚，她不想束缚自己”。她扮演自由自在的女人。事实上，她受世俗的牵制，像她全家人那样。可是她的情人相信她的话，从来不提结婚。她越来越固执，直至变得冷漠。当他终于向她求婚时，她向他承认自己已麻木了，不再想听到谈起结合，以此来报复。她不再想得到幸福。她等待得太久了……她受到嫉妒的折磨，焦虑不安地等待他求婚的日子，以便骄傲地拒绝他。随后，她想自杀，仅仅是为了高雅地惩罚她的情人。

有个女人至今跟她的丈夫关系融洽，但是她很爱嫉妒，在一次生病期间，她以为丈夫对她不忠。回到家以后，她决定对丈夫态度冷淡。既然他不尊重她，在需要她的情况下才用得着她，她便再也不应该被他挑起情欲。自从回家以后，她变得性冷淡。开初，她使用一些小诡计，不受引诱。她以为丈夫追求她的女友。可是不久，她性交时感到疼痛……

一个十七岁的少女跟一个男人有关系，从中获得强烈的快感。十九岁时她怀孕了，她要情人娶她；他犹豫不决，建议她人工流产，她拒绝了。三个星期以后，他表示准备跟她结婚，她变成了他的妻子。但她永远不能原谅他让她焦虑了三星期，变得性冷淡。后来，同丈夫作了解释，克服了她的性冷淡。

N. M. 太太获悉她的丈夫在婚后两天去看过他以前的情人。她之前感到过的性高潮永远消失了。她决定不再让丈夫快活，她认为令他失望了；这就是她性冷淡的原因。

即使女人克服了抗拒，过了一段多少有点长的时间，经历了阴道快感，也不表示所有的困难都得到解决：因为她的性欲节奏和男性的性欲节奏并不吻合。她达到性高潮比男人要晚得多。金西的报告说：

也许四分之三的男性在性交开始之后的两分钟里经历性欲高潮。鉴于许多不适应性关系的上层女人需要十至十五分钟的极度刺激才能经历性欲高潮，鉴于相当多的女人在一生中根本未经历性欲高潮，那么自然必须让男性有异乎寻常的控制能力，延长性交活动，不射精，以便同他的性伙伴创造和谐。

似乎在印度，丈夫在性交时用抽烟斗来分散他的快感，让他的妻子延长快感；在西方，像卡萨诺瓦[①] 这样的人炫耀的是他性交的次数；他最大的骄傲是让他的性伙伴叫声谢谢：根据性交惯例，这很难做到；男人很容易抱怨他们的女伴可怕的要求：这是一个狂热的子宫，一个女魔头，一个永不餍足的女人；她从来不会满足。蒙田在《随笔集》的第三卷第五章中陈述了这个观点：

在做爱方面，她们无可比拟地比我们更在行和更热烈，这

① Giovanni Giacomo Casanova（1725—1798），意大利冒险家、回忆录作家，曾在欧洲各国旅行，他的《回忆录》十分有名，对当时社会的描绘生动，其中也有对肉欲的忏悔。

个忽男忽女的古代祭司证明了这一点……另外，我们从出生于不同世纪的罗马皇帝和皇后那里得到证据，两人都是精通此道的行家。他在一夜之间夺走了十个萨尔马特女奴的处女贞操，而她确实在一夜之间性交了二十五次，按她的需要和兴趣改变性伙伴。

adhuc ardens rigidœ tentigine vulvœ

Et lassata viris，necdum satiata recessit①

在加泰罗尼亚，一个女人抱怨她的丈夫的性交过于频繁（我倒不认为过多），她感到不舒服（因为我只在信仰上相信奇迹）……由此导致阿拉贡王后著名的判决，这位仁慈的王后，在与内阁经过深思熟虑的商议后……下令每天六次为合法的、必要的限度，限制和去掉了女性的许多性欲需要，为她建立了舒适的、因此是长久不变的形式。

事实上，快感在女人身上，与在男人身上的表现是完全不同的。我已经说过，不能准确地知道阴道快感是否能达到确定的性欲高潮：在这一点上，女人很少透露，即使想说得准确，也仍然是极其含混的；似乎根据主体的情况反应非常不一样。可以肯定的是，对男人来说，性交有一个生物学的明确目的：射精；当然，达到这个目的要通过其他大量十分复杂的意图；目的一旦达到了，它就像是一个结局，即使欲望没有满足，至少它消失了。相反，在女人身上，开始时目的是不确定的，是心理性的，而不是生理性的；她期望一般意义上的激动和快感，但她的身体不设想任何性爱的明确结

① 拉丁文，她的阴部性欲高涨，欲火炎炎/她把男人撂倒，精疲力竭而没有满足。语出尤维纳利斯。

论： 正因如此，对她来说，性交从未完全结束： 它不包含任何结果。男性的快感呈直线上升；当它达到一定阶段，它就完成了，在性欲高潮中突然消失；性交的过程结束了，不再延续下去。女性的享受扩散到全身，它不总是集中在生殖系统，是阴道的收缩而不是真正性欲高潮构成一组波动，有节奏地产生，时隐时现，不时达到顶点，然后变得模糊、消融，却决不会完全止息。由于没有给它确定的终结，快感趋向无限： 这往往是一种神经性的或者心脏的疲倦，或者是心理上的满足，而不是准确的满足，限制了女人性欲的能力；甚至即使她满足了，精疲力竭了，她也绝没有完全解脱：

按照尤维纳利斯的说法，Lassata necdum satiata[①] 。

男人企图把自己的节奏强加给他的性伙伴，竭力使她达到性欲高潮，那是犯了一个严重错误： 往往他只成功地粉碎她以自己的特殊方式体验的性欲形式。[②] 给自身一个终结，这是一种相当具有可塑性的形式： 在阴道中，或者在整个生殖系统中局部性的某些痉挛，或者来自全身的痉挛，可以构成一种解决方式；在某些女人身上，痉挛相当有规律而且相当强烈，可以看成性欲高潮；但是一个做爱的女人也可以在男性的性欲高潮中找到一个使她平静和满足的结局。性欲的形式也有可能以持续的方式，不受阻碍地平静消解。性交成功并不像许多小心翼翼的男人简单认为的那样，要求快感的精确同步，而是要求建立一种复杂的性欲形式。许多人设想，让一个女人“感到快感”是一件关乎时间和技巧的事，因此也就是运用暴力；他们不知道，女人的性欲多么受到整个情境控制。我们说

---

① 拉丁文，精疲力竭而没有满足。

② 劳伦斯清楚地看到这两种性欲形式的对立。但是他武断地声称，女人不应该经历性欲高潮，这正像他所做的那样。如果竭力不惜一切代价挑起性欲高潮是一个错误，那么像《羽蛇》中的奇普里亚诺所做的那样拒绝它，也是一个错误。——原注

过，情欲在女人身上是一种陶醉；它要求完全的舍弃；如果话语或动作妨碍了抚摸的魅力，陶醉就会消解了。女人往往闭上眼睛，这是理由之一：生理上，这里有一种补偿瞳孔放大的本能反应；但即使在暗处，她仍然垂下眼帘；她想去掉一切背景，去掉当下、她本人和她的情人的特殊性，她想消失在像母亲体内一样难以分辨的肉体黑暗中。她尤其更想取消在她面前使男性矗立的隔阂，想同他融合在一起。前文已经说过，她把自己变成客体的同时，也想成为一个主体。她比男人更深地异化，由于她整个身体都处于欲望和不安中，她只在同性伙伴结合时才是主体；必须让获得和给予在双方身上相结合；如果男人只限于获得而不给予，或者，如果他给予快感而没有获得快感，她便感到自己被操纵；一旦她成为他者，她就是非本质的另一方；她必须否认他性。因此，对她来说，身体分开的时刻几乎总是痛苦的。男人在性交之后，无论是感到忧郁还是快乐，是被本性愚弄了还是征服了女人，无论如何要否认肉体；他又变成完整的身体，他想睡觉，洗一个澡，抽一根烟，出去走走。她则想延长肉体接触，直到使她感到肉体的陶醉完全消失；两人分开像新的断奶一样，是痛苦的分离；她对过于突然离开她的情人感到怨恨。尤其伤害她的是，与刚才她相信的融合相背离的言语。玛德莱娜·布尔杜克斯叙述过“吉尔的女人”的故事，当她的丈夫问她：“你到达高潮了吗？”她退缩了。她用手捂住他的嘴；这个词使很多女人憎恶，因为它把快感压缩成一种内在的分开的感受。“够了吗？你还要再来吗？好吗？”提出问题的事实本身，表明分开，把性交变成一个由男性指挥的机械的活动。正因如此他提出这个问题。远远超过融合和相互性，他追求支配；当夫妇的一体解散时，他又重新成为唯一的主体：需要深情的爱和极大的宽容才能放弃这种特权。他喜欢女人感到受屈辱，不由自主被占有；他希望占有她的部分比她奉献的再多那么一点。如果男人身后不是有一大堆情结，使他把做爱看成一场搏斗，女人就会省去许多困难：这时，她可以不把床看成竞技场。

然而，人们在少女身上看到自恋和自尊的同时，也看到一种想要被支配的愿望。据某些精神分析学家看来，受虐心理是女人的特点之一，正是由于这种倾向，她会适应自己的性的命运。但受虐心理的概念十分混乱，我们必须详细加以考察。

精神分析学家根据弗洛伊德的观点，区分了三种受虐心理：一种在于疼痛与快感的联系，另一种是女性对性的依附性的接受，最后一种立足于自我惩罚的机制上。女人之所以有受虐心理，是因为在她身上，通过失去贞操和分娩，快感和疼痛是联结在一起的，还因为她接受被动的角色。

首先必须指出，将性欲的价值归之于疼痛，完全不能构成被动屈从的行为。疼痛往往有助于使肌肉紧张，唤醒被骚动和快感的强烈本身麻痹了的感觉；这是在肉体的黑夜中爆发的一道强光，它把昏倒在炼狱中的情人夺走，为的是让他能够重新投入炼狱中。正常来说，疼痛属于性欲狂热；喜欢互相给予快感的两个身体，竭力互相感受，互相结合，千方百计互相比较。在性欲中有一种自我分离，一种激情，一种迷醉：痛苦也消除自我的限制，它是一种超越和顶点；痛苦总是在狂喜中起到巨大作用；众所周知，美妙感觉和痛苦互相关联：抚摸会变成折磨，酷刑会引发快感。拥抱很容易导致咬、捏和抓；这些行为一般不是虐待性的；它们表达了融合的愿望而不是毁灭的愿望；忍受痛苦的主体也不寻求否认自己和侮辱自己，而是结合；再说，这些行为不是男性特有的，远非如此。事实上，痛苦只是在作为奴役的表现被把握和接受时，才有受虐的意义。至于失去处女贞操的疼痛，它并不与快感相伴随；所有女人都害怕分娩的痛苦，她们也很高兴现代的方法使她们免除这种痛苦。疼痛在她们的性欲中和在男人的性欲中占有一样的位置。

另外，女性的顺从是一个十分模糊的概念。我们已经看到，在大部分时间中，少女在想象中接受一个半神、一个英雄、一个男性的支配；但这仍然只是一种自恋的游戏。她根本不准备在现实中忍受这种权威的肉体表现。相反，她往往拒绝她所赞赏和尊重的男人，把自己交托给一个平庸的男人。在幻想中寻找具体行为的关键是错误的；因为幻想是作为幻想被创造和被拥有的。女孩带着恐惧和顺从的混合心情幻想受到侵犯，却并不愿意受到侵犯，如果这种事真的发生了，就会是可怕的灾难。我们在玛丽·勒阿杜安的作品中看到过这种分离的典型例子：

> 在走向自惭形秽的路上，还有一部分，我要收缩鼻孔，心跳着进去。正是由爱而生的肉体享受把我引导到简单的官能之乐……没有一种隐而不露的耻辱，我不在梦想中犯下过。我忍受着各种各样自我肯定的需要的折磨。①

还必须提到玛丽·巴什基尔采夫的例子：

> 我整个一生都寻求自觉自愿地置身于某种想象的支配中，但我试过的所有男人和我相比都这样平庸，我对他们只感到厌恶。

---

① 见《黑帆》。——原注

另外，女人的性角色确实大部分是被动的；但直接体验这种被动处境不是受虐狂，正如男性的正常攻击性不是虐待狂；女人可以超越抚摸、激动、插入，朝向自己的快感发展，来维持自己主体性的确认；她也可以和情人寻求结合，献身给他，这意味着对自身的超越，而不是舍弃。当她选择通过他人的意识成为纯粹的物，向自身呈现为物，扮演物的时候，受虐心理出现了。“受虐心理是一种意图，不是为了通过自己的客体性迷惑对方，而是通过对他人表现出我的客体性使自己迷惑。”[①] 萨德笔下的朱丽叶，或者《闺房里的哲学》中的年轻处女，以各种方式献身于男性，却是为了获得快感，她们绝不是受虐狂。查特莱夫人或者凯特自愿完全舍弃自己，也不是受虐狂。自我必须被设定，而且必须把这异化的分身看做由他人的自由所确立，才能称得上受虐狂。

在这个意义上，从某些女人身上确实会遇到真正的受虐狂。少女有这种准备，因为她愿意自恋，而自恋就是在自我中异化。如果她从性启蒙开始就感到骚动不安和强烈的愿望，她会本真地经历自己的体验，不再把它们投射到她称为自我的这一理想之极上；但在性欲冷淡中，自我继续确认；把男人变成物，显得像一个错误。然而，“受虐狂像虐待狂一样，是对犯罪的假定。仅仅由于我是客体，我确实是有罪的。”萨特的这个观点与弗洛伊德的自我惩罚的概念是吻合的。少女认为将自我献给他人是有罪的，她通过自愿加强侮辱和奴役来惩罚自己；我们已经看到，处女向她们未来的情人挑战，让自己接受各种折磨来惩罚自己的顺从；当情人真的出现时，她们仍执著于这种态度。我们已经看到，甚至性冷淡也像女人对自身和对性伙伴强加的惩罚：她的虚荣心受到伤害，对他和对自

① 见让-保罗·萨特《存在与虚无》。——原注

己怀着怨恨，她不让自己得到快感。在受虐心理中，她狂热地让自己成为男性的奴隶，倾诉爱慕之情，期待受侮辱和挨打；通过狂热地接受异化，她会越来越深刻地异化。玛蒂尔德·德·拉莫尔的行为相当清楚是这样，她怨恨自己献身给于连，因此，她不时地跪倒在他脚下，甘愿任他摆布，把她的头发献给他；但同时，她起而反抗他，就像反抗她自己一样，可以看到她在他怀里是冷冰冰的。有受虐心理的女人假装的舍弃，产生新的障碍，阻止她得到快感；同时，她报复自己的正是让自己无法体验快感。从性冷淡到受虐心理的恶性循环，可以永不停息，于是带来虐待狂的行为作为补偿。也有可能是这样：性欲的成熟使女人摆脱了性冷淡和自恋，而且她在承受性的被动性时，也在直接而并非假装体验它。因为受虐心理的悖论，就是主体不断地在自身的努力中重新自我确认，以便退让；它正是在不假思索的献身中，在自发地趋向他者的行动中，成功地忘却自己。因此，女人确实比男人更受到受虐心理的诱惑；她的被动客体的性处境，促使她扮演被动角色；这种扮演是她的自恋反抗和由此而生的性冷淡促使她进行的自惩；事实是，许多女人，特别是少女有受虐心理。柯莱特在《我最初的尝试》中谈到她最初的性体验时这样告诉我们：

> 在青春和无知的相助下，我以陶醉，一种有罪的陶醉，一种少女可怕的和不纯的冲动开始。那些刚达到结婚年龄，梦想成为一个成熟男人的观赏对象、玩弄对象、放荡的杰作的姑娘是很多的。这是一种她们以满足来补偿的丑恶欲望，与青春期的神经官能症，啃粉笔和铅笔芯、喝漱口水、看淫书、用别针戳手掌心的习惯并行不悖。

完全可以说，受虐心理属于青春期的反常现象，不是解决由女人性的命运产生的冲突的本真方法，而是沉溺于其中、逃避它的一种方式。它决不代表女性性欲正常而成功的充分发展。

充分发展意味着——在爱情、温情和肉欲方面——女人成功地克服自己的被动性，并与性伙伴建立一种相互关系。只要存在性别斗争，男女性欲的不对称便产生无法解决的问题；当女人在男人身上同时发现欲望与尊敬时，这些问题就容易得到解决；如果男人觊觎女人肉体，同时又承认她的自由，那么在她成为客体时，她就重新成为主要角色，在她接受顺从时，也仍然是自由的。于是，一对情侣各自都以自己的方式经历共同的快感；每个性伙伴会感到快感属于自己，同时其根源又在另一方。获得与给予这两个词，互换意义，快乐是感激，快感是温情。在具体的肉欲的形式下，在他人与自我最强烈的意识中，自我和他人的相互承认得以完成。有些女人说，她们身上感觉到男性性器官像是她们自己身体的一部分；有些男人在插入时，以为自己是他们正在插入的女人；这些说法显然不准确；他者的维度仍然存在；但事实是，他性不再有一个敌对性质；正是这种对两人的身体在分离中的结合意识，给予性行为以动人的性质；由于一齐热烈地否认和肯定他们的局限的两个人既是相同的又是不同的，这就更加令人震惊。当他们结合时，这种往往使他们隔开的不同，变成他们陶醉的根源；女人由于燃烧着她的一成不变的热情，在男性的狂热中看到相反的面貌，男人的力量是她对他施加的力量；这个膨胀的生气勃勃的性器官属于她，就像她的微笑属于给她快感的男人。男性和女性的所有财富交相辉映，彼此通过对方平静下来，构成变动的迷醉的统一。这样的和谐所必需的，并不是技巧的精湛，而是在直接的性欲魅力的基础上，身体和心灵的相互慷慨给予。

这种慷慨在男人身上往往受到虚荣心的阻碍，在女人身上则受到胆怯的阻碍；只要她没有克服这些抑制，她就不会使慷慨占上风。因此，性欲的充分发展一般说来相当迟缓：大约在三十五岁时她才在性欲方面达到顶点。不幸的是，如果她结了婚，她的丈夫这时对她的性冷淡已十分习惯；她可能吸引新的情人，但她开始失去鲜艳：她的时间是有限的。大量女人正是在她们不再有吸引力的时候，终于决定承受自己的欲望。

女人的性生活得以进行不仅取决于这些既定条件，而且取决于她的整体的社会和经济状况。如果不顾这种情况深入一步研究它，那会是抽象的。可是，从我们的考察中，得出好几个在一般意义上有价值的结论。性的体验是以最尖锐的方式，向人揭示其生存状况的模糊性的体验之一；人从中感受到自身是肉体和精神，是他者和主体。对女人来说，这种冲突最具戏剧性，因为她首先把握自己是客体，她没有马上在快感中找到确定的自主；她必须在承受自己的肉体状况的同时，恢复她超越和自由的主体之尊严：这是一件困难和充满危险的事；她往往失败。但她的处境的困难本身，使她避免男人容易落入的骗局；男人易于受到他的攻击性角色和性欲高潮单独满足所带来的空幻特权的愚弄；他犹豫不决是否充分承认自己是肉体。女人自身有更本真的体验。

不管女人是否准确地适应她的被动角色，她总是作为主动的个体受到侵占。她羡慕的不是男人实施占有的器官，而是他的猎物。男人生活在一个甜蜜、温情、柔软的世界里，生活在一个女性世界里，而女人在生硬而严厉的男性世界里活动，这是一个古怪的悖论；她的手仍有拥抱平滑的肉体、柔软的嫩肉的欲望：少年、女人、花朵、毛皮、孩子；她的一部分仍然是可供利用的，渴望着占有与她献给男性的相同的珍宝。由此可以解释，在许多女人身上，还以多少潜在的方式存在同性恋的倾向。由于各种复杂的原因，有一种类型的女人这一倾向表现得特别强烈。并非所有女人都接受用传统的、唯一被社会正式认可的方法来解决她们的性问题。我们也必须考察选择“死胡同”的女人。

第四章　女同性恋者

人们喜欢把女同性恋者想象成头戴毡帽，留着短发，系着领带；她的男性外貌像是表明荷尔蒙失衡的反常。没有什么比将女同性恋者和有男子气的女人混淆起来更错误的了。在古代土耳其皇帝后宫的女奴、妓女、最“女性化”的女人中，有很多同性恋者；相反，大量“男性化”的女人是异性恋者。性学家和精神病学家确认从日常观察得出的观点：绝大多数“要下地狱的女人”在身体结构上与其他女人完全相同。任何“生理命运”都不决定她们的性欲。

无疑，有些案例说明生理条件产生特殊的境况。两性之间不存在严格的生物学区分；相同的体质被基因型确定了发展方向的荷尔蒙作用力所改变，但有可能在胚胎发育过程中发生偏离；结果出现介于男性和女性之间的个体。有些男人具有女性外貌，因为他们的男性器官成熟迟缓：人们偶尔看到一些女孩子——特别是女运动员——变成男孩子。海伦妮·多伊奇叙述过一个少女的故事，她热烈追求一个已婚女人，想把她劫走，同她生活在一起：有一天，她发现自己实际上是一个男人，能娶自己的意中人，和她生几个孩子。但不应该由此得出结论，凡是女同性恋者都是在假象下的“隐蔽的男人”。两性人具有两种生殖系统的雏形，常常有女性性欲：

我见过一个两性人被纳粹逐出维也纳，她对自己不能吸引异性恋男人，也不能吸引同性恋女人感到难受，而她只喜欢男人。在雄性荷尔蒙的影响下，“男性化的”女人呈现出男性的第二性征；在发育不全的女人身上，雌性荷尔蒙欠缺，她们的发育没有完成。这些特点可能多少直接导致同性恋倾向。一个精力旺盛的、有攻击性的、充满活力的女人，期望主动地消耗精力，通常拒绝被动性；一个相貌丑陋、发育不良的女人，可能想以获得男性气质来补偿她的劣势；如果她的性敏感尚未形成，她就不愿意接受男性的抚摸。但是，身体结构和荷尔蒙只确定一种处境，并没有设定这一处境被超越的对象。海伦妮·多伊奇还举出一个外籍军团的波兰籍受伤士兵的案例，第一次世界大战期间，她照料过他，事实上这是一个有鲜明男性化特征的少女；她作为女护士随军而行，随后成功地穿上军装；她爱上一个士兵——后来她嫁给了他——这使人把她看做同性恋者。她的男性行为并不违背女性的性欲。男人本身也不一定非要渴求女人；男同性恋者可以拥有男性机体这一事实，意味着一个女人的男子气概不一定注定她是同性恋。

有时人们企图在生理完全正常的女人身上区分出“阴蒂的女人”和“阴道的女人”，前者注定是同性恋者；但我们已经看到，在所有女人身上，童年的性欲是阴蒂方面的；不管是固定在这个阶段，还是发生改变，都不取决于任何人体结构条件；像常常有人认为的那样，童年时的手淫解释了阴蒂系统日后的特殊作用，那也是错误的：今日的性学承认，孩子手淫是一个绝对正常的、一般说来相当普遍的现象。女性性欲的形成——我们已经看到——是一个心理发展过程，这其中也包含了生理因素，但这个过程取决于主体对生存的总体态度。马拉尼翁认为，性欲是“单一方向的”，它在男人身上达到完成的形式，而在女人身上，它仍然处在“半路上”；

只有女同性恋者具有与男性一样丰富的里比多，因此，她可能是“高级的”女性类型。事实上，女性性欲有一种独特的结构，要将男女里比多划分等级的想法是荒谬的；性对象的选择绝不取决于女人具有的能量多寡。

精神分析学家的巨大功绩，在于从同性恋中看到这是一种心理的而不是机体的现象；然而，在他们看来，同性恋仍然显得像是由外部环境决定的。而且他们很少研究它。据弗洛伊德看来，女性性欲的成熟要求从阴蒂阶段过渡到阴道阶段，这与小姑娘先从对母亲的爱转变为对父亲的爱的过渡是对称的，有各种理由可以阻止这种发展；女人忍受不了阉割，她隐藏自己缺乏阴茎的事实，她执着于在母亲身上寻求替身。对阿德勒来说，对这种发展的遏止不是一个被动承受的事件，它是主体所希望的，主体出于强烈意志，故意否认自己的残缺，寻求与男人等同，拒绝他的支配。女同性恋不论是作为童年的固恋，还是作为对男性的抗议，无论如何显得像发展未完成。事实上，女同性恋者不是一个“发育不健全的”女人，也不是一个“高级的”女人。个体的历史不是一个不可避免的发展进程：在每一个活动中，过去都被新的选择重新把握，选择的“正常”并不给予它任何特殊价值，必须根据它的本真性来评判它。对女人来说，同性恋可能是一种逃避自身处境的方式，或者是承受它的方式。精神分析学家的重大错误，在于迎合道德观念，只把它看成一种非本真的态度。

女人是一个人们要求她成为客体的生存者，作为主体的她具有攻击性的肉欲，却不能在男性身上获得满足，由此产生她的性欲必须克服的冲突。人们认为这种制度是正常的：它把她作为猎物献给男人，将一个孩子放到她的怀里，以此恢复她的权威。但这种“自然状态”是由多少被明确理解的社会利益所制约的。甚至连异性恋也允许有其他解决办法。女同性恋是众多尝试中的一种，为的是将她的自主性与她肉体的被动性调和起来。如果提出自然，那么可以说，凡是女人自然而然都是同性恋者。女同性恋者实际上都以拒绝男性和对女人肉体感兴趣为其特点；但任何少女都害怕插入和男性的支配，她对男人身体感到某种厌恶；相反，对她来说，同对男人来说一样，女人身体是欲望的对象。我已经说过：男人把自己设立为主体，同时把自己分离出来；把他者看成一个要夺取的物，就是冲击了在他者身上，连带在自己身上的男性理想；相反，自认为是客体的女人，把自己的同类和自己看成一个猎物。男同性恋者之所以引起男女异性恋者的敌意，是因为异性恋者要求男人是一个支配的主体[①]；相反，两性都自发地以宽容的态度对待女同性恋者。冯·蒂利伯爵[②]说："我承认，这是一种绝不令我生气的竞争；相反，这令我感到有趣。我不看重道德，对它一笑了之。"柯莱特让勒诺面对克罗蒂娜与雷齐结成一对表示同样开怀的无所谓。[③]男人对一个主动的、独立的异性恋女人，比对一个没有攻击性的同性恋女人更感气恼；只有前者否认男性的特权；女同性恋远远没有违背性别区分的传统形式：在大多数情况下，女同性恋是一种对女性身份的假定，而不是对它的拒绝。我们已经看到，女同性恋往往在少女身上表现为一种替代，她还没有机会或者没有勇气去体验异性恋而已：这是一个阶段，一个见习期，以巨大热情投入其中的少女，

---

① 女异性恋者很容易对某些男同性恋者产生友谊，因为她在这种无性欲的关系中感到安全和有趣。但总体而言，她对这些男人感到敌意，他们在自己身上或者在他人身上把占支配地位的男性贬低到被动的物的地位。——原注

② Johann Tserclaes Graf von Tilly（1559—1632），巴伐利亚将领，与华伦斯坦一起成为神圣同盟最重要的将领。

③ 值得注意的是，英国法律惩罚男子的同性恋，而不把女人的同性恋看成是有罪的。——原注

明天可能成为最热烈的妻子、情人、母亲。在女同性恋者身上必须解释的，并非她的选择的积极方面，而是它的消极方面：它不是以对女人的兴趣，而是以这种兴趣的排他性为其特征。

人们常常区分出——在琼斯[①]和埃纳尔[②]之后——两种类型的女同性恋者：一种是“男性的”，她们“想模仿男人”，另一种是“女性的”，她们“害怕男人”。人们大致在女同性恋现象中看到两种倾向倒是真的；有些女人拒绝被动性，而另外一些女人选择女人的怀抱，被动地投入其中；但这些态度相互影响；与被选择客体的关系，以及与被拒绝客体的关系，可以相互解释。我们在下文会看到，出于大量原因，上面指出的区分在我们看来相当武断。

通过想“模仿男人”的意愿把女同性恋者定义为“男性的”，这是把她置于非本真。我已经说过，精神分析学家像当今社会所定义的那样接受男性化和女性化两类同性恋，会引起误解。事实上，今日男人代表积极的人和中性的人，也就是说男性和人类，而女人只是消极的人，即女性。每当她作为人去行动时，人们就宣称，她与男人等同。她在运动、政治、智力方面的活动，她对其他女人的欲望，被解释为“男性化的抗议”；人们拒绝考虑她要趋向超越的价值，这就明显导致认为她以主体态度做出非本真的选择。这种解释体系所依据的重大误会，就是承认，对女人来说，把自身当成女性化的女人是自然的：做一个异性恋的人，甚至做一个母亲，并不足以实现这个理想；“真正的女人”是文明创造出来的人为产物，正如以前产生阉人一样；她所谓卖弄风情和温顺的“本能”，是被

---

① Alfred Ernest Jones（1879—1958），英国医生、精神分析学家，弗洛伊德在英国的第一个门徒，著有《弗洛伊德的生平和作品》等。

② Angelo Louis Marie Hesnard（1886—1969），法国精神病科医生，在法国传播弗洛伊德的理论，实施“开放的精神分析”，与雷吉斯合作著有《神经官能症和精神病的精神分析》。

灌输的，正如男人对生殖器的骄傲是被灌输的那样；男人并不总是接受他的男性使命；女人有充分的理由不那么温顺地接受给她限定的使命。“自卑情结”、“男性化情结”的概念，使我想起德尼·德·鲁日蒙[①] 在《魔鬼的份额》中叙述的逸事：一位太太想象，当她在乡下散步时，鸟儿袭击她；经过好几个月的精神分析治疗，仍然治不好她的困扰，陪伴她来到诊所花园的医生发现，鸟儿的确在攻击她。女人感到自己被贬低，因为事实上对女性的禁令把她贬低了。她自然而然选择做一个完整的个体、一个主体、一个世界和未来在她面前展开的自由的人：如果这个选择和男性的选择相一致，那是因为女性今日意味着残缺不全。在哈夫洛克·蔼理士和施特克尔搜集的女同性恋者的自白中——第一个病例是精神恋爱，第二个病例是已公开的——可以清楚地看到，正是女性的规范使两者都感到愤怒。其中一个说：

> 就我记忆所及，我从来不把自己看成一个女孩，我感到自己处在不断的困扰中。将近五六岁时，我想，不管别人的看法如何，即使我不是一个男孩，无论如何我不是一个女孩……我把自己的身体构造看成神秘的偶然的结果……我刚刚能走路时，我就对锤子和钉子感兴趣，我想骑在马背上。将近七岁时，我觉得我喜欢的一切对一个女孩都是不好的。我根本不幸福，时常哭泣和发脾气，听到关于男孩和女孩的谈话我是多么愤怒啊……每个星期天，我和我兄弟学校里的男孩子一起出去……将近十一岁时……为惩罚我的表现，家里把我送进寄宿

---

① Denis de Rougemont（1906—1985），瑞士作家，用法文写作，1940 至 1947 年在美国居住，1950 年在日内瓦建立欧洲文化中心，著有《一个知识分子的失业日记》《魔鬼的份额》等。

学校……将近十五岁时，不管我的思绪朝向哪个方向发展，我的看法总是男孩子的看法……我感到自己对女人产生怜悯……我让自己成为她们的保护人和助手。

至于施特克尔笔下那个女同性恋者，是这样的：

她直到六岁，不管周围的人的说法，自认为是一个男孩，穿着像女孩是因为一些她不知道的理由……六岁时，她心想："我将会成为中尉，如果天主让我长寿，我会是元帅。"她经常梦想骑上马，带领一支军队离开城市。她很聪明，但不幸从师范学校转到一所中学，**她害怕变成女性**。

这种反抗绝不导致同性恋的命运；大多数小女孩一旦知道她们的身体偶然形成的构造不允许实现她们的兴趣和愿望，经历同样的愤慨和同样的失望；柯莱特·奥德里[①]在十二岁时愤怒地发现，她永远不能成为一个水手；未来的女人自然而然对她的性别给她强加的限制感到愤怒。要问她为什么拒绝这些限制，那是提错了问题，还不如要了解为什么她接受下来。她的因循守旧来自她的顺从和胆怯，但是，如果社会给予的补偿被认为不够，这种忍让很容易转成反抗。在少女认为作为女人自己长得难看的情况下，就会发生这种事：尤其是这样一来，人体的结构具有重要性；女人长得丑，体态难看，或者以为是这样，会使她拒绝女性命运，她觉得自己不应有这种命运；但是，要说采取男性态度是为了补偿女性的缺失，那会是错误的：更确切地说，作为要少女牺牲的男性优越地位的补偿，

① 见《在回忆看来》。——原注

给予她的机会却显得太微弱。所有的小女孩都羡慕男孩简便的衣服；她们在镜中的映像，她们从中揣测的前程，逐渐使她们感到华丽装饰的宝贵；如果镜子乏味地映出一张平常的脸，如果它什么也不能预示，那么花边和丝带就是令人难堪的、甚至是可笑的服饰，“假小子”仍然执着地要做男孩。

尽管身材苗条，长得俏丽，投身于特殊的计划或者要求一般意义的自由的女人，会拒绝退让而利于他人；她在自己的行为中而不是在她内在的在场中认出自己：使她压缩到身体限制范围之内的男性欲望，令她不快，正如令年轻小伙子不快一样；她对她顺从的女伴感受到有阳刚气的男人对被动的男同性恋者一样的厌恶。部分是为了抛弃与女伴们的一切相似关系，她才采取男性化的态度；她身着男装，采取男性的姿态，采用男性的语言，她和一个女友结成一对，她在其中扮演男人：这样演戏实际上是一种“男性化的抗议”；但这是次要现象；出于本能的是，想到要变成肉欲的猎物，作为征服者和支配者的主体感到愤怒。大量的女运动员是同性恋者；她们不把这肌肉强健的、喜爱活动的、有弹力的、有冲力的身体看做被动的肉体；这肉体不会有魔力地召唤抚摸，它有办法左右世界，而不是世界的一个物：在自为的身体和为他的身体之间存在的鸿沟，在这种情况下似乎是不可逾越的。可以看到行动的女人和“有头脑的”女人的抗拒是相似的，在她们身上，服从，即使是肉体形式的服从，也是不可能的。如果性别平等具体实现了，在大部分情况下，这种障碍会自动消除；但男人仍然满脑子优越感，如果女人不能分享这种优越，就会被冒犯。但必须指出，最有意志的、最有支配欲的女人，不惮与男性对峙：所谓“有男子气的”女人往往是一个坦率的异性恋者。她不愿意否定做人的要求；可是她也不想弃绝自己的女性气质，她选择进入男性世界，甚至兼并它。她强有力的肉欲不畏惧男性的粗鲁；为了在男人身体中找到快乐，她比胆小的处女需要克服较少的抗拒。拥有十分粗鲁和野性十足的气质，就不会感到性交的屈辱；一个精神上无所畏惧的女知识分子会质疑这种屈辱；自信心强、性情好斗的女人，会愉快地参加到一场她确信必胜的决斗中去。乔治·桑对年轻男人、“有女性气质的”男人有偏爱；但德·斯达尔夫人很晚才在她的情人中寻找青春与美：她以自己强有力的精神去支配男人，骄傲地接受他们的赞赏，在他们的怀抱里不会感到自己是猎物。像俄国的叶卡捷琳娜那样的女皇，甚至可能允许自己接受受虐的陶醉：她在这种游戏中仍然是唯一的主人。伊莎贝尔·埃布拉特身穿男装，骑马穿越撒哈拉沙漠，当她委身于某个强壮的土著步兵时，丝毫也不认为自己降低了身份。不愿意成为男人附庸的女人，远不是总要回避男人：更确切地说，她试图让他成为自己寻乐的工具。在有利的情况下——大部分情况下取决于她的伴侣——竞争的想法本身会自动消失，她会乐于充分体验女人的状况，就像男人体验他的男人的状况那样。

但她这种主动的个性和被动的女性角色的协调，无论如何对她比对男人要困难得多；有许多女人宁愿放弃尝试这种协调，也不肯在这种努力中消耗精力。在女艺术家和女作家中，有很多女同性恋者。并非她们的性欲的不同寻常成为创造力的源泉，或者表现出存在这种高级的创造力；宁可说她们沉浸在严肃的工作中，不想在扮演女人的角色中，也不想在同男人的搏斗中浪费时间。她们不承认男性的优越，既不愿意假装承认它，也不愿意疲于质疑它；她们在快感中寻找放松、平静、消遣：她们尽量要离开以对手面目出现的性伙伴；她们以此摆脱女性身份带来的障碍。当然，往往是异性恋的体验的性质，促使“男性化的”女人去选择她的性别假定或者放弃她的性别。男性的蔑视证实了丑女人对外貌的不自信，情人的狂妄会伤害骄傲的女人。我们考察过性冷淡的所有原因：怨恨、气恼、害怕怀孕、流产引起的剧烈精神震动，等等，在这里汇聚在一起。由于女人带着更多的怀疑去接近男人，这些原因就具有更大的分量。

然而，对一个有支配欲的女人来说，同性恋并不总是显得像十全十美的解决办法；既然她寻求肯定自己，不能完全实现自己的女性能耐令她不满；对她来说，异性恋关系同时是一种贬低和一种充实；在拒绝接受她的性别带来的限制时，又出现这样一种情况：她以另一种方式限制自己。同性欲冷淡的女人既拒绝快感又期望快感一样，女同性恋者在不想做一个正常而完整的女人的同时，又时常希望做这样的女人。这种犹豫在施特克尔研究的女扮男装的例子中很明显。

> 读者已经看到，她只同男孩子在一起才愉快，不想"女性化"。十六岁时，她同少女建立最初的关系；她对她们深深地蔑视，这马上给她的性欲一种虐待狂的性质；她热烈地、却是柏拉图式地追求自己所尊敬的一个女同学：对于她能掌握的女孩子，她感到厌恶。她狂热地投身到高难度的学业中。由于在第一次同性恋中感到失望，她狂热地投身到纯粹肉欲的体验中，并开始喝酒。十七岁时，她认识了一个年轻男人，嫁给了他：但是，她认为他是她的妻子；她穿男装，继续喝酒和学习。她先是有阴道痉挛，性交从来引不起性欲高潮。她感到她的地位是"屈辱的"；她总是扮演攻击性的主动角色。她抛弃了她的丈夫，同时又"疯狂地爱他"，她重续跟女人的关系。她认识了一个艺术家，献身给他，但同样没有性欲高潮。她的生活分成不同的几个阶段；有一段时间她写作、创造，感到自己完全是男性；她断断续续地、虐待狂似的同女人睡觉。随

后，她有一个女性时期。她接受心理分析，因为她希望达到性欲高潮。

女同性恋者会很容易接受丧失女性气质，如果她由此获得自豪的男性气质的话。但是不行。她仍然显而易见缺乏男性器官；她可以用手或者利用人造阴茎去模仿占有，让她的女友失去处女贞操；她仍然是一个被去势的人。她会为此深感痛苦。作为女人，她没有达到完成阶段，作为男人，她是性无能，她的苦恼有时表现为精神病。有个女病人对达尔比耶说[①]："如果我有东西能插入，事情就会好多了。"另外一个女病人希望她的胸部是硬挺的。女同性恋者常常试图通过狂妄和裸露去补偿缺乏男性特点，其实表现了一种内心失衡。有时她也成功地与其他女人创造某种类型的关系，这种关系与"女性化的"男人或者尚未定型的少男同女人保持的关系完全一样。这样的遭遇最鲜明的例子之一，就是克拉夫特-埃宾提供的"桑多尔"的案例。她通过这种迂回的方法，达到完美的平衡，而只有社会干预才会摧毁这种平衡。

萨洛塔出生于匈牙利一个以怪癖闻名的贵族家庭。她的父亲把她当做男孩子来培养：她骑马，打猎，等等。这种影响延续到十三岁，家里才把她送到寄宿学校：当时她爱上了一个英国小女孩，认为自己是个男孩，把她劫走了。她回到母亲家，但不久，她身穿男装，以"桑多尔"的名字与她的父亲一起出游：她投身于男性的体育运动，喝酒和逛妓院。她感到自己特别受到女演员或单身女人的吸引，而且她们大都不是豆蔻年

① 见《精神分析方法和弗洛伊德的学说》。——原注

华；她确实喜欢她们是“女性化的”。她说：“我喜欢在诗意面纱下的女性激情。凡是来自女人的厚颜无耻都使我产生厌恶……我对女人服装、一般说对凡是女人的东西都有一种难以形容的厌恶，但仅仅是对我和在我身上的东西而言；因为相反，我对女性怀有热情。”她和女人有许多联系，为她们花费许多钱。她为首都的两家大报撰稿。她和一个比她大十岁的女人同居了三年，她好不容易才让她接受分手。她唤起强烈的激情。她爱上一个年轻的小学女教师，通过一次假结婚和她结合；她的未婚妻和她全家把她当做一个男人；她的岳父以为在他未来的女婿身上看到勃起的肢体（可能是阴茎）；她照样让人刮胡子，但女仆曾经在她的内裤发现月经的血迹，并且偷窥锁孔发现桑多尔是女人。她被揭发以后，被关进监狱，但获得释放。她和自己心爱的女人玛丽分手感到巨大的悲伤，她在狱中给玛丽写了一些热情洋溢的信。她的身体结构不完全是女性的：骨盆很窄，没有腰身。乳房发达，生殖器官完全是女性的，但发育不完全。桑多尔直到十七岁才来月经，她对此感到深深的厌恶；和男人发生性关系的想法令她厌恶；她的羞怯感只针对女人，以至她更喜欢同男人共床，而不是同女人共床。当人们把她当做女人对待时，她感到很难受，当她不得不重新穿上女装时，她苦恼极了。她感到自己“像被磁力吸向二十四岁至三十岁的女人”。只有在抚摸她的女友时，她感到性的满足，她从来不让人抚摸。有机会时，她用塞满废麻的袜子当作阴茎。她憎恶男人。她对别人的道德评价十分敏感，拥有很高的文学才能，知识广博，记忆力惊人。

桑多尔没有进行精神分析治疗，但从对事实的简单陈述中，可以推导出几个重点。看来，她没有“男性化的抗议”，她以最本能的方式，依仗所受的教育和身体构造，始终自认为是一个男人；她的父亲与她一起出游，把她与他的生活结合的方式，明显有决定性影响；她的男性气质非常确定，以至她对女人没有表现出任何情绪矛盾：她像男人一样爱她们，并不感到受她们牵连而影响名誉，她以纯粹支配和主动的方式去爱她们，不接受存在相互性。然而，令人印象深刻的是，她“憎恶男人”，特别喜欢年龄大的女人。这就暗示桑多尔对她的母亲有男性的恋母情结；她延续着幼年时的儿童心理，小姑娘和她的母亲结成一对，怀着保护母亲和有朝一日支配母亲的希望。当孩子被剥夺母爱温情时，往往对这种温情的需要会在她成年的生活中缠绕她：桑多尔由父亲抚养长大，也许梦想有一个慈爱温馨的母亲，于是她在其他女人身上寻找这个母亲；这就解释了她对其他男人深深的嫉妒，又加上她对年长的单身女人的尊敬和“诗意的”爱，在她看来，她们具有神圣的性质。她的态度正好是卢梭对德·华伦夫人、年轻的邦雅曼·贡斯当[①]对德·沙里埃尔夫人的态度：“女性化”的、敏感的少男也会转向有母爱的情人。这种类型的女同性恋者常常会受到指责，她从来不与母亲等同——因为她赞赏母亲，或者过于憎恨母亲——她拒绝成为女人，却期待在她周围有女性保护的温馨；她从温热的子宫中，带着男孩的大胆出现于世界上；她像男子一样行动，但作为男人，她有脆弱的一面，这种脆弱使她期望得到更年长的情人的爱；这样的一对重现了传统异性恋的情人：年长的妇人与少年。

精神分析学家指出了女同性恋者与母亲早年保持的关系的重要

① Benjamin Constant（1767—1830），法国小说家、政论家，作品《阿道尔夫》塑造了一个世纪病的典型。

性。在两种情况下，少女很难摆脱母亲的影响：如果她受到焦虑的母亲的热烈关怀，或者她受到“坏母亲”的虐待，母亲灌输给她一种深深的犯罪感，在第一种情况下，她们的关系往往卷进同性恋：她们睡在一起，相互抚摸，或者相互拥吻乳房；少女后来在别人的怀里寻找这同样的愉悦。在第二种情况下，她会感到强烈需要一个“好母亲”，保护她抗拒第一个母亲，回避她感到落在自己头上的诅咒。哈夫洛克·蔼理士的一个病人叙述自己的故事，她在整个童年时期憎恶她的母亲，她这样描绘十六岁时对一个年长女人的爱：

> 我感到自己像一个孤女，突然寻找到一个母亲，我开始感到对成年人不那么敌对了，对他们产生了尊敬……我对她的爱完全是纯洁的，我像想到母亲一样去想她……我喜欢她触摸我，有时她把我抱在怀里，或者让我坐在她的膝上……我睡觉时，她过来对我说晚安，吻我的嘴。

如果年长的女人愿意的话，少女会愉快地投入更热烈的拥抱中。她通常担当被动的角色，因为她愿意像一个孩子那样受到支配、保护、摇晃和抚摸。不管这种关系是柏拉图式的还是肉欲的，往往有真正的爱情的性质。但由于这在少女的发育过程中显得像是一个典型阶段，所以不足以解释同性恋的果断选择。少女在其中同时追求解放和安全，这是她在男性的怀抱里也可以找到的。经过热烈爱情的阶段以后，妹妹时常对姐姐感到一种以前对母亲有过的矛盾情感；她忍受她的控制，同时期望摆脱她；如果对方坚持要留住她，她会在一段时间里成为对方的“俘虏”[①]；

---

① 就像多萝西·帕克的小说《三人一伙》，不过这部小说写得非常肤浅。——原注

但经过激烈争吵，或者经过协商，她以逃走了结；在摆脱了青春期之后，她感到成熟了，可以面对正常女人的生活。要让她的同性恋爱好确定下来，要么必须——像桑多尔那样——让她拒绝她的女性气质，要么让她的女性气质在女人的怀里顺利地充分发展。就是说，对母亲的固恋不足以解释同性恋。它可能是出于完全不同的动机。女人可以通过完全的体验或初步体验发现或者预感到，在异性恋关系中无法获得快感，只有另一个女人才能满足她：特别是对崇拜女性气质的女人来说，同性恋的拥抱显然是最大的满足。

强调这一点十分重要：并非总是拒绝成为客体导致女人走向同性恋，大部分女同性恋者相反寻求占有她们女性气质的宝库。接受变成被动的物，并不是放弃一切主体的要求：女人由此希望在自在的形式下实现自我；但这时，她要力图在他性中重新把握自己。她在孤独中不能真正成功地分身；即使她抚摸自己的胸部，她也不知道她的乳房给一只外人的手的触感如何，也不知道在外人的手中，它们会有怎样的体验；一个男人可以让她发现她的肉体*自为*的存在，而并非是*为他*而存在的。只有当他的手指揉捏她的身体，而她的手指揉捏他的身体时，镜子的奇迹才得以完成。在男女之间，爱是一种行动；任何一方脱离自我，然后变成他者：使做爱的女人惊奇的是，她的肉体的被动倦怠反映在男性狂热的面目下；但在这勃起的性器官中，自恋的女人只是十分模糊地看到自身的诱惑力。在女人之间，爱是静观；抚摸的目的不在于把他者据为己有，而更在于通过她慢慢地重新创造自己；分离消除了，既没有搏斗，也没有胜利和失败；在严格的相互性中每一方同时是主体和客体，主子和奴隶；二元性变成合作关系。柯莱特说："紧密相似甚至保证了快感。女友满足于抚摸一个她了解其秘密的身体，她自己的身体也指明它的偏爱。”[①] 蕾内·维维安的诗：

我们的心在我们女人的怀中十分相像
亲爱的！我们的身体构造一样
同样沉重的命运压在我们的心灵上
我阐释在你的脸上的阴影和你的笑容
我的温柔等同于你深沉的温柔
甚至有时我们觉得属于同一种人
在你身上我爱我的孩子、妹妹和女友。[②]

这种分身可以具有母亲的面貌。在女儿身上认出自己和异化了的母亲，往往对女儿有一种性的依恋，这种保护和摇晃怀里的柔软肉体的兴趣，与女同性恋者是一样的。柯莱特在《葡萄卷须》中所写的强调这种相似：

你会给我快感，俯向我，眼睛里充满母爱的忧虑，你在你多情的女友身上，寻找你不曾有过的孩子。

蕾内·维维安表达同样的情感：

来吧，我要把你像个病孩一样带走
像个抱怨而胆怯的病孩一样带走

---

① 见《这些快乐……》。——原注
② 见《诱惑力》。——原注

我用神经质的手臂抱紧你轻轻的身体
你会看到我会保护和医治
我的手臂生来是为了保护你。[①]

还有：

我喜欢你柔弱和平静地待在我怀里
像在温暖的摇篮里你会得到休息。

在一切爱中——性爱和母爱——同时有吝啬和慷慨、想占有对方和给予对方一切的渴望；母亲和女同性恋者都自恋，并在孩子和情人身上看到自己的延续或映像，在这点上两者十分相似。

然而自恋也并不总是导致同性恋：玛丽·巴什基尔采夫的例子就证明了这一点；在她的叙述中找不到对女人爱恋的任何痕迹；她宁可说是理智的，而不是爱肉欲的，她虚荣心极强，她从童年起便梦想受到男人青睐：什么都不令她感兴趣，除非能有助于提高她的声望。一个只膜拜自己、向往空中楼阁似的成功的女人，不可能对其他女人热烈相依；她在她们身上只看到竞争者和敌人。

事实上，任何因素都不是决定性的；选择基于自由的前提，在复杂的整体中进行；任何性的命运都主宰不了个体生活：相反，其性欲表现了对生存的总体态度。

然而，处境在这种选择中也有重要影响。今日，两性仍然大部分是分开生活的：在寄宿学校和女子学校中，从亲密关系转变为性关系是很快的；在女孩和男孩的友谊有利于异性恋体验的环境中，

---

① 见《合掌时分》。——原注

女同性恋者要少得多。大量在车间、办公室工作，处在女人中间，很少有机会与男人来往的女人，会在她们之间结成恋爱式的友谊：在物质上和精神上联结她们的生活，对她们来说很容易。异性恋关系的缺乏或失败，使她们注定成为同性恋者。很难在忍让和偏爱之间划出界限：一个女人可以委身于女人，因为男人令她失望，但有时，他令她失望是因为她在他身上追求的是一个女人。出于所有这些理由，要在异性恋和同性恋之间设立根本的区分是错误的。正常的男性过了青少年不明确的时期，便不再允许自己犯同性恋的过失；而正常的女人时常重寻她青年时期曾迷恋过的爱情——不管是不是柏拉图式的。男人令她失望，她会在女人的怀抱里寻找那个背叛了她的情人；柯莱特在《流浪女伶》中指出了这种抚慰的作用，那是在女人的生活中受到谴责的情欲经常起的作用：有时，有些女人一生都在相互安慰。甚至得到男性拥抱满足的女人，也不会轻视更平静的情欲。如果她是被动的和爱肉欲的，一个女友的抚摸就不会使她讨厌，因为她只需要任人摆布，让自己得到满足。如果她是主动的和热烈的，她便显得像“两性畸形人”，并非由于荷尔蒙的神秘综合作用，而仅仅是由于人们将攻击性的占有欲看做男性的品质；爱上勒诺的克罗蒂娜仍然觊觎雷齐的魅力；她完全是个女人，却同样也希望占有和抚摸。当然，在“体面的女人”身上，这些“淫乱的”欲望被小心翼翼地压抑着：不过它们以纯粹友谊、却更热烈的形式表现出来，或者掩盖在母爱的温情之下；有时，它们在精神病发病或绝经时猛烈地爆发出来。

更何况，企图将女同性恋者分成两种截然不同的类型也是枉然的。由于社会的虚情假意和她们的真正关系叠加在一起，她们又乐于模仿雌雄同体的一对，自己提出分成“男性的”和“女性的”。一个穿上严肃的衣服，另一个穿上轻柔的连衣裙，这不应令人产生错觉。仔细地观察，可以发现——除少数例外——她们的性欲是模棱两可的。由于拒绝男性支配而成为女同性恋者的女人，常常品味在另外一个女人身上发现的同样骄傲的巾帼丈夫的快乐；以前，塞夫尔的女大学生远离男人一起生活，在她们当中，盛行有罪的爱情；她们对属于女子精英感到自豪，想成为自主的主体；这种把她们结合在一起，反对特权等级的复杂感情，使她们每个人都在女友身上赞赏这种不可思议的品质，而她们也珍视这种在自己身上同样存在着的品质；她们互相拥抱，每个人同时是男人和女人，迷恋于雌雄同体的品质。反过来，一个愿意在女人怀抱里享受自己女性气质的女人，也能感到不服从任何主人的骄傲。蕾内·维维安狂热地喜欢女性美，希望自己漂亮；她打扮自己，对自己的长发很自豪；但感到自己自由和完整无缺也使她高兴；她在诗歌中表达了对那些愿意通过婚姻成为男人奴仆的女人的蔑视。她爱好烈酒，有时讲下流话，表现了她要有男性气质的愿望。事实上，在绝大多数同性恋情侣中，抚摸是相互的。由此得出，角色的分配是不确定的：最孩子气的女人面对有威望的如保护人般的妇人，会扮演一个少年，或者倚在情人手臂上的情妇。她们能够平等地相爱。由于性伙伴是对等的，一切结合、换位、交换、演戏都是可能的。根据每一方的心理倾向和整体处境，她们的关系得到平衡。如果其中一个帮助和供养另一个，她就承担男性的职能：专制的保护人、被利用的冤大头、受尊敬的君主，或者有时甚至是靠妓女生活的人；精神方面、社会方面、智力方面的优势，常常给她权威；但被爱的一方能享受爱的一方的热恋使之具有的特权。像一男一女的结合那样，两个女人的结合具有大量不同的形式；它建立在感情、利益或者习惯之上；它是夫妇式的或者浪漫的；它也可以让位于虐待狂、受虐狂、宽容、忠诚、献身、任性、自私、背叛；在女同性恋者中，有妓女，也有忠贞的恋人。

然而有些情境给予这些关系一些特殊性。它们不是由制度或者习俗所提供的，也不是惯例所制定的：它们更真诚地依存于这个事实。男人和女人——哪怕是夫妻——多少是在演戏，尤其男人总是对女人有某种要求：堪称表率的贞洁、有魅力、爱打扮、孩子气或者朴素；面对丈夫和情人，她从来不感到自己是本来面目；在女友身边，她不卖弄自己，不需要装假，她们太相像了，以至不得不袒露自己。这种相似产生了亲密无间。性欲在这种结合中时常只占有很小的部分；情欲不像男女之间那样具有强烈的、令人昏眩的性质，它也不会产生动人心弦的变化；当情侣分开他们的肉体时，他们又变得格格不入；甚至女人也觉得男人的身体令人厌恶；男人有时在女伴的身体面前感到一种乏味；在女人之间，肉体的温存更相等，更持续；她们不会沉迷于狂热的迷醉状态，她们从来不重新陷入敌对的冷漠中；相互观看，相互触摸，这是一种平静的快感，悄悄地延续床上的快感。萨拉·庞森比和她的女意中人结合，持续了将近五十年，没有出现一丝乌云：看来她们善于给自己在世界之外创造一个平静的伊甸园。但是真诚也要付出代价。因为她们袒露自己，不考虑隐瞒，也不考虑约束自己，两个女人之间也会引发少见的激烈行动。男人和女人由于互不相同，彼此惧怕：他面对她感到怜悯和不安；他竭力对她殷勤、宽容和节制；她尊敬他，有点害怕他，面对他竭力控制自己；每个人都处心积虑宽待神秘的他者，衡量不出对方的情感和反应。女人之间是无情的；她们互相拆台，互相挑衅，互相追逐，互相挑逗，互相拖向卑劣的深渊。男性的平静——不论是出于冷漠还是自我克制——是一道堤坝，女性的争吵要在上面碰得粉碎；但在两个女友之间，会泪流满面，大吵大闹；她们反复责备和解释，没完没了。要求、指责、嫉妒、专横跋扈，所有这些夫妻生活的祸害，以更剧烈的方式释放出来。这样的爱情常常是狂风暴雨式的，这是因为它们通常比异性恋爱情更受威胁。它们受到社会的谴责，难以成功地融合到社会中。承担男性角色的女人——由于她的性格、处境、激情的力量——会悔恨不能给女伴正常体面的生活，不能娶她，把她引入歧途：这正是拉德克利夫·霍尔[1]在《孤寂深渊》中赋予她的女主人公的感情；这些悔恨通过病态的焦虑，特别是通过折磨人的嫉妒表现出来。更被动或者爱得不那么深的那个女友，则确实会因社会的谴责而痛苦；她会认为自己是堕落的、淫邪的、受挫的，她会怨恨那个把这命运强加给她的女人。其中一个女人可能希望有个孩子；或者她只能悲哀地忍受不育，或者两个人收养一个孩子，或者想做母亲的女人求助于一个男人；有时孩子是个纽带，有时也是新冲突的根源。

赋予同性恋女人以男性特征的，是由于她们不要男人而不得不承担的一整套责任，而并不是她们的性生活，相反，那把她们禁闭在女性世界里。她们的处境与妓女的处境相反，妓女有时由于生活在男人中间而具有男性气质——例如尼农·德·朗克洛——但仍然要依靠男人。笼罩在女同性恋者周围的特殊气氛，来自她们私生活中的闺房氛围和她们公开生存的男性独立之间的对比。她们的行为像没有男人的世界中的男人。只有女人总是显得有点奇特；男人并不真正尊重女人：他们通过女人——妻子、情人、“受供养的”女人——互相尊重；当男性的保护不再扩展到她时，女人面对咄咄逼人的、嘲笑的或敌对的高等阶层，就被解除了武装。女同性恋作为“性反常”，会使人嗤之以鼻；作为一种生活方式，它引起蔑视或愤慨。在女同性恋者的态度中，之所以有很多挑战和做作，是因为

① Radclyffe Hall（1880—1943），英国女小说家、诗人。

她们没有任何方法自然地体验她们的处境：自然意味着不考虑自身，行动时不去考虑自己的行为，但他人的行为不断地引导女同性恋者意识到她自己。唯独当她有相当的年纪，或者享有巨大的社会声誉，她才能够满不在乎地走自己的路。

例如，很难断定她是出于兴趣，还是出于自卫的反应才常常穿男装。这里无疑大半是出于自发的选择。没有什么比穿女装更不自然的了；男装无疑也不自然，但更方便，也更简单，它的制作是为了方便行动而不是阻止行动；乔治·桑、伊莎贝尔·埃布拉特穿男装；蒂德·莫尼埃在她的最后一本书[①] 中说到她偏爱穿长裤；凡是主动的女人都喜欢平跟鞋和耐用的衣料。女性打扮的含义是很明显的：这是“装饰”自己，而装饰自己是献出自己；异性恋的女性主义者以前在这一点上也像女同性恋者一样不妥协：她们拒绝把自己变成一件商品陈列出去，她们穿套装，戴毡帽；有装饰的、袒胸露肩的连衣裙在她们看来是她们所反对的社会秩序的象征。今日，她们已经成功地抓住了现实，在她们看来，象征不那么重要了。对女同性恋者来说，象征保留着重要性，由于她感到自己仍然要提出要求。也有时候——如果她的身体特点导致她这样爱好的话——严肃的衣服对她更合适。必须补充的是，装饰所起的作用之一是满足女人触摸的感受；但女同性恋者轻视天鹅绒和丝绸的舒适感：像桑多尔一样，她喜欢她的女友把它们穿在身上，或者她的女友的身体本身可以代替它们。也正是出于这个原因，女同性恋者常常喜欢喝不掺水的酒，抽很冲的烟草，说粗话，强迫自己做剧烈的运动：在性欲上，她天生有女性的温柔；相比而言，她喜欢不平淡的环境。由此可能导致她喜欢待在男人的圈子中。但这里出现了一个新的因

---

① 见《自我》。——原注

素：她和他们保持往往是模糊的关系。一个对自己的男性气质十分自信的女人，只愿意男人做自己的朋友和伙伴：这种自信只在这样的女人身上遇到：她和男人有共同的兴趣——在商业上，在行动中或者在艺术上——她像他们当中的一个那样工作和获得成功。格特鲁德·斯泰因[1]接待朋友时，只同男人交谈，让艾丽丝·托克拉斯去招待他们的女友。[2]十分男性化的女同性恋者对女人会有一种矛盾的态度：她蔑视她们，但在她们面前既作为女人又作为男人有自卑情结；她担心她们觉得自己是一个有缺陷的女人，又是一个不健全的男人，这导致她要么装出高人一等，要么对她们表现出——像施特克尔叙述的女扮男装的例子——虐待狂的攻击性。但这种情况很罕见。我们已经看到，大部分女同性恋者迟疑地拒绝男人：在她们身上，就像在性欲冷淡的女人身上一样，有着厌恶、怨恨、胆怯、骄傲；她们感到自己确实不像他们；除了对女性的怨恨，还有对男性的自卑情结；他们是武装得更好的竞争对手，可以诱惑、占有和保留他们的猎物；她们憎恨他们对女人的能耐，憎恨他们使女人忍受“玷污”。她们也气愤地看到他们拥有社会特权，并感到他们比她们更强有力：不能同一个对手匹敌，知道他能够一拳把你击倒，是十分丢脸的事。这种复杂的敌意是导致她们中的某些人炫示同性恋的原因之一；她们只与女同性恋者来往；她们组成各种俱乐部，表示她们在社会方面和性方面不需要男人。由此，很容易变为一无用处的自吹自擂和各种装模作样的非本真性。女同性恋者首先扮演一个男人；然后成为女同性恋者本身也变成一个游戏；男式服

① Gertrude Stein（1874—1946），美国女作家，倡导意识流，著有带同性恋倾向的《情况如此》，以及《三个女人》《美国人的形成》《艾丽丝·芭·托克拉斯自传》《我所经历的战争》等。

② 如果一个异性恋者认为——或者想说服自己——她通过自己的价值超越了性别差异，也会有同样的态度：德·斯达尔夫人就是这样。——原注

装从伪装变成制服；借口摆脱男性压迫的女人，变成了她的角色的奴隶；她本不想封闭在女人的处境中，如今她却关在女同性恋者的处境中。没有什么比这伙获得自由的女人给人更坏的心胸狭窄和残缺不全的印象了。必须补充一点，许多女人只是出于谋求私利才声称自己是同性恋者：她们怀着清醒的意识，采取暧昧的举止，还希望诱惑喜欢“坏女人”的男人。这些虚张声势的狂热分子——显然是最受人注意的——助长了舆论，使这些被看做恶习和装腔作势的东西更加声誉扫地。

事实上，同性恋既不是一种蓄意的反常，也不是一种不可避免的诅咒。[①] 这是一种在处境中选择的态度，就是说，既是被激起的，又是自愿采纳的。主体通过这个选择所承担的任何因素——生理条件、心理史、社会环境——都不是决定性的，虽然各种因素都有助于解释它。对女人来说，这是解决她的一般状况，特别是她的性处境所提出的问题的方法之一。正如一切人类行为一样，同性恋会导致做戏、失衡、失败、谎言，或者相反，它将是丰富体验的源泉，这取决于它被体验的方式——是自欺、怠惰、非本真或者清醒、慷慨和自由。

① 《孤寂深渊》塑造了一个由于心理和生理上的必然性而变得不健全的女主人公。尽管这部小说获得了较高声誉，但它的资料价值微乎其微。——原注

第二部　处境

第五章　已婚女人

从传统说来，社会赋予女人的命运是婚姻。大部分女人今日仍然是已婚的、结过婚的、准备结婚或者因没有结婚而苦恼。独身女人的定义由婚姻而来，不论她是受挫折的、反抗过的，甚或对这种制度毫不在乎。因此，我们必须通过对婚姻的分析，继续进行这项研究。

女性状况在经济上的演变，正在动摇婚姻制度：婚姻变成通过两个自主的个体自由赞同的结合；配偶的缔约是个人的，也是相互的；对双方来说，通奸是对婚姻的违约：离婚可以由双方在同等条件下达成。女人不再受到生育职能的限制：这种职能失去了大部分自然奴役的性质，它呈现为一种自愿承受的负担①；而且它与生产劳动同化了，因为在许多情况下，怀孕所要求的休息时间里，国家或雇主必须给母亲支付薪金。在苏联，有几年结婚曾被看做建立在夫妇唯一自由基础上的个体之间的契约；现在它看来是国家强加给他们双方的义务。在明天的世界中，这种或那种倾向会占据优势，这取决于社会的一般结构，但无论如何，男性的监护正在消失。然而，我们生活的时代，从女性主义的观点看来，仍然是一个过渡时期。只有一部分妇女参加生产，甚至她们也属于古老的结构、古老的价值依然残存的社会。现代婚姻只能根据它延续的过去来理解。

婚姻对于男人和女人，向来都是以完全不同的方式表现出来的。两性彼此必不可少，但这种需要从未曾在他们之间产生相互性；女人从来不构成一个与男性在平等基础上进行交换和订立契约的等级。在社会上，男人是一个自主的完整的个体；他首先被看做生产者，他生存的正当性通过他给群体提供的劳动来证实；我们已经看到②，女人受制于生育和家务的角色不能给她保证同等的地位的原因。当然，男性需要她；在某些原始民族中，单身男人往往不能独自保证自己的生计，成为一种贱民；在农业共同体中，一个女合作者对于农民是必不可少的；对于大多数男人来说，将某些苦活推给妻子是有利的；男人希望有稳定的性生活，希望有后代，而且社会也要求他为延续它作出贡献。男人并非直接向女人提出呼吁：是男人的社会允许它的每一个成员作为丈夫和父亲自我实现；女人作为奴隶或者仆从被纳入父亲和兄弟支配的家庭群体中，通常由一些男人将她婚配给另一些男人。在原始社会，部落和父系氏族拥有她，几乎把她当做物：她属于两个群体彼此同意交换的实物；当婚姻在演变过程中③具有契约形式时，她的处境并没有发生深刻变化；女人拥有嫁妆或拿到遗产时，被看做有公民地位的人；但嫁妆和遗产仍然让她忍受家庭奴役；在一个很长的时期里，婚约是在岳父和女婿之间而不是在妻子和丈夫之间签订的；只有寡妇才享受到经济自主。④少女的选择自由一向是十分有限的；而独身——除了它具有神圣性质的特殊情况——使她降低到寄生者和贱民的地位；

---

① 参阅《第二性 I》第二部第五章。——原注

② 参阅《第二性 I》第二部。——原注

③ 这个演变断断续续地进行。它在埃及、罗马和现代文明中一再出现，参阅《第二性 I》第二部。——原注

④ 年轻寡妇在色情文学中的特殊性由此而来。——原注

结婚是她唯一的谋生手段和使她的生存获得社会认可的唯一方式。婚姻被以双重名义强加给她：她应该为共同体生孩子；像在斯巴达和纳粹政权下的少数情况——国家直接监护她，只要求她做一个母亲——这种情况十分罕见。甚至还不知道父亲的生殖作用的文明，也要求她处在丈夫的保护之下；她也有满足一个男人的性需要和料理家庭的职能。社会强加给她的负担，被看做对丈夫的服务：他也要给她送礼，或者给她留下遗产，他要保证供养她；正是通过他，共同体履行了对奉献给它的那个女人的责任。妻子在完成职责时获得的权利，表现为男性要承担的义务。他不能随意破坏婚姻关系；遗弃和离婚只有通过公共权力裁决才能进行，有时丈夫应该做出金钱补偿：在波克霍利斯① 时期的埃及，甚至已变得很流行，正如在今日的美国以 alimony② 的形式出现。一夫多妻制一向多少受到公开的容忍：男人可以让女奴、姘妇、小妾、情妇、妓女上他的床；但他不得不尊重他的合法妻子的某些特权。如果她感到自己受虐待，或者受伤害，她可以——多少受到保证——回到娘家，从她那方面获得分居或离婚。因此，对双方来说，婚姻同时是负担和利益；但他们的处境并不对称；对少女来说，结婚是融入群体的唯一办法，如果她们“仍然是待字闺中”，在社会上她们就是废物。因此，母亲们总是顽强地寻求把她们嫁出去。在上一世纪的资产阶级中，人们几乎不咨询她们，而是在事先安排的“见面”中，把她们提供给可能的求婚者。左拉在《家常琐事》中描绘了这种习俗。

“完了，完了，”约瑟朗太太倒在椅子上说道。约瑟朗先

---

① Bocchoris，生卒年月不详，埃及第二十四王朝的创建者和唯一法老（前 725—前 720）。
② 英文，赡养费。

生只简单说了声：“啊！”

“可是，你不明白，”约瑟朗太太用尖厉的声音又说，“我告诉你，又一桩婚事泡汤了，这是第四桩失败的婚事了！”

“你明白，”约瑟朗太太走向她的女儿，继续说，“你是怎样又把这桩婚事搞糟的？”

贝尔特明白轮到她受责备了。

“我不知道，妈妈。”她支支吾吾地说。

“一个办公室副主任，”她的母亲又说，“不到三十岁，前途似锦。每个月都把他的薪水交给你：稳稳当当，只有这个最重要……你又像前几次一样做了蠢事？”

“我向你保证没有，妈妈。”

“你同他跳舞时到过小客厅吗？”

贝尔特局促不安：“是的，妈妈……我们单独在一起时，他想动手动脚，他这样抓住我，抱吻我。于是我害怕了，我推了他一把，他撞到家具上！”

她的母亲打断了她，被愤怒攫住了：“他被推到家具上！啊！真是不知好歹，把他推到家具上！”

“可是，妈妈，他搂住了我。”

“然后呢？他搂住了你……真干的好事！把这些傻瓜送到寄宿学校去吧！他们教给你一些什么呀，说呀！……在门后接吻！你会把这种事老老实实告诉我们，告诉你的父母吗？你把人家推到家具上，你让婚事都泡汤了！”

她摆出一副教训人的神态，继续说：

“完了，我绝望了，你真蠢，我的女儿……既然你没有财产，你就要明白，你应该用别的办法抓住男人。要可爱，眼神要温柔，忘掉他的手，允许幼稚的举动，就像没注意到；最后就能钓到一个丈夫……令我生气的是，她想做的时候做得并不差。”约瑟朗太太接着说，“得了，擦干你的眼泪，看着我，就像我是一位先生，正在追求你。你看，你让你的扇子掉在地上，让这位先生去捡扇子时碰到你的手指……不要死板，要灵活一些。男人不喜欢板得像块木头。尤其是，如果他们走得太远，你不要愣头愣脑的。一个走得太远的男人要输得精光，我的宝贝。”

客厅的挂钟敲响两点；这位母亲经过昨夜长时间的激动，强烈地希望马上缔结婚姻，她不知不觉自言自语起来，把她的女儿当做纸糊的娃娃翻来覆去折腾一番。她女儿软弱无力，百依百顺，任人摆布，但她心里很难受，恐惧和羞耻束紧她的喉咙……

少女就是这样显得绝对被动，她出嫁，在婚姻中被父母献出去。男孩子则是结婚，娶妻。他们在婚姻中寻找自己生存的扩大和确认，而不是寻找生存的权利本身，这是他们自由承担的一项义务。因此，他们能够权衡利弊，像古希腊和中世纪的讽刺作家所做的那样；对他们来说，这只是一种生活方式，而不是一种命运。他们可以选择独身的寂寞，有些男人很晚结婚或者不结婚。

女人在结婚时获得世界的一部分“封地”，法律保证她不受男人任性的支配，但她变成他的仆从。在经济上，这个共同体的首脑是他，因此，在社会看来，体现这个共同体的是他。她用他的姓；她与他的信仰结合在一起，融合到他的阶级、他的圈子；她属于他的家族，变成他的“一半”。凡是他的工作召唤他的地方，她便跟随着他前往：基本上是根据他从事职业的地方确定夫妇的住所；她多少断然地与她的过去决裂，合并到丈夫的天地中；她把自己整个人献给了他：她把自己的贞操和忠贞不贰给了他。她失去了法律给予独身女子的部分权利。罗马法将女人 loco filiœ[①] 置于丈夫手中；十九世纪初，博纳尔宣称，妻子之于丈夫，正如孩子之于母亲；直到一九四二年法国颁布的法律，仍然要求她服从丈夫；法律和风俗给予丈夫很大的权威：她的自身处境，也暗示了在夫妻中情况也如此。既然他是生产者，是他超越家庭的利益，面向社会利益，在参与建设集体未来的同时，为家庭利益敞开未来：他体现了超越性。女人注定要延续物种和料理家庭，也就是说注定属于内在性。[②] 实际上，一切生存都同时是超越性与内在性；为了自我超越，它要求延续，为了通向未来，它必须融合过去，与他人交往的同时，它要自我确认。这两个时刻包含在一切生命的活动中：婚姻正是允许男人将这两者成功地综合在一起；他在自己的职业和政治生涯中，经历了变化和进步，感到自己在时间和世界中扩展；当他厌倦了这种漫游时，他便建立一个家庭，固定下来，停泊在世界上；晚上，他在家里休整，妻子在家中照料家务和孩子，回想她保存的过去。她没有别的任务，只是纯粹千篇一律在延续生命和抚养子女；她要使物种持久地延续，保证每天一样的节奏和家庭的持久，把门锁好；人们不让她直接控制未来和世界；她只通过丈夫向群体超越。

今日，婚姻保留了大部分的传统面貌。首先，它更严格地强加于少女，而不是年轻男人。女人在大部分社会阶层中仍然没有任何前景；在农民中，独身女人是贱民；她是她的父亲、她的兄弟和她

① 拉丁文，作为女儿。
② 参阅《第二性 I》。可以在圣保罗、教父、卢梭、蒲鲁东、奥古斯特 · 孔德、戴 · 赫 · 劳伦斯等的作品中找到这个论点。——原注

的姐夫、妹夫的女仆；移居到城里对她来说几乎不可能；让她受男人奴役的婚姻，使她变成家庭主妇。在某些资产阶级圈子中，仍然让少女不能谋生；她只能在父亲家里过寄生生活，或者在另一家族中接受低等地位。即使在她获得更多解放的情况下，男性掌握的经济特权促使她宁可选择结婚而不是就业：她会寻找一个地位高于自己的丈夫，或者她希望他能更快地“往上爬”，比她更有发展前途。今日人们仍然像从前一样，认为从女人方面说，性交是她对男人的一项服务；他获得快感，他应该用补偿来交换。女人的身体是一个出售的物品；对她而言，它代表一笔资本，她被允许利用这笔资本。有时她带给丈夫一份陪嫁；她往往提供一定的家务劳动：她要持家，抚养孩子。无论如何，她有权受到赡养，甚至传统道德鼓励她这样做。由于女人的职业时常是无报酬或工资微薄，她自然受到这种方便的吸引；结婚比其他许多职业更有利可图。风俗使独身女人的性解放更困难；在法国，妻子通奸至今仍然是犯罪，可任何法律都不禁止女人自由恋爱；然而，如果她想找一个情人，首先必须结婚。许多家教严格的资产阶级年轻女子，至今仍然“为了获得自由”而结婚。相当多的美国女人获得了性自由；但是她们的体验和马林诺夫斯基描绘的原始部落的年轻女人相似，她们在“独身者之家”中享受到没有麻烦的乐趣；人们期待她们结婚，只有在这时人们才充分地把她们看做成年人。在美国更甚于在法国，一个单身女人是一个在社会意义上不完整的人，即使她在谋生；她的手指上必须有一只结婚戒指，才能获得一个人的完整尊严和充分权利。特别是，怀孕只有在已婚女人身上才受到尊敬；未婚母亲仍然是丑闻的对象，孩子对她来说是沉重的障碍。出于各种理由，欧美的许多少女被问到她们的未来计划时，今日的回答与过去并无区别：“我想结婚。”然而任何年轻男人不把结婚看做他的主要计划。能给他成年人尊严的是经济上获得成功：它能带来婚姻——尤其对农民来说——但它也能排除婚姻。现代生活的状况——比过去更不稳定，更加变化无常——使得结婚对年轻人来说负担格外沉重；相反，好处已减少，因为他很容易维持生计，一般可以获得性满足。无疑，婚姻包括物质方便——（“在家里比在餐馆里吃得好。”）——和性交方便——（“像这样等于家里有妓院。”）——它让个体摆脱孤独，给他一个家和孩子，就把他固定在空间和时间中；这是他的生存的最终实现。尽管如此，在总体上男性的需求低于女性的供应。与其说父亲将女儿奉献出去，不如说他想摆脱她；寻找丈夫的少女不是回应男性的吁求：她挑动这个吁求。

父母安排的婚姻并没有消失，全部有正统观念的资产者都在延续这种婚姻。在拿破仑陵墓①周围，在歌剧院，在舞会上，在海滩上，在茶会上，渴望婚姻的女子头发刚刚梳得平整，穿上新连衣裙，胆怯地显示自己肉体的妩媚和谦逊的谈话；她的父母纠缠着她：“为你准备会面已经花费了我不少钱，快拿定主意。下一次就轮到你妹妹了。”不幸的候选人知道，随着她逐渐超过结婚年龄，她的机会减少了；求婚者不多：她比起用一群羊来交换的贝督因姑娘选择的自由也多不了多少。正如柯莱特所说的：“一个没有财产和没有职业的少女，是她兄弟们的负担，她只有沉默，接受她的机会和感谢天主！”②

上流社会的生活以不那么露骨的方式允许年轻人在母亲的监视下相会。少女更自由一些，经常出门，到学校里去，从事有机会与男人接触的职业。一九四五年至一九四七年，克莱尔·勒普拉太太

① 拿破仑的遗骸在1840年运回法国，葬入巴黎的荣军院。
② 见《克罗蒂娜的家》。——原注

在比利时的资产者中进行了一项关于择偶问题的调查。① 这位作者以访问的方式进行，我举出几例她所提的问题和得到的回答。

问：父母安排的婚姻常见吗？

答：父母安排的婚姻已经不再有了（51%）。

父母安排的婚姻很少，最多1%（16%）。

1%至3%的婚姻是父母安排的（28%）。

5%至10%的婚姻是父母安排的（5%）。

被调查的人指出，父母安排的婚姻在一九四五年以前很多，如今已近乎消失。然而，“利害关系、缺乏联系、胆小、年龄关系、期待实现美满结合，是有些父母安排婚姻的原因”。这些婚姻往往由教士促成，有时少女也以通信方式交友结婚。“她们通过书面形式亲自描绘自己的肖像，肖像印在特殊的印刷品上，每页编上号码。这份印刷品寄给每一个描绘过自己的少女。比如，它包括两百个婚姻候选少女，数目几乎与男候选人相等。他们也描绘自己的肖像。所有人都可以自由选择一个通信者，他们通过印刷品作为中介给通信人写信。”

问：近十年中，在什么情况下，年轻人能订上婚？

答：上流社会的聚会（48%）。

在一起学习和做事（22%）。

亲密的聚会，小住（30%）。

大家都一致同意这个事实：“青梅竹马的婚姻很少。爱情是意外产生的。”

---

① 见克莱尔·勒普拉《订婚》。——原注

问：金钱在婚嫁选择中起到头等作用吗？

答：30%的婚姻只讲金钱（48%）。

50%的婚姻只讲金钱（35%）。

70%的婚姻只讲金钱（17%）。

问：父母非常想嫁女儿吗？

答：父母非常想嫁女儿（58%）。

父母想嫁女儿（24%）。

父母想把女儿留在家里（18%）。

问：少女非常想结婚吗？

答：少女非常想结婚（36%）。

少女想结婚（38%）。

少女与其婚结得不好，还不如不结婚（26%）。

“少女向年轻男子发动进攻。少女为了结婚会嫁给随便什么人。她们都希望结婚，她们煞费苦心要达到目的。对一个少女来说，没有人追求是一种耻辱：为了逃避这种耻辱，她往往同第一个求婚者结婚。少女是为结婚而结婚。少女是为了嫁出去而结婚。少女之所以匆匆忙忙结婚，是因为婚姻会保证她们得到更多的自由。”在这一点上，几乎所有的见证都相当一致。

问：少女在追求婚姻中比年轻男子更主动吗？

答：少女向年轻男子表白感情，要求他们娶自己（43%）。

少女追求婚姻比年轻男子更主动（43%）。

少女态度谨慎（14%）。

> 这里意见仍然几乎一致：通常在婚姻中采取主动的是少女。“少女意识到，她们没有获得在生活中摆脱困境的办法；她们不知道怎么样才能工作获得生存所需，她们在婚姻中寻找最后的希望。少女表白自己，扑向年轻男子。她们是可怕的！少女千方百计要结婚……是女人寻找男人，等等。”

法国没有这方面的材料；但是，在法国和比利时，资产阶级的状况是相同的，无疑可以得出相似的结论；“父母安排的”婚姻在法国向来比任何一个国家都多，著名的“绿滚条俱乐部”的成员在晚会上相聚，为了促成两性之间接近，至今这个俱乐部还很兴盛；征婚启事在许多报纸上占据长长的栏目。

在法国，就像在美国，母亲、年长的妇女、妇女周刊，玩世不恭地教少女“抓到”丈夫的艺术，如同捕蝇纸逮住苍蝇一样；这是一种“钓鱼术”，一种“狩猎术”，要求很多技巧：目标既不要太高，也不要太低；不要浪漫，而要现实；要将卖弄风情和端庄混合在一起；既不要要求太多，也不要要求太少……年轻人不信任“想出嫁”的女人。一个年轻的比利时人宣称①：“对一个男人来说，没有什么比感到自己受到追逐，意识到有个女人要抓住他更令人不快的了。”他们致力于挫败她们的诡计。少女的选择往往十分有限。只有当她认为自己有不结婚的自由，才会是真正的自由。在她的决定中，通常有盘算、厌恶、忍让，而不是热情。“如果想要她的年轻男人差不多合适（身份地位、健康、职业），她不爱他也会接受他。即令有‘但’字的保留，她还是接受他，保持冷静的头脑。”

---

① 参阅克莱尔·勒普拉《订婚》。——原注

可是，少女渴望婚姻的同时，常常害怕结婚。婚姻对她比对男人代表更大的利益，因此，她更热烈地希望结婚；但婚姻也要求她做出更大的牺牲，特别是，它带来激烈得多的与过去的决裂。我们已经看到，很多少女一想到离开父亲家，便感到焦虑：当婚期临近时，这种焦虑便加剧了。正是在这时，会出现大量的神经官能症；在年轻男人中也有这类情况，他们害怕要承担新的责任，不过，在少女身上这种症状普遍得多，原因我们已经讲过，在这一发病时刻，这些原因具有极大的重要性。我要援引从施特克尔那里借用来的例子。他曾经治疗过一个上等家庭的少女，她呈现好几种神经官能症的症状。

> 在施特克尔认识她的时候，她忍受着呕吐的痛苦，每天晚上服用吗啡，经常大发脾气，拒绝洗澡，在床上吃饭，关在自己房间里。她订了婚，自认为热烈地爱自己的未婚夫。她向施特克尔承认，她已献身给他……后来，她说，她不曾有过任何快感：她甚至一想到接吻就反感，这是她呕吐的根源。人们发现，事实上，她为了惩罚母亲而献身，她感到自己没有得到母亲足够的爱；孩子的时候，夜里她窥视双亲，因为她担心他们给她一个弟弟或者一个妹妹；她很爱她的母亲。“现在她应该结婚，离开父亲家，放弃父母的卧房吗？这不可能。”她让自己发胖，抓伤自己的手，变得昏头昏脑，得了病，企图用各种方法侮辱她的未婚夫。医生给她治疗，但她哀求母亲放弃让她结婚的想法：“她希望待在家里，永远是个孩子。”她的母亲坚持让她结婚。在结婚之前一个星期，人们发现她死在床上；她开枪自杀了。

在其他例子中，少女长期生病；她感到绝望，因为她的身体状况不允许她嫁给“她热爱的”男人；实际上，她让自己得病，为的是不嫁给他，她只在解除婚约的情况下才重新找到平衡。有时，对结婚的恐惧来自少女以前有过性体验，这给她留下深刻印象；她尤其担心失去处女贞操会被发现。但往往是对她的父亲、母亲、妹妹的强烈感情，或者是一般而言对家庭的眷恋，使她不能忍受屈从于一个陌生男人的想法。有许多少女之所以决定结婚，是因为必须结婚，是因为受到压力，是因为她们知道，这是唯一理智的出路，她们想过妻子和母亲的正常生活，但内心深处仍保留着隐秘而执著的抗拒，使她们夫妻生活的开头变得困难，甚至会阻碍她们从中找到幸福的平衡。

一般说来，婚姻并不是通过爱情决定的。弗洛伊德说过：“可以说丈夫永远只是一个被爱男人的替身，而不是这个男人本人。”这种分离绝非偶然。它是由婚姻制度的性质本身带来的。问题是要让男女的经济和性的结合朝集体利益发展，而不是保证他们的个体幸福。在父权制下，往往——今日在某些穆斯林中仍是这样——由父母选择的未婚夫在结婚之前甚至没有见过她们的面。从社会角度看，把终身大事建立在感情或性的任性之上，是行不通的。蒙田说：

> 在这种明智的交易中，欲望不是那么放纵；它们是不明朗的，更加迟钝。爱情厌恶人们不是如实地看待它，并卑劣地混杂于以别的名义安排和维持的交往，像结婚就是这样：婚嫁、财力与魅力、美貌自然同等重要，或者更重要。不管怎么说，结婚不是为自己；结婚同样或者更是为了后代和家庭。（第三

卷第五章）

由于是男人“娶”女人——尤其有许多女人供挑选时——所以他有更多的选择可能性。但既然性行为被看做强加给女人的一项服务，人们让与她的好处就建立在这上面，那么，不顾她的特殊偏爱也就是符合逻辑的了。婚姻在于保护她去抵制男人的自由：不过，由于在自由之外既没有爱情也没有个体性，为了保证她终身受到一个男人保护，她只能放弃特殊个体的爱情。我听到过一个尽职的母亲教导她的几个女儿说：“爱情是留给男人的粗俗感情，正经女人不了解爱情。”这是以朴实的形式重现黑格尔在《精神现象学》（第二卷第二十五页）中的理论：

> **母亲**和**妻子**的关系部分是以属于快感的自然事物为其特殊性，部分是以仅仅在此关系中凝视自我消失的否定事物为其特殊性；正因如此，某种程度上也使这种特殊性成为某种偶然性的事物，它总是可能被另一种特殊性所代替。在性统治的家庭中，关键不在于**这个丈夫**，而在于一般而言的**丈夫**，在于一般而言的孩子。女人的**这些关系并不是建立在感性上，而是建立在普遍性上**。女人与男人的伦理生活的区别，正是在于女人在由特殊性决定的区别中和在她的快感中直接成为普遍性的东西，外在于欲望的特殊性。相反，在男人身上，这两个方面彼此分开，因为男人作为公民具有意识到自身的**力量和普遍性**，他这样给自己购回**欲望**的权利，同时对这种欲望保持自己的自由。因此，如果特殊性与女人的这种关系混合在一起，其伦理性质是不纯的；但由于这种伦理性质是如此这般的，特殊性就是无关紧要的，女人缺乏对自我的认识，就像这自我在他人的身上。

这就是说，对女人而言，绝不是在她们的特殊性中建立同选定丈夫的关系，而是在她们的一般性中证实她的女性职能的正当性；她只应该在特定的而不是个体化的形式下经历快感；关于她的性的命运，由此得出两个基本结论：首先，她在婚姻之外没有权利进行任何性活动；对于一对夫妇来说，性交变成一种制度，欲望和快感趋向社会利益超越；但男人作为劳动者和公民朝一般性超越，在结婚之前和夫妻生活之外可以享受偶然的快感：无论如何，他通过其他途径能找到性交的办法；而在女人本质上被定义为在女性的世界中，她必须作为女性才能得到完全的辩护。此外，我们已经看到，一般性与特殊性的关系，从生物学上说，在男性与女性身上是不同的：前者在完成丈夫与生殖者的特殊任务时，肯定得到快感；[①] 相反，在女人身上生殖职能与情欲往往会分离。正因此，表面上婚姻力图给予女人的性生活以伦理尊严，事实上却企图取消它。

女人这种性挫折被男人经过三思后接受了；我们已经看到，他们依据乐观的自然哲学，很容易忍受她的苦难：这是她的命运；《圣经》的诅咒让他们更坚信这种简便的观点。怀孕的痛苦——这种强加给女人的沉重代价，换取的是短暂的不确定的快感——甚至成为许多玩笑的话柄。“五分钟的快感：九个月的苦难……进去容易出来难。”这个对比往往使他们快活。男人接受这种虐待狂的哲学：许多男人对女人的痛苦感到高兴，对缓解它的想法很反感。[②] 因此，可以理解，男人拒绝给予他们的妻子以性的幸福，对此没

---

① 当然，“一个洞总是一个洞”的格言具有粗俗的幽默意味，男人追求的不是粗俗的快感；然而，某些“廉价香巢”的兴盛足以证明，男人能够跟随便哪个女人得到满足。——原注

② 比如，有的人认为，分娩的痛苦对于母性本能的显现是必要的：在麻醉状态中生仔的母鹿会离开小鹿。提出的这种事实的真实性大可怀疑，无论如何，女人不是母鹿。事实是，有些男人对女性的负担减轻感到愤怒。——原注

有任何顾忌；他们甚至觉得不给她欲望的诱惑和自主的快感是有利的。①

蒙田以一种可爱的犬儒主义这样表达：

因此，让受尊敬的和神圣的联姻沉溺于淫乐，是一种乱伦；亚里士多德说，必须“谨慎和严厉地对待妻子，只怕过于淫荡地触摸她，快感会让她脱离理性的制约……”我看，没有比建立在美貌和爱欲之上的婚姻更快地失败和引起麻烦的了：必须有更扎实和更持久的基础，还要保持戒备；这种华而不实的快乐毫无用处……如果有好婚姻，它要拒绝爱情的陪伴和条件（第三卷第五章）。他还说（第一卷第三十章）：“如果没有节制，他们和妻子结合得到的快感本身就要受到指责；就像在不合法者身上那样，在放纵和放荡中支持不住。热烈的爱情的第一次结合后不能克制，不仅是不适宜的，而且要损害我们的妻子。她们至少要用另一种方式了解什么是厚颜无耻。她们总是被我们的需要唤醒……婚姻是一种神圣的结合：因此，从中获得的快感应该是有限制的、严肃的、带有某种庄严的快

① 今日，女人对快感的要求仍然引起男人的愤怒；在这一点上有一个惊人的文件，就是格雷米荣医生的小册子《女人性高潮的真相》。序言告诉我们，作者作为第一次世界大战的英雄，拯救了五十四个德国俘虏的生命，是一个道德极为高尚的人。他激烈地攻击施特克尔的著作《性欲冷淡的女人》，例如宣称：“正常的女人，生育多的女人，没有性欲高潮。从来没有感到过美妙的痉挛的母亲（而且是最优秀的母亲）非常多……往往是潜在状态的性敏感区不是自然的，而是人为的。有人以获得它而自豪，但这是衰弱的痕迹……你对获得快乐的男人去说这些，他不会重视的。他希望他的性伙伴有性欲高潮，而且她会有的。如果没有，就让它产生。现代女人希望男人让她激动异常。我们回答她：太太，我们没有时间，卫生禁止我们这样做！……创造性敏感区的人是在反对自身：他制造了不可餍足的女人。吸血女鬼可以毫不疲倦地吸尽无数丈夫的血……‘拥有性敏感区的女人’变成另一个女人，具有新的精神状态，有时这是一个可怕的女人，会发展到犯罪……如果人们深信，‘做爱’是一个与吃饭、撒尿、大便、睡觉一样无所谓的行为，那就不会有神经官能症和精神疾病了……”——原注

感；这应该是谨慎的和受意识掌握的一种情欲。”

事实上，如果丈夫唤醒了女性的肉欲，那是在一般性中唤醒它，因为他不是特别被选中的；他使自己的妻子可以在别人的怀抱里寻找快感；蒙田还说，过分地抚摸一个女人，就像“在篮子里拉屎，然后扣在自己头上”。另外，他真诚地同意，男性的谨慎使女人处于非常不愉快的处境。

> 女人拒绝被引入社会的生活规范根本没有错；男人未征求她们意见就这样制订了。在她们和我们之间，自然有诡计和嘲弄。在这方面，我们并不尊重她们：在我们知道了她们超过我们，更能领会更热烈地追求爱情的效果以后……我们会同她们一起节欲，而且会忍受极度的难受……我们希望她们健康、有活力、丰满、吃得好、贞洁，就是说，既热烈又冷淡；因为我们认为要阻止她们在婚姻中热情奔放，根据我们的习俗，这婚姻只给她们带来很少的愉悦。

蒲鲁东顾忌较少：在他看来，把爱情从婚姻中排除出去符合“正义”：

> 爱情应当淹没在正义中……凡是恋爱的对话，即使在未婚夫妻之间，即使在夫妇之间，也是对家庭的尊重、对工作的热爱和对社会责任的履行不适宜和有损害的……（一旦完成了爱情仪式）我们就应该回避它，就像牧羊人使乳凝结起来以后使之分离出来……

但在十九世纪，资产阶级的观点有点改变了；它千方百计捍卫和维持婚姻；另外，个人主义的发展使人们不能简单地压制女性的要求；圣西门、傅立叶、乔治·桑和所有的浪漫派都激烈地要求爱情的权利。提出了这样一个问题：将迄今为止被心安理得地排除出去的个体情感与婚姻结合起来。正是在这时创造出“夫妇之爱”的模糊概念，这是传统的门当户对婚姻结出的神奇果实。巴尔扎克前后不一地表达了保守的资产阶级的观点。他承认，原则上婚姻和爱情没有什么一致之处；但是他反对将受到尊重的体制与将女人看做物的普通市场交易相提并论；由此他得到《婚姻生理学》令人困惑的、支离破碎的结论：

婚姻可以在政治上、民事上和伦理上看做是一种法律、一种契约、一种规章制度……因此，婚姻应该受到普遍尊重。社会只能重视这个对它而言是凌驾于夫妇问题之上的最高问题。

大部分人通过他们的婚姻只考虑到生育和孩子的归属；但无论生育、财产还是孩子都不构成幸福。Crescite et multiplicamini[①] 并不带来爱情。以法律、国王和司法的名义要求一个姑娘在能做爱的十五天中做爱十四次，这在大部分人看来是荒谬的事。

这跟黑格尔的理论一样清晰。但巴尔扎克毫无过渡地继续说：

爱情是需要和情感两者的结合，婚姻的幸福来自夫妇之间心灵的完美和谐。由此得出，要得到幸福，一个男人不得不强

① 拉丁文，生育和繁殖。

制自己遵守某些荣誉和礼节的规则。他利用了使需要神圣化的社会法律的好处之后，不得不服从使感情开花结果的神秘的自然法则。如果他要得到被爱的幸福，他就必须真诚地去爱：什么也不能抵挡真正的爱情。但被爱总是要期望。能不能总是期望得到妻子呢？

——能。

然后，巴尔扎克陈述婚姻这门科学。但他很快发现，对丈夫来说，问题不在于被爱，而在于不受骗：丈夫迟疑不决是否将使人消沉的制度强加于他的妻子，是否拒绝给她文化，让她变得粗鲁，唯一的目的是拯救他的荣誉。这还是爱情吗？如果想在这些含糊的、不连贯的思想中找到意义，看来是男人有权选择一个女人，他在她身上能够满足一般性的需要，这一般性是她忠实的保证：然后，他要运用某些方法，唤起他妻子的爱情。不过，如果他结婚是为了财产和后代，他确实是在恋爱吗？如果不是的话，他的激情怎样才能不可抗拒，引起相互的激情呢？巴尔扎克确实不知道，单方面的爱情远远不能不可遏止地吸引对方，相反，令人讨厌和反感吗？在《两个新嫁娘的回忆》中，可以清晰地看到他的自欺，这是一部书信体的主题小说。路易丝·德·肖利厄力图将婚姻建立在爱情的基础上；由于过度的激情，她杀死了第一个丈夫；由于她对第二个丈夫感到强烈的嫉妒，她死去了。蕾内·德·莱斯托拉德为了理智而牺牲感情：但做母亲的快乐足够弥补她，她建立了稳定的幸福。读者首先纳闷，是什么诅咒——如果不是作者本人的决定——禁止多情的路易丝如其所愿成为母亲呢：爱情绝不妨碍怀孕；另外，读者会想，为了快乐地接受丈夫的拥抱，蕾内必须表现出司汤达憎恶的“正经女人”身上的那种“虚伪”。巴尔扎克这样描绘新婚之夜：

根据你的说法，我们把丈夫称为野兽，这头野兽消失了，蕾内对她的女友写信说。在一个我难以述说的温馨之夜，我看到了一个情人，他的话直达我的心灵，我怀着难以形容的快乐倚在他的臂弯里……好奇心在我的心里升起来……要知道，无论是最细腻的爱情所需要的，还是有时候这一刻的荣誉所意料不到的东西，什么都不缺乏：我们的想象要求他显出神秘的优雅，作为借口的冲动，获得的同意，盼望已久得到的理想快感，这种快感在我们任凭自己回到现实之前便征服了我们的心灵，所有这些诱惑以其迷人的形式汇聚在一起。

这美好的奇迹并不经常重现，因为在后来的几封信中，我们看到蕾内泪流满面："从前我是一个人，如今我是一个物"；她阅读博纳尔的书，聊以自慰，不再为"夫妇之爱"的那些夜晚感到痛苦。可是，读者想知道，在女性初试性交最困难的时刻，丈夫是通过什么方法变成一个迷人的男子的；巴尔扎克在《婚姻生理学》中提供的方法很简略。"决不要以强制的行为开始婚姻"，或者模棱两可："巧妙地抓住快感的微妙之处，加以发展，给以新的式样，崭新的表现构成丈夫的才能。"另外他马上补充说："在不相爱的两个人之间，这种才能属于淫荡。"然而，蕾内恰好不爱路易；他被描绘的这种"才能"来自何处？事实上，巴尔扎克狡猾地回避了问题。他不了解没有中性的情感，缺乏爱、强制、无聊，只能产生怨恨、不耐烦、敌意，而不能产生温柔的爱情。他在《幽谷百合》中表现得更真诚些，不幸的德·莫尔索夫夫人的命运显得不那么说教。

将婚姻和爱情协调起来不是易事，没有神灵干预很难成功，克尔恺郭尔经过复杂的迂回手法才得出解决方法。他喜欢揭示婚姻的悖论：

> 婚姻是多么古怪的创造啊！使它更加古怪的是，它被看做一种自发行为。然而，任何行为都没有起这样决定性的作用……像这样有决定性的行为就必须自发地去做。①
>
> 困难是这样的：爱情和爱慕是完全自发的，结婚是一个决定；然而，爱慕应该由结婚或想结婚的决定激发起来的；这意味着，最自发的东西应该同时是最自由的决定，而自发性是这样不可解释，以至要归于神灵，应该同时根据思考和竭尽全力的思考，从中产生决定。此外，一件事不应紧随着另一件，决定不应蹑手蹑脚跟随在后面到达，一切应该同时产生，两样东西应该在结局那一刻汇合在一起。②

这就是说，爱不是嫁娶，很难理解爱情怎样才能变成责任。但这个悖论吓不倒克尔恺郭尔：他所有关于婚姻的随笔，是为了澄清这个谜而写成的。他承认，这样理解是不错的：

> “思考是自发性的毁灭天使……如果思考后不得已而选择爱慕，也许就永远没有婚姻了。”但是，“决定是一种通过思考获得、以纯粹理想的方式感受到的新的自发性，这是恰好与爱慕的自发性相连的自发性。决定是建立在伦理条件之上的严谨生活观念，可以说应该给爱慕开辟道路，保证它抵御一切内外危险”。因此，“一个丈夫，一个真正的丈夫，自身是一个

---

① 见《酒中真相》。——原注
② 见《漫谈婚姻》。——原注

奇迹！……当生存在他及意中人身上汇聚了严肃的全部力量时，要能够保持爱情的快乐！”

至于女人，理智不是她的命运，她没有“思考”；因此，“她从爱情的直接性过渡到宗教的直接性”。这种理论用明晰的语言表达出来，意味着一个恋爱的男人通过对上帝的信仰决定结婚，上帝应该保证他感情和承诺一致；还意味着女人一旦恋爱便希望嫁人。我认识一个信天主教的老妇人，她更天真地相信“神坛前的一见钟情”；她断定，一对夫妇在祭坛脚下宣称决定性的“我愿意”时，他们会感到彼此的心十分激动。克尔恺郭尔承认，应该先有“爱慕”，但保证爱慕要持续一生仍然是奇迹。

但在法国，世纪末的小说家和剧作家不怎么相信圣事的效力，力图通过更有人情味的方法保证夫妇幸福；他们比巴尔扎克更加大胆，考虑将肉欲和合法爱情相结合的可能性。波托－里什在《恋妇》中断定性爱和家庭生活不可调和：对妻子的热情感到厌倦的丈夫在一个较温和的情妇身边寻找平静。可是，在保罗·埃尔维厄[①]的挑动下，人们在法律中写上，“爱情”在夫妇之间是一个责任。马塞尔·普雷沃[②]向年轻的丈夫宣扬，必须把妻子当做情妇来对待，他用有节制而淫荡的语言描绘夫妇的情欲。伯恩斯坦[③]是描写合法爱情的剧作家：丈夫在不讲道德的、爱说谎的、淫荡的、手脚不干净的、凶恶的妻子身边，表现得像一个明智而宽容的人；也

---

① Paul Hervieu（1857—1915），法国剧作家，擅长描写夫妻关系和女人的遭遇，著有《支柱》《人类的法律》《火炬接力跑》等。

② Marcel Prévost（1862—1941），法国小说家，研究妇女心灵和女性问题，著有《一个情人的忏悔》《半处女》《狂热的处女》等。

③ Henri Bernstein（1876—1953），法国剧作家，通过爱情描写揭露对金钱的贪婪，著有《狂风》《参孙》等。

可以在他身上看出他是一个强有力的、很有手腕的情人。为对描写通奸的小说做出反驳，出现了大量为婚姻辩护的小说。甚至柯莱特也对这股道德化的浪潮让步，在《天真的荡妇》中，她描写了一个被笨拙地夺去处女贞操的新嫁娘玩世不恭的体验，然后决定让她在丈夫的怀抱里经历快感。同样，马丁·莫里斯先生在一本引发了点反响的作品中，描写年轻的妻子短暂地待在一个灵活的情人的床上，然后被引回她丈夫的床上，让他利用她的经验。今日的美国人同时尊重夫妻婚姻制和个人主义，出于其他理由，以另外的方式加强将性欲与婚姻相结合的努力。每年都出现大量用于教育两夫妻彼此适应，特别是教导男人怎样与女人创造幸福和谐的夫妻生活的入门著作。精神分析学家和医生起到“婚姻顾问”的作用；女人有权获得快感，而男人也应该了解能够让她获得快感的技巧。但是我们已经看到，性生活的成功不仅是技术上的事。年轻男人即使背得出二十种指南，诸如《丈夫须知》《夫妇幸福揭秘》《放心的爱情》，仍无法确定是否能让新婚妻子爱他。她面对整个心理处境做出反应。传统婚姻远不能创造最有利于唤起女性性欲，并使之充分发展的条件。

从前，在母权制的共同体中，不对新嫁娘提出处女贞操的要求，甚至出于神秘的原因，她一般应该在婚礼前失去处女贞操。在有些法国农村地区，还能观察到这些古老的许可的残余；人们不要求少女婚前守贞操；“失足过”的姑娘和未婚母亲甚至有时比其他少女更容易找到丈夫。另外，在接受妇女解放的环境中，人们承认少女和男孩子一样有性自由。但维护父权的伦理专横地要求，未婚妻交到丈夫手上时必须是处女；他要确定，她不能怀上他人的种子；他要属于自己的这个肉体全部和唯一的所有权①；处女贞操具

① 参阅《第二性 I》第三部《神话》。——原注

有道德的、宗教的和神秘的价值，这种价值今日仍然获得普遍的承认。在法国，有些地区，丈夫的朋友们待在洞房的门后，又笑又唱，直到新郎得意洋洋地将染有血迹的床单展示给他们看；或者他的父母在早上展示给邻居看。[①] “新婚之夜”的习俗以不那么粗俗的形式延续，仍然非常广泛。它促使色情文学产生，并不偶然：社会性和动物性的分离，必然产生淫邪。人道主义的道德要求一切活生生的体验都要有人性意义，它要享有自由；在真正道德的性生活中，有着欲望与快感的自由假设，或者至少有在性欲中重新获得自由的感人斗争；但只有在爱情中或欲望中承认他者是特殊的时，这才有可能。当性欲不再需要得到个体的拯救，而是天主或社会力图为它辩护时，两个性伙伴的关系就只能是一种动物关系。人们理解，有正统思想的主妇厌恶地谈起肉体的艳遇，她们贬之为淫秽之事。也因此，人们在婚宴上听到那么多的浪笑。将华丽的仪式叠加在粗俗实在的动物功能之上，其中有着淫秽的悖论。婚姻呈现出普遍和抽象的意义：一个男人和一个女人按照象征的仪式在众人的注视下结合在一起；但是，在婚床的秘密中，这是具体的、特殊的个体在对抗，大家的目光见不到他们的拥抱。柯莱特在十三岁时参加过一次农民婚礼，当一个女友带她去看婚房时，她感到可怕的不安：

> 新婚夫妇的婚房……在土耳其红棉布的帐幔下，是窄而高的床，塞满羽绒、堆放着鹅绒枕头的床，度过充满汗味、香气、牲口呼吸和烹调气味的一天后到达的床……待会儿年轻的

---

① 金西的报告说：“今日，在美国的某些地区，第一代移民仍然把有血迹的布寄给留在欧洲的家人，作为完婚的证据。”——原注

> 新婚夫妇要来到这里。我以前没有想过这种事。他们要沉浸在这深深的羽绒中……他们之间会有这种难以理解的争斗，我母亲的大胆直言和牲畜的生活告诉我的既太多又太少了。然后呢？我害怕这个房间和这张我没有想过的床。①

小女孩在孩子的不安中，感到在家庭节日的奢华和封闭的大床动物性的神秘之间的鲜明对比。婚姻滑稽和猥亵的一面，不大显现在不将女人个体化的文明中：在东方、希腊和罗马，动物功能像社会礼仪一样普遍地出现；但今日在西方，男女都被把握为个体，婚礼的宾客在浪笑，因为这个男人和这个女人要在极其特殊的体验中，完成在礼仪、讲话和花朵掩饰之下的行为。当然，在盛大葬礼的豪华和坟墓的腐烂之间，也存在令人毛骨悚然的对比。可是把死人埋进土里以后，死人不会醒过来；而当新嫁娘发现区长的三色绶带和教堂的管风琴允诺她的真正体验的特殊性和偶然性时，她会感到极度的惊讶。人们不仅在轻松喜剧中看到年轻女人在新婚之夜泪水涟涟地回到娘家：精神病学的著作有大量这样的叙述；有人直接告诉过我好几个例子：这是一些家教过好的少女，她们没有受过任何性教育，突然发现性这件事使她们惊慌失措。在上一世纪，亚当夫人② 设想，嫁给一个吻过她的男人是她的责任，因为她以为这就是性结合的最终形式。最近，施特克尔叙述一个新嫁娘的经历："在蜜月旅行时，她的丈夫破坏了她的处女膜，她把他看做疯子，却不敢说出来，生怕与一个疯子打交道。"③ 甚至有时少女相当天

① 见《克罗蒂娜的家》。——原注

② Juliette Adam（1836—1936），法国女作家，创办《新杂志》，在《回忆录》中叙述第三共和国的作家和政治家到她的沙龙的情况。

③ 见《忧郁的神经官能症状态》。——原注

真，嫁给一个女同性恋者，同她的假丈夫长期生活，没想到不是在跟一个男人打交道。

> 如果你举行婚礼那天回到家，夜里把你的妻子浸到一口井中，她会大吃一惊。她徒劳地产生了朦胧不安……
>
> 啊，她心里想，结婚就是这样啊。怪不得做起来这样神秘。我被拖进这种事里了。
>
> 但即便恼火，她仍然一声不吭。因此你可以长时间和多次把她浸在井里，而不会在邻居中引起任何丑闻。

米肖[①] 的诗《新婚之夜》的这个片断，相当准确地描述了这种处境。今日，许多少女更加内行；但她们的赞同仍然是抽象的；她们失去处女贞操，保留了被强暴的性质。哈夫洛克 · 蔼理士说："在婚姻中肯定比婚姻外犯下更多的强暴。"诺伊格鲍尔在他的著作《产科学月刊》（一八八九年第九卷）中汇集了一百五十多例性交时阴茎插入对女人造成伤害的病例；原因在于粗暴、喝醉酒、位置不当、器官不相称。哈夫洛克 · 蔼理士的报告说，在英国，有位太太询问六个聪明的中产阶层的已婚女人，她们在新婚之夜的反应：所有人的性交都像打击一样突然而至；她们中间有两位一无所知；其他人以为了解，但心理上仍然受到伤害。阿德勒也强调失去处女贞操对心理影响的重要性。

> 男人获得他的所有权利的最初一刻，往往决定整个一生。

---

① Henri Michaux（1899—1984），比利时裔法国诗人，擅长散文诗，著有《一个野蛮人在亚洲》《黑夜在骚动》《普吕姆》《骚动中的无限》等。

没有经验和过分激动的丈夫，这时会播下女性性冷淡的种子，而且由于他持续的笨拙和粗暴，把她变成持久麻木。

在上一章中，读者已经看到许多初次性交的不幸例子。以下是施特克尔引用的又一个案例：

H. N. 太太被培养得非常害臊，一想到新婚之夜便瑟瑟发抖。她的丈夫几乎是用暴力把她衣服脱光，不让她睡觉。他脱掉自己的衣服，要求她看赤身裸体的他，欣赏他的阴茎。她用双手掩住脸。于是他喊起来："干吗你不待在家里，蠢货！"然后，他把她扔到床上，粗暴地让她失去处女贞操。她自然而然变得永远性冷淡。

实际上，我们已经看到处女为了完成她的性的命运，必须克服的所有抗拒：她的启蒙，要求一整套既是生理又是心理的"磨炼"。企图在一夜之间来完成是愚蠢和野蛮的，把初次性交如此困难的过程变成一个责任是荒谬的。女人由于她屈从的古怪过程是神圣的，而且社会、宗教、家庭、朋友都庄严地把她给予丈夫，就像给予一个主人那样，她就更感到恐惧；由于这个行动在她看来要约束她整个未来，婚姻就有一种最终的性质。正是在这时，她真正感到自己显现在绝对之中：她注定与之永远相连的这个男人，在她看来代表了全部男人；他又以陌生的面目向她显现，他极为重要，因为他是她一辈子的伴侣。然而，男人本身却被压在他身上的规定弄得焦虑；他有自己的困难，自己的情结，使他变得胆小和笨拙，或者相反，变得粗暴；有许多男人由于结婚的庄严在新婚之夜变得性无能。雅内在《困扰和精神衰弱症》中写道：

那些结婚的年轻人对他们的命运感到十分羞愧，他们不能最终完成夫妇间的行为，对此受到羞愧和失望的困扰，有谁不了解他们呢？去年我们看到一个十分有意思的悲喜剧场面，当时那个气愤的岳父把他谦卑而忍让的女婿拖到萨尔佩特里埃尔医院[①]：这个岳父要求得到一份病历证明，让他能提出离婚。可怜的小伙子解释说，以前他的性能力没有问题，结婚后困扰和羞耻感使得他变成完全性无能。

过分狂暴会吓坏处女，过分尊重又会侮辱她；女人永远憎恨以她们痛苦为代价自私地得到快感的男人；而她们对蔑视她们的男人也感到永久的怨恨，[②] 也往往怨恨在新婚之夜不想使她们失去处女贞操或者是性无能的男人。海伦妮·多伊奇指出[③]，有些丈夫要么胆小，要么笨拙，要求医生通过外科手术让他们的妻子失去处女贞操，说是妻子的构造有问题，一般说这个动机是不成立的。她认为，女人对不能正常地插入她们体内的丈夫会永远藐视和怨恨。弗洛伊德的一个观察[④] 表明，丈夫的性无能会在妻子身上造成创伤：

一个女病人习惯从一个房间跑到另一个房间，在这个房间里有一张桌子。她以某种方式铺桌布，打铃叫女仆过来，女仆不得不走近桌子，然后她又把女仆赶走……当她想解释这种困扰时，她想起这块桌布有一个污迹，每一次她都铺得让女仆一眼就能看到污迹……这一切是新婚之夜的再现，丈夫在那一夜

---

① Salpêtrière，巴黎一所由火药工厂改建的医院，在路易十四时期是给穷人看病的医院，一七九六年治疗精神病人，十九世纪初变成面向老年妇女的医院。

② 参阅上一章所引用的施特克尔的观察。——原注

③ 见《女性心理学》。——原注

④ 我们根据施特克尔把这个观察概括为性欲冷淡的女人。——原注

表现得性无能。他多少次从自己的房间跑到她的房间，重新尝试一下。他羞于让铺床的女仆知道真相，把红墨水倒在床单上，让她相信上面有血。

“新婚之夜”把性体验变成一次考验，双方都焦虑地不知道如何克服这考验，由于自己的问题而过分不安，以致没有空闲去慷慨地想到对方；这新婚之夜给她庄严感，这庄严感使她变得可怕；往往它使女人变得永远性冷淡，这并不令人奇怪。对丈夫提出的难题在这里：如果他“过分淫荡地挑逗妻子”，她可能感到气愤和侮辱；例如，看来这种担心就使美国的丈夫们束手无策，据金西的报告指出，尤其在受过高等教育的夫妇中更是如此，因为女人更加意识到自身，更深地受到抑制。如果他“尊重”她，他就挑不起她的肉欲。这种左右为难是由于女性态度的模糊性引起的：年轻女人既向往又拒绝快感；她想克制，却又因此难受。除非极少的侥幸情况，丈夫必然会显得像浪荡子，或者显得笨拙。因此，“夫妇的义务”对女人来说往往只是一种令人厌恶的徭役，这并不奇怪。狄德罗说[①]：

屈从于一个不讨她喜欢的主人，对她来说是一种酷刑。我见过一个体面的女人在接近她的丈夫时便恐惧得瑟瑟发抖；我看到她浸在浴缸里，以为自己永远也洗不净服从责任沾上的污秽。这种厌恶是我们几乎不了解的。我们的器官更加宽容。好些女人一生都未曾感受过极度的情欲。我很容易看做是暂时的癫痫的这种感觉，对她们而言是罕见的，当我们召唤这种感觉

① 见《论女人》。——原注

时，它是必然会来的。当她们在所爱的男人的怀抱中时，至高无上的幸福消失得无影无踪。我们在一个不讨我们喜欢的随和的女人身边却能找到这种幸福。她们不如我们能控制自己的感官，补偿不那么迅速，不那么确定。她们的等待会上百次受到欺骗。

事实上，许多女人没有经历过快感，甚至也没有经历过骚动，就做了母亲和外祖母；她们以医嘱，或者以其他借口，力图避免“责任的玷污”。金西的报告指出，在美国，大量的妻子“宣称她们性交十分频繁，希望她们的丈夫不要这样频繁地发生关系。很少的女人期望更经常性交”。我们已经看到，女人的性能力几乎是难以确定的。这种矛盾清楚地表明，企图规范女性性欲的婚姻，反而戕害了它。

在《苔蕾丝·德斯盖鲁》中，莫里亚克描绘了一个“理智地结婚”的少妇对一般的婚姻，特别是对夫妇责任的反应：

也许她不是想在婚姻中寻找支配、占有，而是寻找栖身地？使她投向婚姻的难道不是一种惊惶吗？她在小姑娘时就讲实际，在孩子时就要做主妇，她匆匆地获得自己的地位，找到自己最终的位置；她想放下心来，而不用冒什么风险。她从来没像在订婚期间那样理智：她蛰居在家庭的圈子中，“她成家了”，她进入社会秩序中。她逃脱了。婚礼那闷人的一天，在狭小的圣克莱尔教堂里，太太们不合时宜的唠叨，覆盖了呼哧呼哧响的风琴声，她们的香水味压倒了烟火香，正是在这一天，苔蕾丝感到自己完蛋了。她梦游似的走进笼子，听到大门关上的沉重吱嘎声，可怜的孩子突然清醒过来。什么也没有改变，但她有今后不再会一个人迷路的感觉。她要隐藏在一个家的最深处，宛若在树枝底下隐蔽的灯光……

……在这场半农家半资产阶级家庭的婚礼的晚上，姑娘们的连衣裙争奇斗艳，人群迫使新婚夫妇的婚车放慢速度，人们向他们欢呼……苔蕾丝想到随后来临的夜晚，喃喃地说："真可怕。"然后振作起来："不，没有那么可怕。"在这次到意大利湖区的旅行中，她感到非常难受吗？不，不，她在玩这种游戏：不要出卖自己……苔蕾丝懂得约束自己去装假，她在其中尝到苦涩的快乐。这个男人强迫她进入的陌生的感觉世界，她的想象力帮助她去设想，也许对她来说，那里也会有可能的幸福，但是什么样的幸福呢？仿佛面对淹没在雨中的风景，我们设想阳光下的景色是怎样的，这样，苔蕾丝发现了情欲。贝尔纳，这个眼神失焦的小伙子……多么容易欺骗啊！他封闭在自己的快乐中，仿佛这些可爱的小猪，当它们在食槽前面快乐地嗷嗷叫，透过栅栏看着它们很好玩。"食槽就是我。"苔蕾丝想道……他在哪里学会把一切有关肉体的东西分门别类，把正直男人的温存与色鬼的抚摸区别开来呢？从来没有迟疑……

……可怜的贝尔纳，不比别人更坏！但欲望把接近我们的人变成一个同他不相像的魔鬼。"我装死，好似我稍动一下，这个疯子，这个麻木的人，就可能扼死我。"

下面是一个更露骨的证明。这是施特克尔搜集的一个忏悔，我引用的一段关系到夫妇生活。这是一个二十八岁的女人，她在一个讲究的、有文化的环境中长大。

我曾是一个幸福的未婚妻；我终于感到有了归宿，突然，我成了个受人注意的人。我被宠坏了，我的未婚夫欣赏我，这一切对我来说是新鲜的……接吻（我的未婚夫从来不尝试别的温存）使我热血沸腾，以至我等不到结婚那天……结婚那天早上，我是这样的激动，我的衬衫马上被汗水浸湿了。这仅仅是想到我终于要经历我翘首盼望的那件事。我幼稚地想象，男人要在女人的阴道里小便……在我们的卧房里，当我的丈夫问我，他是否要离开时，我已经产生一点失望。我请他这样做，因为我在他面前当真很腼腆。脱衣服的场面在我的想象中起到重要的作用。当我上床时，他非常尴尬地走了回来。后来，他向我承认我的模样使他害怕：我是容光焕发、引颈盼望的青春化身。他一脱掉衣服，便熄灭了灯。他刚拥抱我，便马上想占有我。我非常害怕，请他让我一个人待着。我希望远离他。没有预先温存，我害怕这样做。我感到他很粗野，后来经常这样责备他：这不是粗野，而是极其笨拙，缺乏细腻感。这一夜，他所有的尝试都是徒劳的。我开始感到很不幸，我对自己的愚蠢感到羞耻，我以为自己有缺陷，身材不好……最后，我只满足于他的接吻。十天以后，他终于使我失去处女贞操，性交只持续了几秒钟，除了轻微的疼痛，我什么也没有感到。我极度失望！随后，在性交中我感到一点快乐，但很难性交成功，我的丈夫要达到目的还要更艰难……在布拉格，在我丈夫弟弟的单身汉小公寓里，我得知自己睡在他的床上时，设想他的感受。正是在那里，我有了第一次性欲高潮，使我非常幸福。我的丈夫在开始几个星期天天和我做爱。我又达到性欲高潮，但我并不能感到满足，因为时间很短，我激动得哭泣……生过两次孩子以后，性交变得越来越不能带来满足了。它很少带来性欲高潮，我的丈夫总是在我之前达到性欲高潮；我不安地注意每一次性交。（它要持续多长时间？）如果他自己满足了却让我半满足，我便憎恨他。有时，我在性交时设想这是我的表弟，或者是给我助产的医生。我的丈夫试图用手指刺激我……我非常激动，但与此同时，我感到这个方法令人羞耻和不正常，得不到任何享受……在我们整个婚姻期间，他从来没有抚摸过我的任何一处。有一天，他对我说，他不敢对我这样做……他从来没有见过我赤身裸体，因为我们穿着睡衣，他只在黑夜里性交。

这个女人事实上性欲很强，她后来在一个情人的怀里感到非常幸福。

订婚正是用来让少女逐渐入门，但风俗往往要未婚夫妇极其圣洁。在处女“了解”她未来丈夫的情况下，这期间她的处境与新嫁娘的处境没有很大不同；由于她觉得她的婚约已经像结婚一样最终确定了，所以她作让步，第一次性交保留考验的性质；一旦她献身——即使她没有怀孕，怀了孕则会完全约束她——她一般不敢食言。

如果爱情或者欲望使两个性伙伴感到完全满意，最初几次体验的困难就很容易克服；一对情人在他们自由的相互意识中，互相给予快乐并获得快乐，肉体的爱就会得到力量和尊严；于是他们的任何实践都不是可耻的，因为对任何一方来说，它都不是被迫的，而是慷慨地自愿的。但婚姻的原则是淫秽的，因为它把应该建立在自发冲动基础上的交换变成权利和责任；它让身体注定在一般性中互相把握的同时，给予身体一种工具的、因而是可耻的性质；丈夫往往想到要完成责任而变得冰冷，而妻子羞于感到自己被献给一个对她施行权利的人。当然，有可能在夫妇生活的开端这些关系个体化；性入门有时是逐步进行的；从第一夜开始，夫妇之间就可以互相发现肉体的吸引力。结婚有助于女人通过消灭仍然归于肉体的原罪概念而舍弃自身；有规律的经常同居，产生一种肉体的亲密有利于性成熟：在结婚的开头几年，有些妻子已得到满足。值得注意的是，她们对丈夫保持感激，导致她们以后原谅他可能犯的所有错误。施特克尔说："不能摆脱不幸婚姻的女人，总是曾经得到丈夫的满足。"少女一辈子只同一个她在性方面并不了解的男人睡觉，是在冒极大的风险，因为她的性的命运基本上取决于她的性伙伴的个性：莱昂·布鲁姆① 在他的著作《婚姻》中正确地揭示了这个悖论。

认为建立在门当户对基础上的结合有很多机会产生爱情，这是虚伪的；要求出于实际的、社会的和道德的利益而结合的夫妇一辈子都避开情欲，这是荒谬绝伦的。理智婚姻的拥护者指出这一点倒是有理有据的：爱情婚姻并不能保证夫妇幸福。首先，理想的爱情往往是少女经历的爱情，通常不能给她带来性爱的体验；她的柏拉图式的爱恋，她的梦想，她将孩子的或青春的困扰投入其中的激情，不能经受日常生活的考验，也不能持久。即使在她和未婚夫之间存在真诚的和强烈的肉欲吸引，这也不是建立终身大事的坚实基础。柯莱特写道：②

> 情欲在爱情的无边荒漠中占有极小的一块炽热之地，它是这样的炽热，以致人们首先只看到它。在这个不牢固的家周围，是未知数，是危险。当我们从短暂的拥抱，甚至从漫

---

① Léon Blum（1872—1950），法国作家、政治家，与饶勒斯一起创办《人道报》，二战后组建社会党政府，著有《歌德与艾克曼的新谈话》《婚姻》等。

② 见《流浪女伶》。——原注

长的一夜中重新站起来时，必须开始一起生活，为对方生活。

此外，即使在婚前或者在结婚初期已经存在肉体的爱，它也很少持续漫长的岁月。当然，由于相爱的一对情侣的欲望包容了他们的特殊性，所以忠诚对于性爱是必不可少的；他们不让这种特殊性受到外来的体验的质疑，他们希望彼此是不可替代的；但这种忠诚只有是自发的才有意义；肉欲的魔力很快就自发地消失了。不可思议的是，它对每个情人即时地以肉体的在场提供一个存在，这个存在的生存是一个不确定的超越性：占有这个人也许是不可能的，但至少可以一种特殊的、令人心碎的方式触及这个人。但是由于在个体之间存在敌意、厌恶、冷漠，他们不再希望互相接触，肉欲的魅力就消失了；它几乎也肯定在尊重和友谊中消亡；因为在他们的超越性的运动本身中通过世界和他们的共同事业汇合的两个人，不再需要在肉体上结合；甚至由于这种结合失去了它的意义，他们对此会有反感。蒙田所说的乱伦这个词，含义深刻。肉欲是对他者的一个行动，这是它的本质；但在一对夫妇中，彼此变成同一个人；他们之间任何交换不再可能，任何赠与和任何征服也不再可能。因此，如果他们仍然是情侣，往往要感到羞耻：他们感到，性行为不再是主体间性的体验，在这种体验中，每个人都超越自己，是一种共同的手淫。他们彼此认做满足自身需要所必需的工具，这是夫妇之间的礼貌掩盖了的一个事实，而这种礼貌一被拒绝，就会明白无误地凸显出来，比如在拉加什医生的著作《嫉妒的性质和形式》中提出的观察结果就是这样；女人把阴茎看做某种属于她的快感的储备，她表现得非常吝啬，就像对待藏在壁橱里的罐头：如果男人把这些罐头给了女邻居，对她来说什么也不再剩下；她仔细检查他的内裤，看看他是否浪费了宝贵的精液。茹昂多[1]在《丈夫纪事》中指出这种“合法妻子每天进行的检查，她窥伺你的衬衫和你的睡眠，想抓住丑行的痕迹”。男人则无须征求她的意见，便可在她身上满足自己的欲望。

这种对需要的粗暴满足，并不足以满足人的性欲。因此，在这种被视为最合法的拥抱中，往往有一种恶习的余味。女人时常求助于肉欲的幻想。施特克尔举出一个二十五岁女人的例子，“她同丈夫做爱时，设想一个强壮的、年纪更大的男人不征求她的同意，让她无法抵抗，便占有她，她便感受到轻微性欲高潮”。她设想别人强奸她，打她，她的丈夫不是他本人，而是另一个人。他也抱有同样的幻想：他在妻子身上拥有在杂耍歌舞剧场见过的一个舞女的大腿，他欣赏过的照片上的半裸体美女的乳房，一个回忆，一个形象；或者他想象自己的妻子被人渴望、占有、强奸，这是一种恢复他性的方法。施特克尔说：“婚姻创造出滑稽的换位、倒错、讲究的演员、在两个性伙伴之间演出的喜剧，这喜剧要消除表面与现实之间的一切界限。”在最坏的情况下，会爆发出固定的恶习。丈夫变成窥淫癖者：他需要看他的妻子或者知道妻子跟一个情人睡觉，才重新找到她的一点魅力；或者他像虐待狂那样，竭力让她萌生出拒绝，使她的意识和自由最终向他显示出来，表明他占有的确实是一个人。反过来，在妻子身上出现受虐狂行为，她力图让男人变成主人、暴君，其实他不是；我认识一位太太，她在修道院长大，非常虔诚，白天专横跋扈，晚上热烈地恳求丈夫鞭打她，他满怀恐惧地照做。甚至恶习在婚姻中也具有安排好的、冷漠的、严肃的面

① Marcel Jouhandeau（1888—1979），法国中短篇小说家，擅长以自己的生活为原型，描绘不协调的夫妻关系，著有《潘桑格兰》《普吕当丝·奥特肖姆》《沙米纳杜》《丈夫纪事》《夫妻生活场景》等。

目，使婚姻变成最愁惨的权宜之计。

事实是，肉体的爱既不会被看做绝对目的，也不会被看做简单手段；它不会为生存辩护；但是，它不能接受任何外来的辩护。就是说，它应该在整个人生中扮演插曲和自主的角色。就是说，它首先应当是自由的。

因此，资产阶级的乐观主义向新嫁娘应允的不是爱情：人们在她眼前炫耀的理想，是幸福的理想，也就是在内在性和重复之中安然的平衡的理想。在某些太平盛世，这曾是整个资产阶级、特别是地主的理想；他们的目标不是征服未来和世界，而是和平地保持过去，statu quo①。一种没有雄心也没有激情的金光闪闪的平庸，漫无目的、无限地周而复始的日子，缓缓地滑向死亡、不寻思原因的生活，这就是诸如《幸福的十四行诗》的作者所宣扬的；这种小部分来源于伊壁鸠鲁②和芝诺③的伪学问如今已失去信誉：原封不动地保存和重复世界，看来既不可取，也不可能。男性的天赋是行动：他需要生产、战斗、创造、进步、向整个宇宙和未来无限超越；但传统婚姻并不激励女人同男人一起超越；它把她禁锢在内在性中。因此她不能提出其他目标，只能建立平衡的生活，在这种生活中，延续过去的现在摆脱了明天的威胁，就是说，正是要建立幸福。如果没有爱情，她会对丈夫感到一种被称为夫妇之爱的温柔和敬重的感情；她要将世界封闭在她要负责管理的家庭四壁之内；她

---

① 拉丁文，维持现状。

② Epicurus（前341—前270），古希腊哲学家，创立伊壁鸠鲁学派，留存作品有《要义》，包括四十余条格言和三封信（分别论物理学、论气象学、论伦理学和神学）。

③ Zeno（约前335—前264），古希腊哲学家，创立斯多葛主义，只在编纂者的作品中留下片言只语。

要通过未来延续人这一物种。然而，任何生存者都决不会放弃他的超越性，哪怕他执著地要否认它。从前的资产者认为，在保存既定秩序，通过自身的繁荣表明其德行的同时，他在为天主、他的国家、制度、文明效劳：生活幸福就是履行男人的职能。对女人来说，也必须让家庭和谐的生活向目的超越：在女人的个体性和世界之间充当代言人的是男人，是他要赋予她的偶然的人为性以人的价值。在妻子身边汲取做事、行动、斗争的力量的同时，是他为她作辩护：她只有将自己的生存交到他手中，他才能赋予这生存以意义。这意味着她那方面要谦卑地放弃权利；但她得到补偿，因为她受到男性力量的引导和保护，会摆脱原先的无依无靠；她会变成必然。如同蜂巢中的蜂后，内心平静地在她的领域里休憩，但女人被男人这一中介带往无垠的宇宙和时间，作为妻子、母亲、主妇，她在婚姻中同时感到生活的力量和她的生命意义。我们需要看看这个理想怎样转为现实。

幸福的理想一向以物质的形式体现在住宅上，不管是茅屋还是城堡；住宅体现了持久和分离。家正是在墙内构成一个孤立的单位，它通过一代代人的过渡，确定自己的身份；以家具和祖先肖像的形式保存下来的往昔，预示着没有危险的未来；在园子里，四季在食用的蔬菜上写下了它们稳定的周而复始；每一年，以同样的鲜花装饰的同样的春天，准备迎接不变的夏天以及与年年相同的果实一起到来的秋天返回。无论时间还是空间都不会向无限逸去，它们规规矩矩地绕着圈子。在一切基于土地所有制的文明中，有大量文学作品歌唱家的诗意和价值；在亨利·波尔多[1] 恰好名为《家》的

---

① Henri Bordeaux（1870—1963），法国作家，以传统观念描写家庭悲剧，著有《罗克维亚一家》《呢料连衣裙》《生活的恐惧》《一生的故事》等。

小说中，家概括了资产阶级的一切价值：对往昔的忠诚、耐心、节俭、有预见、对家庭和故土的爱，等等；家的颂扬者往往是女人，因为保证家人的幸福是她们的任务；她们的作用就像domina[①] 在中庭坐镇的时代，就是“家庭主妇”。今日，家庭失去了古朴的光辉；对大多数男人来说，它只是一个住地，不再充满对已故先辈的回忆，也不再容纳未来的世纪。但女人仍然竭力给她的“内部”以真正的家所具有的意义和价值。在《罐头厂街》中，斯坦贝克描绘了一个流浪女，她执著地用地毯和窗帘去装饰废弃的旧锅炉，她和丈夫住在里面：他徒劳地反对说，没有窗户，窗帘也就没用。

这种关心特别是属于女人的。一个正常的男人把他周围的东西看做工具；他根据其用途来安排它们；“井井有条”——女人常常只看到乱七八糟——就是香烟、文件、工具放在伸手可及的地方。特别是，能通过一种材料再创造世界的艺术家——雕塑家和画家——对他们生活的范围完全不操心。里尔克[②] 在谈到罗丹[③] 时写道：

> 我第一次到罗丹那里，我明白，他的家只是可怜巴巴的必需品，他是无所谓的：一个御寒的地方，一个用来睡觉的屋檐下。他对它毫不在意，它对他的孤独和静思绝没有一点压抑。他是在自己身上找到一个家：荫凉、藏身处和宁静。它变成他的天空、森林和大河，什么也阻挡不住它的奔流。

---

① 拉丁文，女主人。

② Rainer Maria Rilke（1875—1926），奥地利象征派诗人，曾当过罗丹的秘书，著有《新诗集》《杜伊诺哀歌》《献给俄耳甫斯的十四行诗》等。

③ Auguste Rodin（1840—1917），法国雕塑家，作品有《青铜时代》《思想者》《加莱义民》《巴尔扎克》等。

但是，要在自己身上找到一个家，首先必须在作品和行动中实现自我。男人不大关注自己的内心，因为他接触整个宇宙，而且因为他可以在计划中自我确认。相反，女人禁闭在夫妇共同体中：对她来说，是要把这所监狱改变成一个王国。她对家的态度受到一般来说确定她的处境的同一辩证法的制约：她通过变成猎物来获取，她通过退让解放自己；她放弃了世界的同时，却想征服一个世界。

她在身后关上家门不是没有遗憾的；少女时，她把整片大地当做故乡；森林属于她。如今，她禁闭在一个狭小的空间里；大自然缩小到一只天竺葵花盆的范围；墙壁堵住了视野。伍尔夫的一个女主人公① 喃喃地说：

> 我不再通过荒原上的野草或欧石南的生长状况，而是通过玻璃上凝结的水汽或霜来辨别冬天和夏天。我从前在山毛榉树林里漫步，一面欣赏松鸦羽毛落下时呈现的蓝色，我会在路上遇到流浪汉和牧人……现在我手里拿着一根羽毛掸子，在房间里踱步。

但她即将致力于否认这种局限。她付出多少有点高昂的代价，将大地的动植物、有异国情调的地方、以往的时代都关闭在墙内；她把丈夫也关进去，对她来说，他概括了人类全体，她还把孩子关进去，孩子以便携形式给她整个未来。家变成了世界的中心，甚至是它唯一的真实；正如巴什拉正确地指出的，这是“一种反宇宙或者一个反对的宇宙”；它作为藏身处、隐居地、岩洞、肚子，为防御外界的危险而提供躲藏的地方：正是这种模糊的外在性变得不真

---

① 见《海浪》。——原注

实。尤其在晚上，当上好门板时，女人感到自己成了女王；正午普照的阳光使她难受；夜晚，她不再被剥夺了，因为她取消了她不占有的东西；她看到属于她的灯光和仅仅照亮住所的灯光在灯罩下闪烁：其他东西都不存在。伍尔夫的一段文字给我们指出了聚集在家中的实在，而外界的空间消失了。

> 现在黑夜被玻璃窗隔在一边，玻璃窗不但不给出外界准确的视野，反而以古怪的方式使它变形，以至秩序、固定的东西、坚实的土地好似进驻到室内；相反，在外面，只有一种反射，在其中变得流动的事物颤抖和消失了。

多亏她周围的天鹅绒、丝绸、瓷器，女人可以部分满足这种攫取的肉欲，那是她的性生活通常不能满足的；她也会在这个背景中找到她个性的表现；是她选择、制造、“好不容易觅到”家具和小摆设，按照一种审美观点摆放它们，对对称的操心一般在这种审美中占据重要位置；它们向社会表明她的生活水平，也反映了她特殊的形象。因此，她的家对她来说是她的世俗命运，是她的社会价值和最真实自我的表现。因为她无所事事，她便贪婪地在自己拥有的东西中寻找自我。

正是通过家务劳动，女人成功占有了自己的“巢”；因此，即便她“要人帮忙”，她仍坚持要亲自动手干活；至少，她监督、控制、批评，致力于将仆人们得到的结果据为己有。她从管理家庭中获得社会的辩护；她的任务也在于注意食物的供给、料理衣物，操心总体上如何维持一家人的生活。因此，她也作为主动性自我实现。不过，下文可以看到，这种主动性没有让她摆脱内在性，也不允许她确定自己的特殊性。

人们高度赞扬家务劳动的诗意。确实，它们让女人和物质打交道，她和物品实现了一种亲密关系，这种亲密关系是存在的揭示，因而也丰富了存在。在《追寻玛丽》中，玛德莱娜·布尔杜克斯描绘了女主人公将清洁剂倒在炉子上得到的快乐：她感到指端的自由和擦亮的生铁照出她闪光形象的魅力。

> 当她从地窖上来，她喜欢桶装满的重量，到达每一个楼梯平台，就越发显得沉重。她向来喜欢普通物质，它们有一种特别的气味、粗糙或者轮廓。由此她知道怎样使用它们。玛丽的双手毫不犹豫，毫不退缩，伸进熄灭的炉内或者肥皂水里，去掉铁锈，给铁上油，给地板上蜡，只消来回一下就将盖满桌子的壳扫掉。这是一种完美的默契，一种在手掌和她接触的物品之间的情谊。

大量的女作家深情地谈到刚熨烫过的衣物、肥皂水蓝幽幽的光辉、白桌布、闪光的铜器。当家庭主妇打扫和擦亮家具时，巴什拉说："受孕的梦想支持着手耐心细致，通过上蜡给木头以美。"任务完成后，家庭主妇在欣赏中感到快乐。为了让宝贵的品质显现出来：桌子的光滑，烛台的锃亮，衣物浆过的上了光的白色，首先必须进行清除的行动；必须排除一切坏的原则。巴什拉写道，这正是家庭主妇投身的主要梦想所在：这是对主动的清洁的梦想，也就是排除不洁而获得清洁的梦想。他这样描绘：①

> 因此，对获得清洁的斗争的想象，看来需要一种挑战。这种想象应该在狡黠的愤怒中激发起来。她带着恶狠狠的微笑用

① 见巴什拉《大地和休息之梦》。——原注

液体擦亮铜质水龙头。她在肮脏油腻的旧抹布上倒上糊状的硅藻土。在干活的人心中，充满苦涩和敌意。为什么干这种无谓的活儿？但使用干抹布的时刻来到了，于是又快乐又有恶意，这是激烈地讲个没完的恶意：水龙头，你会发光的；大锅，你会亮闪闪的！最后，铜闪闪发亮，带着小伙子的粗野笑嘻嘻的，一片宁静。家庭主妇欣赏着耀眼的胜利。

蓬热[①] 描述过在洗衣桶中污秽和纯净之间的斗争：[②]

谁没有在冬天和一只洗衣桶打过交道，谁就不知道这种非常动人的质地和情感。

必须——尽管犹豫——将装满污秽织物的它，一使劲从地上搬起来，放在炉子上，必须用某种方式拖着它，把它正好放在炉子的圆洞上。

必须在它下面拨旺麦秸，逐渐使它沸腾；要常常抚摸它温热或发光的内壁；然后听一听里面深沉的响声，从这时起，要几次掀起盖子，看看喷射强度和洒水是否有规律。

最后，必须让它沸腾，重新把它捧起来，放在地上……

洗衣桶设计成能装满一大堆脏衣物，里面沸腾着，它感受到炽热的愤怒，沸水涌向桶的上层，又洒落在这堆脏衣物上，它感到恶心——这几乎是持续不断——一直到洗净衣物……

当然，洗衣桶接受衣物时，衣物已经粗粗地清洗过……

但它仍然感到一种桶内脏东西混杂在一起的念头或感觉，

① Francis Ponge（1899—1988），法国诗人，擅长散文诗，著有《诗歌汇集》等。
② 参阅《一束诗·洗衣桶》。——原注

由于沸腾、搅动和使劲，它终于达到目的，使衣物去污，衣物在清水翻腾的冲洗下，会显得雪白异常。

这就是奇迹的发生：

上千面白旗突然展开——不是表示投降，而是表示胜利——也许不仅是当地居民身体洁净的标志……

这种辩证法可以给家务劳动一种游戏的魅力：小女孩愿意使银餐具变得闪亮，擦亮门把手，从而得到乐趣。但要让女人在其中找到积极的满足，就必须让她把工夫花在家里，对此感到骄傲；否则，她永远得不到欣赏的乐趣，而唯有这乐趣足以补偿她的努力。有个美国记者[①] 在美国南方的“贫穷白人”中生活了好几个月，他描绘了其中一个任劳任怨的女人的悲苦命运；她徒劳地干活，想让一所陋屋变得可以居住。她和丈夫、七个孩子一起生活在四壁布满油腻、爬满臭虫的木板屋里；她竭力“让家变得漂亮”；在主要的一个房间里，烟囱上盖着一层蓝幽幽的灰泥，一张桌子和挂在墙上的几幅画令人想起一种祭坛。但陋屋仍然是陋屋，G 太太热泪盈眶地说：“啊！我多么憎恨这个家！我觉得世界上没有什么东西能使它变得漂亮！”多少女人就这样在一场永远不会带来胜利的战斗中，忍受无休无止的疲倦，甚至在条件比较优越的情况下，也不能获得最终胜利。很少任务比家庭主妇的劳动更像西西弗的酷刑了；日复一日，必须洗盘子，给家具掸灰，缝补衣物，这些东西第二天又会重新弄脏，满是灰尘和裂缝了。家庭主妇在原地踏步中变得衰老；她什么都不做；她仅仅在延续现状；她没感到获得积极的善，而是无休止地与恶作斗争。这是一种每天重新开始的斗争。大家熟

① 参阅阿吉《现在让我们赞美名人》。——原注

悉这个仆人的故事：他愁苦地不肯擦亮主人的靴子。“何必呢，”他说，“明天又要重新开始。”许多尚未学会逆来顺受的少女也是这样泄气。我记得一个十六岁的女中学生的作文，差不多是以这几句话开始的：“今天是大扫除的日子。我听到妈妈在大厅里移动吸尘器的声音。我想逃。我发誓等我长大了在我家永远不要有大扫除的日子。”孩子把未来看做不确定地向未知的高峰挺进。突然，在母亲洗盘子的厨房里，小女孩明白了，多年以来，每个下午，在同一时刻，这双手要浸到油腻的水里，用粗抹布擦瓷器。直到死，她们都要屈从这些仪式。吃饭、睡觉、打扫……岁月不再向天国攀登，它们在一张平展展的桌布上摊开，千篇一律，色调灰暗；每一天模仿前面一天；这是无用的、毫无希望的、永恒的现在。在《灰尘》[①]这个短篇小说中，柯莱特·奥德里巧妙地描绘了令人悲哀的虚荣心如何与时间搏斗：

> 正是在第二天，她把长毛扫帚伸到沙发底下，掏出一样东西，她先是把它当成一团旧棉布或者一大团绒毛。但这只是一团灰尘，就像那些在忘记了打扫的、高高的大柜上形成的，或者是在家具后面，在墙壁和木头之间形成的。她面对这有趣的东西沉思起来。他们就这样生活在这些房间里有八到十星期，尽管朱丽叶很细心，但一团灰尘已经有时间形成了，逐渐增大，蹲在它的阴暗角落里，犹如她小时候使她害怕的那些灰色的野兽。一点纤尘表明了忽略，开始有点随便，这是呼吸到的空气、飘浮的衣屑、从打开的窗户吹进来的风触摸不到的寄存处；但这点纤尘已经代表灰尘的第二个状态，这是胜利的灰

---

① 见《未赛先输》。——原注

尘，正在成形增大，由寄存状态变成残屑。看起来几乎是漂亮的，透明，轻飘飘，好似荆棘的羽冠，不过更暗淡。

……灰尘飞快地获得世上所有吸附的力量。它占有了世界，吸尘器只是这样的一件东西，用来表明人类能够浪费劳动、物质和创造力，以便同不可抵御的龌龊斗争。它是变成工具的废料。

……他们的共同生活是这一切的原因，他们的简单饭餐留下皮与壳，到处有两团灰尘混杂在一起……每个家分泌出这些小小的垃圾，必须加以消灭，使之让位于新的垃圾……人们过的是什么样的生活啊——要能够穿上一件吸引行人注目的洁净的短袖衬衫出门，让你的丈夫，一个工程师体面地出现在生活中。各种说法掠过玛格丽特的脑海：注意看管好包裹……看好铜器，运用……她负责看管好两样不论什么东西，直到它们结束存在。

洗、熨烫、打扫、从大柜底下把絮状灰尘扫出来，这是阻挡死亡，也是拒绝生命：因为时间以同一动作创造和毁灭；家庭主妇仅仅把握消极方面。她的态度是善恶二元论。善恶二元论的特点不仅是承认有两个本原，一个是好的，另一个是坏的，而且设定善是通过取消恶，而不是通过积极行动获得的；在这个意义上，基督教尽管承认魔鬼的存在，却几乎不主张善恶二元论，因为人要奉献给天主，才能最好地与魔鬼作斗争，而不是关注魔鬼，以便战胜它。超越性与自由的任何理论都将恶的败北从属于向善的进步。但女人没有被召唤去建立一个更好的世界；家、房间、脏衣服、地板，是固定的事物：她只能不确定地排除渗入其中的坏的本原；她力求战胜灰尘、污点、泥巴、污垢；她同罪恶作斗争，她和撒旦搏斗。但这是一个可悲的命运，不是转向积极的目的，而是要不停息地击退敌人。家庭主妇常常在癫狂状态中忍受这个命运。对此，巴什拉说出“恶意”这个词，人们也在精神分析学家的笔下找到这个词。对他们来说，家庭主妇的嗜好是一种施虐受虐狂的形式；嗜好和恶习的特点，就是促使自由要它不想要的东西；因为有嗜好的家庭主妇憎恶以消极、肮脏、恶为命运，狂热地同灰尘作斗争，要求获得反叛灰尘的命运。因为一切活生生的扩张都在身后留下废物，她指责生活本身。一旦有个活的存在进入她的领域，她的眼睛就闪射出恶意的目光。“擦擦你的脚；不要弄乱一切，不要碰这个。”她想阻止她周围的人呼吸：一丝气息都是威胁。一切事件都带来无效工作的威胁：孩子摔个跟头，是一个要弥补的损伤。她在生活中只看到要出现解体腐烂，要求做出不确定的努力，失去了一切生之欢乐；她的目光严厉，表情忧心忡忡，严肃，时刻戒备；她以谨慎和吝啬自卫。她关上窗户，因为昆虫、细菌和灰尘会同阳光一起渗透进来；再说，阳光会毁坏丝绸帷幔，旧扶手椅藏在罩子下面，用樟脑丸熏过：阳光会使之泛白。她甚至并不乐于向客人展示这些宝贝：欣赏会弄污东西。这种不信任会转成尖酸刻薄，引起对一切有生命的东西的敌意。人们时常谈起这些外省的资产阶级女子，她们戴上白手套，确保不在家具上留下看不见的灰尘：几年前帕潘姐妹杀死的就是这类女人①；她们对肮脏的憎恶，同她们对仆人、世界和自身的憎恶没有区别。

很少有女人从青年时代起便选择这样消沉的恶习。那些宽容地热爱生活的女人，不会这样做。柯莱特这样和我们谈到茜多：

---

① 1933 年 2 月，法国勒芒地区一户人家的两位女主人被女仆克里斯蒂娜 · 帕潘和雷亚 · 帕潘残忍杀害，在法国引起巨大反响。

这是因为她很灵活好动，但她不是一个勤奋的主妇；她爱干净，爽快，挑剔，但她远不是有嗜好的爱孤独的人，她不会去数餐巾、糖块和装满的酒瓶。手里拿着法兰绒衣服，监视着女仆长时间擦拭玻璃，她同邻居嬉笑，发出神经质的、急不可待地召唤自由的笑声，她说："当我长时间细心地擦拭中国茶杯时，我会感到自己变老。"她忠诚地完成自己的任务。于是，她跨过我们家门口的两级台阶，来到园子里。她的阴郁的激动和怨恨立刻消失了。

性欲冷淡或受挫伤的女人，老姑娘，受骗的妻子，专断的丈夫使之过着孤独和空虚生活的女人，会落到这种神经质和怨恨中。例如，我认识一个老妇人，她每天早上五点钟起床，察看自己的几只大柜，重新开始整理一番；她在二十岁时是快乐的和爱打扮的；她被关在与别处隔绝的领地内，丈夫怠慢她，她只有一个孩子；她开始把家料理得井井有条，就像别的人开始喝酒那样。在《丈夫纪事》[①] 中的艾丽丝身上，料理家务的兴趣来自想支配一个世界的过度欲望、过度活跃的精力和没有对象便空转的统治意志；这也是对时间、世界、生活、人和一切存在的东西作出的挑战。

晚饭后，从九点钟开始，她洗东西。到了午夜。我在打瞌睡，而她的勇气仿佛无视我的休息，并显示我的懒惰，这就冒犯了我。

艾丽丝说："想要干净，就不要怕先弄脏自己的手。"

屋子不久就会干净得没人敢住。有的是用来休息的床，但

---

① 见茹昂多《丈夫纪事》。——原注

人只能睡旁边，在地板上休息。垫子太鲜艳了。生怕使它们褪色或者将头和脚枕在上面使它们黯然失色，每当我踩在地毯上，有一只手便跟随着我，用一件工具或一块布擦去我的痕迹。

晚上：

“做完了。”

从她起床直到她睡下，对她来说，要干什么呢？要移动每样东西和每样家具，触摸家里的地板、墙壁和天花板的每个角落。

眼下，是她身上的家庭主妇占据上风。她去掉壁橱的灰尘以后，给窗台上的天竺葵掸灰尘。

她的母亲说：“艾丽丝向来这样忙碌，她没有感到自己的存在。”

料理家务确实让女人无限地远离自身。沙多纳[①] 说得对：

这是一项细心的、凌乱的、没有阻碍和限制的任务。在家里，一个保证能取悦他人的女人很快便达到衰退点，达到消闲和使她消失的精神空虚状态……

在这种逃遁、这种施虐受虐狂中，女人竭力同时与物体和自身搏斗，它往往正好具有性的性质。维奥莱特·勒杜克说[②] ：“料理家务要求身体运动，这是女人可以进入的妓院。”令人注目的是，

---

① Jacques Chardonne（1884—1968），法国小说家，擅长描写夫妻关系，著有《祝婚诗》《情感的命运》《窗户里的天空》等。

② 见《饥饿的女人》。——原注

对干净的兴趣，在女人较冷淡的荷兰和在以秩序及纯净反对肉体快乐的清教徒文明中，具有极大的重要性。如果说地中海沿岸的南方人生活在快乐的肮脏的环境中，这不仅是因为那里缺乏水：对肉体和动物性的热爱使人们容忍人体的气味、污垢，甚至寄生虫。

准备饭餐是比打扫更加积极、往往更加快乐的工作。它首先意味着去市场的时刻到来了，这对许多家庭主妇来说是一天中最重要的时刻。家庭的孤独压在女人身上，如果日常任务不能使她全神贯注的话。在南方城市里，当她能够一边坐在家门口缝补、洗东西、拣菜，一边闲聊时，她是幸福的；到河边去打水，对半幽居的穆斯林女人来说，是很大的冒险：我见过在卡比利亚[①]的一个小村庄里，妇女抢着到蓄水池去打水，这是一个官员让人在广场上建造的；每天早上，她们一起下到山脚下的河边，这是她们唯一的消遣。妇女们去采购，在排队时、在店铺里、在街角交谈，肯定她们"主妇的价值"，每个人都从中汲取自己的重要意义；她们感到自己是一个共同体的成员，这个共同体——暂时——对抗男人的群体，就像本质与非本质的对立。尤其购买是一件乐事：是一个发现，近乎一个创造。纪德在他的《日记》中指出，不懂得赌博的穆斯林用发现隐藏的财富来代替赌博；这是商业文明的诗意和冒险。家庭主妇不知道赌博的无根据，但一棵包得很紧的卷心菜，一块精制的卡门贝[②]干酪，是商人狡猾地隐藏起来而她必须偷到的财宝；在买卖者之间，建立的是斗争和玩弄诡计的关系：对买东西的主妇来说，赌注下在以最少的钱获得最好的商品上；极其重视最大限度的节俭，不能仅仅由操心难以做到的收支平衡来解释：必须赢得这

① Kabylie，阿尔及利亚山区，濒临地中海。
② Camembert，法国下诺曼底的小镇，以产干酪闻名。

一局。当家庭主妇怀疑地审察货摊时，她是女王；世界带着它的财富和陷阱摆在她的脚下，让她获取一个战利品。当她把购物袋掏空，倒在桌上时，她品尝着短暂的胜利。她把罐头、不易腐烂的食品放进壁橱，这能保证她对付未来；她满足地欣赏除去包装的蔬菜和肉，马上要施展能耐做菜。

煤气和电扼杀了火的魔力，但在乡下，许多女人还在体验从死气沉沉的木头中燃起烈焰的乐趣。火生起来以后，女人变成女巫。只消一个动作——当她打匀鸡蛋，揉好面团时——或者通过火的魔力，她使物质蜕变，原料变成食品。柯莱特也描绘过这些炼金术的魔力：

> 一切都是神秘、魔力、巫术，在火上放上炖锅、金属水壶、大锅和里面的东西，这一刻以及在充满柔和的不安、快乐的希望，你把冒热气的菜放在桌子上的那一刻之间所完成的一切……

特别是，她得意地描绘在热灰的奥秘中进行的变形。

> 炭灰有滋有味地煮熟放进去的东西。放进热灰中的苹果和梨取出来时变皱了，变黑了，但皮下是软的，就像鼹鼠的肚子，这样“皱巴巴的”苹果放在厨房的炉子上，它包裹在原来的皮下，充满美味，但远远没有变成果酱，只渗出——如果你知道怎样做的话——一点蜜汁……一口三只脚的大锅高高架起来，装着筛过的灰，里面决然看不到火。大锅装满排列整齐但互相之间留有空隙的土豆，支在黑色的脚架上，直接对着炭火，给我们生产出雪白、滚烫、有鳞片的小块茎。

女性作家特别赞美果酱的诗意：在铜盆里将固体的糖和柔软的果肉混在一起，是一项了不起的事；形成的东西起着泡沫，黏糊糊的，滚烫的，有点危险：家庭主妇驯服和骄傲地倾倒到罐子里的是沸腾的熔岩。当她给罐子套上羊皮纸，写上她取得胜利的日期时，她战胜的也是时间本身：她在糖的陷阱里获得时间，她在广口瓶中放进了生命。厨房进一步推进和显示物质的内涵。她把它们翻新，重新制作。在揉面团的活儿中，她感受到自己的能力。巴什拉说："手同目光一样，具有梦想和诗意。"[①] 他还谈到这种"饱满的灵活，这种充满双手的灵活，而且无尽地将物质反映在手上，又从手上反映到物质中"。厨娘的手在揉面团时是一只"幸福的手"，烘烤使面团具有新价值。"因此，烘烤是一个重大的物质变化，一个从苍白到金黄，从面团到面包皮的变化。"[②] 女人在做好点心、千层酥中能够找到特殊的满足，因为并非谁都做得好：必须有天赋。米什莱写道："没有什么比做面食的技巧更复杂的了。没有什么做起来更难，学起来更难的了。必须是天生的。一切都要有母亲那样的天赋。"

在这方面，人们明白，小姑娘热情地喜欢模仿女性长辈：她用白垩和草做代用品来玩；当她用真正的小炉子当玩具，或者她的母亲允许她待在厨房里，允许她在手掌里揉点心面团，或者允许她切热焦糖，她就欣喜若狂。但是，就像做家务那样：重复很快就会耗尽乐趣。在主要以玉米饼充饥的印第安人那里，女人去揉、烧熟、再加热、重新揉出每家都相同、每个世纪都相同的饼：她们几乎对炉子的魔力无动于衷了。不能每天把去市场变成觅宝，也不能一直

---

① 巴什拉《大地和意志之梦》。——原注
② 同上。——原注

迷醉于水龙头的闪光。那些抒情地赞美这种胜利的主要是男女作家，他们没有做过家务，或者很少做家务。这种活儿每天都干，会变得单调和机械；它充满了等待：必须等水开，必须烤得火候正好，必须等衣服烤干；即使把不同的活儿安排好，也要长时间空等和处于被动；在大部分时间里，活儿是在无聊中完成的；在眼前的生活和明天的生活之间，它们只是一个非本质的中介。如果做这些事的人本身是生产者、创造者，它们就像有机功能一样融入他的生存之中；因此，每天的徭役如果是男人做的，就似乎远远没有那么愁闷；对他们来说，它们只是一个消极的、偶然的、他们很快就脱身的时刻。使女人兼女仆的命运令人厌恶的是，劳动分工使她注定要整个儿成为一般和非本质的人；居住和食物对生命是必需的，但并不给它以意义：家庭主妇的直接目的仅仅是手段，而不是真正的结果，在其中只反映无特色的计划。人们明白，为了在工作中注入勇气，她力图加入自己的特殊性，使获得的结果具有绝对的价值；她有自己的仪式、自己的迷信，她坚持自己布置餐具、安排沙龙、织补、做菜的方法；她说服自己，没有人能够烤得这样好，或者擦得这样亮；如果丈夫或女儿想帮助她，或者想替她做事，她便从他们手里夺过针、扫帚。“你缝不了纽扣。”多萝西·帕克带着可怜和讽刺的语气描绘了一个少妇的不安，她深信该给家的装饰以个人的调子，却不知道该怎么办。

> 欧尼斯特·韦尔登太太在井井有条的单间公寓里踱步，一边为之稍微做一些女性的修饰。她在修饰艺术方面不是特别在行。她想把家里装扮得漂亮迷人。在结婚之前，她设想自己在新住所慢慢地踱步，这里放一株玫瑰，那里扶直一朵花，这样把一间屋子改变成一个“家”。甚至是现在，结婚七年以后，

她还喜欢想象正在有滋有味地忙乎。但是，虽然每天晚上刚点亮有玫瑰色灯罩的灯，她就认真地尝试起来，她还是有点儿苦恼地寻思，该怎样做才能完成在一个家中显示出大千世界不同的小小奇迹……给一点女性的修饰，这是妻子的角色。韦尔登太太不是一个回避自己责任的女人。她带着可怜兮兮的、无把握的神态，在壁炉上摸索，将日本花瓶提起，站立在那里，手里拿着花瓶，以绝望的目光审视房间……然后往后退，观察她的新安排。这给房间带来的一点变化真是难以置信。

女人在追求新颖或有特殊性的完美中，浪费了许多时间和精力；正是这给予她的工作一种沙多纳所指出的“细心的、凌乱的、没有阻碍和限制的任务”的性质，它使得家务真正代表的负担非常难以评价。根据最近的一项调查（由C·埃贝尔署名，一九四七年发表在《战斗报》上），已婚女人工作的日子要在家务劳动上花三小时四十五分钟（家务、采购食品等等），休息的日子要花八小时，每周一共三十小时，这相当于一个女工或一个女职员一周工作时间的四分之三；如果这项任务再加上一门职业的话，那就很沉重；如果女人没有其他事要做（女工和女职员在交通中要失去不等的时间），那就不沉重。如果孩子很多，那么照顾孩子会大大加重女人的疲劳：一个贫穷家庭的母亲，经过过度劳动的一天，用尽了力气。相反，有仆人代劳的资产阶级女子，几乎是无所事事。闲暇的代价是百无聊赖。因为她们感到无聊，许多人就让自己的职责复杂化和无限增加，使之超过正式工作。有个得过抑郁症的女友告诉我，她身体好的时候，几乎机械地持家，她有时间做艰难得多的事；当神经衰弱妨碍她投身其他工作的时候，做家务使她耗尽了精力，她要花掉整天时间，要做完很艰难。

最令人悲哀的是，这种劳动创造的作品甚至不能长久保存。女人很想——如果她投入更多的精力——把她的工作本身看做有一种目的。在欣赏出炉的蛋糕时，她感叹说：吃掉它真是遗憾！丈夫和孩子们在打蜡的地板上拖着他们粘上泥巴的脚，真是遗憾。东西一用过，便被弄脏或者毁掉：我们已经看到，她想不使用它们；这一位保存果酱，直到发霉；那一位锁上客厅。但是人不能阻止时间流逝，食物吸引老鼠，里面会生虫。毯子、窗帘、衣服会有蛀虫：世界不是一个宝石的梦，它是由受到腐烂威胁的可疑物质构成的；可食用的东西也像达利[①]笔下有血肉的魔鬼一样令人捉摸不透：它显得没有活力，是无机的，但隐藏的幼虫把它变成了尸体。在这些物中异化的家庭主妇，像物一样取决于整个世界：衣服烫焦了，肉烤煳了，瓷瓶打碎了；这是彻底的灾难，因为当这些东西毁掉时，是不可弥补地毁掉。不可能通过它们获得持久和安全。战争带来洗劫和炸弹，威胁着大柜和房屋。

因此，家务劳动的产品必须消耗掉；女人需要不断放弃，她的活动只有通过产品的毁坏才能完成。要让她毫无遗憾地同意这一点，至少必须让这些微小的牺牲多少激起快乐、愉悦。但由于家务劳动在维持现状中消耗掉，丈夫回家时注意到凌乱和失职，而他觉得秩序和干净不言而喻是必要的。他对一顿美餐更感兴趣。下厨的女人凯旋的时刻就是她把一盘美食放在桌上的时候：丈夫和孩子们热烈地迎接她，不仅用言语来表示，而且愉快地吃完它。烹饪炼金术继续进行，食物变成了乳糜和血。维持身体有着比维持地板更具体、更必需的利害关系，下厨女人的努力以明显的方式向未来超越。然而，即使在物中异化比指望外来的自由更有效，这仍然是危

---

① Salvador Dali（1904—1989），西班牙超现实主义画家。

险的。下厨女人的活儿只在客人的嘴里找到真情实况；她需要他们的赞同；她希望他们赞赏她的菜，还要再吃；如果他们吃饱了，她便生气：以致弄不清炸土豆是供给丈夫的，还是丈夫是为炸土豆准备的。这种含糊不清又存在于做家务的女人的总体态度里：她为丈夫持家；但她也要求他用挣到的所有的钱来购买家具或者冰箱。她希望让他幸福，可是她只赞成他的活动限制在她建造的幸福的范围内。

有时，这些愿望总体得到满足：这是在男人的理想也是这种幸福的时期，在他依恋家、家庭胜过其他一切，孩子们还只由父母、传统和过去定义的时期。这时，支配家庭和饭桌的女人，被看做是主宰者；她在某些地主家、某些富裕农民家仍然扮演那种光荣的角色，这些家庭时有时无地延续父权制的文明。但总体而言，今日婚姻是已不复存在的风俗的残余，妻子的处境比以往更令人不快，因为她仍然有同样的义务，它们却不再给她同样的权利；她有同样的任务，却从执行中得不到补偿和荣誉。今日，男人结婚是为了安居在内在性中，而不是为了被关闭在里面；他要一个家，但能自由逃离它；他定居下来，但往往他在心里仍然是一个流浪者；他不藐视幸福，但他不把幸福变成一个目的；重复使他厌倦；他寻找新鲜感、冒险、需要战胜的抵抗、友情、让他摆脱孤独的两人世界的友谊。孩子们比丈夫更加希望超越家庭界限：他们的生活在别处，在他们前面；孩子总是希望别的东西。女人试图建立一个持久和连续的天地：丈夫和孩子们想超越她创造的处境，对他们来说，这处境只是一个既定的环境。因此，当她不愿承认自己一生忠于的活动的不确定性时，她强迫他们接受她的服务：她从母亲和主妇变成继母和泼妇。

因此，女人在家庭内部所干的活并不给予她自主；家务劳动不是直接有用于集体，它不面向未来，它不生产什么。只有融合在生产或活动中向社会超越的生存时，家务劳动才具有意义和尊严：就是说，它远没有解放主妇，而是把她置于丈夫和孩子们的隶属中；她正是通过他们得到存在的理由：在他们的生活中，她只是一个非本质的中介。即令法律从她的义务中取消了“服从”，也丝毫改变不了她的处境；这个处境不是建立在丈夫的意愿上，而是建立在夫妻共同体的结构本身。不允许女人做积极的事，因此她不被看做一个完整的人。不管她受到多少尊敬，她是附属的、次要的、寄生的。压在她身上的沉重诅咒在于，她的生存意义本身不掌握在她手里。因此，她的夫妻生活的成败对她来说比对男人来说重要得多：他是公民、生产者，然后才是丈夫；她首先、而且往往只是妻子；她的劳动不能让她摆脱她的处境。相反，她的劳动正是由于这种处境获得价值，或者没有价值。如果她在爱着，慷慨地忠诚，她会在快乐中完成她的任务；如果她是在怨恨中完成任务的，她会觉得这是乏味的苦差事。它们在她的命运中将只有非本质的作用；在夫妇生活的不幸中，它们帮不了忙。因此，我们必须看到，这种基本上由床上“服务”和家务“服务”确定的状况是怎样被具体感受到的，在这种状况中，女人只有接受她的臣仆地位才能找到尊严。

少女从童年到青春期经历的是一个危机，而一个更为尖锐的危机把她抛到成人的生活中。在女人身上，性启蒙很容易引起紊乱，另外还要加上从一种状况到另一种状况“过渡”的固有焦虑。尼采写道：

仿佛受到可怕的雷击，被抛到现实和对性的认识中，通过结婚，发现爱情和羞耻是矛盾的，由于上帝与禽兽意料不到的相近，在唯一的对象中必然感到狂喜、牺牲、义务、怜悯和恐惧……因此，心灵徒劳地寻找对等物时感到惶惑。

传统的“蜜月旅行”的激动，部分用来掩盖这种惶惑不安：年轻女人在几个星期中被抛到日常世界之外，一切与社会的联系暂时断裂了，不再处于空间、时间和现实中。① 但她迟早要重新回到其中，她回到新家不是没有不安的。她同娘家的联系要比同年轻丈夫的联系紧密得多。摆脱自己的家，这是最终的断奶：正是在这时，她经历了被抛弃引起的一切焦虑和自由带来的晕眩。根据情况不同，决裂多少是痛苦的；如果她已经粉碎了与父亲和兄弟姐妹，尤其与母亲的联系，她离开他们也没有什么戏剧性；如果她仍然受到他们的支配，她就可能实际上处在他们的保护之下，她的境况改变将不那么明显；但是通常，即使她希望逃离娘家，当她和与之相连的小圈子分开，被切断与过去、童年的世界、确定的原则和被肯定的价值的联系时，她也感到困惑。只有热烈的、充实的性生活才能使她重新沉浸在内在性的宁静中；但是，通常她先是紊乱多于满足；不管这决裂多么成功，性启蒙只会增加她的不安。人们在新婚的第二天可以看到很多她对初潮的那种反应：她往往面对女性身份的高度显现感到厌恶，想到这种体验会重新来过感到恐惧。她也有所谓“狂欢次日”的苦恼失望；小姑娘一来月经，便忧虑地感到，她还不是一个成年人；失去了处女贞操，年轻女人就成年了，最后阶段被越过：现在又怎样呢？这种不安的失望既与失去处女贞操相

① 世纪末的文学喜欢将失去处女贞操的场景安排在卧铺车厢里，这是把她置于“什么地方也不是”。——原注

连，也与结婚本身相关：一个已经与未婚夫或者与其他男人“有过性关系”，结婚表明其充分进入成年人生活的女人，往往会有同样的反应。开始一项事业是令人激动的，但没有什么比发现无法控制的命运更令人沮丧的了。正是在这最终的、不可变更的背景上，自由以最不可容忍的无用面目浮现出来。从前，受到双亲权威保护的少女，在反抗和希望中运用她的自由：她利用它来拒绝和超越她与此同时感到安全的境况；她正是从家庭温暖中向婚姻超越；既然她结了婚，在她面前就再也没有别的未来。家庭的大门对着她重新关上：这将是她在人间的全部命运。她准确地知道，留给她的是什么任务：就是她的母亲完成的同样任务。日复一日，要重复同样的仪式。少女时，她两手空空：她在希望和梦想中拥有一切。如今，她获得了一部分世界，她忧郁地想：只有这个，永远如此。永远是这个丈夫，这个家。她什么也不用等待，也没有什么重要的东西要期待。然而，她害怕自己的新责任。即使丈夫上了岁数，有权威，她和他有性关系的事实夺走了他的威信：他不会代替父亲，更不能代替母亲，他不会让她脱离他的自由意志。在新家的孤独中，与一个她多少觉得陌生的男人联结在一起，她不再是孩子，而是人妻，注定要轮到她成为母亲，她感到发怵；最终摆脱了母亲怀抱，迷失在前途茫茫的世界中，被弃于冷冰冰的现在，她发现无聊和纯粹矫揉造作的乏味。在年轻的托尔斯泰伯爵夫人的日记中，以鲜明的方式表达的正是这种苦恼；她热烈地同意嫁给她赞赏的伟大作家；她在亚斯纳亚波利亚纳的木头阳台上感受到狂热的拥抱之后，对肉体的爱情感到恶心，她远离亲人，与过去分隔开，在一星期以来成为其未婚妻的男人身边，他比她大十七岁，她完全不知道他的过去和兴趣；她觉得一切都是空无的、冰冷的；她的生活只是睡眠。有必要援引她对结婚开头的叙述和开头几年她的日记。

一八六二年九月二十三日，索菲娅结婚了，晚上离开了她的家：

一种难以忍受的痛苦情感使我的喉咙收缩，紧紧抓住了我。于是我感到，这一时刻来到了：永远离开我的家，离开我深爱的和始终生活在一起的所有人……开始诀别，诀别是多么可怕……这是最后的几分钟。我有意将与母亲的诀别保留到最后……当我摆脱她的拥抱，没有回过身，走过去在马车里就座时，她发出一声撕心裂肺的叫声，我一生都不会忘记的。秋雨不停地落下……我缩在角落里，万分疲倦和难受，泪水涟涟。列夫·尼古拉耶维奇[1]好像非常惊讶，甚至不满……当我们离开这城市时，我在黑暗中感到恐惧……黑暗压抑着我。一直到第一站比利乌莱夫（有错当查），我们几乎没有说话。我回忆起，列夫·尼古拉耶维奇对我非常温柔，照顾得无微不至。在比利乌莱夫，我们下榻的是沙皇住过的房间，开间很大，家具上铺着红色的棱纹平布，没有一点殷勤好客的味道。有人给我们端来了茶炊。我蜷缩在沙发的角落里，像一个犯人那样保持沉默。“喂！”列夫·尼古拉耶维奇对我说，“你先用吧。”我听从了，倒了茶。我很难为情，不能摆脱某种恐惧。我不敢用你称呼列夫·尼古拉耶维奇，避免叫他的名字。很久我仍然继续用您对他说话。

二十四小时以后，他们到达亚斯纳亚波利亚纳。十月八日，索菲娅续写日记。她感到焦虑。她对丈夫的往事感到难以忍受。

---

① 列夫是托尔斯泰的名，尼古拉耶维奇是父称，后文中的列沃奇卡和列瓦是昵称。

从我记事起，我一向梦想成为一个完美的、鲜活的、纯粹的人，我多么希望这样……我很难放弃这些孩子的梦想。当他抱吻我的时候，我想，我不是第一个他这样抱吻的人。

第二天，她写道：

我感到很不自在。昨夜我做了噩梦，虽然我没有不断地去想它，但仍然心情沉重。妈妈在我梦中出现，这使我非常难过。仿佛我睡着后无法醒过来……有样东西压抑着我。我不断觉得我要死了。这很古怪，现在我有一个丈夫。我听到他睡着了，我独自一人感到害怕。他不让我进入他的内心，这使我难过。所有这些肉体关系令人恶心。

十月十一日：可怕！愁惨得可怕！我总是越来越自我封闭。我的丈夫生病了，脾气很坏，他不爱我。这在我意料之中，但是没想到这么可怕。谁关心我的幸福呢？毫无疑问，我既不会为他，也不会为我自己创造这幸福。在我忧郁的时刻，有时我寻思：当事情对我和对别人来说这样糟的时候，何必活着呢！这很古怪，但是这种想法困扰着我。他变得越来越冷淡，而我呢，相反，我越来越爱他……我回忆起我的亲人们。那时，生活多么轻松啊！而现在呢，天哪！我的心都撕裂了！没有人爱我……亲爱的妈妈，亲爱的塔尼娅，她们多么可爱啊！

我为什么离开了她们？多么悲哀，多么可怕啊！然而列沃奇卡是出色的……从前，我满腔热情地生活、工作、忙于料理家务。现在，这都结束了：我可以整天沉默寡言，抱着手臂，反复思考过去的岁月。我宁愿工作，但是我做不到……弹弹钢琴也许会让我开心点，但太不方便了……列沃奇卡向我提议，今天当他到尼科利斯科耶时我待在家里。我本该同意，让他摆脱我，但我没有力量……可怜的人！他到处寻找消遣和回避我的借口。我为什么活在世上？

一八六三年十一月十三日：我承认不会给自己找活儿干。列沃奇卡很幸福，因为他聪明和有才能，而我呢，我两者都没有。找到事情做并不难，活儿并不缺。但是必须对这些小事感兴趣，锻炼去热爱做这些事：照料家禽饲养场，擦干净钢琴，读乏味的书多过有趣的书，腌黄瓜……我仿佛开始熟睡，无论我们到莫斯科去旅行，还是等待一个孩子来临，都不能让我得到一点点激动和最微小的快乐，什么也不能。谁能给我指出苏醒过来，重新活跃的方法呢？这种孤独压抑着我。我习惯不了。在老家，是那么热闹，而在这里，他不在时一切都很阴郁。他很习惯孤独。他不像我那样从亲密的朋友那里获得乐趣，而是从自己的活动中……他在没有家庭的情况下长大。

十一月二十三日：当然，我不爱活动，但我本性不是这样的。只不过我不知道做什么事。有时，我非常想摆脱他的影响……为什么他的影响对我是个负担？……我控制自己，可我不会变成他。我只会丧失我的个性。我已经不是我本人，这使我的生活变得更加困难。

四月一日：我不能在自身找到办法是个重大的缺点……列瓦埋头于工作和管理产业，而我呢，我没有任何挂心的事。我对什么事都没有天赋。我宁愿有更多的事要做，不过是真正的工作。以前，在春光明媚的日子里，我感到做事的需要和愿望。上帝知道我梦想什么！今天，我什么也不需要，我再也感觉不到这种不知朝向什么的模糊而愚蠢的愿望，因为得到一切以后，我就什么也不要隐藏了。然而，我有时厌烦。

四月二十日：列瓦越来越远离我。肉体的爱情在他身上起着重大的作用，而在我身上却不起任何作用。

可以看到，少女在开头的六个月中和亲人分离、忍受孤独，她的命运最终确定，她十分痛苦；她憎恨同丈夫的肉体关系，她感到无聊。柯莱特的母亲在第一次由她的兄弟们逼着结婚以后，感受到的也是这种无聊，直至流泪：[①]

她于是离开了比利时热闹的家，离开了散发出煤气、热烘烘的面包和咖啡香味的地下室厨房，离开了钢琴、小提琴、她父亲留下的杰出的萨尔瓦多·罗萨[②]的作品、烟草罐和精致的长管泥烟斗……离开摊开的书籍和揉皱的报纸，新嫁娘走进门口铺着石阶的家，林区的严寒包围着这个家。她在底层找到了一个意想不到的金色和白色相间的大厅，但第二层仅仅粗粗涂了一层灰泥，像阁楼一样被弃之不顾……冰冷的卧室既不诉说爱情，也不诉说甜蜜的睡眠……茜多寻找朋友、无邪和快乐的社交，但她在自己的住处只找到仆人、花言巧语的佃农……她在大屋子摆上了花，叫人刷白幽暗的厨房，亲自监督佛兰德式菜肴，揉制放葡萄的蛋糕，盼望头生子来临。那个粗野的人在两次远足之间向她微笑，又走掉了……试过做美味食品的方法、独自玩牌和给地板上蜡以后，茜多因孤独而变瘦了，她哭泣起来……

---

① 见《克罗蒂娜之家》。——原注

② Salvator Rosa（1615—1673），意大利画家、诗人、音乐家，浪漫派风景画的先驱。

马塞尔·普雷沃在《给已婚的弗朗索瓦丝的信》中描绘了年轻女人在蜜月旅行回来以后的苦恼：

> 她怀念娘家的公寓，还有拿破仑三世[①]时代和麦克马洪[②]时代的家具、玻璃长毛绒玩具、黑李木大柜，所有她认为这样过时和这样可笑的东西……在她的记忆中，这一切回想起来就像一个真正的庇护所、一个真正的窝，她在那里受到无私的温情的保护，避开一切恶劣天气和一切危险。这个公寓，还有新毯子的气味、没有装饰的窗户、乱七八糟的坐椅、临时安排和假装动身的样子，不，这不是一个窝。要建造的仅仅是窝的位置……她突然感到悲惨得可怕，像被人抛弃在沙漠里一样悲惨。

在少女身上，往往从这种苦恼开始，产生长久的忧伤和各种精神病。尤其是，她在不同的精神衰弱症的症状中，感到她的空泛自由的诱惑；例如，她展开关于妓女的幻想，我们已经在少女身上见到过了。皮埃尔·雅内[③]举出一个新嫁娘的病例，她不能忍受独自待在她的公寓里，因为她感到很想站在窗前，向行人送秋波。有些人面对一个“不再像真的”世界，一个只充满幽灵和彩纸板背景的世界，患了意志缺失症。有的人竭力否认她们的成年人状态，一生都执着否认它。雅内以字母 Qi 指代的另一个病人就是这样的。

---

① Napoléon Ⅲ（1808—1873），法国皇帝（1852—1870），拿破仑的侄子，通过政变当上皇帝，1870 年在普法战争的色当战役中惨败于普鲁士军队，投降后被废黜。

② Patrice de Mac-Mahon（1808—1893），法国元帅，曾任阿尔及利亚总督（1864—1870），参与镇压巴黎公社，后任总统（1873—1879）。

③ 见《困扰和精神衰弱症》。——原注

Qi，一个三十六岁的女人，受到这样的想法困扰：她是一个十到十二岁的小女孩；尤其当她独自一个人的时候，她让自己跳呀、笑呀、舞呀，她弄乱自己的头发，让头发飘拂在肩上，至少剪短一部分头发。她想让自己完全沉浸在做一个孩子的梦想中："不幸的是，她不能在大家面前玩捉迷藏和开玩笑……我希望别人感到我可爱，我担心自己是个丑八怪，我希望别人爱我，对我说话，爱抚我，所有时间都对我说，像爱小孩子那样爱我……人们爱一个孩子使诡计，使小心眼，娇柔，反过来，人们要求孩子什么呢？爱你，如此而已。这是好的，但我不能对丈夫说出这个，他不会理解我。啊，我多么想当一个小姑娘，有一个父亲或母亲，把我放在膝上抚摸我的头发……但不，我是一个太太、家庭主妇；必须主持家务，态度严肃，独自考虑问题，噢，这是什么样的生活啊！"

对男人来说，结婚往往也是一个危机：证明是许多男性精神病患者是在订婚时或者在夫妇生活的初期发病的。年轻男子不像他的姐妹那样眷恋家庭，他属于某个团体：高等专科学校、大学、学徒车间、团队、帮派，这一切保护他不至于落到无依无靠；他离开家庭，开始过真正的成年人生活；他害怕将来孤独，他结婚常常是为了避免孤独。可是，他受到被集体维护的、将夫妻看做"夫妇集合体"的幻象愚弄。除非在爱情之火的短暂燃烧中，否则两个个体不会构成这样一个世界，保护他们每一个去对抗世界：这是两人在婚后第二天所感受到的。不久就变得不拘礼节的、受奴役的女人，不向丈夫掩盖她的自由；她是一个负担，而不是一个托词；她没有把他从责任的重负中解脱出来，而是相反，加重这些责任。性别的不同往往带来年龄、教育、地位的差异，做不到任何真正的和谐：夫妻虽是一家人，却如同陌路人。以前，他们之间往往有真正的鸿沟：少女生长在无知和无邪的状态中，没有任何“过去”，而她的未婚夫“生活”过，是他启迪她认识生存的现实。有些男性对这种微妙的角色受宠若惊，更明智的男人则不安地衡量把他们与未来妻子隔开的距离。伊迪丝·华顿[①] 在她的小说《纯真年代》中，描绘了一个一八七〇年的年轻美国男子，面对他要接受的女人所产生的疑虑：

> 他怀着一种敬畏，注视着这个即将把自己的心灵交给他的少女纯洁的额角、严肃的眼睛、天真快乐的嘴巴。出自他归属并且相信的社会制度的这个可怕的产物——这个什么都不知道的少女希望得到一切——如今在他看来像一个陌路人……既然作为一个风流的男人，向未婚妻、向没有经验的少女隐瞒他的过去是他的责任，因为她根本没有过去，他们两人确实能互相了解什么呢？……少女作为这套精心设计的骗局的中心，由于她的坦率和大胆本身，成为更加难解的一个谜。这个可怜的宝贝，她是直率的，因为她没有什么要隐瞒；她信任人，因为她没有设想自己要保护自己；她没有别的准备，不得不在一夜之间投入到所谓的“生活现实”中……他上百次在这个简单的心灵中转圈，返回时感到泄气，因为他想到由母亲们、婶婶们、祖母们，直至遥远的清教徒祖先的阴谋非常巧妙地制造出来的假纯洁，只是为了满足他的个人趣味，让他能够对她行使领主权利，把她像雪人一样压碎而存在。

---

① Edith Wharton（1862—1937），美国女作家，后移居法国，描绘上层社会家庭和商界，著有《欢笑之家》《纯真年代》等。

今天，隔阂不那么深了，因为少女是一个不那么虚假的存在；她受到更好的教育，更好地武装起来，以迎接生活。但经常她比丈夫年轻得多。人们对这一点的重要性指出得不够；人们往往将成熟程度不同的后果看做性别的差异；在许多情况下，女人是一个孩子，并非因为她是女人，而是因为她确实很年轻。她的丈夫和他的朋友们的严肃压抑着她。索菲娅·托尔斯泰在婚礼之后一年左右写道：

> 他老了，注意力太集中了，而我呢，如今我感到自己这样年轻，我那么想做出疯狂的事！我不但不想睡觉，反而想单足旋转跳舞，但是同谁呢？
>
> 暮气沉沉的气氛笼罩着我，我周围的人都是年老的。我竭力压抑每一个青春的冲动，在这个理智的环境中，冲动显得不合时宜。

丈夫那方面，则在妻子身上看到一个“婴儿”；对他而言，她不是他期待的妻子，他让她感到这一点；她为此受到侮辱。无疑，她离开娘家时，希望找到一个向导，但她也想被看做一个“大人”；她希望仍然是一个孩子，她想变成一个女人；更年长的丈夫对待她的方式永远不能完全满足她。

即使年龄差距很小，一般说来少女和年轻男人仍然会以不同的方式受教育；她来自一个女性世界，被灌输以女性智慧，即尊重女性价值，而他被灌输以男性伦理的准则。他们常常很难互相理解，冲突很快就产生。

由于通常婚姻将妻子从属于丈夫，夫妇关系的问题就极其尖锐地特别对她提了出来。婚姻的悖论就在于同时有性爱职能和社会职能：这种双重性反映在丈夫对年轻女人而言具有的形象里。他是一个拥有男性威信、要代替父亲的半神：成为保护者、供给者、监护者、向导；妻子的生活应该在他的阴影中绽放；他是价值的持有者、真理的担保者、夫妻伦理的维护者。但他也是一个男性，必须同他一起承担经常是可耻的、古怪的、丑恶的或者令人震惊的，无论如何是偶然的体验；他促使妻子同他沉溺于兽性中，而同时他以坚定的步子把她导向理想。

> 一天晚上，在巴黎，他们回来的途中在那里停留，演出令贝尔纳不快，他公然离开了歌舞杂耍厅："说什么外国人要看这个！真是恬不知耻，别人要在这上头指责我们……"苔蕾丝赞赏的是，这个害臊的男人再过不到一个小时，要同样让她忍受黑暗中创造的无尽的新花样。①

在导师和野兽之间，可以有大量的混合形式。有时，男人同时是父亲和情人，性行为变成神圣的狂欢，妻子是一个沉浸于爱河的女人，她在丈夫的怀抱里找到以完全舍弃换来的最终解救。这种夫妇生活中的爱情和激情是很罕见的。有时，妻子也会以柏拉图式的爱情去爱丈夫，但她拒绝投身到一个过于受尊敬的男人的怀抱里。施特克尔叙述的那个女人的情况就是这样。"D. S. 太太是一个大艺术家的遗孀，如今她四十岁。她曾经对丈夫非常性冷淡，虽然她很爱他。"相反，她同他经历快感时，会感到像是经历共同的堕落，在她身上扼杀了尊敬和敬重。另一方面，一次性行为的失败永远将丈夫贬低到禽兽的行列：他在肉体上受到憎恶，在精神上会受到蔑

① 参阅莫里亚克《苔蕾丝·德斯盖鲁》。——原注

视；反过来，我们已经看到，蔑视、反感、怨恨使女人变得性欲冷淡。经常发生的是，丈夫在性体验之后仍然是受尊敬的高一等的人，人们原谅他动物性的弱点，阿黛尔·雨果① 的情况似乎是这样。或者他是一个没有威信的、令人愉快的性伙伴。凯瑟琳·曼斯菲尔德在她的短篇小说《序曲》中描绘了这种双重性可能体现出的一种形式：

> 她确实爱他。她依恋他，赞赏他，极其尊敬他。噢！超过了世上任何人。她彻底了解他。他是坦率、体面本身，尽管有些实际经验，但他仍然很简单，绝对天真，很容易就能满足，也很容易就会伤了自尊心。如果他不是这样向她扑过来，直吼吼地叫，用那么贪婪的爱慕的目光盯着她，那就好了！对她来说，他太过分了。从童年起，她就憎恶向她扑过来的东西。有时候他变得可怕，真正的可怕，这时，她差一点用尽全力叫喊起来：你要杀死我了！于是她想说一些粗鲁的话，愤恨的话……是的，是的，确实这样；她以对斯坦利全部的爱、尊敬和赞赏去憎恨他。她从来没有这样清晰地感受到这一点；对他的所有这些感情清清楚楚，确定无疑，这一种同另一种同样真实。而这另一种，这种怨恨，像其他感情一样非常真实。她真可以装在一只只小口袋里，送给斯坦利。她真想把最后一只口袋出其不意地送给他，设想出他打开时的目光。

年轻的妻子远远不会这样真诚地袒露自己的感情。爱丈夫，感到幸福，这是对自己和对社会的一项责任；这正是家庭对她的期

① Adèle Hugo（1803—1868），法国作家雨果的妻子。

待；或者，如果父母亲反对婚事，她就想让他们失望。通常她从以自欺的态度体验夫妇的处境开始；她很愿意相信，她对丈夫怀着深切的爱；由于女人在性方面感到不那么满足，这种激情就采取更加疯狂、更具占有欲和嫉妒心更强的形式；为了使她起先拒绝对自己承认的失望得到安慰，她不可餍足地需要丈夫在眼前。施特克尔举出许多这种病态依恋的例子。

> 有个女人结婚初期由于童年的固恋变得性欲冷淡。这时在她身上产生恶性发展的爱情，如同经常在那些不想看到自己丈夫对她们无动于衷的女人身上看到的那样。她只思念丈夫，只为他活着。她再没有其他意愿。他每天早上不得不做出一天的日程表，告诉她应该购买些什么，等等。她认真地一一执行。如果他什么也没有指点她去做，在他走了以后，她就待在自己房间里，百无聊赖地什么事也不做。她不会不陪着他就让他到别的地方去。她不能独自待着，她喜欢用手抓住他……她感到不幸，哭上几小时，替丈夫发抖，如果没有机会发抖，她就创造机会。

> 我的第二个例子是这样一个女人，她怕独自出去，关在自己的房间里，如同关在牢狱里。我看到她握住丈夫的手，恳求他一直待在她身边……结婚七年来，他从来无法跟妻子发生关系。

索菲娅·托尔斯泰的例子是相似的；显然从我举出过的段落以及随后的日记可以看出，刚刚结婚她便发现，她不爱她的丈夫。她同他发生的肉体关系令她恶心，她责备他的过去，感到他年纪大，令人厌倦，她对他的想法只有敌意；另外，似乎在床上他又贪婪又粗鲁，疏忽她，粗暴地对待她。而在索菲娅身上，失望的呼喊，厌烦、忧郁、冷淡心情的吐露，混杂着热烈爱情的抗议；她希望亲爱的丈夫一直在自己身边；一旦他远离，她就受到嫉妒折磨。她写道：

> 一八六三年一月十一日：我的嫉妒是一种天生的病。也许它来自爱他和仅仅爱他的事实，我只能同他在一起，通过他才能够幸福。
>
> 一八六三年一月十五日：我希望他只通过我去梦想和思索，只爱我一个人……我一寻思：我爱这个、那个，我便马上收回前言，我感到我不爱列沃奇卡以外的任何东西。然而我绝对应该爱别的东西，正如他爱他的工作那样……我却感到没有他时这样的苦恼不安。我日渐一日萌生出离不开他的需要……
>
> 一八六三年十月十七日：我感到无法好好地了解他，因此我是这样嫉妒地窥视他……
>
> 一八六八年七月三十一日：重读关于他的日记真是好玩！多么矛盾啊！仿佛我是一个不幸的女人！还会存在比我们更加和谐、更加幸福的夫妻吗？我的爱情不断增长。我始终以同样不安的、热烈的、多疑的、诗意的爱情去爱他。他的平静和信心有时使我气愤。
>
> 一八七六年九月十六日：我贪婪地寻找关于他的日记的篇页，上面写的是爱情，我一旦找到这些篇页，我就被嫉妒所吞噬。我怨恨列沃奇卡走掉。我睡不着，我几乎什么也吃不下，我伤心饮泣，或者偷偷地哭泣。每天到晚上我都有点发烧、打哆嗦……我是因为爱得太深受到惩罚吗？

通过这些篇页，可以感到徒劳地要以道德或“诗意的”颂扬，去弥补真正爱情的缺乏；苛求、焦虑、嫉妒反映的正是这种心灵的空无。许多病态的嫉妒在这样的状况下发展起来；嫉妒以间接的方式反映了女人将不满足具体化，设想出一个对手；她在自己丈夫身边从来感受不到充分的情感，可以说以设想他欺骗她来解释她的失望。

女人经常通过道德、虚伪、自尊、胆怯，坚持她自编的谎言。沙多纳说[①]：“对所爱丈夫的怨恨，在整个一生中往往不被发觉：人们称之为忧郁或者用另外一个名称。”即使没有被说出来，仍然感受到敌意。它通过年轻女人为了拒绝丈夫的统治所作的努力，或多或少激烈地表现出来。在蜜月和往往随之而来的紊乱时期以后，她企图重新获得自主。这不是容易的事。由于丈夫往往比她年纪大，他无论如何拥有男性的威信，根据法律他是“家长”，他拥有道德上和社会上的优势地位；他常常还拥有——至少在表面上——智力上的优势。他对妻子有文化上的优势，或者至少有职业训练上的优势；从青少年时代起，他关心世界大事：这是他的事；他懂得一点法律，了解政治，属于一个政党、一个工会和社团；他有工作，是个公民，他的思想介入到行动中；他经历不可能弄虚作假的现实的考验：就是说，男人一般都有推理技巧，对事实和经验的兴趣，某种批评意识；许多少女缺乏的仍然是这些本领；即使她们读过书，听过讲座，从事过消遣性活动，她们多少偶然积累起来的知识并不构成文化；她们不会推理，并非由于脑力缺陷：这是因为实践没有迫使她们这样做；对她们来说，思索宁可说是一种游戏，而不是一种工具；即使她们很聪明，很敏锐，很真诚，由于缺乏理性技巧，她们不会表达观点，从中得出结论。丈夫——甚至比她们更

---

① 参阅《夏娃》。——原注

加平庸——正是由此很容易指挥她们。他即使犯了错，也能找出理来。在男性手中，逻辑往往是暴力。沙多纳在《祝婚诗》中出色地描绘了这种狡黠的压迫形式。阿尔贝比贝尔特年长，更有教养，受教育更多，凭借这种优势，当他不同意妻子的意见时，便否认这些意见的全部价值；他不懈地向她证明，他是对的；至于她，她坚持己见，拒绝承认丈夫的议论有任何意义：他是固执己见，如此而已。因此，他们之间严重的误会加剧了。他不企求理解她不善于为之辩护、但却在她身上深深扎根的感情和反应；她不明白在她的丈夫用来压倒她的迂腐逻辑下可能有着活生生的东西。他竟至于发展到因她无知而发火，不过她从不向他隐瞒自己的无知，并向他挑战，提出天文学的问题；但他很自豪能指导她阅读，在她身上找到一个容易支配的听众。在这场知识不足使她每次都败北的斗争中，年轻女人没有别的法子，只有求助于沉默，或者眼泪，或者暴力：

> 贝尔特脑袋昏沉沉的，仿佛受到打击，听着这个短促而尖锐的声音，她再也不能思索，阿尔贝继续用威严的嗡嗡声包围她，让她昏头转向，使她受辱的精神感到紊乱以此来伤害她……她面对难以想象的论据的粗暴，被战胜了，不知所措，为了摆脱这种无理，她叫道：让我安静！这句话她觉得太软弱了；她望着小梳妆台上的水晶瓶，突然将瓶子扔向阿尔贝……

妻子有时力图斗争。但往往她像《玩偶之家》中的娜拉那样[①]，

[①] "当我在爸爸家的时候，他告诉我各种各样他的看法，于是我有同样的看法；如果我有别的看法，我就隐藏起来；因为他会不喜欢这样……我从爸爸手里转到你手里……你按你的兴趣拥有一切，我的兴趣同你的一样，或者我假装有同样的兴趣；我不太知道；我认为有两个人；有时是这一个，有时是另一个。你和爸爸，你们大大伤害了我。如果我什么用处也没有，那是你们的错。"——原注

勉强地接受男人代替她思索，他将是夫妻的意识。由于胆怯、笨拙、懒惰，她让男人费心对所有一般的和抽象的主题形成共同的意见。有一个聪明、有教养、独立的女人，十五年来赞赏丈夫，认为他高过自己，在他死后，她告诉我，她多么不安地看到自己不得不亲自决定自己的信念和行为：她还想猜测在每种情况下他的想法和决定。丈夫通常乐意担当这种导师和家长的角色。[①]白天他和地位相等的人打交道有过麻烦，要服从上级，到了晚上，他喜欢感到自己是绝对的上级，发布无可辩驳的真理。[②]他陈述当天的事件，认为自己与对手抗争做得对，很高兴在妻子身上又一次证实自己；他评论报纸和政治新闻，乐意对妻子大声朗读，以致她与文化的接触也不是独立形成的。为了扩展他的权威，他乐意夸大女性的无能；她多少温顺地接受这种附属的角色。众所周知，真诚地对丈夫不在身边感到遗憾的女人，多么惊喜地发现，这时自身会有不曾料到的能力；她们管理事务，抚养孩子，处理事情不需要别人帮助。当丈夫归来使她们重新处于无职无能时，她们感到痛苦。

婚姻鼓励男人任性地统治：支配的诱惑是最普遍、最不可抵抗的；把孩子交给母亲，把妻子交给丈夫，这是在人世间培植暴虐；

---

① 海尔茂对娜拉说："你以为因为你不知道用你自己的头脑行动，你对我就不那么宝贵吗？不，不，你只需要依靠我；我会给你建议；我会指导你。如果这种女性的无能在我看来不是反而恰好双倍地有吸引力，我算什么堂堂的男子汉……你好好休息吧，太平点：我有宽阔的双翼保护你……对一个男人来说，原谅他的妻子，内心会感到难以形容的温馨和满足……可以说她同时变成他的妻子和孩子。对我来说，今后你正是这样，狂乱的、张皇失措的小家伙。什么事也不要担心，娜拉；不过要开诚布公地告诉我，我既是你的意志，也是你的良心。"——原注

② 参阅劳伦斯《无意识的幻想》："你应该斗争，让你的妻子把你看做一个真正的男人、一个真正的先驱。如果你的妻子不把你看做先驱，你就不是什么男人……你应该进行艰苦的战斗，让你的妻子将她的目的服从你的目的……那么，生活多么美好啊！晚上回到她身边，看到她正在不安地等待你时，那是多么快乐啊！回到自己家里，坐在她身边，那是多么温馨啊！……在回家途中，身上带着白天全部的劳动成果，沉甸甸的，感到很富有……你对爱你的、信任你的事务的妻子感到无限感激。"——原注

通常，丈夫得到赞同、欣赏，起告诫和指导作用还不够；他发号施令，扮演至高无上的角色；所有在童年、在他的一生中积聚起来的怨恨，每天在其他男人（他们的生存侮辱他和伤害他）中间积聚起来的怨恨，他通过在家中强迫妻子接受他的权威都加以摆脱了；他模仿暴力、强权、不让步；他声色俱厉地下命令，或者他大喊大叫，拍桌子：这样的闹剧对妻子是家常便饭。他坚信自己的权利，妻子保留的任何一点自主在他看来都是一种反叛；他想阻止她未经他许可就呼吸。但她起而反抗。即使她开始时承认男性的威信，她的赞赏很快便消失了；孩子有一天发现，父亲只是一个偶然的个体；妻子不久发现，她的对面没有君主、家长、主人的高大形象，而只有一个人；她看不出有任何理由要顺从他；他在她眼里只代表令人不快的、不公正的责任。有时，她以受虐狂的快意服从：她扮演受害者的角色，她的忍让只是长久的无言的责备；但往往她进入同主人的公开斗争，她竭力反过来对他实行专制。

当男人以为他很容易让妻子顺从他的意志，他能随意“塑造”她时，他是天真的。巴尔扎克说：“妻子是她的丈夫制造成的那个样子。”但再过几页，他说了相反的话。在抽象和逻辑方面，女人常常隐忍地接受男性的权威；但当关系到她真正关心的想法、习惯时，她就坚韧而狡黠地反对他。由于她更封闭在个体的身世中，所以童年和青年时期的影响，在她身上比在男人身上深刻得多。在这两个时期她获得的东西，她永远不会摆脱。丈夫强加给妻子政治观点，却改变不了她的宗教信念，动摇不了她的迷信：这就是让·巴鲁瓦[1]所注意到的，他设想自己对与之结合的傻乎乎的、虔诚的小

① Jean Barois，法国作家马丹·杜伽尔（Roger Martin du Gard，1881—1958）同名小说中的人物。

女子施加真正的影响。他沮丧地说："一个小女孩的脑子，沉湎在一座外省城市的阴影中：对无知蠢事确信不疑：这洗刷不掉。"女人尽管获得了见解，尽管像鹦鹉学舌似的搬弄原则，还是保留了她对世界的个人观点。这种阻力会使她无法理解比她更聪明的丈夫；或者相反，它把她提高到男性的严肃之上，就像司汤达或者易卜生的女主人公那样。有时，她出于对男人的敌意——要么他在性生活方面令她失望，要么相反，他支配她，而她希望报复——故意紧紧抓住不属于她的价值；她依仗母亲、父亲、兄弟、某个她觉得"优越的"男性、听忏悔的神父、修女的权威，使他败北。或者她不正面反对他，竭力有条不紊地违拗他，攻击他，伤害他；她千方百计向他灌输自卑情结。当然，如果她具有必要的能耐，会乐于使丈夫目眩，把她的见解、观点、指令强加给他；她抓住一切道德权威。在她不可能否认丈夫的精神至高无上的情况下，她力图在性方面进行报复。要么她拒绝他的要求，像米什莱夫人那样，关于她，阿列维[①]告诉我们：

> 她处处想起支配作用，在床上，因为必须要过这一关，还在书桌上。她看中书桌，米什莱先是阻止她，而她守住床。在几个月中，夫妻过的是圣洁的生活。最后，米什莱能上床了，而阿泰娜依丝·米亚拉雷不久也占有了书桌：她天生是女文人，这是她真正的位置……

要么她在他怀抱里死板板的，用冷淡来侮辱他；要么她表现得

① Ludovic Halévy（1834—1908），法国作家，著有《康斯唐坦神父》等，还与人合写歌剧。

任性，卖弄风情，迫使他对她采取哀求者的态度；她调情，她使他嫉妒，她对他不忠：她用这样或那样的方式力图羞辱他的男子气概。即使她出于谨慎，不把他逼到绝境，至少她骄傲地把她的冷淡秘密藏在心里；她有时在日记里写下这个秘密，但更愿意透露给女友：大量已婚女子乐意互相吐露她们运用的“诀窍”，假装她们其实并没有感受到的快感；她们恶狠狠地嘲笑被愚弄者的虚荣心和天真；这种吐露也许又是在演戏：在冷淡和想冷淡之间，界限并不确定。无论如何，她们认为自己不敏感，以此满足她们的反感。有些女人——与“螳螂”相似的女人——黑夜和白天都想取胜：她们在拥抱中变得冷淡，在谈话时很倨傲，举止专横跋扈。梅布尔·道奇证实，弗丽达就是这样对待劳伦斯的。她无法否认他的智力优势，却想把自己对世界的看法强加给他：只看重性的价值。

> 他必须通过她来看生活，她的用处就是从性的角度来看。她基于此点接受或拒绝生活。

有一天，她对梅布尔·道奇宣称：

> 他不得不从我这儿得到一切。只要我不在那里，他就什么也感觉不到；一点也没有，他正是从我这儿得到他的书，她继续炫耀地说。没有人知道这一点。我整页地为他写出他的书。

然而，她顽强地需要不断向自己证明他需要她；她要求他不停地关注她：如果他没有自发地去做，她就使他陷入绝境：

> 弗丽达非常认真地致力于绝不允许她同劳伦斯的关系像在

已婚者之间通常建立的平静中进行。一旦她感到他耽于习惯，她就向他扔出一颗炸弹。她做得让他永远不会忘记。这种要别人持续关注的需要……在我看到他们的时候，变成了用来反对敌人的武器。弗丽达懂得去戳他的敏感处……如果白天他没有注意她，晚上她就要侮辱他。

他们之间的夫妇生活变成了周而复始的争吵，任何一方都不想屈服，连最小的争执都像是男女之间进行决斗的异乎寻常的样子。

在茹昂多给我们描绘的艾丽丝身上，可以找到方式非常不同的、凶蛮的支配意愿，这种意愿引导她尽可能压低丈夫：①

艾丽丝："一开始，在我周围，我压低一切。然后，我非常平静。我只跟丑婆娘或者怪人打交道。"

她睡醒时叫我：

"我的丑男人。"

这是一种策略。

她想侮辱我。

她让我一个接一个放弃我对自己的所有幻想，她由此感到多么真诚的快乐。她从来不失去一个机会在我目瞪口呆的朋友们，或者我们那些发愣的仆人面前对我说，我是可怜巴巴的这个，又是可怜巴巴的那个。因此我终于相信了她的话……为了蔑视我，她不放过任何机会让我感到，我的作品不如她带给我们的福利更使她感兴趣。

是她耐心地、慢慢地、合情合理地使我泄气，有条理地侮

① 见《丈夫纪事》和《丈夫纪事新编》。——原注

辱我，使我的思想之泉枯竭，让我一点点以准确的、冷静的、不可抗拒的逻辑放弃我的骄傲。

“总之，你挣得比工人少。”一天，她在擦地板的人面前对我扔出这一句。……

……她想压低我，以便显得高过我，至少与我平起平坐，这种藐视使她在我面前保持高傲……她对我只给予和她的踏脚板或者商品同等的尊重。

弗丽达和艾丽丝为了面对男性也要显得像本质的主体一样，运用了男人时常揭示的一个策略：她们竭力向他们否认他们的超越性。男人乐于设想，女人对他们怀有阉割的梦想；事实上，她的态度是含混不清的：她是想侮辱男性，而不是想消灭男性。更为准确的是，她希望将男人与他的计划和未来割裂开来。当丈夫和孩子生病、疲倦、沦为肉体存在时，她便胜利了。于是，在她支配的家庭里，他们只显现为众多客体当中的一个客体；她以主妇的权能对待他；她为他包扎，就像重新粘好一只破裂的盆子，她给他清洗，就像擦亮一只罐子；什么也不使她善于剥皮和洗盆子的能干的天使般的手讨厌。劳伦斯在对梅布尔·道奇谈到弗丽达时说：“你不知道当你生病时，感受到这个女人的手触到你是什么感觉。肉体的、沉甸甸的、德国人的手。”女人有意识地将这只手的全部重量放到男人身上，让他觉得，他也只不过是一个肉体的存在。没有比茹昂多笔下的艾丽丝将这种态度表现得更淋漓尽致的了：

例如我记得我们结婚之初那只虱子“长陈”……靠了它，我才真正与一个女人有过亲密的关系，那天，艾丽丝把赤裸裸的我放在她的膝上，像给一头绵羊剪毛那样，用一支蜡烛沿着我的身体转，照亮我的每一个皱褶。噢，她慢慢地察看我的腋窝、我的胸脯、我的肚脐、我的睾丸，在她的手指间它胀得像只鼓，她沿着我的大腿继续找，在我的脚之间长久地停留，剃刀在我的屁眼周围掠过：最后一丛金黄色的毛落到小篮里，虱子就藏在里面，她烧死它，在让我摆脱了它和它的巢穴的同时，一下子让我处于新的赤裸和孤独的空虚中。

女人喜欢男人不是一个反映主体性的身体，而是一个被动的肉体。她反对生存，肯定生命，反对精神价值，肯定肉体价值；她对男性的事业乐于采取帕斯卡的幽默态度；她也认为，“男人的所有不幸来自唯一的一件事，就是不知道在一个房间里休息”；她好心地把男人关在家里；一切不利于家庭生活的活动，都引起她的敌意；贝尔纳·帕利西[①] 的妻子气愤的是，他烧掉家具，为的是发明新的搪瓷，这是人们至此从来都用不着的；拉辛夫人让她的丈夫多关心园子里的醋栗，却拒绝读他的悲剧。茹昂多在《丈夫纪事》中常常表现得夸张，因为艾丽丝执著地把他的文学事业只看做物质利益的源泉。

我对她说：“我最近一个短篇在今天早上发表。”她不是想显得玩世不恭，而仅仅因为事实上只有这个触动她，她回答说：“至少这个月又多了三百法郎。”

这种冲突有时会扩大，直至引起决裂。但一般说，女人在拒绝

① Bernard Palissy（1509—1590），法国制陶师、学者，写过几部关于陶瓷和自然历史的著述。

丈夫支配的同时，却想“留住”他。她与他斗争，为的是捍卫自己的自主，她与世上的其他人斗争，是为了保持使她处于附属地位的“处境”。这种双重游戏很难玩，这就部分解释了大量女人一生中所处的不安和神经质状态。施特克尔提供了一个非常意味深长的例子：

Z. T. 太太从来没有经历过快感，她嫁给了一个非常有教养的男人。但她不能忍受他的居高临下，她开始研究他的特长，想同他并驾齐驱。从订婚开始她便放弃了过于繁重的学业。这个男人非常有名，他有很多女学生，她们都追求他。她决心不要落到这种可笑的崇拜中。在家里，一开始她就不敏感，而且始终如此。当她的丈夫得到满足离开她时，她只通过手淫达到过性欲高潮，她将这种情况告诉了他。她拒绝他通过抚摸促使她激动……不久，她开始嘲笑和贬低丈夫的工作。她无法“理解那些追逐他的鹅，她是了解这个大人物的私生活内幕的”。在他们日常的争吵中，会出现这样的话：“你乱涂的东西是无法强加给我的。”或者：“你以为你能任意摆布我，因为你是一个平庸的作家。”丈夫越来越关心他的学生，而她周围是年轻人。几年间她一直这样，直到她的丈夫爱上了另一个女人。她始终忍受着他小小的私情，甚至与那些被抛弃的“可怜的傻瓜”结伴……但是后来她改变了态度，投身于随便哪个青年，没有性欲高潮。她向丈夫承认对他不忠，他完全同意她这样做。双方可以平静地分手……她拒绝离婚。调解十分困难，但还是和解了……她哭泣着献身，感受到第一次强烈的性欲高潮……

可以看出，在她与丈夫的斗争中，她从来没有考虑过离开他。

“抓住丈夫”是一门艺术，“留住”丈夫是一门职业，需要运用很多手腕。一个谨慎的姐妹对刻薄的少妇说：“当心，同马塞尔大吵大闹，你会失去你的地位。”赌注是最严肃的：这就是物质和精神安全、属于自己的家、妻子的尊严、爱情和幸福的或多或少成功的替代物。女人很快便明白，她的肉体魅力只是她最弱的武器；它会随着习惯而消失；唉！世上有其他令人向往的女人；她竭力让自己吸引人，讨人喜欢：她往往处于使她倾向性欲冷淡的骄傲和通过肉欲的热情挑逗吸引丈夫的意图之间。她也依靠习惯的力量、他在令人愉快的家感受到的魅力、他对爱人的欲望、他对孩子们的温情；她致力于通过接待客人和穿衣打扮的方式“为他增光”，并通过她的建议和她的影响对他产生巨大作用；她要尽可能让自己不可或缺，要么通过自己在上流社会的成功，要么通过自己的工作。可是，尤其有一整套传统教导妻子掌握“学会抓住男人”的艺术；必须发现和奉承他的弱点，灵活地把握奉承和蔑视、顺从和抵抗、警惕和宽容的分量。这最后一种混合特别棘手。不该让丈夫有太多或太少的自由。妻子过于随和，便会看到丈夫跑掉：他对别的女人花费的钱和爱情，都是从她那里夺走的；她会经历这样的危险：他的情妇对他具有足够的影响力，让他离婚，或至少在他的生活中占据首位。然而，如果她禁止他有任何艳遇，如果她的监视、吵闹和要求令他讨厌，她可能使他不舒服，以致对她严重不利。问题是要知道有分寸地“做出让步”；丈夫“对婚约戳几刀”，妻子睁一只眼闭一只眼；但是，在其他时候，必须睁大眼睛；特别是已婚女人要提防那些她认为会过于容易窃走她的“地位”的少女。为了让丈夫摆脱一个令人不安的竞争者，她带他去旅行，竭力让他分心；必要时——以蓬巴杜夫人为榜样——挑动另一个不那么危险的竞争者；

如果什么也不能奏效，她会求助一哭二闹三上吊，等等；但过分吵闹和指责会把丈夫赶出家去；当女人最需要引诱人时，她会使自己变得不可忍受；如果她想取胜，她就要灵活地把握动人的眼泪和悲壮的微笑、恫吓和卖弄风情的分量。掩盖，耍诡计，默默地憎恨和害怕，把赌注押在男人的虚荣心和弱点上，学会挫败他、玩弄他和操纵他，这是一门非常可鄙的艺术。女人有一个大言不惭的托词，就是别人迫使她把自己整个儿投入到婚姻中：她没有职业，没有能力，没有个人关系，她连娘家姓都失去了；她仅仅是丈夫的“一半”。如果他抛弃她，她往往在她自己身上和自己身外都找不到支持。向索菲娅·托尔斯泰扔石头是很容易的，正如阿纳托尔·德·蒙齐[1] 和蒙泰朗所做的那样：但如果她拒绝夫妇生活的虚伪，她能到哪里去呢？什么命运等待着她呢？当然，她似乎是个非常可恶的泼妇：但是，能要求她去爱她的暴君，并且祝福自己的奴隶生活吗？为了让夫妇之间有忠诚和友谊，sine qua non[2] 条件是他们俩彼此是自由的，具体而言是互相平等的。只要男人独占经济自主，他拥有——根据法律和风俗——给予男性的特权，他往往显得像暴君就很自然了，这促使女人反抗和运用诡计。

没有人想否认夫妇生活的悲剧和斤斤计较的场面，但婚姻的保卫者确信，夫妇的冲突来自个体的恶劣意愿，而不是来自婚姻制度。其中，托尔斯泰在《战争与和平》的结局描绘了一对理想夫妻：皮埃尔和娜塔莎。娜塔莎是一个爱俏和浪漫的少女；结婚以后，她令周围的人都惊讶，因为她放弃了打扮、上流社会和一切娱乐，全身心奉献给丈夫和孩子们；她变成主妇的典型。

---

① Anatole de Monzie（1876—1947），法国政治家，担任过公共工程、财政、教育部长，从 1935 年起主持《百科全书》的出版，并写过几部历史著作。

② 拉丁文，必要。

> 她再也没有形成她以往的魅力那种始终燃烧的生命光辉。如今，人们常常只看到她的面孔和身体，却看不到她的心灵，只看到美丽的、生殖力强的健壮女性。

她要求皮埃尔像她那样专注地去爱；她唯恐失去他；他放弃了一切外出和一切友情，也将全身心贡献给家庭。

> 他既不敢到俱乐部去吃饭，也不敢长期旅行，除非是为了公事，他的妻子根据公事次数把他的工作列入科学范围，她虽然丝毫不懂科学，却极其看重。

皮埃尔处在“他妻子的控制下”，但反过来：

> 处在亲密状态中的娜塔莎成为她丈夫的奴隶。整座房子受到所谓丈夫的命令的严格管理，就是说，受到娜塔莎竭力要猜测出的皮埃尔的愿望的严格管理。

当皮埃尔离开她出远门的时候，娜塔莎急不可待地迎接他归来，因为他不在家，她十分难受；但在两夫妇之间笼罩着一派美满的和谐；他们只说出半句话就能互相理解。在她的孩子们、家庭、受到热爱和尊敬的丈夫之间，她尝到几乎没有杂质的幸福。

这幅田园诗般的图画值得仔细研究。托尔斯泰说，娜塔莎和皮埃尔就像灵与肉一样结合在一起；当灵魂离开了肉体时，就只有死亡；如果皮埃尔不再爱娜塔莎，会发生什么事呢？劳伦斯也拒绝男性不专一的假设：拉蒙会始终爱向他献出灵魂的印第安小女孩特蕾莎。然而，独一无二的、绝对的、永恒的爱情最热烈的捍卫者之一安德烈·布勒东却不得不承认，至少在目前的情况下，这种爱情会搞错对象：无论是犯错误还是不专一，对女人来说是同样的被抛弃。皮埃尔强壮，有强烈的肉欲，会受到其他女人肉体的吸引；娜塔莎是爱嫉妒的：不久关系就会恶化；要么他离开她，这会毁掉她的生活，要么他说谎，带着怨恨忍受她，这就弄糟他的生活，他们将生活在妥协和权宜中，这会使他们两人都不幸。有人会反驳说，至少娜塔莎会有孩子，但孩子只有在平衡的状态中才是快乐的源泉，而丈夫是高峰之一；对被遗弃的、嫉妒心重的妻子来说，孩子变成一个令人不快的负担。托尔斯泰赞赏娜塔莎献给皮埃尔的盲目忠诚；但另一个男人，劳伦斯虽然也要求女人要盲目地忠诚，却嘲笑皮埃尔和娜塔莎；一个男人在其他男人看来，可以是一个泥塑偶像，而不是一个真正的神；崇拜他，便使他失去生命，而不是挽救他的生命；怎么知道是这样？男人的主张互相抵触，权威不再起作用：必须由女人来判断和批评，她只会做一只柔顺的应声虫。再说，强加给她不通过任何自由的思索就接受的原则和价值，等于侮辱她；她只有通过自主的判断才能分享丈夫的想法；与她格格不入的东西，她既不应该赞成，也不应该拒绝；她不能向他人借来自己的生存理由。

对皮埃尔—娜塔莎神话最彻底的判决，是列夫—索菲娅这对夫妇提供的。索菲娅对她的丈夫反感，她感到他“令人厌倦”；他同附近的所有农妇相好，背叛了她，她感到嫉妒和烦恼；她神经质地经历了多次怀孕，她的孩子填补不了她心灵的空虚，也填补不了日子的空虚；对她来说，家是一片贫瘠的沙漠；对他来说则是一个地狱。最后这个歇斯底里的老女人半裸着躺在黑夜潮湿的森林中，这个穷途末路的老男人离家出走，他们终于否定了一生的“结合”。

当然，托尔斯泰的情况是个例外；有大量的家庭是“美满的”，就是说，夫妇达成妥协；他们彼此生活在一起，没有过分互相刁难，没有过分互相欺骗。可是，有一种不幸是他们很少摆脱得了的：这就是厌倦。不论丈夫成功地把妻子变成他的应声虫，还是每个人龟缩在自己的天地里，过了几个月或几年，他们再也没有什么可以沟通的了。夫妇是一个共同体，其中的成员失去了自主，却不能摆脱孤独；他们静止地互相同化，而不是互相维持生动活跃的关系；因此，在精神领域和肉体方面，他们什么也不能互相给予、互相交换。在多萝西·帕克最优秀的短篇小说之一《不幸》中，她概括了许多夫妻生活的悲惨故事；这是在晚上，威尔顿先生回到家里：

威尔顿太太听到门铃声后开了门。

“回来啦！”她快乐地说。

他们表情激动地互相微笑。

“回来了！”他说，“你一直待在家里？”

他们轻轻地拥抱。她带着彬彬有礼的关注望着他挂上大衣和帽子，从口袋里掏出几份报纸，递给她一份。

“你把报纸捎回来了！”她接过来时说。

“怎么样？你整个白天做了什么事？”他问。

她早已等待着这个问题；在他回来之前，她已经想好了怎样向他叙述一天中发生的小事……但眼下，这成了一个乏味的长故事。

“噢！什么事也没做，”她带着快乐的微笑说，“你下午过得好吗？”

“哦！”他开始说……但他在说话之前，兴趣已烟消云散……再说，她正在忙着拔掉垫子上一根羊毛流苏的线。

“噢，过得不错。”他说。

……她相当擅长对别人说话……恩内斯特在与人交往时也相当能言善辩……她试图回忆在结婚之前、订婚期间他们的谈话。他们从来没有什么重要的话要互相诉说。但她对此并不感到不安……有的吻和有些事会占据你的脑子。但不能依靠这些吻和其他的东西度过七年之痒后的一个个晚上。

或许会觉得，在七年中已经习惯了，意识到日子就是这样，要忍耐下去。可是不行。这最终是恼人的。这不是有时在人们之间笼罩的软绵绵的、友好的那种静默。这给你一个印象，有点事要做，你没有完成你的责任。就像一个晚会不受欢迎的家庭主妇……恩内斯特要费力地阅读，报纸看到将近一半，他开始打哈欠。当他这样做的时候，威尔顿太太内心掠过了一点事。她会喃喃地说，她本该跟达莉亚打赌，她会冲到厨房。她要在那里待很长时间，茫然地向罐子里张望，检查浆洗的清单是否遗漏，当她返回的时候，他会正在进行上床前的洗洗弄弄。

在一年中，他们的三百个夜晚就这样过去了。七乘以三百天，总共是两千多天。

有时人们认为，这种沉默本身是比一切话语更加深沉的亲密关系；当然，没有人想否认，夫妇生活能产生一种亲密关系：一切家庭关系都是这样，仍然隐藏着仇恨、嫉妒、怨恨。茹昂多有力地指出了这种亲密和真正的人类友爱之间的不同，他这样写道：

艾丽丝是我的妻子，无疑，我的任何一个朋友，我的任何一个家庭成员，我的任何一个近亲，都不如她跟我更亲，可是，不管她所处的位置如何接近我，在我最隐秘的天地中，我让她扎根扎得这样深，以致她属于我的肉体和心灵最无法摆脱的纤维（而且这正是我们牢不可破的结合的全部秘密和全部悲剧），这当儿从大街上经过、我从窗子勉强看到的陌生人，不管他是谁，从人情方面讲，对我来说，不如她更陌生。

他还说：

人们发现，自身是一种毒药的牺牲品，但已经习惯了。今后，除非舍弃自身，否则怎么戒除呢？

他又说：

当我想到她时，我感到，夫妇之爱与同情、好色、激情、友谊、爱情都没有任何关系。它只适合于自己，既不萎缩到这些复杂感情的这一种，又不萎缩到那一种，据此汇聚的夫妇有自身的特性、自身的特殊本质和独一无二的方式。

夫妇之爱[①] 的辩护者乐于辩解说，这不是一种爱，他们甚至给它一种美妙的性质。因为资产阶级在最近几年创造了一种史诗风格：常规具有冒险的面貌，忠诚具有崇高的疯狂的面貌，无聊变成智慧，家庭仇恨是爱最深刻的形式。实际上，两个个体互相憎恨，

---

① 在婚姻中可能有爱情；但这时人们指的并不是“夫妇之爱”；说这几个字的时候，是因为缺乏爱情；同样，谈到一个男人，说他“非常共产主义”，指的是他不是一个共产主义者；一个“非常体面的人”是一个不属于普通种类的体面人，如此等等。——原注

又互相不能缺少，不是属于最真实、最动人的人类关系，而是属于最可怜的关系。相反，理想应是完全自足的人只通过自由赞同的爱互相结合在一起。托尔斯泰赞赏娜塔莎和皮埃尔的结合是“难以定义的，但却是坚实的、牢固的，就像自己的心灵同自己的肉体结合一样”。如果接受二元论的假设，对心灵来说，身体只是纯粹的人为性；因此，在夫妇的结合中，每一方对另一方都会有偶然既定的无可抗拒的沉重；正是必须把它作为荒谬的非选择的在场，作为生存的必要条件和物质本身承受和爱。在这两个词之间，形成一种有意的含糊，正是由此产生欺骗：人们所承受的，却不去爱它。人们承受身体、过去、眼前的处境，但爱是朝向他人、朝向与己分隔开的生存、朝向结局和未来的活动；承受一种重负、一种暴虐的方式，不应是爱，而应是反叛。人的关系只要是在直接性中体验，就没有价值；例如，孩子与父母的关系，只有当它们反映在意识中的时候才具有价值；人们不会赞赏夫妇关系重新回到直接性中，配偶在其中消耗他们的自由。这种眷恋、怨恨、仇视、命令、忍让、怠惰、虚伪的复杂混合，被称做夫妇之爱，因为它用做托词，人们才声称尊重它。但是友爱和肉体之爱一样：要让它本真，首先必须让它是自由的。自由并不意味着任性：感情是超越现时的承诺；但只有个人才去比较其一般意愿和特殊的行为，以便维持他的决定，或者相反，粉碎这个决定；当感情不取决于任何外来的命令，在毫无恐惧的真诚中体验时，它是自由的。相反，“夫妇之爱”的规定让人做出各种克制和说出各种谎言。首先，它不让夫妇真正互相了解。日常的亲密既不产生理解，也不产生同情。丈夫过于尊重妻子，也就难以关注她的心理生活的变化：这就会承认她有秘密的自主，这种自主会令人难堪和危险；她在床上确实获得快感吗？她真的爱她的丈夫吗？她服从他确实幸福吗？他宁愿不问；他觉得这些问题甚至是令人不快的。他娶了一个“正派女人”；本质上她是贤惠的、忠诚的、忠实的、纯洁的、快乐的，她没有非分之想。有个病人在感谢过他的朋友、亲人和护士之后，对他年轻的妻子（半年中她没有离开过他枕边）说：“你呀，我不感谢你，你只是完成了你的责任。”他对她的任何优点不加赞赏：这些优点由社会加以保障，与婚姻制度本身相连；他没有意识到，他的妻子不是出自博纳尔的一本书，她是一个有血有肉的个体；他把她强加给自己的忠于职守当做既定条件：她要克服诱惑，她也许会陷入诱惑，她的耐心、圣洁、合乎礼仪是艰难的胜利，这些他都不加以考虑；他更加彻底地不知道她的梦想、她的幻想、她的思念、她度日的感情氛围。沙多纳在《夏娃》中就给我们描绘了这样一个丈夫，他在几年中记下夫妇生活的一本日记：他细致入微地谈论他的妻子；但仅仅是他看到的如此这般的妻子，对他来说她就是这样的，从来不把自由个体的维度归还她：当他突然获悉她不爱他，要离开他时，他极为震惊。我们常常谈到天真而正直的男人面对女性的负心感到的幻灭：伯恩斯坦笔下的丈夫们惊讶地发现，他们生活的伴侣是骗子，恶人，奸妇；他们带着男子汉的勇气承受打击，但作者并未成功地使他们显得慷慨和强有力：我们觉得他们尤其像不敏感和缺乏善意的笨蛋；男人责备女人虚情假意，但只有过分自得才会这样经常受骗。女人注定不道德，因为对她来说，道德就是非人道的实体的体现：强有力的女人、贤妻良母、正派女人，等等。一旦她思索、梦想、睡觉、期待、毫无限制地呼吸，她就会背叛男性的理想。因此，那么多女人只在丈夫不在家时才让自己“成为自己”。反过来，女人不了解她的丈夫；她以为看到他真正的面目，因为她在他日常的偶然性中把握他；但男人首先是在世界上，在其他男人中间所扮演的角色。拒绝了解他超越性的活动，就是抹杀他的本性。艾丽丝说："嫁给一个诗人，在做了他的妻子以后，注意到的第一件事是，他忘记拉抽水马桶的链子。"[1] 他仍然是一个诗人，而对他的作品不感兴趣的妻子还不如远方的读者了解他。如果妻子不愿共谋发展，这往往不是她的错：她不了解丈夫的事，她没有经验、没有必要的文化"跟随"他：她做不到与他通过他的计划联合起来，他认为这些计划比日子单调重复远为重要。在某些特殊情况下，对丈夫来说，妻子可以成功地变成真正的伴侣：她探讨他的计划，给他出主意，参与他的工作。如果她由此以为实现了个人的作品，她便是以幻想来欺骗自己：他仍然是唯一负责的、行动的自由的人。她必须爱他才能找到为他服务的快乐；否则，她就只感到怨恨，因为她感到被剥夺了自己努力的成品。男人——忠于巴尔扎克提出的把女人看成奴隶，同时说服她，她是女王的论定——乐于夸大女人施加的影响的重要性；其实他们非常清楚，他们在说谎。当若尔热特·勒布朗要求梅特林克把他们两个人的名字写在她认为是合写的书上时，她受到这种欺骗的愚弄；格拉塞[2] 在置于叙述歌女故事的《回忆录》卷首的序言中，向她坦率地解释，凡是男人都会迅速地把与他共同生活的女人尊崇为一个合作者和启发者，但他仍然把他的作品看做只属于他；他是有理由的。在一切行动中，在一切作品中，选择和决定的时刻才是重要的。女人一般起到算命女人询问的水晶球的作用：换一个女人也会做好这件事。证明是，男人往往以同样的信赖接受另一个女顾问，另一个女合作者。索菲娅·托尔斯泰抄写她丈夫的手稿，誊写清楚：后来他让他的一个女儿做这件事；于是她明白，即使她乐于誊写，她也不是必不可少的。只有自

---

① 参阅茹昂多《丈夫纪事》。——原注

② Bernard Grasset（1881—1955），法国出版商，1907 年创立以自己的名字命名的出版社，曾写过一些随笔。

主的工作才能够保证女人有真正的自主。[1]

夫妇生活根据情况具有不同的面貌。对许多女人来说，白天差不多以同样方式进行。早上，丈夫匆匆离开妻子：她带着愉快的心情听到大门在他身后重新关上；她喜欢重新变得自由，没有禁忌，在家里唯我独尊。轮到孩子们上学去了：她整天一个人待着，在摇篮里蠕动或者在花园里玩耍的婴儿不是一个伴侣。她用较多的时间打扮、做家务；如果她有一个女仆，她会吩咐她做事，一面与之聊天，一面逛到厨房里；要不然她跑到市场，同女邻居或摊主对生活必需品的价格交谈几句。如果丈夫和孩子回家吃饭，她就利用不了太多他们在场的时间；准备饭餐、上菜、收拾餐桌，有太多的事要做；而他们多半不回家。无论如何，她有长长一个空闲的下午。她带着较年幼的孩子们到公园去，一面看管他们，一面织毛衣或者缝衣服；要么，她坐在窗旁，缝补衣服；她的手在干活，她的脑子不在想事；她反复考虑起自己操心的事；她描绘自己的计划；她在梦想，她感到无聊；她关注的任何事都不能满足自己；她的思绪投向她的丈夫和孩子们，他们要穿哪些衣服，要吃她准备的哪些菜；她只为他们而活着；他们会为此而感激她吗？她的无聊逐渐变成心焦，她开始焦虑地等待他们归来。孩子们放学回来了，她拥抱他们，问这问那；但是他们要做作业，他们想一起玩耍，他们溜走了，他们不是一种消遣。随后，他们成绩不好，丢失了一条方围巾，他们吵闹，弄得乱七八糟，打架：总是必须多少责骂他们一顿。他们在家是使母亲疲倦，而不是使她心境平静。她越来越焦急地等待丈夫回来。他在做什么？为什么他还不回来？他工作，接触

---

① 有时男女之间有真正的合作，两人是同样独立的：例如就像居里夫妇的关系。但这时，同丈夫一样有能耐的妻子摆脱了妻子的角色，他们的关系不再是夫妻方面的了。也有些女人利用男人达到个人目的，她们摆脱了已婚女人的处境。——原注

到不少人，与人交谈，他没有想念她；她开始神经质地反复思考，她为他牺牲自己的青春真是愚蠢；他不知道感激她。丈夫走向妻子蛰居的家时，隐约感到自己有罪；结婚初期，他总是送给她一束花，一件小礼物；但这种礼节不久就失去一切意义；如今，他回来时两手空空，他越是担心每天一样的迎接，就越是不急不忙。事实上，妻子往往以一天的无聊和等待带来的争吵来报复；由此，她也预告了失望，他的在场不能填满等待的希望。即使她停止责备，丈夫那方面也感到失望。他在办公室里并不快乐，他很疲倦；他有一种既想兴奋又想休息的矛盾愿望。妻子过于熟悉的面孔不能让他摆脱自身的烦恼；他感到，她想让他分担她的忧虑，她也等待着从他那里得到消遣和放松：她在眼前压抑着他，却不能满足他，他在她身边找不到真正的休息。孩子们也不能带给他消遣和平静；吃饭时和晚上大家带着一种隐约的坏脾气度过；阅读，收听无线电广播，懒洋洋地交谈，在亲密的掩盖下，每个人却是孤独的。然而，妻子带着一种焦虑的希望——或者带着一种焦虑的恐惧——寻思，这一晚——终于又来了！——是否会发生一点事。她失望地、生气地或者感到欣慰地去睡觉；第二天早上她高兴地听到大门关上的声音。由于女人更为可怜，工作更加超负荷，她们的命运也更艰难；当她们既有空闲又有消遣时，她们的命运就发出光彩了。但这幅图画：无聊、等待、失望，在很多情况下又会出现。

女人有一些逃避的方法[①]，不过，实际上，这些方法不是人人都能采用的。尤其在外省，婚姻的枷锁很沉重，女人必须找到一种方式承受她不能逃避的处境。我们已经看到，有些女人自视甚高，变成了暴虐的主妇、泼妇。另外一些女人热衷于牺牲品的角色，变

① 参阅第七章。——原注

成她们的丈夫和孩子的受苦奴隶，从中感到受虐的快乐。再有一些女人延续自恋的行为，我们谈到少女时已经描绘过这种行为了：她们对于不能做出任何事业也感到痛苦，而且由于让自己什么也不是，也因什么也不是而痛苦；她们由于得不到确定，感到自身是无限的，认为自己不被人理解；她们忧心忡忡地自我崇拜；她们逃避到梦想、做戏、生病、嗜癖和吵闹中；她们在自己周围制造悲剧，或者封闭在一个想象的世界里；阿米尔[①] 描绘的“笑盈盈的伯岱太太”属于这一类人。她封闭在单调的外省生活中，在傻瓜丈夫身边，既没有机会行动，也没有机会爱，受到空虚感和生活中无所作为的感觉折磨；她力图在浪漫的梦想中，在她周围的鲜花中，在她的打扮和自身中找到补偿：她的丈夫甚至打扰了这些游戏。她最后企图杀死他。女人逃避到象征性的行为中，这种行为可能带来反常，她的困扰可能导致犯罪。有的夫妇之间的罪行不是出于利益，而是出于纯粹的仇恨而犯下的。莫里亚克就是这样给我们表现苔蕾丝·德斯盖鲁的，她试图给丈夫下毒，就像不久前拉法尔日太太所做的那样。最近一个四十岁的女人在忍受一个可恶的丈夫达二十年之久后，有一天，在大儿子的帮助下，冷酷地把丈夫扼死了。她被宣判无罪。对她来说，没有别的方法摆脱这种无法忍受的处境。

对一个想在清醒和本真中体验自身处境的女人来说，往往除了淡泊的骄傲，没有别的办法。因为她依附于一切和所有人，她只能经历完全是内心的，因此是抽象的自由；她拒绝现成的原则和价值，她下判断，她询问，由此摆脱了夫妇之间的奴役；但她高傲的保留，她对“忍耐与节制”这种箴言的赞同，只构成一种消极态

---

① Henri Frédéric Amiel（1821—1881），瑞士作家，用法文写作，著有《私人日记》等。

度。她坚持遁世和玩世不恭，并不积极运用她的力量；只要她是热情的、活泼的，她就设法利用自己的力量：她帮助别人，起安慰、保护和奉献的作用，增加自己的事务；但她由于碰不到任何真正需要她的任务，由于她的主动性达不到任何目的而痛苦。她经常受到孤独和枯燥无味的生活折磨，最后自我否定和自我毁灭。这样的命运的一个出色例子，是由德·沙里埃尔夫人提供的。杰弗里·司各特在关于她的一本动人的书中[①]，描绘她"热情的面容，冰冷的额角"。但不是她的理智在她身上熄灭了这生命之火，埃尔芒什对此说过，她会"使拉普人[②]的心热起来"；正是婚姻慢慢地杀害了神采奕奕的贝勒·范·楚伊伦；对于忍让，她解释道：必须有英雄主义或者天才，才能创造出另一个出路。她高贵而罕见的品质不足以挽救她，这是历史上能遇到的对婚姻制度最出色的谴责之一。

范·楚伊伦小姐光彩夺目，有教养，聪明，热情，使欧洲惊讶；她令求婚者害怕；她拒绝了不止一打求婚者，其他也许更能被接受的求婚者都退避三舍了。唯一令她感兴趣的男人埃尔芒什，她并不想让他成为自己的丈夫：她同他保持了十二年的通信；但这种友谊，她的学习，最后再也不能满足她。她说，"处女和殉道者"是同义叠用；生活中的约束对她来说是难以忍受的；她想成为女人和获得自由。三十岁时她嫁给了德·沙里埃尔先生；她赞赏在他身上感到的"心灵正直"、"正义精神"，她一开始决定让他成为"得到世上最一往情深的爱情的丈夫"。后来，邦雅曼·贡斯当叙述，"她因想使他赶上自己的步伐，而令他非常痛苦"；她未能成功地战胜自己一贯的冷淡；德·沙里埃尔夫人关在科隆比埃，处于

---

① 见《泽莉德的肖像》。——原注
② Lapp，挪威、瑞典和芬兰的北部及俄罗斯科拉半岛北部的土著居民。

这个正直和阴郁的丈夫以及年老的公公、两个没有魅力的小姑子之间，开始感到无聊；她不喜欢纳沙泰尔那种外省社会的狭隘思想；她以洗涤家里的衣服，晚上玩“彗星”纸牌来消磨时光。一个年轻人短暂地经过她的生活，让她比以前更加孤独。“把无聊看做缪斯”，她写了四部关于纳沙泰尔的风俗的小说，她的朋友圈子更加缩小了。在她的一部作品中，她描绘了一个活泼敏感的女人与一个善良但冷淡迟钝的男人结婚后漫长的不幸：夫妇生活在她看来就像一系列误会、失望和细小的怨恨。很明显，她本人是不幸的；她病倒了，治愈后又回到她的生活与之相伴随的漫长的孤独中。她的传记作者写道：“显而易见，科隆比埃的生活惯例和她的丈夫消极的、顺从的温柔，挖掘出持久的空虚，这是任何活动都不能填满的。”正是在这时，邦雅曼·贡斯当出现了，热情地关心了她八年。当她过于骄傲，不肯同德·斯达尔夫人争夺他时，她放弃了他，她的骄傲变得坚定起来。有一天她写信给他说：“我觉得住在科隆比埃很讨厌，我总是绝望地回到那里。我再也不愿意离开，我让自己能够忍受那里。”她蛰居在那里，十五年未曾走出她的花园；她这样执行主张坚忍的箴言：力图制服自己的心灵，而不是命运。她作为囚徒，只能通过选择自己的监狱找到自由。司各特说：“她同意德·沙里埃尔先生待在她身边，就像她接受阿尔卑斯山一样。”她太清醒，不会不明白这种忍让毕竟只是欺骗；她变得如此沉默寡言，如此痛苦，可以猜度出她是如此绝望，以致令人恐惧。她向涌到纳沙泰尔的移民开放自己的家，她保护他们，援助他们，给他们指导；她写作高雅的、看破一切的作品，德国哲学家胡贝尔在贫困时将这些作品译成德文；她向年轻女人的圈子提供大量建议，向她喜爱的昂丽艾特教授洛克[①] 的

① John Locke（1632—1704），英国哲学家，代表作有《人类理智论》。

著作；她喜欢在周围的农民中扮演保护人角色；她越来越小心翼翼地回避纳沙泰尔的社会，高傲地缩小自己的生活范围；她“一味要创造惯例，并且加以承受。她无数的慈善举动包含着一点可怕的意味，做出这些举动的镇定是那样冷冰冰……她给周围的人留下一个步入空房间的幽灵的印象”[①]。只有罕见的机会——例如一次拜访——生命之火才复燃。但是，“年复一年以枯燥乏味的方式过去。德·沙里埃尔夫妇一起衰老了，被整整一个世界隔开，不止一个来访者走出他们的家时，松了一口气，感到摆脱了一座封闭的坟墓……挂钟发出的滴答声，德·沙里埃尔先生在楼下致力于他的数学；从谷仓升上连枷有节奏的声音……生活在继续，虽然连枷去掉了它的内核[②]……小事令人绝望地压缩到填补一天的细小裂隙，而生活充满了这些小事，这就是憎恨卑微狭猛的泽莉德所处的境地”。

也许有人会说，德·沙里埃尔先生的生活不比他的妻子更快活，可至少他选择了这种生活，似乎这适合他平庸的个性。如果能设想出一个具有贝勒·范·楚伊伦那样异乎寻常品质的男人，那么他肯定不会在科隆比埃的寂寞、乏味中消耗掉自己。他会在事业、奋斗、行动、生活的世界中确定自己的位置。按照司汤达的说法，有多少淹没在婚姻中的女人“为人类而牺牲了”！有人说，婚姻降低了男人：这往往是真实的；而婚姻几乎总是毁掉女人。婚姻的捍卫者马塞尔·普雷沃也承认这一点。

过了几个月或者几年之后，多少次我看到一个少妇，我在她是少女时就认识她，我惊讶于她性格的平庸和生活的无

① 见杰·司各特的书。——原注
② 法文 fléau 既有连枷也有灾难之意。

意义。

在索菲娅·托尔斯泰婚后半年，从她笔下可以看到几乎同样的字句。

> 我的生活是这样平淡：这是一种死亡。而他有充实的生活，一种内心的生活，充满才能和不朽。（一八六三年十二月二十三日）

几个月以前，她发出另一种抱怨：

> 一个女人怎么能满足于整天坐着，手里拿着一根针，满足于弹钢琴，独自一人，绝对独自一人，而且她想到丈夫不爱她，把她永远压制到奴役的地位呢？（一八六三年五月九日）

十一年以后，她写下如今许多女人都同意的这几句话（一八七五年十月二十二日）：

> 今天，明天，几个月，几年，总是、总是同样不变。早上我醒来，没有勇气起床。有谁会帮我振作起来呢？是什么在等待着我？是的，我知道，厨子就要来了，然后，轮到尼娅尼娅来。再然后我静静地坐下，拿起我的英国刺绣活儿，然后我让孩子复习语法和音阶。夜幕降临时，当小姑妈和皮埃尔玩他们没完没了的拼板游戏时，我又拿起英国刺绣活儿……

蒲鲁东太太的抱怨准确地还原同样的说法。她对丈夫说：“你有自己的想法。而我呢，当你工作的时候，当孩子们上学的时候，我什么事也没有。”

在结婚的头几年，妻子常常抱着幻想，她力图无条件地赞赏丈夫，毫无保留地爱他，感到自己对他和孩子们是必不可少的；随后，他真正的感情暴露出来了；她发现，她的丈夫可以没有她，她的孩子们生来是要脱离她：他们多少总是忘恩负义的。家庭不再保护她对抗空洞的自由，她感到自己是一个孤独和被抛弃的从属者，她找不到工作要亲自去做。爱和习惯可能仍然是巨大的帮助，但不是拯救。所有真诚的女作家都注意到驻留在“三十岁女人”心中的这种忧郁，这是凯瑟琳·曼斯菲尔德、多萝西·帕克、弗吉尼亚·伍尔夫的女主人公的一个共同特点。塞西尔·索瓦日[①]在结婚和做母亲的初期如此快乐地歌唱，后来却表达了一种微妙的痛苦。值得注意的是，如果对比一下单身女人和已婚女人自杀的人数，就可以发现后者在二十岁至三十岁（尤其是二十五岁至三十岁）之间能有效地抵御对生活的厌弃，而在其后的岁月则不行。阿尔布瓦克斯写道[②]：“至于婚姻，它保护外省妇女，也保护巴黎妇女，尤其直到三十岁以前，但在随后的年龄则越来越少保护。”

婚姻的悲剧性，不在于它不向女人保障它许诺过的幸福——没有幸福是可以保障的——而是因为婚姻摧残她，使她注定要过重复和千篇一律的生活。女人生活的头二十年是极其丰富的，她要经历月经、性欲、结婚和怀孕的体验，她发现世界和自己的命运。在二十岁时，作为家庭主妇，永远和一个男人联结在一起，怀抱里有一个孩子，这就是她一成不变的生活。真正的活动，真正的工作，是

---

① Cécile Sauvage （1883—1927），法国女作家，被誉为“歌颂母性的诗人”。

② 见《自杀原因》第195至239页。所引的见解可用于法国和瑞士，但不能用于匈牙利和奥尔登堡。——原注

属于她丈夫的特权：她只能做些使人疲乏不堪的、但永远不能令她满足的事。人们赞扬她舍得和忠诚，但她往往觉得投入到“照料两个人直到生命终了”是非常徒劳的事。忘我固然很美，但仍然需要知道是为谁，为了什么。最糟的是，她的忠诚本身显得很讨厌；在丈夫看来，它转变成一种专制，他避之唯恐不及；然而正是他把忠诚当做最高的和唯一的理由强加给妻子；在娶她的时候，他强迫她完全献身于他；他并不同意接受与赠予相应的义务。索菲娅·托尔斯泰的话：“我通过他、为了他而生活，我为自己要求同样的东西”，无疑是有反抗性的；但托尔斯泰实际上要求，她只为他和通过他而生活，这是唯有相互性才能为之辩护的态度。正是丈夫的双重要求注定妻子不幸，他却抱怨自己是不幸的受害者。如同他期望她在床上又热烈又冷淡，他要求她完全献身又不成为负担；他要求她使他在人间安定下来，又让他自由，保证每天单调的重复又不使他厌烦，始终在眼前又绝对不讨厌；他希望完全拥有她又不属于她，结成夫妇生活又仍然是独立的。这样，从他娶她那一刻起，他就欺骗她。她度过一生才能衡量这种背叛有多大。戴·赫·劳伦斯关于性爱所说的话，在普遍意义上是有道理的：两个人的结合，如果是一种为了互相补充而作出的努力，就注定要失败，这令人想起原来就有的残缺；婚姻必须是两个自主的存在的联合，而不是一个藏身之处，一种合并，一种逃遁，一种补救办法。当娜拉[①]决定在成为妻子和母亲之前，必须先成为一个人的时候，就是这样理解的。夫妇必须不自认为是一个共同体、一个封闭的单位，而应该让个体作为如此这般的一分子融合到社会中，在社会中无须援助便可以充分发展；这时，个体就可以和另外一个同样适应于群体的个体

① 见易卜生《玩偶之家》。——原注

极为慷慨地结成联系，这些联系会建立在承认双方自由的基础之上。

这种达到平衡的夫妇不是一种乌托邦；它有时存在于婚姻的范围本身之中，而更往往是存在于婚姻之外；有些夫妇是通过强烈的性爱结合的，性爱使他们自由决定他们的友谊和事务；另外一些夫妇通过不妨碍他们性自由的友谊联结起来；更为罕见的是，有些夫妇既是情侣又是朋友，但不在彼此身上寻找他们唯一的生活理由。在男女关系中可能存在大量的细微差异：他们在友情、愉悦、信任、温情、合作、爱情中，彼此能成为提供给对方的快乐、财富、力量的最丰富源泉。承担婚姻失败责任的并不是个体：这是因为——与博纳尔、孔德、托尔斯泰所认为的相反——婚姻制度本身一开始就是反常的。不是互相选择的一男一女，无论如何应该在他们的一生中同时互相满足，这是一种必然产生伪善、谎言、敌视、不幸的怪论。

婚姻的传统形式正在改变，可是，它仍然构成夫妇两人以不同方式感受到的一种压迫。如果只考虑他们享受到的抽象权利，今日他们几乎是平等的，他们比从前更自由地互相选择，他们分手更容易得多，尤其在美国，离婚是常事；夫妇之间年龄和文化差别比以往少；丈夫更乐意承认妻子所要求的自主；有时，他们平等地分担家务；他们的消遣是共同的：野营、骑自行车、游泳，等等。她不用一天到晚等待丈夫归来，她进行体育锻炼，加入某些社团、俱乐部，在外忙碌，她甚至有一个小小的职业，给她带来一点钱。许多年轻夫妇给人完全平等的印象。但只要男人继续负担夫妇经济的责任，这便是一个幻想。正是男人根据他的工作要求，确定夫妇的居住地：她跟随他，从外省到巴黎，从巴黎到外省，到殖民地，到国外；生活水平根据他的收入来决定；每天、每周、每年的生活节奏按照他的事务来安排；交往和友谊往往由他的职业决定。他比妻子更加积极地融合到社会中，他在智力、政治和精神方面执掌夫妇的领导权。如果女人没有办法自己谋生，对她来说，离婚只是一种抽象的可能性：如果说在美国赡养费对男人来说是一个沉重的负担，那么在法国，被抛弃却只有很少生活费的女人或母亲的命运则是可怜的。极端的不平等来自男人在工作或者行动中具体地自我实现，而对妻子来说，这样的自由只有消极的一面：其中，美国的年轻女人的处境令人想起衰落时期解放了的罗马女人的处境。我们已经看到，她们可以在两类行为中作出选择：一类是延续她们的祖母的生活方式和品德；另一类是在空忙中虚度她们的光阴；同样，大量美国女人仍然是适应传统模式的“贤内助”；其他女人中大部分只是在耗费她们的精力和时间。在法国，即使丈夫极其真诚，一旦年轻的妻子成为母亲，家庭负担仍然像以前一样压得她难以忍受。

宣称在现代家庭中，尤其在美国，女人把男人压制到奴役状态，这是一种陈词滥调。这种说法并不新鲜。自从古希腊人以来，男性就抱怨克桑蒂普的专制，事实是，女人涉足从前对她列为禁区的领域；例如，我认识一些大学生的妻子，她们以狂热的激情促成丈夫的成功；她们安排他的时间表、他的饮食制度，她们监督他的工作；她们剥夺他的一切娱乐，她们几乎把他锁起来。男人面对这种专制和从前相比显得有点无能为力，这倒也是真的，他承认女人的抽象权利，他明白，她只有通过他才能使这些权利具体化：他要付出代价来弥补女人被迫接受的无能为力和一无所成；为了在他们的结合中实现表面的平等，由于他拥有的更多，付出更多的必须是他。如果她接受、获取和要求，正是因为她最贫穷。主人和奴隶的辩证关系在这里得到了最具体的应用：通过压迫变成被压迫者。男性正是因为他们的至高无上，受到了束缚；这是因为只有他们挣钱，妻子才要求开支票，又因为只有他们在从事一门职业，妻子才硬要他们获得成功，而且因为只有他们体现了超越性，妻子才想通过把他们的计划和成功变成自己的，剥夺他们的超越性。反过来，妻子施行的专制总是表现出附属性：她知道，夫妇的成功、未来、幸福、存在的理由，都落在另一个人手上；如果她顽强地企图要他服从她的意愿，这是因为她已在他身上异化。她以自己的软弱制造成一种武器；然而事实是她是弱者。对丈夫来说，夫妇的奴役状况更经常，更令他不快；而对妻子来说，它更根深蒂固；妻子把丈夫留在身边几个小时，因为感到无聊，就会刁难他，压抑他；但说到底，他没有她比她没有他会容易些；如果他离开她，她的生活会毁掉。重大的不同在于，附属性在女人身上已经内化了：即使当她以表面上的自由行动时，她其实是奴隶；而男人本质上是自主的，他只是从外边被缚住。如果他感到他是受害者，是因为他承受的负担更为明显：女人像一个寄生者那样靠他供养；而一个寄生者不是一个获胜的主人。事实上，同生物学上雄性和雌性从来不是彼此的受害者一样，夫妇也一起忍受着不是他们创造的婚姻制度的压迫。如果有人说，男人压迫女人，丈夫会感到愤怒；感到受压迫的是他：确实如此；事实是，男人的法规，男性从他们的利益出发制定的社会，以这样一种形式确定了女性的处境：这种形式如今对两性来说是痛苦的源泉。

正是从共同的利益出发，必须改变这种处境，不让婚姻成为女人的一种“职业”。借口“女人这样已经够令人厌恶的了”和宣称反对女性主义的男人，其议论是没有多少逻辑的：正是因为婚姻把她们变成“螳螂”、“蚂蟥”、“毒药”，才必须改变婚姻，因此改变一般的女性状况。女人这样沉重地压在男人身上，是因为人们不允许她自立：男人在解放她的同时——也就是说让她在这个世界上有事可做时——才能解放自身。

有的年轻女人已经尝试获得这种积极的自由；可是，长期坚持研究或者从事职业的女人是不多的：她们往往知道，她们对工作的兴趣要牺牲给她们丈夫的职业；她们只给家庭带来补充工资；她们只是胆怯地进入一个企业，这个企业不能让她们摆脱婚姻的奴役。甚至那些有严肃职业的女人也得不到与男人一样的社会权利：比如，律师的妻子在丈夫去世后有一笔抚恤金；人们拒绝对称地在女律师死亡时给她们的配偶一笔抚恤金。就是说，人们认为工作的女人不能与男人同等地维持夫妻关系。有些女人在她们的职业中感到真正的独立，但对许多女人来说，“在外”工作只代表在婚姻生活中追加疲劳。况且，一个孩子的出生往往迫使她们满足于主妇的角色；当今，将工作和生儿育女协调起来是非常困难的。

根据传统，正是孩子应当保障女人具体的自主，免除女人致力于任何其他目的。如果作为妻子，她不是一个完整的个体，作为母亲，她就能成为这样的人：孩子是她的快乐和生存理由。正是通过孩子，她在性方面和社会方面完成自我实现；因此，正是通过孩子，婚姻制度具有它的意义，达到它的目的。所以，让我们考察一下女人发展的这个最高阶段。

第六章　母亲

正是通过生儿育女，女人完整实现她的生理命运；这就是她的“自然”使命，因为她的整个机体是朝着延续种族的方向发展的。但我们已经说过，人类社会从来不听任自然摆布。特别是将近一个世纪以来，生育职能不再只受到生物学的偶然性所左右，它受到意志的控制。[①]有些国家正式采取明确的“节育”方法；在受到天主教影响的国家，节育是暗地里进行的：要么男人实行 coïtus interruptus[②]，要么女人在做爱之后从体内排除精子。这往往是情侣之间或者夫妇之间发生冲突和怨恨的一个源泉；男人气恼的是要监视自己的乐趣；女人厌恶冲洗的麻烦；他埋怨女人生育力太强；她担心他有可能将生命的胚芽置于她体内。当她不论如何小心谨慎还是“中招”的时候，对两个人来说都是懊丧的。在避孕方法很简陋的国家，这种情况经常发生。于是，采用一种特别严厉的形式去违反自然：堕胎。它同样受到那些允许“节育”的国家禁止，很少有机会采用。但在法国，许多女人只得接受这种手术，它纠缠着她们当中大多数人的爱情生活。

资产阶级社会几乎没有在其他问题上表现出更多的虚伪了：堕胎是令人厌恶的犯罪，提到它是不体面的。一个作家描写产妇的欢乐和痛苦，这是完美的；当他谈论堕胎，人们就会指责他沉溺于污秽，从卑劣的角度去描绘人类：然而，在法国，每年堕胎都和分娩一样多。这是一个分布如此广泛的现象，必须把它看做女性处境通常会带来的危险之一。然而法律坚持把堕胎看做犯罪，造成这种精细的手术只得秘密进行。没有什么比反对堕胎合法化的论据更荒谬的了。有人认为，这是一种危险的干预。但正直的医生都同意马格努斯·希施费尔德医生的观点："堕胎由真正是专家的医生在诊疗所进行，且有必要的防护措施时，不会带来刑法断言存在的严重危险。"相反，采用目前的形式，堕胎会给女人带来严重的危险。那些"私下替人堕胎的收生婆"缺乏能力，她们做手术的条件简陋，产生大量事故，有时要死人。被迫做母亲导致将瘦弱的孩子投到世上来，他们的父母不能抚育他们，他们会变成公共救济事业局的受害者或者"受罪的孩子"。另外必须指出，这样激烈地捍卫胚胎权的社会，在孩子一旦出生后便对他们漠不关心；人们起诉堕胎的女人，而不是致力于改造这个叫做公共救济事业局的声名狼藉的机构；那些要承担将收养儿童送到拷打者手中之责的人，却让他们逍遥法外；闭目不看在"教养院"或者在私人机构中刽子手对孩子们施行的可怕暴行；有人拒绝承认胎儿属于怀有它的女人，反过来这些人却同意孩子是其父母的物品；不久前，在同一个星期内，有个外科医生由于被认定做过堕胎手术而自杀，而一个几乎把孩子打死的父亲却只被判三个月的监禁，而且缓期执行。最近，有个父亲让儿子由于缺乏照顾死于假膜性喉炎；有个母亲借口无条件地让孩子听天由命，拒绝叫医生来看她的女儿，后来在墓园，孩子们向她扔

① 参阅《第二性 I》第二部《历史》第五节，可以找到"节育"和堕胎问题的历史沿革。——原注

② 拉丁文，中止性交。

石头；但有些记者感到气愤，有一群正人君子提出抗议，孩子属于父母，一切外来的干预都不能接受。《今晚报》说，今日有“一百万孩子处在危险中”；《法兰西晚报》报道说：“有五十万孩子被看做身体和精神都处于危险中。”在北非，阿拉伯女人没有堕胎的权利，而在她生育的十个孩子中有七八个死掉，没有人操心这一点，因为艰难而荒谬的多育扼杀了母性。如果这有利于道德，那么这是什么样的道德？必须补充说，最尊重胚胎生命的人，也是最热衷于要让成年人战死的人。

反对合法堕胎所提出的实际理由，没有任何分量；至于道德理由，只限于天主教的古老论据：胎儿有灵魂，未经过洗礼便消灭它，是朝它关上天堂的大门。值得注意的是，教会允许有机会可杀戮成年人：在战争中，或者是判处死刑；它为胎儿保留不可妥协的所谓人道主义。胎儿没有被洗礼赎回，但在反对异教徒的圣战中，这些人也没有被赎回，屠杀受到极度鼓励。宗教裁判所的受害者，以及今日上断头台的犯人和在战场上战死的士兵，也许并非都得到天恩。在所有这些情况下，教会信赖的是天主的恩典；教会认为人只是天主手中的一个工具，灵魂的得救是在灵魂与天主之间进行的。那么，为什么不让天主接受处于胚胎的灵魂进入天堂呢？如果主教会议同意，他也不会提出异议，就像不会对大肆屠杀印第安人的美好时代表示抗议一样。事实上，在这里遇到了一个古老的固执的传统，它与道德毫无关系。也必须考虑我前文已谈到的男性虐待狂。罗瓦医生在一九四三年献给贝当[①] 的书是一个出色的例子，这是一部自欺欺人的大部头著作。他以父爱的名义强调堕胎的危险，

---

① Philippe Pétain（1856—1951），法国将军，1940 年德军入侵法国时组织傀儡卖国政府，1945 年被判处死刑，后改为无期徒刑。

但他觉得没有什么比剖腹产手术更卫生。他期望堕胎被看做重罪而不是轻罪；他希望堕胎甚至连其治疗的形式也被禁止，就是说，在怀孕给母亲的生命或健康造成危险的情况下：他声称，在一个生命和另一个生命之间作选择是不道德的，依仗这个论据，他建议牺牲母亲。他宣称，胎儿不属于母亲，这是一个自主的存在。然而，当这些“有正统思想的”医生赞美母性时，他们又断言胎儿属于母体，而不是消耗母体的寄生物。通过某些男人拒绝一切有助于妇女解放的措施的激烈态度，可以看到，反女性主义仍然很活跃。

况且，使许多女人注定死亡、不育和生病的法律，完全不能保证出生率的增长。合法堕胎的赞成者和反对者都同意的一点是，制止的做法彻底失败。根据多莱里斯、巴尔塔扎尔、拉卡萨涅这几位教授的统计，在法国，一九三三年左右，每年有五十万例堕胎；一九三八年做出的一个统计（罗瓦医生所引），认为数目达到一百万例。一九四一年，奥贝尔坦·德·波尔多医生估计在八十万例至一百万例之间。最后这一数目似乎最接近真相。在一九四八年三月《战斗报》发表的一篇文章中，德普拉医生写道：

> 堕胎已进入风俗……制止堕胎实际上已经失败……一九四三年，在塞纳河地区，1 300 次调查带来 750 次指控，其中有 360 个女人被捕，513 个被判一年不到至五年以上徒刑，这比起该省推测的 15 000 例堕胎，数目还是少的。在法国本土，估计有 10 000 次起诉。

他还说：

> 将堕胎说成犯罪，与我们虚伪的社会所接受的避孕政

策一样，为社会各阶级所熟悉。三分之二堕胎的女人是已婚女人……人们可以近似地认为，在法国，生育与堕胎一样多。

由于手术往往是在灾难性的条件下进行的，许多堕胎手术以女人的死亡告终。

每星期有两个做堕胎手术的女人的尸体运到巴黎法医学院，许多女人由于堕胎落下病根。

有时人们说，堕胎是“阶级罪”，这大致是真实的。避孕措施在资产阶级中更为广泛传播；盥洗间的存在，使采用避孕措施比在缺乏自来水的工人和农民家里更为容易；资产阶级少女比其他少女更谨慎；在资产阶级家庭中，孩子是不那么沉重的负担，而贫穷、住房拥挤、女人需要离家工作，是堕胎最常见的原因。看来，夫妇往往在有了两个孩子之后才决定限制生育；面目可憎的堕胎女人，也是怀中抱着两个金黄头发的小天使的出色母亲：是同一个女人。在一九四五年十月《现代》杂志发表的一份材料中，热纳薇艾芙·萨罗夫人以“公共大厅”为题描绘了一个医院大厅，她曾经在那里待过，里面有许多病人刚刚刮过子宫：十八个人中有十五个流产过，有一半以上是人工流产。九号是一个市场搬运工的妻子；她结过两次婚，生过十个孩子，只有三个活下来，她有过七次流产，其中五次是人工的；她乐意用“金属杆”，她得意地描述一番，而且也吃药片，一一把药名说给她的同伴们听。十六号只有十六岁，已婚，有过几次艳遇，由于流产，忍受着输卵管炎的痛苦。七号三十五岁，解释说：“我结婚已经有二十年；我根本不爱他：二十年来我洁身自好。仅仅三个月前我有了一个情人。只有一次，在旅馆房间里。我怀孕了……于是必须做掉，是不是？我做掉了。谁也不知道，无论我的丈夫还是……他。眼下，结束了，我再也不会重新来一次。太痛苦了……我不是说刮宫……不是，不是，这是另一回事：这是……要知道，这是自尊心。”十四号在五年中有过五个孩子，四十岁，像个老妇人。在所有人身上，有一种绝望的隐忍表情，她们悲哀地说：“女人生来就是受苦。”

这种折磨的严重程度，因情况而有很大不同。嫁入资产阶级家庭或者受男人供养和支持，有钱和有社会关系的女人，条件有利；首先，她比别的女人更容易获得“治疗性”人工流产的许可；在必要时，她有办法花钱到瑞士旅行一次，那里允许自由堕胎；在目前的妇科水平下，如果卫生条件得到一切保证，由一个专家来进行，而且必要的话可以麻醉，那么这是一个小手术；如果缺乏正式合作，也会得到可靠的非正式的帮助：她熟悉门路，有足够的钱去支付细心的照顾，用不着等待孕情进一步发展；人们尊敬地对待她；有些拥有这种特权的女人认为，这种小小的意外事件对身体倒有好处，使气色变好。相反，很少有比孤苦、身无分文的少女更令人可怜的处境了；她为了抹去周围人不能原谅的“错误”而被迫“犯罪”：这是每年在法国约三十万女雇员、女秘书、女大学生、女工、农妇身上所发生的事；未婚怀孕仍然是非常可怕的污点，以致很多女人宁愿自杀或者杀婴，而不愿做未婚母亲：就是说，任何一种刑罚都不能阻止她们“打掉孩子”。可以遇到成千上万个类似的例子，李普曼医生就搜集了在忏悔中叙述的一个。① 这是一个鞋匠和女仆的私生女，是个柏林姑娘：

---

① 见《青春和性》。——原注

我认识了邻居的儿子，他比我大十岁……我觉得抚摸这样新鲜，说实话，就让他干了。然而，无论如何，这不是爱情。但他继续千方百计对我启蒙，让我看关于女人的书，最后，我把我的贞操献给了他。当两个月后我在斯帕兹幼儿园谋到一个职位时，我怀孕了。在此后两个月内我根本没有月经。我的诱惑者给我写信，说是绝对需要喝汽油和吃肥皂，让月经再回来。现在给你描绘我所受的折磨，那是做不到了……我不得不独自承受这种苦难，直到最后。担心有孩子使我做出可怕的事。正是从这时起，我憎恨男人。

牧师通过一封送错的信，了解到这件事，给她做了一次很长的布道，她和年轻男子分手了；人们把她看做败类。

仿佛我在少年犯教养所待过十八个月似的。

然后她在一个教师家里当看孩子的女仆，在那里待了四年。

这个时期，我终于认识了一个法官。可以爱一个真正的男人，我感到很幸福。得到爱情后，我给了他一切。我们的关系有了结果，我在二十四岁生下了一个非常健康的男孩。眼下孩子十岁。九年半以来，我再没有见过孩子的父亲……由于我感到两千五百马克这笔款子不够用，而且他那边拒绝把他的名字给孩子，他否认他们的父子关系，我们之间一切都结束了。任何男人再也引不起我的欲望。

常常是诱惑者本人说服女人打掉孩子。要么当她怀孕时，他已经抛弃了她，要么她想慷慨地向他隐瞒她的不幸，要么她感到他无法帮助她。有时，她不无遗憾地生下孩子；要么因为她没有当机立断打掉胎儿，要么因为她不知道任何门路，要么因为她手头没有钱，由于尝试无效的药物而浪费了时间；当她着手打掉胎儿时，已经到了第三个月，第四个月，第五个月；这时堕胎远比最初几个星期危险得多，痛苦得多，使女人受到的损伤大得多。女人知道这一点，她是在不安和绝望中企图获得解脱。在乡下，几乎没有人知道使用探针；"失足"农妇让自己从谷仓的梯子上或从楼梯上摔下来，她往往受伤而毫无结果；有时也会在篱笆下、矮树丛中、大便槽里找到被扼死的小尸体。在城里，女人互相帮助。但要找到一个"私下替人堕胎的收生婆"也并不容易，要凑够钱更不容易；怀孕的女人求助于女友，或者亲自动手；这些廉价的外科医生往往并不称职；她们使用金属杆和织针很快会引起穿孔；有个医生告诉我，一个无知的厨娘想把醋注入子宫，却注入了膀胱，引起了剧烈的痛苦。堕胎进行得很粗暴，又照顾得不好，常常比正常的分娩更痛苦，伴随着神经紊乱，直至引起癫痫发作，有时引起严重的内部失调，以及可能致命的大出血。柯莱特在《悍妇》中描述了一个音乐歌舞厅的舞蹈演员在母亲无知的摆弄下艰苦的临终挣扎；她说，惯常的药方是喝下浓浓的肥皂液，然后奔跑一刻钟：通过这样的治疗，往往是打掉了胎儿，同时也杀死了母亲。有人告诉我有一个女打字员在床上待了四天，浸在血泊中，不吃不喝，因为她不敢叫人。很难想象有哪种遗弃比死亡的威胁和犯罪、羞耻的威胁相混杂的遗弃更可怕的了。贫穷但已婚的女人，行动征得丈夫的同意，不必忍受无用的顾忌，折磨就不那么严酷了：有个女社工告诉我，在她那个"地区"，女人互相建议，互相借工具，互相帮助，仿佛和割鸡眼一样简单。但是她们要忍受剧烈的肉体痛苦；医院不得不接收堕胎进行到一半的女人；但在她疼痛时和最后刮宫时，拒绝给她任何镇静剂，以虐待的方式惩罚她。其中，像在热·萨罗所搜集的见证中人们能看到的那样，这些迫害甚至并没有使早已习惯痛苦的女人感到愤怒，可是她们对人们大量的侮辱是敏感的。暗地里进行有罪的手术这一事实，增加了危险，使之具有卑劣和令人焦虑的性质。痛苦、疾病、死亡具有惩罚的面貌：众所周知，痛苦和折磨、事故和惩罚之间有多大的距离；女人通过承受的危险，感到自己像个罪人，正是这种对痛苦和失足的解释特别令人难以忍受。

这种悲剧的道德方面，根据情况不同或多或少被强烈感受到。对于非常"解放的"女人来说，是依仗她们的财产、社会地位、她们从属的自由圈子，对于贫穷教会了她们蔑视资产阶级道德的女人来说，几乎不会提出什么问题：需要度过一个多少有点令人不快的时刻，必须经历这一时刻，如此而已。但许多女人害怕一种在她们看来仍然保留威望的道德，虽然她们不能让自己的行为适应它；她们在内心尊重她们所违反的法律，为犯罪而忍受痛苦；她们要为自己寻找同谋者而更感痛苦。她们首先要忍受乞求的屈辱：她们求人寻找门路，寻求医生和护士照料；她们有可能被人傲慢地打发掉；或者她们要可耻地与别人串通一气。故意促使别人犯罪，这是大多数男人不知道、而女人要在恐惧与羞耻混合的心情中经历的处境。她所要求的这种干预，她往往在内心加以推拒。她在内心是矛盾的。她的本能愿望可能是保留这个她不让生下来的孩子；即使她并不积极地希望怀孕，她仍然苦恼地感到自己完成的行动是模棱两可的。因为即使堕胎并非是谋杀，但也不能等同于普通的避孕行为；一个已经开始的行动，却要中止它的发展。某些女人要被这个不再存在的孩子触发的回忆所困扰。海伦妮·多伊奇[①] 举出一个已婚的心理正常的女人，由于身体原因，两次失去已有三个月的胎儿，她让人建造了两个小坟墓，甚至在许多孩子出生以后，她仍然极为虔诚地照看这两个坟墓。更何况做过人工流产的女人，她们常常有犯过罪的感觉。童年时出于嫉妒而希望刚出生的弟弟死去的后悔感又复活了，女人因真的杀死一个孩子感到自己有罪。病理上的忧郁可能表达出这种犯罪感。除了有些女人以为自己谋害了他人生命以外，有许多女人认为是在自残；由此生出对男人的怨恨，因为他同意或者要求这种残害。海伦妮·多伊奇还引用一个少女的例子，她深爱着自己的情人，自己坚持要去掉这个会成为他们幸福的障碍的孩子；从医院出来时，她拒绝并且永远拒绝再见到她所爱的男人。如果这样的决绝是罕见的话，相反，女人常常变得性欲冷淡，要么是对所有男人，要么是对让她怀孕的男人。

男人倾向于轻率地对待堕胎，他们把堕胎看做是凶恶的大自然要女人注定忍受的许多事故之一：他们不去衡量其中的价值。当男性所确立的伦理受到最彻底的质疑时，女人否认女性的价值。她的整个道德未来都为此动摇了。事实上，从童年起人们就对女人一再说，她生来是为了生育的，对她歌唱母性的光辉；她的不利处境——月经、疾病，等等，还有家务的烦恼，一切都被她具有生孩子的美妙特权证实是合理的。而男人为了保持自己的自由，不妨碍自己的未来，出于对自己职业的考虑，要求女人放弃女性取得的胜利。孩子不再是无价之宝，生育不再是神圣的职能，这种繁殖变成了偶然的、讨厌的事，仍然是女性的缺陷之一。月经的麻烦相比起来显得是件幸事：如今女人焦虑地盼望月经返回，而它曾经让少女

---

① 见《女性心理学》。——原注

陷入恐惧，那时人们以生孩子的欢乐来安慰她。即使同意堕胎，希望堕胎，女人仍然感到是女性的一种牺牲：她最终要看到对自己性别的一个诅咒，一种残害，一种危险。有些女人把这种否定推到极端，由于堕胎带来的精神创伤，变成了同性恋者。就在男人为了让自身命运获得更大的成功，而要求女人牺牲生育能力时，他便暴露出男性道德法则的虚伪。男性普遍禁止堕胎；但他们特别把它作为一种方便的解决办法；他们可能以轻率的玩世不恭态度矛盾地处事；但女人在受伤的肉体中感受到这些矛盾；一般说来，她过于胆小，不敢悍然反抗男性的背信弃义；她自认为是不公正的受害者，这种不公正不顾她反对地把她判为罪人，她感到自己受到玷污和羞辱；她们以具体和直接的形式，在自己身上，体现男人的错误；他犯下错误，但他在她身上摆脱了错误；他仅仅以哀求的、威胁的、理智的、愤怒的语气说话；他很快就忘掉这些话；由她在痛苦和鲜血中表达这些话。有时，他什么也不说，走掉了；但他的沉默和逃避比男性建立的整个道德法规更能拆穿谎言。女人所谓的“不道德”是鄙视女人者喜欢的话题，用不着对此惊讶；对于男人公开宣扬而暗地里加以指责的狂妄原则，她们内心怎么不感到怀疑呢？她们学会不再相信男人颂扬女人时所说的话，也不再相信他们颂扬男人时所说的话：唯一肯定的是这被折腾过的流血的肚子，这红色的生命碎片，这不复存在的孩子。女人是从第一次堕胎开始“明白”的。对她们当中的许多人来说，世界不再是同一副面孔。然而，今日在法国，由于避孕方法并未广为传播，堕胎是不愿意生下注定穷困而死的孩子的女人唯一的道路。施特克尔[①]非常正确地谈到这一点：“禁止堕胎是不道德的法律，因为它每天、每时每刻都要不可

① 见《性欲冷淡的女人》。——原注

避免地被践踏。”

“节育”和合法堕胎能使女人自由地承担做母亲的责任。事实上，这样做部分取决于经过深思熟虑的意愿，部分取决于女人生育的偶然性。只要人工授精没有变成一种惯常的实践，女人就有可能虽然希望做母亲却实现不了——要么因为她和男人没有接触，要么因为她的丈夫没有生育能力，要么因为她不能怀孕。或者相反，她往往不得不违背自己的意愿生育。怀孕和做母亲要根据是在反抗、忍让、满足还是热情之中进行，会经历很不同的过程。必须注意到，年轻母亲的决定和公开承认的感情并不总是与她的内心愿望相一致。未婚母亲因受到突然强加给她负担的物质压力，公开表示懊恼，却在孩子身上满足暗地里孕育的梦想；反过来，一个年轻的新嫁娘快乐而骄傲地迎来怀孕，却可能因她拒绝承认的困扰、幻念和童年回忆，默默地害怕怀孕，憎恨怀孕。这是使女人对此守口如瓶的原因之一。她们的缄口不言部分因为她们乐意以神秘去笼罩她们独有的体验；也因为她们受到内心的矛盾和冲突的困扰。有个女人说：“对怀孕的操心是一个梦，像分娩的痛楚的梦一样完全被忘掉。”[①] 这些复杂的真相当时向她们显现出来，但她们竭力要遗忘掉。

我们已经看到，在童年和青少年时期，女人对做母亲的态度经历了几个阶段。对于小女孩，这是一个奇迹和一个游戏：她从布娃娃这未来的孩子中，预感到一个拥有和支配的对象。她在青少年时期却相反，看到对她宝贵的人身完整性的威胁。要么她粗暴地拒绝

---

① N · 哈尔。——原注

怀孕，就像柯莱特·奥德里的女主人公[1] 所告诉我们的：

> 每个玩沙子的小孩，我都憎恨他出自娘胎……我也憎恨大人能支配孩子，让他们排泄，打他们屁股，给他们穿衣服，用各种方法使他们变得卑劣：女人软绵绵的身体总是准备萌生出新的小不点儿，男人则以满足和独立的神态注视女人和孩子柔软的肉。我的身体只属于我，我只爱它变成褐色的，沾满海盐，被荆豆刺伤。应该保持坚硬和封闭。

要么她害怕怀孕，同时又希望怀孕，这就导致对怀孕的幻想和各种各样的焦虑。有些少女乐意行使做母亲带来的权威，但并不准备充分承担做母亲的责任。海伦妮·多伊奇援引的那个莉迪亚的情况就是这样，十六岁她在外国人家里当女仆，尽心尽责地照顾交给她的孩子：这是童年梦想的一种延续，她想象和母亲结成一对，抚养一个孩子；突然，她开始忽视自己的职责，对孩子漠不关心，外出调情；游戏的时代结束了，她开始操心自己真正的生活，做母亲的愿望在其中占有很少的位置。有些女人在一生中都有支配孩子的愿望，但她们保留对分娩的生理痛苦的恐惧：她们成为助产士、护士、小学教师；她们是忠诚的姑妈，但拒绝生孩子。有些女人虽然并不带着厌恶拒绝做母亲，却过分专注于爱情生活或职业，而不能在自己的生活中给予它一个位置。或者她们担心孩子会成为她们或她们丈夫的一个负担。

女人常常故意不怀孕，要么是回避发生性关系，要么是实施“节育”；但也有一些例子，表明她不承认担心有孩子，实际上是

① 见《未赛先输》中《孩子》。——原注

出于心理防御妨碍怀孕；通过医学观察，发现她身上有源于神经系统的机能紊乱。其中，阿蒂斯医生[①] 援引了一个令人注目的例子：

> H 太太的母亲并未让她对女人生活有充分的思想准备；母亲总是对她说，如果她怀孕了，会有最坏的结果……H 太太结婚时……过了一个月她以为自己有孕了：她承认是她搞错了；三个月后再来一次：又搞错了。过了一年，她去看一个妇科大夫，他不认为她或她的丈夫存在不孕的原因。三年后，她又去看了另一个妇科大夫，他对她说："你少谈到这件事，就会怀孕的……"结婚五年后，H 太太和她的丈夫承认他们不会有孩子了。六年后婴儿出生了。

同意怀孕或者拒绝怀孕，与一般意义上的怀孕受到同样因素的影响。在怀孕期间，童年那些梦想和青少年时期的焦虑又活跃起来；根据女人同母亲、丈夫、自身保持的关系，经历怀孕的方式十分不同。

女人在轮到自己做母亲时，某种程度上会占据生下她的女人的位置：对她来说，这正是一种完全的解放。如果她真诚地希望这种解放，她会对怀孕感到高兴，会一心一意经历怀孕过程，不用别人帮助；但如果她仍然受到支配，并且愿意这样，相反会将自己置于母亲的掌握之中：她会觉得婴儿是一个弟弟或者一个妹妹，而不是她自己的孩子；如果她希望却不敢解放自己，她会担心孩子不仅不会解救她，反而会让她置于枷锁之中：这种焦虑会引起流产；海伦妮·多伊奇举出一个年轻女人的例子，她要陪伴丈夫旅行，把孩子留给母亲照顾，结果生下一个死婴；她惊异于自己不太悲伤，因

① 见《婚姻》。——原注

为她曾经非常想要这个孩子，但她担心要把孩子交给母亲，而母亲通过孩子来支配她。我们已经看到，对母亲的负罪感在少女身上是常见的；如果这种负罪感仍然很强烈，女人就会想象，诅咒会压在她的后代或者她自己身上：她以为孩子出生时会杀死她，或者出生时会死掉。悔恨往往引起年轻女人身上常见的这种不能将怀孕坚持到底的焦虑。在海伦妮·多伊奇援引的这个例子中，可以看到与母亲的关系会引起多么不良的后果：

> 史密斯太太是一个孩子很多、却只有一个男孩的家庭里最小的孩子，她的母亲想要一个儿子，因此怀着怨恨接受她；由于父亲和一个姐姐对她疼爱有加，她没有受太多苦。她结婚后等待一个孩子来临，虽然她很想要这个孩子，但她以前对母亲的仇恨使她憎恶自己也成为母亲；她早产一个月，生下一个死婴。第二次怀孕时，她担心再出事；幸亏她的一个好友和她同时怀孕；这个女友有一个非常慈爱的母亲，她在她们怀孕时保护着两个年轻女人；但女友比史密斯太太早一个月怀孕，史密斯太太想到还要单独完成怀孕便害怕；令大家惊讶的是，女友比预产期晚一个月分娩[①]，两个女人在同一天生孩子。两个女人决定在同一天怀上下一个孩子，史密斯太太开始平静地再次怀孕。但她的女友在怀孕第三个月时不得不离开该城，史密斯太太在知道的那天流产了。她再也不能有其他孩子，对自己母亲的回忆，太沉重地压抑着她。

女人同孩子父亲保持的关系也同样重要。一个已经成熟的独立

① 海伦妮·多伊奇证实说，孩子确实在怀孕十个月后出生。——原注

女人，可能想要一个只属于她的孩子：我认识一个女人，她的眼睛一看到俊美的男人便闪闪发光，这并非出于肉欲，而是因为她认为他具有种畜的能力；这种热衷于做母亲的女人，热情地赞赏人工授精的奇迹。如果孩子的父亲与她们共同生活，她们会拒绝他对后代的一切权利，她们试图——像《儿子和情人》中保罗的母亲——与孩子结成封闭的一对。但在大多数情况下，女人需要男性的支持，以便接受新的责任；只有在一个男人忠诚于她时，她才能快乐地忠于婴儿。

她越是幼稚和胆怯，这种需要越是迫切。海伦妮·多伊奇讲述了一个年轻女人的故事，她在十五岁时嫁给一个十六岁的小伙子。他让她怀了孕。她在小女孩的时候，总是喜欢婴儿，帮助母亲照料她的弟弟妹妹。但一旦做了两个孩子的母亲，她却惊慌失措起来。她要求丈夫一直待在她身边，他不得不选择一个能让自己长时间待在家里的工作。她生活在持续不断的不安中，夸大孩子们的争吵，过分重视平日细小的事件。许多年轻的母亲就是这样要求丈夫的帮助，用她们的忧虑烦扰他，有时烦得他只能离家出走。海伦妮·多伊奇举出其他有意思的例子，其中一个是：

> 一个结了婚的年轻女人以为自己怀孕了，感到极其幸福；一次旅行，她和丈夫分开，她有一次短暂的艳情，她接受这艳情是因为她觉得既然做了母亲，没有什么遭遇有举足轻重的影响了；回到丈夫身边后不久，她知道自己搞错了受孕的日子：是从她旅行的时候开始的。当孩子出生时，她突然寻思，这到底是她丈夫的儿子还是邂逅的情人的儿子；她对想望中的孩子变得没有感情了；她不安和不幸，寻求心理医生的帮助，只是在她决定认为自己的丈夫是婴儿的父亲后，才对婴

儿感兴趣。

爱丈夫的女人，常常以他的感情为转移：她根据他是骄傲还是讨厌，以快乐或者厌恶来对待怀孕和做母亲。有时，希望有孩子，是为了巩固关系、巩固婚姻，母亲对孩子怀有的爱取决于她的计划是成功还是失败。即使她对丈夫怀有敌意，处境仍有不同：她可以矢忠于孩子，不让孩子的父亲拥有孩子，或者相反，仇视地看待所憎恨的男人的后代。H. N. 太太，我们已经根据施特克尔的材料叙述过她的新婚之夜，她很快怀孕了，一生都憎恶在粗暴的性启蒙的恐惧中怀上的小姑娘。我们也可以在索菲娅·托尔斯泰的《日记》中看到，她对丈夫的矛盾感情反映在她的第一次怀孕中。她写道：

> 这种情况对我来说，在肉体上和精神上都是难以忍受的。肉体上，我不断有病，精神上，我感到烦恼、空虚和可怕的不安。对列瓦来说，我不再存在了……我不能给他任何快乐，因为我怀孕了。

她在这种情况下感到的唯一乐趣是在受虐方面：可能是她的爱情关系的失败给了她自惩的幼稚需要。

> 昨天开始，我完全病了，我担心流产。肚子里的这种痛苦甚至使我获得一种享受。这仿佛就像在孩提时，我做了一件蠢事，妈妈原谅了我，而我呢，我不原谅自己。我掐自己，或者用力掐手，直到疼痛难以忍受。但我忍住了，从中感到巨大的乐趣……当……有孩子时，这会重新开始，令人恶心！我觉得

一切都令人厌烦。时间非常忧郁地过去。一切都是阴郁的。

啊！如果列瓦！……

但怀孕尤其是女人身上自己和自己演出的一出戏剧；她感到它既像一种丰富，又像一种伤害；胎儿是她身体的一部分，又是利用她的一种寄生物；她拥有它又被它所拥有；它概括了整个未来，怀有它，她感到自己像世界一样广阔；但这种丰富本身在摧毁她，她感到自己什么也不是。一种新的生存将要表现出来，为自身的生存辩护，她为此而骄傲；可是她也感到自己是无以名之的力量的玩偶，她被捆绑，受到强制约束。在怀孕的女人身上奇特的是，在她的身体自我超越时，它被确定为内在的：它在恶心和苦恼中折拢；它不再只为自身而生存，正是在这时，它变得比任何时候体积更大。工匠、行动男子的超越性含有主体性，而在未来的母亲身上，主客体的对立却消失了；她和孕育的孩子构成被生命占有的模糊的一对；她落入自然的圈套，既是植物又是动物，是胶质的储备、孵化器、卵子；她使有自我意识的孩子害怕，被年轻人嘲笑，因为她是一个人，是意识和自由，却成为生命的被动工具。生命通常只是生存的一个条件；她在妊娠期显得像创造者；但在偶然性和人为性中实现的是一种奇怪的创造。有些女人对怀孕和哺育感到极大的快乐，以至愿意无限地一再怀孕；婴儿一旦断奶，她们就感到泄气。这些女人是“多产的家禽”，而不是母亲，她们利用自己的肉体贪婪地寻找改变自由的可能性：在她们看来，她们的生存平静地从她们身体被动的多产中找到理由。如果肉体是纯粹的惰性，她甚至不能以衰退的形式体现超越性；她是怠惰和无聊，不过，一旦她发芽，就变成树根、源泉、花朵，她自我超越，她是朝向未来的运动，同时是厚重的在场。女人从前在断奶时忍受的分离之苦得到了补偿；她重新淹没在生命的潮流中，重新融合到一切中，这是世代无尽之链的一环，是为了并通过另一肉体而生存的肉体。当母亲感到孩子在她沉甸甸的肚子里，或者当她把孩子搂紧在鼓胀的乳房上时，她实现了在男人的怀抱里寻找，一旦获得便被拒绝的融合。她不再是顺从主体的客体；她也不是因自由焦虑的主体，她是这个模糊的现实：生命。她的身体终于属于她，因为它是属于为她所拥有的孩子的。社会承认她拥有这个身体，另外赋予其神圣的性质。不久以前还是肉欲对象的乳房，她可以袒露出来，这是一个生命的源泉：宗教图画向我们展示敞开胸怀的圣母在恳求她的儿子拯救人类。母亲在她的身体和社会尊严中异化，产生了感到自己是自为的存在、具有固定价值的使人平和的幻想。

但这只是一个幻想。因为她并没有真正造出孩子：孩子在她身上形成；孩子的肉体只从肉体中产生：它不能创立一个将要自行创立的存在；源于自由的创造，将客体设定为价值，赋予它必然性：在母体中，孩子是无根据的，仍然只是无动机的繁殖、粗具雏形的事实，其偶然性与死亡是对称的。母亲可以有她想要一个孩子的理由，但她无法把自身存在的理由给予这个明天要存在的人；她是在自己身体的一般性中，而不是在自己生存的特殊性中产生孩子的。柯莱特·奥德里笔下的女主人公正是这样理解的，她说：

> 我从来没有想过，他能给我的生命以意义……他在我的身上孕育，无论如何，我不得不坚持到最后，却不能操之过急，即使要为此送命。他终于从我身上生出来了；因此，他很像我一生中所能创造的作品……但他不是。①

① 参阅《未赛先输》中《孩子》。——原注

在某种意义上，变形之谜在每个女人身上重复；每个出生的孩子都是一个变成了人的神：如果孩子没有来到世上，就不会作为意识和自由来自我实现；母亲顺从于这个谜，但她并不控制它；这个在她肚子里制造出来的人的最高真相，她是不了解的。她通过两个互相矛盾的幻想表现这种模糊性：凡是母亲都希望她的孩子以后是个英雄；一想到要产生一个意识、一个自由的人，她便表示惊奇；不过她也担心生下一个有残疾的孩子、一个怪物，因为她了解肉体可怕的偶然性，长在她身上的这个胚胎仅仅是肉体。有时候其中一个幻想占据上风，但往往女人在二者之间犹豫。她对另外一种模糊性也很敏感。她陷在物种的大循环中，肯定生命，反对时间和死亡：由此，她能达到不朽；但她在自己的肉体中也感到黑格尔这句话的实在："孩子的出生是父母的死亡。"他还说，对父母而言，孩子是"他们的爱情的自为存在，却落在他们身外"，反过来，孩子获得自为存在，是"在与源泉的分离中，在这分离中，源泉枯竭了"。这个对自身的超越，对女人来说，也是她的死亡的预兆。通过设想分娩时所感到的恐惧，她表达出这种真相：她担心在分娩时失去自己的生命。

怀孕的意义是如此含混，女人的态度矛盾就很自然了：再说，态度在胎儿发育的不同阶段产生变化。首先必须强调，在怀孕开始，孩子并不在场；他还只是一个想象的存在；母亲可以想象这个在几个月后降生的小家伙，忙着给其准备摇篮和衣着用品：她只能具体地感受到她身上混乱的机体现象。有些专管生命和生育的祭司神秘地宣称，女人可以从她感受到的快感的质地中获悉，男人刚刚让她成为母亲：这是必须摒弃的一种神话。她绝对不会对怀孕有肯定的直觉：她是从不确定的迹象中加以归纳的。她的月经停止了，她变得臃肿了，她的乳房变得沉甸甸的，使她难受，她感到头昏、恶心；有时她干脆认为自己生病了，是医生告诉她怀了孕。于是她知道，她的身体最后要达到超越自身；日复一日，从她的肉体生出异于她肉体的一块息肉，要在她体内长大；她成了物种的猎物，物种把神秘的法则强加于她，一般说来，这种变化使她害怕：她的惊慌表现为呕吐。呕吐部分是这时产生的胃分泌液的变化引起的，可是，这种反应是其他雌性哺乳类动物没有的，如果反应剧烈，这是出于心理原因；它反映了这时在女人身上物种与个体之间的冲突具有的尖锐性质。[①] 即使女人很想要孩子，怀孕的时候，她的身体首先会反抗。在《忧郁的神经官能症状态》中，施特克尔断言，怀孕妇女的呕吐总是表达了对孩子的某种拒绝，如果孩子受到敌意的对待——理由往往未被明言——胃的紊乱会加剧。

海伦妮·多伊奇说："精神分析学告诉我们，呕吐症状的心理夸大只是在呕吐反映了对怀孕或胎儿的敌意的情况下才会发生。"她还说："怀孕后呕吐的心理内涵，与幻想怀孕的少女歇斯底里的呕吐恰好是一样的。"[②] 在这两种情况下，通过嘴巴受孕的古老观念再现了。特别对幼稚的女人来说，像从前那样认为怀孕等同于消化器官的一种疾病。海伦妮·多伊奇举出一个女病人的例子，她不安地研究自己的呕吐物，想看看是否能找到胚胎的残体；但她说她知道这种困扰很荒唐。食欲过盛、缺少胃口、恶心，标志着保留和毁掉胚胎这两种愿望之间的犹豫。我认识一个年轻女人，她同时忍受着过度的呕吐和严重的便秘之苦；有一天，她亲口告诉我，她同时有竭力抛弃胎儿和尽力保住胎儿的感觉；这正好与她表明的愿望

---

① 参阅《第二性 I》第一章。——原注

② 有人非常明确地给我举出一个男人的情况，他在妻子——他不太爱她——怀孕的头几个月中，准确地表现出在怀孕的女人身上出现的恶心、头晕和呕吐的症状。这些症状显然以歇斯底里的方式反映了潜意识的冲突。——原注

相一致。阿蒂斯大夫[①] 举出下面的例子，我概述如下：

> T 太太怀孕后表现出伴随抑制不住的呕吐的严重紊乱现象……情况非常令人不安，以致不得不考虑中止怀孕……这个年轻女人感到遗憾……能够做出的简要分析表明：T 太太不自觉地与她以前在寄宿学校的一个女友作了类比；这个女友在她的感情生活中起过非常重要的作用，她在第一次怀孕后因病去世。一旦这个原因弄清了以后，症状缓解了；两个星期以后，呕吐仍然时有发生，但再也没有什么危险。

便秘、腹泻、排出行为，总是表现出相同的欲望和焦虑的混合；结果有时会流产：几乎所有的自发流产都有心理根源。由于女人格外重视，由于她更加“关心自己的健康”，这种不适就越发加剧。特别是，孕妇的众所周知的“欲望”是可追溯至幼年时期的困扰，而她却乐此不疲：出于吃某种食物受孕的古老观念，这些困扰总是有关营养的；感到自己体内紊乱不安的女人，就像精神衰弱症中常常发生的那样，通过她有时为之着迷的欲望，反映出这种古怪的情感。另外这些欲望的“培养”也有传统在起作用，就像早先对歇斯底里的培养那样；女人等待着拥有这些欲望，她窥伺着，构思着。有人给我举出一个年轻的未婚母亲的例子，她发狂地想吃菠菜，跑到市场去买来，看着菠菜煮熟，急得不耐烦地跺脚：她这样来表达孤独的焦虑；她知道只能依靠自己，于是急不可待地要满足自己的欲望。德·阿布朗泰斯公爵夫人在她的《回忆录》中以非常有趣的方式描述了一个例子：欲望是通过女人周围的人迫切地暗示

---

① 见《婚姻》。——原注

出来的。她抱怨在怀孕时周围有太多关切。

这些照顾、这些体贴，增加不适、胸口痛、神经痛和千百种痛苦，这些症状伴随着头几次怀孕而来……我感受到了……有一天我在我母亲家吃晚饭时，她先开始说话……“啊！天哪，”她突然放下叉子，用困惑的神态望着我，“啊！天哪！我忘了问你，**你想吃什么。**”

“我没有特别想吃的。”我回答她。

“你没有特别想吃的，”我母亲说，“你没有特别想吃的！这种事可从来没有见过！你搞错了。这是因为你没有注意。我要去对你婆婆说。”

于是我的两位母亲磋商起来。于是朱诺担心我会给他生下一个长着野猪脑袋的孩子……每天早上都问我：“罗尔，你想吃什么东西？”我的小姑子从凡尔赛回来后也加入了提问题的大合唱……她见过很多人由于想吃东西得不到满足而变丑，这种情况数不胜数……我终于害怕起来……我在脑海里搜索我最喜欢的东西，却什么也找不到。末了，有一天，我在吃一块菠萝糖时忽然想到，菠萝应该是非常好的东西……一旦我确信我想吃菠萝，我首先感到一种非常强烈的欲望；然后，当柯尔塞莱说现在不是吃菠萝的时候，欲望变得更加强烈了。噢！于是我感到这种痛苦：它属于一种狂热，会置你于要么满足它要么死去的境地。

(朱诺想方设法，终于从波拿巴夫人手里得到了一只菠萝。德·阿布朗泰斯公爵夫人欣喜地接到手里，整晚都在嗅它，摩挲它，因为医生只让她在早上吃菠萝。最后，朱诺给她端来了切好的菠萝)

我把菠萝推得远远的："可是……我不知道我怎么搞的，我不能吃菠萝。"我把鼻子凑近那只该死的盘子，这使我断定我不能吃菠萝。不仅必须把菠萝端走，而且必须打开窗户，熏香我的房间，把这种气味去除干净，只要稍微闻到点气味就足以使我恶心。这件事最奇特的是，此后我再也不能吃菠萝，否则会引起强烈的反应……

受到过分照顾，或者过分照顾自己的女人，呈现出最多的病态现象。那些最容易度过怀孕磨难的女人，一部分是完全献身于生育职能的主妇，另一部分是有阳刚气的女人，她们不迷恋自己身体的历险，很轻易就能克服：德·斯达尔夫人就像谈话一样轻松地度过怀孕期。

随着怀孕继续下去，母亲与胎儿的关系也在变化。胎儿牢固地安置在母腹中，两个机体互相适应，它们之间有生物学的交换，使女人重新找到平衡。她不再感到被物种占有：拥有腹中果实的是她。最初几个月，她是一个普通的女人，被在她体内完成的隐秘的工作弄得衰弱了；随后，她明显是一个母亲，她的衰弱是她的荣耀的反面。她忍受的不灵便日益加剧时，反倒成了一个借口。许多女人在怀孕期间找到了美妙的平静：她们感到自己的生存有了理由；她们总是有自我观察和窥视自己身体的兴味；过去她们因为自己的社会责任感，不敢以太多的得意心情去关注身体：现在她们有权在意自己的身体；她们为自己的幸福所做的一切，也是为孩子而做的。人们不再要求她们工作，也不再要求她们做出努力；她们不再需要操心世上的其他事情，她们抱有的未来梦想，意义在于此时此刻；她们只消让自己活着：她们在度假。她们生存的理由在这里，在她们的肚子里，并给予她们完美的充实印象。海伦妮·多伊奇引用一个女人的话："这好像冬天的一只小炉子，一直在燃烧，摆在那里，仅仅为了你，完全服从你的意志。这也像夏天不停地喷出的冷水淋浴。就是这样。"女人被塞得满满的，也经历了感到自我"有意思"的那种满足，这是从青少年时期以来她最深沉的欲望；作为妻子，她要忍受对男人的从属；如今，她不再是性欲的对象和女仆；而是体现了物种，她是生命和永恒的许诺；她周围的人尊敬她；甚至她的任性也变得神圣：我们已经看到，这就鼓励她编造"想吃的欲望"。海伦妮·多伊奇说："怀孕使女人在其他情况下显得荒唐的行为变得合理。"她体内另一个人的在场给了她理由，她终于充分享受成为自己。

柯莱特在《晚星》中描绘了她怀孕的这个阶段：

> 怀孕的女人的幸福不知不觉地、不慌不忙地潜入到我体内。我不再感到任何不适、任何不幸。愉快的心情，嗡嗡的声响，应该以何种科学的或者亲切的字眼来称呼这种储存呢？它绝对充满了我全身，因为我不能忘怀它……我厌倦了避而不谈，在这种情况下从来不说的，这就是自豪感，平庸的卓越感，这是我在怀孕过程中所感受到的……每晚，我都对我生活中的一个美好时光道别。我很清楚，我会留恋它。但欢乐、嗡嗡声、愉快的心情淹没了一切，在我身上笼罩着温馨的动物性、因体重增加和我培育的生物微弱的呼喊而使我产生的倦怠。
>
> 第六个月，第七个月……最初的草莓，最初的玫瑰。除了漫长的节日，我还能将怀孕称做什么呢？分娩的痛苦已被忘却，却忘不了这独一无二的漫长节日：我对此一点儿也没有忘记。我尤其记得，心血来潮时睡意攫住了我，也记得，就像在

童年时，又需要躺在田里、草地上和热烘烘的地上。唯一的“欲望”，健康的欲望。

快分娩时，我就像一只拖着偷来的鸡蛋的老鼠。我感到不舒服，有时我太疲倦，反而睡不着……身体笨重，感到疲倦，我漫长的节日仍然没有中止。人们给我那么多的特权和照顾……

柯莱特告诉我们，她的一个朋友将这种幸福的怀孕称做“男人怀孕”。实际上，她像这种女人的典型：她们勇敢地承受自己的状况，因为她们没有沉迷在其中。她同时继续自己的写作。“孩子表明，他要早到，于是我将钢笔的帽套拧紧了。”

其他女人的心情更为沉重，她们无休止地反复考虑她们新的重要性。哪怕只受到一点鼓励，她们就重新捡起男性神话：她们以生命的生育之夜去对抗精神的清醒，以内在的神秘对抗明晰的意识，以极其人为性的肚子的沉重对抗不生育的自由；未来的母亲感到自己是腐殖土和耕地，是源泉，是根基；她睡觉时，她的睡眠是各种领域在其中发酵的混沌的睡眠。有的女人更能忘却自我，尤其沉醉于在体内生长的生命之宝。塞西尔·索瓦日在她的诗歌《萌芽的灵魂》中表达的正是这种欢乐：

你属于我如同黎明属于平原
在你周围我的生命是热毛毯
你的娇体悄悄地长成在里面。

稍后：

噢我担心地爱抚着受宠的你
附在我的花上这萌芽的小生命
我用自己一片心做成你的心
噢潮湿的小嘴我柔软的果实。

她在给丈夫的信中说：

这真逗，我觉得我在参与形成一颗很小的行星，我在塑造这脆弱的天体。我从来没有这样接近生命。我从来没有这样真切地感觉到，我是大地的姐妹，与植物和汁液同在。我的脚行走在大地上，就像踏在一头活兽身上。我想着充满笛声、苏醒的蜜蜂和露水的白日，因为他在我体内蹬腿和躁动。如果你知道这萌芽的灵魂在我心中放进了多少春天的清新和多少青春活力，那就好了。再说，这是皮埃罗幼小的灵魂，它在我腹内的黑暗中形成两只同他一样的大眼睛。

反过来，那些喜爱卖弄风情，把自身把握为肉欲对象，自恋肉体之美的女人，看到自己变形、变丑、不能引起情欲而感到痛苦。在她们看来，怀孕根本不是一个节日或者一种丰富，而是像自我的缩减。

尤其是，可以在伊莎多拉·邓肯的《我的一生》中看到：

孩子现在令人感到他的存在……我大理石般的柔美身体松弛了，破裂了，变形了……在海边行走时，我有时感到力量和活力过剩，我有时想，这个小生命将属于我，只属于我；但在其他日子……我感到自己像落入陷阱的可怜野兽……随着希望和绝望的交替，我常常想到我在青年时代的朝圣、我的漫游、我的艺术发现，这一切只不过是一个以往的序曲，它消失在通往等待孩子来临的迷雾中，孩子是任何一个农妇都能造出的杰作……我开始被各种各样的恐惧攫住了。我徒劳地想，所有女人都有孩子。这是很自然的事，但我害怕。怕什么？当然不是怕死，甚至也不是怕痛苦，我有一种对自己不了解的东西莫名的害怕。我柔美的身体越来越在我惊讶的注视下变形了。我的水神一般充满青春活力的妩媚身体哪里去了？我的抱负、我的名声哪里去了？我常常情不自禁地感到自己很悲惨，被打败了。同生命这个巨人斗争，双方实力是不相等的；于是我想到快要出生的孩子，我的所有忧虑烟消云散了。黑暗中的等待多么残酷啊。我们要为做母亲的光荣付出多么昂贵的代价啊！……

怀孕的最后阶段，也在孕育母亲与孩子的分离。女人以不同的方式感受孩子的第一个动作，他的脚踢在世界的门上，踢在把他与世界隔开的肚腹上。有些女人惊奇地迎接这个宣布一个自主生命在场的讯号，另一些女人厌恶地把自己看做是接受了一个异体。胎儿和母体的和睦重新被打乱：子宫下垂，女人有一种压迫感、绷紧感和呼吸困难的感觉。她这一回不是被难以分辨的物种所占有，而是被这个即将诞生的孩子所占有；之前他只是一个形象、一个希望；他变成沉甸甸的现实。他的实在产生了新的问题。整个过程令人焦虑，分娩尤其令人恐惧。当女人临产时，她童年的一切恐惧重新活跃起来；由于负罪感，她以为自己受到母亲的诅咒，她确信自己会死去，或者孩子会死去。托尔斯泰在《战争与和平》中通过丽莎描绘了这类幼稚的女人，她们把分娩看成死刑判决：她确实死去了。

分娩根据不同情况具有十分不同的性质：母亲既希望保住肚子里的小宝宝，这是她的自我宝贵的一部分，又希望摆脱一个阻碍；她想将梦想最终掌握在自己手里，但是她害怕这个实体即将产生新的责任：前者或后者都可能占上风，但她往往被分裂开来。她也常常不是以坚定的决心接近这令人焦虑的折磨：她想自我证明，并向周围的人——她的母亲，她的丈夫——证明，她能够在没有帮助的情况下克服这折磨；可是，与此同时，她由于加诸体内的痛苦而埋怨世界、生活和亲人，为了抗议，她采取了消极的行动。独立的女人——主妇或者有阳刚气的女人——一心想在临产甚至分娩时扮演主动的角色；性格幼稚的女人，则被动地把自己托付给助产士、母亲；有些女人为没有大声叫喊而骄傲；另一些女人拒绝一切命令。一般说来，在这种危机中，她们表达了对一般而言的世界和对特殊而言的母性的深刻态度：她们是坚忍的、忍让的、苛求的、威严的、反抗的、迟钝的、紧张的……这些心理状况对分娩的持续时间和困难程度有巨大影响（当然，分娩也取决于纯粹生理的因素）。意味深长的是，女人——像某些雌性家畜一样——通常需要帮助，以便完成自然注定给予她的职能；有些风俗粗犷的农妇和感到羞耻的未婚母亲是自己分娩的，但是，她们的孤立无援常常导致孩子死亡，或者给母亲带来无法治愈的疾病。在女人完全实现女性命运的时刻，她仍然是附属的：这也证明了，在人类这个物种中，自然与人为永远区分不开。女性利益和物种利益之间的冲突自然非常尖锐，它往往导致母亲的死亡或者孩子的死亡：正是医学和外科的人为干预大大减少了——甚至几乎消灭了——从前那么频繁的事故。麻醉方法正在推翻《圣经》的断言：“你生产儿女必多受苦楚”；麻醉方法在美国广泛运用，现在开始在法国推广；一九四九年三月，一道法令刚刚在英国使麻醉方法成为强制性的。[①]

很难知道麻醉方法能给女人免去的痛苦究竟有多大。分娩有时要持续二十四小时以上，有时两三个小时就结束，这个事实不能一概而论。对某些女人来说，生育是一场苦难。伊莎多拉·邓肯的情况就是这样：她在焦虑中经历怀孕，无疑心理抵抗进一步加剧了分娩的痛苦；她写道：

> 无论人们如何描述西班牙的宗教裁判所，任何生过孩子的女人都不会对它感到恐惧。这是一种比较的说法。这个看不见的残忍的神灵毫不休歇，毫不停止，毫无怜悯地把我抓在它的爪子中，撕裂我的骨头和神经。据说这样的痛苦很快就会忘掉。我能回答的是，只要我闭上眼睛，就会重新听到我的叫声和呻吟声。

相反，某些女人认为这是一种相对容易忍受的折磨。少数人从中获得肉欲的快感。有个女人[②]写道：

> 我是一个肉欲非常强烈的人，以至分娩本身对我来说是一种性行为。我有一个非常漂亮的“护士”。她给我沐浴，也给

---

① 我已经说过，某些反女性主义者以自然和《圣经》的名义，对人们企图消灭生育的痛苦感到愤慨，痛苦似乎是母性“本能”的来源之一。海伦妮·多伊奇似乎受到这种见解的诱惑；她说，当母亲没有感到分娩的痛苦时，别人把孩子捧给她看，她不会从内心深处承认孩子是她的；然而，她承认，空虚感和陌生感也可在经历痛苦的产妇中看到；她在全书中认为，母爱是一种感情，一种有意识的态度，而不是一种本能；它不一定与怀孕联结起来；据她看来，女人可以用母爱去爱一个过继的孩子，她的丈夫前妻的孩子，等等。这种矛盾显然来自她把女人看成注定的受虐狂，她的论断引导她高度评价女性的痛苦。——原注

② 这是施特克尔搜集到的一份自白，我们概述其中一部分。——原注

我注射。这足以使我处于极度兴奋、神经颤抖的状态。

有的女人说，生育时感受到一种创造力的印象；她们确实完成了一件自愿的、有创造性的工作；相反，许多女人感觉到自己是被动的，是一个受苦受折磨的工具。

母亲和新生儿的最初关系同样是多种多样的。有些女人忍受着体内空空的不舒服：她们觉得有人偷走了她们的宝贝。塞西尔·索瓦日写道：

> 我是无语的蜂巢
> 蜜蜂已经飞到空中
> 我不再将我的血液
> 一口口喂你的娇体
> 我的身体门关户闭
> 别人刚夺走一具死尸，

还有：

> 你不再属于我。你的脑袋
> 已经反映别的天地。

再有：

> 他出生，我便失去我的小宝贝
> 现在他出生了，我孤零零，我感到
> 惶恐不安，因为体内血液减少……

但同时，在所有年轻母亲身上，都有一种惊讶的好奇心。看到和抱起一个在自己体内形成，从自己身体生出来的小生命，是一个古怪的奇迹。可是，母亲在把一个新生命投到人间的不同寻常的事件中，确切地占有多大分量呢？她不知道。没有她，这个生命不会存在，而他离她而去。看到他出世，同她截然分开，她又惊讶又悲哀。几乎总是感到失望。女人希望感到他属于自己，如同她的手属于她一样肯定：然而，他的一切感受都封闭在他体内，他是不透明的，看不透的，分隔开的；她甚至认不出他，因为她从未见过他；她没有和他一起经历怀孕：她和这个陌生的小东西没有共同的过去；不，这是一个新来者，她惊奇于接受他时自己的冷淡。在怀孕的遐想中，他是一个形象，他是无限，母亲在想象中扮演未来的母性；如今，这是一个有限的小个体，他确实在那里，是偶然的，脆弱的，索取的。他终于在那里，非常真实，这种快乐混合着他不过如此的遗憾。

正是通过喂奶，许多年轻的母亲克服了分离，在她们的孩子身上重新找到一种动物性的亲密关系；这是比怀孕更累人的劳作，但可以使哺乳的母亲延长做孕妇时“度假”、平静和充实的状态。柯莱特·奥德里在谈到她的一个女主人公①时说：

> 当婴儿吃奶时，她正好没有别的事可做，这可能延续几小时，她甚至不想随后会发生什么事。只消等待他像只大蜜蜂一样离开她的乳房。

但有些女人不能哺乳，只要她没有重新找到同孩子的具体关

① 见《未赛先输》。——原注

系，最初几小时那种惊人的冷淡便会在她们身上延续下去。例如，柯莱特就是这种情况，她不能给女儿哺乳，她以惯有的真诚描述自己最初的母性情感。[1]

> 随后是端详这位新人，她不是从外面进入我家的……我在端详中放入了足够的爱吗？我不敢肯定。当然，我习惯于——我仍然如此——惊奇。我把它用在婴儿这奇迹的集合体上：她的指甲透明得像粉红色的虾鼓出的壳，她的脚掌来到我们这里时没有接触地面。她的睫毛宛若轻盈的羽毛，向面颊垂落，置于大地的景致和眼睛淡蓝的梦幻之间。小小的性器官像剖开的杏仁，分成两瓣，两唇瓣恰好闭合。但我献给女儿的细致赞赏，我却无以名之，我不感到这是爱。我在窥视……我从我的生命翘首盼望的景象中，汲取不到眼花缭乱的母亲们的警惕和好胜心。对我来说，完成第二次，也是更困难的破体而出什么时候会到来？我不得不同意，大量的警告、嫉妒隐隐升起，错误的甚至真实的预感，拥有一个我作为平凡债权人的生命而产生的骄傲，有点阴险地意识到教训别人要谦逊，这一切终于将我变成一个平常的母亲。只有当她鲜艳的嘴唇上绽放出可理解的语言时，当知识、狡狯甚至温情将一个标准的娃娃变成一个姑娘，把一个姑娘变成我的女儿时，我才会安心！

也有许多母亲对新责任感到惶恐。在怀孕时，她们只消听任肉体摆布，不需要她们有任何主动性。现在，她们面前有一个人，对她们享有权利。某些女人愉快地温存她们的孩子，只要她们在医院

① 见柯莱特《晚星》。——原注

里，她们仍然是快活的，无忧无虑的，但是一旦她们回到家里，就开始把孩子看做一个负担。甚至哺乳也不能给她们带来任何乐趣，相反，她们担心会毁掉胸脯；她们怨恨地感到乳头破损，乳腺疼痛；是孩子的嘴伤害了她们：她们觉得，孩子吸掉她们的精力、她们的生命和幸福。孩子强加给她们艰辛的劳役，却不再属于她们：孩子就像一个暴君；她们怀着敌意瞧着这个陌生的小个体，他威胁着她们的肉体、她们的自由和整个自我。

其他许多因素也加入进来。女人和母亲的关系，保留着全部重要性。海伦妮·多伊奇举出一个年轻的哺乳母亲的例子，每当她的母亲来看她时，她的奶水便枯竭了；她常常请求帮助，可是她对另一个人照顾婴儿感到嫉妒，对婴儿恋恋不舍。和孩子父亲的关系，他怀有的感情，也有重大影响。综合经济和感情的原因，孩子可能是一个负担，一条锁链，或者一种解放，一个瑰宝，一种安全。有时候，敌意变成公开的仇恨，通过极度的忽视或者虐待表现出来。往往母亲意识到自己的责任，与敌意作斗争；她感到内疚，由此产生焦虑，怀孕期的担心延续下去。所有的精神分析学家都同意，生活在伤害孩子的困扰中的、想象出可怕事故的母亲们，对孩子都怀有一种敌意，竭力要压制下去。无论如何，值得注意和应该将这种关系同一切其他人际关系区别开来的是，最初，孩子本人没有介入进来：孩子的微笑，他的牙牙学语，除了母亲给予的意义外，没有别的意义；这取决于她，而不是孩子，令她觉得他可爱，独一无二，或者讨厌、平庸、可恶。因此，得不到满足、冷淡、忧郁的女人，本来期待孩子成为伴侣、带来温暖和使之摆脱自身，但却总是大失所望。做母亲的“过渡”像青春期、性启蒙和婚姻的“过渡”一样，在那些希望外来事件能够更新和解释自己生命的人身上，会产生深深的失望。在索菲娅·托尔斯泰身上遇到的就是这种感情。

她写道：

> 这九个月是我一生中最为可怕的阶段。至于第十个月，最好不要谈到它。

她竭力在自己的日记中写下成为俗套的快乐，这也是枉然：打动我们的是她对责任感到的忧愁和恐惧。

> 一切都完成了。我分娩了，我有过自己的痛苦，我振作起来，我带着恐惧和对孩子，尤其对丈夫持续不断的不安逐渐回到生活中。我身上有某种东西碎裂了。有一样东西对我说，我会持续地受苦，我相信这是对不能完成家庭责任的担心。我的心态不再是自然的了，因为我害怕一个女人对自己孩子的这种庸俗的爱，害怕过度爱我的丈夫。人们断言，爱丈夫和孩子是一种美德。这种想法有时使我得到安慰……但想做母亲的感情十分强烈，因为我觉得做母亲是自然而然的事。这是列瓦的孩子，因此我爱他。

但人们知道，她正是因为不爱丈夫，才装出那么爱他；这种厌恶又落在使她恶心的交欢中孕育的孩子身上。

凯·曼斯菲尔德描绘了一个年轻母亲的犹豫不决，她爱自己的丈夫，但厌恶他的抚摸。她在孩子们面前同时感到温存和一种空虚的印象，她闷闷不乐地解释成完全的冷漠。琳达在花园里休息，待在她的新生儿身边，思念着丈夫斯坦利。[①]

---

① 见《在海湾上》。——原注

如今她嫁给了他，她甚至爱他。不是大家所认识的斯坦利，不是平常的斯坦利；而是胆怯的、敏感的、天真的斯坦利，他每天晚上跪着祈祷。但不幸的是……她很少见到**她的**斯坦利。有过发光和宁静的时刻，但其余时间，她好像生活在一座始终快要着火的房子里，生活在天天遇难的船上。斯坦利总是处在危险的中心。她把所有时间都用来救他，照顾他，安慰他和听他讲故事。剩下的时间，她在担心怀上孩子中度过……将生儿育女说成女人的共同命运是很动听的。其实不对。比如，她可以证明，这是错的。她被多次怀孕弄垮了，变得衰弱，失去勇气。最难忍受的是，她并不爱自己的孩子们。用不着假装……不，仿佛在她每一次可怕的旅行中，一阵冷风吹得她冰冷；她再也没有什么温暖留给他们。至于小男孩，唉！谢天谢地，他属于母亲，属于贝里尔，属于想要他的人。她几乎没有抱过他。她对他非常冷淡，让他待在自己脚边。她朝下望一眼……他的微笑显得多么离奇，多么出人意料，轮到琳达也笑起来。但她控制住自己，冷冷地对孩子说："我不喜欢婴儿。"

"你不喜欢婴儿？"他不能相信这话，"你不爱我吗？"他傻乎乎地朝母亲挥着手臂。

琳达跌坐在草地上。

"为什么你还在笑？"她严厉地问，"如果你知道我刚才在想什么，你就不会笑了……"琳达对这个小家伙的自信十分惊讶。啊，不，真诚点。这不是她的感觉；这是完全不同的某种东西，这样新奇的东西，这样……眼泪在她的眼睛里滚动，她轻轻地对孩子说："你好，我古怪的小东西……"

所有这些例子足以表明，不存在母性的“本能”：这个词无论如何不能用于人类。母亲的态度是由她的整个处境和她承受的方式决定的。就像大家刚刚看到的那样，它是多种多样的。

但事实是，如果情况不是绝对不利，母亲在孩子身上会找到充实的感觉。柯莱特·奥德里提到一个年轻的母亲时写道：

> 这仿佛是对自身存在的现实的一种回答……通过他，作为开始，她控制一切事物和她本身……

她让另一个女人这样说：

> 他压在我的手臂上和我的胸口上，仿佛是世界上最沉重的东西，达到我力气的极限。他把我埋入地下的寂静和黑暗之中。他一下子把世界的重量压在我的肩上。这确实是我想要他的原因。我单独一个人太轻了。

有些女人只想“多生”，而不想做母亲，在孩子出生或断奶后，对孩子便失去兴趣，只想重新怀孕。相反，还有许多女人感到，正是分离本身给她们带来孩子；孩子不再是她们本人不可分的一部分，而是世界的一部分；孩子不再暗中纠缠她们的身体，而是可以被看到和被触摸。在经历了分娩的愁苦之后，塞西尔·索瓦日表达了占有型母亲的快乐：

> 你是我的小情人
> 在你妈妈的大床上
> 我能抱住你，给你亲吻，

掂量你美好的前程；
你好，我的小雕像，
你由血、欢乐、肉体做成，
我的小替身，我的兴奋……

有人再三说，女人在孩子身上幸福地找到阴茎的对等物：这完全不正确。事实上，成年男子不再把他的阴茎看成一个神奇的玩物：他的器官保持的价值，就是他要占有的觊觎之物的价值；同样，成年女人嫉妒男性的是他吞并的猎物，而不是这种吞并的工具；孩子满足了这种攻击性的肉欲，那是男性的拥抱没有满足的：孩子是她献给男性的这个情妇的对等物，男性对她来说不是这种对等物；当然，没有准确的对等：一切关系都是独特的；但母亲在孩子身上——正如情人在情妇身上——找到的是肉体的充实，这并不是体现在投降中，而是体现在支配中；她在孩子身上抓住的是男人在女人身上寻找的东西；一个他者同时是自然和意识，这是她的猎物，她的分身。孩子体现了整个自然。柯莱特·奥德里的女主人公告诉我们，她在孩子身上找到的是：

为我的手指触摸而存在的皮肤，它实现了所有小猫、所有花朵给人的许诺……

孩子的肉体具有这种温馨，这种温热的弹性，这是女人在小姑娘的时候通过母亲的肉体，随后在万物中所觊觎的。孩子是植物、动物，孩子的眼睛里有雨水和河流，有天空和大海的蔚蓝，孩子的指甲是珊瑚，头发是一种丝一样的植物，这是一个活玩偶，一只鸟儿，一只小猫，我的花朵，我的珍珠，我的小鸡，我的羊羔……母亲几乎喃喃地说出情人的话语，像情人一样，她贪婪地运用主有形容词；她运用同样的占有方式：抚摸、亲吻；她把孩子紧抱在身上，她把孩子包裹在手臂和床的温暖中。有时这些关系具有明显肉欲的性质。因此，在我已经援引过的施特克尔搜集的自白中，可以看到：

> 我给儿子哺乳，但是没有快乐，因为他不长大，我们俩体重减轻了。对我来说，这代表某种性的东西，我给他吃奶时感到有一点难为情。感到温热的小身体紧紧贴在我身上，我发抖了……我全部的爱都离开我，投向我的儿子……孩子经常跟我在一起。他两岁时，一看到我在床上，便拖着脚步向床边走来，想趴在我身上。他用小手抚摸我的乳房，想用手摘下来；这使我感到快意，我好不容易把他打发走。我常常不得不抗拒玩弄他的阴茎的诱惑……

当孩子长大时，母性具有新的面貌；开始孩子只是一个“标准的娃娃”，只存在于一般性之中，孩子逐渐个体化。具有支配欲和肉欲很强烈的女人，这时对孩子变得冷淡了；相反，正是在这时，其他有些女人——就像柯莱特——开始对孩子感兴趣。母亲和孩子的关系变得越来越复杂：孩子是一个分身，有时她受到完全在他身上异化的诱惑，但孩子是一个自主的主体，从而是反抗的主体；如今，孩子强烈地表现出是真实的，不过要到未来才是一个青年人，一个想象的成年人；这是一笔财富，一个宝库：这也是一个负担，一个暴君。母亲能够在他身上找到的快乐，是一种慷慨的快乐；她必须乐于伺候、给予、创造幸福，就像柯莱特·奥德里描绘的母亲：

于是他有一个幸福的童年，如同在书中描写的那样，然而他的童年与书上的童年相比，就像真正的玫瑰与明信片上的玫瑰一样。他这幸福来自于我，就像我喂他的奶来自于我一样。

母亲像恋爱的女人，乐于感到自己必不可少；她受到她回应的要求的辩护；但造成母爱的困难和崇高的是，它并不带来回应；女人面前有的不是一个男人、一个英雄、一个半神，而是淹没在脆弱的、偶然的身体中牙牙学语的小意识；孩子不掌握任何价值，他什么也不能给予；女人面对他仍然是孤单的；她不等待任何回报，与她的给予作交换。她自己的自由会对这些给予以存在的理由。这种慷慨值得男人不懈地给她颂扬；但当“母性宗教”宣布凡是母亲都是典范时，欺骗便开始了。因为母性的牺牲精神可能在完全本真性的情况下检验；但是，实际上这种情况很罕见。母性通常是一种自恋、利他、梦想、真诚、自欺、奉献、玩世不恭的奇怪混合。

我们的风俗让孩子去冒的巨大危险，就是人们把他手脚捆绑起来交托给的母亲，几乎总是一个得不到满足的女人：在性方面，她要么性欲冷淡，要么得不到满足；在社会方面，她感到低于男人；她对世界和未来都没有控制力；她力图通过孩子去弥补所有这些不满足；当人们懂得女人的目前处境使得她的充分发展有多么困难时，有多少愿望、反抗、企图、要求潜伏在她身上，就会害怕把毫无防卫的孩子丢给她。正如她时而溺爱时而折磨她的玩偶时，她的行为有象征性：但这些象征对孩子而言是一个严酷的现实。一个鞭打孩子的母亲不仅是在打孩子，在某种意义上，她根本没有打他：她是在报复一个男人，报复世界或者报复她自己；但确实是孩子在挨打。穆鲁吉在《昂里科》中让人感到这种令人难以忍受的误会：昂里科非常清楚，他的母亲这样疯狂地殴打的不是他；当她从发狂中醒悟过来时，她因后悔和温情而哭泣；他并没有怨恨她，但仍然被殴打毁了容。同样，在维奥莱特·勒杜克的《窒息》中描绘的母亲，把怒气发泄在女儿身上，报复抛弃她的引诱者，报复羞辱她和打败她的生活。人们一向了解母性这残忍的一面；但是人们创造继母的典型，以虚伪的羞耻感消除“坏母亲”的概念；第二任妻子虐待故去的“好母亲”的孩子。事实上，在菲希尼太太身上的这个母亲，正好是德·塞居尔夫人描绘的德·弗勒维尔太太的对称物。从儒勒·列纳尔[①] 的《胡萝卜须》开始，指责行为层出不穷：《昂里科》、《窒息》、西·德·泰尔瓦涅的《母亲的仇恨》、埃尔韦·巴赞的《毒蛇在握》。如果在这些小说中描绘的典型有点异乎寻常，这是因为大部分女人出于道德原因和要体面的心理，压制她们的自发冲动，这种冲动会通过争吵、打耳光、愤怒、侮辱、惩罚等等爆发出来。除了公然虐待的母亲，有许多母亲特别任性；使她们着迷的是支配欲；小小的婴儿是一个玩偶：如果是一个男孩，她们就毫无顾忌地玩耍他的性器官；如果是一个女孩，她们就把她变成一个玩偶；再往后，她们希望有一个小奴隶盲目地服从她们：如果有虚荣心，她们便把孩子当做一个博学的动物去炫耀；如果爱嫉妒和专横，她们便把孩子与世界的其余部分隔绝开来。女人还往往不放弃要得到照顾孩子的回报：她通过孩子塑造一个想象中的人，使他将来感激地把她认做一个出色的母亲，她可以在孩子身上认出自己。柯涅利亚炫示她的几个儿子，骄傲地说：“这就是我的珍宝。”她给后代最坏的榜样；有过多的母亲生活在有朝一日能重复这个骄傲行动的希望中；她们毫不犹豫地为达到这个目的而牺牲这

---

① Jules Renard（1864—1910），法国小说家、散文家，擅长幽默笔调，描写孩子生活，著有《胡萝卜须》《自然纪事》《日记》等。

个有血有肉的小个体，因为孩子偶然的、不明确的生存不能满足她们。她们硬要孩子像她们的丈夫，或是相反，不要像他，或者要孩子再现父亲、母亲、一个受敬重的祖先的特点；她们模仿一个有威信的榜样：海伦妮·多伊奇叙述，一个德国的女社会党人极为赞赏莉莉·布劳恩；著名的女鼓动家有一个夭折的天才儿子；她的模仿者坚持要把自己的儿子看成未来的天才，结果他变成了一个强盗。这种不合适的专横对孩子不利，对母亲来说总是失望的源泉。海伦妮·多伊奇举出另外一个令人注目的例子：一个意大利女人的例子，她追踪了好几年这个女人的情况。

马泽蒂太太有很多孩子，她不断地抱怨这一个或那一个有麻烦事；她要求帮助，但是很难帮助她，因为她自认为高于所有人，尤其高于她的丈夫和她的孩子们；在家庭之外，她行动非常沉着和高明：但在家庭内，相反，她非常激动，导致出现激烈的争吵。她出身于一个贫寒和没有文化的家庭，她始终想“提高地位”；她上夜校，如果不是在十六岁同一个在性方面吸引她、让她怀孕的男人结婚，她也许能满足自己的雄心。她一直尝试通过上夜校等方法，摆脱她的圈子；她的丈夫是一个优秀技工，妻子咄咄逼人的、高人一等的态度，反过来逼得他酗酒；或许是为了报复她，他一再使她怀孕。她在忍受这种处境一段时间之后，同丈夫分开，开始以对待孩子父亲的同样方式去对待孩子；他们小时候能满足她：他们好好学习，得到好成绩，等等。但是，当长女路易丝到了十六岁，母亲担心她重复自己的经历：她变得这样严厉和苛刻，以致路易丝事实上是出于报复，有了一个非婚生的孩子。孩子们一致站在父亲一边，反对母亲，因为她把极高的道德要求强加给他们；她从来只温柔地去爱一个孩子，把所有希望都放在这个孩子身上；然后，她毫无理由地改变宠爱的目标，这使得孩子们愤慨和嫉妒。一个女儿接一个女儿开始同男人鬼混，染上梅毒，将非婚生孩子一个个带回家；男孩子则个个变成小偷。母亲不愿意明白，正是她的理想化要求把他们推上了这条道路。

上述这种教育的固执和随意的虐待心理常常混杂在一起；母亲以“培养”孩子作为她发脾气的借口；反过来，这样做失败了，更加剧了她的敌意。

另一种相当常见的、对孩子同样不利的态度，就是受虐般的奉献；有些母亲为了弥补自己心灵的空虚，惩罚自己不愿意承认的敌意，而成为后代的奴隶；她们没完没了地培育阴郁而焦虑的情绪，忍受不了孩子远离身边；她们放弃一切娱乐和个人生活，这使她们具有受害者的面目；她们在这种牺牲中，汲取否认孩子一切独立的权利；这种放弃很容易与支配的专横意愿调和起来；mater dolorosa[①] 将自己的痛苦变成她虐待人所运用的武器；她的忍让表现使孩子产生了犯罪感，这种感觉往往一辈子都将压在孩子身上：这种表现比咄咄逼人的场面更加有害。孩子左右为难，感到困惑，找不到任何防卫的态度：时而以拳相向，时而哭泣流泪，令他显得像个罪犯。母亲振振有词的借口是，孩子远远没有给她带来幸福的自我实现，而这是从小别人答应她的：她指责孩子欺骗，她是受害者，而孩子又天真地揭露这欺骗。她随意地安排自己的玩偶；当她帮助姐妹或女友照料婴儿时，这是没有责任的。如今，社会、她的丈夫、她的母亲和她的自尊心要她负责这个陌生的小生命，仿佛这

① 拉丁文，痛苦的母亲。

个生命是她的作品：尤其是丈夫，对孩子犯错误感到气恼，好像是对一次做糟了的晚饭或者是对妻子的无行那样发脾气；他的抽象要求时常沉重地压在母亲对孩子的关系上；一个独立的女人——由于她的孤独、她的无忧无虑或者她在家庭中的权威——将比这样的女人平静得多，后者由于让孩子服从，多少要服从支配的意愿，这些意愿压在她们身上。因为要把像动物那样神秘的，骚动不安的，像自然力一样无序的，但却是人类的生存，纳入预见到的框架中，这是极其困难的。人们既不能像训练狗一样，无言地训练孩子，也不能用成年人的语言去说服他：孩子利用这种两难态度，以哭泣和抽搐的动物特点对抗话语，以语言的傲慢对抗约束。当然，这样提出的问题是激动人心的，当母亲有空这样做的时候，她乐于当一个教育者：婴儿安静地待在公园里的时候，就像孕育在她的肚子里一样是个托词；她时常处在或多或少幼稚的状态，沉迷于和他说些蠢话，重现往日的游戏、话语、思虑和快乐。而当她洗涮、做饭、给另一个孩子哺乳、上市场采购、接待客人，尤其是照顾丈夫时，孩子就是麻烦和累赘了；她没有闲暇去"培养"他；首先必须阻止他闯祸；他打碎东西，撕破东西，弄脏东西，他不断危及物品和他自己；他好动、叫喊、说话、发出噪声：他为自个儿活着；这种生活扰乱了他双亲的生活。他们的兴趣和他的兴趣并不吻合：由此产生冲突。父母受到他不断的纠缠，不断地使他做出牺牲，他却不明白此中的原因：他们为了平静，也为了他的未来牺牲了他。他反抗是很自然的。他不明白母亲力图对他做出的解释，她不能深入到他的意识中；他的梦想、他的厌恶、他的困扰、他的愿望，构成一个不透明的世界：母亲只能从外部摸索着去对待这个把抽象的法则看成荒谬暴力的人。当孩子长大时，仍然存在不理解：他进入了一个讲利益和价值的世界，母亲被排除出这个世界；他常常为此蔑视她。

尤其是男孩子，自豪于自己的男性特权，嘲笑一个女人的命令：她要求他完成作业，但她不会解决他要做的习题、要翻译的拉丁文；她不能“紧随”他。母亲有时对这徒劳无益的任务感到恼火，直到落泪，而丈夫却很少衡量这个任务的困难：管理一个与之无法交流、却是人类一分子的人，干预一个在反抗你的过程中自决和自立的他人的自由。

根据孩子是男孩还是女孩，情况有所不同；虽然前者更“难弄”，母亲一般能与之协调。由于女人给予男人的威望，也由于男人具体掌握的特权，许多女人希望有儿子。她们说：“生下一个男人多么好啊！”我们已经看到，她们梦想生下一个“英雄”，而英雄显然是男性。儿子会成为领袖、引导者、士兵、创造者；他会把自己的意志强加在世界上，他的母亲将分享他的不朽；她没有建成的房子，她没有开拓的地方，她没有读过的书籍，他都会给她。通过他，她将拥有世界：但条件是她要掌握她的儿子。由此产生了她的态度的悖论。弗洛伊德认为，母子关系是遇到情感矛盾最少的关系；但实际上，在母性中就像在婚姻中和爱情中，女人对男性的超越性有一种模棱两可的态度；如果夫妻生活或者爱情生活使她敌视男人，对她来说，支配还只是孩子的男性将是一种满足；她会带着讽刺的亲切态度对待自命不凡的男性：有时她会吓唬孩子，向他表示，如果他不乖，就会去掉他的性器官。即使她更谦卑，更平和，她在儿子身上尊重的是未来的英雄，为了让他真正属于她，她竭力把他压缩到他内在的现实中：和她把丈夫当做孩子来对待一样，她把孩子当做婴儿来对待。认为她希望阉割自己的儿子是过于理性、过于简单了；她的梦想更为矛盾：她希望他有无限的权力，却掌握在她手心里，他统治全世界，却跪在她面前。她鼓励他表现得软绵绵、贪婪、自私、胆小、深居简出，她禁止他运动、结交朋友，她让他缺乏自信，因为她想拥有他；但是，如果他没有同时变成一个她能引以为豪的冒险家、冠军、天才，她会感到失望。她的影响往往是有害的——正如蒙泰朗所断言的那样，正如莫里亚克在《热尼特里克斯》中阐明的那样——这毫无疑问。对男孩子来说，幸亏他能够相当容易地摆脱这种控制：风俗和社会鼓励他这样做。母亲自己也只能听之任之：她很清楚，反抗男人的斗争不是势均力敌的。她扮演痛苦的母亲，或者反复怀想生了一个她的征服者的骄傲，聊以自慰。

小姑娘更是被完全交给了母亲，母亲的意愿也因此而增加。她们的关系具有远远更多的戏剧性。母亲不是把女儿看做优越等级的成员致意的：她在女儿身上寻找自己的分身。她把自我关系的一切暧昧之处投射到女儿身上；当这个他我的他性确立时，她感到自己被出卖了。我们上文已经谈过的冲突，正是在母女之间具有激化的形式。

有些女人相当满意她们的生活，希望在女儿身上重现自己，或者至少毫不失望地接受她；她们想给孩子自己有过的机会，以及不曾有过的机会：她们将为她造就一个幸福的青年时代。柯莱特描绘了这样一个心理平衡和宽容的母亲的肖像。茜多热爱自己的女儿，并不妨碍女儿的自由；她对女儿很好，却从来不对女儿提出什么要求，因为她从自己的心灵提取欢乐。母亲忠诚于这个分身，她从中认出自己，超越自己，很可能她最终完全变成了女儿；她放弃了自我，她唯一操心的是孩子的幸福；她甚至对世界的其余部分表现出自私和严酷；威胁着她的危险，是变得被她钟爱的人所讨厌，就像德·塞维尼夫人对德·格里尼昂夫人[①] 那样；女儿好不气恼地力图

① 德·格里尼昂夫人是德·塞维尼夫人的女儿，后者给女儿写了大量的信，信中洋溢着母爱。

摆脱这种专制的忠诚；她常常失败，她一生面对自己的责任仍然是幼稚的、胆怯的，因为她受到太多的“关怀”。可是，这尤其是母爱的一种受虐形式，它有可能沉重地压在少女身上。有些女人感到她们的女性身份像一种绝对的诅咒：她们以在另一个受害者身上苦中作乐的心情来希望或接受女儿；同时，她们认为把女儿生下来是犯罪；她们的内疚，她们通过女儿对自我感受到的怜悯，以无限的焦虑表现出来；她们寸步不离孩子；她们直到孩子十五岁、二十岁时仍然与她睡在一张床上；小姑娘将被这种不安的激情之火摧毁。

大多数女人既要求又憎恨女性状况，她们生活在怨恨中。她们对自己性别感到的厌恶，促使她们给女儿男性的教育：她们很少宽容。母亲对生下一个女人感到气恼，带着这种模糊的诅咒接受女儿：“你将是女人。”她希望通过把她视做分身的人变成一个高级造物，补偿自己的低下；她也趋于把令自己受苦的缺陷强加到女儿身上。有时，她力图把自己的命运准确地强加到孩子身上：“对我是相当好的东西，对你也是好的；别人正是这样培养我的，你要分享我的命运。”有时则相反，她粗暴地禁止女儿与她相像：她希望她的经验有用处，这是一种重新开始的方式。轻佻的女人把女儿送到修道院，无知的女人让女儿接受教育。在《窒息》中，母亲在女儿身上看到年轻时犯下的错误产生的讨厌后果，她愤怒地对女儿说：

> 你要尽量明白。如果你发生这样的事，我会同你断绝关系。我呀，我当年是无知的。犯罪！犯罪是糊里糊涂的！如果一个男人叫你，不要理他。走你自己的路吧。不要回过身来。你听明白我的话吗？你事先得到警告，你不应该发生这样的事，如果你发生这样的事，我不会有任何的怜悯，我就让你自

己收拾烂摊子。

我们已经看到，马泽蒂太太由于想让女儿避免犯下她自己犯过的错误，反而使女儿陷入其中。施特克尔叙述过“母亲憎恨”女儿的复杂例子：

> 我认识一个母亲，从她的第四个女儿出生起，她就不能忍受这个女儿，但这却是一个可爱迷人的小姑娘……她埋怨女儿继承了她丈夫的所有缺点……孩子是在另一个男人追求她的时候出生的，这是一个她深深爱着的诗人；她希望——像在歌德的《亲和力》中一样——孩子具有她所爱男人的特点。但从女儿出生起，女儿就像父亲。此外，母亲在女儿身上看到自己的映像：热情、温柔、忠诚、性感。她本想强有力、坚定、严厉、贞洁、刚毅。她憎恨自己比丈夫更多地反映在孩子身上。

小姑娘长大后，发生了真正的冲突；我们已见到，她希望肯定自己的自主，违抗母亲：在母亲看来，这是一个可恶的忘恩负义的特点；她执着地“制服”这种逃避的意志；她不接受自己的分身变成另外一个人。男人在女人身边感到自己绝对高一等的乐趣，女人只有在孩子尤其是女儿身边才体验到这种乐趣；如果她必须放弃自己的特权和权威，她就感到气恼。不管是作为热情的母亲还是有敌意的母亲，孩子的独立都要毁掉她的希望。她双重地嫉妒：嫉妒夺走她女儿的世界，嫉妒征服一部分世界的同时窃走了她一部分世界的女儿。这种嫉妒首先指向女孩同她父亲的关系；有时，母亲利用孩子将丈夫束缚在家里：如果失败了，她会气恼，但如果她的做法获得成功，她会迅速以相反的形式重现童年的情结：她会像从前对自己的母亲那样，对女儿发脾气；她赌气，她以为自己被抛弃了，得不到理解。有一个法国女人嫁给一个外国人，他很爱自己的几个女儿，有一天，她愤怒地说："我同外国佬生活在一起受够了！"长女往往得到父亲的宠爱，而她特别受到母亲的虐待。母亲塞给她一大堆麻烦事，要求她做到超出年龄的端庄：既然她是一个竞争者，那就要把她看做一个成年人；她也学会了，"生活不是小说，并非一切都是十全十美的，不能随心所欲，活在世上不能吃喝玩乐……"常常，母亲乱打孩子耳光，"是为了教育她"；母亲尤其在向她证明，自己是女主人：因为最激怒她的是，她要反对一个十一二岁的女孩子，并无任何真正的优势；这个孩子已经可以把家务做得很好，这是一个"小妇人"；她甚至很活泼，有好奇心，很有头脑，这使她在很多方面胜过成年女人。母亲希望无可争议地统治她的女性世界；她希望自己是独一无二的，不可替代的；而现在她年轻的女助手把她贬低到只能泛泛地执行她的职能。如果她有两天不在家，发现家里乱糟糟的，她会严厉地责备女儿；可是，如果表明家庭生活没有她也维持得很好，她会又气又怕。她不接受女儿真正变成她的分身，取而代之。然而，更不能容忍的是，女儿干脆确定自己成为另一个人。她一贯憎恨那些帮助女儿反抗家庭压迫，"令她冲昏头脑"的朋友；她批评她们，不许女儿常去见她们，甚至借口有"坏影响"，彻底禁止女儿与她们来往。凡是并非来自她的影响都是坏的。她特别对同龄的女人——教师、孩子同学的母亲——抱有敌意，女孩把自己的感情转向她们，她宣称这种感情是荒唐的，不健康的。有时，孩子的快乐、头脑不清、玩耍和笑声都足以激怒她；男孩子所为，她会更容易原谅；他们利用男性的特权，这是很自然的，她早就放弃了无谓的竞争。但为什么这另一个女人能更多地享有拒绝给予她的优惠呢？她被封闭在严肃的陷阱中，羡慕所有让女孩摆脱家庭无聊的思虑和娱乐；这种逃避是对她为之牺牲的一切价值的否定。孩子越长大，怨恨越是蚕食着母亲的心；每年都使母亲走向年老色衰；而一年又一年，女儿年轻的身体长成了，如花盛开；在女儿面前展开的未来，在母亲看来，是从她那里夺走的；有些女人的气恼由此而来，这时她们的女儿刚刚来月经：她们怨恨女儿今后成为该死的女人。与年长的母亲重复前人、墨守成规的命运不同，展现在这个新来者面前的是还没有确定的机会：母亲羡慕和憎恶的正是这些机会；由于她不能把这些机会变成自己的机会，她往往力图减少它们，消灭它们：她把女儿留在家里，监督她，虐待她，故意让她穿得难看，拒绝给她空闲时间，如果少女梳妆打扮，要“外出”，她就大发雷霆；她把对生活的全部怨恨转到这个年轻的生命上，嘲笑女儿的主动性，羞辱女儿。往往在她们之间会爆发一场公开的斗争，年轻人取胜是正常的，因为时间对她有利；但是她的胜利带有过失的意味：母亲的态度在她身上既产生反抗又产生内疚；仅仅母亲的在场就把她变成一个罪人：我们已经看到，这种感情可以沉重地压迫她的整个未来。母亲好歹最终接受自己的败北，当她的女儿成年时，在她们之间重新建立多少不太平静的友谊。可是，其中一个是永远失望的，另一个往往会自认为受到诅咒的追逐。

我们再来谈谈一个上了岁数的女人和她长大的孩子们的关系：但显然，在最初的二十年中，他们在母亲的生活中占据最为重要的位置。从上述描述中，凸显出两种流行偏见具有危险性的错误。第一种是母性无论如何足以满足一个女人，其实根本不是这样。有许多母亲是不幸的，尖刻的，不满的。索菲娅 · 托尔斯泰分娩过十二次以上，她能说明问题；她不断地在日记中说，她认为世上和她身上的一切都是无用的、空泛的。孩子们给她一种受虐的平静。“同孩子们在一起，我已经不再有年轻的感觉了。我是平静的和幸福的。”抛弃她的年轻、她的美貌、她的个人生活，给她带来一点平静；她感到自己年龄增长了，存在的必要得到了证实。“感到我对他们必不可少，对我是巨大的幸福。”他们是一件武器，使她能拒绝丈夫的优越。“建立我们之间平等的唯一办法、唯一武器，就是孩子、毅力、快乐、健康……”可是他们绝对不足以给予被无聊蚕食的生存以意义。一八七五年一月二十五日，她在一次激动后写道：

> **我呀，我也想要一切，我也能做一切，**[1] 可是一旦这种感情过去，我就看到，我一无所想，我一无所能，除了照顾娃娃、吃、喝、睡、爱我的丈夫和我的孩子们，这最终应该成为幸福，却使我忧愁，而且像昨天，使我想哭。

十一年后：

> 我顽强地，而且热烈希望做得好，一心扑在孩子们的教育上。可是天啊！我是多么没有耐心，容易生气，大声叫喊！……同孩子们没完没了的斗争多么令人烦恼啊！

母亲和孩子们的关系，要从她的生活的整体形式上来确定；它取决于她同她的丈夫、她的过去、她的思虑、她自己的关系；以为在孩子身上看到灵丹妙药，是一种有害的，也是荒谬的错误。这也是海伦妮·多伊奇在我经常引用的著作中通过自己精神病科医生的

---

① 这是索菲娅·托尔斯泰自己在强调。——原注

经验，研究母爱现象得到的一个结论。她把这个职能置于很高的地位；她认为，正是通过母爱，女人才完全实现自我，但条件是她要自由地承担职责，而且真诚地愿意这样做；年轻女人必须处在一种能够让她承担职责的心理、道德和物质的处境中，否则后果是灾难性的。特别是，建议把孩子看做治疗忧郁症或神经官能症的良药，那是犯罪；这会造成女人和孩子的不幸。只有平衡的、健康的、意识到自己责任的女人，才能够变成一个“好母亲”。

我说过，压在婚姻之上的诅咒是，两个人往往在他们的软弱中，而不是在他们的力量中结合，每个人都要求对方，而不是在给予中获得快乐。梦想通过孩子达到充实、温暖、自己不善于创造的价值，这是更加令人失望的骗局；它只给能够无私地希望另一个人幸福的女人，只给不要回报、寻求对自身生存的超越的女人带来快乐。当然，照顾孩子是值得人们为之献身的一项事业；然而，它像任何其他事业一样，并不是对生存必要性的现成证明；对它的渴求必须是为自身，而不是为了不可靠的利益。施特克尔说得很正确：

> 孩子不是爱情的替代品；他们不能代替破碎生活的目的；他们不是用来填补生活空虚的物质；他们是一种责任，一种沉重的职责；他们是自由之爱最高贵的花饰。他们既不是父母的玩物，也不是父母生活需要的满足和不能实现的雄心的代用品。孩子：这是培养幸福的人的义务。

这样的义务没有丝毫的自然之处：自然永远不会决定道德选择，选择要带来承诺。生育是担负一项承诺；如果母亲随后回避这个承诺，她要对人类生存和自由犯下错误；但没有人能够强迫她这样做。父母与子女的关系就像夫妇关系一样，本应是自愿的。认为孩子对女人来说是一次有特权的实现，这甚至是不真实的；人们很愿意这样谈论一个女人，说她爱打扮，在恋爱，是同性恋，或者有野心，“因为她没有孩子”；她的性生活、她的目标、她追求的价值，都会是孩子的替代物。事实上，原本就存在不确定性：人们也可以说，是由于缺乏爱情，缺乏工作，缺乏满足同性恋倾向的能力，女人才期望有孩子。隐藏在这种虚假自然状态之下的是一种人为的社会道德。让孩子成为女人的最高目标，这个断语只勉强有广告语的价值。

由第一个偏见直接带来的第二个偏见是，孩子在母亲怀中找到了可靠的幸福。没有“反常的”母亲，因为母爱没有丝毫自然之处：正由于这一点，存在着坏母亲。精神分析学宣称的一个重要真理是，“正常的”父母本身对孩子构成危险。成年人忍受的情结、困扰和神经官能症，其根源在早年的家庭生活中；经历自身冲突、争吵和戏剧性场面的父母，对孩子来说是最不适当的伴侣。家庭生活给父母打下深刻的烙印，他们通过情结和挫折接近自己的孩子：这种苦难的链条无限地延伸下去。尤其是，母亲的施虐受虐行为在女儿身上产生一种犯罪感，再通过她对自己孩子的施虐受虐行为表现出来，永无止境。在对女人的轻蔑和对母亲的尊重的调和中，有着极大的欺骗性。拒绝女人参与一切公共活动，把她拒于男性职业的门外，在所有领域宣布她无能，却将最细致最繁重的工作，即培养人交给她，是愚蠢的、违反常理的。有许多女人，风俗和传统仍然拒绝让她们受教育、学文化、具有责任感、参与属于男人特权的活动，却又毫无顾忌地把孩子交到她们手里，就像从前与小男孩相比显得低一等，用布娃娃来安慰她们一样；人们不让她们生活；作为补偿，让她们同有血有肉的玩具玩耍。为了抵挡滥用权利的诱惑，女人必须非常幸福，或者是一个圣女。孟德斯鸠说过，他宁愿把管理国家而不是管理一个家庭委托给女人，也许是对的；因为，一旦给女人机会，她就和男人一样有理智，有效率：她正是在抽象思维和协作行动中，最容易克服性别障碍；目前，困难得多的是，她要摆脱女人的过去，要找到她的处境中什么也不能促进的感情平衡。男人在他的工作中比在家庭中要平衡，要理智得多，他以数学的准确性去盘算。在妻子身边，他便“随心所欲”，变得没有逻辑，爱说谎，任性；同样，她对孩子也“随心所欲”。这样纵容自己更加危险，因为她能更好地防卫丈夫，而孩子却不能防卫她。如果母亲是一个完整无缺的人，是一个在工作中、在同群体的关系中找到自身完善，而不用通过孩子以专制方式达到自身完善的女人，那么对孩子的幸福来说显然是值得期待的；让孩子不像现在这样待在父母身边时间这么多，让他和其他孩子一起学习和娱乐，在与他只有普通而单纯关系的成年人监护下进行，也是值得期待的。

即使孩子在幸福的或者至少是平衡的生活中被当做宝贝，他也不会挡住母亲的视野。他不会使她摆脱她的内在性；她塑造他的肉体，她哺育他、照顾他：她只能创造这样一种处境，唯有孩子的自由才能超越它；当她把赌注押在他的未来的时候，她仍然只能间接地超越空间和时间，就是说，她再一次注定要依附别人。不仅她儿子的忘恩负义，而且他的失败，都会违背她的希望：像在婚姻和爱情中一样，当唯一本真的行为是自由地承担证实生活必要性的努力时，她却委托给别人去做。我们已经看到，女人的低等最初来自她局限于重复生命，而男人却创造出他认为比生存的人为性更本质的生活理由；把女人封闭在母性中，就是要延续这种处境。今日，女人要求参与这个活动，通过这个活动，人类不断地要以自我超越去自我证实存在的必要性；除非生命有意义，她才能同意制造生命；

没有尝试在经济、政治和社会生活中起作用，她就不会成为母亲。生产炮灰、奴隶、受害者或自由人，不是一回事。在一个组织还算完备的社会，孩子大部分由群体负担，母亲也受到照顾和帮助，母性并不是绝对与女性工作不相调和。相反，工作的女人——农妇、女化学家或女作家——由于并不迷恋自身，最容易度过怀孕期；个人生活最丰富的女人给予孩子最多，而对他要求最少，在做出努力、在斗争中获得具有人类真正价值的知识的女人将是最好的教育者。今天，女人往往很难将在外几小时、占据了她全部力量的工作与对孩子的关心调和起来，这是因为，一方面，女性的工作往往仍然是受奴役；另一方面，社会并未做出努力，保证孩子在家庭以外得到照顾、看护和教育。这涉及社会的一种失职。但是，认为天上或人间的法则都要求母子互相独占，以此为社会失职辩护，则是一种诡辩，这种互相隶属事实上只构成双重的和有害的压迫。

认为女人通过母性会变成男人的具体对等物，是一种欺骗。精神分析学家已经殚精竭虑，证明孩子给女人带来阴茎的对等物；但不管这种属性多么诱人，却没有人认为，仅仅占有阴茎就可以证明生存的必要性，也没有人认为占有是生存的最高目的。也有人大谈特谈女人的神圣权利，但女人并不是作为母亲获得选举权；未婚母亲仍然受到蔑视；母亲只在结了婚的前提下才获得荣耀，就是说，她要有隶属于丈夫的身份。只要她的丈夫仍然是家庭的经济首脑，尽管她精心照顾好孩子，孩子仍然更隶属于他而不是她。因此，我们已经看到，母亲与子女的关系受到她与丈夫之间关系的严格支配。

因此，夫妇关系，家庭生活，母性，构成一个任何时候都互相支配的整体；女人与丈夫亲密地结合在一起，就能愉快地承受家庭负担；她在孩子们身边感到幸福，就会宽容丈夫。但这种和谐并不容易实现，因为指派给女人的各种职能彼此并不协调。女性报纸教给家庭主妇大量在洗碗时如何保持性吸引力的艺术，在怀孕时保持优雅的艺术，将娇柔、母性和节俭融合在一起的艺术；但是，强制自己一丝不苟地遵循它们的建议的女人，很快就被操心弄得失魂落魄，大为变样；有一双开裂的手，由于多次怀孕身体变形，却依然想吸引人，那真是很不容易；因此，一个多情的女人往往怨恨孩子毁了她的吸引力，使她失去丈夫的温存；相反，如果她从根底上说是个母亲，她会嫉妒男人也要求孩子们是属于他的。另一方面，我们已经看到，家庭的理想与生命活动相悖，孩子是打蜡地板的大敌。母爱往往消失在要保持家庭整洁而发出的责骂和愤怒中。在这些矛盾中挣扎的女人往往在神经质和尖刻的状态中度日，这并不奇怪；她总是在某些方面失败，她的收益靠不住，得不到任何确实的成功保证。她从来不是通过工作本身来自救的；工作占据了她的心思，但是不能构成对存在的辩解：这种辩解建立在异质的自由上。封闭在家的女人不能自己建立自己的生存，她没有办法在特殊性中确定自己，因此并没有承认她拥有这种特殊性。在阿拉伯人、印度人和许多农村居民中，女人只是一个女仆，她受到的尊重与她所提供的活儿成正比，如果她消失了，便毫无遗憾地更换她。在现代文明中，她在丈夫眼里多少被个体化了；除非她完全放弃自我，像娜塔莎一样淹没在对家庭热烈的、绝对服从的忠诚里，否则她要忍受被迫处于成为纯粹一般性的痛苦。她是家庭主妇，妻子，独一无二而又模糊的母亲；娜塔莎乐于待在这种最高的自我虚无化状态中，拒绝一切比较，否认其他人。但现代西方女人却相反，希望作为这个家庭主妇，这个妻子，这个母亲，这个女人而受到别人注意，她在社会生活中寻求的正是这种满足。

第七章　社会生活

家庭不是一个自我封闭的共同体：它在此之外，与其他社会单位沟通；家庭不仅是夫妻禁锢其中的一个“内部世界”，它也是夫妻生活标准、财产和兴趣的体现：它应该展示在他人眼前。基本上是妻子在组织这种社交生活。男人作为生产者和公民，通过建立在劳动分工基础上的有机、一致的联系，与群体结合在一起；夫妇是一个社会人，由所属的家庭、阶级、社交圈子、种族确定下来，通过有机、一致的联系与以相同方式在社会上确立的群体联结在一起；能够以最纯粹的方式体现它的是妻子：丈夫的职业关系往往与他的社会价值的确定不一致；而不需要做任何工作的妻子，可以满足于与地位相同的人来往；另外，她有闲暇在“拜访”和“接待”中保持这些实际上无用的关系，当然，这些关系只有在用于维持社会等级地位的类别，也就是说自认为高于其他某些类别时才有重要意义。她的内心，甚至她的面目，丈夫和孩子都视而不见，因为他们司空见惯，她却沉迷于去炫耀自己。她的社交责任是要“展现”，这同她感受到的抛头露面的乐趣混合在一起。

首先，她必须展现自己；在家里，她忙自己的事，穿着随便；为了出门，为了接待，她“打扮一番”。衣着有双重性质：它用于表现女人的社会尊严（她的生活标准，她的财富，她所属的社会圈子），但同时，它将女性的自恋具体化；它是服装和首饰；通过它，忍受着无所事事的女人以为表现出她的存在。修饰她的美，穿衣打扮，这是一种工作，可以让她占有自己，就像她通过家务劳动占有自己的家一样；她的自我，这时在她看来，是由自己选择和重新创造的。风俗促使她这样在形象上异化。男人的服装，像他的身体一样，应该表明他的超越性，而不是引人注目①；对男人来说，无论潇洒或者俊美，都不在于将自己构成一个对象；因此，他一般不把自己的外表看成自己存在的反映。相反，社会本身要求女人把自己看成一个肉欲对象。她屈从时尚的目的不在于把自己显现为一个自主的个体，而是相反，在于把自己与超越性分割开来，以便当做猎物献给男性的欲望：人们并不寻求为她的计划服务，而是相反，要阻挠这些计划。裙子不如长裤方便，高跟鞋妨碍走路；最优雅的衣物却是最不实用的裙子和薄底浅口皮鞋、最易损坏的帽子和袜子；服装掩饰身体，改变它或者紧裹住它，无论如何，它使身体供人注视。因此，打扮对于希望自我欣赏的小女孩来说是一种迷人的游戏；后来，孩子的自主愿望起来反对浅色平纹织物和漆皮鞋；在青春期，她既想展示自己又拒绝展示自己；当她接受自己成为性对象的命运时，才乐于打扮自己。

我们已经说过②，女人通过打扮与自然相连，同时给自然带来人为的必然性；她为男人变成了花朵和宝石：她也为自己变成这样。在把水的起伏和裘皮的温暖柔和献给他之前，她先占有它们。

---

① 参阅《第二性 I》。男同性恋者例外，他们正好把自己看成性对象；花花公子也例外，必须对他们进行特别的研究。今日，尤其是美国黑人的“动物服饰热”，他们身穿鲜艳夺目、裁剪别致的服装，解释起来原因很复杂。——原注

② 见《第二性 I》。——原注

她占有的羽毛、珍珠、锦缎、丝绸，与她的肉体结成一体，比她的小玩意儿、地毯、垫子、花束更为亲密；它们的五光十色，它们柔软的质地，弥补了属于她的命运的性欲世界的粗俗：由于她的肉欲更少满足，她就对此更加重视。很多女同性恋者穿男装，这不仅是要模仿男性和向社会挑战：她们不需要天鹅绒和绸缎的抚摸，因为她们在女性身体上发现了这种被动的品质。[①] 注定要接受男性粗暴拥抱的女人——即使她喜欢拥抱，如果她没有感到乐趣就更是如此——除了自己的身体，不能拥抱其他肉体猎物：她在身上洒香水，让它变成花朵，她戴在脖子上的钻石项链的光辉与她的皮肤交相辉映；为了占有钻石项链，她把自己等同于世上的所有财富。她不仅觊觎肉欲宝库，而且有时觊觎情感的理想价值。这个首饰是一个纪念品，那个首饰是一个象征。有些女人把自己当成花束、大鸟笼；另外一些女人成为博物馆，还有些女人变成难解的符号。若尔热特·勒布朗在《回忆录》中谈到自己的青年时代时告诉我们：

> 我总是打扮得像一幅画。我漫步在凡·爱克[②] 的画中、鲁本斯的寓意画中或者梅姆灵[③] 的圣母画中。我仍然看到自己在一个冬日，穿着一件仿照祭披式样、镶有旧的银白饰带的紫色天鹅绒长袍。我拖着长长的衣裙，不屑于将它提起，认真地让它扫着人行道。黄色的皮帽罩在我的金发上，但最奇特的是戴在我前额中央的钻石额饰了。这一切为了什么？因为很简单，我喜欢这样，我认为这样是生活在一切习俗之外。别人越是在

---

① 克拉夫特-埃宾叙述过桑多尔的例子，她喜欢盛装打扮的女人，自己却不“穿衣打扮”。——原注

② Jan van Eyck（1390—1441），佛兰德画家。

③ Hans Memling（约1433—1494），佛兰德画家，他追求线条匀称与和谐的比例，注重形式美。

> 我经过时发出嘲笑，我越是增加滑稽的创造。我羞于仅仅因为别人嘲笑就改变一下我的装扮。我觉得这是可耻的投降……在我家里，情况就完全不一样了。戈佐利[①]、安吉利科[②]笔下的天使，伯恩-琼斯[③]和瓦特的画中人是我的模特。我总是身穿天蓝色和金黄色的衣服，宽大的袍子在我周围展开成几层衣裾。

正是在精神病院可以找到这种将世界魔术般变为已有的最出色的例子。不能控制自己喜爱贵重物品和象征物的女人，忘记了自己的外貌，过分大胆地打扮自己。因此，小女孩尤其把打扮看做将自己改变成仙女、王后、鲜花的化装；一旦她戴着花环和丝带，她便认为自己漂亮，因为自己等同于这种奇妙的假金箔；天真的少女被衣服的颜色迷住了，没有注意到反映在她脸上的苍白颜色；在受到外界更多的迷惑，而没有意识到自己形象的成年女艺术家和女知识分子身上，也可以找到这种强烈的恶劣趣味：她们迷恋古代织物和古老首饰，乐于提到中国或者中世纪，只向镜子投以迅速的或有偏见的一瞥。有时，人们惊讶于上岁数的女人喜欢穿奇装异服：冠冕形发式、花边、闪光的长裙、巴罗克式的项链，遗憾地吸引人注意她们衰老的面容。由于失去了诱惑力，对她们来说，打扮常常重新变成一种无谓的游戏，就像在她们童年时一样。相反，一个体态优雅的女人可以必要时在打扮中寻找感官的或者审美的快感，但她必须让这些快感与自己的形象协调起来：她长裙的颜色会衬托她的肤色，剪裁会强调或修正她的线条；她得意地看重的是修饰过的自

① Benozzo Gozzoli（1420—1497），意大利画家，想象力丰富，有色彩感，注重背景。
② Fra Angelico（约1400—1455），意大利画家，反映强烈古典主义影响。
③ Edward Burne-Jones（1833—1898），英国画家，体现拉斐尔前派后期的风格。

己，而不是修饰她的饰物。

打扮不仅是修饰：我们已经说过，它反映了女人的社会处境。妓女的职能专门是作为肉欲对象，只有她应该以这唯一的面貌表现自身；过去，表明她的职业的是橘黄色头发、饰满朵朵花儿的长裙，今日是高跟鞋、缎子紧身裤、浓妆艳抹、香气扑鼻。人们责备其他一切打扮得像“娼妓”的女人。她的肉欲价值是与社会生活结合在一起的，只应以那种规矩的形式出现。但是必须强调，庄重不是要穿得很呆板。过分明显地挑起男性欲望的女人趣味庸俗，而使男人望而却步也并不值得称道：人们认为她想男性化，就是一个女同性恋者；或者她想标新立异，就是一个脾气古怪的女人；她通过拒绝扮演客体角色，向社会挑战，就是一个无政府主义者。即使她仅仅想不让人注意，她也应该保持自己的女性特征。在裸露癖和羞耻心之间做出调和的应是习俗；“正派女人”应该遮蔽的有时是胸脯，有时是踝部；有时少女有权强调自己的魅力，以便吸引追求者，而已婚女人放弃一切打扮：这是很多地方的农村文明的习俗；有时人们硬要少女穿式样稳健、糖衣色的薄衣衫，而她们的姐姐却有权穿质地厚实、色彩丰富、款式诱人的紧身长裙；在一个十六岁的姑娘身上，黑色看来是显眼的，因为这个年龄一般不穿这种颜色。[①] 当然，必须屈从于这些规矩；但无论如何，即使在最严格的圈子里，女人的性特征也会受到强调：一个牧师的妻子将头发烫成波浪形，化个淡妆，谨慎地跟随时尚，通过对形体魅力的关心表明，她接受自己的女性角色。卖弄风情与社会生活的这种结合，在“晚礼服”上特别明显。为了表明有个盛会，也就是说有奢侈和浪

① 在上个世纪放映的一部非常愚蠢的电影中，贝蒂·戴维斯由于去舞会时穿一件红色长裙而引起轰动，当时在结婚之前严格都穿白色。她的行为被看做对既存秩序的反叛。——原注

费，这些裙子应该价格昂贵，容易损坏，尽量穿着起来不方便；裙子是这样长和这样宽，或者这样碍事，以致走路都很困难；女人在首饰、边饰、闪光片、花朵、羽毛、假发的打扮下，变成了有血有肉的玩偶；甚至连这肉体也在展示；就像花朵无偿地盛开一样，女人袒露她的肩膀、背部、胸脯；除非在狂欢时，男人不应该表明他在觊觎她：他只有权注视和跳舞时拥抱她；但是他可以迷醉于成为一个充满奇珍异宝的世界的国王。盛会在这里干脆具有交换礼物的节日的面貌，每个人都把作为自己财产的身体，当做礼物展示给其他所有人看。女人穿着晚会裙服，打扮成使一切男性愉悦和使她的所有者骄傲的女人。

打扮的这种社会含义，使女人通过自己的衣着方式，表达她对社会的态度；她服从既定秩序，给予自己一种谨慎的高雅个性；可以产生许多微妙的区别：她根据自己的选择表现出是脆弱的、天真的、神秘的、老实的、严肃的、快活的、庄重的、有点大胆的或谦逊的。或者相反，她通过自己的标新立异去拒绝俗套。引人注目的是，在许多小说中，“解放了的”女人以打扮的大胆显出与众不同，这种大胆突出了她的性客体本质，从而突出了她的附属性：在伊迪丝·华顿的《纯真年代》中，有过爱情历险的、心灵大胆的、离婚的年轻女人，一出场就极其袒胸露肩；她激起的惊叹声明显地反映了她对循规蹈矩的蔑视。因此，少女乐于打扮成女人，而上年纪的女人乐于打扮成小姑娘。妓女乐于打扮成上流社会女人，而上流社会女人乐于打扮成荡妇。即便每个女人都按照自己的地位打扮，这里还是有一种手段。人为和艺术都需要想象。不仅紧身褡、乳罩、染发剂、化妆品掩饰了身体和面孔；而且最少打扮的女人一旦“盛装”起来，就会凭感觉来行事：她像一幅画、一座塑像，像舞台上的演员，一个类似因素，通过它，暗示出一个不在场的主体，这是她扮演的人物，而并不是她。与一个不真实的、必然的、像小说主人公一样完美的对象，与一幅肖像或者一座胸像的混合取悦了她；她竭力要在它身上异化，以此向自身显得是一成不变的，合乎情理的。

正是这样通过玛丽·巴什基尔采夫的《内心记录》，我们逐页看到她不懈地变换自己的面孔。她毫无遗漏地向我们展示她的裙子：穿上每一件新服装，她都会以为自己是另一个人，她重新崇拜自己。

> 我拿了妈妈的一块大披巾，撕开一个裂口，让头伸得进去，再缝上两边。这条形成古典皱褶、垂落下来的披巾，给了我一种东方的、圣洁的、古怪的气质。
>
> 我到拉费里埃尔的时装店去，卡罗琳花了三小时给我做了一条长裙，我像裹在一片云彩里。这是一块英国绉纱，披在我身上，使我显得苗条、优雅、修长。
>
> 我穿着一条皱褶线条柔和、暖和的呢裙，是勒费弗尔的式样，他极其擅长用素朴的衣料衬托出柔软而年轻的身材。

她天天一再说这样的话：“我穿黑衣服很迷人……我穿灰衣服很迷人……我穿白衣服很迷人。”

德·诺阿耶夫人也非常重视打扮，她在《回忆录》中忧郁地写到一条没做好的裙子引起的悲剧。

> 我喜欢鲜艳的颜色、大胆的颜色对比，我觉得一条裙子是一道风景，一个同命运一起来的诱饵，一个爱情的许诺。当我穿上不熟练的手缝制的裙子时，我会因看到所有缺点而感到难受。

之所以服装对许多女人来说具有如此大的重要性，是因为它可以在想象中同时把世界和自我给予她们。有一部德国小说《穿人造丝的少女》[①]叙述一个贫穷的少女对一件灰鼠皮大衣感到喜爱；她喜欢这件大衣的柔和温暖、浓密毛皮的舒适；她喜欢的是自己在珍贵毛皮中的变形；她终于拥有她从来没有抓住的世界之美和从来不属于她的光辉的未来。

> 当下，我看到一件大衣挂在钩子上，这是一件非常柔软、非常柔和、非常动人、非常灰的、非常令人怜爱的皮裘：我那么喜欢它，真想抱住它。它有安慰人的、诸圣瞻礼节的、像天空一样宁静的外表。这是真正的灰鼠皮。我默默地脱下雨衣，穿上灰鼠皮大衣。这件皮裘，对喜欢它的我的皮肤来说，犹如钻石，人们对于所喜欢的东西，一旦拥有，便不会再还掉。衬里是纯丝的摩洛哥绉纱，而且有手工刺绣。大衣包裹着我，它对于贝尔的心说话胜过我的千言万语……我穿着这件皮裘是那么优雅。它像一个罕见的男人，通过他对我的爱情，使我变得宝贵。这件大衣要我，我也要它，我们互相拥有。

既然女人是一个客体，可以理解，她的修饰和衣着方式改变了她的内在价值。她那么重视丝袜、手套、帽子，不是纯粹无价值的：保持自己的地位是不可推卸的责任。在美国，女工的很大一部分预算用在美容和衣服上；在法国，这个负担没有那么沉重；然而，女人“打扮得越漂亮”，她就越受到尊重；她越是需要找到工作，打扮得富裕的外表就越是有用：优雅是一件武器，一个招牌，

① 伊姆加德·科伊恩著。——原注

一个自卫武器，一封推荐信。

它是一种束缚；它给予的价值是要付酬的；要价如此之贵，有时，保安在大商店里抓住一个上流社会的女人或者一个女演员正在偷香水、丝袜、内衣。正是为了打扮，许多女人去卖淫，或者“受人资助”；正是打扮支配着她们的金钱需要。穿得好也要求花时间和花心思；这个任务有时是积极快乐的源泉：在这个领域，也有“藏宝的发现”、议价、诡计、计策、创造；灵巧的女人甚至可以变成创造者。展览会的日子——特别是减价——要进行疯狂的冒险。一条新裙子对她来说是一个节日。化妆和做头发是一件艺术品的替代物。今日尤甚从前[①]，女人更了解通过运动、体操、沐浴、按摩、控制饮食去塑造身体的快乐。她可以决定自己的体重、自己的线条、自己的肤色；现代审美允许她将主动的品质和美结合起来：她有权锻炼肌肉，拒绝发胖；在体育中，她确立自己为主体；对她来说，这里有一种对偶然肉体的解放；但是这种解放很容易返回从属性。好莱坞女明星战胜了自然，但她重新成为制片人手中的被动客体。

女人理所当然地可以为这些胜利而高兴，除此之外，卖俏意味着——像照料家务一样——与时间斗争，因为她的身体也是一个时间蚕食的对象。柯莱特·奥德里描绘过这场斗争，它可以和家庭主妇在家里与灰尘进行的斗争相比。[②]

> 这已经不再是年轻时的结实肉体了，沿着胳膊和大腿，肌肉的形状在一层脂肪和有点松弛的皮肤下凸显出来。她感到不

---

① 然而，根据最近的调查，法国的女子健身房今日几乎空无一人；在1920—1940年，法国女人醉心于体育。当下，压在她们身上的家务负担太重了。——原注

② 见《未赛先输》。——原注

安，重新打乱日程表：白天一开始，做半小时体操，晚上上床之前，做一刻钟按摩。她开始翻阅医学教科书、时装报刊，注意观察自己的腰围。她为自己准备好橘子汁，不时服泻药，戴橡皮手套洗盆子。她的两件心事最后变成一件：恢复身体的青春，打扫干净房子，有一天会达到一种平稳期、一个死亡点……世界仿佛停顿了，悬在衰老和废物之外……现在她在游泳池里认真上课，以便改善她的形体，美容杂志以不断更新的秘方使她处于良好状态。金吉·罗杰斯对我们吐露说：“我每天早上梳一百下头，这正好要两分半钟，我的头发像丝一样……”怎样使你的脚踝变得细巧呢？每天连续抬起脚跟三十次，不要让脚跟着地，这种锻炼只要一分钟；一分钟在一天中算得了什么呢？此外，用油洗指甲，用柠檬膏擦手，把压碎的草莓涂在脸上。

在这里，惯例将对美的关注和对衣柜的维护变成苦役。对一切活体的变化带来衰退的恐惧，在某些性欲冷淡和受到挫折的女人身上，引起对生命本身的恐惧：她们竭力保存自己，就像有些女人保存家具和果酱那样；这种消极的固执，使她们成为自己生存的敌人，并敌视他人：丰盛的饭餐会使体态变形，酒会使面色过于红润，笑得太多会生皱纹，阳光会伤害皮肤，休息会增加体重，工作会使人变老，爱情会使人有黑眼圈，接吻会使面颊火辣辣，抚摸会使乳房变形，交欢会使肉体憔悴，怀孕会使面孔和身体变丑；众所周知，有多少年轻母亲愤怒地将被她们的舞裙吸引的孩子推开：“别碰我，你的手有汗，会弄脏我的裙子。”爱打扮的女人也是这样粗暴地对待丈夫或者情人的殷勤。就像用罩布套住家具一样，她想摆脱男人、世界和时间。但所有这些小心谨慎并不能阻止白发和鱼尾纹出现。从青年时代起，女人便知道，这个命运是不可避免的。尽管小心翼翼，她还是不断出事：一滴酒洒落在她的裙子上，一支香烟将裙子烧出一个洞；于是，那个在客厅里微笑、趾高气扬、在盛会中衣衫华丽的女人消失了：她摆出主妇的严肃和古板的脸容；人们突然发现，她的打扮不是一束花、一道烟火、一闪即灭的灿烂光芒，而是一笔财富、一笔资本、一笔投资：它需要做出牺牲，失去它是不可弥补的灾难。污迹、破损、做工失败的裙子、失败的烫发，是比烧焦的烤肉或者打碎的花瓶更为严重的灾难：因为爱打扮的女人不仅在物中异化，还想成为物，她不用通过中介便感到自己危险地处在世界中。她和裁缝和制帽女工保持的关系，她的不耐烦，她的要求，都表现了她的严肃精神和不安全感。做得好的裙子使她成为她梦想的人物，但穿上一件旧的、做工不好的衣服，她会感到自己丧失地位。玛丽·巴什基尔采夫写道：

> 我的脾气、我的举止和我的面部表情，一切都取决于长裙……还有：要么得赤身裸体地散步，要么得按照体态、趣味和性格穿衣。当我不是处在这种境况的时候，便感到自己很笨拙，很平庸，因此十分屈辱。脾气和精神会变得怎样？想到穿着一堆破布，于是变得愚蠢、烦恼，羞得无地自容。

许多女人宁愿放弃一次盛会，也不愿意赴会时穿得难看，即使她们不会引人注目。

尽管有些女人声明：“我呀，我只为自己打扮”，我们已经看到，甚至在自恋中女人也考虑到他人的目光。不只在精神病院里，爱打扮的女人固执地对不在场的目光保持完全的信心，通常她们要求有在场的人。索菲娅·托尔斯泰在她结婚十年后写道：

我很高兴别人说我漂亮，也希望列瓦能看到和听到……漂亮有什么用呢？我的迷人的小彼佳爱他的老尼娅尼娅，就像他爱一种美，而列沃奇卡习惯于最丑的面孔……我很想烫发。没有人会这样做，但这仍然是迷人的。我出于何种需要让别人看到我这样呢？丝带和蝴蝶结令我喜欢，我想要一根新的皮带，既然我写下这些，我真想哭……

丈夫很难完成这种角色。在这方面，他的要求仍然是表里不一的。如果他的妻子过于吸引人，他就变得嫉妒；然而，凡是丈夫都多少像康道里斯；他希望妻子为他争光；希望她优雅、漂亮，至少“不错”；否则，他会生气地对她说出愚比老爹[1]的话：“今天你很丑！是不是因为我们有客人？”我们已经看到了，在婚姻中，性爱和社会的价值很难协调，这种对立反映在这里。强调性吸引力的女人，在丈夫看来格调低下；他责备妻子的大胆，而如果放在陌生女人身上反而会吸引他，这种责备扼杀了他身上的一切欲望；如果妻子穿着端庄，他是赞成她的，不过态度冷淡：他不感到她诱人，含糊地加以责备。因此，他很少从自己的利益出发来看她，他要通过他人的眼睛来细看她。“别人会怎么说她？”他的推测很差，因为他把自己作为丈夫的观点也安到他人身上。对一个女人来说，没有什么比看到丈夫一面批评自己的裙子和举止，一面赞赏其他女人同样的裙子和举止更刺激她的了。再说，很自然，他太接近她，反而对她视而不见；对他来说，她有一副不变的面孔；他既不注意她的穿着，也不注意她的发式改变。甚至一个多情的丈夫或者恋爱的

① 法国作家雅里（Alfred Jarry，1873—1907）的剧作《愚比王》的主人公，他是一个野心家，杀死波兰国王篡位，他的残忍引起百姓反抗，后被俄军打败。

情人也往往对女人的打扮漠不关心。如果他们热烈地爱裸体的她，最得体的打扮也只不过是把她化装一下；即使她穿得不好，十分疲倦，也是同光彩夺目时一样喜欢她。如果他们不再爱她，最取悦人的裙子也将无济于事。打扮可以是一个征服人的工具，而不是一个防卫的武器；打扮的艺术在于制造幻景，给目光提供想象的对象：在肉体的交欢中，在日常的交往中，一切幻景都消失了；夫妻感情像肉体的爱，位于现实的层面。女人并不是为了心爱的男人而打扮。多萝西·帕克在她的一个短篇小说[①]中描绘了一个年轻女人，急不可耐地等待休假回来的丈夫，决定打扮得漂漂亮亮的来迎接他：

> 她买了一条新裙子，黑色的：他喜欢黑裙子；朴素的：他喜欢朴素的裙子；而裙子非常贵，她不愿去想价钱……
>
> “你喜欢我的裙子吗？”
>
> “当然喜欢！”他说，“我一向喜欢你穿这条裙子。”
>
> 她仿佛变成了一块木头。
>
> “这条裙子，”她带着侮辱人的明晰语音说，“是崭新的。我从来没有穿过。考虑到会让你高兴，我特地为这个场合买下来。”
>
> “对不起，亲爱的。”他说，“噢！当然，现在我看到它完全不像另一条，真是漂亮极了，我一向喜欢你穿黑衣服。”
>
> “在同样的情况下，”她说，“我几乎希望有别的理由穿黑衣服。”

---

① 见《可爱的屋檐》。——原注

人们常说，女人打扮是为了激起别的女人嫉妒：这种嫉妒实际上是成功的明显标志，但这不是唯一目的。通过被人嫉妒或赞赏，她想得到对她的美、优雅和趣味的绝对肯定：对自身的绝对肯定。她打扮是为了展示自己，她展示自己是为了使自己存在。她由此而屈服于痛苦的从属地位；主妇的忠诚即使没有得到承认，也是有用的；爱打扮的女人的努力如果没有在任何意识中留下印象，就徒劳无功了。她寻求对自身的最终评价；这种追求绝对使她的探索变得令人疲乏不堪；只要受到一个人的指责，这顶帽子就不是美的；一句恭维便取悦她，而一句否定的话就毁了她；因为绝对的东西只通过一系列不定的显现才表现出来，所以她从来得不到完全的胜利；因此，爱打扮的女人是如此敏感易怒；因此，有些受到奉承的漂亮女人会悲哀地认为，她们既不漂亮也不优雅，她们正是缺乏她们不认识的一个评判者的最高肯定：她们在追求一个不可能实现的自在。体现了优雅法则的出色女人是罕见的，没有人能找出她们有什么错，因为正是她们通过意旨决定成败；只要她们继续起支配作用，她们就能把自己看做取得成功的典范。不幸的是，这种成功对任何方面和任何人都一无用处。

打扮意味着马上出门和接待，再说，这正是它的最初目的。女人穿着新衣裳从这个客厅走到那个客厅，她邀请别的女人去看她如何治理她的“家”。在某些特别庄严的情况下，丈夫陪伴她去“拜访”；但是大部分时间，她完成自己的“社交责任”时，他正在忙于工作。人们已经千百次描写过笼罩在这些聚会之上的不可避免的无聊。因为出于“社交义务”参加聚会的女人没有什么要交流。没有任何共同的利益将律师的妻子和医生的妻子联结起来——也不会将杜邦大夫的妻子和杜朗大夫的妻子联结起来。在一般的谈话中提起孩子的过失和家庭琐事，是没有风度的。于是只得评论天气和最新的流行小说，或者从丈夫那里借用的泛泛的论调。举行“家庭宴会”的习俗越来越趋于消失，但是，在不同的形式下，“拜访”的苦差事在法国仍然存在。美国人则愿意用打桥牌来代替谈话，这只对喜欢这种游戏的女人才有好处。

然而，社交生活比起这种无聊地履行礼仪责任，具有更加吸引人的形式。接待客人，这不仅是在自己的个人住宅中接待他人；这是将住宅变成一个迷人的领地；社交活动同时是盛会和节日。女主人展示她的财富：银器、衣服、水晶器皿；她在家里插满鲜花：鲜花虽然是转瞬即逝的、无用的，却体现了节庆挥霍和奢侈的毫无必要；鲜花在花瓶里开放，注定要迅速枯萎，是欢乐之火、乳香和没药，成为奠酒、祭献。桌子上摆满了佳肴美酒。为了满足客人的需要，就要创造出一些能推想到他们会喜爱的精美礼品。饭局变成了一种神秘仪式。弗吉尼亚·伍尔夫在《达洛卫夫人》的这一段文字中强调了这种性质：

> 于是，系着围裙、戴着白帽的女人，开始穿梭于自动开关的门，无声无息，姿态优美；她们不是女仆，而是进行神秘仪式的女祭司，就是从一点半到两点钟之间，梅费尔[①]的女主人们故弄玄虚搞的那一套。只消一挥手，穿梭就停止了，代之而起的是这种骗人的幻觉：首先是不用付钱的食物，然后是桌子上全部摆满水晶器皿、银器、藤条制品、盛着红色水果的大碗；一层薄薄的褐色奶油盖住大菱鲆；切成块的鸡漂浮在炖锅里，炉火在燃烧，火焰色彩绚丽，煞是好看；随着酒和咖啡端上来——不用付钱——在沉思的眼前升起了快乐的景象，对于

① Mayfair，位于伦敦西区的豪宅区。

这陷入遐想的眼睛，生命显得像音乐一般，而且神秘……

支配着这种神秘的女人，骄傲于感到自己是一个完美时刻的创造者，是幸福、快乐的施予者。正是通过她，宾客们会聚在一起，正是通过她，才举行一次盛会，她是快乐与和谐的无偿源泉。

达洛卫夫人感到的正是这样。

> 但我们可以设想，彼得对她说：好！好！但你的那些晚会，举行这些晚会的原因是什么？她能够回答的是这样（如果没有人明白，那就算了）：这是请客嘛……某位先生，生活在南肯宁顿，另一位生活在贝斯沃特，还有第三位，据说是在梅费尔。她不断想到他们，她心里想：多么抱歉！多么遗憾！于是她把他们聚在一起。这是请客；这是组合，创造。但这是为了谁呢？
>
> 也许是为了请客的快乐而请客。无论如何，这是她的奉献。她没有别的可以奉献……
>
> 不管是谁，别的任何人都可以待在那儿，做得一样好。然而她想，这是有点值得钦佩的。她做了这件事。

如果在这种对他人表示的敬意中有着纯粹的慷慨，盛会就确实是一次盛会。但社会习俗很快就把这种节庆变成制度，把这种赠予变成义务，把盛会升格为仪式。女客一面在品味“社会名流晚宴”，一面想，必须还礼：她有时抱怨受到过分优厚的接待。她讥讽地对丈夫说：“X夫妇是想让我们吃一惊。”例如，有人告诉我一件事，第二次世界大战时，在葡萄牙的一座小城里，茶会变成最奢侈的聚会：在每次聚会中，女主人认为有义务提供比上一次聚会在种类和数量上都更多的糕点；这种负担变得这样沉重，以致有一天，所有的女人一致决定什么也不提供，只提供茶水。在这样的情况下举行的盛会就失去了慷慨和豪华的特点；那是一种苦差事；用来制造庆典气氛的道具要花心思去照看：必须照看好水晶器皿、桌布，要算好香槟和花式糕点；打碎一只茶杯，烧坏圈椅的丝绸，便是一个灾难；第二天必须清扫、料理、恢复得井井有条：女人害怕这种附加的工作。她感受到这种确定主妇命运的多种从属地位：她从属于蛋奶酥、烤肉、肉店老板、厨娘、临时佣工；她从属于丈夫，一旦有什么问题出现，他便皱起眉头；她从属于客人，他们评价家具、葡萄酒，而且决定晚会是否成功。只有豪爽而自信的女人，才能以平静心态度过这样的考验。一次胜利能给她们强烈的满足。可是，很多女人在这一点上酷似弗吉尼亚·伍尔夫描绘的达洛卫夫人："她一面喜欢这些胜利……它们的光彩和给人的兴奋，一面感到胜利的空虚和虚假。"女人只有不太重视这些胜利时，才会真正从中感到乐趣；否则，她会经历虚荣心永远得不到满足的折磨。此外，只有很少女人运气好，能在"社交生活"中知道如何安排她们的生活。那些完全投身于社交生活的女人，通常不仅力图使自己成为受崇拜的对象，而且力图超越这种上流社会的生活，达到某些目的：真正的"沙龙"具有文学或政治的性质。她们竭力通过这种方法对男人产生影响，起到个人作用。她们要从已婚女人的状况中摆脱出来。已婚女人一般并不满足于这些乐趣和短暂的胜利，而且这些胜利她很少获得，对她来说，往往是疲劳，而不是消遣。上流社会生活要求她"讲究排场"，要求她炫示自己，但是在她和他人之间并不创造真正的交流。它没有使她摆脱孤独。

"想来是痛苦的事，"米什莱写道，"女人作为只能成双成对生活的相对的人，往往比男人更加孤独。男人到处都可以社交，给自身创造新关系。她呢，没有家庭的话，她什么也不是。而家庭压抑着她，全部重量都压在她身上。”事实上，被封闭的、被隔绝开的女人，不了解友情的快乐，而友情带来共同追求某些目标；她的工作没有占据她的头脑，她的成长既没有给她独立的兴趣，也没有给她独立的习惯，而她是在孤独中度日的；我们已经看到，索菲娅·托尔斯泰抱怨的就是这样一种不幸。她的婚姻使她远离娘家和青年时代的朋友。柯莱特在《我最初的尝试》中描写了一个年轻的新嫁娘离乡背井，从外省来到巴黎；她只是在同母亲长长的通信中找到援助；可是，通信不能代替在一起，她不能向茜多承认她的失望。在年轻女人和她的家庭之间往往不再有真正的亲密关系：无论她的母亲，还是她的姐妹们都不是她的朋友了。如今，由于住房狭小，许多年轻的新嫁娘同她们的娘家人或者婆家人住在一起；但这种不得已住在一起，对她来说，远远不能构成真正的相伴相随。

女人终于保持或者建立起的女性友谊，对她来说十分宝贵；这种友谊与男人之间的关系截然不同；后者是男人之间作为个体通过思想和个人计划的交流；女人由于封闭在自身的共同命运中，通过一种内在的共谋联结在一起。她们争先恐后地追求的，首先是肯定她们共同的天地。她们不进行观点的讨论：她们交换体己话和食谱；她们联合起来，创造一种反宇宙，其价值要压倒男性的价值；她们集合起来，找到了动摇她们的锁链的力量；她们否认男人的性统治，彼此吐露自己的性欲冷淡，愤愤地嘲笑她们男人的欲望或者笨拙；她们也含讥带讽地否定她们的丈夫和一般男人的道德和智力的优势。她们比较自己的体验：怀孕、分娩、孩子生病、自己生病、家务事，这些变成了人类历史的基本事件。她们的工作不是一种技巧：在互相交流食谱和做家务的诀窍时，她们给予这样做以建立在口头传统上的秘术的尊严。有时，她们一起审视道德问题。妇女报刊的“通信”栏，提供了这类交流的样品；很难想象给男人开辟“心灵通信”栏；他们在属于他们的世界中相遇；而女人却要确定、估量、探索她们自己的领域；她们尤其交流美容的建议、食谱和编织方法，她们征求意见；通过她们闲聊和展示的趣味，有时可以洞察到真正的焦虑。女人知道，男性的法规不是她的法规，甚至男人预料到她并不遵守这法规，因为他怂恿她堕胎、通奸、犯错误、背叛、说谎，虽然他公开谴责这样做；于是她请求其他女人帮助她确定一种“中间法”，一种女性特有的道德法规。女人不仅仅是出于恶意如此长期地评论和批评她们女友的行为：为了评判她们和自律，她们必须比男人有更多的道德创造。

给予这种关系以价值的是其中包含的真实状况。在男人面前，女人总是表演；她假装接受自己是非本质的他者，在他面前通过模仿、打扮、经过三思的话语，树立一个想象的人物，以此来作假；这样做戏要求持续的紧张状态；所有女人在丈夫和情人身边多少这样想：“我不是自己”；男性世界是严酷的，它有锐利的尖脊，发出的声音过于响亮，射出的光芒过于强烈，触感是粗糙的。在别的女人身边，女人躲在背景后面；她做好战斗准备，但不战斗；她安排好服装，创造化妆方法，准备诡计：她在登台表演之前，在后台穿着拖鞋和睡衣；她喜欢这种温和的、温馨的、松弛的气氛。柯莱特就是这样描绘她同女友玛尔科度过的时刻：

> 短暂的体己话，隐居者的消遣，时而像待在缝纫工场度过的时刻，时而像康复时的空闲时刻……[①]

---

① 见《军帽》。——原注

她喜欢在更年长的女人身边扮演出主意的角色：

> 在炎热的下午，在阳台的遮帘下，玛尔科料理她的衣物。她缝纫水平很差，但是很用心，我给她劝告，感到沾沾自喜……“不应该在衬衫上绣上天蓝色的彗星，粉红色在衣服上，与皮肤相衬更加漂亮。”我很快又给她其他建议，关于脂粉、唇膏的颜色、画眼线要突出。她说：“你真的这么想吗？你真的这么想吗？”我虽然年轻，但权威不可动摇。我拿起梳子，在她厚厚的刘海中分开一个妩媚的小缺口，我表现得长于此道，使她的目光炯炯燃烧，在她的脸颊上方、靠近太阳穴漾出一片红晕。

下文，她给我们描绘玛尔科不安地准备面对一个她想征服的年轻男子：

> ……她想擦拭潮湿的眼睛，我阻止她这样做：
>
> “让我来做。”
>
> 我用两根手指将她的上眼皮朝上翻，让两滴快要夺眶而出的眼泪自行消失，这样睫毛膏就不会因和眼泪接触而变糊了。
>
> “得！等一下，还没有结束。”
>
> 我重新给她化妆。她的嘴巴有点发抖。她耐心地任人摆布，一面叹着气，仿佛我在给她包扎。最后，我从她的手提包里取出粉扑，蘸上一点更红的粉。我们俩都没有说话。
>
> “……无论如何，”我对她说，“不要哭。尽量设法不让眼泪支配你。”
>
> ……她用手在刘海和额角之间抹了一下。

"我上星期六本该买下我在零售商店里看到的那件黑长裙……请告诉我，你能借给我非常精细的袜子吗？眼下我没有时间了。"

"当然可以，当然可以。"

"谢谢。你不认为插一朵花能衬托出我的裙子吗？不，不要把花插在上身。蓝蝴蝶花的香味真的已经过时了吗？我觉得我有一大堆东西要向你请教；一大堆东西……"

在她的另一部小说《养小狗的人》中，柯莱特也描述了女人生活的另一面。三个在爱情中不幸或者不安的姐妹，每天夜里会聚在她们童年时代的旧长沙发周围；她们在那里感到放松，思量着白天的忧虑，准备着明天的战斗，品尝着好好休息、好好睡眠、洗个热水澡、痛快地哭泣的短暂快乐，她们几乎互相不说话，但是每一个人都为别人创造一种窝；她们之间发生的一切是真实的。

对某些女人来说，这种肤浅而热烈的亲密关系，比和男人的严肃做作的关系更为宝贵。自恋的女人就像在青少年时期那样，在另外一个女人身上找到特殊的分身；正是在有能耐的专注目光中，她可以欣赏她做工精巧的裙子、自己细腻的内在。结婚以后，她的知心女友仍然是尊贵的见证人：这位朋友也可以继续像一个令人想望的、希望得到的对象那样出现。我们已经说过，在几乎所有的少女身上都有同性恋倾向：丈夫时常笨拙的拥抱，不能抹去这种倾向；由此产生女人在同类身上所经历的，而在正常男人身上没有等同物的肉感的温馨。在两个女友之间，肉感的爱慕可以升华为活跃的温情，或者通过散乱或准确的抚摸表现出来。她们的拥抱也可能只是一种调剂闲暇的游戏——这是后宫女人的情况，她们主要是要消磨时间——或者拥抱有着头等重要的意义。

然而，女人的共谋很少会升华为真正的友谊；女人比男人更加自发地感到利害一致，但在这种团结中，她们中的每一个不是朝着对方超越：她们整体朝向男性世界，她们每个人都想为自己夺取男性世界的价值。她们的关系不是建立在她们的特殊性之上，而是直接在一般性中体验：一种敌意因素由此马上渗透进来。娜塔莎[①]依恋她家的女人们，因为她可以在她们的注视下展示她孩子的尿布，但她却对她们怀有嫉妒：在皮埃尔看来，在每个女人身上都能体现女人。女人的互相谅解来自她们彼此认同，但同样，每个女人也由此否认陪伴关系。女主人和她的女仆的关系比与一个男人和他的仆从或司机的关系亲密得多——除非他是一个同性恋者；她们交换体己话，不时串通一气；可是在她们之间，有一种敌对的竞争，因为女主人一面要摆脱家务，一面又想承担工作职责和获得名声；她希望自己是不可替代的，不可或缺的。“一旦我不在场，一切都乱套了。”她严厉地想抓住女仆犯错误，如果女仆活儿干得太好，她就不能尝到感觉自己独一无二的骄傲。同样，她一股脑儿对女教师、女管家、奶妈、看孩子的女仆、协助她干活的亲戚朋友发脾气；她的借口是她们不尊重“她的意愿”，她们不按照“她的想法”行事；事实是，她既没有意愿，又没有特殊想法；相反，激怒她的是，别人正好以她做事的方式完成她的职责。这是一切毒化家庭生活的常见家庭争吵的主要根源之一：由于每个女人没有任何方法使人承认她的特殊贡献，所以便都像女王一样严厉地要求别人。不过，尤其在打扮和爱情方面，每个女人在别的女人身上都看到一个敌人；我已经指出过在少女们身上的这种竞争：这种竞争往往要持续一生。我们已经看到，风雅女人、上流社会的女人的理想，就是

① 见托尔斯泰《战争与和平》。——原注

获得绝对的评价；她因永远感觉不到自己头上戴上光环而痛苦；哪怕发觉别人头上有最单薄的光环都令她不快；别的女人得到的一切赞词，她都想窃为己有；不是独一无二的绝对，怎能称为绝对呢？一个真诚的、恋爱中的女人，满足于在一颗心中受到赞美，她不羡慕她的女友们表面的成功，可是她在自己的爱情中仍然感到面临危险。事实是，女人被最要好的女友欺骗这个题材，不仅仅是文学上的陈词滥调；两个女人越是朋友，她们的二元性就越是危险。听到体己话的女人被要求通过恋爱中的女人的眼睛去看，以恋爱中的女人的心和血肉去感受：她受到情人的吸引，受到诱惑她女友的男人的迷惑；她以为自己的正直保护着自己，便任凭自己的感情摆布；她对自己只起非本质的作用也感到恼火：不久，她便准备让步，把自己投进去。很多女人十分谨慎，一旦她们恋爱，便回避“亲密的女友”。这种矛盾心理几乎不允许女人信任她们互相的感情。男性的阴影总是沉重地压在她们身上。即使她们没有谈到他，仍然可以把圣琼·佩斯[①]的诗句用在他身上：

太阳没有提及，但它的威力在我们中间。

她们一起向他报复，给他设下陷阱，诅咒他，侮辱他，但是她们等待他。只要她们滞留在女人聚集的地方，她们就沉浸在偶然性、乏味和无聊中；这些虚无缥缈之境保留了一点母亲怀抱的温暖，但这是虚无缥缈之境。女人乐意滞留其中，条件是预见到不久脱离出这种境界。因此，她只有想象自己将要走进的那个灯火

① Saint-John Perse（1887—1975），法国诗人，诺贝尔文学奖获得者，擅长散文诗，诗集有《颂歌》《阿纳巴斯》《流亡集》《雨》《雪》《风》《航标》等。

辉煌的客厅，才乐于待在浴室的潮湿中。女人彼此是难友，她们互相帮助，忍受监狱生活，甚至准备越狱，但是，解放者来自男性世界。

对于大多数女人来说，在结婚之后，这个世界仍然保留着它的光辉；只有丈夫失去了他的威信；女人发现，男人身上的纯粹本质衰退了，但男人仍然是世界的真理、最高的权威、奇迹、冒险、主人、注视、猎物、快乐、得救；他仍然体现了超越性，他是对一切问题的回答。最忠诚的妻子永远不会同意完全放弃他，同一个偶然性的个体关在一起，阴郁地面面相对。她从小就强烈需要一个向导，当丈夫担当不了这个角色时，她便转向另一个男人。有时，父亲、一个兄弟、一个叔叔、一个亲戚、一个老朋友仍然保留以往的威望：她会去依靠他。有两类男人，他们的职业能让他们成为知己和导师：教士和医生。前者的巨大优势在于他们不收取咨询费；忏悔时他们听信徒闲扯，却一筹莫展；他们尽可能回避“极端虔诚的女信徒”、“笃信宗教的女人”；但引导基督徒走上道德之路是他们的责任，由于女人在社会和政治上地位变得重要，教会竭力把她们变成它的工具，所以这个责任就更加迫切。“良心导师”向他的女忏悔者指明她应采取的政治见解，控制她的选票；许多丈夫生气地看到教士干预他们的夫妻生活：正是他确定合法或不合法的床笫间的秘密实践；他对孩子的教育感兴趣；他向女人建议如何与丈夫相处；总是将男人看做天神来崇拜的女人，快乐地跪在男性这一天主在人间的替身脚下。在这方面，医生因收取报酬而得到较好的保护；他可以把太冒失的病人拒之门外；但是他受到更确定、更执着的追逐；色情狂所追求的男人中有四分之三是医生；在一个男人面前裸露自己的身体，对许多女人来说，满足了展示自己的巨大乐趣。施特克尔说：

我认识几个女人，她们在对她们有好感的医生的审视中得到唯一的满足。特别是在老姑娘中，有大量的病人，她们来看医生是为了让人“非常仔细地”检查，因为无关紧要的月经过多，或者有点心理紊乱。另有一些女人担心得癌症或者感染（通过厕所），这些恐惧给她们一个让人检查的借口。

其中，他举出如下两个例子：

一个老姑娘 B. V.，四十三岁，很有钱，每个月在月经来过以后去看医生，要求仔细的检查，因为她认为有毛病。她每个月换医生，每次都演出同样的戏。医生请她脱掉衣服，躺在桌上或者沙发上。她拒绝了，说是她太害羞，不能做这样的事，这是违反自然的！医生强迫她，或慢慢说服她，最后她把衣服脱掉，向他解释，她是处女，他不应该伤害她。他答应她做直肠指检。医生一开始检查，往往性欲高潮就出现了；在做直肠指检时，性欲高潮加剧。她总是以假名出现，随后付费……她承认，她希望被医生强奸……

L. M. 太太三十八岁，已婚，她告诉我，她在丈夫身边完全无动于衷。她来看病。只看过两次以后，她就向我承认有一个情人。但是他不能使她达到性欲高潮。她只有在让人做妇科检查时才有性欲高潮。（她的父亲是妇科大夫！）差不多每隔两三次，她就有需要去看医生，要求检查。她不时要求治疗，这是最幸福的时刻。最近一次，由于所谓的子宫下坠，一个妇科大夫长时间给她按摩。每次按摩都带来好几次性欲高潮。她解释说，第一次按摩曾经引起她平生第一次性欲高潮，所以她热衷于这种检查……

女人很容易设想，她向他展示自己身体的那个男人，对她的肉体魅力或者心灵美留下深刻印象，因此她病态地以为被教士或者医生爱上了。即使她是正常的，她也感到在他和她之间，存在一种微妙的联系；她乐于体面地服从；另外，有时她从中汲取一种安全感，帮助她接受自己的生活。

但有些女人不满足于将她们的生活建立在道德权威之上，她们也需要在这种生活中有浪漫的兴奋。如果她们既不愿意不忠，也不愿意离开丈夫，就会求助于被有血有肉的男性吓坏的少女采用的同样手法：她们沉溺于想象的激情。施特克尔提供了好几个例子：[①]

> 一个已婚女人，十分端庄，属于最好的阶层，抱怨神经系统不适和有抑郁症。有一晚，在歌剧院，她意识到她疯狂地爱上了男高音。听他唱歌，她感到自己非常激动。她变成歌唱家的热诚赞赏者。她不错过一场演出，买了他的照片，梦想着他，她甚至给他寄去一束玫瑰花，并写上献辞："寄自一个感激涕零的陌生女人"。她甚至决定给他写一封信（同样署名"一个陌生女人"）。但是她仍然保持距离。认识歌唱家的机会出现了。她马上知道她不会去。她不愿意近距离认识他。她不需要他在眼前。她很高兴热烈地爱着，又仍然是一个忠实的妻子。

> 一位太太沉迷于对卡因兹的崇拜，他是维也纳非常有名的

① 见施特克尔《性欲冷淡的女人》。——原注

演员。她在自己的公寓里布置了一个房间，里面有无数他的肖像。在一个角落里有一个卡因兹的书柜。凡是她能搜集到的谈论到她偶像的书、小册子和报纸都小心地保存起来，还有一系列剧院海报、卡因兹的首场演出或五十周年庆的藏品。圣幕是一张大艺术家签过名的照片。当偶像去世时，这个女人穿了一年丧服，并长途旅行去听关于卡因兹的报告会。对卡因兹的崇拜使她免除了性欲和肉欲的侵袭。

人们记忆犹新，鲁道夫·瓦伦蒂诺[①]去世时有多少人流下滔滔热泪。已婚女人和少女一样，崇拜电影男主角。当她们手淫时，或者在夫妻交欢中寻求想象时，有时会想起他们的形象；这种想象有时也在祖父、兄弟、教师等等形象中复活童年时的回忆。

但是在女人周围，也有有血有肉的男人；不论她在性方面得到了满足，还是性欲冷淡或者受到挫折——除了完美的、绝对的、排他的爱情的罕见情况下——她都极为重视他们的赞赏。她丈夫的注视过于习以为常，再也不能激发想象；她需要仍然充满神秘的眼睛发现她是神秘的；必须有一个至高无上的意识面对着她，听取她的体己话，重新激发褪色照片的活力，让嘴边再出现酒窝和只属于她的睫毛的一眨一眨；只有在别人渴望她和爱她的时候，她才是令人渴望的，可爱的。如果她对自己的婚姻几乎是凑合的，她就要在其他男人那里寻找虚荣心的满足：她促使他们加入她对自己的崇拜；她诱惑人，取悦人，满足于梦想被禁止的爱情，满足于想象：如果我想……她宁愿让许多崇拜者着迷，却不愿依恋其中任何一个；她

① Rudolph Valentino（1895—1926），美国电影演员，原籍意大利，早先是轻歌舞剧演员，后来成为女观众崇拜的对象。

比少女更热情、更大胆，她卖弄风情是要求男人用他的价值和力量在意识中向她证实；由于她深居在家，也就更加大胆，由于她已经成功地征服了一个男人，她玩这种游戏也就不存多大希望，也不用冒多大风险。

有时，在经历了一个或长或短的忠诚时期以后，女人不再局限于这种调情和卖弄风情。她往往出于怨恨，决定对丈夫不忠。阿德勒认为，女人的不忠一向是一种报复；这未免言过其实；但事实是，她往往不是向情人的诱惑让步，而是出于向丈夫挑战的愿望："他不是世上唯一的男人——我还可以取悦其他男人——我不是他的奴隶，他自以为很狡猾，他也会受愚弄。"受到嘲弄的丈夫，在妻子眼里可能仍然保持头等重要的位置；正如少女有时出于反抗母亲、抱怨父母、不服从他们、要肯定自我而找一个情人，出于对丈夫的怨恨，妻子在情人身上寻找一个知心人，一个看到她的受害者地位的见证人，一个帮助她贬低丈夫的同谋；她不断地对他谈起自己的丈夫，让丈夫作为谈资遭到他的蔑视；如果情人不好好扮演他的角色，她就会愤怒地离开他，要么回到丈夫身边，要么寻找另一个安慰者。但往往不是怨恨而是失望，把她投到情人的怀抱里；她在婚姻中没有得到爱；她困难地忍气吞声，从来没有经历年轻时热烈期待的情欲和快乐。婚姻由于剥夺了女人的一切肉欲满足，否认了她们的自由和特殊性，所以通过必然的、具有讽刺意味的辩证关系，将女人导向通奸。蒙田说：

> 我们从童年起就训练她们接受爱情的斡旋。她们的魅力、她们的衣着、她们的知识、她们的语言，她们的一切教育都只关系到这一目的。她们的家庭女教师除了爱的观念，不让其他东西铭刻在她们心中，哪怕要不断地呈现给她们看，令她们感

到厌恶……

稍后他补充说：

> 因此，力图让女人克制一种对她们来说如此强烈和如此自然的愿望，那是愚蠢的。

恩格斯宣称：

> 随着个体婚制，出现了两种经常性的、以前所不知道的特有的社会人物：妻子的经常的情人和戴绿帽子的丈夫……虽然加以禁止、严惩但终不能根除的通奸，已成为与个体婚制和杂婚制并行的不可避免的社会制度了。①

如果夫妻做爱引起了妻子的好奇心，却不能满足她的感官，就像柯莱特的《天真的荡妇》所描写的，她便企图在他人的床上完成自己的教育。即使她的丈夫成功地唤起了她的肉欲，由于她对他没有特殊的依恋，她想和别人品尝他让她发现的快感。

道德家对给予情人的偏爱感到愤怒，我已经指出过资产阶级文学要恢复丈夫形象的努力；但是，指出在社会看来——就是说在其他男人看来——丈夫比他的情敌更有价值来捍卫丈夫，那是荒谬的：这里，重要的是他对妻子体现了什么。然而，有两个特征使他变得可憎。首先，是他承担了启蒙者的可憎角色；处女幻想既被蹂

① 见《马克思恩格斯选集》第四卷，人民出版社，1972 年，第 63 页，此处引文与中译本有所不同。

蹦又被尊重的矛盾要求，几乎注定了他的失败；她在他的怀抱里永远是性欲冷淡的；她在情人身边既感受不到贞操被剥夺的痛苦，也感受不到羞耻心被征服所产生的最初的屈辱；她避免了受到突袭造成的精神创伤：她大致知道等待着她的是什么；她比新婚之夜更真诚，没有那么敏感，没有那么天真，不再把理想的爱情和肉欲、感情和骚乱混为一谈：当她选择一个情人时，她想要的就是一个情人。这种清醒是她的选择自由的一个方面。因为这正是压在丈夫身上的另一个问题所在：他通常是被强加的，而不是被选择的。她接受他要么是逆来顺受，要么是被家庭交付给他的；无论如何，即使她是出于爱情嫁给他，在嫁给他时，她让他成为自己的主人；他们的关系变成一种责任，她往往觉得他以暴君的面目出现。无疑，情人的选择受到环境限制，但是，在这种关系中有一种自由的维度；结婚，是一种责任，选择一个情人，是一种奢侈；这是因为在他恳求她的情况下，她才向他让步：她即令不能确定他的爱情，至少能确定他的欲望；这不是服从他要执行的法律。情人还有这种特权：他不必在日常生活的接触中消耗诱惑力和威信：他仍然保持距离，是一个他者。因此，女人在他们的相遇中感到摆脱自身，接触到新的丰富生活：她感到自己是他者。某些女人在这种关系中首先寻求的正是这种东西：受照顾，感到吃惊，摆脱自身。关系破裂在她们身上带来了空虚的绝望。雅内[①]举出过好几个这类忧郁的症状，它们给我们指出，女人在情人那里寻求和找到的是什么：

一个三十九岁的女人，由于被一个文人抛弃而伤心，他让她参与他的工作有五年之久。她写信给雅内："他的生活非常

---

① 参阅《困扰和精神衰弱症》。——原注

丰富，他是那么专横，我只能关心他，不能想别的事。”

另外一个女人，三十一岁，由于同一个她喜爱的情人决裂而病倒。她写道：“我愿意成为他办公桌上的一只墨水瓶，能够看到他，听到他说话。”她解释说：“单独一个人，我感到烦恼，我的丈夫不能让我的脑子足够地运转，他一无所知，什么也教不了我。没有**使我惊奇**……他只是个老好人，这使我痛苦。”相反，关于情人，她写道：“这是一个**令人惊奇**的人，我从来没有见过他心情紊乱、激动、快乐、自由放任，他总是能控制自己、爱挖苦人，总是冷静得让人难受得要命。还有胆量、镇定、睿智、思维活跃，这些令我昏了头……”

有些女人只是在私情开始才感到这种充实和快乐激动的情感；如果情人没有马上给她们快感——两个性伙伴彼此由于胆怯和不适应，第一次这样是常有的事——她们便对他感到怨恨和厌恶；这些“梅萨利纳”式的女人增加体验，一个接一个换情人。但是也有时，从夫妻关系失败得到启发的女人，这回正好被适合她的男人所吸引，在他们之间会产生持久的关系。往往她喜欢他是因为他属于和她丈夫截然相反的一种人。无疑是圣伯夫[①]和维克多·雨果构成的对比吸引了阿黛尔。施特克尔举出了如下的例子：

P. H. 太太嫁给田径运动俱乐部的一个成员已有八年。她到一个妇科诊所看轻微的输卵管炎，抱怨说她的丈夫不让她安

① Charles-Augustin Sainte-Beuve（1804—1869），法国批评家、诗人、小说家，擅长传记式批评，偏爱古典作家。他曾是雨果的朋友，后与雨果的妻子阿黛尔产生恋情，和雨果关系破裂。

静……她只感到痛苦。她的男人很粗俗、很粗暴。他最后有了一个情妇，她感到很高兴。她想离婚，在律师办公室认识了一个秘书，他正好与她的丈夫相反。他瘦长、虚弱，但很可爱、温和。他们变得关系密切。他寻找爱情，给她写一些缠绵的信，对她关心备至。他们发现有共同的精神爱好……第一次接吻使她的麻木症状消失了……这个男人相对弱小的力量在女人身上带来了最强烈的性欲高潮……她离婚以后，他们结婚了，生活得很幸福……接吻和抚摸就能带来性欲高潮。而体格极其强壮的丈夫却指责这同一个女人性欲冷淡！

并非所有的私情都有个童话般的结尾。同少女梦想有个解放者让她摆脱家庭一样，有时女人等待着情人把她从夫妇枷锁中解救出来：热烈的情夫在他的情妇开始谈到结婚时，便变得冰冷，逃之夭夭，这是经常被发挥的题材；她常常受到他的保留态度的伤害，轮到这种关系也由于怨恨和敌意变糟。如果关系稳定，它常常最终具有夫妇的亲密性质，从中可以看到无聊、嫉妒、谨慎、诡计等所有的婚姻恶习。于是女人梦想另一个男人让她摆脱这种常规。

再说，通奸依风俗和环境的不同，具有迥异的性质。夫妇的不忠出现在我们的父权制传统仍然残存的文明中，后果对女人要比对男人严重得多，蒙田说：

对生活放荡的评判是多么不公正啊！我们判定和衡量生活放荡不是根据性质而是根据我们的利益，由此，它们具有如此多不平等的形式。我们法令的严厉使女人沉迷于放荡，她们的处境使这种弊端更加肆无忌惮，并使之产生比起因更加恶劣的后果。

我们已经看到这种严厉态度最初的理由：女人通奸可能将别人的儿子带到家庭中，会危及合法继承人；丈夫是主人，妻子是他的财产。社会变迁、实行“节育”使这些原因失去了很多影响力。但是，把女人维持在附属状态的意愿，延续着依然包围她的禁忌。她时常把这些禁忌内化；她视而不见夫妇之间的荒唐事，而她的宗教、她的道德、她的“品德”不允许她考虑有任何相互性。她周围的人所施加的控制——尤其在新旧大陆的“小城市”——远比压在她丈夫身上的控制严厉：他出门次数更多，他旅行，人们更加宽容他的偏离；她则有可能失去声誉和已婚女人的地位。我们常常描绘女人终于挫败这些监视的诡计：我知道有一个葡萄牙小城，严格信奉古风，年轻妇女只在婆婆或姑嫂的陪伴下才出门；可是，理发师出租位于理发店上面的房间，情侣们匆匆在那里做爱。在大城市里，女人的看守者少多了，但从前实行的“下午五点到七点的茶点餐会”几乎也不允许不合法的感情有机会充分发展。通奸匆匆地在暗地里进行，创造不出有人情味的自由交往；通奸带来的欺骗，最终否认夫妇关系的一切尊严。

今天，许多阶层的女人部分获得性自由。但是，对她们来说，要将夫妇生活和肉欲满足调和起来，仍然是一个困难的问题。婚姻一般不意味着肉体之爱，清楚地把两者分开似乎是理智的。人们承认，男人可以是一个出色的丈夫，但是很轻浮：他在性方面的任性实际上不妨碍他同妻子友好地维持共同生活；由于这种友谊不表现为锁链，它甚至更加纯洁，并不产生矛盾。可以承认，对妻子来说也是一样的；她往往希望分享丈夫的生存，同他一起为孩子们创造一个家，然而她又想同别人做爱。通奸之所以可耻，是因为谨慎和虚伪达成了妥协，自由和真诚的协约能消除婚姻的缺陷。但必须承认，今日，启迪了小仲马笔下的弗朗西荣的那句令人恼火的话保留着某种真理："对女人来说，这不是一回事。"其中的区别没有什么自然之处。有人认为，女人不如男人需要性生活：这丝毫不准确。受压抑的女人变成爱争吵的妻子、虐待孩子的母亲、有怪癖的主妇、不幸而危险的女人；不管怎样，她的愿望即使更少，也不能成为她满足这些愿望实属多余的理由。区别来自男女性欲的整体处境，如同传统和当今社会所确定的那样。人们至今还认为，女人把做爱作为对男人的服务，因而使男人成为她的主人；我们已经看到，男人总是可以占有身份低一等的女人，但如果她委身给一个身份不如她的男性，她就纡尊降贵了；她的同意无论如何具有投降和堕落的性质。女人往往欣然接受她的丈夫拥有其他女人：她甚至觉得脸上有光；阿黛尔·雨果看到她狂怒的丈夫将热情投向其他女人，似乎丝毫不感到遗憾；有些女人甚至模仿蓬巴杜夫人，接受拉皮条的角色。[①] 相反，在做爱时，女人变成了物，变成了猎物；在丈夫看来，她浸透了一种古怪的神力，她不再属于他，有人把她从他那里夺走了。事实是，在床上，女人往往自我感受，自我期待，因此被支配；事实也是这样：由于男性的威望，她倾向于赞成和模仿男性，男性由于占有了她，在她看来体现了全体男人。丈夫从自己熟悉的嘴里听到陌生思想的回音时，气愤不是毫无理由的：他有点觉得，有人占有了他，强奸了他。德·沙里埃尔夫人同年轻的邦雅曼·贡斯当——他在两个男性化的女人当中扮演女性角色——决裂，是因为她忍受不了他明显打上了德·斯达尔夫人可憎影响的烙印。只要女人把自己变成她所"委身"的男人的奴隶和反映，她就应该承认，她的不忠比丈夫的不忠更彻底地摆脱伴侣。

① 我在这里谈的是婚姻。在爱情中，我们会看到男女双方的态度是反过来的。——原注

即使她保留了自己的完整性，她也会担心，在情夫的意识中，她的丈夫声誉受损。即使女人也会马上想象，由于和一个男人睡觉——哪怕只有一次，匆忙地，在长沙发上——她对合法妻子占有优势；更何况，一个以为占有情妇的男人更会认为，他愚弄了丈夫。因此，在巴塔耶的《温情》中，在凯塞尔[①]的《白日美人》中，女人细心选择低阶层的情人：她在他们身边得到肉欲的满足，但不愿意让情人超越受到尊敬的丈夫。在《人的状况》中，马尔罗给我们描绘了一对夫妇，男女双方达成了给予对方自由的协议，但当梅向乔讲述她和一个同学睡过觉时，他想到这个男人认为“占有了”她而感到痛苦；他选择了尊重她的独立，因为他清楚地知道，一个人永远不能占有别人；不过另一个男人自鸣得意的想法却通过梅伤害并侮辱了他。社会将自由的女人和放荡女人混为一谈；情人自己也不乐意承认他加以利用的自由；他更乐意认为，他的情妇让步了，任人摆布，他征服了她，诱惑了她。一个骄傲的女人可以就个人来说容忍性伙伴的虚荣心，但受到尊敬的丈夫忍受她的情人的狂妄，她却觉得可憎。只要这种平等没有得到普遍承认，也没有得到具体实现，女人就很难与男人平等地行动。

无论如何，通奸、友谊、社交在夫妇生活中只构成消遣，它们可以帮助女人忍受夫妇生活的束缚，但不能粉碎这些束缚。这只是虚假的回避，根本不能让女人真正掌握自己的命运。

① Joseph Kessel（1898—1979），法国小说家，著有《亲王之夜》、《白日美人》、《狮王》、《骑士》等。

第八章　妓女和高级妓女

我们已经看到[1]，婚姻与卖淫有直接的关联。摩尔根说："娼妓制度就像落在家庭之上的阴影一样，伴随着人类，直至文明时代。"男人出于谨慎，让妻子恪守贞洁，但他不以强加给她的这种制度为满足。蒙田赞赏波斯诸王的智慧，叙述道：

> 波斯诸王让他们的妻子陪伴他们举行盛宴；但是当酒使他们热血沸腾，并使他们完全放纵情欲时，他们把她们打发回内室，不让她们参与他们不可抑制的欲望，并让别的女人代替她们，他们对这些女人根本没有尊重的义务。

教父认为，为了保证宫殿的卫生，必须有阴沟。曼德维尔在一部声誉很高的著作中说："显而易见，存在牺牲一部分女人，以保存另一部分女人，并预防一种更加令人厌恶的肮脏的必要性。"美国奴隶制拥护者的论据之一是，南方白人如果摆脱了奴役工作，就可以在他们之间保持最民主、最高雅的关系；同样，"失足姑娘"这一阶层的存在，使人以带着骑士风度的尊敬去对待"正派女人"。妓女是替罪羊，男人释放自己的卑劣欲望，发泄在她身上，然后否认她。不管她受到警察的监督享有合法地位，还是暗地里操皮肉生涯，无论如何她被当做贱民。

从经济角度看，她的处境和已婚女人的处境是对称的。马罗[2]说："在靠卖淫出卖自身的女人和通过婚姻出卖自身的女人之间，唯一的区别在于价格和契约的期限。"对两者来说，性行为都是一种服务，后者只有一个男人定为终身，前者有好几个顾客按次数付酬。后者由一个男性保护，对付其他所有男性，而前者由所有男性保护，不让任何一个男性施行暴虐。无论如何，她们从献身中获得的利益，受到竞争的限制；丈夫知道，他可以得到另一个妻子：履行"夫妻责任"不是一种恩惠，而是履行一项契约。在嫖娼时，男性的欲望不是特殊的，而是特定的，可以在无论哪一个女人的身体上得到满足。无论妻子还是妓女，只有在她们对男人有特殊影响力的时候，才能成功地利用他。她们之间的重大差别在于，合法妻子作为已婚女人受到压迫，而作为人受到尊敬，这种尊敬当真开始反对压迫。而妓女没有人的权利，在她身上集中了女性奴隶处境的所有形式。

要寻思是什么原因驱使女人卖淫，那是幼稚的；今日人们不再相信龙布罗索[3]的理论，他将妓女和罪犯相提并论，认为两者都是退化的人；就像统计学家所断定的那样，有可能妓女的智力水平一般略低于常人，有些妓女干脆是低能的：智力迟钝的女人乐意选择不需要任何专门技能的职业；但是，大部分妓女是正常人，有些妓女很聪明。没有任何遗传的命运、任何生理缺陷压在她身上。事实上，在贫困和失业肆虐的世界上，一旦开放了一门职业，便会有人

---

① 参阅《第二性 I》第二部。——原注

② 见《青春期》。——原注

③ Cesare Lombroso（1835—1909），意大利精神病学家、犯罪学家。

接受；卖淫会像警察一样长期存在下去，有警察就会有妓女。尤其这种职业一般比其他许多职业收益多。惊讶于这种供应由男人的要求引起，是虚伪的，这是一种基本的和普遍的经济过程。帕朗-杜沙特莱在一八五七年的调查中写道：“在所有的卖淫原因中，任何一种都不如缺乏工作和工资不足不可避免的后果——贫困更起作用。”具有正统观念的道德家讥笑地回答，关于妓女的悲惨故事是迎合天真顾客的小说。实际上，在许多情况下，妓女可以通过别的方法谋生，但如果她觉得自己选择的职业不是最坏的，这并不能证明她天生有恶习；还不如谴责社会，因为在这个社会中，这种职业在许多女人看来不是最令人讨厌的职业之一。有人问：她为什么选择了这门职业？其实应该问：她为什么不会选择这门职业？其中，人们注意到，大部分妓女当过女仆；帕朗-杜沙特莱认为所有国家都是这样，莉莉·布劳恩在德国、里凯尔在比利时指出的也是这样。约有50%的妓女先是当用人。看一看“女仆房间”就足以解释这个事实。打杂女仆和侍女受到剥削、奴役，被当做物而不是人来看待，不能指望她未来的命运有任何改善；有时，她必须忍受男主人的一时性起：她从家务奴役、和男主人的爱情，滑向也许不那么堕落、她梦想更加幸福的奴役状态。另外，帮佣女人往往背井离乡；估计有80%的巴黎妓女来自外省或者乡下。家人近在咫尺，考虑到自己的声誉，会妨碍女人从事一般被人瞧不起的职业；但在大城市里沦落，无法融入社会，“操守”的抽象观念便不对她构成任何障碍。资产阶级以可怕的禁忌围绕着性行为——尤其是处女贞操——这些禁忌却在农民和工人圈子中被看做无所谓的事。大量调查在这一点上是一致的：有许多少女被随随便便一个人夺走贞操后，便认为献身给任何人是自然的事。比扎尔医生在对一百个妓女进行的一份调查中，指出了如下事实：一人在十一岁失去处女贞操，两人在十二岁，两人在十三岁，六人在十四岁，七人在十五岁，二十一人在十六岁，十九人在十七岁，十七人在十八岁，六人在十九岁，其他人在二十一岁以后。因此，有5%是在发育前被强奸的。有一半以上说是出于爱情献身，其他是在无知的情况下同意的。第一个诱惑者常常是年轻人，往往是一个车间和办公室的同事、一个童年的朋友；随后来的是军人、工头、男仆、大学生；比扎尔医生的名单另外还包括两个律师、一个建筑师、一个医生、一个药剂师。像传说所认为的那样，老板本人扮演启蒙者的角色是相当少的，但经常是他的儿子或者他的侄子，或者是他的一个朋友。柯芒日在他的研究中也举出四十五个十二岁至十七岁的少女的例子，她们被陌生人剥夺了处女贞操，随后再也没见过他们；她们冷漠地同意了，感觉不到快感。其中，比扎尔医生更准确地指出如下的例子：

G·德·波尔多小姐十八岁时从修道院回来，出于好奇，也没有朝坏处想，她被人带上一辆旅行汽车，在车上被一个不认识的流动商贩夺去了处女贞操。

一个十三岁的女孩不假思索地献身给一个她在街上遇到的男人，她不认识他，后来再也没有见过他。

M一点不落地向我们叙述她在十七岁时被一个不认识的年轻人夺去了处女贞操……她完全无知，任人摆布。

R十七岁半时被一个年轻男人夺去了处女贞操，她根本不认识他，是偶然在附近的医生那里遇到的，她替自己生病的姐妹去找医生。这个男子把她带到小汽车上，让她能快点回家，实际上，他从她那里得到他想得到的东西以后，就把她扔在大街上。

我们的主顾B一点不落地说，她十五岁半时“没想自己在做什么事”，被一个年轻人破了身，她后来再也没有见过他；九个月后，她生下一个非常健康的孩子。

S十四岁时被一个年轻人破了身，他把她拉到他家里，借口让她认识他的妹妹。事实上，这个年轻人没有妹妹，而他有梅毒，传染给了小姑娘。

R十八岁时在一个旧战壕被一个已婚的表兄破了身，她和他一起参观战场，他让她怀了孕，使她不得不离开家庭。

C十七岁时，一个夏夜，在海滩上被一个在旅馆里刚刚认识的年轻男人夺去了处女贞操，他们的母亲在离他们两个不过百米处闲谈。她得了淋病。

L在十三岁听无线电广播时被她的叔叔夺去了处女贞操，而她的婶婶喜欢早睡，那时安静地在隔壁房间里休息。

可以肯定，这些被动地屈从的少女，仍然感到失去处女贞操的创伤；人们很想知道，这种受残害的经历对她们的未来产生了多大的心理影响；但是人们不对妓女做精神分析，她们表述笨拙，用陈词滥调来搪塞。某些妓女随时准备委身于任何人，这一现象可以用我们已经讲过的卖淫幻想来解释：出于对家庭的怨恨，出于对萌生的性欲的恐惧，出于扮演大人的愿望，有一些非常年轻的少女模仿妓女；她们浓妆艳抹，结交男孩子，卖弄风情，挑逗男性；她们年纪还很小，没有性别，性欲冷淡，认为可以玩火而不受惩罚；总有一天，有个男人要求她们兑现，她们便从梦想滑向行动。

一个十四岁的年轻妓女说[①]：“门一旦撞开，要关上就难了。”然而，少女在失去处女贞操后，很少立即决定在街上拉客。

---

① 马罗《青春期》中所引。——原注

在某些情况下，她仍然依恋第一个情人，继续和他生活在一起；她从事“体面的”职业；当情人抛弃她时，另一个人来安慰她；既然她不再只属于一个男人，她认为可以委身于所有男人；有时，情人——第一个，第二个——暗示这种方法可以挣钱。也有许多少女是父母让她们成为妓女的：在某些家庭——如有名的美国的朱克家族[①]——凡是女人注定从事这门职业。在流浪的年轻姑娘中，也有大量被亲人遗弃的女孩，她们以乞讨开始，由此滑向卖淫。一八五七年，帕朗-杜沙特莱发现，在5000个妓女中，有1441个受贫困影响，1425个受人引诱，然后被抛弃，1255个被父母抛弃后走投无路。现代的调查差不多得到同样的结论。疾病时常迫使无法从事真正的工作或者失去工作的女人去卖淫，疾病破坏了不可靠的预算平衡，迫使女人匆忙地为自己创造新的收入来源。生孩子也有同样的结果。在圣拉扎尔监狱中，一半以上的女人至少有一个孩子；许多女人抚养过三至六个孩子；比扎尔医生举出其中一个人的例子，她生过十四个孩子，当他认识她时，其中八个还活着。他说，很少有人抛弃她的孩子；有时，正是为了抚养孩子，未婚母亲变成了妓女。其中，他举出了这个例子：

> 她是在外省被一个六十岁的老板夺去处女贞操的，当时她十九岁，还待在家里，她怀了孕，不得不离开亲人，她生下一个非常健康的女儿，非常得体地抚养她。分娩以后，她来到巴黎当奶妈，在二十九岁时开始花天酒地。她从三十三岁起卖淫。她如今走投无路、悲观绝望，要求能待在圣拉扎尔监狱。

① Jukes，美国社会学家理查德·达格代尔（Richard Dugdale，1841—1883）调查发现纽约州北部地区十三座监狱中的许多囚犯之间有血缘或姻亲关系，于是以朱克命名，这成为近代犯罪学研究的著名案例。

众所周知，在战争期间和战后危机中，卖淫也会流行。

在《现代》杂志部分发表的《一个妓女的生平》的作者[①]，这样叙述她的开端：

> 十六岁时我和一个比我大十三岁的男人结婚。我是为了离开父母才结婚的。我的丈夫只想让我生孩子。他说："这样的话，你就会待在家里，不出门。"他不希望我化妆打扮，不想带我去看电影。我要忍受婆婆的啰唆，她天天要来我家，总是说她的坏蛋儿子是对的。我的第一个孩子是个男孩，叫雅克；十四个月以后，我生下另一个男孩皮埃尔……由于我感到非常厌烦，我便开始上护理课，这使我很高兴……我进了巴黎郊区的女子医院。一个护士是个调皮的女孩，她告诉我一些以前我不了解的事。同我的丈夫睡觉是一件苦差事。六个月来我对男人没有一丝热情。有一天，一个驻扎在北非的法国士兵，一个厉害的家伙，不过是个漂亮的小伙子，走进我的私人房间……他让我明白，我可以改变生活，同他一起去巴黎，不再工作……他很会哄我……我决定同他一起走……有一个月我真正生活在幸福中……一天，他带来一个衣着入时的漂亮女人，说道："你瞧，这一位行情很走俏。"开始，我不干。我甚至在街区的诊所找到一个护士职位，让他明白，我不想上街拉客，但是我顶不了很长时间。他对我说："你不爱我。一个女人爱她的男人，便会为他干活。"我哭了。在诊所，我非常忧愁。最后，我被带到理发店……我开始卖淫！朱洛在后面跟着我，要看看我生意如何，并在警察要抓我时及时通知我……

---

① 她用玛丽-苔蕾丝的假名发表这篇故事，我就用这个名字来称呼她。——原注

这个故事在某些方面近似由权杆儿支配妓女卖淫的经典故事。有时，权杆儿的角色由丈夫来扮演。有时也由一个女人来扮演。路·费弗尔在一九三一年对510个年轻妓女进行过一项调查①；他发现，她们当中有284人是单身生活，132人同一个男友一起，94人同一个女友一起，一般说，是同性恋把她俩结合在一起。他举出如下的通信摘要：

> 苏珊娜，十七岁。我特别是同妓女一起卖淫。有一个妓女长时间留住我，她的嫉妒心很强烈，因此我离开了那条街……
>
> 安德蕾，十五岁半。我离开父母，和一个在酒吧里遇到的女友住在一起，我很快发觉，她想像一个男人那样爱我，我和她在一起待了四个月，然后……
>
> 让娜，十四岁。我可怜的爸爸名叫X，一九二二年，由于在战争中受伤，死在医院。我的母亲再嫁。我上学是为了得到文凭，得到后我要去学缝纫……由于挣得很少，我同继父开始争吵……我不得不到某某街X太太家当女佣。我和她年轻的女儿单独待在一起十天，这个姑娘约有二十五岁，我发觉她起了很大变化。有一天，她像一个年轻男子那样向我承认她的爱情。我犹豫不决，然后，由于生怕被辞退，我终于让步了；于是我明白了一些事……我工作，后来失业，不得不到树林那边，同女人卖淫。我认识了一位非常慷慨的太太。

女人时常只把卖淫作为提高收入的一项临时措施。但人们往往描绘她随后不能自拔。如果说“拐骗妇女逼其为娼”，也就是女人

① 见《监狱里居无定所的年轻妓女》。——原注

被暴力、假许诺、欺骗等等卷进去的情况相对罕见，常见的则是她不由自主地待下去。她开业所需要的资本由权杆儿或者老鸨提供，他们对她拥有权利，从她的收益中提取最大部分，她却无法从中摆脱出来。“玛丽-苔蕾丝”进行了好几年真正的斗争，才获得成功。

> 我终于明白，朱洛一心想要我的钱，我想，要是远离他，我可以存一点钱……开始，在妓院，我很胆小，我不敢接近顾客，对他们说“你上楼吧”。朱洛的一个同伙的妻子就近监视我，甚至计算我接客的次数……朱洛给我写信，说我应该每天晚上将钱交给老板娘，“这样做，别人就不会偷走你的钱……”我想买一条裙子，旅馆老板娘对我说，朱洛不许她把我的钱给我……我决定尽快离开这个旅馆。当老板娘知道我想走时，她没有像以前那样在接客之前给我放入棉花球①，我被抓住了，送到收容所……我不得不回到旅馆去挣盘缠……我在妓院只待了四个星期……在巴尔贝斯，我像以前那样干了几天，我非常恨朱洛，不能待在巴黎：我们互相谩骂，他打我，有一次几乎把我从窗户扔出去……我和一个职业介绍所的老板谈妥去外省。当我意识到这个老板认识朱洛时，我没有像约定的那样去赴会。老板手下的两个女人在贝罗街遇到了我，痛打了我一顿……第二天，我理好手提箱，独自出发到T岛去。过了三星期，我受够了旅馆生活，我写信给医生，让他来看我，检查我接客的情况……朱洛在马让塔大街看见了我，他打了我……我的脸从此破了相。我受够了朱洛。于是我签了一个合约，出发

① “这是用来麻醉淋球菌的棉花球，在接客之前给女人放进去，只有老鸨要摆脱有病的女人时，医生才发现她有病。”——原注

到德国去……

文学已经使“朱洛”的形象大众化了。朱洛在妓女的生活中扮演保护人的角色。他借钱给她买衣服，然后保护她对抗其他女人的竞争，也对抗警察——有时他本人就是警察——对抗嫖客。嫖客能够不付钱就消费会很高兴，有些嫖客很想在女人身上满足他们的虐待狂。几年前，在马德里，有一些法西斯纨绔子弟在寒冷的夜晚把妓女扔到河里，以此取乐；在法国，有些爱寻欢作乐的大学生有时把女人带到乡下，在夜晚把她们脱光衣服扔在那里。妓女为了收到钱，避免恶劣的对待，需要一个男人。他也给她精神支持，有些妓女说：“单独干会干得不那么好，不会那么一心投入，会任人摆布。”她时常对他产生爱情；正是因为爱情，她才选择这个职业，或者为这门职业辩解；在她的环境中，男人对女人有极大的优势：这种距离有利于宗教般的爱情，这就解释了某些妓女狂热的牺牲精神。她们在自己男人的暴力中，看到阳刚气的标志，越发顺从他。她们在他身边感到恋爱中的女人的嫉妒、痛苦，但也有快乐。

然而，妓女有时对他只感到敌意和怨恨：正是出于恐惧——因为他把她们掌握在手里——她们受他控制，正如上文我们在玛丽-苔蕾丝的例子中所看到的。于是，她常常在嫖客中选择一个“情人”，聊以自慰。玛丽-苔蕾丝写道：

> 所有的女人除了她们的朱洛以外，都有情人，我也一样，这是一个很俊的小伙子。尽管他床上功夫一流，但我却没有快感，不过我们彼此有很深的友情。他时常和我上楼，但不做爱，只是为了说说话，他告诉我，我应该摆脱这种生活，我的位置不在这里。

她们也同女人互相安慰。大量妓女是同性恋者。我们已经看到，在她们从事这种职业的开始，时常有同性恋的经历，而且许多妓女继续同一个女友生活在一起。根据安娜·鲁林的调查，在德国，大约有20%的妓女是同性恋者。费弗尔指出，监狱中的年轻女囚交换言辞狂热的色情书信，最后署上“为了生活，联合起来”。这些信和心里怀着“爱火”的女中学生互相写的信如出一辙。女中学生阅历尚浅，比较胆小；那些女囚不仅在字句上，而且在行动中感情已走到极端。可以在玛丽-苔蕾丝的生平中看到——她是被一个女人启蒙情欲的——在可憎的嫖客和颐指气使的权杆儿面前，这个“女伴”起着多么特殊的作用：

> 朱洛带来一个姑娘，一个连鞋都穿不上的贫穷女佣。在跳蚤市场给她买来了一切，然后她和我一起干活。她很可爱，再说她喜欢女人，我们相处融洽。她令我想起我向那个护士学到的一切。我们常常说笑，我们不去干活，而是去看电影。我很高兴她和我们在一起。

可以看出，女伴差不多起到在正派女人中间的知心女友扮演的角色：她是玩乐的伙伴，同她的关系是自由的、无偿的，因此是自愿的；妓女对男人感到厌倦，厌恶他们或者希望解闷，她正是时常在另一个女人的怀抱里去寻找放松和乐趣。无论如何，我谈到过的共谋直接把女人联结起来，在这种情况下比在其他任何情况下都更有力地存在。由于她们同一半人类的关系是商业性质的，社会整体把她们看做贱民，妓女在彼此之间紧密团结；她们有时是竞争对手，有时互相嫉妒、侮辱和打斗；但是她们深切地彼此需要，以构成一个“反宇宙”，她们在里面可以重新找到人的尊严；女伴是知己和特殊的见证人；正是她会鉴赏裙子和发式，这是用来勾引男人的工具，但在其他女人羡慕或赞赏的目光中，却显得像为了自身目的。

至于妓女和嫖客的关系，意见很分散，情况无疑多变。我们常常强调，她给心上人保留了嘴上的吻，即自发温情的表现，对她而言，爱情的交欢和职业的性交没有可比之处。男人的证词是可疑的，因为他们的虚荣心促使他们受到这种虚情假意的享乐的愚弄。应该说，在往往伴随着肉体筋疲力尽的“大量接客”、快速的接客、“宿夜”以及和一个熟悉的嫖客连续发生关系之间，情况非常不同。玛丽-苔蕾丝通常冷漠地从事她的职业，但她回忆起一些欢乐之夜；她有过“一时的钟情”，她说，她所有的同伴也都有过；有时，女人拒绝她喜欢的嫖客付钱，有时，如果他处于困境，她会提议帮助他。但总体说来，女人干这种事“很冷淡”。有些妓女对所有嫖客都只有掺杂着蔑视的无动于衷。玛丽-苔蕾丝写道：“噢！男人都是傻瓜！女人可以把她们所愿意的东西全部放进他们的头脑中！”但许多妓女对男人感到怨恨和厌恶；其中，她们对他们的恶习感到恶心。他们到妓院来要么是为了满足他们不敢对自己的妻子或者情妇承认的恶习，要么是因为来到妓院促使他们创造一些恶习，许多男人要求女人满足他们的“突发奇想”。玛丽-苔蕾丝特别抱怨，法国男人有无法满足的想象力。比扎尔医生照料的女病人告诉他，“凡是男人多少都有恶习”。我的一个女友在博荣医院和一个年轻妓女长谈过，这个妓女很聪明，一开始当用人，后来和她喜欢的一个杈杆儿生活在一起。她说：“所有的男人都有恶习，除了我的男人。正因如此，我爱他。万一我发现他有恶习，我就离开他。嫖客第一次总是不敢出格，神态正常；他再来时，开始想行动了……你说你的丈夫没有恶习：你往后看吧。他们都有恶习。”由于这些恶习，她憎恨男人。我的另外一个女友，一九四三年在弗雷讷[1]和一个妓女成为密友。这个妓女认为，她的嫖客中90%有恶习，50%左右是可耻的鸡奸者。那些表现出太多想象力的嫖客令她害怕。有个德国军官要求她光着身子，怀里抱着花，在房间里踱步，而他模仿一只鸟在飞翔；尽管他很殷勤、很宽容，可是每当她瞥见他时便逃走了。玛丽-苔蕾丝憎恨"想象力"，虽然这样做要价比普通性交高得多，而且往往要求女人付出的少。上述三个女人特别聪明和敏感。无疑，她们意识到，一旦她们不再受到职业常规的保护，一旦男人不再是一般意义上的嫖客，而个体化，她们便成为某种意识、某种任性的自由的猎物：这再也不是一次普通交易。有些妓女在这种"想象力"中却很有一套，因为收益更多。在她们对嫖客的敌意中，往往有一种阶级的反感。海伦妮·多伊奇长篇叙述安娜的故事，这是一个金黄头发的漂亮妓女，天真，一般情况下很温柔，但有时对某些男人要大发雷霆。她来自一个工人家庭；她的父亲酗酒，她的母亲有病：这对不幸的夫妇使她憎恶家庭生活，虽然在她的整个生涯中，常常有人向她求婚，她却根本不同意结婚。街区的年轻人使她堕落；她很喜欢她的职业；但得了肺病以后，别人把她送到医院里，她对医生切齿痛恨；她觉得"值得尊敬的"男人全都可恨；她忍受不了她的医生的彬彬有礼和关心。她说："我们难道不知道这些男人很容易就脱下和蔼、自尊、自我控制的假面具，行为像野蛮人吗？"除此之外，她在精神上是完全平稳的。她撒谎说有一个要抚养的孩子，除此之外她不说谎。她死于肺病。另外一个年轻妓女朱丽亚，从十五岁起便委身于她遇到的所有小伙子，她只喜欢贫穷和体弱的男人，她和他们在一起时温柔可爱，她

[1] Fresnes，巴黎附近的一个镇，设有监狱。

把其他男人看做“只配得到最恶劣对待的野兽”。（她有一种非常明显的情结，表现出无法满足的母性天赋：一旦有人在她面前说出母亲、孩子或者发音相近的词，她便激动万分。）

大部分妓女在道德上都适应她们的状况，这并不意味着她们是遗传的或者是天生的不道德，而是意味着她们有理由自认为融入要求她们服务的社会。她们很清楚，发给她们执照的警察的训话，纯粹是连篇废话，嫖客在妓院外所标榜的高调也吓唬不了她们。玛丽-苔蕾丝对她在柏林借住的面包店的老板娘解释说：

> 我呀，我喜欢所有的人。当牵涉到钱的时候，太太……是的，因为同一个不花钱的男人睡觉，到头来他同样会无端地想这个娘儿们是个娼妓；如果你让他付钱，他会把你看做妓女，是的，但这是个狡猾的女人；因为当你向一个男人要钱，你能肯定他马上对你说：“噢！我不知道你干这种营生。”或者说：“你有男人吗？”就是这样。付不付钱，对我来说是一码事。“啊！是的，”她回答，“你说得对。”因为我对她说，你要排半小时的队，才得到一张买鞋的票。我呢，我有办法对付这半小时。相反，我不用付钱就有鞋子，如果我善于用花言巧语骗人，别人就为我付钱。你看，我是对的。

并非道德和心理处境使得妓女难以忍受她们的生活。而是她们的物质条件在大多数情况下是可悲的。她们受到杈杆儿和旅馆老板娘的盘剥，生活在不安定中，她们当中四分之三的人一文不名。干了五年这种职业，约有75%的人染上梅毒，比扎尔医生是这样说的，他治疗过大批这样的妓女；其中，没有经验的未成年妓女很容易被传染上；约有25%的人因淋病并发症需要做手术。二十分之一的人有肺病，60%的人酗酒或者吸毒，40%的人不到四十岁便去世了。必须补充的是，尽管小心提防，她们仍然不时怀孕，一般是在恶劣条件下做手术的。低级的卖淫是一门艰难的职业，女人在性方面和经济方面受压迫，服从警察的淫威、令人屈辱的卫生监视和嫖客的任意摆布，有可能受到细菌和疾病的侵袭，生活贫困，这种卖淫确实使妓女降低到物的水平。[①]

从低级妓女到高级妓女，有很多等级。基本差别在于，前者以女人纯粹的一般性来做交易，结果竞争使她处于悲惨的生活水平，而后者竭力让自己的特殊性得到承认：如果她成功了，她就能期待高贵的命运。美貌、魅力或者性感在这里是必不可少的，但还不够：女人必须被舆论看中。她的价值往往是通过男人的愿望显露出来的，但只有在男人宣布她在世人眼中的价值时，她才能“扬名”。在上一世纪，是公馆、车马随从、珍珠宝贝，证明“交际花”对保护人产生的影响，并把她提升到半上流社会的地位；只要男人继续为她倾家荡产，她的价值就仍然得到肯定。社会和经济的变迁取消了布朗什·德·昂蒂尼这种类型的人物。再也没有能够在其中确定声誉的“半上流社会”。野心勃勃的女人正是以另一种方式竭力获得声誉。高级妓女的最新化身是女明星。被丈夫——这是好莱坞严格要求的——或者被一个严肃的男友紧紧跟随，她仍然属于弗丽内、因佩丽亚[②]、金盔[③]一类人物。她让女人成为男人的梦

① 显然，靠消极和虚伪的措施不能改变这种处境。要消除卖淫，必须有两个条件：要保证所有的女人都有一份体面职业；风俗不能给恋爱自由设置任何障碍。只有消除卖淫所适应的需要，才能消灭卖淫。——原注

② Imperia（1485—？），意大利交际花。巴尔扎克的小说《美丽的因佩丽亚》将她描述为成功勾引天主教红衣主教并对其施加影响的高级妓女。

③ Casque d'or，原名 Amélie Hélie（1879—1933），法国妓女，卷入巴黎黑帮斗争。

想，他们用财产和荣誉和她交换。

由于人们模糊地将美和情欲结合起来，在妓女和艺术之间总是有一条不确定的通道；事实上，产生欲望的不是美；但柏拉图式精神恋爱的理论为色情提供了虚伪的辩解。袒露胸脯的弗丽内在雅典法庭上让人观赏的是纯粹的观念。展示一个赤裸的身体，变成一场艺术表演。美国的“滑稽电影”将脱衣变成一种戏剧。“裸体是圣洁的”，那些老先生断言，他们以“艺术裸体”的名义搜集淫秽照片。在妓院，“选择妓女”的时刻已经是一种表演；一旦这一时刻复杂化，向嫖客提供的则是“活人画面”、“艺术姿态”。期望获得特殊价值的妓女不限于被动地展示她的肉体，她力图表现特殊才能。希腊的“吹笛女”以她们的音乐和舞蹈迷住男人。奥拉德奈勒①山区里跳肚皮舞的女人，在拉美国家的中国城起舞和唱歌的西班牙女人，不断地以优雅的方式将自身提供给爱好者去选择。娜娜②登台表演正是为了找到“保护人”。有些杂耍歌舞剧场，像以前的某些咖啡音乐厅一样，是普通的妓院。所有女人展露自身的职业都可以用于色情目的。当然，有些姑娘、舞女、跳裸体舞的女演员、陪酒女、性感美女、模特儿、歌女、女演员，不让她们的情欲生活侵害她们的职业；她们的职业越是涉及技术和创造，它就越是可能被看成目的；但为谋生而“抛头露面”的女人，往往想利用她的魅力来做更亲密的交易。反过来，妓女期待一种职业，作为托词。柯莱特笔下的莱亚这样回答称她为“亲爱的艺术家”的男友：“艺术家？确实，我的那些情人都非常不得体。”这样的女人非常少。我们已经说过，她的声誉给她一种商品价值：正是在舞台上或

---

① Ouled-Naïl，位于阿尔及利亚南部，聚居着游牧部落和半游牧部落。
② 左拉的小说《娜娜》的女主人公，是个妓女。

者在银幕上，可以给自己制造“一个名声”，它会变成一笔做生意的资本。

灰姑娘并非总是梦想着白马王子：她担心他作为丈夫或情人会变成暴君，她宁愿梦想自己笑容满面的形象贴在大型电影院门口。但往往正是依仗男人的“保护”，她才能达到自己的目的；正是男人——丈夫、情人、追求者——让她分享他们的财产或者声誉，证实了她的胜利。这种取悦个体和人群的必要，使“女明星”与高级妓女相类似。她们在社会中扮演相同的角色：我使用高级妓女这个词，指所有不仅仅把她们的身体，而且把她们整个人当做可以利用的资本的女人。她们的态度迥异于创造者的态度：后者在一部作品中超越自身的同时，也超越了既定条件，并在他人身上呼吁朝向未来的自由。高级妓女不揭示世界，不给人的超越性开辟任何道路①：相反，她力图征服超越性，为自己的利益服务；她在展现自己，获得崇拜者赞赏时，并不否认这种将自己奉献给男人的被动的女性特质，她让这种女性特质具有魔力，让她能够在自己在场的陷阱中抓住男性，供自己享用；她把男性同自己一起淹没在内在性中。

通过这条道路，女人成功地获得某种独立。她顺从好几个男人，最终不从属于他们中的任何一个；她积聚起来的金钱，她像推出一种产品一样“推出”的名字，保证了她经济自主。古希腊最自由的女人既不是主妇，也不是低级妓女，而是高级妓女。文艺复兴时期的妓女，日本的艺妓，和她们同时代的女人相比有无限大的自由。在法国，在我们看来最具有男性独立性的女人，也许是尼农·德·朗克洛。奇怪的是，这些极度利用女性特质的女人，给自己创

① 有时她也是一个艺术家，在竭力取悦人的同时，她也在创造和创作。于是，她要么可以兼顾这两种职能，要么超越卖弄风情的阶段，进入艺术家、歌手、舞蹈者等行列，我们稍后会谈到。——原注

造了几乎与男人相当的处境；她们开始时把自身作为客体奉献给男人，重新成为主体。她们不单像男人一样谋生，而且生活在几乎只属于男性的圈子里；她们作风和谈吐自由，可以提升到——像尼农·德·朗克洛一样——最罕见的精神自由。最出色的女人往往受到厌倦“正派女人”的艺术家和作家的包围。男性神话正是在高级妓女身上找到了它们最诱人的体现：她超越任何肉体、意识、偶像、启迪者、缪斯；画家和雕塑家愿意用她做模特；她孕育了诗人的梦想；知识分子正是在她身上探索女性“直觉”的宝藏；她比主妇更容易开窍，因为她不那么高傲而虚伪。天赋很高的女人不满足于伊吉丽亚的角色，她们感到需要以自主方式表现出他人的赞美给她们带来的价值，她们想把被动的品德转化成行动。她们作为至高无上的主体出现在世界上，写作诗歌、散文，画画，创作乐曲。因佩丽亚就是这样在意大利的妓女中变得有名。她也可能利用男人作为工具，通过这个中介施展男性的职能：那些“有名的宠姬”通过她们有权势的情人，参与治理世界。①

这种解放也可以表现在性爱方面。有时，女人在从男人那里索取来的金钱和效劳中，找到对女性自卑情结的补偿；金钱有一种净化作用；它消除了两性斗争。如果许多没有职业的女人坚持从她们的情人那里骗取支票和礼物，这不仅是出于贪婪：让男人付钱——下文我们会看到她也给他付钱——这是把他变成一个工具。女人由此避免自己成为一个工具；也许他以为“占有了她”，但是这种性的占有是虚幻的；是她在经济这坚实得多的领域占有了他。她的自尊心得到满足。她可以任由情人做爱；她没有向他人的意志让步；

① 同有些女人利用婚姻达到她们的目的一样，另外一些女人利用她们的情人作为达到政治、经济或其他目的的方法。她们超越了高级妓女的处境，正如其他女人超越了主妇的处境那样。——原注

快感不会是“强加”给她的，它显得更像是一种额外好处；她没有“被夺取”，因为付钱给她了。

然而，高级妓女有性欲冷淡的名声。善于控制自己的心情和肚子，对她是有用的：无论她多愁善感还是性欲强烈，她都有可能受到男人的支配，他会盘剥她，独占她，或者让她忍受痛苦。在她接受的做爱中，有许多情况——尤其在她的生涯开端——使她感到屈辱；她对男性傲慢的反抗通过性欲冷淡表现出来。高级妓女像家庭主妇一样，私下交流一些能让她们“装腔作势”的“诀窍”。这种对男人的蔑视和厌恶，清楚地表明，在这场剥削者和被剥削者之间的游戏中，她们对获胜没有一点儿把握。事实上，在绝大多数情况下，从属依然是她们的命运。

任何男人归根到底都不是她们的主人。但她们对男人的需要最迫切。如果男人不再要她，她就失去一切生存手段；初入娼门的妓女知道，她的整个未来掌握在他们手中；甚至缺乏男性支持的女明星，也看到自己的声望黯淡无光：奥森·韦尔斯离开丽塔·海华斯以后，她带着孤女的受气包神态在欧洲游荡，然后遇到阿里汗。最漂亮的女人也对明天没有绝对把握，因为她的武器是有魔力的，而魔力是反复无常的；她受到保护人——丈夫或者情人——牢牢的束缚，几乎就像一个“正派的”妻子受到丈夫束缚一样。她不仅要在床上为他服务，而且必须容忍他的存在、他的谈话、他的朋友，尤其他的虚荣心的要求。权杆儿在为姘妇支付高帮皮鞋、绸裙费用时，是在进行一项会给他带来利息的投资；实业家、制片商在送给女友珍珠和裘皮大衣时，通过她证实自己的财富和权势：不管女人是赚钱的手段还是花钱的借口，都是同样的奴役。压在她身上的赠予是锁链。她穿戴的这些衣服和首饰，真的属于她吗？男人有时在决裂后要求归还这些东西，就像以前萨沙·吉特里不失优雅的行径。为了“留住”保护人，不放弃自己的快乐，女人会运用破坏夫妇生活的诡计、手段、谎言、虚伪；即使她只是在假装唯唯诺诺，这种游戏本身也是有奴性的。如果她漂亮、有名，临时主人变得讨厌时，她可以选择另外一个主人。但美貌要花心思，这是一个脆弱的珍宝；高级妓女紧紧依赖时间无情损害的身体；对她来说，抗衰老的斗争最具有戏剧性。如果她享有巨大威信，她在面容和身材损毁以后仍能生存下去；但是，维持她最可靠的财产即声誉，要使她屈从于最严酷的专制，即舆论的专制。众所周知，好莱坞女明星陷入怎样的奴役状态中。她们的身体不再属于她们；制片商决定她们头发的颜色、她们的体重、她们的曲线、她们的体型；为了改变面颊的曲线，会拔掉几颗牙齿。节食、锻炼、试衣、打扮，是每天的苦差事。在“明星星事”栏目中，预测她们的出行和调情，私人生活只是公众生活的一个时刻。在法国，没有成文的规定，但谨慎和灵活的女人知道，“出名”要求她怎样做。拒绝屈从于这些要求的女明星会经历突如其来或缓慢的、却是不可避免的失势。只献出身体的妓女也许不像从事取悦人职业的女人那样受奴役。一个将真正的职业抓在手里，“功成名就”的女人——女演员、女歌星、舞蹈女演员——才华得到公认，摆脱了高级妓女的状况；她可以有真正的独立；可是，大多数人一生都处于危险中；她们必须毫不停歇地吸引观众和男人。

受人供养的女人将她的从属内化；她屈从于舆论，承认舆论的价值；她赞赏“上流社会”，遵循它的习俗；她愿意得到资产阶级准则的评价。她是富有资产阶级的寄生虫，接受它的观念；她“思想正统”；以前，她乐意将自己的女儿送到修道院，年纪大了，她自己去望弥撒，改宗闹得沸沸扬扬。她站在保守派一边。她对于成功地在这个世界上占有一席之地感到非常自豪，不希望它改变。她为了“向上爬”而进行的斗争，使她不具备友爱和人类团结的情感；她为成功付出太多的奴隶的顺从，所以不会真诚地希望普天下自由。左拉在娜娜身上强调这个特点：

> 在书籍和戏剧方面，娜娜有非常确定的见解：她喜欢柔和与崇高的作品，能使她遐想，心灵变得崇高……她激烈地反对共和党人。他们想干什么，这些从来不洗澡的肮脏家伙？难道大家不是很幸福，皇帝不是为老百姓做了一切吗？老百姓，可恶的下流坯！她了解老百姓，她可以评论老百姓：不，你看，对所有人来说，他们的共和国是巨大的不幸。啊！但愿天主尽可能长久地为我们保留皇帝。

在战争中，没有人比高级妓女更咄咄逼人地展示爱国心了；她们通过佯装的高贵情感，期望上升到公爵夫人之列。老生常谈、陈词滥调、偏见、守旧的激动，是她们的公开言论的实质，她们往往在心底里失去一切真诚。语言在谎言和夸张中失去了意义。高级妓女的整个一生是在炫耀：她的话语、她的模仿，并不是用来表达她的思想，而是用来产生一种效果。她对保护人上演爱情的戏码：她不时对自己演这出戏。她对舆论上演体面和威望的戏码：她最后以为自己是德行的典范和神圣的偶像。一种固执的自欺支配着她的内心生活，使她的谎话连篇变得真实自然。有时她的生活中有自发的情感：她不是完全不知道爱情；她有“情人”和“迷恋”；她有时甚至受到“伤害”。但是，过分看重任性、感情、乐趣的女人，会很快失去她的“地位”。一般说来，她对自己的幻想赋予通奸妻子的谨慎；她对制片人和舆论隐藏起自己；于是她不能给予“心上人”过多自身的东西；他们只是一种消遣，一种暂时的休息。再说，一般说来她过分渴望获得成功，不能忘我地投入真正的爱情。至于其他女人，高级妓女常常在肉体上喜欢她们；她是控制她的男人的敌人，在一个女友的怀抱里同时获得感官的休息和一种报复：娜娜在她亲爱的萨坦身边就是这样。与她期望在世界中扮演主动角色，以便积极地利用她的自由一样，她也乐意占有其他存在：非常年轻的男人，她甚至乐意"帮助"他们，或者年轻女人，她乐意供养她们，在她们身边，无论如何，她会是一个有男人味的人物。不管她是不是同性恋者，她会同全体女人保持我谈到过的复杂关系：她需要她们作为评判人和见证人、知己和同谋，为了创造这个一切受男人压迫的女人所要求的"反宇宙"。但女性的竞争在这里达到顶点。以自己的一般性做交易的妓女有竞争者，如果所有的妓女都有足够的工作，通过她们的争执本身，她们也会感到彼此是依赖的。力求"与众不同"的高级妓女，先验地敌视像她一样觊觎特殊地位的女人。在这种情况下，关于女性"行为恶毒"的著名题材所言非虚。

高级妓女最大的不幸在于，她的独立不仅是千百次从属他人的骗人背面，而且这种自由本身是消极的。像拉歇尔① 这样的女演员，像伊莎多拉·邓肯这样的舞蹈家，即使她们得到男人的帮助，也还要从事一门要求她们有能力，并证明她们生存必要性的职业，她们在自愿从事和热爱的工作中达到具体的自由。但对绝大多数女人来说，艺术、职业只是一种手段，她们没有投入真正的计划。尤其在电影中，明星要服从导演，不允许她有所创造和提高。别人利用她的存在，她不创造新东西。更不用说成为明星是很少见的。就

① Rachel Félix（1821—1858），法国悲剧女演员，十七岁进入法兰西喜剧院，出演高乃依和拉辛悲剧中的女主人公达二十年之久。

严格意义的“风流”来说，任何道路都不通向超越性。这里，仍然是无聊伴随着禁闭于内在性中的女人。左拉在娜娜身上指出了这个特点：

> 娜娜在奢侈的生活中，在一大群追求者中，仍然厌烦得要命。她夜里的每一分钟都有男人，连梳妆台的抽屉里都是钱，但这再不能满足她，她感到什么地方有点空虚，有一个令她打呵欠的空洞。她的生活无所事事地拖下去，带来同样的单调时刻……确信有人供养，使她整天躺在那里，不用费力做事，沉睡在担心和修女的顺从中，仿佛封闭在妓女的行当中。她在对男人的单一等待中以愚蠢的娱乐来消磨时光。

美国文学上百次描写过这种昏暗的无聊，它使好莱坞不堪重负，游客一到美国就被逼得喘不过气来：男主角和群众演员，与状况相同的女人一样也处在无聊中。甚至在法国，正式赴宴往往有如苦役。掌管小明星生活的保护人是一个年长的男人，他的朋友也是一些上年纪的男人：他们所关心的事与年轻女人无关，他们的谈话令她厌烦；这比资产阶级婚姻中，二十岁初入社会的女人和四十五岁的银行家一起度过日日夜夜有着深得多的鸿沟。

高级妓女为之牺牲快乐、爱情、自由的莫洛克[①]，就是她的职业生涯。主妇的理想，是有一种稳定的幸福笼罩着她与丈夫和孩子们的关系。“职业生涯”通过时间展开，但它仍然是一个内在对象，概括在一个名字中。这名字随着在社会阶梯上爬得越来越高，在海报和人们的口中也声势渐长。女人根据自己的气质，或谨慎或

---

① Moloch，《圣经》中迦南地区崇拜的异教神，以儿童作为祭品。

大胆地管理她的事业。这一个女人从中得到主妇将漂亮衣服折好放到大柜的满足，那一个女人尝到冒险的陶醉。女人时而局限于维持一个不断受威胁、有时要崩溃的地位，时而无休止地建立自己的名声，就像建造一座劳而无功的通天塔。有些女人将卖弄风情混杂到其他活动中，显得像真正的冒险家：她们是女间谍，像玛塔·哈里，或者是奸细；她们一般不是计划的策动者，她们更不如说是男人手中的工具。但总体而言，高级妓女的态度和冒险家的态度有相似性；她和后者一样，往往介于严肃与严格意义的冒险之间；她要获得现成的价值：金钱和荣誉；但她看重获得它们的事实，就像看重占有它们一样；总之，在她看来，最高价值是她的主体成功。她也以多少偏执的虚无主义来为自己的个人至上论辩解，但由于她敌视男人，认为其他女人是敌人，所以就更有信心坚持。如果她很明智，感受到道德辩解的需要，她就会援引多少被正确领会的尼采主义，她会确认精英人物对平庸人物的权利。她觉得自身是一个宝库，她的生存就是奉献：因此她在自我奉献的同时，认为是在为群体服务。忠于男人的女人之命运，受到爱情的纠缠：利用男性的女人，依赖于自我崇拜。她那么重视自己的荣耀，这不仅是出于经济上的考虑：她在其中寻求对自恋的神化。

第九章　从成熟到老年

女人的历史——由于女人还封闭在她的女性职能中——相比男人的历史更加取决于生理上的命运；这个命运的发展曲线，比男人的曲线更受到阻碍，更断断续续。女人生活的每一个时期都是平稳和单调的，但从一个阶段到另一阶段的过渡，都有危险的突发性；这种过渡以比在男性身上更有决定性的危机表现出来：青春期、性欲启蒙、绝经。男人是不断地衰老的，而女人是突然失去女性特点；在社会和她自己看来，她从生育中证明自己生存的必要性，获得幸福的机会，可她失去性的吸引力和生育能力时还很年轻：尽管失去了未来，她仍然约有一半成年人的生活要度过。

"危险的年龄"是以某些器官的紊乱为标志的[①]，但是给予这些紊乱以重要性的是它们具有的象征价值。那些基本上没有把希望寄托在女性特点上的女人，不是那么尖锐地感受到危机；那些工作繁重的女人——在家里或是在外面——在月经负担消失时感到放松；不断受到怀孕威胁的农妇、工人的妻子，当这危险终于能规避时，是幸福的。在这种时候，就像在其他许多时候一样，女人的不适不是来自身体本身，而是来自她对身体感到焦虑的意识。在生理现象出现之前，精神悲剧一般已经开始了，它要在生理现象消失很久之后才结束。

早在这最终的残缺不全之前，女人便受到担心衰老的困扰。成熟的男人已投入比爱情更重要的事业中；他的性爱热情不像青春期那样强烈；既然人们并不要求他具有客体的被动性质，他的面孔和身体的改变并不毁掉他的吸引力。相反，女人一般约在三十五岁最终克服了各种抑制，达到性的充分发展：正是在这时，她的欲望最为强烈，她最执着地想加以满足；她比男人更加把希望寄托在她拥有的性的价值上；为了控制住丈夫，得到保护，在她从事的大部分职业中，她必须讨人喜欢；人们只允许她通过男人作为中介来掌握世界：当她对他已经没有控制力的时候，她会变成怎样呢？这正是她焦虑地思考的，而这时她已无能为力地看到这个她等同的肉体在衰老；她斗争；但是，染发水、焕肤手术、整容手术，却只是延长在垂死挣扎的青春。至少她可以对镜子耍花招。当要在她身上摧毁青春期建造的整座大厦这不可逆转的必然过程成形时，她感到死亡的必然性。

人们以为，最热烈地迷恋自己的美和青春的女人，经历最难熬的不安；但其实不然；自恋的女人过于关注自己的身体，不会预见不到不可避免发生的情况或者没有安排撤退的位置；当然，她会对自己人老珠黄感到痛苦，但是至少，她不会感到意外，会很快适应。忘我的、忠诚的、献身的女人被突然的新发现搅得心乱如麻。“生命只有一次，这是我以前的命运，如今我成了这样！”令她周围的人惊讶的是，在她身上产生了彻底的变化：这是因为，她离开了自己幽居的地方，摆脱了自己的计划，她突然感到自己孤立无援，面对着自己。她越过意外撞上的这块界石，觉得自己只是徒具

---

① 参阅《第二性 I》第一章。——原注

形骸地活着；她的身体不会有什么指望了；她没有实现的梦想和欲望，将永远也不能实现了；正是在这种新前景中，她转向了过去；告别过去，算一下账的时刻来到了；她作出了总结。她对生活强加给她的狭隘限制感到惊惶。面对她本人这短暂的令人失望的经历，她重新恢复青少年时代站在不可知的未来前的行为：她拒绝它的有限性，她以自己人格含糊的丰富去对抗自己生存的贫乏。由于作为女人，她多少被动地经历了她的命运，她觉得别人夺走了她的机会，欺骗了她，她从青年时代过渡到成熟时期，却没有意识到。她发现她的丈夫、她的圈子、她的操劳都和她不相称，她感到自己不被人理解。她孤立于周围的人，自认为略胜一筹；她怀着藏在心里的秘密（这是了解她的不幸命运的神秘钥匙）封闭起来；她寻求尝试一遍她还没有用尽的可能性。她开始写私人日记；如果她找到善解人意的知己，她就投入到没完没了的谈话中；她日夜反复思考她的憾事和不满。就像少女梦想她的未来将是怎样的，她回忆她的过去本可以是怎样的；她回忆自己放过的机会，构想出往昔的美好小说。海伦妮·多伊奇举出一个女人的例子，她很年轻的时候就摆脱了一桩不幸的婚姻，然后在第二个丈夫身边度过漫长的平静岁月；在四十五岁时，她开始痛苦地怀念第一个丈夫，沉溺在忧伤中。对童年和青春期的思念又活跃起来，女人反复地无休止地讲述自己年轻时的故事，对父母、兄弟姐妹和童年朋友深藏的情感重新激发出来。有时，她浮想联翩，沉浸在消极的忧郁情绪中。可是，她往往突然想挽救自己失败的生存。她通过同自己平庸的命运作比较后刚刚发现的这种个性，她夸耀它，展示出来，她赞美它的优异之处，她迫切要求别人公正地对待。经验使她成熟，她认为自己终于能够突出自己，她想重整旗鼓。首先，她付出感人的努力，想阻止时间前进。一个做了母亲的女人认为她还可以生育，她热烈地企图再一次创造生命。一个性欲强烈的女人竭力征服一个新情人。轻佻的女人比以往更加想取悦于人。她们都宣称从来没有感到过自己这样年轻。她们想说服他，时间流逝没有真正触动过她们；她们开始“穿得年轻”，故作天真。衰老的女人很清楚，如果她不再是一个肉欲对象，这不仅是因为她的肉体不再给男人带来鲜嫩的感受，也是因为不管她愿意与否，她的过去、她的经验把她变成了一个人；她为自己斗争过、爱过、期待过、痛苦过，享受过；这种自主令人害怕；她想否认这种自主；她夸大自己的女性特点，她打扮，喷香水，让自己变得迷人、妩媚，变成纯粹的内在性；她带着天真的目光和孩子的声调欣赏男性对话者，滔滔不绝地提起小姑娘时的回忆；她不在说话，而是在唧唧喳喳，拍着手，放声大笑。她是带着一种真诚来演这出戏的。因为她投身的新兴趣，她要摆脱旧常规和重新开始的愿望，给了她从头再来的印象。

其实，这不是真正的开始，她在世界上没有发现可以通过自由而有效的行动达到的目标。她的激动有一种古怪的、不连贯的、徒劳的形式，因为它只用来象征性地弥补过去的错误和失败。例如，女人趁着时机尚好，竭力实现她童年和青少年时代的所有愿望：这一位重新练钢琴，那一位开始雕塑、写作、旅行，她学滑雪、外语。凡是她至今拒绝去做的一切，她决定——始终趁着为时不太晚——接受下来。她对以前自己容忍的丈夫表明厌恶，她在他怀里变得冷淡；或者相反，她投入到以前被自己约束的热情中；她用一大堆要求为难他；她回到童年以来放弃的手淫。同性恋倾向——以潜伏的方式存在于几乎所有女人身上——显现出来。她常把这种倾向转向女儿，但有时，这种异乎寻常的情感也转向女友。罗姆·兰道在他的著作《性、生活和信念》中，叙述了当事人告诉他的如下故事：

X 太太接近五十岁，她结婚二十五年，三个孩子都已成年，她在自己所在城市的社会组织和慈善组织中占有重要位置。她在伦敦遇到一个比她年轻十岁的女人，这个女人也像她一样忠于社会事业。她们成为了朋友，Y 小姐提议下一次旅行在她家下榻。X 太太同意了，在她逗留的第二天晚上，她突然热烈地拥抱她的女主人；她好几次保证丝毫没有想到过会发生这种事；她和她的女友过了一夜，然后惊恐地回到家里。迄今为止，她对同性恋全然不知，她甚至不知道“这样的事”会存在。她热烈地思念着 Y 小姐……她生平第一次感到丈夫的抚摸和天天的接吻并不令人愉快。她决定再见一次女友，“把事情弄清楚”，她的激情不断增长；这种关系使她充满了欢乐，这是她至今从未经历过的。但她受到罪恶感的折磨，向医生咨询，想知道对自己的状态是否有“科学的解释”，在道德上能不能得到辩解。

在这个例子中，当事人屈服于自发的冲动，因此而受到深深的困扰。但往往是女人故意体验她没有经历过的浪漫故事，因为不久她就再也无法经历了。她远离自己的家，既是因为她觉得这个家与她不相称，希望孤独，也是因为想追求冒险。如果她遇到了，她就贪婪地投入。在施特克尔提供的这个故事中也是这样：

B. Z. 太太四十岁，有三个孩子，结婚已经二十年，她开始认为没有得到理解，错过了一生；她投入各种新的活动，其中，她到山里滑雪；在那里，她遇到一个三十岁的男人，她成了他的情妇；但是不久，他爱上了 B. Z. 太太的女儿。她同意他们结婚，为的是把她的情人留在身边；在母女之间有同性恋，虽然未明言，但很强烈，这部分解释了她的决定。然而，不久，情况变得不可忍受，情人有时在夜里离开母亲的床，到女儿那里。B. Z. 太太企图自杀。正是在这时——她四十六岁——她得到施特克尔的治疗。她决定决裂，她的女儿也放弃了结婚计划。B. Z. 太太于是重新变成模范妻子，沉迷在宗教信仰中。

受体面和贞操压抑的女人，总是不会发展到付诸行动。但是，她的梦充满了她在昨夜产生的肉欲幻想；她对孩子们表现出强烈的肉感温情；她对儿子怀着乱伦的困扰；她暗暗地爱上一个又一个年轻男人；像青少年时代一样，她受到希望被强奸的念头的折磨；她也经历卖淫幻想的诱惑；在她身上，又想又怕的矛盾心理，产生焦虑，有时会导致神经官能症：于是她的亲属对她的古怪行为感到震惊，其实这些行为只不过反映了她的想象生活。

在这个精神紊乱时期，想象和真实之间的界线，比青春期还要更加不确定。在经历衰老的女人身上，最明显的特征之一是，失落感使她失去一切客观标准。那些十分健康却近距离见到过死亡的人，也说感受到一种一分为二的奇怪印象；当一个人感到自身是意识、主动性和自由时，命运所操纵的被动客体必然以他者的面目出现：被汽车撞倒的不是我，镜子反映出形象的这个老女人不是我。“从未感到自己这样年轻”和从未看到自己这样年老的女人，无法调和自我的这两个方面；时光流逝和时间延续对她的吞食，都是在梦中。因此，现实远离而去，减弱了。同时，它不再与幻想区别开来。女人更相信内心明显感到的事实，而不相信这个陌生世界，在这个世界里，时间朝后倒退，她的分身不再像她，各种事件出卖了她。因此，她准备迷醉、感悟、极度兴奋。既然爱情比任何时候更加成为她主要关注的事，她沉迷于被爱的幻想是正常的。十分之九的色情狂是女人，她们几乎都在四十岁至五十岁之间。

然而，并非所有人都能这样大胆地跨越现实之墙。许多女人甚至在她们的梦想中都被剥夺了一切人类之爱，在天主那里寻找援助；卖弄风情的女人、风流女人、放荡女人，正是在绝经时信仰宗教；女人在人生之秋开始时抱有的关于命运、秘密、不被理解的人格的模糊观念，在宗教中找到理性的统一。虔诚的女人把她失败的生活看做天主给以的考验；她的心灵在不幸中汲取异乎寻常的价值，这些价值使她能得到天主的特殊眷顾；她乐意相信，上天给她启迪，甚至——像克吕登纳夫人①——相信上天威严地让她承担一个使命。由于她多少失去了真实感，在这种危机中能接受一切启示，精神导师有条件对她的心灵产生强有力的影响。她也热情地接受更有争议的权威；她注定是教派、通灵论者、预言者、没有执照的医生、江湖医生的猎物。这不仅是因为她在同既定世界失去接触时也失去了一切批判精神，而且因为她渴望终极真理：她需要掌握药方、公式和突然拯救世界的同时也拯救她的钥匙。她比任何时候更加蔑视不能明显用于她的特殊情况的逻辑；对她来说，只有专门用于她的论据才有说服力：于是启示、神灵感应、启迪、征兆，甚至奇迹，都开始在她周围盛行。她的发现有时把她带往行动的道路：她投入做生意、事业、冒险中，某个顾问或者内心的声音提示她这样做。有时，她限于把自己神化为真理和绝对智慧的持有者。她的态度不管是主动的还是静观的，都伴随着狂热的兴奋。绝经的危机将女人的生活粗暴地一分为二；正是这种不连贯给了女人过“新生活”的幻想；在她面前展开的是另一个时期：她带着宗教皈

① Barbara Juliane von Krüdener（1764—1824），俄国作家，神秘主义者，著有《思想录》和自传体小说《瓦莱丽》等。

依者的热忱接触这种生活；她皈依爱情、生活、天主、艺术、人类：她消失在这些实体中，变得崇高。她死而复生，以洞悉彼世奥秘的目光看待人世，以为飞向从未被触摸过的顶峰。

但人世没有改变，顶峰依然不可到达，获得的信息——哪怕多么耀眼——难以辨别，内心的光芒熄灭了，在镜子面前，女人比昨天老了一天。继激奋的时刻之后，是衰退的沮丧时刻。机体表明了这种有规律的运动，因为激素分泌减少，由垂体的过分活跃为补偿，但尤其是心理处境支配着这种变换。因为激动、幻想、兴奋只是一种对过去命运的反抗。焦虑重新抓住已经被生活消耗尽的女人，虽然死神还没有迎接她。她非但没有与绝望抗争，反而往往选择被绝望毒害。她反复地斥责、后悔、非难；她想象邻居和亲属在制造阴谋诡计；如果她有一个姐妹或者同年龄的女友与她的生活紧密结合，她们就往往一起构建被迫害的妄想。尤其是她开始对丈夫产生一种病态的嫉妒：她嫉妒他的朋友们、他的姐妹们、他的职业；不管有理无理，她指责某个竞争对手要对她的全部苦恼负责。嫉妒的病理案例正是在五十至五十五岁之间出现最多。

绝经造成的困难，在不肯承认变老的女人身上会延续下去，有时直到她去世；如果她除了自己的魅力可以利用，别无他法，她就寸步不让地进行斗争，以便保持魅力；如果她的性欲依然旺盛，她也会激烈地斗争。这类例子并不少见。有人问梅特涅亲王夫人，一个女人到多大岁数才不受肉体折磨，她说："我不知道，我只有六十五岁。"据蒙田看来，只给女人带来"很少快意"的婚姻，随着她岁数增长，会变成一种越来越没有效力的药物；当她终于开始产生狂热的欲望时，她的丈夫早已忍受着她的性欲冷淡了：他已经适应。而她则要在成熟时为年轻时的抗拒和冷淡付出代价。由于习惯和时间的推移，妻子失去了魅力，几乎没有机会再唤起夫妇生活的热情。她很气恼，决定“过放纵的生活”，她会比以往更少顾忌——如果她有过顾忌的话——去寻找情人，可还得他们乐意：这是对男人的追逐。她施展千百种诡计：她以假装献身硬要别人接受自己，她把礼貌、友谊、感激变成陷阱。她不仅仅出于对鲜嫩肉体的兴趣，向年轻男人进攻：只有从他们那里，她才能希望获得这种无私的温情，那是青年人有时对母亲般的情妇所感受到的；她自己变得咄咄逼人，有支配欲：正是谢里[①]的温顺同他的俊美一样，使莱娅感到满足；德·斯达尔夫人过了四十岁以后，为自己挑选了能以她的威望压倒的年轻侍从；再说，胆小的、没有经验的男人更容易屈服。当引诱和诡计表明确实无效时，执着的女人就只剩下一个办法：付钱。中世纪关于“卡尼维”[②]的民间故事阐明了这些不可餍足的女妖怪的命运：一个年轻女人向她的每一个情人要求一把小“卡尼维”，作为她献身的回报，她把它们放在橱柜里；橱柜摆满的一天到来了，但这时候，是她的情人们开始在每个做爱之夜后向她要求一把卡尼维；不用多久，橱柜就空了；所有的卡尼维都归还了：必须再去买一些。有些女人玩世不恭地对待这种处境：她们年老色衰，轮到她们“归还卡尼维”。在她们看来，金钱甚至能起到对妓女来说相反的作用，但同样是一种净化作用：它把男性变成一种工具，让女人能够得到她年轻时的自尊心拒绝的性爱自由。但情妇兼施恩惠者往往更多是出于浪漫而不是清醒，企图购买温情、欣赏和尊敬的幻景；她甚至说服自己，她是为了献身的乐趣而献身，而不向他提出任何要求：这里年轻男子仍然是首选，因为可以向他夸耀母爱般的慷慨；再说，他也有这种男人向他“帮助”过的

① Chéri，柯莱特的同名小说的主人公。
② cannivet，一种餐刀。

女人同样索取的一点“神秘”，因为这样的话，交易的粗俗就掩盖在谜中。但自欺要长期保持宽厚的面目是很少见的。两性的斗争会变成剥削者与被剥削者之间的一场决斗，女人被愚弄和被嘲笑，有遭到残酷失败的危险。如果她是谨慎小心的，用不了太久，就会忍耐着“被缴械”，即使她的热情还没有全部熄灭。

从女人承认变老那一天起，她的处境改变了。至今，她还是一个年轻女人，与神秘地使她变丑和变形的不幸作激烈斗争；她变成一个无性别的、但达到完成阶段的不同的存在：一个上年纪的女人。可以认为，这时她绝经的危机已经过去。但不应该下结论说，今后她的生活变得容易。当她放弃与时间的厄运斗争时，另一种战斗开始了：她必须在人间保持一席之地。

女人正是在她的秋天和冬天摆脱枷锁；她以自己的年龄为借口，逃避压在身上的苦差事；她太了解自己的丈夫，不再被他吓倒，她避开他的拥抱，在他身边——以友好的、冷淡的或者敌意的态度——安排属于自己的生活；如果他比她老得快，她就把夫妇的领导权掌握在自己手里。她也可以让自己不顾时尚和舆论，她免去上流社会的义务、不再关心节食和美容，就像谢里重新看到的莱娅摆脱了女裁缝、出售紧身褡的老板娘、理发师，怡然自得地随意吃喝。至于她的孩子们，他们已经长大，不再需要她，他们结了婚，离开了家。她摆脱了义务，终于发现自己的自由。不幸的是，在每个女人的历史里，重复出现我们在女人的历史中看到过的这个事实：她是在无事可做的时候发现这自由。这种重复并非偶然：父权制社会给予一切女人的职能受奴役的面貌，女人只有在失去一切有效性时才摆脱奴役地位。将近五十岁时，她充分占有自己的力量，感到自己富有经验；男人正是接近这个年龄时达到最高的地位、最重要的岗位，至于她，她已经要退休了。人们只告诉过她要忠诚，如今任何人都不再要求她忠诚。她变得无用，不能证明自己生存的必要性，她望着余生毫无希望的漫长岁月，喃喃地说：“没有人需要我了！”

她没有马上逆来顺受。有时她苦恼地缠住丈夫，她比以往更加迫切地给他无微不至的照顾，但夫妇生活的常规过于确定了，要么她早就知道，她对丈夫不是必不可少的，要么他觉得不必执着于证明她生存的必要性。维持他们的共同生活，是与孤独地照顾自己一样无关紧要的任务。她怀着希望转向她的孩子们：对他们来说，一切还没有定局，世界和未来在向他们开放，她想跟在他们后面投入进去。晚育的女人有优势：正当别的女人当祖母时，她仍然是一个年轻的母亲。但一般说来，在四十至五十岁时，母亲看到自己的孩子变成大人。正是在他们摆脱她的时候，她殚精竭虑地要通过他们生存下去。

她的态度根据她指望晚年依靠儿子还是依靠女儿而有所不同，她一般把自己最迫切的希望寄托在儿子身上。他是最终从往昔的深处走向她的人，她以往在地平线上看到他美妙的显现；从新生儿最初的啼哭开始，她等待着他把父亲无法满足她的一切财富给予她的那一天到来。在这期间，她打过他耳光，整治过他，但她统统忘了；她怀胎十月的这个人，已经是统治世界和女人命运的那些半神之一：现在，他要承认她做母亲的光荣。他要保卫她对抗丈夫的至高无上，替她报复她有过和没有过的情人，他是她的解放者，她的救星。她在他面前重拾少女窥伺白马王子时使用的引诱和炫耀手段；当她在他身边依然优雅、迷人地散步时，她希望自己就像他的“姐姐”；如果他又嘲弄又尊敬地逗弄她和推搡她——模仿美国电影的男主人公——她会感到心醉神迷：她怀着骄傲而又谦卑的心情，承认这个她孕育的男子拥有男性的优越。到什么程度才能将这些情感看做乱伦呢？可以肯定的是，当她想象得意地靠在儿子的胳膊上，“姐姐”一词腼腆地表达出模糊的幻想；当她睡着和不经意时，她的梦想有时把她载得很远；但我已经说过，梦想和幻想远远不能表达一个真实行动隐藏着的欲望：它们常常自足，一种只要求在想象中餍足的欲望。当母亲以多少掩饰的方式将儿子看做情人，以此为乐的时候，这只不过是一种游戏。真正意义上的性爱，通常在这一对中没有多少位置。但这是一对；母亲正是从女性的内心出发，把她的儿子推崇为至高无上的男人；她以恋爱中的女人一样的热情，把自己置于他的掌握之中，作为这种奉献的交换，她指望上升到神灵的右边。为了获得这种像圣母升天的荣耀，这个恋爱中的女人求助于情人的自由：她慷慨地承担风险，代价是她提出令人焦虑的要求。母亲认为，仅仅由于生育，她就获得了神圣的权利；她等待她的儿子在她身上认出自己，把他看做自己的创造物和财产；她不像他的情妇要求那样多，因为她的自欺更平静；由于创造了一个肉体，她把一个存在变为自己的存在：她把他的行动、作品、贡献据为己有。赞美她的成果，也就是把她本人捧上天。

间接地生活始终是不可靠的方法。事情可能会不像期望那样发展。往往儿子只是一个饭桶，无赖，碌碌无为的人，没出息的人，忘恩负义的家伙。母亲对他应该体现的英雄有自己的想法。没有什么比本真地尊重孩子的人格，甚至失败也承认他的自由，和他一起承担一切诺言带来的风险的母亲更少见的了。人们往往更多遇到这样的母亲，她们仿效受到高度赞扬的斯巴达女人，后者愉快地让后代不光荣毋宁死；儿子在人世间要做的是为了共同的利益掌握她尊重的价值，以此证明母亲生存的必要性。母亲要求孩子—天神的计划符合她自己的理想，而且能保证成功。凡是女人都想生出一个英雄，一个天才；但所有英雄和天才的母亲开始时都埋怨他们伤透了她们的心。男人往往违背了母亲才获得她梦想用以装饰的战利品，他将战利品扔到她脚下时，她甚至还认不出。即使她原则上赞成儿子的事业，她仍像恋爱中的女人一样被矛盾折磨得撕心裂肺。为了证明他的生命——还有母亲的生命——的必要性，他必须朝着目的超越它；为了达到目的，导致他损害自己的健康，经历危险，但当他把某些目的置于活着这一纯粹事实之上时，他否认母亲给予他的奉献的价值。她为此感到震惊。只有当她产生的这个肉体对他而言是至善时，她才对男人产生至上的影响。他没有权利毁掉她在痛苦中完成的这件作品。她在他的耳边不断地讲："你会疲劳不堪，你会病倒，你会有不幸。"然而，她很清楚，活着是不够的，否则生育本身会变得多余；如果她的后代是一个懒鬼，一个懦夫，她第一个会感到愤怒。她永远不休息。当他出发去打仗时，她希望他活着回来，而且获得勋章。她希望他在事业上能"往上爬"，但也担心他劳累过度。不管他做什么，她总是担心，无能为力地看着他事业的进程，而她无法控制：她担心他走上歧途，担心他不成功，担心他成功时病倒。即使她信赖他，年龄和性别的差异也不允许她和儿子之间建立真正的合作，她不了解他的事务，他不要求与她合作。

因此，即使母亲以毫无节制的骄傲赞赏儿子，她仍然不满足。她认为不仅产生了一个肉体，而且创造了一个绝对必要的存在，感到自己回顾往事得到了生存必要性的证明；但享受权利不是工作，为了填满日子，她需要延续她的善行；她希望感到自己对她的天神是不可或缺的，忠诚的骗局在这种情况下会以最粗暴的方式被揭穿：妻子会剥夺她的职能。人们经常描绘她对这个"夺走"儿子的外来人怀有敌意。母亲已把分娩这偶然的人为性提升到神圣秘密的高度，她拒绝承认人的决定可以具有更大的分量。在她看来，价值已经统统确立，它们来自本性和过去，她不了解自由介入的价值。

她的儿子有赖于她才获得生命，他对这个昨天还不认识的女人欠下什么呢？她正是通过某种魔法说服他相信，至今还不存在的联系是存在的；她玩弄阴谋，谋求私利，十分危险。母亲急不可耐地等待欺骗大白于天下；她受到善良母亲用双手包扎坏女人造成的伤口这个古老传说的鼓励，在儿子的脸上观察遇到不幸的痕迹：即使他否认，她仍然能发现；他还什么也没有抱怨，她便可怜他；她窥测她的儿媳妇，批评她，用过去和习惯反对她的一切革新；这过去和习惯在责备闯入者的存在本身。每一个女人都以自己的方式理解所爱的人的幸福，妻子希望在他身上看到这样一个男人，通过他，她能控制世界，母亲为了留住他，力图把他带回童年，她以他本性难移的法则去反对年轻女人的计划，后者期待丈夫变得富有和重要：他是脆弱的，不应该劳累过度。当轮到新来者怀孕时，过去和未来之间的冲突扩大了。“孩子的出生就是父母的死亡”，正是这时，这个真理具有全部残酷的力量：希望在儿子身上存活下去的母亲，明白他判决了她死刑。她给了他生命：生命在没有她的情况下会延续下去；她不再是母亲：仅仅是一个环节；她从永恒偶像的天空跌落下来；她只是一个完结的、过时的个体。正是这时，她的仇恨从病态发展到神经官能症，或者导致犯罪。勒菲弗尔太太正是在得知长期憎恨的儿媳妇怀孕时，决定谋杀她的。①

在正常情况下，祖母能克服她的敌意；有时，她执着地认为婴

---

① 1925 年 8 月，北部省的一个资产阶级女子勒菲弗尔太太，六十岁，与丈夫和孩子们生活在一起，在一次坐汽车旅行时杀死了已怀孕六个月的儿媳妇，当时她的儿子在开车。她被判处死缓，在一个禁闭所里结束了生命，她在里面没有表示丝毫的后悔；当她“像锄草和拣掉坏种子一样，像杀死一头野兽一样”杀死儿媳妇时，她认为受到天主的赞许。她对这种野蛮行为给出的唯一证词是，年轻女人有一天对她说：“你现在有了我，因此，现在必须重视我。”她疑心儿媳妇怀孕以后，买了一把手枪，说是用来防备盗贼。绝经后，她绝望地抱着要做母亲的念头：十二年来，她幻想自己怀了孕，并因此感到不适。——原注

儿只是她儿子的孩子，她以专横的态度去爱孩子；但一般说来，年轻的母亲、外祖母都要求照管这个孩子；祖母出于嫉妒，对婴儿有一种模糊的爱或者把敌意隐藏在焦虑的面目之下。

母亲对长大的女儿的态度是矛盾的：她在儿子身上寻找的是一个天神；她在女儿身上找到的是一个分身。“分身”是一个模糊的人，它杀死生出它的人，正如在爱伦·坡的故事、在《道连·格雷的画像》、在马塞尔·施沃布叙述的故事中所看到的那样。因此，长大成人的姑娘将她的母亲判处了死刑，然而她允许母亲活下去。按照母亲在她的孩子发育期间看到的是毁灭还是复活的前途，她的行为有很大不同。

许多母亲死硬地保持敌意；她们不接受被欠自己一条命的忘恩负义的女人来代替；人们常常强调爱打扮的女子对揭露她的矫揉造作的花季少女的嫉妒：把一切女人都看成竞争者的女人，甚至把自己的孩子也当做竞争者来憎恨；她远离女儿，或者把女儿禁闭起来，或者设法不让女儿有机会。认为自己作为妻子和母亲独一无二、堪称典范，因而感到荣耀的女人，仍然坚决拒绝受到废黜；她继续断定，她的女儿只不过是一个孩子，把女儿所做的事视为儿戏；她太年轻，不能结婚，太娇弱，不能生育；如果她执着地想要一个丈夫、一个家庭和孩子，这仅仅是故作姿态；母亲不厌其烦地批评、嘲笑或者预言不幸。如果可以的话，她会把女儿判定处在永恒的童年阶段；否则，她会竭力毁掉女儿企图窃取的成人生活。我们已经看到，她往往会成功：许多年轻女人由于这种不利的影响，始终不育或流产，不能哺乳，不能抚育孩子，或不能管理家务。夫妇生活变得不可能。她们是不幸的，孤独的，在母亲威严的怀抱里找到藏身之地。如果她们抗拒母亲，两者就会出现持续冲突，受伤害的母亲会将女儿蛮横无理的独立在她身上产生的大部分愤怒发泄在女婿身上。

狂热地等同于女儿的母亲，仍然是专横跋扈的；她希望拥有成熟的经验，重新开始一次青春：她通过摆脱过去来挽救过去；她会为自己选择一个女婿，这个女婿符合她不曾有过的梦想的丈夫的模样；她卖弄风情，十分温柔，设想他在心中的某个区域娶的是她；通过她的女儿，她会满足自己以往富有、成功、获得荣耀的愿望；人们常常描绘那些狂热地“促使”女儿走上卖俏、电影或者戏剧道路的女人；她们以监督女儿为借口，将女儿的生活掌握在自己手中：有人给我举出一些女人的例子，她们甚至把女儿的追求者带到自己床上。但少女很少会长期忍受这种监护，一旦她找到一个丈夫或者一个认真的保护人，就会反抗。开始喜欢女婿的岳母于是对他变得敌视；她哀叹人性的忘恩负义，摆出受害者的姿态；轮到她变成一个有敌意的母亲。许多女人预见到这些失望，当孩子长大时，她们在冷漠中故作高傲，但她们很少从中得到乐趣。一个母亲必须将慷慨与超脱做出罕见的结合，才能在孩子们的生活中获得充实的感受，而不会成为暴君，也不会作为刽子手去改变他们。

外祖母对孙辈的感情延续了她对女儿的感情：她往往把敌意转到他们身上。很多女人不仅出于对舆论的考虑，强迫她们受诱惑的女儿人工流产，放弃孩子，使之消失，她们万般不愿让她做母亲，她们固执地想独自掌握这个特权。甚至对合法的母亲，她们也乐意建议她不要孩子，不要给孩子哺乳，远离孩子。她们会冷漠地否认这个粗鄙的小生命，或者不断地一心要斥责孩子，惩罚孩子，甚至虐待孩子。相反，把自己等同于女儿的母亲，常常比年轻女人更加迫切地迎接第三代。年轻女人由于陌生的小家伙到来而感到张皇失措，外祖母却重温这种心情：她穿越时光倒退二十年，重新变成一个年轻产妇；很久以来她的孩子们不再给她的占有和支配的所有快乐又回到她身上，绝经时她放弃做母亲的一切愿望，又奇迹般得到满足；真正的母亲是她，她作为权威负责照料婴儿，如果让她去管婴儿，她会热烈地献身于孩子。对她来说，不幸的是年轻女人坚持要确认她的权利，外祖母只允许起到以前她的女性长辈在她身边所起的助手作用，她感到自己被废黜了，再说，必须重视她的亲家母，她自然会嫉妒后者。怨恨往往败坏她对孩子自发的爱。人们时常在外祖母身上注意到的焦虑反映出她们感情的矛盾：她们只在婴儿属于她们的情况下才喜欢，她们也因为孩子是个小陌生人而感到敌意，她们对这种敌意感到羞愧。然而，如果外祖母放弃完全占有第三代，她会对他们保留热烈的爱，她会在他们的生活中起到守护天使的特殊作用：她既不认为自己有权利，也不认为自己有责任，而是以纯粹的慷慨去爱他们；她不通过他们怀抱自恋的梦想，对他们没有任何要求，不会要他们为了一个她见不到的未来而牺牲：她所珍爱的是这些有血有肉的小家伙，他们如今处在偶然性和无偿性中；她不是一个教育家；她不体现抽象的正义和法律。有时她和女儿女婿发生冲突就来源于此。

有时，女人没有后代，或者对后代不关心；由于缺乏同子女或者孙辈的自然联系，她有时力图人为地创造对应的联系。她向年轻人提供一种母爱的温情。不论她的爱是不是柏拉图式的，她宣称“像爱儿子一样”爱她年轻的被保护人，并不是出于虚伪。一个母亲的感情反过来有爱情的成分。不错，德·华伦夫人的仿效者乐于慷慨地满足、帮助、塑造一个男人：她们希望自己成为一个超越自身的存在的源泉、必要条件和基础；她们让自己成为母亲，在这种面目下而不是在情妇的面目下从情人处寻找自我。有母爱的女人往往收养女孩：她们的关系多少具有性爱的形式；但不管是柏拉图式的还是肉欲的，她们在被保护的女孩身上寻找的东西，就是自己奇迹般变年轻的分身。女演员、女舞蹈家、女歌唱家变成教师：她们培养学生；女知识分子——比如在科隆比埃的孤独中的德·沙里埃尔夫人——向自己的弟子们灌输思想；虔诚的女人将信教的女孩聚集在自己周围；风流女人变成鸨母。她们以如此的热忱去发展新信徒，绝不是出于兴趣，她们是热烈地力图再现自身。她们暴虐的慷慨，几乎产生与由血缘关系联结起来的母女之间同样的冲突。她们也有可能收养孙辈小孩，姨婆、教母乐意起到与外祖母相同的作用。但无论如何，女人在她的后代——有血缘关系或收养的——中很少找到为晚年辩护的理由：她无法把这些年轻生命中的一个的事业变为自己的事业。她要么执着地努力要并吞这个事业，在使她失望和毁掉她的斗争和悲剧中消耗殆尽，要么忍受有节制的参与。这是最普通的情况。母亲衰老了，祖母、外祖母压抑她们的支配欲，她们隐藏起自己的怨恨，她们满足于自己的孩子们愿意给予她们的东西。但她们在孩子们身上得不到多少帮助。她们面对未来的荒漠无所事事，忍受着孤独、悔恨和烦恼。

我们在这里便触及老年妇女令人伤心的悲剧：她知道自己无用了。资产阶级女子在整个一生中时常要解决这个微不足道的问题：如何消磨时间？一旦孩子们长大，丈夫功成名就，或者至少安居乐业，日子没完没了地烦得要命。“女红”被创造出来，是为了掩盖这种可怕的百无聊赖；手在刺绣、编织、活动；这不是真正的工作，因为生产的对象不是要达到的目的；它不太重要，往往要知道有何用处才是一个问题：送给一个女友、一个慈善组织，摆满壁炉台和独脚小圆桌，就算摆脱了它；这也不是虽然无用却找到纯粹的生存乐趣的游戏；这勉强是一个借口，因为精神仍然是空虚的：这是荒唐的消遣，正如帕斯卡所描绘的；女人用织针或钩针，愁闷地织出度日的虚无。水彩画、音乐、阅读，正好起同样的作用；无所事事的女人沉迷于此，并不想扩展她对世界的控制，而仅仅是力图消愁解闷；不能打开未来的活动，要回落到内在性的空幻中；闲得无聊的女人开始看一本书，又把书扔掉，打开钢琴琴盖，又把琴盖关上，再回到刺绣中，打着呵欠，最后拿起了电话。事实上，她正是最乐意求助于上流社会；她出门拜访，极为重视——像达洛卫夫人那样——她的招待会；她参加所有的婚礼、所有的葬礼；她由于再没有属于自己的生活，沉浸在他人的存在中；她从卖弄风情的女人变为教母：她观察，她评论；她通过在自己周围散布批评与建议，弥补她的无所事事。她以自己的经验为并没有要求她提供经验的所有人服务。如果她有办法，她就主持一个沙龙；她希望由此可以把别人的事业和成功据为己有；众所周知，德芳侯爵夫人、韦尔杜兰夫人多么专制地治理她们的臣民。成为一个魅力中心、一个思想的交会处、一个启迪者，创造一个“环境”，这已经是一种行动的替代。干预世界进程有更直接的其他方式。在法国，存在一些“慈善机构”和“协会”，但尤其在美国，女人聚集在俱乐部里，她们在里面打桥牌，颁发文学奖，思考如何改良社会。标志新旧大陆大部分这类组织特点的是，它们自身就是自己的存在理由：她们企图追逐的目的只给她们用做借口。事情正像在卡夫卡的寓言[①]中所发生的那样：没有人操心要建造通天塔；在理想场地周围，建造起一个巨大的居民点，它在自我管理、自我扩大、解决内部纠纷中耗尽所有的力量。因此，做慈善事业的太太们在组织自己的机构中度过大部分时间；她们选举一个领导机构，讨论章程，互相争执，与竞争的协会争夺威信：不应该挖走她们的穷人、她们的病人、她们的伤员、她们的孤儿；她们宁愿让他们死掉，也不肯让给她们的

① 《城徽》。——原注

姐妹机构。她们远远不希望建立一个消除非正义和腐败，使她们的献身变得无用的制度。她们给战争和饥馑祝福，因为这能使她们变成人类的施恩者。很清楚，在她们看来，羊毛风雪帽和包裹不是给士兵和饥寒交迫的人，而是这些人是专门生出来为了收到编织品和包裹的。

尽管如此，这类团体中有些还是取得了一些积极成果。在美国，受尊敬的“妈妈们”影响很大；寄生生活给她们提供的闲暇可以对此作出解释：由此也说明寄生生活的有害性。菲利普·怀利在谈到美国的“妈妈们”时说①：“她们对医学、艺术、科学、宗教、法律、健康、卫生……一无所知，作为无数这类组织之一的成员，很少关心她所做的事，对她来说，只消这是某件事。”她们的努力并没有融合到一个严密的、有建设性的计划中，没有指向客体目标，只趋向于迫切地表现她们的兴趣、她们的偏见，或者为她们的利益服务。比如在文化方面，她们起着巨大的作用：正是她们消费了最多的书；但她们阅读就像独自玩牌戏；文学只有对有人生计划的个体，帮助他们超越自身，开拓更广阔的视界时，才具有意义，获得尊严；文学必须融合到人类超越性的活动中；相反，女人吞下书籍和艺术品，把它们淹没在她的内在性中；油画变成小摆设，音乐老是一个调，小说像针织的沙发靠头巾一样，是无用的梦幻。正是美国女人要为畅销书的贬值负责：畅销书不仅是为了取悦读者，而且是为了取悦无所事事、一心要逃避生活的女人。至于她们的全部活动，菲利普·怀利这样界定：

她们使政治家恐惧，直至迫使他们唉声叹气地顺从，而且

① 见《毒蛇的一代》。——原注

还使牧师恐惧；她们使银行总裁心烦意乱，使学校校长无地自容。“妈妈们”有五花八门的组织，这些组织的真正目的在于迫使她们的亲属卑劣地屈从她们的自私欲望……如果可能的话，她们要把年轻妓女赶出城市和各州……她们做出安排，要让公共汽车行驶路线让她们方便，而不是让劳动者方便……她们举办花费惊人的商品展览会和慈善集会，再把产品送给看门人，让他们买啤酒，以便次日早上治疗委员会的成员因饮酒过度感到的头痛……俱乐部给“妈妈们”提供插手别人事务的无数机会。

在这篇攻击性的讽刺言论中，有许多真实的东西。上年纪的太太无论在政治上、经济上还是在任何技术性的领域内都不是专家，对社会没有任何具体的控制，她们不知道行动产生的问题，她们不能起草任何有建设性的纲领。她们的道德是抽象的，形式的，像康德的“绝对命令”一样；她们发出禁令，而不是力图发现进步之路；她们并不想积极地创造新处境：她们抨击现存的东西，为的是消除罪恶；这就解释了为何她们总是联合起来，反对某种东西：反对酗酒、卖淫、色情书刊；她们不明白，纯粹消极的努力注定要失败，正像在美国禁酒失败所证明的那样，在法国玛尔特 · 里夏尔提议通过的关闭妓院法令也遭到失败。只要女人仍然是寄生者，她就不能有效地参与建设一个更好的世界。

尽管如此，有时，有些全力以赴地投入某项事业的女人，确实起到了作用；于是，她们不再仅仅忙着做事，她们直指目的；她们作为自主的生产者，摆脱了我们在这里考察的寄生状况，但这种改变很少见。大部分女人在她们的私人或公开活动中，不是要达到一个结果，而是要采取一种做事方式：做事只是为了消磨时间，那是空忙。她们当中的许多人就受累于此；她们已经生活了大半辈子，却同生活还没有展开的青少年经历着同样的迷惘；在这两种人周围，没有什么吸引着他们，这是一片荒漠；面对一切行动，他们喃喃地说：何必做呢？但青少年无可奈何地被带往人的生存，这种生存向他揭示责任、目标、价值；他被投到世界中，他下定决心，投入行动。如果有人向老年女人建议，重新走向未来，她会悲哀地回答：为时已晚。并非她今后时间有限：女人很早退休，而是她缺少冲劲、信心、希望、愤怒，这些情感能让她发现周围的新目标。她躲进常规，这总是她的命运；她把重复变成一种方法，她投入家务的嗜好中；她越来越深地陷入虔诚中；她像德·沙里埃尔夫人那样高傲地信奉禁欲主义。她变得冷漠无情、无动于衷和自私。

一般说来，当上年纪的女人放弃斗争，濒临死亡使她摆脱了未来的焦虑，已近风烛残年时，她找到了宁静。她的丈夫往往比她更老，她带着平静的得意看到他体衰力弱：这是她的报复；如果他先死，她会轻松地服丧；多少次人们注意到，男人晚年成为鳏夫要更为难受：他们比女人从婚姻中获得更多的利益，尤其是在晚年；因为那时世界集中在家庭的范围内；眼下的日子不再向未来满溢而出：是她保证家庭单调的节奏，治理着家；当男人失去社会职能时，他便变得完全无用；女人至少保有家庭的领导权；她对丈夫是必不可少的，而他却令人讨厌。女人从独立中取得骄傲；她们终于用自己的眼睛去看待世界；她们意识到一生受到愚弄和欺骗；她们清醒过来，不再轻信，往往饶有兴味地开始玩世不恭。特别是，“饱经风霜”的女人具有任何人所没有的对男人的了解：因为她不是看到他们的公开面目，而是他们当中的任何一个在私下显露出来的偶然性的个体；她也了解女人，她们只向其他女人自发地显露自己：她了解幕后的情况。如果她的经验允许她揭穿骗局和谎言，这经验却不足以向她揭示真理。老年女人的智慧无论是逗笑的还是辛辣的，仍然是完全消极的：它是抗议、指责、拒绝，它是贫瘠的。在她的思想和行动中，寄生女人所能经历的自由的最高形式，就是斯多葛主义的挑战或者怀疑论的讽刺。在她一生的任何年龄，她都做不到既是工作效率高的，又是独立的。

第十章　女人的处境与特征

现在我们可以明白，为什么从古希腊直到今天，对女人的指控有那么多的共同点；女人的状况经历了表面变化，但仍然是一样的，是它确定了所谓的女人“特征”：她“沉溺在内在性中”，她性格矛盾、谨小慎微、平庸无能，她没有真实的观念，也没有准确的观念，她缺乏道德，是可鄙的功利主义者，她爱说谎、会做戏、自私……在所有这些断言中，有真实的成分。只不过，人们所揭露的行为不是激素给予女人的，也不是在她的大脑机能区域中所能预见到的：这些行为是由她的处境造成的。我们将从这一观点出发，力图对这一处境做出综合的考察，这就使我们不得不有某些重复，但将会使我们从经济、社会、历史的制约总体中把握“永恒的女性”。

人们有时将“女性世界”与男性世界相对立，但必须再一次强调，女人从来没有构成一个自主的封闭的社会；她们与男性统治群体结合在一起，在群体中占据一个附属地位；她们只是作为同类通过一种机械的一致而联结在一起的：她们之间没有那种统一的共同体赖以建立的有机一致；她们总是竭力——在埃莱夫西斯秘仪时代，如同在今天的俱乐部、沙龙、宗教性缝纫工场中——联合起来，确立一个“反宇宙”，但她们仍然从男性世界中去设立它。她们处境的矛盾由此而来：她们同时属于男性世界和这个世界被否认的领域；她们封闭在这个领域中，被男性世界所包围，在任何地方都不能安居。她们的顺从总是夹杂着拒绝，她们的拒绝又夹杂着接受；她们在这方面的态度接近少女的态度；但这种态度更难坚持住，因为对于成年女人来说，不再仅仅是通过象征去梦想她的生活，而是体验生活。

女人自己也承认，世界整体而言是男性的；正是男人塑造了它，支配了它，今天仍然在统治它；至于她，她并不认为对它负有责任；可以理解，她是低一等的、从属的；她没有上过暴力课，她从来没有作为主体出现在群体的其他成员面前；她封闭在自己的肉体和住宅中，面对确定目的与价值、长着人面的神，认为自己是被动的。在这种意义上，把她判定为“一个长不大的孩子”的说法很有道理；人们也把工人、黑奴、殖民地的土著人说成是“大孩子”，只要他们不引起恐惧；这意味着他们毋庸置疑地应该接受其他人为他们提供的真理和法律。女人的命运是服从和尊敬。她甚至在思想上也没有控制住她周围的现实。在她看来，这是不透明的存在。事实上，她没有经过能让她支配物质的技术训练的见习期；她不是同物质而是同生命打交道，而生命不会任凭工具来支配：人们只能服从它的神秘法则。世界在女人看来不像海德格尔所定义的那样，是介于她的意志和目的之间的“工具总体”：相反，它要进行顽强抵抗，难以制服；它受命运支配，充满神秘的反复无常。这种血肉在母亲的肚子里变成了人，其神秘是任何数学都不能放进方程式的，是任何机器都不能使之加速或放慢运行的；她感到最灵巧的机器都不能分割或增加的时间的抵抗；肉体顺从月相变化的节奏，岁月先是使之成熟，然后使之损伤，她在这肉体中感受到这种抵抗。每天，下厨也教会她耐心和被动，这是一种炼金术，必须服从火与水，“等待糖溶解”，面团发酵，衣服晾干，果实成熟。家务劳动接近技术操作，但是，这过于初级，过于单调，不能向女人证实机械的因果律。再说，甚至在这方面，事物也会反复无常；有些织物在洗涤中“恢复原状”，有些则不“恢复原状”，有些污垢洗得掉，有些则老是洗不掉，有些东西自动碎裂，有些灰尘像植物一样发芽。女人延续了崇拜土地魔力的农业文明时期的精神状态：她相信魔力。她被动的性欲让她发现了欲望不是意志，也没有攻击性，而是像使测水源的摆锤摇摆的那种吸引力；单单她的肉体在眼前，便使男性的性器官肿胀和勃起；为什么隐藏的液体不会使榛树棒颤动呢？她感到自己被波浪、辐射、液体包围着；她相信心灵感应、星相学、对物体放射的特种感应能力、梅斯麦[①]的动物磁气试验、神智学、旋转桌、通灵人、江湖医生；她把原始迷信引入宗教中：点蜡烛、还愿物，等等；她认为圣徒身上体现了大自然的古代精灵：这一个精灵保护旅行的人，那一个保护产妇，另外一个找到丢失的物品；当然，任何奇迹都不会使她惊奇。她的态度将是驱魔和祈祷，为了获得某个结果，她会服从某些灵验的仪式。很容易理解为什么她墨守成规；对她来说，时间没有产生新事物的维度，这不是一种有创造性的涌现；因为她注定要多次重复，她在未来中只看到过去的一个复本；如果知道这个词和这个惯用语，时间就与生育力联结起来，但是生育本身服从月份和季节的节奏；每次怀孕、每次开花的周期，都相同地再现前一次周期；在这个循环的活动中，只有时间的变化造成缓慢的毁坏：它损耗家具和衣服，也毁损

① Franz Mesmer（1734—1815），德国医生，提出“动物磁气说”，为运用催眠术治疗精神疾病的先驱。

面容；生育力逐渐被岁月的流逝所摧残。因此，女人不信任这种剧烈地毁坏的力量。

她不仅不知道能够改变世界面貌的真正行动是什么，而且迷失在这个世界中间，就像在浩瀚而朦胧的星云中心。她不懂得运用男性的逻辑。司汤达注意到，如果逼不得已，她能够像男人一样灵活地运用这种逻辑。但她几乎没有机会利用这个工具。三段论既不能用来做成蛋黄酱，也不能使孩子的哭闹平静下来，男人的推理能力不适合于她体验过的现实。既然她什么事也不做，在男人的王国，她的思想由于不能进入任何计划，也就不能区别于梦想；她没有真实感，缺乏工作效率；她只同形象和字句打交道：因此，她毫无困难地接受最矛盾的说法；她很少操心廓清无论如何她力有不逮的领域的奥秘；这方面，她只满足于极其模糊的知识：她混淆党派、见解、地点、人物、事件；在她的头脑里是一片古怪的混乱。总之，明察秋毫不是她的事：人们教导她要接受男性的权威；于是她放弃为自己批评、审察、判断。她信赖那个高等级。因此，在她看来，男性世界是一个超越性的现实，一种绝对。弗雷泽说："男人造出神，女人崇拜神。"男人不能心悦诚服地跪在他们制造的偶像面前，但当女人在路上遇到这些巨大的塑像时，她们不能想象，它们是人的手制造出来的，她们会温顺地下跪。[①]特别是她们喜欢让秩序、法律体现在一个领袖身上。在奥林匹斯山上，有一个主神；男性的神奇本质应当集中在一个原型身上，父亲、丈夫、情人只是它不确定的反映。要说她们对这个伟大的图腾顶礼膜拜是出于性欲，那是有点可笑了；事实是，面对这个主神，她们充分满足了童年时

---

① 参阅让-保罗·萨特《脏手》："贺德雷：你明白，她们是固执的，她们接受现成的思想，因此她们相信这些思想，就像相信天主。是我们在制造思想，我们了解思想是怎样编造出来的，我们从来没有完全确信有理。"——原注

顺从和跪拜的梦想。在法国，布朗热[①]、贝当、戴高乐[②]，这几位将军一向受到女人拥戴；人们也记忆犹新，《人道报》的女记者以何等激动的笔调报道铁托[③]和他漂亮的军服。这个将军，这个独裁者——目光锐利，下巴坚毅——是严肃的世界所要求的圣父，是一切价值的绝对保障者。女人正是从自己的无能和无知中产生了对英雄和男性世界的法律的尊敬；她们不是通过判断，而是通过一种信念去承认它们：信念以其不是一种知识而获得狂热的力量：它是盲目的、热烈的、固执的、愚蠢的；它设立的东西，是无条件设立的，反对理性、反对历史、反对一切揭穿谎言。这种顽固的尊敬会按情况不同呈现两种面貌：女人狂热地支持的时而是法律的内容，时而仅仅是它空洞的形式。如果她属于从既定社会秩序得益的、享有特权的精英，她会希望这种秩序不可动摇，以她的坚定不移引人注目。男人知道，他可以重建其他制度、另一种伦理、另一种法规；他把自己把握为超越性，也将历史看成是生成；连最保守的男人也知道，某些发展是不可避免的，应该让自己的行动和思想适应发展；没有参与历史的女人不理解历史发展的必然性；她不相信未来，希望阻止时间前进。如果人们把她的父亲、兄弟和丈夫树立的偶像打倒，她感到无法填满这片天空，就会激烈地保卫它们。在南北战争期间，拥护南部同盟的人中没有人比女人更加狂热地维护奴隶制了；在英国的布尔战争[④]中，在法国攻打巴黎公社期间，表现

---

① Georges Ernest Boulanger (1837—1891)，法国将军，曾任陆军部长。

② “当将军经过时，民众尤其由妇女和孩子组成。”(关于1948年在萨瓦巡视的新闻报道)“人们为将军的讲话喝彩，妇女的热情尤其引人注目。人们注意到某些女人从头到尾表现出着迷，几乎看重每一句话，情绪激昂地大声喝彩，面孔变得绯红。”(1947年4月11日《窥伺报》)——原注

③ Josip Broz Tito (1892—1980)，南斯拉夫革命家、政治家，1953年当选南斯拉夫第一任总统。

④ 1899—1902年英国和布尔人共和国的战争。

得最疯狂的是女人；她们力图以展示感情的强烈弥补她们的缺乏行动；胜利时，她们像鬣狗一样扑向战败的敌人；溃败时，她们执着地拒绝一切和解；由于她们的思想只是态度，所以她们并不在乎捍卫最过时的事业：她们在一九一四年会是正统派，在一九四九年则是沙皇的支持者。男人有时微笑着鼓励她们：他乐于看到自己极其有分寸地表达的见解，在她们身上以狂热的形式表现出来，但有时他对自己的思想的愚蠢和固执的一面感到恼火。

女人只是在融为一体的文明和阶级中，才表现出不可征服的面貌。一般说来，由于她的信念是盲目的，所以她尊重法律只是因为这是法律；即使法律改变了，它仍然保持威信；在女人看来，强权创造公理，因为她承认男人的权利来自力量；因此，当一个群体解体时，她们首先扑到胜利者的脚下。她们一般说来接受既存事物。她们的显著特征之一是逆来顺受。当人们从庞贝城的灰烬中挖掘出遗体时，注意到男人是在反抗的姿态中凝固住的，向上天挑战，或者企图逃跑，而女人却弯腰曲背，蜷成一团，面孔朝向地面。她们知道自己无力抗拒事物：火山、警察、老板、男人。她们说："女人生来是受苦的。这是生活……女人对此无能为力。"这种逆来顺受产生了耐心，人们时常赞赏她们身上的这种品质。她们比男人更能忍受肉体痛苦；当情况需要时，她们能够坚忍不拔：许多女人缺乏男人的攻击性勇气，却以被动的抗拒那种镇定顽强引人注目；她们比丈夫更加坚强有力地面对危机、贫困、不幸；她们尊重仓促行事决不能战胜的时间，所以不衡量自己的时间；当她们以沉着坚定的态度做事时，有时获得光辉的成就。谚语说："女人希望的总能做到。"在一个慷慨的女人身上，逆来顺受表现为宽容：她接受一切，不谴责任何人，因为她认为，无论人还是事物都不能异于本来面目。骄傲的女人可以将逆来顺受变成一种高傲的品德，就像德·

沙里埃尔夫人那样在坚忍中保持高傲。但逆来顺受也产生一种徒劳的谨慎；女人总是力图保存、弥补、安排妥帖，而不是毁灭与重建；她们更喜欢妥协、和解而不是革命。在十九世纪，她们构成工人解放事业的最大障碍之一：只有一个弗洛拉·特里斯坦、一个路易丝·米歇尔，可是有多少个胆小怕事的家庭妇女恳求她们的丈夫别去冒险！她们不仅害怕罢工、失业、贫困，她们还担心反抗铸成错误。可以理解，如果非要受苦，她们宁愿忍受常规，而不是去冒险：她们在家里比在马路上更容易给自己安排微薄的幸福。她们的命运与易消灭事物的命运结合起来：她们失去这些东西便失去了一切。只有自由的主体通过超越时间来自我确定，才能击败一切毁灭；这最高的手段，对女人是禁止的。这本质上是因为女人从来没有感受到自由的力量，她不相信解放：在她看来，世界受到一种看不清的命运支配，起来反对这个命运是狂妄的。人们想强迫她走的这些危险的道路，她没有亲自去开辟：她没有热情地投入进去是很自然的。[①] 除非给她展开未来，她才不再抓住过去。当人们实际号召女人行动时，当她们在人们指定的目标中认出自己时，她们会像男人一样大胆和勇敢。[②]

人们责备她们的许多缺点：平庸、卑微、胆小、小心眼、懒惰、轻浮、奴性，不过是表现了她们眼界闭塞这一事实。人们说女人耽于肉欲，沉迷在内在性中，但首先是人们把她封闭在里面。关

---

① 参阅纪德《日记》："克瑞乌萨或者罗得的妻子：一个停留，另一个朝后看，这是一种停留的方式。没有比这个激情呼喊更响亮的了：

菲德拉同你一起下到迷宫中，
要么迷路，要么会和你重逢。

但激情使她看不清；事实上，走了几步以后她会坐下，或者她想朝后走——或者终于让人载走。"——原注

② 一个世纪以来无产阶级妇女的态度正是这样深刻地改变了，特别是在最近北部矿区罢工期间，她们表现出和男人一样的激情和毅力，同他们并肩游行和斗争。——原注

闭在后宫中的女奴，对玫瑰蜜饯和香水浴并未感受到任何病态的热情：她必须消磨时间；女人待在沉闷的闺房——妓院或资产阶级家庭——百无聊赖的情况下，她也会躲进舒适和安乐中；再说，如果她贪婪地追逐肉欲，这往往是因为她被剥夺了性快感；她在性欲方面得不到满足，注定受到男性的粗暴对待，“被迫接受男性的恶劣行径”，只能以奶油调味汁、易醉人的酒、天鹅绒，以及水、阳光、女友、年轻情人的抚摸来聊以自慰。如果她在男人看来像一个非常“肉体的”存在，这是因为她的状况促使她极其重视她的动物性。肉体的要求在她身上并不比在男性身上强烈，但她窥伺肉体轻微的骚动，并加以扩大；情欲就像痛苦的折磨一样，这是直接性的辉煌胜利；通过瞬间的暴力，未来和世界被否定了：在肉欲的烈火之外，所有的东西什么也不是；在这短暂的达到顶点中，她不再受到伤害和挫折。但再一次，她只是因为内在性是她唯一的命运，才如此重视它的胜利。她的轻浮同她的“卑劣的对物质享受的追求”具有一样的原因。由于无法接触重大事物，她便重视细小事物，此外，充满她的日常生活的琐事，往往是最严肃的事，她的妩媚和机会全靠她的打扮和美貌。她常常表现出怠惰和无精打采；可是，摆在她面前的事务却和时间的流逝一样劳而无功；如果她爱说闲话，爱写点东西，这是为了排遣无所事事：她用字句来代替无从行动。事实是，当一个女人从事符合人的尊严的事业时，她同男人一样主动、有效、默默无言、严肃艰苦。人们指责她奴颜婢膝，人们说她总是准备好躺在主人脚下，去吻打她的手。确实，一般说来她缺乏真正的自尊心；“情感信箱”栏给丈夫不忠的妻子和被抛弃的情妇的忠告，受到卑劣顺从的思想启迪；女人在大吵大闹中弄得精疲力竭，最后捡起男人扔给她的面包屑。但是，把男人当做唯一的生存手段和唯一的生存理由的女人，没有男性的支持，能做什么呢？她不得不忍受各种屈辱，奴隶不会有“人类尊严”感，对奴隶来说，如果能及时脱身也就足够了。最后，如果她是“平庸的”，“热衷于家务的”，庸俗地功利主义的，这是因为人们硬要她把自己的生活奉献给准备饭菜和洗尿布：她从这里是得不到崇高感的。她必须保证生活在偶然性和人为性中单调重复：很自然，她在重复，重新开始，从来不创造，在她看来，时间在打转，引导不到任何地方；她忙忙碌碌，却什么事也没做：因此她在自己拥有的东西中异化；这种对物的附属性，是男人让她保持附属性的结果，解释了她为何处处节俭和吝啬。她的生活不是指向目的：她专心于生育或者料理食物、衣服、住宅等只是作为手段的东西；这是在动物生活和自由生存之间非本质的中介；与非本质手段密切相关的唯一价值是实用性；家庭主妇就是生活在实用性的层面上，她沾沾自喜的只是对亲人有用。但任何生存者都不会满足于非本质的角色：他把手段变为目的——例如就像人们在政治家身上所观察到的那样——在他看来，手段的价值变成绝对价值。因此，实用性比真理、美、自由更高地凌驾于家庭主妇的天空之上，她正是从她的角度去考虑整个世界，因此她采用中庸而平凡的、亚里士多德式的道德。在她身上怎能找到大胆、热情、超脱、崇高呢？这些品质只有在自由通过开放的未来，越过一切既定条件展现的情况下才会出现。人们将女人关闭在厨房里或者闺房内，却惊奇于她的视野有限；人们折断了她的翅膀，却哀叹她不会飞翔。但愿人们给她开放未来，她就再也不会被迫待在目前。

当人们把她关闭在自我和家庭的范围内，责备她自恋、自私和随之而来的虚荣、易怒、恶毒等等时，也表现出同样的轻率；人们剥夺了她和他人具体交流的可能性；她在自己的体验中感受不到团结的召唤和好处，因为她全身心倾注在自己的家庭上，与外界隔绝；因此，人们不会期待她朝向一般利益超越。她执著地固守在她唯一熟悉的领域内，她在这个领域能够控制事物，并获得并不可靠的至高权力。

然而，女人徒劳地关上大门，堵塞窗户，她在家中找不到绝对安全；这个她敬而远之、不敢闯入的男性世界包围着她；正因为她不能通过技术、可靠的逻辑、确定的知识抓住它，她便感到自己像孩子和原始人一样被危险的神秘包围。她把自己关于现实的魔幻观念投入进去：她觉得事物的进程是不可避免的，然而一切都可能发生；她区别不清可能与不可能，她准备好相信无论哪个人；她接受和传播一切谣诼，制造恐慌；甚至在平静时期，她也生活在操心中；夜晚，她处在半睡眠状态，躺在那里一动不动，梦见现实具有的狰狞面目而惊惶不安：因此，对于注定处在被动性中的女人来说，不透明的未来常常被战争、革命、饥荒、贫困的幽灵所困扰；她由于不能行动，便惴惴不安。当丈夫、儿子投向一项事业时，当他们被事件席卷而去时，他们是在为自己的利益冒险：他们的计划，他们服从的命令，在黑暗中给他们勾勒出一条稳妥的道路；而女人要在茫茫黑夜中挣扎；她“忧虑不安”，因为她无所事事；在想象中，一切可能性都有同样的现实性：列车可能出轨，手术可能失败，生意可能完蛋；她在愁苦而漫长的反复思考中徒劳地想驱除的是她自身无能为力的幽灵。

她的操心反映了对既定世界的怀疑。如果她觉得它充满了危险，随时会陷入大灾大难，这是因为她在这个世界上并不感到幸福。大部分时间，她忍受不了逆来顺受；她很清楚，她所忍受的是不由自主地忍受的：她是女人，从来没人向她求教；她不敢反抗；她不情愿地顺从；她的态度是持续的怨天尤人。医生、教士、女社会福利员，凡是听到女人知心话的人都知道，最常见的调门就是抱怨；在女友之间，她们都哀叹自己所受的罪，异口同声地诉说命运的不公、世界和一般而言的男人的所作所为。一个自由的个体对他的失败只责备自己，他承担失败的责任，但女人的一切都是通过他人发生的，是他人要对她的不幸负责。她的极度绝望拒绝一切治疗的办法。向一个执着地抱怨的女人提出解决办法，是无济于事的：她觉得什么也不能接受。她想经历的正是眼下的处境：在一种无能为力的愤怒中。不管对她提出什么改变办法，她都向上伸出双臂："就差这个啦！"她知道她的烦恼要比她提出的借口更为严重，只采用一种办法去摆脱它是不够的：她责备整个世界，因为它是在没有她，而且是为了反对她的情况下而建成的；从青少年时期起，从童年时代起，她就对自己的状况发出抗议；人们答应她要给补偿，向她保证，如果她把机会放在男人手中，就会得到百倍的回报，她认为自己受骗了；她控告整个男性世界；怨恨是附属性的背面：献出一切，得到任何回报都是不够的。然而，她也需要尊重男性世界；如果她从整体上否定这个世界，她会感到自己处在危险中，头上没有屋顶：她采取善恶二元论的态度，这是她的主妇经验给她的启发。行动的个体承认自己要对善与恶负责，如同要对其他东西负责一样，他知道，是由他确定目的，使之取得胜利；他在行动中感到，一切解决办法都是模棱两可的；正义和非正义，得和失，错综复杂地混合在一起。但凡被动的人，都处于局外状态，甚至拒绝在思想上提出伦理问题：善应该得到实现，如果得不到实现，就犯了错误，必须惩罚犯错误的人。女人像孩子一样，将善与恶体现在埃皮纳尔的画片上；善恶二元论消除了选择的焦虑，使精神不安平复下来；在大灾难和小灾难之间，在眼前利益和未来更大的利益之间做出决定，要由自己确定什么是失败和什么是胜利，这要冒巨大的风险；对善恶二元论者来说，良莠分明，只需要除莠草；灰尘自惭形秽，而清洁是完全消除污秽；清扫是排除废物和泥巴。因此，女人认为，无论犹太人、共济会会员、布尔什维克，还是政府，“一切全是错的”；她总是反对某个人或某件事；在反德雷福斯[1]派中，女人比男人更加激烈；她们不总是知道恶的本原在哪里；但她们期待“好政府”像打扫房子的灰尘一样将恶的本原清除掉。对狂热的女戴高乐主义者来说，戴高乐像清扫大王一样出现；她们想象他手里拿着鸡毛掸子和抹布，像个清洁工那样将法国“弄干净”。

但这些希望总是处于不确定的未来中；这期间，恶继续侵蚀着善；女人由于掌握不了犹太人、布尔什维克、共济会会员，所以寻找一个对此负责的人，可以更具体地泄愤：丈夫是一个被选中的牺牲品。男性世界正是体现在他身上，通过他，男性社会管着她和欺骗她；他承载着世界的负担，如果出事了，那是他的错。他晚上回家时，她向他抱怨孩子们、店主、家务、生活费用、她的风湿病、天气：她希望他感到自己有罪。她常常对他怀有特别的气恼；但是他首先作为一个男人而有罪；他也可能有疾病和忧虑：“这不是一回事”；他拥有特权，她不断感到这不公平。值得注意的是，她对丈夫、情人感到的敌视，使她把自己和他们联结在一起，而不是与之远离；一个开始憎恶妻子或情妇的男人力图回避她，而她掌握自己憎恨的男人，要让他付出代价。选择指责，不是选择摆脱不幸，而是选择沉迷其中；她的最大安慰是装扮成殉道者。生活和男人征服了她：她要反败为胜。因此，她像童年时那样，非常轻松地沉醉于大哭大闹中。

女人肯定是因为她的生活在无力反抗的背景上消泯于无形，才

---

① Alfred Dreyfus（1859—1935），法国军官，犹太富商之子，被诬陷通敌、出卖情报。此冤案在全国引起轩然大波，分出反德雷福斯派（右翼）和德雷福斯派。后来左拉等知名人士挺身而出，仗义执言，直至1906年，此案才得到平反。

动辄哭泣；无疑，她在生理上不如男人能控制交感神经系统；她的教育教会她听之任之：禁忌在这里起着重大作用，因为狄德罗、邦雅曼·贡斯当就常常泪如泉涌，而自从习俗不让男人哭泣，男人就不再哭泣了。而且女人总是准备对世界采取一种失败的姿态，因为她从来不曾坦率地接受过这个世界。男人接受这个世界；不幸本身不会改变他的态度，他会面对这个世界，不会“被人打倒”；而只要有一点不快就足以让女人重新发现世界的敌视和命运的不公正；于是，她投入最可靠的庇护所：自身；她脸上的热泪，她哭红的眼眶，是她痛苦的心灵的感性在场；眼泪落在皮肤上感到温存，流在舌头上有点咸味，也是一种又甜又苦的抚摸；脸在宽慰的滔滔热泪下发烫；眼泪既是抱怨，又是安慰，既是狂热，又是使人快慰的清凉。眼泪也是最高的托词，像暴风雨一样突如其来，一阵阵爆发出狂风、骤雨、冰雹，将女人变成发出哀怨呜咽的喷泉、风狂雨暴的天空；她的眼睛什么也看不见，罩上了一层雾：它们甚至没有目光，消失在雨水中；看不见东西的女人又回到自然事物的被动性中。人们希望她被打败：她陷入失败中，沉入水底，淹没了，摆脱注视她的男人，后者像在瀑布面前一样无能为力。他认为这种方法不够光明正大，但她认为，从一开始斗争就不是光明正大的，因为没有让她掌握任何有效的武器。她再一次求助于魔法咒语。她的哭泣能激怒男人，这使她更有理由采用这种办法。

如果眼泪不足以表现她的反抗，她会大吵大闹，东一榔头西一棒，使男人更加难堪。在某些阶层，男人有时真会对妻子以拳相向；在其他阶层，正因为他是强者，他的拳头是有效的武器，所以他不诉诸暴力。但女人像孩子一样，象征性地发怒：她会扑向男人，又抓又打，但这只是一种姿态。尤其她通过歇斯底里发作，表现她不能具体实现的拒绝。她倾向于痉挛的表现，不仅出于生理原因：能量投向世界时，不能把握任何客体，痉挛是这种能量的内化；这是处境引起的所有消极力量的空消耗。母亲面对她年幼的孩子们，很少歇斯底里发作，因为她能打他们，惩罚他们：正是面对她掌握不了的大儿子、丈夫和情人，她才会火冒三丈。索菲娅·托尔斯泰歇斯底里的吵闹是意味深长的；诚然，她没有尽力了解丈夫是犯了大错，在她的日记里，她显得既不慷慨、敏感，也不真诚，我们丝毫不觉得这是一个动人的形象；但不管她错了还是有理，都丝毫没有改变她处境的可怕：她一生都通过不断的指责，在忍受做爱、怀孕、孤独、丈夫强加给她的生活方式：当托尔斯泰的新决定加剧了冲突时，她没有武器，却去反对敌对的意愿，以软弱无力的意志加以拒绝；她投入拒绝的做戏中——假装自杀、假装逃跑、假装生病，等等——对她周围的人，对精疲力竭的她来说，这都是可恶的：几乎看不到有别的出路，因为她没有任何积极的理由要压下反抗情绪，也没有任何有效的办法表达这种情绪。

对于达到反抗顶点的女人，确实有一条出路摆在面前，这就是自杀。但似乎她运用得比男人要少。这方面的统计模糊不清[①]：如果考察一下成功的自杀，那么轻生的男人要比女人多得多，但是女人的自杀企图更常见。这可能是因为她们更容易满足于做戏：她们比男人更经常假装自杀，不过想自杀更少。这部分也因为她们厌恶暴烈的方法：她们几乎从来不用刀剑，也不用火器。她们更乐意淹死，就像奥菲莉娅，表现出女人与被动和充满黑暗的水的亲缘关系，仿佛生命能够被动地消融在水中。大体上，这里可以观察到我已经指出的模糊性：女人所憎恨的，她并没有真心想离开。她假装决裂，但最终仍然待在让她痛苦的男人身边；她假装离开使她厌烦

① 参阅阿尔布瓦克斯《自杀的原因》。——原注

的生活，可是她自杀相对要少。她没有做最终决断的兴趣：她对男人、生活、自己的状况表示抗议，但她并不逃避。

有大量的女性行为应当理解为抗议。我们已经看到，女人常常出于挑战而不是出于乐趣对丈夫不忠；她故意冒冒失失和大手大脚，因为他有条不紊和精打细算。厌恶女人者指责女人“总是迟到”，认为女人缺乏“准确感”。其实，我们已经看到，女人多么顺从地屈服于时间的要求。她是故意迟到的。有些爱打扮的女人认为这样可以刺激男人的欲望，更加重视她们的出现；尤其是，女人让男人多等一会儿，以抗议她一生漫长的等待。在某种意义上，她的整个生存是等待，因为她被关闭在内在性和偶然性的范围内，证明她生存的必要性总是掌握在别人手里：她等待男人的敬意和赞同，等待爱情，等待丈夫和情人的感激和赞美；她等待他们给她存在理由、价值和存在本身。她从他们那里等待给养，无论她掌握支票簿，还是每周或每月得到丈夫给她的款子，他必须领到工资，必须争取到加薪，才能让她支付杂货商，或者买一条新裙子。她等待男人露面：她的经济附属地位使她由男人支配；她只是男性生活的一个因素，而男人是她的整个生活；丈夫在外忙于事务，女人要忍受他一整天不在家；是情人——哪怕很热情——根据他的情债决定分手和会面。在床上，她等待男人的欲望，有时十分焦虑地等待自己的快感来临。她所能做的一切，就是在情人定下约会时姗姗来迟，在丈夫指定的时间没有准备好；她由此确定自己的事的重要性，她要求她的独立，暂时重新变成本质的主体，对方要被动地忍受她的意愿。这是胆小的报复，不管她多么固执地要让男人“久等”，她永远补偿不了要窥伺、期望、屈从男人的一时雅兴所度过的无穷无尽的时间。

她虽然大致承认男人的优越地位，接受他们的权威，崇拜他们的偶像，一般说来，她还是一步一步地否定他们的统治；人们常常责备她的“矛盾精神”由此而来；她由于没有自主的领域，不能以真理和积极价值去对抗男性所确定的真理和价值，她只能否定它们。她的否定根据尊重和怨恨在她身上占多大比例而多少有点偏执。但事实是，她了解男性体系的一切缺陷，迫不及待加以揭露。

女人不能控制男人世界，因为她们的经验没有教会她们运用逻辑和技术：反过来，男性工具的威力在女性领域的边界也消失了。有一整个人类经验的领域是被男性有意忽略的，因为男性无法去思索它：这经验，女人是经历的。工程师提出自己的设计图时是那样准确，他在家里行动时像造物主：他只要说一句话，他的饭餐便准备好了，他的衬衣浆好了，他的孩子们安安静静的；生育像摩西的棍棒一挥那样快；他对这些奇迹不感到惊讶。奇迹的概念不同于魔法的概念：它在一个合理确定的世界上设立的是无原因事件的彻底无连续性，一切思想都要碰得粉碎；而魔法现象是由秘密力量统一起来的，顺从的意识可以顺应——并不理解——这些力量的持续生成。婴儿对像造物主一样的父亲来说是奇迹，对经历了婴儿在她肚子里成长的母亲来说是魔法。男人的体验是知性的，但充满空白；女人的体验是在自己的范围内的，晦暗而充实。这种不透明使她显得沉重，在同她的关系中，她觉得男性轻巧：他有独裁者、将军、法官、官僚、法典和抽象原则的轻巧。家庭主妇耸耸肩，喃喃地说：“男人，他们想不到！”无疑，她想说的就是这个意思。她们也说：“男人，他们不知道，他们不了解生命。”她们以轻浮而令人讨厌的雄蜂的象征去对抗螳螂的比喻。

可以理解，从这个角度看，女人是拒绝男性逻辑的。男性逻辑不仅不切合她的体验，而且她也知道，在男人手中，道理变成一种暴力的狡黠形式；他们不容置辩的断定，目的在于欺骗她。男人想把她封闭在两难境地中：要么同意，要么不同意。从所接受原则的整个体系来看，她应当同意：拒绝同意，就是拒绝整个体系，她不能让自己引起这样的哗然，她没有办法重建另一个社会。然而，她不能接受它。她处在反抗和受奴役中间，违心地忍受男性权威。在每一个场合下，都必须通过暴力让她承担半推半就地服从的后果。男人追求一个既自由又是奴隶的妻子的幻想：他希望她向他让步时，也向定理般的事实让步；但她知道，他自己选择了他有力的推理抓住的公设；只要她回避对这些公设提出质疑，他会很容易让她闭嘴；然而，他无法说服她，因为她猜出了他的专横。因此，他会愤怒地指责她固执，缺乏逻辑：她拒绝赌博，因为她知道在骰子上作假了。

女人并不正面认为，真理不同于男人所认为的那样，她宁可接受真理不存在。不仅是生活使她怀疑同一性原则，也不仅是她周围的魔法现象破坏了因果概念：她正是在男性世界的中心，在从属于这个世界的自己身上，把握了一切原则、一切价值和一切生存的模糊性。她知道，男性道德在涉及她的方面是一个大骗局。男人夸大其词地要她接受他的品德和荣誉的法规，但却小心谨慎地怂恿她不服从，他甚至期待这种不服从；没有这种不服从，他借以藏身的整个漂亮牌坊就会倾覆。

男人乐意依据黑格尔的这个观点：公民向普遍性超越，会获得道德的尊严，作为一个特殊个体，他有权实现欲望和快感。他和女人的关系因而处在一个偶然性的区域，在这个区域中道德不再适用，品行无关宏旨。他和其他男人的关系涉及价值；他根据大家普遍承认的法律，面对其他自由，他也是一种自由；但在女人身边——她是为这个目的被创造出来的——他不再承担他的生存，他投身于自在的幻影中，位于非本真的层面上；他表现出暴虐、虐待狂、暴力，或者幼稚、受虐狂、爱抱怨；他竭力想满足自己的困扰和嗜好；他“放松”自己，以自己在公众生活中获得的权利的名义“无拘无束”。他的妻子往往被他的言辞、他的公开品行的高格调和“他暗中不懈的新花样”之间形成的对照弄得很惊讶，就像苔蕾丝·德斯盖鲁一样。他宣扬重新增加人口，他善于控制生孩子，不超过他感到适合的范围。他赞扬贞洁和忠实的妻子，但他勾引邻居的妻子通奸。我们已经看到，男人多么虚伪地宣布，堕胎是犯罪，而在法国每年有一百万女人弄得要人工流产；丈夫或情人常常迫使她们采取这样的解决办法；他们也时常暗示，有时这是有必要的。他们公开期望，女人会同意犯轻罪：她的“不道德”对男人所尊重的道德社会的和谐是必要的。这种口是心非最明显的例子，就是男人对卖淫的态度：是他的需求产生了供给；我已经说过，妓女以何等厌恶和怀疑的态度看待那些道貌岸然的先生，他们谴责一般的恶习，但对自己个人的嗜好表现得极为宽容；人们却认为以出卖肉体为生的妓女而不是嫖娼的男性属于淫乱和堕落。有一则逸事阐明了这种精神状态：十九世纪末，警察在一家妓院发现了两个十二三岁的小女孩，她们为一个案件作证，她们提到她们的主顾是一些地位显赫的先生，她们当中的一个张嘴要说出一个名字，检察官急忙阻止她：*不要玷污一位体面先生的名字！*一位获得荣誉军团勋章的先生在破坏一个小姑娘的处女膜时，仍然是一位体面的先生；他有弱点，但谁没有弱点呢？而进入不了普遍性的道德领域的小姑娘——她既不是法官、将军，也不是法国的大人物，而只是一个小姑娘——是在性的偶然性领域完成她的道德价值：这是一个淫乱的女子，一个堕落的女子，一个宜进教养院的邪恶女子。在大量情况下，男人可以不用玷污自己高尚的形象，与女人合谋，做出一些她要受到谴责的行为。她不懂得其中的微妙；她所懂得的是，男人并不按照他所宣扬的原则行事，并且要求她违反这些原则；他口是心非：因此她并没有给他她假装给他的东西。她会是一个贞洁和忠实的妻子，但她悄悄地向自己的欲望让步；她会是一个出色的母亲，但她小心翼翼地实行“节育”，必要时会做人工流产。男人公开地责备她，这是游戏规则，但他背地里又感激她的轻浮或不育。女人扮演这类间谍的角色，如果被抓住，就会被枪决，如果成功了，就会得到充分的奖赏；男性的一切无行都由她承担：不仅妓女，所有女人都被用做体面人所居住的窗明几净的宫殿的阴沟。随后，当人们向她们谈到尊严、荣誉、光明磊落和所有崇高的男性品德时，她们拒绝“同意”，人们不应该感到惊讶。当道貌岸然的男子谴责她们自私、做戏、说谎时[①]，她们尤其报以嘲笑：她们很清楚，别人没有给她们开辟其他出路。男人也“关心”金钱和成功，但他有办法通过自己的工作去获得；女人被指派扮演寄生者的角色：凡是寄生者都必然是一个剥削者；她需要男性获得人类尊严、吃饭、享受和生育；她正是通过性服务，才保证自己得到好处；既然人们把她封闭在这种职能中，她就整个儿是一个剥削工具。至于说谎，除非卖淫，在她和她的保护人之间不涉及坦率的交易。甚至男人也要求她对他做戏：他希望她是他者；但一切生存者，不管他怎样竭力否认，仍然是主体；他希望她是客体：她让自己成为客体；她在这样做的时候，是在进行一项自由的活动；这正是她最初的背叛；即使最温顺的、最被动的意识仍然是意识；有时，男性发现，她献身给他时，在观察他，评判他，就足够让他感到受愚弄了；她只应该是一样献出的东西，一个猎物。然而，这样东西，他也要求她自由地

---

① 于勒·拉福格：“所有这些神态娇弱，由于过去做奴隶积累而成的假正经的女人，没有别的得救的武器和谋生手段，除了这种不知不觉的、等待时机到来的、勾引人的神情。”——原注

给予他：在床上，他要求她感受到快感；在家中，她必须真诚地承认他的优越地位和贡献；在她服从的时候，她应该假装独立，而在别的时候，她应该主动地演被动的戏。她说谎是为了留住男人，他能保证给她每天的面包：吵闹和眼泪，爱情的激动，歇斯底里的发作；她说谎也是为了逃避她出于自身的考虑才接受下来的暴虐。他鼓励她做戏，他的统治、他的虚荣心，都得到了满足：她以隐瞒的能耐去对付他；这样，她双倍美妙地报复：因为在欺骗他时，她满足了特殊的愿望，尝到了嘲弄他的快意。妻子、妓女在假装没有感受到的激动时，是在欺骗；然后她们和情人、女友嘲笑受捉弄的人的幼稚和虚荣心，她们怨恨地说："他们不但没有'搞到'我们，而且还想让我们因快感喊叫到精疲力竭。"这很像女仆的谈话，她们在做祭礼时说她们"老板"的坏话。女人有同样的缺陷，因为她是同样的家长压迫的受害者；她也同样玩世不恭，因为她像仆人看主人那样，从下往上看男人。但很清楚，这些特征的任何一种都不表明堕落的原始意愿或本质：它们反映了一种处境。"凡是有强制性制度的地方，就有虚情假意，"傅立叶说，"禁令和走私在爱情上和在商品中都是密不可分的。"男人很清楚女人的缺陷表现了她的状况，他们处心积虑地要维持性别的等级，在他们的伴侣身上鼓励让他们蔑视她的同样特征。也许，丈夫、情人对于与之生活的那个特殊女人的毛病感到愤怒，但他们宣扬一般女性的魅力时，却认为女人与她们的缺点密不可分。如果女人不是忘恩负义的、轻浮的、怯懦的、怠惰的，她就丧失她的诱惑力。在《玩偶之家》中，海尔茂解释，当男人原谅弱小女人的幼稚错误时，感到自己是多么正确、强大、善解人意和宽容。因此，伯恩斯坦笔下的丈夫——与作者串通一气——对偷东西的、恶毒的、通奸的妻子十分温情，他们宽容地对待她，有分寸地表现男性的智慧。美国的种族主义者，法国的殖民地移民，也希望黑人小偷小摸，懒惰，爱撒谎：他由此证明自己缺乏尊严；他让压迫者变得有理；如果他执着地表现得正派、光明磊落，人们就把他看做一个坏脾气的人。由于她不想与自己的缺点作斗争，相反，把它变成一种装饰，因而缺点变得更显著了。

女人不接受逻辑原理和道德命令，对自然法则持怀疑态度，所以没有普遍概念；世界在她看来像特殊情况的混合体；因此，她更容易相信女邻居的闲话，而不相信科学的陈述；无疑，她尊重印刷书籍，但这种尊重随着一页页过去而下滑，却抓不住内容；相反，一个陌生人在排队时或在沙龙中讲述的一件逸事，马上具有压倒性的权威；在她的范围内，一切都是有魔力的；在此之外，一切都是神秘的；她不了解真实性的标准；只有直接的经验——她自己的经验或别人的经验——一旦得到相当有力的证明，便使她确信不疑。至于她，由于在家中与外界隔绝，不能与其他女人主动接触，自然而然把自己看做特殊的例子；她总是期待命运和男人给她例外的对待；她远远不相信对大家普适的推理，却相信掠过她头脑的启示；她很容易就接受，这些启示是天主或者是世上某个不可见的神灵给她的；对某些不幸、某些事故，她平静地认为："我不会发生这种事"；相反，她设想："对我会例外对待"：她喜欢被特殊照顾；商人会给她打折扣，警察在她没有特别通行证的情况下让她通过；人们教会她过高估计她微笑的价值，而忘了对她说，所有女人都会微笑。她并非自认为比女邻居更加不同寻常：这是因为她不做比较；出于同样理由，经验很少向她揭穿谎言：她经历一次又一次失败，但她没有做出归纳。

因此，女人不能成功地牢固建立一个"反宇宙"，她们无法由此向男性挑战；她们时不时地大骂男人，互相叙述床笫间和分娩的故事，交流占星术和美容方法。而为了真正建立她们出于怨恨而期待的“不满的世界”，她们又缺乏信心，她们对男人的态度过于矛盾。事实上，他是一个孩子，一个偶然性的脆弱的身体，他是一个幼稚的人，一只讨厌的雄蜂，一个庸俗的暴君，一个自私自利的人，一个爱虚荣的人，但他也是解放她们的英雄，给予她们价值的神灵。他的欲望是粗鄙的渴望，与他做爱是可耻的苦差事，不过他的激情和男性力量也像造物主的能量。当一个女人陶醉地说“他是一个男子汉”时，她同时想到的是她赞赏的性活力和男人的社会工作效率：这两方面表现了同样的创造优势；她不能想象他是一个大艺术家、大商人、将军、领袖，却不是一个强壮的情人：他在社会上的成功总是有性的魅力；反过来，她准备好承认那个满足她的男人的天才。再说，她在这里重申的是男性神话。对劳伦斯和其他许多人来说，男性生殖器既是活生生的能量，又是人的超越性。因此，女人可以在床上的快感中看到与世界精神的交流。她给予男人神秘的崇拜，消失和重现在他的荣耀中。由于具有男性特征的个体多种多样，矛盾在这里很容易解除。有些男人——她在日常生活中感到他们的偶然性——是人类苦难的体现，在其他人身上，激发出男人的伟力。但女人甚至接受，这两种人混合成一种人。有个少女爱上一个她认为出众的男人，她这样写道：“如果我变得有名，R一准会娶我，因为他的虚荣心会得到满足。他会在散步时骄傲地挽着我的手臂。”她发狂地赞赏他。在女人看来，同一个人可以既是吝啬的、平庸的、微不足道的，又是一个神：神毕竟也有弱点。一个在他的自由和人性中被人爱的个体，人们对他提出这种严格要求，这是本真尊重的反面；而一个跪在男人面前的女人，则完全可以自诩“善于掌握他”，“操纵他”，她得意地奉承“他软弱的一面”，却不让他失去威信；这是她对他的特殊个体并不感到亲昵的证明，正像她在实际行动中表现出来的那样；她盲目地跪在偶像具有的一般本质面前：男性气质是一种神圣的光晕，一种既定和凝固的价值，即使具有这一价值的个体是卑微的，也会显示出来；这个人微不足道；相反，嫉妒他的特权的女人，乐意对他狡猾地占有优势。

女人对男人的矛盾感情，也存在于她对自身和世界的一般态度上；她被封闭在其中的领域，是被男性世界包围着的；但它又受到男人本身是其玩物的隐蔽力量的缠扰；只要她联合这些魔力，就会轮到她获得权力。社会在制服自然；但自然也支配社会；精神超越生命而确立；但如果生命不再支撑精神，它就会熄灭。女人以这种矛盾为借口，给予一座花园比给予一座城市，给予一种疾病比给予一种思想，给予一次分娩比给予一次革命更多的真理；她竭力重建巴霍芬所梦想的大地和母亲的统治，以便面对非本质，重新找到本质。但由于她也是一个超越性寄存其中的生存者，她只有通过改变她受束缚的领域，才能使之具有价值：她赋予它超越的维度。男人生活在一个协调的世界中，这个世界是一个经过构思的现实。女人受到不容思索的魔力现实的控制，她通过缺乏真实内容的思想去逃避这个现实。她非但没有承受自己的生存，反而瞻仰在天上自己命运的纯粹理念，她非但没有行动，反而在想象中竖起自己的塑像；她非但没有思考，反而去梦想。由此产生：她如此“肉体”，也如此人为，她如此世俗，又如此虚无缥缈。她的生活在擦洗烧锅中度过，这是一部美妙的小说；作为男人的附庸，她认为自己是他的偶像；她在肉体上蒙受耻辱，却赞颂爱情。因为她注定只了解生活中偶然的人为性，她让自己成为理想的女祭司。

这种矛盾从女人把握自己身体的方式上清晰可见。这是一个负担：它被物种侵蚀，每月流血，被动地繁殖，对她来说，它不是掌握世界的纯粹工具，而是不透明的在场；它不能确保乐趣，却产生撕心裂肺的痛苦；它包含着威胁：她感到“内部”有危险。由于内分泌液与控制肌肉和内脏的交感神经系统的联系紧密，所以这是一个“歇斯底里的”身体；它表现了女人拒绝承受的反应：在呜咽、痉挛和呕吐中，它摆脱了她的控制，背叛了她；它是她最亲近的真实，但这是可耻的真实，她要掩盖起来。然而，它也是她美妙的分身；她在镜中目眩神迷地凝视它；它是幸福的许诺、艺术作品、活生生的塑像；她塑造它，装饰它，炫耀它。当她在镜子中微笑时，忘却了自己肉体的偶然性；在做爱中，在怀孕中，它的形象虚无化了。但她往往在遐想自身时，惊异于自己同时是女主角和肉身。

自然相应地赋予她一个双重面孔：她做蔬菜牛肉浓汤，也激发神秘的情感抒发。女人在变成家庭主妇和母亲后，放弃了在平原和树林中自由漫游，更喜欢在菜园子里平静地种植，她培植花卉，插入花瓶，但她面对月光和落日仍然激动。在人间的动植物中，她首先看到食物和装饰品；然而其中流动着慷慨和魔力的汁液。生命不仅是内在性和重复，它也有炫目的光辉一面；在鲜花盛开的草地上，它显现为美。女人肚子的生育力将女人和自然相协调，她也感到自己被精神这给予她活力的和风掠过。在她得不到满足，感到自身像未长成的、未确定的少女的情况下，她的心灵也会冲向无限伸展的道路，冲向无边的天涯。她虽然受制于丈夫、孩子和家庭，但她会迷醉地在山坡上重新成为独一无二的、至高无上的人；她不再是妻子、母亲、家庭主妇，而是一个人；她凝望被动的世界：她回忆起她有一个完整的意识，有一种不可抑制的自由。面对水的神秘、山峰的挺拔，男性的优势消失了；当她在欧石楠丛中行走时，当她将手伸进溪流时，她不是为他人，而是为自己生活。经过种种奴役仍然保持独立的女人，在自然中强烈地热爱自己的自由。其他女人仅仅在其中找到迷醉的借口，她们在黄昏徘徊于担心感冒和心灵昏厥之间。

这种对肉体世界和“诗意”世界的双重附属，确定了女人多少明确地依附的形而上学和智慧。她竭力混淆生命与超越性；就是说，她不接受笛卡儿主义和一切从属于它的学说；她在一种近似于斯多葛学派或者十六世纪新柏拉图主义的自然哲学中自得其乐：女人以纳瓦拉的玛格丽特为首，依附于一种既是如此唯物的又是如此唯灵的哲学，十分平常。女人在社会方面信奉善恶二元论，深感需要在本体论上成为乐观主义者：行动的道德对她不合适，因为她被禁止行动；她要忍受既定：因此必须让既定是善；但一个善，像斯宾诺莎通过理性所认识到的善那样，或者像莱布尼兹通过计算认识到的善那样，不会使她感兴趣。她要求这样一种善，它是一种活跃的和谐，她只要活着就置身于其中。和谐的概念是开启女性世界的钥匙之一：它意味着固定的完美，意味着可以直接证明从整体出发每个成分存在的必要性，也意味着它对整体的被动参与。在一个和谐的世界中，女人就这样达到男人在行动中寻求的东西：她影响世界，为世界所需要，她有助于善的胜利。女人看做启示的时刻，就是这样的时刻，她们在其中发现自己与平静地依附在自身之上的现实相一致：这是弗吉尼亚·伍尔夫在《达洛卫夫人》和《到灯塔去》，以及凯瑟琳·曼斯菲尔德在全部作品中，作为最高报偿给予她们女主人公的闪光幸福的时刻。那种自由雀跃的快乐是留给男人的，女人所经历的是一种充满快意的充实印象。[1] 可以理解，普通

---

① 在一大堆著述中，我要举出梅布尔·道奇的这段话，其中有关世界的总体看法的一段不是很明确，但有清楚的暗示：“这是一个平静的秋日，一切都是金色和红色的。弗丽达和我在挑选果实，我们席地而坐，我们周围摞着一堆堆红苹果。我们停了一会儿。阳光和富饶的大地使我们暖洋洋的，熏香了我们，苹果是充实、和平与富足的活生生的标志。大地的汁液满溢而出，也流在我们的血管里，我们感到快乐、不可制服、像果园一样硕果累累。一时之间，我们共同沉浸在这种感情中，女人有时就会感到这种完美和完全自足的感情，它来自我们体力充沛的、令人高兴的健康。”——原注

的平静状态，在她看来，可以具有很高的价值，因为她通常生活在拒绝、指责、要求的紧张状态中，人们不会责备她享受美好的下午或者傍晚的温馨。但是，在其中寻找世界的隐蔽心灵的真正定义，是一种诱饵。善不在那里，世界不是和谐，任何个体都没有必然的位置。

有一种辩解、一种最高的报偿是社会一向竭力给予女人的：这就是宗教。女人必须有宗教，就像老百姓必须有宗教那样，理由完全一样：当人们判定一种性别、一个阶级是内在性时，就必须给以超越性的幻象。男人通过一个天主让人接受他创造的法规，有很大好处：特别是，既然男人对女人行使最高权威，这个权威由最高存在赋予就是适宜的。例如，在犹太人、伊斯兰教徒、基督教徒那里，男人通过神权成为主人：对天主的恐惧在受压迫者身上窒息了一切反抗的念头。人们可以把希望寄托在她的轻信上。女人在男性世界面前采取一种尊敬和信任的态度：天国的天主在她看来，和内阁大臣一样遥不可及，创世的神秘酷似发电站的神秘。但尤其是，如果她非常乐意信奉宗教，这是因为宗教能满足深层的需要。现代文明——甚至在女人身上——承认自由，在现代文明中，宗教看上去远不是一个压迫工具，而像一个欺骗工具。人们较少要求女人以天主的名义接受她的低劣地位，而是依仗天主自认为与至高无上的男性平起平坐；人们认为克服了不公正，便取消了反抗的企图本身。女人的超越性不再被剥夺，因为她要把自己的内在性奉献给天主；灵魂的价值只有在天国被衡量，而不是根据它们在人间的成就来决定；按照陀思妥耶夫斯基的话来看，人间只有事务：擦皮鞋或造桥，都是同样的虚荣；性别平等越过社会歧视，重新建立。因此，小姑娘和少女远比她们的兄弟更加热忱地投入信仰；超越男孩的超越性的天主，其注视使他感到羞辱：在这种强有力的监护下，他永远是一个孩子，这比起受到他父亲的生存威胁来说是更彻底的阉割。而“永恒的孩子”在这种把她变形为天使的姐妹的注视中，得到拯救，他取消了阴茎的特权。真诚的信仰大大帮助女孩避免自卑情结：她既不是男性，也不是女性，而是天主的创造物。因此，人们在很多重要的圣女身上，找到完全是男性的坚定：圣布里吉特①、锡耶纳的圣凯瑟琳傲慢地宣称要指导世人；她们不承认任何男性权威：凯瑟琳甚至很严厉地领导她的神修导师；贞德、圣德肋撒以任何男人无法超越的无畏，走她们自己的路。教会保证让天主决不允许女人摆脱男性的监护；它专门将这些可怕的武器重新交到男人手中：拒绝赦免、革出教门；贞德执着于见到的神迹，被活活烧死。女人虽然根据天主的意愿屈服于男人的法律，却在天主身上找到反抗男人的坚实支援。男人的逻辑被神秘教义所否定，男性的骄傲变成罪恶，他们的激动不仅是荒唐的，而且有罪：为什么重新塑造这个天主本人创造的世界呢？女人注定的被动性变得神圣了。她在火炉旁数着念珠，知道自己比丈夫更接近天国，他忙于参加政治集会。不需要做任何事来拯救她的灵魂，只消顺从地活着就够了。生命和精神交相融汇：母亲不仅仅生出一个肉体，她也将一个灵魂献给天主，这是比穿透原子微小的秘密更高得多的作品。女人得到天父的合作，可以用她女性的荣耀大声反抗男人。

天主不仅这样重建一般女性的尊严，而且每个女人在看不见的天神那里找到特殊的支持；作为人，她没有多大分量；但一旦她以神灵的名义行动，她的意愿便变得神圣了。居伊昂夫人②说，她从一个修女生病学会“什么是通过圣子来领导以及通过同一个圣子来

① Saint Bridget of Sweden（约1303—1373），瑞典修女，布里吉特修会创立人和神秘主义者。

② Jeanne-Marie de la Motte-Guyon（1648—1717），法国神秘主义者，1676 年成为寡妇后，宣扬神秘主义，曾被捕入狱，著有《精神急流》。

服从”；女信徒就是这样在卑微的服从中掩盖她的权威；她抚养她的孩子们，领导一个修道院，组织一个慈善团体，只是超自然力手中一个顺从的工具；人们不服从她，便不得不冒犯天主本身。诚然，男人也不会轻视这种支持；但是，当他们面对也可能同样要求支持的其他男人时，这种支持便不太可靠了：冲突最终要在人的层面解决。女人祈求神的意愿，在那些已经自然地从属于它的人眼中充分证实它的权威，也在自己眼中证实这种权威。如果这种合作对她非常有用，这是因为她特别关注同自身的关系——甚至当这种关系涉及他人的时候，上天的沉默只在内心的争论中才能具有法律的力量。事实上，女人以宗教为借口，满足自己的欲望。不管是性欲冷淡、受虐狂还是虐待狂，她放弃肉体，扮演受害者，在自己周围扼杀一切生命冲动，为的是变得神圣；她自残和毁灭自己，以获得在上帝选民中的地位；当她折磨丈夫和孩子时，她剥夺了他们的人间幸福，为他们在天堂里准备了一个优越的位置；讲述科尔托纳的玛格丽特虔诚信教故事的传记中写道，“为了惩罚自己犯了罪”，她曾虐待她因错误生下的孩子；她只有在让路过的所有乞丐吃饱以后，才让孩子吃饭；我们已经看到过，对不希望怀上的孩子的仇恨是常见的：这是能够以合乎道德的狂热表示仇恨的好机会。从她那方面来说，不守妇道的女人很容易和天主安排停当；确信明天会赦免罪孽，往往帮助虔诚的女人克服顾忌。不管她选择禁欲还是纵欲，自尊还是屈辱，盼望得救的念头鼓励她沉湎于这种自己最喜欢的快乐：关注自己；她倾听自己心脏的跳动，观察自己肉体的颤动，因她的肉体得到天恩而得到辩解，正如怀孕的女人因她的果实而得到辩解。她不仅以平和的警觉观察自己，而且向精神导师叙述自己的状况；从前，她甚至可以享受公开忏悔的陶醉。有人叙述，玛格丽特为了惩罚自己的虚荣举动，上到她家的晒台，像一个分娩的女人那样开始大声叫喊："起来吧，科尔托纳的居民们，起来吧，点上蜡烛和灯笼，出来听听女罪人的诉说吧！"她列举自己的所有罪行，向群星历数自己的不幸。她通过这大声嚷嚷的羞辱，满足了表现癖的需要，在自恋女人身上可以找到非常多这类表现癖的例子。宗教允许女人自我满足，它给她梦寐以求的向导、神父、情人、监护神，它培育她的幻想，它占据她的空闲时间。但尤其是它确认了世界秩序，通过带来在无性别的天国里有一个更美好未来的希望，给忍辱负重以理由。因此，女人今日仍然是教会手中一张非常强有力的王牌；也因此，教会十分敌视一切能有助于妇女解放的措施。女人需要宗教：为了延续宗教，必须有女人，有"真正的女人"。

可以看到，女人的总体"特征"：她的信念、她的价值、她的智慧、她的道德、她的兴趣、她的品行，可以通过她的处境来解释。否认她有超越性，就是不让她具有最崇高的人类品质：英雄主义、反抗精神、超脱、发明和创造力；但在男性身上，这些品质也不是太常见。有许多男人像女人一样，束缚在中介和非本质方法的范围里；工人通过表达革命意愿的政治行动摆脱这范围；但所谓的"中产"阶级男人有意留在这个范围里；雇员、商人、办事员像女人一样，注定要重复日常事务，在现成的价值中异化，尊重舆论，在世间只寻求朦胧的舒适，对他们的妻子并没有任何优势；她下厨、洗涤、持家、抚养孩子，比屈从于禁忌的男人表现出更多的主动性和独立性；他整天要服从上级，穿假硬领，确定自己的社会地位；她可以在房间里穿着晨衣走来走去，唱歌，和女邻居说笑；她随意行动，冒小小的风险，竭力有效地达到某些结果。她远比丈夫更少生活在俗套和表象中。像卡夫卡所描写的这个官僚世界，这个充满繁文缛节、荒谬的动作和无目的行为的世界，本质上是男性世界；女人更加接触到现实；男人做账，或者把沙丁鱼罐头折算成钱时，只抓住抽象的东西；在摇篮里吃饱的孩子，白色的衣物，烤肉，是更可触摸的财产；但正是因为在具体追逐这些目标时，她感到它们的偶然性——相应地感到她自己的偶然性——她通常并不在它们当中异化：她仍然是无拘束的。男人的事业既是计划，也是逃避：他被自己的职业和角色所吞噬，他乐意显得重要和严肃；她否定男性的逻辑和道德，不落入这些陷阱中：司汤达正是在这方面如此赞赏女人；她在自尊中并不逃避自己状况的矛盾，她不躲在人类尊严的面具后面，她以更多的真诚发现自己不受约束的思想、她的激动、她的自发反应。因此，一旦她以自己的名义而不是以她的主人合法的另一半的名义讲话，她的谈话远远不像她的丈夫那样令人厌烦；他滔滔不绝讲述所谓的一般观念，即能在报纸或专门著作中找到的词句和用语；她则运用有限但具体的经验。有名的“女性敏感”有虚构和做戏的成分，但事实是，女人比男人更加专注于自身和世界。在性生活方面，她生活在粗野的男性氛围中：作为补偿，她有着对“美好事物”的兴趣，这可能产生矫揉造作，但也能产生细腻的情感；因为她的领域是受限制的，她获得的东西对她就显得宝贵：她既不把这些东西封闭在概念中，也不封闭在计划中，她揭示出它们的丰富性；她的逃避愿望通过她对节庆的兴趣表现出来：她欣喜于一束花、一块点心、一桌丰盛的菜的无偿性，她乐意把自己的空闲变成慷慨的奉献；她喜欢说笑、唱歌、首饰、小玩意儿，也准备好接受她周围一切令人激动的东西：街景、天空的景致；邀请和出行给她打开新的视野；男人常常拒绝参加这些乐事；当他走进家里，快乐的声音便沉寂下来，家中的女人们摆出他所期待的无聊和端庄的神态。女人从孤独和隔绝中抽取出她的生活特殊性的意义：过去、死亡、时间的流逝，她对此比男人有更深切的体验；她关心自己的心灵、肉体、精神冒险，因为她知道，她在人间只有这唯一的命运；也由于她是被动的，她要忍受淹没她的现实，所以其方式比专注于抱负和职业的人更加热情和动人；她有闲暇和兴趣放纵自己的情感，琢磨自己的感受，得出其中的意义。当她的想象不迷失在徒劳的梦想里时，她变得有同情心：她力图从特殊性中理解他人，并在自身重新创造出这个人；她对于丈夫或情人能够真正视为同一：她以他无法模仿的方式，把他的计划和思虑变成自己的。她焦虑地关注全世界；她觉得世界就像一个谜：每个人，每个事物，都可能是一个答案；她贪婪地追问。当她衰老时，她绝望的等待变成了讽刺和往往耐人寻味的玩世不恭；她拒绝男性的欺骗，看到男性建造的雄伟建筑偶然的、荒谬的、无根据的背面。她的从属性让她无法漠不关心；但她有时从强加给她的忠诚中汲取真正的慷慨；她忘我地为丈夫、情人、孩子献身，不再想到自己，她整个儿是奉献、赠予。由于她不适应男人的社会，时常不得不亲自创造自己的行为方式；她可以不满足于现成的方法和陈词滥调；如果她真诚，她身上会有比她丈夫的深刻自信更加接近本真性的不安。

但她只有在拒绝被男性欺骗的条件下，才对他有这些优势。在上层阶级中，女人热心地成为她们主人的同谋，因为她们坚持利用他们向她们保证的利益。我们已经看到，大资产阶级、贵族女人总是比她们的丈夫更加执着地捍卫他们的阶级利益：她们毫不犹豫地把作为人的自主彻底牺牲给他们；她们扼杀自己身上的一切思想、一切判断力、一切自发冲动；她们鹦鹉学舌般重复被认可的见解，把自身混同于男性法典强加给她们的理想；在她们心中，甚至在她们脸上，一切真诚都泯灭了。家庭主妇在她的劳动中，在照顾孩子中重新找到一种独立，她从中汲取有限的但却是具体的经验，“被伺候”的女人对世界再也没有任何控制力，她生活在梦想、抽象和空虚中。她不知道自己标榜的思想的影响；她说出的字句在她口中失去了一切意义；金融家、实业家，甚至将军，承受着疲劳和忧思，他们要冒险；他们以非法交易获取他们的特权，但至少他们付出了人格代价；他们的妻子获得了利益，却什么也没有给予，什么事也没做；而且她们更加盲目地相信她们不受时效约束的权利。她们自命不凡的狂妄，她们彻底的无能，她们顽固的无知，使她们变成人类有史以来所产生的最无用、最不可取的人。

因此，谈论一般的“女人”，和谈论永恒的“男人”一样荒谬。可以理解，试图决定女人是否高于、低于或者等于男人的一切比较，都是劳而无功的：他们的处境截然不同。如果比较一下这些处境，很明显，男人的处境无限地优越，就是说，男人有更多的具体可能性将自由投入到世界中；由此必然得出，男人的成就远胜过女人的成就，女人几乎被禁止做任何事。然而比较男女在各自范围内怎样运用他们的自由，先验地是毫无意义的尝试，因为他们都恰好是自由地运用自由。各种形式的自欺陷阱和欺骗，都同样地窥伺着男人和女人；两者的自由都是完整的。正是由于自由在女人身上是抽象的和空洞的，所以它只能在反抗中本真地承受：这是向没有可能建造任何东西的人打开的唯一道路；他们必须不接受处境的限制，竭力开辟未来之路；逆来顺受只是放弃和逃遁；对女人来说，除了致力于自己的解放，没有任何其他出路。

解放只能是集体的解放，它首先要求完成女性状况的经济演变。但过去有过，现在仍然有大量女人企图单独实现她们个体的拯救。她们企图在自己的内在性中证明自身生存的必然性，也就是在内在性中实现超越性。我们在自恋的女人、恋爱的女人和虔信的女人身上看到的，正是受禁闭的女人为了把她的牢狱变成荣耀的天堂，把奴役变成崇高自由做出的最后努力——有时是可笑的，常常是动人的努力。

第三部　辩解

第十一章　自恋的女人

人们有时认为，自恋是所有女人的根本态度[①]，但把这个概念引申得太广，会破坏它的本意，正如拉罗什富科[②]破坏了利欲的概念。事实上，自恋是一个非常确定的异化过程：自我被作为一个绝对目的设立，主体逃避到其中。在女人身上可以遇到许多其他的态度——本真的或非本真的态度：我们已经研究过其中几种。确实，环境更加促使女人而不是男人转向自身，把爱给予自己。

凡是爱情都要求主体与客体的二重性。女人被两条最终汇合的道路引导到自恋。作为主体，她感到受挫；小姑娘的时候，她就缺乏他我，而对男孩子来说，阴茎就是他我；稍后，她的攻击性性欲得不到满足。更为重要得多的是，她被禁止从事男性的活动。她忙忙碌碌，但什么事也没做；虽然肩负妻子、母亲、家庭主妇的职能，她的特殊性仍然没有得到承认。男人的真实性体现在他建房、伐木、治病上：女人不能通过计划和目标自我实现，便竭力在自身的内在性中把握自己。玛丽·巴什基尔采夫模仿西哀士[③]的说法，这样写道："我是什么？什么也不是。我愿意成为什么？什么都愿意。"许多女人正是因为自己什么也不是，才坚决地把她们的兴趣局限于自我，把自我与一切混同起来，使自我畸形发展。玛丽·巴什基尔采夫还说："我是我自己心目中的女英雄。"一个行动的男人必然估量自己。女人由于显不出能力和受到隔绝，既不能找到自己的位置，也不能衡量自己；她自认为极其重要，因为她接近不了任何重要事物。

她这样把自己提供给自己的欲望，是因为从童年起，她便觉得自己是一个客体。她受到的教育促使她在自己的整个身体中异化，青春期向她显示这个身体是被动的，激起情欲的；这是她的手可以触摸的一样东西，绸缎和丝绒触动它，她能以情人的目光欣赏它。有时，在手淫中，女人分身为一个男性的主体和一个女性的客体；达尔比耶④研究过的病人伊雷娜就这样想："我要爱上自己"，或者更热烈地："我要占有自己"，或者达到顶点："我要让自己怀孕"。当玛丽·巴什基尔采夫这样写的时候，她也既是主体又是客体："没有人看到我的手臂和身躯，看到这种鲜嫩和这种青春，真是遗憾。"

事实上，自为积极地成为他者，在意识的照耀下把自己把握为客体，这是不可能的。分身仅仅是梦想。在孩子身上，将这梦想物化的是玩偶；她在它身上比在自己的身体中更具体地认出自己，因为两者是分离的。这种成为两者，以便在自我与自我之间建立亲密对话的需要，德·诺阿耶夫人特别在《我的一生》中表达出来：

---

① 参阅海伦妮·多伊奇《女性心理学》。——原注

② François de La Rochefoucauld（1613—1680），法国公爵，古典主义散文家，著有《箴言录》，抨击了利欲心。

③ Emmanuel-Joseph Sieyès（1748—1836），法国教士和宪法理论家，著有《论特权》《什么是第三等级》等。

④ 见《精神分析学》。伊雷娜在童年时喜欢像男孩一样小便，她常常梦见自己具有水神的形状，这证实了哈夫洛克·蔼理士关于自恋与他所称"水神主义"之间有关系的观点，就是说，有某种小便欲。——原注

> 我喜欢玩偶，我把自己生活的活跃赋予不能活动的它们；如果它们没有也盖上毛毯和鸭绒被，我在毯子的热力下就会睡不着……我梦想真正品味到分身的纯粹孤独……这种持续原封不动，成为双重自我的需要，我在幼年时就贪婪地感受过了……啊！我多么期望在我梦幻般的温柔受控于侮辱性眼泪的悲惨时刻，在我身边有另外一个小安娜，双臂抱住我的脖子，安慰我，理解我啊……在我的一生中，我在心里遇到过她，紧紧地抓住她不放：她不是像我所希望的那样安慰我，而是给我勇气。

少女让她的玩偶沉睡。但是女人在整个一生将通过镜子的魔力，得到强有力的帮助，离开自己又同自己汇合。兰克[①]阐明了在神话和梦幻中镜子与分身的关系。尤其是女人，映像被自我同化。男性美是超越性的征象，女人的美有着内在性的被动：只有女性美生来是为了停住目光，因此落入镜子的锡汞齐一动不动的陷阱；感到并希望自己是主动的、主体的男人，在凝固不动的形象中认不出自己，对他来说，这个形象没有吸引力，因为男人的身体在他看来不是欲望的对象；而知道并成为客体的女人真正以为在镜子中看到自己：映像是被动的、既定的，像她本人一样是一件东西；由于她羡慕女人的肉体、她自己的肉体，她以自己的赞赏、自己的欲望激发看到的惰性品质。在镜中认出自己的德·诺阿耶夫人告诉我们：

> 我对天赋不是那么自负，更令我得意的是常常照镜子时里

① Otto Rank（1884—1939），奥地利心理学家，弗洛伊德的弟子，著有《英雄诞生的神话》《出生时的创伤》《艺术家》等。

面反映的形象，但在我身上这种天赋如此强有力，我丝毫不怀疑它们……只有肉体快感充分满足我的心灵。

“肉体快感”这个词在这里是模糊的、不恰当的。使心灵满足的是，被欣赏的面孔在那里，在此时，是既定的、无可怀疑的，而精神需要证明自身存在。整个未来积聚在这片光芒中，它的框架形成一个世界；在这狭窄的范围之外，事物只是一团无序的混沌；世界压缩成这块玻璃，有个形象在其中发出光辉：这是独一无二的形象。每个沉浸在映像中的女人，支配着空间和时间，她是唯一的，至高无上的；她对男人、财产、光荣、情欲有一切权利。玛丽·巴什基尔采夫是这样迷恋自己的美，以至想把它固定在不朽的大理石中，她正是希望使自己不朽。

回家后我脱掉衣服，赤身裸体，被我身体的美惊呆了，仿佛从未见过似的。必须造一座我的塑像，但怎样塑造呢？不结婚这几乎是不可能办到的。绝对必须造像，否则我会变丑，变质……必须找到一个丈夫，哪怕就为了造出我的塑像。

塞西尔·索雷尔准备去赴约会，她这样打扮自己：

我坐在镜子前面。我很想更加美丽。我同我像牝狮鬃毛一样的头发搏斗。从梳子底下迸出光芒。我的头是一轮红日，位于像一片金光似的竖起的头发中央。

我也回忆起一个少妇，一天早上我在咖啡馆的洗手间遇到她；她手里拿着一朵玫瑰花，神态有点醉醺醺；她把嘴唇凑近镜子，仿佛要喝下她的映像，她微笑着喃喃自语：“真可爱，我真可爱。”自恋的女人既是女祭司，又是偶像，带着荣耀的光环翱翔在永恒的中央，跪拜的人从云朵的另一边崇拜着她：她是瞻仰着自己的天主。梅耶罗夫斯基夫人说：“我爱自己，我是我的天主！”成为天主，就是要实现自在与自为两者不可能做到的综合：一个个体认为能成功地做到这一点时，感到这是快乐、兴奋和充实的特殊时刻。卢塞尔十九岁时有一天在阁楼里感到头颅周围有一圈光轮：怎样也治不好她的病。在镜子里看到自己容貌的——她认为是受到自己意识的激发——美、愿望、爱情、幸福的少女，在整个一生都力图汲取这炫目的启示所给予的许诺。“我爱的是你。”玛丽·巴什基尔采夫有一天对她的映像这样说。另外一天，她写道：“我那么爱自己，我让自己这样幸福，以至我吃晚饭时像个疯子似的。”即使女人不具备无可挑剔的美，她也会看到自己脸上隐约显出心灵的特殊财富，这足以使她陶醉。克吕登纳夫人在小说中借瓦雷丽的容貌描绘的自画像是这样刻画的：

> 她有些特殊的东西，是我在任何一个女人身上看不到的。别人可能有同样的妩媚，比她漂亮得多，却远远不如她。别人也许并不赞赏她，但她有某种理想的迷人的东西，迫使人们去关注她。看到她这样细腻，这样轻巧，简直像一缕思绪……

不应对不幸的女人有时甚至也能经历镜子的迷醉而感到惊讶：她们仅仅因为自己是一个在此处的肉体而激动；像男人一样，少女肉体的纯粹慷慨就足以使她们吃惊；既然她们将自己把握为特殊的主体，她们会带点自欺地将特殊的魅力赋予她们的特定品质；她们会在自己的面孔或身体上发现某些妩媚的、罕见的、动人的特点；

她们仅仅由于感到自己是女人，就认为自己很美。

再说，镜子尽管有特殊作用，却并不是分身的唯一工具。每个人都可以在内心对话中尝试创造一个孪生兄弟。女人一天的绝大部分时间独自一人，厌倦于家务，有闲暇在梦想中塑造自己的面孔。少女时，她梦想未来；封闭在不确定的现在，她给自己叙述故事；她修饰这个故事，引入美的范畴，在死亡之前把她偶然的生活改变成一种命运。

例如，众所周知，女人注重她们的童年回忆；女性文学做出证明；在男性的自传中，童年一般只占据次要位置；相反，女人往往限于叙述她们的早年生活；这是她们的小说、她们的故事优先注重的材料。一个向女友、情人叙述自己经历的女人，几乎都以这句话开始她的故事："我是小姑娘的时候……"她们保留着对这个时期的怀念。这是因为在这个时期，她们感到头上有父亲慈祥威严的手，同时感受到独立的快乐；她们受到成年人的保护，由他们证明生存的必要性，是面前展开一片自由的未来的自主个体。而现在，她们没有完全受到婚姻和爱情的保护，变成了女仆或者物件，禁闭在现时中。过去她们支配着世界，日复一日在征服世界，如今她们与世界分隔开来，陷于内在性和重复中。她们感到失望。最令她们感到痛苦的是淹没在一般性中：是千百万人中的一个妻子、一个母亲、一个家庭主妇、一个女人；相反，在孩提时，每个小姑娘都以特殊方式经历她的状况；她不知道存在于她和她的同伴们涉世未深之间的相似性；通过她的父母、老师、朋友，她的个体性得到了承认，她认为自己是其他任何人不可比拟的，独一无二的，有希望获得独特的机会。现在她激动地转向这个小姐妹，而她曾经放弃过这个小姐妹的自由、要求、至高无上，多少出卖了她。她变成了女人，留恋她曾经是的那个人，她力图在内心重新找到那个死去的孩子。“小姑娘”这个词触动她，但这几个词更有分量：“奇怪的小姑娘”，复活了失去的新奇。

她不只从远处面对这再也见不到的童年发出赞叹，她力图在自己身上激活它。她试图说服自己，她的兴趣、她的思想、她的情感保留了一种奇特的清新。她感到困惑，询问虚幻，一面玩弄项链或者戒指，一面喃喃地说：“真怪……我呀，我竟然是这样的……你想想：水令我迷恋……噢！我呀，我酷爱乡村。”每种偏爱都像一种嗜好，每种见解都是对世界的一个挑战。多萝西·帕克如实地记下这个如此常见的特点。她这样描写威尔通太太：

> 她喜欢把自己想象成一个周围没有摆满盛开的鲜花就不会感到幸福的女人……她出于交心的小小冲动，对别人吐露，她是多么喜欢花卉。在这小小的忏悔中，几乎有一种请求原谅的声调，仿佛她请求听者不要认为她的趣味过于奇特。她似乎期待她的交谈者十分吃惊，仰翻了身，叫道：“不！确实！我们究竟怎么啦！”她不时地吐露其他细小的偏爱；总是带着一点困惑，似乎她的细腻性格使她自然而然地厌恶袒露心扉，她说，她多么喜爱色彩、乡下、消遣、一部真正有趣的剧本、漂亮的布料、剪裁精巧的衣服、阳光。但是，她最常说的是她喜爱花卉。她感到这种趣味超过其他趣味，把她和世人的寻常区分开来。

女人乐意尽力通过自己的行为确认这些分析；她选择一种颜色：“我呀，绿色是我的颜色”；她有一种偏爱的花、一种香味、一个喜爱的音乐家、迷信、嗜好，她对这些十分尊重；她用不着很漂亮就能在打扮和家里表现她的个性。她塑造的人物按照她的理解能力、她的固执程度和她异化的深度而多少具有一致性和独特性。某些女人不断随意混合散乱的特点，另外一些女人执拗地创造持续扮演的面孔：我们已经说过，女人在这种角色扮演和真实面目之间不善于区分。在这个女主人公周围，生活组织成一部忧郁的或者美妙的，但总有点奇特的小说。有时，这是一部已经写成的小说。不知道有多少姑娘对我说过，在《灰尘》中的朱迪身上看到自己。我记得一个很丑的老太太，她习惯说："看一看《幽谷百合》吧：这是我的故事。"我那时还是孩子，怀着尊敬和惊讶望着这朵枯萎的百合花。其他女人更加含糊地小声说："我的生活是一整部小说。"在她们的额头上方，有一颗吉祥或者不吉祥的星星。她们说："这种事只会发生在我身上。"噩运紧跟着她们的步子，或者机会向她们微笑：无论如何，她们有一种命运。塞西尔·索雷尔带着在整部《回忆录》中都保持的纯真写道："我正是这样进入了上流社会。我的第一批朋友自称为天才和美人。"在可以称为自恋的神奇纪念碑的《我的一生》中，德·诺阿耶夫人写道：

家庭女教师有朝一日要消失，命运取代她们的位置。它既虐待又满足强和弱的生灵，把人留在沉船之上，人像一个挣扎着、想去捞她的花、声音不断升高的奥菲莉娅一样出现。命运要求她希望希腊人利用死神的最后诺言确实是真实的。

还必须引用下面这段话作为自恋文学的例子：

我原先是个强壮的小姑娘，四肢娇嫩，但圆滚滚的，双颊红润，如今体质脆弱、阴沉，变成一个多愁善感的少女，尽管我的生命之源可以从我的沙漠、我的饥馑、我短暂而神秘的痛苦中，像从摩西之岩一样古怪地喷射出来。我不夸大自己的勇气，就像我有权利那样做。我把它同我的力量、我的机会进行比较。我可以像人们所说的那样描绘它：我有绿眼睛、黑头发、小而有力的手……

还有这两行：

今天，我可以承认，我得到心灵与和谐的力量支持，我照自己的想法而活……

女人在缺少美貌、光彩和幸福的情况下，会选择受害者的角色；她会执着地体现痛苦的母亲、不被赏识的妻子，她自认为是“世界上最不幸的妻子”。以下是施特克尔描绘的这种忧郁女人的例子：[①]

每年的圣诞节，H. W. 太太脸色苍白，穿着深色衣服，来到我这里，抱怨她的命运不济。她一面流泪一面叙述一个忧伤的故事。不成功的人生，失败的家庭生活！她第一次来的时候，我感动到热泪盈眶，几乎要同她一起哭泣……这期间，两年过去了，她总是萦回在希望的废墟上，哭泣她毁掉的生活。她的面容反映出衰老的先兆，这给了她另一个抱怨的理由。“我的美丽曾受到那么多的赞美，现在我变成什么样子啦！”她的抱怨越来越多，强调自己的绝望，因为她所有的朋友都知道她不幸的命运。她的抱怨弄得大家讨厌她……对她来说，这

① 见《性欲冷淡的女人》。——原注

是另一个感到自己不幸、孤独和不被理解的机会。这个痛苦的迷宫再也没有出路……这个女人在**这种悲剧角色**中找到乐趣。她完全迷醉于成为世上最不幸的女人的想法。让她参与积极生活的一切努力都失败了。

小个子的威尔通太太，美艳的安娜·德·诺阿耶，施特克尔的不幸的女病人，许许多多打上了奇特命运印记的女人的共同特点，就是她们感到自己不被理解；她们周围的人不承认——或者承认得不够——她们的特殊性；她们把他人的无知、冷漠正面解释为她们内心藏有秘密。事实是，许多女人默默地隐藏童年时和青年时的插曲，这些插曲对她们来说有重要意义；她们知道，她们的正式传记跟她们的真正经历不会混同。尤其是，自恋的女人所钟爱的女主人公，由于不能在生活中自我实现，只是一个想象出来的人；她的统一性不是由具体世界给予的，这是一种隐秘的本原，一种“力量”，一种像燃素一样隐蔽的“美德”；女人相信她扮演的角色，但如果她想向别人展示，就会像精神衰弱症患者激烈地忏悔虚幻的罪行那样局促不安。在这两种情况中，“秘密”归结为这种空洞信念，即在内心深处拥有一把能辨别和为情感和行为辩护的钥匙。正是由于精神衰弱症患者的意志缺失和惰性给予他们自己这种幻觉，正是由于女人不能在日常行动中表现自己，因此也认为自己身上有一种难以名之的秘密：女性秘密的著名神话鼓励她这样做，反过来也得到证实。

女人拥有未曾被人了解的财富，不管她打上了幸运星还是灾星的烙印，依她自己看来，她具有受命运主宰的悲剧英雄的必然性。她的整个生活变成一出神圣的悲剧。在经过郑重挑选的长裙下，同时挺立着一个身穿圣衣的女祭司和一个以忠诚的手去装饰并为信徒所崇拜的偶像。她的家变成一座供奉她的神庙。玛丽·巴什基尔采夫关心她布置的环境，就像关心她的衣裙那样：

> 在办公桌旁边，有一把旧式的扶手椅，有人进来的时候，我只要做一个小动作，按一下扶手椅，便可以来到那人面前……靠近学究式的办公桌和桌子后面的书，在油画和植物之间，可以看到腿和脚，不是被切成两段，像上身被这黑色的木头切成两段那样。沙发上方挂着两把曼陀林和一把吉他。在这一切中间的是一个金发的白皙少女，她的小手娇嫩，看得见蓝色的血管。

当女人神气活现地出现在客厅里的时候，当她投身到情人怀抱里的时候，她完成了她的使命：她是把美貌的财宝洒向世界的维纳斯。这不是她本人，这是美，塞西尔·索雷尔在打碎绘有比布的漫画的玻璃杯时，捍卫的就是这种美；在她的《回忆录》中可以看到，在她一生的所有时刻，她都敦促世人崇拜艺术。同样，伊莎多拉·邓肯在《我的一生》中也是这样描绘自己，她写道：

> 在表演之后，我身穿紧身衣，头发插满玫瑰，是多么漂亮！为什么不让人利用这种魅力呢？为什么一个整天用脑的男人……不被这美妙的双臂拥抱呢？他难道不会找到对自己辛劳的某些安慰、几小时的美好和忘我吗？

自恋的女人的慷慨对她是有用的：她在他人的赞赏目光中胜过在镜子中，看到自己浴满荣耀的分身。由于缺乏献殷勤的观众，她向忏悔神父、医生、精神分析学家打开心扉，她去咨询看手相和算命的女人。“我并不相信这个，”一个刚演电影的姑娘说，“但我多么喜欢别人谈论我！”她向女友叙述自己的事，她在情人身上超过在其他东西上寻找一个见证人。恋爱的女人很快便忘记了自我，但很多女人无法拥有真正的爱情，正是因为她们从来不能忘记自己。相比起私生活的温馨，她们更喜欢更加广阔的舞台。对她们来说，上流社会的生活由此显得重要：她们需要瞻仰她们的目光，需要有人倾听她们，她们所演的角色需要尽可能多的观众。玛丽·巴什基尔采夫再一次描绘她的卧室时，这样吐露说：

这样，当有人进来，看到我在写作时，**我是在舞台上**。

稍后：

我决定花钱**上演一出大戏**。我要建造一座比萨拉的府邸更美的公馆和更大的摄影棚……

德·诺阿耶则写道：

我过去喜欢，现在仍然喜欢广场……因此，我可以让朋友们放心，他们因宾客多而请求原谅，他们生怕我讨厌这么多人，而我真诚地表示：我不喜欢**对着寥寥无几的观众演出**。

服装和谈话大部分满足了女性炫耀的趣味。但有抱负的自恋的女人希望以更少见和更多样的方式展示自己。特别是，她把自己的生活变成让观众喝彩的剧本，乐于真正地展现在舞台上。德·斯达尔夫人在《柯丽娜》中花了很长的篇幅叙述她怎样以弹竖琴伴奏朗诵诗歌，迷住了意大利的听众。在柯佩，她最喜欢的一种消遣是朗诵悲剧角色的台词；她借菲德拉的角色，向乔装成希波吕托斯的年轻情人们作了热烈的表白。克吕登纳夫人擅长披巾舞，她在《瓦雷丽》中这样描写：

> 瓦雷丽想要她的深蓝色平纹织巾，她分开额角上边的头发，她把披巾扎在头上；披巾沿着她的鬓角和肩膀垂落下来；她的脑门以古代方式显露出来，她的头发隐没了，眼皮耷拉着，常有的微笑逐渐消失：她的脑袋垂下，披巾柔软地落在她交抱的手臂上和胸前，这件蓝色衣服，这张纯净而温柔的脸似乎是柯勒乔[①]画出来的，表现平静的忍让；当她的目光抬起，嘴唇想露出一丝微笑时，可以说看到了像莎士比亚描绘的那样，像是墓碑上刻着“忍耐”的化身，默坐着向悲哀微笑。
>
> ……必须看看瓦雷丽。她胆小、高贵、非常敏感、骚动不安、吸引人、爱激动、易落泪、让人心动，就像受到巨大吸引力支配那样，心怦然跳动；她拥有这种迷人的妩媚，这种妩媚不能后天习得，但大自然暗地里向某些高贵者显示出来。

如果情况允许自恋的女人这样做，什么也不能给予她公开献身

① Antonio Allegri da Correggio（1494—1534），意大利文艺复兴时期的重要画家，擅长宗教题材的壁画。

于戏剧那样深深的满足。若尔热特·勒布朗说：

> 戏剧给我带来我以前所寻求的东西：激动的理由。今天，它对我来说就像**对行动的讽刺**，这是对易走极端的气质必不可少的东西。

她运用的表达方式是惊人的：女人由于缺乏行动，发明了行动的替代物；对某些女人来说，戏剧代表了特殊的替代物。况且女演员可以谋求非常不同的目的。对某些女人来说，演戏是一种谋生手段，一种简单的职业；对另外一些女人来说，可以通往成名，再用于风流的目的；对还有一些女人来说，是自恋的胜利；最出名的演员——拉歇尔、杜丝[①]——是真正的艺术家，在她们创造的角色中超越了自己；相反，蹩脚女演员不操心要完成什么，而是操心要落在她身上的荣耀，她首先寻求突出自己。一个固执的自恋的女人由于不知道献身，在艺术上和爱情上都是有局限的。

这种缺陷在她所有的活动中都会有所表现。她受到可能导向荣耀的各种道路的吸引，但她从来不会毫无保留地投入进去。绘画、雕塑、文学是要求严格的初步训练和付出个人努力的学科，许多女人都尝试过，但如果她们没有受到创作的积极愿望推动，很快就会放弃。还有许多能坚持的女人，只不过在“装模作样”地工作而已。玛丽·巴什基尔采夫非常热衷于荣耀，在画架前度过许多时间，但她太爱惜自己，不会真正热爱绘画。她经过多年的恼恨，本人也承认了这一点：“是的，我没有费神去绘画，今天我注意到了，我是在弄虚作假……”当一个女人像德·斯达尔夫人、德·诺

① Eleonora Duse（1858—1924），意大利女戏剧演员。

阿耶夫人那样，成功地构造出一部作品时，是因为她没有特别专注于自我崇拜：压在大量女作家身上的缺陷之一，是对自己感到得意，这损害了她们的真诚，限制了她们，削弱了她们。

许多自身充满优越感的女人，却无法在世人面前表现出来；她们的雄心于是在于利用她们以其价值去征服的男人作为代言人；她们不是通过自由的计划去谋取特殊价值；她们期望将现成的价值合并到自我；她们于是转向有影响有名望的男人——成为缪斯、灵感、伊吉丽亚——希望与他们等同。一个明显的例子是梅布尔·道奇与劳伦斯的关系，她说：

> 我想吸引他的头脑，迫使他生产出某些东西……我需要他的心灵、他的意志、他的创造想象力和他明晰的意象。为了能掌握这些基本工具，我必须控制他的性情……我总是力图让别人写出一些东西，自己却不寻求写出随便什么东西。我会间接地获得某种行动感和丰富感。这是**一种对什么事也没做的遗憾感觉的补偿**。

稍后是：

> 我希望劳伦斯通过我来征服，希望他运用**我的**经验、**我的**观察，**我的**陶斯，并且在美妙的艺术创作中提出这一切。

同样，若尔热特·勒布朗想成为梅特林克的“精神食粮和火焰”，她也想看到她的名字印在诗人所写的作品上。这里不是指有野心的女人——就像于尔森王妃、德·斯达尔夫人——她们选择了个人目的，利用男人达到这些目的，而是指受到谋求重要地位的主观愿望激发的女人，她们不谋求任何客观目的，想把别人的超越性据为已有。她们远远没有获得成功；但她们灵活地掩盖自己的失败，说服自己，她们具有不可抗拒的诱惑力。她们知道自己可爱、令人想望、值得赞美，感到很有把握得到爱、追求和受人赞赏。贝莉丝是自恋的。甚至忠于劳伦斯的纯洁无邪的布雷特，也为自己创造一个小人物，她赋予这个人物以强烈的魅力：

> 我抬起目光，发现你带着农牧神的神态狡黠地望着我，你的眼睛里闪耀出挑衅的目光，潘神。我带着庄严和严肃的神情凝视着你，直至挑衅的目光在你的脸上消失。

这些幻觉可以产生真正的狂热；克莱朗博将色情狂看做“一种职业的狂热”不是没有理由的；感到自己是女人，也就是感到自己是令人想望的对象，认为自己被人想望和被爱。值得注意的是，在十个染上“被爱幻觉”的病人中，有九个是女人。毋庸置疑，她们在想象的情人身上寻找的是她们自恋的神化。她们想让他具有一种绝对的价值：他是祭司、医生、律师、高一等的人；他的行为展示的不容置疑的真理是，他理想的情人高于其他一切女人，她具有不可抵御的至高无上的品德。

色情狂可以出现在各种精神病中，但它的内涵总是一样的。患者被一个杰出男人的爱情照得容光焕发，洋洋得意，他突然受到她的魅力迷惑——这时她对他毫无期待——他委婉然而迫切地向她表白了他的感情；这种关系有时是理想化的，有时具有一种性爱形式；但这种关系的基本特征是，这个强有力的、有声望的半神，更多的是去爱，而不是被爱，他通过古怪的、矛盾的行为，表现他的激情。在精神病学家提供的大部分病例中，这里有一个是非常典型的，我根据费尔迪埃尔的叙述[①]概括如下。这是一个四十八岁的女人，名叫玛丽-伊冯娜，她作了如下的忏悔：

阿希尔律师曾当过议员和副国务秘书，是律师团和律师公会的成员。我从一九二〇年五月十二日开始认识他；前一天我故意在法院遇到他；我从老远注意到他强壮的身材，但我不知道他是谁；这使我背脊发冷……是的，在他和我之间有一件情事，牵涉到相互的感情：眼睛、目光相交了。从第一次看见他起，我对他就有一点偏爱；他呢，也是一样……无论如何他首先表白：这大约是在一九二二年初；他在他家的客厅里接待我，总是只有我；有一天，他甚至打发走他的儿子……一天……他站起身，朝我走来，一面继续说话。我马上明白，这是一种感情冲动……他对我说了一些要弄明白的话。他通过不同的献殷勤的方法，让我理解，我们互相有感情。另外一次，还是在他的书房，他走近我，说道："是您，仅仅是您，除了您没有别人，太太，您理解得很对。"我是这样震惊，不知道回答什么；我仅仅说：律师，谢谢！另外一次，他陪着我从他的书房走到街上；他甚至摆脱了一位伴随着他的先生，在楼梯上给了后者二十苏，说道：你走吧，我的孩子，你看到我跟一位太太在一起！这一切是为了陪伴我，单独和我在一起。他总是紧紧握住我的手。在他第一次作辩护词的时候，他吹嘘了一通，让人明白他是单身汉。

他派了一个歌手来到院子里，让我知道他的爱情……他在窗子底下望着我；我可以对你唱他的浪漫曲……他让镇里的乐

---

① 见《色情狂》。——原注

队从我门前经过。我真蠢。我本该回应他所有的求爱。我让阿希尔律师的热情冷却下来……于是他以为我拒绝了他，他行动起来；他本该公开说出来；他进行报复。阿希尔律师以为我对B有感情，他感到嫉妒……他对着我的照片诅咒，让我痛苦；这至少是我在今年埋头于书籍和字典的研究发现的东西。他对这张照片下了足够的工夫：一切都来自于此……

这种狂热事实上很容易变成迫害狂热。甚至在正常情况下都能看到这个过程。自恋的女人不能接受他人不是热情地关心她，如果她有明显的证明，她没有受到崇拜，她马上会设想别人憎恨她。她把一切批评都归于嫉妒、怨恨。她的失败是阴谋诡计造成的，由此，失败向她证实了她是举足轻重的这一想法。她很容易滑向夸大狂或其反面即迫害狂：她成为自己世界的中心，除了自己的世界，不了解其他世界，她成为世界的绝对中心。

但自恋的戏码是以牺牲真实生活为代价进行的；一个想象的人物期待想象的观众赞赏；迷恋自我的女人失去了对具体世界的控制，不考虑和他人建立任何真实的关系；如果德·斯达尔夫人预料到她的“赞赏者”晚上在笔记本上写下的冷嘲热讽，就不会那么乐意朗诵《菲德拉》；但自恋的女人拒绝承认，人们眼中的她未必如她表现出来的那样：这就解释了，她如此乐此不疲地瞻仰自己，却不能成功地判断自己，她是这样容易地滑入可笑的状态。她不再听别人的话，只顾自己说话，当她说话时，总是不断谈论自己的角色，玛丽·巴什基尔采夫写道：

这使我很开心。我不和他谈话，我在**演出**，我感到自己面对一批狂热崇拜的观众，我善于操着孩子的怪声怪调装模作样。

她过于关注自己，以致什么也看不见；她只理解在他人身上为自己熟悉的部分；对与自己的情况和经历不合拍的东西，她都格格不入。她乐于丰富自己的经验：她想经历恋爱中的女人的迷醉和痛苦、做母亲的纯粹快乐、友谊、孤独、眼泪、欢笑，但由于永远不能给予，她的感情和激动是制造出来的。无疑，伊莎多拉·邓肯真正为她的孩子们的夭折哭泣。但当她用戏剧性的夸张动作把他们的骨灰撒到大海中的时候，她只是一个女演员；人们阅读《我的一生》中她叙述自己的悲哀这一段时，会感到不舒服：

> 我感到自己身体的温热。我朝着伸开的裸露的双腿、我的酥胸、我总在活动而且起伏不定的双臂垂下目光，我看到，十二年来我是疲倦了，这胸膛总是隐隐作痛，这双手打上了悲愁的印记，当我独自一个人时，眼睛里很少是没有眼泪的。

少女可以在自我崇拜中汲取勇气，接近令人不安的未来，但这是必须很快超越的一个阶段，否则未来会重新封闭。将情人禁锢在夫妇内在性中的恋爱中的女人，让他和她一起注定死亡。自恋的女人在她想象的分身中异化时，也自我虚无化。她的回忆凝固了，她的行为一成不变，她反复说同样的话，反复做同样的动作，这些动作逐渐失去全部意义：那么多的“私人日记”或者“女性自传”给人的贫乏印象由此而来；女人一心关注奉承自己，一无所成，绝不让自己有所作为，膜拜的是虚无。

她的不幸是，尽管她自欺，她却了解这种虚无。在一个个体和他的分身之间，不会有真正的关系，因为这个分身并不存在。自恋的女人经历彻底的失败。她不能把自己看做整体和全部，不能维持成为自在自为的幻想。她的孤独，正如一切人的孤独，是作为偶然性和无依无靠来感受的。因此——除非有变化——她注定不停歇地逃向人群、声音和他人。认为她将自己选择为最高目标，便可以摆脱附属性，那是大错特错了，相反，她陷入最严重的奴役状态；她不依靠她的自由，把自身变成一个客体，这个客体在世界和外在意识中处于危险状态。她的身体和面孔不仅是易受伤害的肉体，时间使它衰老，而且实际上，装饰偶像，给它造一个底座，为它建造一座神庙，这是一项代价昂贵的事业：我们已经看到，为了将自己的形态刻在不朽的大理石中，玛丽·巴什基尔采夫愿意同意一门金钱婚姻。男性的财产支付黄金、熏香和没药的费用，伊莎多拉·邓肯或者塞西尔·索雷尔把这些东西放在她们的宝座脚下。既然男人对女人来说体现了命运，女人一般正是通过受她们支配的男人的数目和质量，衡量她们的成功。但相互性在这里重新起作用，企图以雄性作为工具的"螳螂"不能由此摆脱他，因为要想束缚住他，她应当取悦他。美国女人想成为偶像，把自己变成她的崇拜者的奴隶，她只是通过男人和为了男人才打扮、生活和呼吸。事实上，自恋的女人和高级妓女一样是从属他人的。如果她要摆脱一个特定男人的控制，那就要接受舆论的束缚。她与他人的这种联系，并不带来交换的相互性；如果她寻求通过他人的自由使自己获得承认，同时又承认自由是通过活动达到的目的，她就不会再是一个自恋的女人。她的矛盾态度，就是她要求世界给予她价值，却否认这个世界的一切价值，因为在她看来只有自己具有重要意义。外人的赞成是一种非人的、神秘的、任意的力量，必须力图运用魔力制服它。自恋的女人尽管表面上狂妄，却知道自己受到威胁；因此她惴惴不安，敏感易怒，不断处在戒备状态；她的虚荣心永远得不到满足；她越衰老，便越是焦虑地寻找颂扬和成功，越是怀疑她周围的人在制造阴谋；她失去理智，烦恼不安，陷入自欺的黑夜之中，往往最终在她周围建造起偏执狂妄想。这句话特别适用于她：“谁想拯救自己的生活，谁就会失去它。”

第十二章　恋爱的女人

“爱情”这个词对男女两性有完全不同的意义，这是使他们分裂的严重误会的一个根源。拜伦说得好，爱情在男人的生活中只是一种消遣，而它却是女人的生活本身。尼采在《快乐的知识》中表达的是同一种观点：

> 爱情这个词，对男女来说，实际上意味着不同的东西。女人对爱情的理解是相当清楚的：这不仅仅是忠诚，这是身心的全部奉献，毫无保留，对无论什么都不加考虑。正是这种不讲条件，使她的爱情成为一种信仰[①]，她拥有的唯一信仰。至于男人，如果他爱一个女人，他想从她那里得到的正是这种爱；因此，他对自己与对女人要求的感情远不是同样的；如果有的人也有这种完全舍弃的愿望，我保证，肯定不会是男人。

男人在他们生存的某些时刻会成为热烈的情人，但没有一个可以称为“伟大的情人”；他们在意乱情迷时，也决不会完全退让；即使他们跪倒在情人面前，他们所期望的仍然是占有她，兼并她；他们在自己生活的中心仍然是至高无上的主体；被爱的女人只不过是众多价值中的一种价值；他们想把她并入自己的生存，而不是把自己的全部生存耗费在她身上。相反，对女人来说，爱情是全部舍弃给一个主人。塞西尔·索瓦日写道：

> 当女人恋爱时，她必须忘掉自己的人格。这是自然法则。女人没有主人就不存在。没有主人，这是一束散开的花。

其实，这里关系到的并不是自然法则。男女处境的不同反映在他们对待爱情的观点上。作为主体和自我的个体，如果对超越性颇有兴趣，就竭力扩展他对世界的掌握：他有抱负，他行动。可是，非本质的存在不能在自己主体性的深处发现绝对，注定内在性的存在不会在行动中自我实现。她被封闭在相对性的范围里，从小就注定属于男性，习惯把他看做她不允许与之平起平坐的君主，没有压抑自己做人要求的女人，梦想的是超越自己的存在，要成为这种高一等的存在，与至高无上的主体结合和混同；对她来说，除了身心消失在别人给她指定的、作为绝对与本质的人的身上，没有别的出路。既然她无论如何注定要从属他人，她宁愿侍候一个神，也不愿服从暴君——父母、丈夫、保护人；她选择了心甘情愿受奴役，觉得这种奴役是她自由的表现；她竭力通过彻底承受自己作为非本质客体的处境来克服它；她通过自己的肉体、感情、行为，极端地赞美被爱的男人，把他设立为价值和最高的现实，她在他面前要自我虚无化。对她来说，爱情变成一种宗教。

我们已经看到，少女最初希望等同于男性；待她放弃这样做的时候，她竭力通过被其中一个男人所爱，分享男性气质；并非这个

---

① 字体变化为尼采所加。——原注

或那个男人的个体性吸引她，她爱的是一般而言的男人。“你们，我会爱上的男人，我对你们翘首盼望！”伊雷娜·雷维利奥蒂写道，“不久我能认识你们，我是多么快乐啊。尤其是你，第一个来到的人。”当然，这个男人必须属于同她一样的阶级和种族：性别的特权只在这个范围内起作用；他要成为一个半神，显然首先必须是人；对殖民地军官的女儿来说，土著人不是人；如果少女献身给一个“低等的人”，那是由于她想贬低自己，因为她认为自己不配有爱情。通常，她寻找能确立男人优越性的男人；她很快看到，许多幸运性别的个体可悲地是偶然产生的世俗之人；但起初她对他们的偏颇想法是有利的；他们不需要证明自己的价值，只要不过分粗鲁地揭穿谎言就行了：这就解释了为什么往往有那么多可悲的错误；天真的少女被男性气质的闪光所迷住。根据不同的情况，男性价值在她看来表现为身强力壮、潇洒、富有、有文化、聪明、有权势、有社会地位、穿军装，但她始终希望人的本质集中体现在情人身上。熟悉时常足以破坏他的威望，它在第一次接吻、日常往来或者新婚之夜就崩溃。保持一定距离的爱情只是一种幻想，而不是真正的体验。只有在肉体加以证实时，爱情的欲望才能变成炽热的爱。相反，爱情可以从肉体交欢中产生，在性方面受到控制的女人，赞赏她起初觉得微不足道的男人。不过，往往女人不能把她所认识的任何男人变为神。爱情在女人的生活中所占据的位置，比人们通常认为的要少。丈夫、孩子、家庭、娱乐、社交、虚荣心、性生活、职业，远远重要得多。几乎所有的女人都梦想过“伟大的爱情”：她们经历过爱情替代品，她们靠近过这种爱情，它以未完成的、危险的、可笑的、不完美的、虚假的面目造访过她们，但很少有人把自己的生存真正奉献给它。那些爱得发狂的女人，往往没有在幼稚的轻浮爱情中耗尽自己的心；起先，她们接受了妇女的传统命运：丈夫、房子、孩子；要么她们经历了凄苦孤独；要么她们把希望寄托在多少失败了的事业上；当她们把自己的生活奉献给一个精英时，她们看到了拯救自己生活的机会，便狂热地投身于这种希望。阿依塞小姐[①]、朱丽叶·德鲁埃[②]、德·阿古夫人[③]在她们的爱情生活开始时大约三十岁，朱丽·德·莱斯皮纳斯快到四十岁；她们没有面向任何目的，丝毫不能做自己觉得有价值的事，对她们来说，除了爱情，没有其他出路。

对大多数女人来说，即使允许她独立，爱情仍然是最有吸引力的道路；承担自己生活这种事是令人焦虑的；少男也愿意转向比他年长的女人，在她们身上寻求一个向导、一个教育者、一个母亲；但他的成长、品行、他自己内心遇到的约束，都不允许他最终止于退让这种容易的解决办法；他只把这样的爱情作为一个阶段来考虑。男人的幸运——在成年时和小时候——就在于别人迫使他踏上最艰苦但也最可靠的道路。女人的不幸就在于她受到几乎不可抗拒的诱惑包围，一切都促使她走上容易走的斜坡：人们非但不鼓励她奋斗，反而对她说，她只要听之任之滑下去，就会到达极乐的天堂；当她发觉受到海市蜃楼的欺骗时，为时已晚；她的力量在这种冒险中已经消耗殆尽。

精神分析学家总是声称，女人在情人身上追求的是她父亲的形象；但他让女孩子赞赏，是因为他是男人，而并非因为他是父亲，凡是男人都有这种魅力；女人并不希望在另一个个体身上再现一个个体，而是希望重现一种处境：她在小姑娘的时候，在成年人保护下经历过这种处境；她深深地与家庭结为一体，从中感到一种近乎

---

① Charlotte Aïssé (1693—1733)，法国女书简作家。
② Juliette Drouet (1806—1883)，法国女戏剧演员，后成为雨果的情妇。
③ Marie d'Agoult (1805—1876)，法国女作家，李斯特的公开伴侣，和他有三个孩子。

被动性的平静；爱情把她的母亲和父亲还给她，也把童年还给她；她所期望的，就是在她的头顶上重新找到天花板，重新找到向她掩盖她被遗弃在世界上这一事实的墙壁，重新找到为自己的自由辩解的法律。这个童年的梦纠缠着那么多女人的爱情，女人很高兴情人称她为“我的小姑娘，我亲爱的孩子”，男人很清楚，“你的模样像小姑娘”这样的话语，最稳妥地能触动女人的心：可以看到，她们当中有多少人对成为成年人感到难过，许多女人固执地在“做孩子”，在举止和衣着上无限延长她们的童年。在男人的怀抱里重新变成孩子，使她们十分满足。这成为这类陈词滥调的成功题材：

> 我在你的怀抱里感到那么小
> 那么小，我的情郎啊……

这种话在情人的谈话和书信中不厌其烦地重复。情人轻声地说：“我的小宝贝”，女人自称“你的小丫头，你的小不点”。伊雷娜·雷维利奥蒂写道：“能主宰我的人，他何时到来呢？”她以为已经遇到了他：“我喜欢感到你是一个男人，比我略胜一筹。”

雅内研究的一个精神衰弱症患者[①]以最鲜明的方式阐明这种态度：

> 我尽力回忆起最早的事，我干的一切蠢事或者一切好事，都来自同一个原因，这是一种对完美和理想的爱情的渴望，我能全身心投入进去，把我整个人奉献给另一个人，天主、男人或者女人，这个人大大高出于我，使我不再需要考虑生活中怎

① 见《困扰和精神衰弱症》。——原注

样做或者关心我自己。要找到一个人，他很爱我，千方百计养活我，我盲目地服从他，完全信赖他，确信他会让我避免缺吃少穿，十分温柔地、一往情深地引导我通向完美。我多么羡慕抹大拉的玛丽亚和耶稣的理想爱情：要成为一个备受尊崇、当之无愧的主人的热忱门徒；为自己的偶像而生或死；毫无怀疑地相信他，最后取得天使对魔鬼的最终胜利，把我紧紧地抱在他的怀里，我是那样小，蜷伏在他的保护之下，完全属于他，以至我不再存在。

大量例子向我们证明，这种自我虚无化的梦想实际上是一种渴望存在的意愿。在所有宗教中，崇拜天主是同信徒操心自己的得救混合在一起的；全身心奉献给偶像的女人，希望偶像既让她占有她自己，又让她占有浓缩在偶像身上的世界。大部分情况下，她向情人要求的首先是自我的辩解、赞扬自我。许多女人只有在得到爱的回报时，才投身于爱情：有时人们对她们表示的爱情，足以使她们坠入爱河。少女通过男人的眼睛去梦想。女人正是在男人的眼睛里，最终以为发现了自己。塞西尔·索瓦日写道；

走在你的身旁，迈着你热爱的一双小脚，感到我的脚在长筒毡靴中那么小，使我对你那样爱的脚产生了爱。我插在手筒里的手、我的胳膊、我的脸的轻微动作，我的声调，使我充满幸福。

女人感到自己拥有可靠的高度价值，她终于能够通过自己激发的爱情去热爱自己。她陶醉于在情人身上遇到一个见证人。柯莱特的《流浪女伶》就是这样坦露的：

我承认，我让步了，我允许这个男人明天再来，是向这样的愿望让步：在他身上保留的不是一个情人，不是一个朋友，而是一个我的生活和我这个人的贪婪观察者……马尔戈有一天对我说，放弃了在一个人面前生活这种虚荣心，那该是可怕地老了。

凯瑟琳·曼斯菲尔德在给米德尔顿·默里的一封信中，叙述她刚买了一件迷人的淡紫色紧身胸衣，她马上补充说："没有人看到它是多么令人遗憾啊！"没有什么比感到自己像没有人想要的鲜花、香水和珍宝更加悲哀的了：不能使自己充实、没有人会接受的财富，有什么价值呢？爱情是显影剂，它使底片上看不清的影像清晰地显现为正片；通过它，女人的脸，她身体的曲线，她童年的回忆，她以往的泪水，她的长裙，她的习惯，她的天地，她的一切，凡是属于她的都摆脱了偶然性，变得必然：她是她的神坛脚下一件美妙的礼物。

在他将手温柔地搁在她的肩膀上之前，在他的眼睛渗透了她的形象之前，她只不过是没有光彩的、阴郁的世界中不很漂亮的女人。一旦他拥抱她，她便站在不朽的五彩缤纷的光芒中。①

这就说明为什么具有社会威望、善于取悦女人虚荣心的男人，即令没有任何肉体的吸引力，也会引起激情。他们由于地位高，体现了法律、真理，他们的意识揭示了不可否认的现实。他们颂扬的女人，感到自己变成无价的珍宝，例如，正像伊莎多拉·邓肯所说

---

① 韦布《影子之重》。——原注

的[1]，邓南遮[2]的成功来自这里。

> 当邓南遮爱上一个女人时，他就把她的心灵提高到贝雅特丽齐活动和发出光彩的天国。他轮流让每个女人分享神的本质，他把她抬得这样高，这样高，以至她真的把自己想象成贝雅特丽齐……他将一块闪光的面纱轮流盖在每个心爱的女人头上。她升到其他凡人的上方，行走时罩上奇异的光辉。当诗人短暂的爱情结束，移情别恋时，闪光的面纱便消失了，光圈暗淡无色，女人重新变成平凡的泥塑木雕……听见自己得到邓南遮带着特有的魅力的赞赏，是一种极大的欢乐，堪与夏娃在伊甸园里听到那条蛇的诱导所能感受到的欢乐相比。邓南遮能给予每个女人她是世界中心的印象。

女人只有在爱情中才能把她的性爱和自恋和谐地协调起来，我们已经看到，在这两种体系中有一种对立，使女人很难适应她的性爱命运。让自己成为肉欲对象和猎物，同她的自我崇拜是相违背的，她觉得交欢摧残和玷污了她的身体，或者贬低了她的灵魂。因此，有些女人选择了性冷淡，想以此保持自我完整。另外一些女人将动物性肉欲和高尚情感区分开来。施特克尔提供的 D. S. 太太的例子是一个典型，我在谈到婚姻时已经援引过：

> 她对受尊敬的丈夫表现出性欲冷淡，他死后，她遇到一个年轻人，他也是一个艺术家，杰出的音乐家，她成了他的情

---

① 见《我的一生》。——原注

② Gabriele d'Annunzio（1863—1938），意大利诗人、小说家、剧作家，著有《琪娥康陶》等。

妇。她的爱情以前和如今都仍然非常强烈，她只有待在他身边才感到幸福。她整个一生被洛塔尔充塞得满满的。可是，她一方面热烈地爱他，另一方面在他的怀抱里仍然性欲冷淡。另一个男人与她相遇。这是一个强壮而粗鲁的森林看守人，一天，他单独和她在一起时占有了她，整个过程很普通，谈不上有多么曲折。她是那样惊愕，以致听之任之。但是在他的怀抱里，她却感受到最强烈的性欲高潮。她说："在他的怀抱里待过，我要过几个月才重新平静下来。这犹如一种野性的迷醉，我一想起洛塔尔，随之而来的是难以描述的厌恶。我憎恨保尔，爱洛塔尔。可是保尔能满足我。洛塔尔身上的一切却吸引我。看来，我变成了想享乐的淫妇，因为作为上流社会的女人，我是拒绝享受的。"她拒绝嫁给保尔，但继续同他睡觉；在这种时候，她"变成了另外一个人，从她的嘴里冒出一些粗俗的话，她原本从来不敢说出来"。

施特克尔补充说："对许多女人来说，堕落到动物性是性欲高潮的条件。"她们在肉欲之爱中看到不能同尊重和热爱的情感相调和的堕落。相反，对另一些女人来说，正是出于尊重、温情、对男人的赞赏，这种堕落才能消除。她们只有相信得到深沉的爱以后，才同意献身给男人；一个女人必须非常玩世不恭、无动于衷或者自命不凡，才能将肉体关系看做一种快感的交换，每一个性伙伴都同样能从中各取所需。男人同女人一样——也许超过女人——抗拒想在性爱中利用他的人①，但这是她通常有的印象：她的性伙伴把她

① 例如，可参阅《查特莱夫人的情人》。劳伦斯通过梅勒斯的嘴，表达了他对企图把他当做快感工具的女人的恐惧。——原注

当做工具。只有情投意合才能弥补她看做失败的行动蒙受的羞辱。我们已经看到，性爱要求她深深的异化；她沉浸在被动性的倦怠之中；眼睛闭上，隐姓埋名，无法自持，她感到自己被浪潮托起，席卷到风暴中，淹没在黑夜里：肉体、子宫、坟墓的黑夜；她虚无化了，却享受到一切，她的自我消失了。当男人离开她时，她感到自己重新被弃于人间、床上和光亮中；她恢复了名字和面孔：她是一个被征服者，一个猎物，一个客体。正是这时，爱情对她来说变得必不可少。和断奶以后孩子寻找父母抚慰的目光一样，女人必须通过情人注视她的眼睛，感到自己重新和她的肉体曾痛苦地离开的一切结合在一起。她很少完全得到满足；即使她的快感平息了，她也没有彻底摆脱肉欲的陶醉；她的骚乱在情感中延续；男人在施与她快感的同时，又让她依附于他，并不解放她。但他对她不再感到欲望，她只有在他奉献给她永恒的、绝对的感情时，才原谅这种冷漠。于是，瞬间的内在性被超越了；火热的回忆就不再是悔恨，而是一个宝库；情欲在消失的同时，变成希望和许诺；享受有了正当理由；女人可以名正言顺地承受她的性爱，因为她超越了它；骚乱、快感、欲望不再是一种状态，而是一种恩惠；她的身体不再是一个客体，而是一首赞美诗，一团火焰。于是，她可以热烈地投身于性爱的魔力中；黑夜变成光明；恋爱的女人可以张开眼睛，注视爱她的男人，他的注视使她感到荣耀；通过他，虚无变成存在之充实，而存在改变成价值；她不再沉没在黑暗的海洋里，她展开双翅腾飞，狂热地升向天空。舍弃变成神圣的迷醉。当女人接纳被爱的男人时，她就像圣母被神灵占据和造访过一样，就像信徒被圣体饼占据和造访过一样；这就解释了虔诚的赞美诗和放荡的歌曲在淫秽上的相似：并非神秘的爱总是具有性的特点；而是恋爱的女人的性爱具有神秘色彩。“我的主，我的心上人，我的主人……”同样的话从跪拜的圣女和躺在床上的恋爱的女人口中说出；前者把自己的肉体献给耶稣的箭矢，伸出手去接受耶稣受难时的五伤，请求神圣的爱炙伤她；后者也是在奉献和等待：利器、枪刺、箭矢体现在男性生殖器中。两种女人都有同样的梦想，幼稚的梦想，神秘的梦想，爱的梦想：通过消失在他者中，达到最高生存。

有人[①]有时认为，这种自我虚无化的愿望导致受虐狂。但正如我在谈到性爱时所指出的，只有在我试图“通过对他人表现出我的客体性使自己迷惑”[②]的时候，也就是在主体的意识转向自我，要在屈辱的处境中把握自我的时候，才能谈论受虐狂。然而，恋爱的女人不仅仅是一个在自我中异化的自恋者：通过到达无限现实的他者，她也感受到超越自己的局限和变成无限的强烈愿望。她先是投身于爱情来自救，但是，狂热爱情的悖论是，为了自救，她最终完全否认自己。她的感情具有一种神秘的维度，她不再要求神灵欣赏她，赞同她，她想融化在神灵身上，在神灵的怀抱里忘却自己。德·阿古夫人写道：“我真想成为一个爱情的圣女。我羡慕在如此狂热和苦行的状态中的殉道者。”这些话表明一种通过取消把她和意中人分开的界线，彻底毁灭自身的愿望：这不是受虐狂，而是迷醉的统一梦想。这是与启迪若尔热特·勒布朗说出这番话一样的梦想：“这时，如果有人问我，我在世上最想得到的是什么，我会毫不迟疑地说：成为他心灵的养料和火焰。”

女人为了实现这种统一，首先期待的是效劳；正是去满足情人的要求，令她感到自己是必不可少的；她要把自己的生存和他结合在一起，分享他的价值，证明自己生存的必要性；根据西里西亚的

---

① 例如海伦妮·多伊奇的论文《女性心理学》。——原注
② 参阅萨特《存在与虚无》。——原注

安杰勒斯[①]的话，甚至神秘主义者也乐于相信，上帝需要人；否则，他们的献身就是徒劳的。男人越是提出更多的要求，女人就越感到满足。虽然雨果硬要朱丽叶·德鲁埃幽居，使她感到压抑，人们却感到她乐意服从他：待在炉火边，是为了替主人的幸福做点事。她热情地想对他确实有用。她为他做精细的菜肴，给他安置一个家：她亲切地说，我们的小“安乐窝”。她照料他的衣着。她写道：

> 我希望你弄脏和尽可能撕破你所有的衣服，只有我来缝补，亲自洗干净。

她给他读报，剪辑文章，整理书信和笔记，抄写书稿。当诗人把一部分工作交给他的女儿莱奥波尔迪娜时，她感到很懊恼。在所有恋爱的女人身上，可以找到同样的特点。需要时，她以情人的名义虐待自己；她整个人，她所有的一切，她生活的所有时刻，都必须忠于他，这样才能找到存在的理由；除了他，她什么也不想占有；他对她不提任何要求令她感到不幸，以至细心的情人要硬找出一些要求。她先是在爱情中寻找对她的状况、过去和本人的肯定，但她也将未来放到爱情中。为了证实自己的未来，她把它交给了拥有一切价值的人，她就这样摆脱她的超越性，她把它从属于本质的他者的超越性，她是他的臣仆和奴隶。正是为了自立和自救，她以献身于他作为开始。事实是，她逐渐迷失其中，全部现实在他者身上。开初定义为将自恋神化的爱情，在往往导致自残的忠诚这种苦涩欢乐中完成。女人在热烈爱情的初期，变得比以往漂亮、雅致，

① Angelus Silesius（1624—1677），波兰宗教诗人。

德·阿古夫人写道：“当阿黛尔给我梳头时，我望着我的额头，因为你爱它。”这副面孔，这个身体，这个房间，这个自我，她感到它们都有存在的理由，由于这个爱她又被爱的男人作中介，她喜爱它们。但稍后，相反，她放弃一切卖俏，如果情人期待，她会改变这副起初对她来说比爱情本身更宝贵的面孔；她对面孔不感兴趣；她的个体，她的所有，她都使之变成她的主宰的采邑；他所憎恨的，她便摒弃；她想把自己心脏的每一下搏动、每一滴血、她的骨髓都献给他；这会通过殉道者的梦想表现出来；把自己的奉献扩大到折磨，直到死亡，把自己当成意中人践踏的土地，所做的一切仅仅为了响应他的召唤。凡是对意中人无用的东西，她便狂热地把它消灭。如果她用自身制造的这件礼物完全被接受了，受虐狂就不会出现，在朱丽叶·德鲁埃身上，很少看到这种痕迹。她出于极度的崇拜，有时跪在诗人的肖像前，请求他原谅她可能犯下的错误，她没有转过来气愤地反对自己。可是，从慷慨态度转化为狂热的受虐狂是很容易的。恋爱的女人在情人面前，就像孩子在父母面前一样，也会感到在他们身边经历的负罪感；只要她爱他，她不会选择反抗他，她反抗自身。如果他不像她期待的那样爱她，如果她不能吸引住他，使他幸福，使他满足，她的全部自恋就会转化成厌恶、屈辱、仇恨自身，促使她自惩。在或长或短的危机时期，有时在她整个一生，她都会自愿成为受害者，激烈地损害这个不善于满足情人的自我。于是她的态度确切地说就是受虐狂。但是不应该混淆这两类情况：恋爱的女人寻求自身的痛苦，为了报复自己；而另一种女人的目的在于确认男人的自由和强大。认为妓女在挨男人打之后感到骄傲，是一种老生常谈——仿佛是一种真理，但并非挨打和受奴役的想法，而是力量、权威、她所依附的男性的主宰地位使她得意；她也喜欢看到他虐待另一个男人，她往往怂恿他参与危险的竞争：她希望她的主人在她从属的领域拥有受到承认的价值。乐意屈从男人心血来潮的女人，也在施加于她身上的暴虐中欣赏至高自由的明显事实。必须注意，如果出于某种理由，情人的威信完结了，殴打和要求就变得可恶，只有在它们表现了意中人的神性的情况下，它们才具有价值。在这种情况下，感到自己成为他人自由的牺牲品，是一种令人陶醉的快乐：对一个生存者来说，通过他人复杂而专横的意志感到自己确立，是最惊人的冒险；总是过一样的生活令人感到厌倦；盲目服从是一个人所能经历的彻底变化的唯一机会。于是女人根据短暂的梦想、情人的专横命令而成为奴隶、女王、鲜花、母鹿、彩绘玻璃、低声下气的女人、奴婢、妓女、缪斯、女伴、母亲、姐妹、孩子：只要她没有认出她唇上总是留有的屈从的同样味道，她就会愉快地顺从这种变形。我们觉得，在爱情方面正如在肉欲方面一样，受虐狂是得不到满足、对他人和自己感到失望的女人走上的一条道路，但这不是幸福自弃的自然斜坡。受虐狂以受伤害、失落的面目延续自我的在场，而爱情在于忘却自我，去迎合本质的主体。

人的爱情和神秘之爱的最高目的，是与被爱者同化。价值的衡量，世界的真相，都在他的意识中，因此，为他服务是不够的。女人试图用他的眼睛去观察；她阅读他看的书，喜欢他喜欢的画和音乐，只对同他一起观赏的风景和来自他的想法感兴趣；她接受他的友谊、他的敌意、他的见解；当她寻思时，她竭力听到的是他的回答；她的肺里想呼吸的是他已经呼吸过的空气；不是从他的手里接过来的水果和鲜花，没有香味和味道；她的主观环境空间颠倒了：世界的中心，不再是她所在的地方，而是意中人所在之处；所有的大路从他家出发，并导向他家。她使用他的话语，重复他的手势，染上他的嗜好和习惯性动作。凯瑟琳在《呼啸山庄》中说：“我是希思克厉夫”，这是所有恋爱的女人的呼喊，她是意中人的另一个化身、他的反映、他的分身：她就是他。她让自己的世界在偶然性中崩溃：她生活在他的天地中。

恋爱的女人的最大幸福，就是被意中人承认为他的一部分；当他说“我们”时，她与他结合，同化在他身上，分享他的威望，同他一起统治世界的其余地方；她不厌其烦地说——哪怕是滥用——这个有滋有味的“我们”。恋爱的女人对于本身是绝对必然性、在世界上投向必然目标、将世界以其必然面目归还给她的那个存在来说是必不可少的，在她的屈从中却出色地掌握了绝对。正是这种信念给了她那么大的快乐，她感到自己处在神的右首很受鼓舞，如果她在一个井井有条到不可思议的世界永远有自己的位置，那么，只有次要的位置也没有什么关系。只要她在爱，并且被爱，对意中人必不可少，她就感到自己生存的必要性得到完全证实，她享受平静与幸福。也许这就是阿依塞小姐在对宗教的顾虑扰乱她的心灵之前，待在阿伊迪骑士身边的命运，或者是朱丽叶·德鲁埃在雨果的阴影中的命运。

但是这种充满荣耀的幸福很少能保持稳定。任何男人都不是天主。虔信的女人同看不见的神所保持的关系，取决于她方面的热忱，但不是神、却被神化的男人近在眼前。恋爱的女人的苦恼正是由此产生的。她最普通的命运概括在朱丽·德·莱斯皮纳斯的名言中：“我的朋友，在我一生的所有时刻，我都爱你，我在受煎熬，我等待着你。”当然，对男人来说，痛苦也与爱情相连，但他们的痛苦要么持续时间不长，要么不撕心裂肺。邦雅曼·贡斯当想为朱丽叶·雷卡米耶而死，他在一年之内恢复过来。司汤达有好几年怀念梅蒂尔德，但这是一种使他的生活变得美好的怀念，不会毁了他的生活。而女人由于承担非本质角色，接受完全的依附，给自己创造了一个地狱；但凡恋爱的女人，都认为自己是安徒生笔下的小美人鱼，出于爱情把自己的鱼尾换成女人的腿，行走在针和炙热的煤上。被爱的男人不是无条件地必不可少的，对他来说，她也不是必不可少的；他不能为崇拜他的女人证明其的必要性，也不让自己被她占有。

真正的爱情本当承受对方的偶然性，就是说，承受对方的缺点、局限、原始的无缘由；爱情不会成为一种拯救，而是成为一种人际关系。盲目崇拜的爱情给予被爱的人一种绝对价值，这是在所有外人眼中显现出来的第一个谎言。人们在恋爱的女人周围窃窃私语："他不配得到那么多的爱情。"当后人回忆起吉贝尔伯爵苍白的面孔时，都怜悯地付之一笑。对女人来说，发现了崇拜对象的缺点和平庸，是一种揪心的失望。柯莱特常常提到——在《流浪女伶》和《我最初的尝试》中——这种苦不堪言的懊恼。比起孩子看到父亲的威望毁于一旦的感受，这种失望更有切肤之痛，因为女人是自己选择了为之献出存在的那个人。即使心上人配得上最刻骨铭心的爱，他的真实身份是世俗的：跪在至高无上者面前的女人爱的不再是他；她受到这种严肃的精神的愚弄，他拒绝把价值放进"圆括弧"里[①]，就是说，拒绝承认价值的根源在人的生存中；她的自欺在她和她崇拜的人之间筑起障碍。她礼拜他，她跪下来，但对他而言，她不是一个女友，因为她不明白，他在世上是处于危险之中，他的计划和目的像他一样是脆弱的；她把他看做信念、真理，是不了解他的自由是犹豫和焦虑。这样拒绝以人的尺度去衡量情人，解释了女性的很多悖论。女人要求情人给予宠爱，他给了她：他是慷慨的，富有的，出色的，他有王者风度，他是神；如果他拒

① 意为放在一边，搁置在一边。

绝，他就是吝啬的，平庸的，残忍的，是一个魔鬼或者牲畜一样的人。有人会提出反驳：如果答应“是”像一个既傲慢又荒谬的行动令人惊异，那么，对于回答“不”应该吃惊吗？如果“不”表现了如此卑劣的自私，为什么要那么赞赏“是”呢？在超人和非人之间，难道就没有人的位置吗？

这是因为一个堕落的神不是一个人：这是一个骗子；情人除了证明他确实是那个被人崇拜的神，或者自我揭露是一个侵占者，没有其他选择。一旦不再崇拜他，就应该践踏他。恋爱的女人以她给恋人额头戴上的荣耀之名，不许他有任何软弱的表现；如果他不符合她用来替代他的这个形象，她就感到失望和气愤；如果他疲倦了，昏头昏脑，如果他不合时宜地饿了或者渴了，如果他弄错了，如果他说话自相矛盾，她就断定他“低于他自己”，并且指责他。由此，她甚至责备他做出她并不欣赏的一切创举；她审判她的法官，为了让他配得上做她的主人，她不肯给他自由。她对他的崇拜有时在他不在时比他在时更能得到满足；我们已经看到，有些女人把自己奉献给死去的或者遥不可及的英雄，以便永远用不着面对有血有肉的存在。后者必然与她们的梦想相悖。不抱幻想的说法由此而来：“不该相信有白马王子。男人只不过是可怜的人。”如果并不要求他们成为巨人，他们也不会像侏儒。

这是压抑在动情的女人身上的诅咒之一：她的慷慨会马上变成苛求。她在另一个人身上异化，也想得到补偿：她必须吞并那个掌握她存在的人。她把自己整个儿奉献给他，但他必须完全不受约束，有资格接受这份奉献。她把自己的所有时间都给了他：他必须每时每刻在场；她只愿意通过他活着：她想活；他应该致力于让她活着。德·阿古夫人给李斯特写信道：

> 我有时爱你爱得很蠢，这时我不明白，我不能、不会、不应该像你对我那样，对你一门心思。

她想遏制这种自发的愿望：对他而言成为一切。在德·莱斯皮纳斯小姐的抱怨中有着同样的吁求：

> 天啊！如果你知道失去看到你的兴趣和快乐那种日子和生活是怎样熬过的，那就好了！我的朋友，挥霍、工作、活动，对你已足够了；而我呢，我的幸福是你，仅仅是你；如果我不能在生活中每时每刻看到你和爱你，我就不愿意活着。

首先，恋爱的女人迷恋于满足情人的欲望；随后——就像传说中的消防队员因迷恋他的职业，到处纵火——她致力于唤醒这种欲望，以便满足它；如果她没有成功，便感到屈辱，毫无用处，以至情人要装出他感受不到的热情。她让自己成为奴隶，找到了束缚他的最稳妥的办法。这是爱情的另一种谎言，有许多男人——劳伦斯、蒙泰朗——怨恨地揭露过这种谎言：它是一种专制，却表现为一种奉献。邦雅曼·贡斯当在《阿道尔夫》中，严厉地描绘了一个女人过于慷慨的激情在男人周围形成的锁链。他残酷地这样评价爱蕾诺尔："她不计较自己做出的牺牲，因为她一心想让我接受它们。"接受实际上是捆绑情人的一种约束，而表面上却看不出他做了让步，女人要求他感激地接受她加在他身上的负担。她的专制是贪得无厌的。恋爱的男人也很专横，但当他获得他想得到的东西时，他便满足了，女人严格的忠诚却没有止境。男人如果信任他的情人，乐意接受她不在跟前，她在远离他的地方忙活：确定她属于他，他更喜欢拥有自由而不是一件东西。相反，情人不在眼前对女人来说总是一种折磨：他是一道目光、一个法官，一旦他的目光盯住别的东西而不是她，他就使她失望；他所看到的一切，是从她那里偷来的；远离他的时候，她同时被剥夺自己和被剥夺世界；甚至当他坐在她旁边阅读和写作，也是抛弃她，背叛她。她憎恨他睡觉。波德莱尔对睡着的女人有温情："你的美目疲倦了，可怜的恋女。"普鲁斯特迷恋于望着阿尔贝蒂娜睡觉[①]，这是因为男性的嫉妒仅仅是排他性占有的意志，当睡眠把童年毫无设防的坦诚还给女人时，她就不属于任何人：对男人来说，这种确信足够了。但这个神，这个主人，不应该耽于内在性的休息；女人正是以敌视的目光注视这种被打倒的超越性；她憎恨身体这种动物性的惰性，这身体不再为她而是自在存在，沉溺于一种偶然性，她自己的偶然性是这种偶然性的恶果。维奥莱特·勒杜克有力地表达过这种感情：

> 我憎恨睡觉的人。我怀着恶意俯向他们。他们的顺从激怒我。我憎恨他们无意识的平静、他们虚假的感觉缺失、他们认真闭目的脸、他们合情合理的酩酊大醉、他们的既专心又无能为力……我窥测过，长久地等待从我的睡眠者口中吐出粉红色的气泡。我只要求他吐出一个表示存在的气泡。我没有得到它……我看到了他沉睡的眼皮是死人的眼皮……当这个人很难对付的时候，我躲在他的眼皮的快乐中。当他酣睡时，他的睡眠是令人难受的。他偷走了一切。我憎恨我的睡眠者，他可以无意识地给自己创造与我格格不入的宁静。我憎恨他的蜜一样的额角……他在自己内心为自身的休息忙碌。他回顾不知什么

① 即使阿尔贝蒂娜是阿尔贝，情况丝毫也不会改变。普鲁斯特的态度在这里无论如何是男性的态度。——原注

东西……我们飞快地出发。我们想借助我们的性情一起离开大地。我们已经起飞、攀登、窥伺、等待、哼小曲、获得成功、呻吟、得胜和失败。这是一次认真的逃学。我们已经离开了一种新的虚无。眼下你睡着了。你的消失不是体面的……如果我的睡眠者动弹，我的手便不由自主地触摸他的生殖器。这是储藏了五十袋谷物的谷仓，令人窒息，十分专横。一个睡觉的男人的贴身钱袋落在我手里……我拥有装种子的小口袋。我手里有将被耕种的田地，将被料理的果园，将要改变的水力资源，将要钉住的四块木板，将要掀开的防雨布。我手里有果实、鲜花、挑选过的牲畜。我手里有手术刀、整枝剪、测深器、手枪、产钳，而这一切并没有摆满我的手。沉睡的世界的种子只是心灵延续的晃动的多余物质……

你呀，当你睡着时，我憎恨你。①

这个神不应该睡着，否则他便变成了黏土、肉体；他不应该一直不在场，否则他这个人便沉入虚无。对女人来说，男人的睡眠就是吝啬和背叛。男人有时唤醒他的情人：这是为了拥抱她；她唤醒他仅仅是为了不让他给予，不让他离开，让他只惦记她，让他待在那里，关在房间里，在床上，在她的怀抱里——就像天主在神龛里——这是女人所期望的：做一个监狱女看守。

然而，她确实不同意让男人除了做她的囚犯，什么也不是。这正是爱情令人痛苦的悖论之一：这个神被俘虏了，失去了神性。女人通过把自身给了他，挽救自己的超越性，但他必须把它带往整个世界。如果一对情侣一起陷入了激情的绝对深渊中，全部自由便降

① 见《我憎恨睡眠者》。——原注

低为内在性，于是只有死亡能够给他们带来解决办法：这是《特里斯坦和伊瑟》传奇的意义之一。一对天造地设的情侣死去了：他们死于无聊。马塞尔·阿尔朗在《外邦的土地》中描绘了自我吞噬的爱情这种缓慢的临终过程。女人了解这种危险。除了在狂热嫉妒的危机中，她要求男人拥有计划和行动：如果他不完成任何业绩，他就不再是一个英雄。出发去建立新功勋的骑士，会冒犯他的贵妇；但如果他坐在她脚下，她会蔑视他。这是不可能的爱情产生的折磨；女人想拥有整个男人，但她要求他超越可能拥有的全部既定：男人不能拥有自由；她想将一个生存者封闭在此处，根据海德格尔的说法，他是“远方的一个存在”，她很清楚，这种企图是受到谴责的。朱丽·德·莱斯皮纳斯写道：“我的朋友，我像应当去爱那样爱你，过度地、狂热地，带着痛苦和绝望。”崇拜式的爱情如果是清醒的，只能是绝望的。因为恋爱的女人要求情人是个英雄、巨人、半神，要求自己对他而言不是一切，而她只能在全部占有他的情况下才能得到幸福。尼采说[①]：

> 女人的激情作为对各种自身权利的完全放弃，恰恰要求异性身上并不存在的同样的感情、同样放弃的愿望，因为，如果两者都出于爱情而自我放弃，说白了，结果会产生我说不清的东西，也许可以说是对空无的恐惧吧？女人愿意被控制……她于是要求有人**占有**，要求他不要奉献自身，相反，要在爱情中充实自我……女人奉献自己，男人因她获得提高……

至少，女人可以在给予恋人的这种充实中获得快乐；她对他而

① 见《快乐的知识》。——原注

言不是一切，但她竭力相信自己是必不可少的；必要性没有等级。如果他“不能没有她”，她便自认为是他宝贵的生存基础，从中得出自己的价值。她满心欢喜地为他服务，但他必须感激地承认这种服务；按照忠诚的一般辩证法，奉献变成了要求。[①]一个审慎的女人会寻思：他需要的果真是我吗？男人喜欢她，以特殊的温情和愿望想得到她，但他对别的女人就没有如此特殊的感情吗？许多恋爱的女人心甘情愿受骗；她们想无视一般包含在特殊之中，男人让她们产生幻觉，因为他一开始也有这种幻觉；他的欲望中常常有一种狂热，似乎在向时间挑战；在他想要这个女人的那一刻，他热烈地想要她，只想要她：因此，那一刻是绝对的，但那是一刻的绝对。女人受愚弄，过渡到永恒。她被主人的拥抱神化，便以为自己总是神圣的，生来是为神服务的：只有她才能这样做。可是，男人的欲望既是激烈又是短暂的；它一旦得到满足，很快会消失，而女人往往在产生爱情之后变成他的囚徒。这是整个通俗文学和流行歌曲的题材。“一个年轻男人走过，一个少女唱歌……一个年轻男人唱歌，一个少女泪水滂沱。”如果男人长久地依恋女人，这仍然并不意味着她对他是必不可少的。但这正是她所要求的：她的退让只有在恢复她的威望的情况下才能挽救她，不可能逃避相互性的作用。因此，她必须受苦，要么就必须自我欺骗。她往往先求助于后者。她把男人的爱情想象为她给予他的爱情的准确对等物，她自欺地把欲望当成爱情，把勃起当成欲望，把爱情当成宗教。她迫使男人欺骗她：你爱我吗？同昨天一样爱吗？你始终爱我吗？她灵巧地在缺乏时间做出微妙和真诚的回答时，或者在情势不允许这样做时提出问题；正是在交欢中，在病痛初愈时，在呜咽时或者在火车站月台

---

① 正如我们已经在《皮洛士与基尼阿斯》中所指出的。——原注

上，她紧紧地追问；她把得到的回答当做战利品；得不到回答，她就让沉默代替说话；凡是真正恋爱的女人，多少是妄想狂。我记得一个女友，面对远方情人长久的沉默宣称："当一个人想断交时，他便写信，宣布决裂"；后来，她收到了一封毫不含糊的来信，却说："当一个人真想决裂时，他不写信。"面对这些自白，常常很难确定反常的精神狂乱是从哪里开始的。男人的行为在惊惧的恋爱的女人描绘下，总是显得怪诞；这是一个神经官能症患者、虐待狂、性欲压抑者、受虐狂、魔鬼、见异思迁者、懦夫或者一切共而有之，他挑战最灵活的心理学解释。"X 钟爱我，他疯狂地嫉妒，他想让我出门时戴上假面具；但这是一个古怪的人，他是那样不相信爱情，当我按响他家门铃时，他在门口接待我，甚至不让我进去。"或者："Z 钟爱我。但他太骄傲，不请我到他在里昂的家去生活。我来到里昂，住到他家里。八个月后，没有一次争吵，他却把我赶出了门。我又见过他两次。我给他打电话，第三次，他在谈话中挂上了电话。这是一个神经官能症患者。"当男人做出如下的解释时，这些神秘的故事就变得清晰了："我绝对没有爱过她"，或者："我对她有友谊，但我不能忍受同她一起生活一个月"。自欺过于顽固，就会导致进精神病院。色情狂不变的特点之一，是认为情人的行为像谜一样，互相矛盾，由此，病人的狂乱总是能粉碎现实的阻力。一个正常的女人有时最终对事实屈服，承认自己不再被爱。但是，只要她没有走到承认这一步，她就总是有点不诚实。甚至在彼此相爱的情况下，一对情侣的感情之间也有一种根本的差异，她竭力要掩盖。男人必须在没有她的情况下，也能站得住脚，因为她希望得到他的辩护。如果他对她是不可或缺的，这是因为她要逃避她的自由，但如果他承受这种自由（没有它，他既不可能是英雄，也不可能是个普通人），没有什么东西，也没有什么人会对他是必不可少的。女人接受的依附来自她的软弱，她怎么能在她所爱的恰恰是其力量的男人身上找到相互依附呢?

一个在情感上苛求的心灵，不会在爱情中找到安宁，因为它追求的是一个矛盾的目的。她撕心裂肺，痛苦异常，有可能变成对于她梦想成为其奴隶的那个人的一个负担；她不感到自己是必不可少的，就会让自己变成讨厌的、可恶的。这也是一个十分常见的悲剧。恋爱的女人聪明有余，强硬不足，逆来顺受。她不是一切，不是必不可少的：她只要有用就行了；另一个女人可能会占据她的位置，所以她满足于成为待在那个位置上的人。她承认她的奴役地位，不要求同样的回报。她可以享受普通的幸福，但即使在这样的局限中，幸福也不会是没有阴影的。恋爱的女人远比妻子痛苦，她要等待。如果妻子只是一个恋爱的女人，家庭和做母亲的负担，她的事务，她的娱乐，在她眼里便没有任何价值：正是丈夫在眼前使她摆脱了烦恼的边境。塞西尔·索瓦日在结婚初期写道："当你不在时，我觉得甚至用不着去看阳光；我遇到的一切于是都像死气沉沉，我只是扔在椅子上的一条空瘪的小裙子。"[①]我们已经看到，热烈的爱情往往是在婚姻之外产生和充分发展的。将整个一生献给爱情的最出色的例子之一，就是朱丽叶·德鲁埃的爱情：她无穷无尽地等待。她写信给雨果："必须总是回到同一出发点，就是说永恒地等待你。""我犹如笼子里的松鼠一样等待着你。""天哪！像我这样一个人，从生命的一端等到另一端，那是多么悲伤啊。""多难熬的日子啊！我以为只要等待着你，日子就不会掠过，如今我觉得日子过得太快了，因为我看不到你……""我感到日子没完

① 如果女人在婚姻中得到了自由又另当别论，在此情况下，夫妻之爱是两个自给自足的人之间自由的交流。——原注

没了……”“我等待着你，因为我毕竟更喜欢等待着你，而不愿意相信你根本不来。”雨果让朱丽叶同她富有的保护人德米多夫亲王决裂以后，确实把她关闭在一个小公寓里，在十二年中禁止她单独外出，不让她与从前的任何一个朋友再有联系。即使自称为“你可怜的被禁闭的牺牲品”的那个女子命运改善了，她仍然除了她的情人以外，没有其他生存理由，只能偶尔见到他。“我爱你，我亲爱的维克多，”她在一八四一年写道，“但我心情忧郁，充满悲愁；我那么少、那么少见到你，我见到你时间那么少，你属于我的时间那么少，以致那么少的时间累积在一起，形成一个忧愁的整体，充满了我的心和头脑。”她梦想将独立和爱情调和起来。“我既想做独立的人，又想做奴隶，由于使我充实的状态而独立，仅仅做我爱情的奴隶。”由于她的演艺生涯最终失败了，她不得不“从生命的一端直到另一端”忍受着只做一个情妇。尽管她竭力要为偶像服务，但时间仍然过得太空虚了：她每年给雨果写三四百封信，总共一万七千封信，对此做出了证明。在主人两次来访之间，她只能消磨时间。在后宫女人的情况中，最难忍受的厌恶是她的日子就像无聊的荒漠：当男人不利用她这个为他准备的客体时，她绝对什么也不是。恋爱的女人处境是相同的：她只想成为被爱的女人，其他东西在她看来都没有价值。为了生存，她必须让情人待在她身边，由她照料；她等待他的到来、他的欲望、他的醒来；一旦他离开她，她又得重新等待。这是压在《后街》[1]的女主人公、《马路风云》[2]的女主人公、纯粹爱情的女祭司及牺牲品身上的厄运。这是对不能掌握自己命运的人的严厉惩罚。

---

① 范妮 · 赫斯特，《后街》。——原注
② 罗莎蒙德 · 莱曼，《马路风云》。——原注

等待可以是一种快乐。对于盼望着意中人，知道他正在向自己跑来，知道他爱着自己的女人来说，等待是迷人的许诺。但是，经历了把人从不在变成在场这种令人安心的爱情迷醉之后，不安的痛苦便混入到人不在的空虚中：男人可能再也不回来了。我认识一个女人，每次重逢她都惊讶地迎接她的情人。她说："我以为你不会回来了。"如果他问为什么，她就说："你可能不回来，当我等待你的时候，我总是有感觉，我会再也见不到你。"尤其他可能不再爱她，他可能爱另一个女人。因为女人在竭力制造一种幻觉："我爱得发狂，他只能爱我"，也并不能排除嫉妒的折磨。容许做出热情和矛盾的断定是自欺的特性。因此，一个执着地自认为是拿破仑的疯子，对承认自己是理发师并不感到尴尬。很少有女人愿意问自己：他当真爱我吗？但她会一百次寻思：他没有爱别的女人吧？她不承认情人的热情会逐渐消失，也不承认他不像她那样看重爱情：她立即想象出竞争对手。她既把爱情看做自由的感情，又看做魔咒；她认为"她的"男人继续自由地爱她，而他被一个灵活的女阴谋家"缠住"了，"落入陷阱"。男人在女人的内在性中将她把握为与他同化；因此，他很容易扮演布布罗什[1]一类的人物；他很难相信她也是摆脱他的他者；嫉妒在他身上一般只是短暂的危机，就像爱情本身那样：有时，危机来势汹汹，甚至十分急迫，但不安心情很少持久地驻留在他身上。嫉妒在他身上尤其表现为一种派生物：当他的事务进展不利，觉得生活烦扰，他会认为妻子在嘲笑他。[2]相反，女人喜欢具有他性和超越性的男人，她每时每刻都感到自己处在危险中。在不来见面的背叛和不忠之间，并没有很大

---

① Boubouroche，法国剧作家乔治·库特林（Georges Courteline，1858—1929）的同名小说和戏剧的主人公，被情妇欺骗的冤大头。

② 例如，这是拉加什的著作《嫉妒的性质和形式》所得出的结论。——原注

的距离。她一旦感到自己不被情人所爱，就变得嫉妒：鉴于她的要求，这多少是她的实际情况；她的责备，她的斥骂，不论借口如何，以嫉妒的场面表现出来：她正是这样表达等待的不耐烦和无聊，依附的凄苦，以及生活被割裂的悔恨。她的整个命运就悬在她所爱的男人投向另一个女人的每道目光中，因为她将自己的整个存在异化到他身上。因此，如果她的情人的眼睛一瞬间转向另一个女人，她就会发怒；如果他提醒她，她刚刚长时间注视一个陌生男人，她会信心十足地回答："这不是一回事。"她是对的。一个被女人注视的男人，什么也没有得到，奉献只开始于女性肉体成为猎物的时刻。而被觊觎的女人马上变为一个令人想望的、被人攫取的客体，被摒弃的恋爱的女人"回复到普通的黏土"。因此，她不断处于警惕的状态中。他在干什么？他在看什么？他在跟谁说话？一个微笑所给予她的，也能从她那里再夺走；只消一刹那，就能把她从"不朽的泛彩流光"投入日常的暮色中。她从爱情中获得一切，也会在失去爱情的同时失去一切。嫉妒不论是含糊还是明确，没有根据还是得到证实，对女人来说，都是可怕的折磨，因为它是对爱情的彻底怀疑：如果背叛确定无疑，要么必须放弃把爱情看成宗教，要么必须放弃这爱情；这是非常彻底的激变，使得怀疑和误解的恋爱的女人，相继受到既想发现又害怕发现可怕真相的心情缠扰。

不断嫉妒的女人既傲慢又焦虑，常常搞错：朱丽叶·德鲁埃经历了嫉妒雨果接近的所有女人的痛苦，偏偏忘记了莱奥妮·比亚尔，他把她当做情妇有八年之久。由于拿不准，凡是女人都是一个情敌，一个危险。由于恋爱的女人封闭在所爱的男人的天地里，爱情扼杀友谊，嫉妒扩大了她的孤独，从而使她的依附变得更紧。但她在其中找到对抗无聊的方法，留住丈夫，这是一件工作；留住情人，这是一种圣职。女人沉迷在幸福的恋爱中，忽略自己的个体，一旦她预感到威胁时，便重新开始关心自己。打扮、料理家庭、在社交场合炫耀，便成为战斗的时刻。斗争是使人振奋的活动，女斗士只要差不多确信取得胜利，就会从中找到刺激性的乐趣。而对失败的焦虑和担心，则把慷慨做出的奉献变成屈辱的奴役。男人为了自卫而攻击。即使是骄傲的女人，也不得不变得温柔和顺从；要手腕、谨慎小心、诡计、微笑、魅力、温顺，是她最好的武器。我记得那个年轻女人，有一天晚上，我没有预先通知就按她的门铃；两小时之前，我离开她，那时她没有打扮，穿着随便，目光阴郁；如今，她在等待他；当她看到我时，又恢复了平时的脸色，但我有机会看到她为他做好准备、在担心和虚伪中变得紧张的脸，她在装出的微笑后面准备忍受一切痛苦；她仔细地梳过头发，不同寻常的脂粉使她的双颊和嘴唇显得有生气，一件白得耀眼的花边宽松短袖衫，把她改变了模样。节日的盛装是战斗的武器。按摩师、美容师、化妆师知道，他们的女顾客给予似乎不在意的打扮以多么严肃的悲剧意味；必须为情人创造新的诱惑，必须变成那个他想遇到和占有的女人。但一切努力都是徒劳的：她不能在自己身上复活那个先前吸引过他，如今也能把他从另一个女人那里吸引过来的他者形象。在情人身上有着与丈夫身上一样不可能满足的双重要求：他希望情人绝对属于他，却又是陌生的；他要求她恰好符合他的梦想，又不同于他的想象创造的一切，既满足了他的期待，又出乎他的意料。这种矛盾使女人痛苦，注定了她的失败。她力图按照情人的欲望塑造自己；许多女人在爱情的初期青春焕发，巩固了自恋癖，当她们感到情人的爱情消退时，她们的低声下气古怪得吓人；她们像着了魔一样，可怜巴巴，激怒了情人；女人盲目地委身于他，失去了早先使她迷人的那种自由的维度。他在她身上寻找他的映像：如果他觉得它太忠实了，他会感到厌倦。恋爱的女人的不幸之一，就是她的爱情本身毁损了她的外形，使她变得虚无；她只是奴隶、女仆、过于温顺的镜子、过于忠实的回声。当她意识到的时候，她的苦恼进一步使她失去价值；她哭泣、要求、吵闹，终于失去了一切吸引力。生存者体现在他所做的事上，而为了存在，她信赖他人意识，放弃了做任何事。朱丽·德·莱斯皮纳斯写道："我只知道爱。"*只是爱情的我*：这个小说[①]书名是恋爱的女人的座右铭；她只不过是爱情，而爱情缺乏它的对象时，她什么也不是。

她常常明白自己错在何处；于是她想重新确认自己的自由，重新找到自己的他性；她变得爱卖弄风情。她被其他男人追求时，重新使厌倦的情人感兴趣：这是许多"低劣"小说老掉牙的题材；远离有时足以恢复她的威望；阿尔贝蒂娜出现在眼前，十分温顺时，显得平淡无奇，离开了又变得神秘，嫉妒的普鲁斯特对她刮目相看。但是这种手腕是很微妙的，如果男人识破了这种手腕，就会可笑地暴露出她的奴性。即使成功了，也不是没有危险：男人蔑视他的情人，是因为她属于他，但正因为她属于他，他也依恋她，不忠会毁掉蔑视还是依恋？气恼的男人有可能摆脱冷淡的女人：不错，他希望她是自由的；但他希望她献身。她了解这种危险：她的卖弄风情也就因此而停歇。一个恋爱的女人几乎不可能灵活地玩弄这种手段，她非常担心落入陷阱。在她仍然尊重她的情人的情况下，她厌恶欺骗他：他怎样才能在她眼里仍然是一尊神呢？如果她取胜，她就毁掉她的偶像；如果她输了，她就毁掉自己。没有得救之路。

谨慎的恋爱的女人——这两个词是互相抵触的——竭力将情人的激情变成柔情、友谊、习惯；或者她试图用牢固的联系拴住他：

---

① 由多米尼克·罗兰所作。——原注

孩子、婚姻；结婚这个愿望缠扰着许多恋爱的女人：这是出于安全的愿望；灵活的情人利用年轻情郎的慷慨来确保未来，但当她从事这种投机时，就再也配不上恋爱的女人这个名称。因为恋爱的女人狂热地梦想永远抓住情人的自由，而不是毁掉它。因此，除了罕见的自由结合能延续整个一生的情况，宗教般的爱情会导致灾难。德·莱斯皮纳斯小姐同莫拉在一起时，幸好首先感到厌倦：她感到厌倦是因为遇到了吉贝尔，他却反过来马上厌倦她。德·阿古夫人和李斯特的爱情断绝于这种无情的辩证关系：使李斯特显得如此可爱的热情、生命力和雄心，使他产生别的爱情。葡萄牙修女只可能被抛弃。[1] 使邓南遮变得如此有魅力[2] 的欲火，以不忠作为代价。一次决裂可以给一个男人打下烙印，但是，他毕竟要过男人的生活。被遗弃的女人什么也不是，什么也没有。如果有人问她："你以前是怎样生活的？"她甚至再也回想不起来。这个曾属于她的世界，她已经让它化成了灰烬，为的是适应新天地，而她现在却突然被驱逐出来；她否认了她曾相信的一切价值，粉碎了自己的友谊；她的头上没有屋顶，她周围是一片荒漠。既然她在意中人之外什么也没有，她怎样开始新生活呢？她躲进了狂想之中，正如以前躲在修道院里；要么，如果她过于理智，她就只有去死：很快死去，就像德·莱斯皮纳斯小姐那样，要么，慢慢地受煎熬；垂死挣扎会延续很久。一个女人在十年、二十年中全身心忠于一个男人，他稳当地维持在她为他建造的基座上，她被遗弃是可怕的灾难。"我能做什么呢？"这个四十岁的女人问道，"如果雅克不再爱我，我能做什么呢？"她穿好衣服，梳好头，仔细打扮，但她的脸容僵硬，已

---

① 法国作家加布里埃尔·德·吉尔拉格（Gabriel de Guilleragues，1628—1685）《一个葡萄牙修女的书信》描写一个女子遭一个法国军官遗弃后的诉怨。

② 据伊莎多拉·邓肯的说法。——原注

经憔悴，再也不能激起新的爱情。她在一个男人的阴影中生活了二十年之后，还能爱上别人吗？既然她只有四十岁，那么还有许多年可活。我还见到另一个女人，她仍然有漂亮的眼睛，高贵的脸容，尽管面孔因痛苦而浮肿，甚至并未意识到自己当众泪水阑干，视而不见，听而不闻。如今，她的天神在对另外一个女人说着为她而创造出来的话语；她成了被废黜的女王，再也不知道自己是否统治过一个真正的王国。如果女人仍然年轻，她还有机会治愈创伤：新的爱情会治愈她；有时，她有所保留地投入其中，明白不是唯一的就不会是绝对的；可是，她往往比第一次更加惨烈地毁灭于其中，因为她必须把过去的失败赎买回来。只有当女人能够重新掌握自己时，绝对爱情的失败才是富于成效的教训；爱洛伊丝同阿贝拉尔分离后，没有潦倒，因为她主持一个修道院，为自己建立自主的生存。柯莱特的女主人公们过于骄傲，手段也太多，不会让自己被爱情失意所摧毁。蕾内·梅雷通过工作自救。“茜多”对她的女儿说，她不太担心她的感情命运，因为她知道柯莱特不同于别的恋爱的女人。很少有哪种罪行比这种慷慨的错误带来更严厉的惩罚了：重新完全落在别人手中。

真正的爱情应该建立在两个自由的人互相承认的基础上；一对情侣的每一方会互相感受到既是自我，又是对方；每一方都不会放弃超越性，也不会伤害自身；两者将一起揭示世界的价值和目的。对这一方和那一方来说，爱情将通过奉献自身展示自己和丰富世界。在《认识自我》这部著作中，乔治·古斯多夫十分准确地概括了人对爱情所要求的东西：

> 爱情在使我们摆脱自身的同时，也自我显示。我们在接触异于我们并补充我们的东西时得到自我肯定。爱情作为认识的

形式，在我们一直生活的景致里揭开了新天地。重大的秘密就在这里：世界是他者，而**我也是他者**。再也不是只有我知道这一点。更有甚者：是有人告诉了我。因此，女人在男人对自我的意识中起着一个必不可少和根本性的作用。

对年轻男人来说，爱情最初的几次尝试具有的重要性由此而来①；我们已经看到司汤达、马尔罗是多么惊讶于形成“我是他者”的奇迹。但是古斯多夫这样写是错了：“同样，对女人来说，男人是她与她自己不可或缺的中介。”因为如今她的处境和他并不一样。男人以另一种面目显现，但他仍然是他自己，他的新面孔融合在他的整个人格中。女人只有也在本质上自为存在时，才融合到她的整个人格中；这意味着她经济独立，投向自己的目的，不需要媒介就向群体超越。这时，平等的爱情就可能实现了，马尔罗描写乔和梅之间的就是这种爱情。女人甚至可能像德·华伦夫人面对卢梭、莱娅面对谢里那样起到男性的主宰作用。但在大多数情况下，女人只认为自己是他者：她的为他人和她的存在混合在一起；对她来说，爱情不是她和她自己的中介，因为她并不处于自己的主体生存中；她仍然深陷在男人不仅显示而且创造的这个恋爱的女人之中；她是否得救取决于创造了她，并能在一瞬间使她变成虚无的专制的自由。她一生都面对那个在不完全知晓、也不完全愿意的情况下，掌握她的命运的男人瑟瑟发抖；她对自己的命运感到焦虑而又无能为力，危险地处在他者手中。这个他者是无心的暴君和刽子手，由不得她和他，具有一副敌人的面孔：恋爱的女人非但未曾体会期盼的统一，反而忍受了最凄苦的孤独，非但不能合作，反而经

---

① 参阅《第二性 I》。——原注

历斗争，往往是经历仇恨。女人身上的爱情是一种通过承受她注定的依附性来克服它的最高企图；即使依附性被接受了，也只能在恐惧和奴性中存在。

男人争先恐后地宣布，对女人来说，爱情是她的最高实现。尼采说："作为女人去恋爱的女人，只会更深刻地成为女人。"巴尔扎克说："从高层次来说，男人的生活是名誉，女人的生活是爱情。女人只有把她的生活变成持续的奉献，才与男人平等，如同男人的生活是持续的行动那样。"但这仍然是一种残忍的欺骗，因为女人所奉献的，男人根本不操心要接受。男人不需要他所要求的无条件忠诚，也不需要取悦他的虚荣心的盲目崇拜；他只有在无须满足这些态度所带来的要求的条件下，才接受它们。他向女人宣扬要奉献，她的奉献又使他厌烦；她对自己无用的奉献感到不知所措，对自己虚妄的生存也感到不知所措。有一天，女人或许可以用她的"强"去爱，而不是用她的"弱"去爱，不是逃避自我，而是找到自我，不是自我舍弃，而是自我肯定，那时，爱情对她和对他将一样，将变成生活的源泉，而不是致命的危险。但在这之前，爱情以最动人的面貌，概括了压在封闭于女性世界中的女人、受伤害又不能自我满足的女人身上的诅咒。无数的爱情殉道者抗议命运的不公，因为它把荒凉的地狱当做最后的得救，提供给她们。

第十三章　虔信的女人

爱情被看做女人的最高使命，当她对一个男人诉说爱情时，她在他身上寻找的是天主：如果环境不允许她有人间的爱情，如果失恋或者苛求，她会选择在天主那里崇拜神性。当然，也有男人燃烧起这种火焰，但这种情况很罕见，他们的热忱更倾向于非常高雅的精神层面。相反，沉溺于天国婚礼之乐的女人却为数众多，她们以热忱得古怪的方式去体验这种欢乐。女人习惯于跪着生活；她通常等待她的得救从男人统治的天国降临；男人也被云彩围绕着：正是越过他们肉体在场的面纱，他们的庄严才显示出来。被崇拜者总是多少不在场的，他通过含糊的符号与崇拜他的女人沟通，她只能通过信仰的行为了解他的内心，她越是觉得他高不可攀，便越是觉得他的行为深不可测。我们已经看到，色情狂凭借这种信仰无视背道而驰的事实。女人不需要看也不需要触摸，就可以感到身边有最高在场。不论是关系到一个医生、一个教士还是天主，她都会感到无可置疑的确实性，要作为奴隶在心中接受从上天降临的爱之浪潮。人间的爱和神圣的爱混合在一起，并非因为后者是前者的升华，而是因为前者也是向超越、向绝对的迈进。无论如何，对恋爱的女人来说，就是通过把自己与统一在至高无上者身上的一切相结合，拯救自己的偶然存在。

这种模棱两可在许多病态的或正常的情况下是显而易见的，这时，情人被神化，天主具有人的特点。我仅仅举出费尔迪埃尔在他的著作里论述色情狂时提到的例子。那个女病人说：

> 一九二三年，我和《新闻报》的一位记者通信，每天，我阅读他关于道德方面的文章，领会他字里行间的含意；我觉得他在回答我的问题，给我出主意；我给他写情书；写了很多……一九二四年，事情突然发生了：我觉得天主在寻找一个女人，他要来同我说话；我感到他给了我一个使命，他选择了我建造一座神庙；我认为自己是一个非常大的城镇的中心，里面有受到医生照顾的女人……正是在这时……我被转送到克莱蒙精神病院……里面有一些年轻医生，他们想改变世界：我在单人房间里感到他们吻我的手指，我感到手里握着他们的生殖器；有一次，他们对我说："你不敏感，但有肉欲，你翻过身去"；我感到他们压在我身上：这令我很愉快……主任医生D就像一个神；当他来到我的床边时，我感到有某样东西；他望着我，神情似乎在说，我完全属于你。他当真爱我：一天，他以极其古怪的方式盯着我看……他的眼睛由绿色变成天蓝色；它们以令人生畏的方式极度地变大……他一面对另一个女病人说话，一面观察产生的效果，他微笑着……我就这样定位在那里，定位在D大夫身上……我并不喜新厌旧，尽管我有许多情人（我有十五六个情人），我还是不能离开他；他因此是有罪的……十二年以来，我总是同他有心灵的交谈……我想忘掉他的时候，他又再次出现……他有时有点爱挖苦人……"你看，我使你害怕了，"他说，"你可以爱别的人，但你总是会回到

我身边……”我常常给他写信，甚至和他约见面，我前去赴约。去年，我去看过他，他装腔作势，他毫不热情，我感到自己很蠢，便离开了……有人对我说，他娶了另外一个女人，但他会始终爱我……这是我的丈夫，但融合在一起的行为从来没有发生过……“抛弃一切吧，”他有时说，“同我在一起，你会一直上升，你不会像一个凡人。”你看：每当我寻找天主，我找到的却是一个男人，如今我再也搞不清我会转向哪一种宗教。

这里牵涉到的是一个病理方面的例子。但在许多虔诚的女人身上，可以看到这种在男人和天主之间难以理清的混同。尤其是听忏悔的神父，在天与地之间占据一个模糊不清的位置。他用肉耳倾听向他展示自己心灵的忏悔女人的话，但在他凝视她的目光中闪耀的是超自然的亮光；这是一个神圣的人，这是以男人的面目显现的天主。居伊昂夫人用这种词句来描绘她同拉孔布神父的会面：“我觉得天恩的作用通过心灵的最亲密之处从他身上来到我身上，又从我身上返回他身上，使他感受到同样的效果。”正是修道士的介入，使她摆脱忍受多年的乏味生活，重新使她热烈的心灵振奋起来。她在他身边度过秘修的重要时期。她承认：“这只是一个完整的统一体，以致我再也无法分辨他与天主。”要说她实际上爱上一个男人，而假装爱天主，那是过于简单了：她爱这个男人，也是因为在她看来，他是不同于他本人的另一个东西。正如费尔迪埃尔的那个女病人不加区别力图达到的是价值的最高源泉。这正是一切虔信的女人寻求的目的所在。男性的中介有时对她是有用的，助她冲向广漠的天空，但他不是必不可少的。女人分不清现实和假托，行为和魔力，对象和想象，特别容易通过她的身体将不在场在场化。像人们有时所做的那样，将神秘主义和色情狂等同起来，就没那么有趣了：有色情狂的女人感到自己由于爱上了一个主宰她的存在而提高身价；是他在爱情关系中起主动作用，他热烈地爱，超过了被爱的程度；他通过明显而秘密的迹象，让人了解他的感情；他爱嫉妒，因意中人不够热忱而愤怒，于是他毫不犹豫地惩罚她；他几乎从来不以肉体的、具体的形式表现自己。所有这些特点都能在虔信的女人身上找到；特别是，天主永远爱被他的爱燃烧起来的心灵，他为她流血，他给她准备了光芒四射的荣誉；她所能做的一切，就是毫无抗拒地投身于他的爱火中。

今日，人们认为，色情狂时而具有柏拉图式的形式，时而具有性欲的形式。同样，身体在笃信宗教的女人信仰天主的感情中，占有或多或少的份额。她的感情流露仿照世间情人所熟悉的方式。当福利尼奥的圣安吉拉把圣方济各抱在怀里，一面欣赏一幅基督画像时，他对她说："我把你抱得多么紧，比肉眼能看到的紧得多……如果你爱我，我永远也不离开你。"居伊昂夫人写道："爱情不让我有片刻的安宁。我对他说：噢，我的亲爱的，够了，松开我吧。""我渴望爱情把难以形容的颤栗传遍我的心灵，渴望爱情让我昏倒……""噢，我的天主！如果你让最好色的女人感受到我的所感，她们不久就会离开她们虚假的快乐，来享受真正的幸福。"大家知道阿维拉的圣德肋撒有名的幻觉：

> 天使双手握着一支长长的金矛。他不时把矛插入我的心，一直顶到我的内脏。当他把矛拔出来时，仿佛要把我的内脏也扯出来，我全身充满了热辣辣的神圣之爱……我确定，痛苦一直深入到内脏深处，我觉得，当我的精神丈夫把他穿透我内脏的矛拔出来时，我的内脏撕裂开来。

有时人们虔诚地认为，语言的贫乏迫使虔信的女人借用色情的词汇；但她也只拥有一个身体，她从世间的爱情借用的不仅是词汇，还有肉体的态度；她献身给天主的行为，同她献身给一个男人是一样的。这并不降低她的感情的价值。当福利尼奥的圣安吉拉按照她的心情相继变得“苍白和干瘦”或者“肥胖而红润”时，当她泪如泉涌时①，当她从高处摔下来时，人们很难将这些现象看做纯粹是“精神的”，而仅仅以她的过度“激动”来解释是乞求鸦片的“安眠功效”；身体永远不是主体体验的原因，因为它是以客体形式出现的主体本身：主体在它生存的统一体中实践它的态度。虔信的女人的敌对者和赞赏者认为，给予圣德肋撒的迷醉以性的内容，这是把她降低到歇斯底里患者的地位。但贬低歇斯底里主体的，不是她的身体主动表现她的困扰的事实：它之所以受到困扰，是因为她的自由受到魔法迷惑而被取消；一个苦行者对自己机体的驾驭，使他不致成为身体的奴隶；肉体的模仿可以包含在自由的冲动中。圣德肋撒的文字几乎没有模棱两可之处，证明了贝尔尼尼塑像的合理性，它向我们显示了在令人震惊的情欲中神魂颠倒的圣女；把她的激动阐述为普通的“性欲升华”仍然是虚假的；首先，并不存在采取神圣爱情形式的隐秘的性欲；恋爱的女人本身不是起先无对象、随后才确定在一个人身上的欲望的猎物；是情人的出现在她身上挑起了直接趋向他的内心紊乱；因此，圣德肋撒竭力和天主结合，在她的身体中体验这种结合，两者是同一的；她不是她的神经和激素的奴隶：还不如说必须赞赏她身上进入她的肉体最为隐秘之处的强烈信仰。实际上，正如圣德肋撒本人所理解的，神秘体验的

① 她的一本传记中写道：“热泪炙伤她的双颊，以致她不得不用冷水敷面。”——原注

价值不是根据主观感受方式，而是根据客观影响来衡量的。迷醉现象在圣德肋撒身上和在玛加利大身上几乎是一样的，它们传递的信息却非常不同。圣德肋撒以完全精神的方式提出个体与超越的存在之间的关系这个戏剧性的问题，她作为女人经历了一种其意义超过一切性别特殊性的体验，必须将她置于与圣十字若望齐名的地位。但她是一个明显的例外。那些未成年的修女给我们提供的，本质上是女性对世界和得救的看法；她们寻求的不是一种超越，而是对她们女性身份的救赎。①

女人在神圣的爱中首先寻找的是恋爱的女人对男人的爱情的要求：自恋的神化；对她而言，这专注地、情意绵绵地盯着她的至高目光，是奇迹般的意外收获。居伊昂夫人整个少女和少妇的生活，一直受到获得爱和赞赏的欲望的折磨。一个现代的虔诚的新教教徒韦小姐写道："没有什么像根本得不到别人特别同情地关心我身上发生的情况那样令我不幸了。"克吕登纳夫人想象天主不断地关注她，圣伯夫叙述道："她在与情人最为关键的时刻中呻吟道：我的天，我多么幸福啊！我请你原谅我的过度幸福！"可以理解，当整个天国成为自恋的女人的镜子时，她心中充盈着怎样的迷醉；她神化的形象像天主本人一样是无限的，永远不会消失；同时，她在自己火热的、跳动的、充满爱情的胸膛里，感到自己被崇高的天父创造的、得到赎救和珍重的心灵；她拥抱的是她的分身，是她自己，由于天主作中介而显得无限崇高。福利尼奥的圣安吉拉的这段文字特别意味深长。耶稣是这样对她述说的：

---

① 在锡耶纳的圣凯瑟琳身上，神学的考虑仍然十分重要。她也是一个相当男性化的人。——原注

我可爱的姑娘，我的女儿，我所珍爱的人儿，我的神庙。我的女儿，我所珍爱的人儿，**爱我吧，因为我爱你**，远远超过你能爱我的程度。你的全部生活：你吃饭，你喝水，你睡眠，你的全部生活都令我喜欢。我在你身上将要做出各民族认可的伟大业绩。通过你，我将变得有名，通过你，我的名字将受到许多民族的颂扬。我的女儿，我温柔的妻子，我非常爱你。

还有：

我的女儿，你对于我比我对于你更温柔，我的欢乐，万能的天主的心，如今就在你的心上……万能的天主给予你许多爱，**多于给这座城市的任何女人**，他把你变成他的欢乐。

另一处：

我给你那么多的爱，以至我不再担心你的虚弱，我的眼睛不再看到这种虚弱。我在你身上安放了巨大的财富。

被选中的女人会热情地回答这样热烈的、从天而降的表白。她竭力通过恋爱的女人的惯用技巧，即通过自我虚无化，和情人结合。玛加利大写道："我只有唯一的事，就是去爱，忘掉自己和使自我变成虚无。"迷醉是在肉体上模仿这种自我的消失，主体再也不看，再也不感觉，忘记了自己的身体，并否认它。通过这种放弃的激烈，通过这种对被动的狂热接受，炫目和至高无上的在场便凸显出来。居伊昂夫人的寂静主义[1]将这种被动性建成一个体系，至于她，她大部分时间都在一种蜡屈症中度过，她睡着时却是清醒的。

大部分虔信的女人不满足被动地沉湎于天主，她们通过摧残自己的肉体，主动地致力于使自己虚无化。当然，僧侣和修士也实行苦行主义。但女人嘲弄自己肉体的激烈程度尤为特殊。我们已经看到，女人对待自己身体的态度是多么矛盾：她正是通过屈辱和痛苦，把肉体变成荣耀。她把自己当做取乐的东西，献给情人，变成神庙、偶像；她受到分娩痛苦的折磨，创造出英雄。虔信的女人折磨自己的肉体，是为了获得收回自己肉体的权利，把它压制到卑微的地步，作为自己得救的工具来颂扬。因此，有些圣女沉溺于古怪的过度行为，便得到了解释。福利尼奥的圣安吉拉叙述她愉快地喝下麻风病人刚洗完手和脚的水：

> 这饮料使我们充满了如此的甜蜜，令快乐紧随着我们，无拘无束。我从来没有这样快乐地喝过水。从麻风病人的伤口落下的一块痂皮卡在我的咽喉里。我非但没有把它吐掉，反而尽力把它咽下去，我成功了。我觉得我刚刚领过圣体。我将永远无法表达我沉浸其中的快乐。

大家知道，玛加利大用舌头舔干净一个女病人的呕吐物；她在自传中描绘她嘴里充满一个腹泻的男人的粪便时感受到的幸福；当她把嘴唇贴在圣心上长达三个小时的时候，耶稣回报了她。尤其在

---

① Quietism，属于神秘主义，居伊昂夫人是倡导者之一，留下许多手稿。在她生前，寂静主义曾被禁，她也曾入狱。

意大利和西班牙那样好声色的国家，虔诚具有肉体的色彩：在阿布鲁佐[1]的一个村庄里，女人今日仍然沿着十字架之路去舔石子，割破舌头。她们这样做，只不过是模仿救世主通过弄污自己的肉体去拯救世人的肉体：她们用比男人更具体得多的方式，去感受这重大奥秘。

天主最乐意以丈夫的形式向女人显现；有时，这个万物之主出现在光轮之中，以一身白色和俊美令人眼花缭乱；他让女人穿上结婚礼服，戴上花冠，牵着她的手，答应给她升上天堂的荣耀。但往往他是一个肉体的存在：耶稣送给圣凯瑟琳的结婚戒指，她戴在手上，是看不见的，这是行割礼时割下的“肉体戒指”。尤其是，他是一个受过折磨的血淋淋的身体，她以最大的热情沉浸在瞻仰这个受难像之中；她将自己等同于怀里抱着儿子遗体的圣母，或者等同于站在十字架脚下、圣子的血滴在她身上的抹大拉。她就这样满足了施虐受虐的幻觉。她在天主的屈辱中，赞赏人的失势；十字架受难者没有生气，一动不动，遍体鳞伤，是献给野兽、匕首、男性的白里透红的女殉道者的颠倒形象，小姑娘常常将自己等同于她：看到这个男人，这个男人兼天主完成了他的角色，她骚动不安。躺在十字架上有希望获得救世主光辉的人就是她。这就是她，她证明了；她的额头在荆冠下淌着血，她的手、她的脚、她的肋部，被看不见的剑戳穿了。在天主教会记载的三百二十一个有圣痕的人中，只有四十七个是男人；其余的——匈牙利的海伦、十字胡安娜、奥斯滕的G、曼托瓦的奥扎娜、蒙法尔科内的克莱尔——都是女人，她们的平均年龄超过了绝经的年龄。最负盛名的凯瑟琳·艾米丽克[2]很小就受到影响。她在二十四岁时希望忍受戴荆冠之苦，看到

① Abruzzes，意大利中部地区。

② Catherine Emmerich（1774—1824），德国修女，1802年加入奥古斯丁会，她向诗人布伦塔诺叙述她关于耶稣和圣母的幻觉。

一个光芒四射的年轻男人向她走来，把这顶荆冠戴在她的头上。第二天，她的太阳穴和额头肿胀起来，开始流出血来。四年以后，她在迷醉中看到遍体鳞伤的耶稣，利刃般尖利的光芒从他的伤口处射出来，使圣女的手、脚和胁部鲜血喷射而出。她流的是血和汗，她咯血。至今，每个耶稣受难日，苔蕾丝·纽曼都把那张流着耶稣的血的脸对着来访者。在圣痕中完成了神秘的炼金术，把肉体变成了荣耀，因为圣痕以流血的痛苦形式成为神圣之爱的表现。人们相当清楚，为何女人特别关注鲜红的血变成金灿灿的火焰。她们受到从男人之王的胁部流出的血的烦扰。锡耶纳的圣凯瑟琳在几乎所有的信中都谈到这一点。福利尼奥的圣安吉拉沉浸在注视耶稣的心和身体侧面张开的伤口之中。凯瑟琳·艾米丽克常穿一件红衬衫，以便像耶稣，“仿佛穿着一件浸透鲜血的内衣”一样。她“通过耶稣的血”看到一切。我们已经看到是在什么情况下，玛加利大在耶稣的圣心中尽情地喝了三个小时。是她提议用充满光闪闪的爱之刺的红色巨大石块来表示信徒的崇拜。这个标志概括了女性的伟大梦想：通过爱从鲜血达到荣耀。

迷醉、幻觉、同天主对话，这种内心体验对某些女人来说足够了。另一些女人则感到有必要通过行动将这种体验告知世人。行动和静观的联系，具有两种十分不同的形式。有些行动的女人，如圣凯瑟琳、圣德肋撒、贞德，很清楚她们给自己提出什么目标，她们明智地创造达到这些目标的方法，她们的启示只是给她们的信念提供客观的形象，启示鼓励她们继续走自己准确规划好的道路。有些自恋的女人，如居伊昂夫人、克吕登纳夫人，在默默的热忱之后，突然感到自己处在“使徒状态”①。她们对自己的任务不太有把

① 居伊昂夫人语。——原注

握，就像做慈善事业却徒有激情的夫人一样，她们很少关心她们所做的事，只要这是一件事。克吕登纳夫人正是这样作为大使和小说家展现自己以后，了解自己的优点，并深藏心底：她把亚历山大一世的命运掌握在自己手中，不是为了使自己的确定想法取得胜利，而是为了确认自己作为获得上帝启示的角色。如果有一点美貌和聪明就足以使女人感到自己具有神圣的品格，更有甚者，当她知道自己是上帝的选民时，她便认为自己负有使命：她宣扬不确定的学说，她乐意创建教派，这就使她通过她所启示的群体成员，令人陶醉地增长她的人格。

虔信如同爱情和自恋一样，可以和主动的、独立的生活融合在一起。但是，这些个人得救的尝试本身只会导致失败；要么女人与非现实的分身或天主建立联系，要么她与真实存在建立非真实关系；无论如何，她都没有掌握世界；她摆脱不了她的主体性；她的自由仍然受到愚弄；只有一种真正实现它的方式：这就是通过积极的行动将它投射到人类社会中。

第四部　走向解放

第十四章　独立的女人

法国法律不再把服从列入妻子的义务，每个女公民都有选举权；这种公民自由如若不是伴随以经济独立，就仍然是抽象的；受供养的女人——妻子或者妓女——并没有因为手中有投票权，就从男性那里解放出来；即使习俗强加在她身上的束缚比以前少了，这些消极的规定也并未深刻改变她的处境；她仍然禁锢在仆从状况中。女人正是通过工作跨越了与男性隔开的大部分距离，只有工作才能保证她的具体自由。一旦她不再是一个寄生者，建立在依附之上的体系就崩溃了；在她和世界之间，再也不需要男性中介。压在仆从女人身上的诅咒，就是不允许她做任何事，于是，她执着地通过自恋、爱情、宗教，徒劳地追寻存在；作为生产者和主动的人，她便重新获得超越性，她在自己的计划中具体地确认为主体；她通过与她追求的目的、她获得的金钱和权利的关系，感受到自己的责任。许多女人，甚至从事最卑微职业的女人，也意识到这些优越性。我听到过做日工、擦洗旅馆大厅地砖的女人说："我从来没对任何人提出过要求。我的成功全靠自己。"她像洛克菲勒一样，因自食其力而自豪。但不要以为选举权和职业的简单并列，就是完全解放：今日，工作不是自由。只有在社会主义的世界，达到前一步的女人才能够保证达到后一步。今日大多数劳动者都是被剥削者。另一方面，社会结构并没有因女性状况的变化而发生深刻改变，这个始终属于男性的世界还保留着打上他们烙印的面目。不应该对给女性工作问题带来复杂性的事实视而不见。一位有身份、思想正统的女士，最近对雷诺工厂的女工做过一次调查，她断定，这些女工更喜欢待在家里，而不是在工厂干活。无疑，她们只是作为经济受压迫阶级的一员获得独立的；另一方面，在工厂里完成的任务，没有使她们免除家里的繁重劳动。[①] 如果向她们提议，在每周在工厂里还是在家里干活四十小时两者中进行选择，她们无疑会做出完全不同的回答。如果她们作为女工，能融合到她们会愉快和自豪地参与建造、并且属于她们的世界中，也许她们甚至会愉悦地接受两种劳动。在眼下，且不提农妇[②]，大部分工作的女人不能摆脱传统的女性世界，她们从社会和丈夫那里得不到必要的帮助，具体地变得与男人平等。只有那些具有政治信念，在工会参加战斗，对未来怀有信心的女人，才能给予日常令人不快的疲劳以伦理意义；但女人因为缺乏闲暇，因袭屈从的传统，仅仅开始培养政治和社会的意识，那是正常的。她们由于在工作中没有得到理应期望得到的利益，便毫无热情地忍受工作束缚，那也是正常的。人们也明白，时装店的年轻女工、女店员、女秘书不愿意放弃男性支持的好处。我已经说过，对年轻女人来说，只要献出自己的身体，就可以融入特权阶层，这样一个阶层的存在，几乎是不可抗拒的诱惑；由于她的工资很低，而社会要求她的生活标准又很高，她注定要卖俏；如果她满足于所挣到的工资，她只会是一个贱民：住得差，穿得差，无

---

① 我在《第二性 I》的第二部《历史》第五节中说过，对在外工作的女人来说，家务劳动是非常繁重的。——原注

② 我们在《第二性 I》中已经考察过她们的状况。同上。——原注

缘享受各种娱乐，甚至爱情。正人君子向她宣扬苦行主义；实际上，她的粗茶淡饭往往和加尔默罗会修女一样清苦；只不过，并非每个人都能把天主当做情人：她必须取悦男人，才能成功地过上女人生活。因此她会接受帮助：维持她半饥半饱的工资的雇主，厚颜无耻打的正是这样的算盘。有时，这种帮助能让她改善自己的处境，获得真正独立；有时相反，她放弃自己的职业，受人供养。她时常身兼数职；她通过工作从情人那里解放出来，或者由于情人摆脱自己的工作；但她也受到职业和男性保护的双重奴役。对已婚女人来说，工资一般只代表额外补充；对于"要让人帮助的女人"来说，男性援助倒像是次要的；但这两种女人都不能通过个人努力获得完全独立。

然而，今日有相当多有特权的女人，她们在自己的职业中获得经济和社会的自主。当人们探索女人的发展和未来时，质疑的正是她们。因此，虽然她们还只是少数，但仔细研究她们的处境却特别令人感兴趣；女性主义者和反女性主义者之间的争论，正是因为她们而旷日持久。反女性主义者认为，今日解放了的女人在世界上没有取得任何重要建树，另一方面，她们很难取得内心平衡。女性主义者则夸大这类女人取得的成果，却对她们的不安视而不见。事实上，决不能说她们走错了路；但可以肯定的是，她们并没有在新状况下获得安定：她们还只是走在半路上。经济上摆脱了男人的女人，在道德、社会、心理状况中并没有达到与男人一模一样的处境。她从事和投入职业的方式，取决于她的生活的整体形式所构成的背景。然而，当她开始成人生活时，她身后并没有和男孩子一样的过去；她没有受到社会的同等看待；世界对她呈现出不同的前景。成为一个女人的事实，今日对一个自主的人提出了特殊的问题。

男人拥有的、从童年起已经感受到的特权，就在于他作为人的使命与他的男性命运并不违背。通过男性生殖器和超越性的同化，他在社会上和精神上的成功可以使他拥有男性的威信。他没有被分割开来。而对女人要求的是，为了实现女人特性，要让自己成为客体和猎物，就是说放弃成为至高主体的要求。正是这种冲突特别标志着已解放的女人处境的特点。她拒绝退缩到女性角色中，因为她不愿意自戕，但放弃自己的性别也是一种残缺。男人是一个有性别特征的人，女人只有也是一个有性别特征的人，才是一个健全的个体，与男性平等。放弃女性身份，就是放弃一部分人性。鄙视女人者时常谴责有头脑的女人“忽略自己”，但他们也向她们宣扬：如果你们希望与我们平起平坐，那就不要涂脂抹粉和涂指甲油。后面一个劝告是荒谬的。正是因为女性的观念是由习俗和时尚人为地确立的，所以从外部强加给每个女人；它可以演变为接近男性的准则：在海滩上，裤子变成女性的了。这丝毫未改变问题的实质：个体不能自由地、随心所欲地塑造女性观念。不符合这种观念的女人，在性方面，因此也在社会方面自行贬值，因为社会融合了性的价值。拒绝女人属性，并不会因此获得男人属性，甚至女扮男装也不能使她成为一个男人：这是一个打扮成男人的女人。我们已经看到，同性恋也同样说明：中性是不可能的。没有一种消极态度不带来一种积极的相反意见。少女往往认为，她可以简单地蔑视成规；但她正是因此抗议；她创造一种新处境，这处境带来她必须承担的后果。当一个人不屈从既定法规时，就会变成一个反叛者。当一个奇装异服的女人以轻飘飘的神情说，她是在顺从自己的乐趣，如此而已时，她是在说谎：她清楚地知道，顺从自己的乐趣就是怪诞的。相反，不想标新立异的女人遵循共同的规范。除非挑战代表一种积极有效的行动，否则选择挑战的行为是打错了算盘：人们消耗的时间和精力，比节省的多。一个不想冒犯人，不想在社会方面贬低自己的女人，应该作为女人去体验女人的处境：她在职业上的成功甚至往往要求她这样做。而遵守习俗对男人来说是十分自然的——习俗按照他自主的、主动的个体需要为准则——同样是主体、主动性的女人，必须悄悄地进入注定她被动性的世界。由于禁闭在女性范围的女人使奴役状态恶性发展，也就加重了奴役：她们把打扮和家务变成了难以掌握的艺术。男人几乎没有必要操心他的衣着；他的衣服是方便的，适合于他的繁忙生活，它们不需要讲究；它们几乎不属于他的人格；另外，没有人期待他自己去料理衣服，有个自愿的或者雇用的女人免掉他这种麻烦。相反，女人知道，人们注视她的时候，不会将她和她的外貌区分开来：她通过她的打扮受到评价、尊重、渴望。她的衣服原本就是用来使她行动不便，很容易损坏：袜子容易撕破，鞋后跟容易脱落，淡色的罩衣和长裙容易弄脏，褶皱容易平复；她必须弥补大部分这类事故；别的女人不会自愿来帮助她，她对加重预算负担，让别人做她自己能够做的工作犹豫不决：烫发、烫大波浪、化妆品、新裙子，开销已经很大。当女秘书、女大学生晚上回到家时，总是有袜子要织补，有罩衣要洗，有裙子要烫。收入高的女人会免去这些苦差事，但她不得不保持更复杂的典雅风度，她会在购物、试衣等方面浪费时间。传统也要求女人甚至单身女人操心一下住处；一个官员被任命到新城市，很容易就住在酒店里；他的女同事却要力图住在“自己家里”；她必须仔细地打扫房子，因为在她家里不能疏忽大意，而在一个男人家里，疏忽是很自然的。她并非只因为考虑到舆论，才花时间和花精力去操心自己的美容和家务。她是为了满足自己，希望成为一个真正的女人。她只有把自己创造的生活同她的母亲、她童年的游戏和青少年时的幻想为她准备的命运结合起来，才能通过现在和过去做到赞同自身。她孕育出自恋的梦想；她继续以对自己形象的崇拜，去对抗男性对生殖器的自豪；她想展示自己，吸引别人。她的母亲、姐姐们灌输给她对小家庭的兴趣：一个属于她的家，这是她的独立梦想的最初形式；当她在其他方面找到了自由，她也不想否定这些梦想。在她在男性世界中仍然感到不安全的情况下，她保留隐退的需要，这种隐退是她习惯在自身寻找的内心庇护所的象征。她服从女性传统，给地板打蜡，亲自做饭，而不是像她的男同事那样，到餐馆吃饭。她想同时像一个男人和一个女人那样生活：由此，她增加自己的任务和疲劳。

如果她想充分成为女人，这就意味着她要尽可能去接触男性。最大的难题是在性的领域内提出的。女人要成为一个完整的个体，与男人平起平坐，必须要有进入男人的世界的途径，就像男人要有进入女人的世界的途径一样，她要有进入他者的途径，只不过他者的要求在两种情况中不是对称的。财产和名声一旦获得，就像内在的品德一样，可以提高女人的性吸引力；但是，成为自主的主动性的事实又违背她的女性身份，她知道这一点。独立的女人——尤其是思考自己处境的知识女性——作为女性要受自卑情结的折磨；她没有闲暇像卖弄风情的女人那样专心于美容，后者唯一的考虑就是吸引人；她听取专家的建议也是徒劳的，她在典雅的领域内永远是一个业余爱好者；女性的魅力要求超越性贬为内在性，只作为肉体灵敏的颤动而出现；必须成为一个自发奉献的猎物：知识女性知道她献出自己，知道她是一个意识、一个主体；一个人不能随意地扼杀自己的目光，把自己的眼睛改变成一片天空或一片水坑；一个人不能阻止身体趋向于世界的冲动，把身体变成暗中颤动的有生命的雕像。知识女性由于担心失败，就更加热情地去尝试，但这有意而为的热情仍然是一种主动性，它达不到目的。她犯下同绝经所暗示的一样的错误：她力图否认自己的思考，就像老年妇女想否认她的岁数一样；她穿得像小姑娘，插满了鲜花、饰物，穿着炫目的织物；她夸大孩子气的和神奇的模仿动作。她疯疯癫癫，蹦蹦跳跳，喋喋不休，假装潇洒、冒失、不假思索。但她就像这类演员：由于感受不到会带来某些肌肉松弛的激动，就用意志力去收缩相反的肌肉，垂下眼皮和嘴角，而不是让它们自然垂落；有头脑的女人为了模仿舍弃，会变得拘谨。她感到这一点，恼怒起来；在天真得过分的脸上，过于锐利的智慧闪光突然掠过，有诱惑力的嘴唇抿紧了。如果她对取悦人感到难受，那是因为她不像她奴性十足的小姐妹，取悦人完全出于自愿；诱惑人的愿望不管多么强烈，并没有深入到她的骨髓；她一旦感到自己笨拙，就会对自己的奴颜婢膝感到恼火；她想玩弄男性的武器，进行报复：她说话而不是听别人说，她展示自己的微妙思想、隐秘的激动；她反驳对话者，而不是加以赞同，她想占据他的上风。德·斯达尔夫人相当灵活地将两种方法混合起来，取得了令人震惊的胜利，很少有人能抗拒她。挑战的态度特别在美国女人身上常见，却往往刺激男人，而不能驾驭他们；他们以自己的不信任去吸引她们；如果他们接受爱一个平等的人，而不是爱一个奴隶——就像既不傲慢又没有自卑情结的人所做的那样——女人就会少操心她们的女性气质；她们重获自然和质朴，重新成为女人，不必那么煞费苦心，因为她们毕竟是女人。

事实是，男人开始容忍女人的新状况；女人由于不再感到自身先验地处于受谴责的地位，重新获得自由自在：今日，工作的女人并不忽略自己的女性气质，也没有丧失性吸引力。这种成功——已经表明趋于平衡的进步——仍然是不完全的；要同另一性别建立她所期待的关系，对女人比对男人来说，仍然困难得多。她的肉欲和感情生活遇到很多障碍。在这一点上，作为奴仆的女人没有任何特权：在性方面和感情方面，大多数妻子和妓女是彻底被剥夺权利的。如果说在独立女人身上困难更加明显，那是因为她没有选择逆来顺受，而是选择了斗争。一切生前的问题都在死亡中得到平静的解决，尽力谋生的女人于是比将自己的意志和愿望埋在心底的女人更加内心分裂，但她不会接受别人把后者提供给她当做榜样。她仅仅在与男人比较时，才会自认为处于劣势。

一个要花费精力，有责任感，了解与世界的阻力相斗争的艰难的女人，不仅需要——像男人一样——满足自己的肉体欲望，而且需要体验幸运的性冒险带来的松弛和消遣。然而，她的这种自由在一些阶层中没有得到具体的承认；如果她利用这种自由，就有可能损害她的名誉和职业；至少人们要求她表现出虚伪，而这种虚伪压抑着她。她越是成功地在社会上站稳脚跟，人们就越是闭上眼睛；但尤其在外省，在大多数情况下，她受到严厉监视。即使在最有利的情况下——不必担心舆论——她的处境仍然不能与男人的处境相提并论。不同之处既来自传统，也来自女性性爱的特殊性质所提出的问题。

男人很容易逢场作戏，这足以平息他的肉欲，在精神上得到放松。有些女人——数量很少——要求为女人开放妓院。在一部名为《十七号》的小说中，一个女人提议设立一些妓院，女人可以借助某种“男妓”使自己“在性方面放松一下”。[①] 好像以前在旧金山存在过这类设施，只有妓女光顾，她们以付钱而不是让人付钱为乐，权杆儿让人关掉这个设施。且不说这种解决办法是乌托邦式的，不为人称道，无疑它也很不成功：我们已经看到，女人不像男

① 作者——我忘了他的名字，似乎不必急于弥补这种遗忘——长时间解释，怎样可以训练好他们，以满足无论哪一种女顾客，必须强加给他们什么样的生活方式，等等。——原注

人那样无意识地获得“放松”，大部分女人会认为这种办法对情欲的放松不会很有效。无论如何，事实是今日这种办法已与她们无缘。在马路上随便找一个性伙伴，度过一夜或一小时，这种解决办法——假设具有强烈性欲、克服了一切禁令的女人并不厌恶考虑这样做——对她要比对男人危险得多。由于要采取措施、避免传染的是男人，对她来说，染上性病的危险更大；而不管她多么小心，她对于怀上孩子的威胁永远也不能完全放心。尤其在与陌生人的关系中——这种关系处于动物性的水平上——体力的不同非常重要。一个男人对于他带回家的女人，没有什么可害怕的，只需保持一点警惕。对于把一个男人带回家的女人来说，情况就不一样了。有人告诉过我，有两个年轻女人，刚刚来到巴黎，渴望“了解生活”，逛了一圈夜总会以后，邀请了蒙马特尔两个有吸引力的权杆儿吃晚饭：早晨，她们遭到抢劫、殴打，受到讹诈的威胁。一个更加意味深长的例子是，有个四十来岁的女人，离了婚，为了养活三个大孩子和年老的父母，白天辛辛苦苦地干活。她虽然丰韵犹存，却绝对没有闲暇来过社交生活、打情卖俏、合情合理地做几件勾引男人的事，这种事已经使她厌倦了。可是，她有强烈的需求，她认为像男人一样有权满足这些感受。有时，她晚上在街道徘徊，她打扮自己，想诱惑一个男人。但一天夜里，在布洛涅树林里度过一两个小时后，她的情人不同意让她离开：他想知道她的名字，她的地址，想再见到她，同她组成家庭；由于她拒绝，他便狠狠地打她，直到她身上青一块紫一块，吓得要命，他才把她放走。至于像男人通常找情妇那样找一个情人，供养他或者帮助他，这仅仅是拥有财产的女人才办得到。有些女人能将就这种交易：她们付给男人钱，把男人当做一个工具，她们傲慢而随便地使用他。但通常她们必须上了岁数才能硬把肉欲和感情分开，而在女人的青年时期，我们已经看到，两者是密不可分的。甚至有许多男人也从来不接受这种肉体与意识的分裂。更有甚者，大多数女人拒绝考虑这样做。再说，这里有一种欺骗，她们比男人对此更加敏感：付钱的顾客同样是一个工具，她的性伙伴把她当做谋生手段来使用。男性的自尊心向男性掩盖了性爱戏剧的模糊性，他自发地欺骗自己；女人更容易受屈辱，更加敏感，也就更加清醒，她只有以更狡猾的自欺为代价，才能做到视而不见。即使假设她有办法，为自己买下一个男人，一般说来，她也不会感到满足。

对大多数女人来说——正如对大多数男人来说——不仅仅关系到满足她们的欲望，而且关系到既满足她们的欲望，又保持她们做人的尊严。当男人享有女人时，当他让她享受时，他把自身看做唯一的主体：威严的征服者、慷慨的赠予者或者两者兼而有之。她也反过来想确定自己随心所欲地征服了伙伴，并用自己的奉献满足了他。因此，当她要么通过答应给他恩惠，要么把希望寄托在他的殷勤态度上，要么通过手腕唤醒他纯粹一般性的欲望，向男人献身时，她乐于说服自己，她满足了他。依仗这种有利于自己的信念，她可以对他提出要求，而不会感到屈辱，因为她想慷慨地行动。因此，在《青苗》中，渴望得到菲尔抚摸的"白衣女人"高傲地对他说："我只爱乞丐和饥饿的人。"事实上，她灵活处事，让他采取哀求的态度。于是，柯莱特说："她匆匆奔往那个狭窄而幽暗的王国，在那里，她的自尊心会相信抱怨是对不幸的吐露，而且她那类乞求者饮下慷慨的幻想。"德·华伦夫人是这类女人的典型，她们选择年轻的、不幸的或者地位低下的情人，为的是给予她们的欲望以慷慨的表象。但也有一些大胆的女人，她们专找最强壮的男人，迷恋于满足他们，而他们只是出于礼貌或恐惧才做出让步。

如果说在自己设下的陷阱中占有男人的女人要设想自己献身，那么反之，献身的女人就会认为自己在占有。一天，有个年轻的女新闻记者对我说："我呀，我是一个会占有的女人。"事实上，除了强奸，没有人真正占有另一个人，但是女人在这方面却加倍地欺骗自己。因为事实是，男人常常通过他的热情和进攻去诱惑女人，他主动地获得女伴的同意。除非特殊的情况——例如我已经举出过的德·斯达尔夫人——在女人那里情况不是这样：她几乎只能奉献自己；因为大多数男性顽强地坚持自己的角色；他们想唤醒女人身上特殊的骚乱，而不是被挑选出来，满足她的一般需要；作为被选出来的，他们感到自己被利用了。① 有个年轻人对我说过："不怕男人的女人令男人害怕。"我常常听到成年男子宣称："我害怕女人采取主动。"女人大胆地自荐，男人便躲开：他坚持要征服。因此，女人只有让自己成为猎物，才能占有：她必须变成被动的东西，顺从地允诺。如果她成功了，她会认为，这种魔咒，她是有意为之的，她会重新变成主体。但是，如果男性蔑视她，她就会有凝固成无用客体的危险。因此，如果他拒绝她的表白，她就会感到深深的屈辱。当男人认为受到玩弄时，有时他也愤怒起来，但他只不过在这件事中遭到失败，如此而已。而女人却同意让自己成为骚动、期待和许诺中的肉体，她只能通过毁掉自身去获胜：她始终是失败的。必须彻底地盲目，要么异乎寻常地清醒，才能接受这样的失败。即使诱惑成功了，胜利仍然是模棱两可的；实际上，从公众舆论来看，男人是胜利者，他拥有了女人。人们不承认她能够像男人一样承担自己的欲望：她是欲望的猎物。不言而喻，男人把特定

① 这种情感与我们指出过的少女身上的情感是对等的。只不过少女最终屈从了她的命运。——原注

的力量融合到他的个体中，而女人是物种的奴隶。[①] 有时人们把她看做纯粹的被动性：这是一个“玛丽，睡在那里，只有公共汽车不从她的身体上碾过”；这是一个工具，可以使用，是开放的；她软弱无力地屈从于骚动的迷醉，受到男性的迷惑，他像摘果子一样把她摘下来。有时人们把她看做异化的主动性：有一个魔鬼在她的子宫里跺脚，在她的阴道深处，有一条贪婪地吞吃男性精液的蛇在窥伺着。无论如何，人们拒绝认为，她是纯粹自由的。尤其在法国，人们固执地把自由的女人和轻浮的女人混同起来，轻浮的概念意味着缺乏抵抗和节制，意味着欠缺和对自由的否定。女性文学力图与这种偏见作斗争，比如在《格丽泽尔达》中，克拉拉·马尔罗强调这个事实：她的女主人公不向冲动让步，而是完成她所要求的一个行动。在美国，人们承认在女人的性活动中有一种自由，这对她非常有利。但在法国，男人即使享用了恩惠，也对“委身的女人”投以蔑视，这种蔑视仍使很多女人陷入恐慌。她们对自己引起的评语、对自己成为借口的话语感到恐惧。

即使女人蔑视流言蜚语，她在与性伙伴的交往中仍然感到具体的困难，因为舆论体现在他身上。他常常将床看做自己的进攻优势应当得到肯定的地方。他想占有而不想接受，想强占而不想交换。他企图占有女人的是超过她给予他的东西；他要求她的同意是一次败北，她喃喃地说出的话语是他从她嘴里逼出的招供；他要她承认有快感，要她承认受奴役。当克罗蒂娜迅速地顺从勒诺，以此向他挑战时，他抢在她前头：当她要献身时，他匆匆地强占了她；他逼迫她睁开眼睛注视他在他们的较量中取得的胜利。因此，在《人的

① 我们在《第二性 I》第一章中已经看到，这种见解有一定的道理。但不对称恰恰不是在欲望产生时出现的，它出现在生育时。女人和男人在欲望中都同等地承担自然功能。——原注

状况》中，专横的费拉尔执着地打开瓦莱丽关掉的灯。如果女人是高傲的，索取的，她就作为对手接近男性；在这场斗争中，她远不及他武装齐全；首先，他身强力壮，更容易把自己的意志强加于她；我们已经看到，紧张和主动性与他的性爱是和谐一致的，而女人如果拒绝被动性，就毁掉了把她导向快感的迷醉；如果她在态度和行动中模仿支配的一方，她就达不到快感：大多数迁就自尊的女人都变得性欲冷淡。很少有男人允许他们的情人满足专横的或者施虐的倾向，而从这种顺从中获得充分的性爱满足的女人则更少。

有一条道路对女人来说远非如此艰难：这就是受虐狂的道路。对白天工作、斗争、负起责任和冒险的人来说，晚上沉溺于任性胡来是一种放松。不管是恋爱的还是天真的，女人实际上往往乐于为了满足暴虐的意愿而自我虚无化。但她还需要真正感到被支配。对于每天生活在男人中间的女人来说，相信男性无条件的优势是不容易的。有人向我举出过一个并非真正受虐狂、却很“女性化”的女人的例子，就是说她深深尝到沉溺在男人怀抱里的快乐；她从十七岁以来有过好几个丈夫和许多情人，从他们身上得到很多快乐；她成功地管理过一个很麻烦的企业，其间管过男人，她抱怨自己变得性欲冷淡：以前有过一种快乐的顺从，后来变得不可能了，因为她习惯了支配男人，因为他们的威信烟消云散了。当女人开始怀疑男人的优势时，他们的自负只会降低她对他们的敬重。在床上，正当男人想最粗野地表现自己的阳刚气时，由于他模仿男子气概，反而在内行的人看来显得幼稚可笑，他只避免了古老的阉割情结、他父亲的幽灵或者其他幻觉。女人并非总是出于骄傲拒绝向情人的任性让步，她希望与一个正在经历生活的真正时刻的成年男人打交道，而不是与一个给自己讲故事的小男孩打交道。受虐狂女人特别容易感到失望：母性的顺从，不论是令人厌烦的还是宽容的，都不是她梦想的退让。她要么应当满足于可笑的游戏，假装相信自己受支配和受奴役，要么追求所谓“高一等的”男人，希望找到一个主人，要么就会变得性欲冷淡。

我们已经看到，当两个性伙伴互相承认彼此平等时，就有可能避免施虐受虐的诱惑；在男女双方心中只要有一点谦虚和慷慨，胜利和失败的想法就会消失，爱情行为变成自由的交换。但不合常理的是，承认异性个体是和自己同样的人，对女人比对男人来说，要困难得多。正由于男性等级拥有优越地位，男人可以给予许多特殊的女人热烈的尊重：一个女人很容易去爱，她首先有能耐把情人引入不同于他的世界，一个他乐于和她并肩探索的世界；至少在一段时间内，她施展诡计，她在逗乐；然后，由于她的处境受到限制，依附他人，她的一切优点显得像是为了引诱，而她的错误可以原谅，司汤达赞赏德·雷纳尔夫人和德·沙斯特莱夫人，尽管她们有可憎的偏见；即使女人有错误的思想，很不聪明，很不明智，很不勇敢，男人也不认为应由她负责：他认为——常常是对的——她是自身处境的受害者；他设想她本可能是什么模样，她将来会是什么模样：人们可以相信她，可以非常相信她，因为她不是确定的；正是由于这种缺乏，情人很快就感到厌倦，但神秘感、吸引他和使他倾向于宽容的温情的魅力正来自它。让女人感受到对男人的友谊要难得多，因为他是自己无可挽回地成为的那种人；必须爱他眼下真实的人，而不是根据他的诺言和不确定的可能性去爱他；他对自己的行为和思想负责；他是无可辩驳的。同他在一起，只有赞成他的行为、目的、见解，才能有友情；于连可以爱一个正统主义的女人，拉米埃尔却不会爱一个她蔑视其思想的男人。女人即使准备妥协，也很难采取宽容态度。因为男人不在她面前展现童年的绿色天堂，她在这个为他们所共有的世界中遇到他，他只带来自己。他自我封闭，明确，果断，很少促成梦想；当他说话的时候，必须倾听；他自视严肃，如果他不感兴趣，他就厌烦，他在场使人压抑。唯有很年轻的男人才用平易而神奇的成分装饰自己，人们可以在他们身上寻找神秘和许诺，给他们找借口，随便地对待他们：这是使他们在成熟女人看来如此有魅力的原因之一。只不过在大部分时间里，他们喜欢年轻女人。三十岁的女人转向了成年男人。无疑，她在他们中间会遇到不至于冷落她的尊重和友谊的人；如果他们毫不表现出狂妄，她就有机会了。当她希望开始一次经历、一次爱情，并能将自己的心灵和身体投入进去时，问题就在于要遇到一个她能视作平等的人，一个不至于自视优越的男人。

有人会对我说，女人一般不制造那么多的麻烦，她们把握机会，不对自己提出太多问题，再说，她们以骄傲和肉欲来摆脱麻烦。确实如此。但同样真实的是，她们把大量的失望、屈辱、悔恨和怨恨埋在自己的心底，而在男人身上找不到——一般说来——相等的情绪。男人从或多或少失败的恋爱中，几乎肯定获得过快感；她却很可能得不到任何利益；当决定性的时刻来临时，她即使冷漠，也会彬彬有礼地准备投入拥抱，有时情人是性无能，而她又可笑地轻举妄动，便要忍受损害自己名誉的痛苦；如果她没有获得快感，也会感到自己“受骗了”，被利用了；如果她感到满足，她会期望长久地留住她的情人。当她声称只考虑一次逢场作戏的短暂爱情时，很少是完全真诚的，因为快感远不能解脱她，反而缚住她；分离哪怕是所谓两相情愿的，也要伤害她。听到一个女人亲切地提到一个旧情人，远比一个男人提到他的情人们少得多。

性爱的性质，自由的性生活的困难，促使女人倾向于一夫一妻制。可是，恋爱关系或婚姻与职业的协调，对女人来说远比对男人不容易。有时，情人或丈夫要求她放弃职业，她犹豫不决，就像柯莱特笔下的流浪女伶，她强烈期待身边有男性的热情，却又害怕婚姻的束缚；如果她做出让步，就重新成为附庸；如果她拒绝了，就只得忍受无情的孤独。今日，男人一般同意妻子保留她的职业；柯莱特·伊维的小说描写年轻女人被逼到牺牲职业，以便维持家庭的安宁，是有点过时了；两个自由存在的共同生活，对每个人来说，都是一种丰富，每个人在配偶的工作中找到的是对自己独立的保证；自立的妻子把丈夫从婚姻的奴役中解放出来，这种奴役原本是他的奴役的代价。如果男人确实是真诚的，情侣和夫妇便达到宽宏大量，不斤斤计较，完全平等。[①] 男人有时甚至扮演忠仆的角色。因此，刘易斯在乔治·艾略特的身边创造了有利的气氛，这是妻子通常在至高无上的丈夫周围创造的气氛。但是，大部分时间里，仍然是妻子为家庭的和谐付出代价。对男人来说，由她持家、单独照料和教育孩子是理所当然的。女人也认为，结了婚，她要承担他的个人生活同样要求她的事务，她不愿意自己的丈夫得不到讨了一个“真正的女人”会有的好处：她希望自己是个高雅的女人、出色的家庭主妇、忠心耿耿的母亲，就像传统对妻子的要求。这是一项很容易变得繁重的任务。她既出于对伴侣的尊重，又出于对自身的忠诚，承担起这项任务，因为像我们已经看到的那样，她坚持丝毫不违背自己作为女人的命运。对丈夫来说，她是一个分身，同时她又是自己；她要承担他的忧虑，她要参与他的成功，如同她要关注她自己的命运，有时甚至给予他更多的关心。她在尊敬男性优越地位的环境中长大，可能仍然尊重由男人占据首位；有时她也害怕提出要求会毁掉她的家庭；她在期望自我肯定和自我消失之间摇摆，心碎欲裂。

---

① 看来，克拉拉和罗伯特·舒曼的生活在一段时间里属于这类成功的例子。——原注

然而，女人从她的低下地位也能得到一种好处：既然她从一开始就不像男人那样有那么多的机会，她便不会先验地感到对他有罪；要补偿社会不公的不是她，她没有被要求这样做。好心的男人应该“照顾”女人，因为他比她们幸运；他会让自己受顾忌和怜悯的束缚，他有可能成为女人的猎物，由于女人没有武装，她们“难以摆脱”，“无法满足”。获得男性一样独立的女人，有很大特权在性生活上与独立的、主动性的个体打交道，他们一般不会在她的生活中扮演寄生的角色，不会以弱点和迫切需要去束缚她。只不过，善于同性伙伴创造自由关系的女人，实际上很少；她们给自己铸造了锁链，他却并不想以这些锁链去束缚她们，她们对他采取恋爱的女人的态度。少女在二十年的等待、梦想、希望中，抱着遇到解放和拯救她的英雄出现的神话，在工作中获得的独立，不足以消除光荣退让的愿望。她必须完全像男孩子那样长大①，才能轻易地克服青少年时代的自恋，她在成年人的生活中继续整个青少年时代所倾向的自我崇拜；她把自己职业上的成功，变成丰富自己形象的价值；她需要来自上天的目光显示和神化她的价值。即使她对平日衡量的男人很严厉，她仍然敬重男人，如果她遇到男人，就准备拜倒在他脚下。由一个神来辩护，比通过自己的努力来辩护更为容易；世界鼓励她相信有可能得到给予的拯救，她选择这样相信。有时，她完全放弃自己的自主，她只是一个恋爱的女人；她往往想调和；但盲目崇拜的爱情和退让的爱情是毁灭性的：它占据一切思想、每一时刻，它是纠缠不休的、专横的。在职业遇到挫折的情况下，女人激动地在爱情中寻找避难的地方：她的失败表现为争吵和

① 就是说不仅用同样的方法，而且在同样的环境中，尽管教育家做出一切努力，这在今天是不可能做到的。——原注

提出要求，情人为此付出代价。但她心灵的痛苦远远没有加倍激发她的职业热情，一般说来，相反，她恼怒这种阻止她走上伟大爱情的康庄大道的生活方式。有个十年前在一家由女性领导的政治杂志社工作的女人告诉我，在办公室里，大家很少谈论政治，却不停地谈论爱情：这一个抱怨男人只是因为她的身体才爱她，不了解她的聪明才智；那一个则有烦言，说是男人只欣赏她的才智，却从来不关注她的肉体魅力。这个例子再次说明，要让女人能够以男人的方式去恋爱，就是说，不质疑她的存在本身，而要自由地去爱，就必须让她自认为是与他平等的人，让她具体地成为这样的人：必须让她带着同样的决心投入到她的事业中，可以看到，这种情况还不常见。

有一种女性职能，目前几乎不可能完全自由地履行，这就是做母亲；在英国和美国，由于实行“节育”，女人至少可以自主拒绝怀孕；可以看到，在法国，女人常常被迫做痛苦的所费不菲的人工流产；女人常常要承担一个她不想要的孩子，这孩子毁掉了她的职业生涯。这个负担很沉重，是因为风俗反过来不允许女人在自认为合适的时间生育：未婚母亲令人反感，对孩子来说，非婚生是一个污点；成为母亲而不接受婚姻枷锁或者不丧失地位的人是很少的。人工授精的想法之所以使那么多的女人感兴趣，并不是因为她们想躲避男人的怀抱，而是希望自由怀孕最终被社会接受。必须补充说，由于缺乏组织合理的托儿所和幼儿园，一个孩子就足以使女人的活动完全陷于瘫痪；她只能把孩子扔给父母、朋友或女仆，才能继续工作。她要在这两者中选择：常常被看做是痛苦挫折的不育，和难以同所从事职业调和的负担。

因此，独立的女人今日在对职业的兴趣和对性生活的操心之间抉择，她很难找到平衡，如果她要实现平衡，代价是做出让步、牺牲、使出杂技的功夫，这就要求她处于持续的紧张状态。应当从这里，而远非从生理依据中寻找常常在女人身上观察到的神经质和脆弱的原因。很难确定女人的身体构造在什么程度上在她身上表现为不利条件。例如，人们时常寻思，月经产生什么障碍。通过活动或行动成名的女人，似乎对此并不重视：她们的成功是否正应该归因于每月不适的程度很轻？人们可以思索，是否正好相反，选择主动的、有雄心的生活给予她们这种天赋，因为女人对她的不适的关注加剧了这种不适；女运动员、行动的女人，不像其他女人那么感到痛苦，因为她们不介意自己的痛苦。当然，也有机体上的原因，我见过有些体格强壮的女人每个月要在床上躺上二十四小时，忍受无情的折磨，但她们的事业从未因此而受到阻碍。我深信，落在女人身上的大部分不适和病痛，都有精神原因：妇科医生是这样告诉我的。正由于我所说的精神紧张，由于女人承担的各种任务，由于她们在其中挣扎的矛盾，她们一直疲乏不堪，用尽她们的力气；这并不意味着，她们的病痛是想象出来的，病痛就像其反映的处境，是真实的，强烈的。但处境不取决于身体，是身体取决于处境。因此，当工作的女人在社会上拥有她该有的位置时，她的健康状况不会损害她的工作；相反，工作会大大有助于她的生理平衡，不让她只是一味关注身体。

当我们评判女人的职业成就，并由此出发要预料她的未来时，不应该视而不见这总体的事实。女人正是在这痛苦的处境中投入了职业生涯，她们仍然受到女性身份传统上带来的负担的奴役。客观形势对她依然是不利的。一个新来者想在敌对的或者至少是不信任他的社会中开辟道路，总是很困难的。理查德 · 赖特在《黑孩子》中指出，一个美国年轻黑人的雄心壮志从一开始就受到阻碍，他要坚持的斗争仅仅是为了提升到白人的地位，从非洲来到法国的黑人也遇到——在自身和外界——与女人遇到的相同的困难。

女人首先在成长时期便处于低下的地位，我在谈及少女时已经指出过了，但必须回过头来更准确地再谈一谈。女人在读书时，在她的生涯具有决定性的初期，很少果断地碰运气，许多人随后由于起点糟糕而处于不利地位。事实上，正是在十八岁至三十岁之间，我谈到的冲突会达到紧张的极限：这是决定职业生涯的未来的时刻。不论女人生活在父母家里，还是结了婚，她周围的人很少会像尊重一个男人的努力那样尊重她的努力；人们会强制她侍候别人和做苦活，侵犯她的自由；她仍然深受教育的影响，尊重她的女性长辈确认的价值，受到她童年和青少年的梦想的缠扰；她很难调和她过去的遗产与未来的利益。有时她拒绝她的女性身份，在贞洁、同性恋或者泼妇的挑衅态度之间迟疑不决，她穿得很糟，或者女扮男装：她在挑战、做戏、愤怒中失去许多时间和力量。相反，她往往更想确定女性身份：她爱俏，她出门，她调情，她恋爱，在受虐狂和咄咄逼人之间摇摆不定。无论如何，她扪心自问，激动，精力分散。她仅仅由于受到外界事务的纠缠，就不能全身心投入事业中；因此，她从中得到的利益不多，更准备放弃。对力求自足的女人来说，极其令人沮丧的是，存在和她属于同样社会范畴的另一些女人，她们最初有着同样的处境，与她一样的机会，现在却过着寄生生活；男人可能对特权者感到愤恨，但他同他的阶级利益一致；在整体上，起步时机会均等的男人几乎达到同样的生活水平；而在男人的中介作用下，同样条件的女人却有着迥异的命运；已婚的或者舒适地受人供养的女友，对只得依靠自己获得成功的女人来说，是一种诱惑；她觉得自己被迫要走最艰难的道路，每当遇到一个障碍，她便寻思，是否不如选择另一条道路。有个没有财产的小个子女大学生愤慨地对我说："没想到我必须用我的头脑去获得一切！”男人服从不可推却的必要性，女人则应该不断更新她的决定；她往前时并不笔直对准面前的目标，而是让她的目光在周围扫视；因此，她的举止是胆小的，犹豫不决的。尤其她觉得——就像我已经说过的那样——她越往前走，就越是放弃其他机会；她成为女学者、有头脑的女人，一般不讨男人喜欢；或者她由于过分瞩目的成功，会使她的丈夫、情人感到屈辱。她不仅愈加致力于显得优雅、轻浮，而且遏止自己的冲动。希望有朝一日摆脱自身的忧虑，和在承受这种忧虑的同时，要放弃这种希望的担心，两者合在一起，阻止她毫无保留地投身于学习和职业。

只要女人还想做女人，她的独立地位就会在她身上引起自卑情结；反过来，她的女性特点使她怀疑自己的职业机会。这是极为重要的一点。我们已经看到，一些十四岁的小姑娘在一次调查中宣称：“男孩更好，他们更容易工作。”少女深信，自己的能力是有限的。由于家长和教师都承认，女孩的水平低于男孩，学生也就乐意这样认为；实际上，在中学里，尽管课程相同，她们的素养要低许多。比如，除了一些例外，哲学课程的女生班水平明显低于男生班：许多女生不愿继续学下去，她们学得很肤浅，还有一些女生缺乏竞争动力。只要考试容易，她们的不足还不太显示出来；但到严格的考试，女生便意识到欠缺；她不是归因于教育的平庸，而是归因于对女性不公正的诅咒；她忍受着这种不平等，进一步加剧不平等；她说服自己，她的成功机会只在于耐心和用功；她决定吝啬地节约自己的力量：这是很糟糕的盘算。尤其在要求有点创造、创新、新构思的学习和职业中，功利态度是有害的；就翻译希腊文来说，谈话、课外阅读、散步时自由遐想，也许比平庸地堆砌长句更为有用。过于认真的女生被尊重权威和博学的重负压垮，眼光狭隘，扼杀了身上的批判意识和智慧。她有条不紊的顽强精神造成紧张和厌烦：在准备参加塞夫勒高等师范学校招生考试的女生班里，笼罩着令人窒息的气氛，使任何有点生动个性的人泄气。女考生给自己制造一个苦役监，却一心想逃遁出来；她一合上书，便想起完全不同的事。她不知道学习和娱乐相结合、精神历险具有虎虎生气的丰富时刻。她受到任务的徒劳无益的压抑，越来越感到力有未逮。我记得一个取得教师资格的女大学生，在谈到男女都要参加的哲学考试时说："男孩子可以在一两年内通过，我们呢，我们至少需要四年。"另外一个女大学生，康德的一本著作列在她的必读书目上："这是一本很难读的书：这是一本给巴黎高师男生看的书！"她似乎设想，女人可以降低分数通过考试。事先就被打败，实际上是将一切胜利机会让给男人。

由于这种失败主义，女人对平淡的成功很容易凑合过去，她不敢定高标准。她只受到肤浅的培训就开始工作，很快就限制她的抱负。在她看来，自食其力往往是相当大的优点；她本来可以像其他许多女人那样，把自己的命运交给一个男人；为了继续保持独立，她需要做出令她自豪却也使她精疲力竭的努力。一旦她选择做某件事时，她觉得已经做得够多了。她想："对一个女人来说，这已经很不错了。"有个从事不寻常职业的女人说："如果我是男人，我会感到不得不位居前列，但我是在法国占据这样岗位的唯一一个女人，对我来说，这已经足够了。"在这种谦虚中有着谨慎。女人担心，想走得更远会自毁前程。必须说，她因不被信任而束手束脚是有道理的。一般说来，上层等级敌视来自下层等级的新贵：白人不去看黑人医生，男人不去看女医生；但是，下层等级的人充满特有的自卑感，时常对战胜命运的人怀有怨恨，会宁可投向主人；特别是，大多数囿于崇拜男人的女人，热衷于寻找男医生、男律师、男办公室主任，等等。无论男人还是女人都不喜欢待在一个女人手下。她的男上级，即使对她评价很高，也总是对她有点优越感；身为女人，如果不是一种缺憾，至少也是特殊的。女人必须不断争取起先没有给予她的信任。开始，她是可怀疑的，她必须做出表现。如果她有价值，她要表现出来，人们是这样断定的。但价值不是一种既定的本质，这是幸运的发展导致的结果。感到不利的偏见压在自己身上，只有在十分罕见的情况下才能有助于克服它。起始的自卑情结正像通常的情况那样，导致自卫的反应，这种反应是权威的矫枉过正。例如，大部分女医生要么太有权威，要么太少权威。她们如果是自然的，就不令人害怕，因为她们的整体生活使她们诱惑人，而不是指挥人；喜欢受支配的病人，会由于简单做出的劝告而感到失望；女医生意识到这一事实，采取严肃的声调和说一不二的口气；这时，她没有自信的男医生身上吸引人的坦率和善。男人习惯使人敬服，他的主顾相信他的能力，他可以随意行动，他肯定给人深刻印象。女人不能使人产生同样的安全感，她故作高傲，她夸大，她做得过分。在事务和管理中，她表现得一丝不苟、吹毛求疵、动辄咄咄逼人。就像在学习上，她缺乏从容、奔放和勇气。为了成功，她变得拘谨。她的行动是一系列的挑战和对自己的抽象肯定。这是缺乏自信产生的最大弊端：主体不能忘掉自己。这个主体不能豪迈地奔向一个目标，而力求做出别人要求的价值表现。在大胆地投向目标时，会有遭受挫折的危险，但也可以达到意想不到的结果，谨慎会导致平庸。在女人身上很少遇到对冒险、不求结果的体验的兴趣和没有功利的好奇心；她力图“从事一门职业”，就像别人要为自己建造幸福；她受到男性世界的支配和围困，没有胆量砸烂天花板，不能热情地投入计划中；她仍然把她的生活看做一项内在性的事业：她不是指向一个目标，而是通过对象指向主体的成功。例如，在美国女人身上可以看到这种十分惊人的态度。她们乐于有一份“工作”，表明她们能够做好它，但她们并不热衷于任务的内容。同样，女人倾向于过分重视微小的失败和平常的成功；她时而泄气，时而趾高气扬；当成功在意料之中时，还可以平常之心对待，如果成功出乎意料，则变成令人陶醉的胜利；女人自高自大、忘乎所以，卖弄炫耀微小的成绩，理由就在于此。她们不断回头观看，衡量走过的路，这就中断了她们的冲劲。她们通过这种办法可以找到体面的职业，却无法实现伟大的行动。必须补充说，许多男人也只能筑造平凡的命运。只是与他们当中的佼佼者相比较，女人——除了极少数例外——在我们看来是让人牵着鼻子走。我提出的理由足以解释这一点，但丝毫不能担保未来是怎样的。今日的女人要做出丰功伟业，最需要的是忘掉自己，但为了忘掉自己，首先必须坚信从今以后找到自我。女人刚来到男人世界，得不到男人的多少支持，还过于专心寻找自我。

有一类女人，由于她们的职业远远没有损害对女性身份的确立，而是加强了它，所以这些见解并不适用于她们；这些女人力图通过艺术表演，超越她们所构成的既定：女演员、女舞蹈家、女歌唱家。在三个世纪中，几乎只有她们在社会中拥有具体的独立，至今她们仍然在其中占据独特的地位。以前，女演员受到教会诅咒，这种极度的严厉却总是给予她们很大的生活自由；她们常常近乎风流，像交际花一样，她们一大部分时间在陪伴男人中度过，但她们自食其力，在她们的工作中找到生存的意义，逃避了她们的枷锁。她们享受到的巨大好处，就是她们职业上的成功有助于——如同男人的情况那样——提高自身性的地位；她们在作为人自我实现的同时，也作为女人自我实现了：她们没有在矛盾的愿望中受折磨；相反，她们在自己的职业中证实了自恋的正当性：打扮、美容、魅力，属于她们的职业责任；对迷恋自我形象的女人来说，展现她是怎样的，普普通通地做事，那是很大的满足；这种展现同时要求相当多的技巧和研究，用若尔热特·勒布朗的话来说，显现为行动的代用品。一个杰出的女演员目标会更高：她以表现既定的方式来超越既定，她将真正是一个艺术家，一个创造者，在赋予世界以意义的同时，赋予自己的生活以意义。

但这些不多的优势也隐藏着陷阱：女演员非但不把她对自恋的纵容、她获得的性自由与她的艺术生活相结合，反而常常陷入自我崇拜或者风流韵事之中；我已经谈到过那些假“艺术家”，她们仅仅在电影或戏剧中寻求“成名”，作为在男人怀抱中加以利用的资本；男性支持的便利，与职业的风险和一切真正的工作包含的严峻相比，是十分诱人的。对女性命运的渴望——丈夫、家庭、孩子——和对爱情的迷恋，并不总能轻易地与成功的意愿相协调。尤其女演员对自我的欣赏，在许多情况下限制了她的才能；她幻想自己一露面就足够分量，觉得认真工作是无用的；她首先关心的是突出自己的脸，牺牲扮演的人物，做出蹩脚的表演；她也不够慷慨到忘记自己，这就使她失去超越自我的可能性；拉歇尔、杜丝一类演员是罕见的，她们克服了这个障碍，把她们的个体变成她们的艺术工具，而不是在艺术中看到她们的自我的奴仆。蹩脚的女演员在私生活中会加剧一切自恋的弊端：她会表现出虚荣、动辄易怒、做作，把全世界看做一个舞台。

今日，表演艺术不是提供给女人的唯一途径，她们当中的许多人尝试创作活动。女人的处境促使她在文学艺术中寻找出路。她生活在男性世界的边缘，不是从它的普遍面貌中，而是通过特殊的幻象去把握它；对她来说，它不是一个工具和概念的总体，而是一个感觉和激动的源泉；她对在事物包含的无根据和秘密的因素中显现的品质感兴趣；她采取一种消极的、拒绝的态度，没有淹没在真实中：她用文字来对抗真实；她通过自然寻找自己心灵的形象，她沉湎在遐想中，她想触及她的存在：她注定要失败；她只能在想象的领域里弥补她的存在。为了不致让一无用处的内心生活沉没在虚无中，为了确定自身，对抗她在反抗中忍受的既定现实，为了创造一个世界，不同于她无法实现自我的世界，她需要表现自己。因此，众所周知，她喋喋不休，是个蹩脚作家，她在谈话、书信、私人日记中倾诉衷情。她有一点抱负就够了，她写回忆录，把自传改编成小说，在诗歌中抒发情感。她有的是空闲，有利于这些活动。

但是，将女人推向创作的环境本身也构成往往无法克服的障碍。当她决定绘画或写作，唯一目的是填补她的日子的空虚，画作和随笔会被看做“妇人之作”，她不会花费更多的时间和精力，它们几乎具有同样的价值。女人常常是在绝经的时候，为了填补她生存的缺陷，才投向画笔或者羽笔；但为时已晚，由于缺乏认真的培养，她只不过是一个爱好者。即使她相当年轻就开始尝试，也很少把艺术看做严肃工作；她习惯于无所事事，在生活中从来不感到纪律的严格必要性，她不能作持续的和持久的努力，不能强制自己获得扎实的技巧；她不屑于不会问世的、要上百次毁掉又重新拿起的工作，厌恶成效不大的、孤独的摸索；由于从童年起，别人就教她如何讨人喜欢，教会她弄虚作假，她希望用诡计来摆脱困难。这是玛丽·巴什基尔采夫所承认的：“是的，我没有花苦功去绘画。今天我自我观察……我在弄虚作假……”女人乐于装出工作的样子，其实她不在工作；她相信被动性的魔力，把咒语和行动、象征性的动作和有效的行为混同起来；她伪装成美术系的学生，用成套的画笔武装自己；她待在画架面前，目光在白色画布和镜子之间来回移动；可是花束、盛苹果的高脚盘，不会自动刻写在画布上。女人坐在书桌前，酝酿着朦朦胧胧的故事，设想自己是个作家，给自己一个平静的托词，但必须在白纸上画出符号，必须让这些符号在别人看来具有意义。于是弄虚作假暴露出来了。为了讨人喜欢，制造海市蜃楼就足够了，但艺术作品不是海市蜃楼，而是坚实的物象，为了建造它，必须熟悉自己的业务。柯莱特不仅仅依靠她的才华或气质，就成为一个杰出的作家；她的笔往往是她的谋生工具，她要用笔细致地工作，正如一个优秀的工匠使用他的工具那样；从“克罗蒂娜”系列到《黎明》，文学爱好者变成职业作家，所走过的道路出色地表明严格的学徒训练是大有裨益的。但大多数女人不明白她们的沟通愿望所提出的问题，这正是造成她们怠惰的大部分的原因。她们总是自认为是既定的；她们相信她们的优点来自驻留在她们身上的雅致，而且不认为价值可以自行获取；她们为了吸引人，只知道表现自己：不管她们的魅力起不起作用，她们对魅力的成功与失败没有任何控制力；她们设想，为了自我表现，以相同的方式表现本来面目就足够了；她们非但不反复思考去设计她们的作品，反而相信作品的自发性；写作或微笑，对她们来说是一样的：她们碰运气，不管成功还是不成功。她们若是很自信，会期待书或画不费力气就获得成功；她们若是胆小，一点批评便使她们泄气；她们不知道吃一堑会长一智，她们把错误看做不可弥补的灾难，就像畸形一样。因此，她们时常表现出于己有害的易怒，她们只在愤怒和泄气中承认自己的错误，而不是从中吸取有益的教训。不幸的是，自发性不是表面那样简单的行为，老生常谈的悖论——正如波朗[①]在

① Jean Paulhan（1884—1968），法国作家、编辑，曾主编《新法兰西杂志》，在德军占领期间创办《法兰西文学报》和子夜出版社，著有《塔布之花》《诗歌的窍门》《非形象艺术》等。

《塔布之花》中所解释的——就在于它常常和主体印象的直接表达相混同；以至于当女人不考虑他人，献出她心中形成的形象，自以为是最特殊的时，只不过重新制造平庸的陈词滥调；如果有人向她指出这一点，她会很惊讶，感到气恼，把笔扔掉；她没有意识到，读者是用自己的眼睛和思想去阅读，一个崭新的形容语可以在他的记忆中唤起许多陈旧的回忆；当然，善于勾起内心鲜明的印象，使印象浮出语言的表面，是一个宝贵的禀赋；人们赞赏柯莱特身上的自发性，这在任何一个男作家身上是碰不到的，但是——虽然这两个词放在一起是相抵触的——在她身上是一种经过思考的自发性：她拒绝某些素材，仅仅慎重地接受其余的素材；业余的女作家非但不把词语把握为人际关系和对他者的呼唤，反而从中看到其情感的直接表露；似乎选择、删除是放弃一部分自我；她丝毫不愿做出牺牲，因为她乐于是她所是，她不希望变成他者。她的贫乏的虚荣心来自这个事实：她珍爱自己，不敢构造自身。

正因此，这群想舞文弄墨的女人，只有很少数能持续下去；甚至越过这第一道障碍的女人，也往往在自恋和自卑情结之间徘徊。不善于忘掉自己，这个缺陷压在她们身上，比在任何其他职业中更为沉重；如果她们的本质目标是抽象地肯定自我，满足于形式上的成功，她们就不会投身于观察世界，她们将不能重新塑造世界。玛丽·巴什基尔采夫决心画画，因为她想出名；成名的念头使她与现实隔绝；其实她不喜欢绘画：艺术只是一种手段，她空泛的抱负并不能向她揭示一种色彩或一副面孔的意义。女人不但不肯慷慨地投身于她从事的事业，反而常常把事业看做她的生活的普通装饰；书和画只是一种非本质的媒介，能让她公开展示这本质的现实：她自己这个人。因此，她这个人是主要的——有时是唯一的——令她感兴趣的主题：维热-勒布仑夫人[1]不倦地将自己微笑的母亲形象凝固在画布上。即使女作家谈到普遍的题材，她谈论的仍然是她自己：读者阅读这类戏剧性的轶事时，总能得知作者的高矮和肥瘦，头发颜色和性格特点。当然，自我并不总是可憎的。很少有书比某些忏悔更激动人心了，但这些忏悔必须是真诚的，作者确有东西忏悔，女人的自恋不仅没有丰富她，反而使她贫乏；由于除了注视自我，什么事也没做，她使自己虚无化；她对自己的爱一成不变：她在自己的著述中没有透露本真的体验，而是推出用陈词滥调建造起来的想象的偶像。人们不会指责她像邦雅曼·贡斯当和司汤达那样，投射到自己的小说中。不幸的是，她常常把自己的身世看成一个愚蠢的童话。少女以大量神奇的事掩盖其粗俗程度令她害怕的现实。可悲的是，她一旦成年，便把世界、她的人物和她本人淹没在诗意的迷雾中。当真相从乔装打扮中显露出来时，有时获得迷人的成功。在《灰尘》或《恒久的宁芙》的旁边，有多少乏味的、难以卒读的消遣小说啊！

女人企图摆脱这个常使她感到被埋没和不被理解的世界，是很自然的事；令人遗憾的是，她不敢像热拉尔·德·奈瓦尔和爱伦·坡那样的作家一样大胆地飞跃。有许多理由可以为她的胆怯辩护。取悦人是她最操心的事；她常常担心由于她写作，作为女人令人不快：女才子这个词，虽然有点过时，仍然唤起令人不快的反响；她更没有勇气作为作家而令人不快。创新的作家，只要没死，总是让人震惊；新颖令人不安和不舒服；女人仍然惊讶于和满足于在属于男人世界的思想界、艺术界受到赞赏，她乖乖地待在那里；她不敢

① Elisabeth Vigée-Le Brun（1755—1842），法国女画家，跟父亲学画，后成为王后的肖像画家，晚年撰写回忆录。

扰乱人、探索和发脾气；她觉得应该通过谦虚和高品位让别人原谅她的文学抱负；她把希望寄托在墨守成规的可靠价值上；她把人们期待她的个人色调勉强引入文学：她通过某些精选的优雅、媚态和矫揉造作，提醒别人，表明她是个女人；因此，她擅长写作“畅销小说”；不应该期望她在未曾探索过的道路上冒险。并非女人在行为和感情上缺乏创新性，有一些女人如此独特，真该把她们关起来。在整体上，她们当中的许多人比她们拒绝其约束的男人更加古怪，更加反常。她们正是在自己的生活中、谈话中和通信中表现出奇特的天才。如果她们尝试写作，便感到被文化的天地所压垮，因为这是一个男人的天地，她们只会结结巴巴说话。反之，选择按照男人的技巧去议论和表达的女人，便会一心想扼杀她所不信任的独特性；她会像女大学生一样，很容易变得用功和卖弄学问；她会模仿严格和男性的刚劲有力。她会变成一个出色的理论家，获得扎实的才能，但她会强制自己放弃一切在她身上“与众不同”的东西。有些女人很狂热，有些女人有才能，却没有女人将两者融合创造出天才。

首先，这种理性的节制至今决定了女性才能的限制。许多女人已经识破——她们越来越识破——自恋和虚假神奇的陷阱，但任何女人都从来没有蔑视过谨慎小心，试图越出既定世界。当然，首先有许多女人接受社会的本来面目；她们是资产阶级的出色颂扬者，因为她们在这个受威胁的阶级中代表最保守的成分；她们用精心挑选的形容词展现所谓“上层”文明的高雅；她们颂扬资产阶级的幸福理想，以诗意的色彩掩盖本阶级的利益；她们制造目的在于说服女人“做女人”的谎言；古老的房子、畜栏、菜园、鹤发童颜的老祖母、淘气的孩子、洗涮、果酱、家庭聚会、打扮、沙龙、舞会、不幸而又模范的妻子、忠诚和牺牲之美、夫妇之爱的细微痛苦和巨大快乐、青年时代的梦想、成熟的忍让，英国、法国、美国、加拿大和斯堪的纳维亚的女小说家已经探索过这些题材，直至用尽；她们从中获得荣誉和金钱，可是并没有丰富我们对世界的看法。更令人感兴趣的是那些反叛的女性，她们指责这个不公正的社会；提出要求的文学可以产生强有力的、真诚的作品；乔治·艾略特在她的反抗中汲取了对维多利亚时期英国细腻而有戏剧性的印象；但正如弗吉尼亚·伍尔夫所指出的，简·奥斯丁、勃朗特姐妹、乔治·艾略特不得不消极地花费那么多的精力，以便摆脱外界束缚，以致她们到达有远见卓识的男性作家作为出发点的阶段时已经气喘吁吁；她们再也没有足够的力气，利用她们的胜利，挣断束缚她们的所有绳索，例如，在她们那里找不到司汤达那样的讽刺和潇洒，也找不到他那种沉着与真诚。她们也没有陀思妥耶夫斯基和托尔斯泰那样的丰富经验。因此，《米德尔马契》[1]这本出色的书比不上《战争与和平》，《呼啸山庄》尽管很有气势，却没有《卡拉马佐夫兄弟》[2]的意义。今日，女人要自我确立，已经没有那么多的困难了，但她们仍然没有完全克服千百年来将她们限制在女性中的规范。比如，清醒是她们合理地引以为豪的胜利成果，但她们有点过快地满足了。事实是，传统的女人是一种受骗的意识和一种欺骗的工具；她试图掩盖自身的附属性，这是同意附属性的一种方式；揭露这种附属性，已经是一种解放；玩世不恭是反对屈辱和羞耻的一种防卫：这是承认自我的开始。女作家想变得清醒，为妇女事业作出最大的贡献；但是她们——一般说来没有意识到这一点——过于关注为这个事业服务，以致面对世界不能采取这种能打开更广阔视

① *Middlemarch*，英国小说家乔治·艾略特的长篇小说。
② *The Brothers Karamazov*，俄国作家陀思妥耶夫斯基的长篇小说。

野的无私态度。当她们撩开幻想和谎言的面纱，就以为做得够多了。这种消极的大胆仍然让我们面对一个谜。因为真理本身是模棱两可的，高深莫测的，神秘的，在指出真理之后，必须思考它，重新创造它。不受愚弄是很好的，但一切要由此再开始；女人为了消除幻想已经耗尽勇气，恐惧地在现实的门槛前止步。因此，有些女性的自传很真诚动人，但没有一部能够与《忏悔录》和《爱好自我分析者回忆录》[①] 相比。我们仍然太热衷于看得清晰，以致不想越过这清晰穿透其他黑暗。

有个作家对我说："女人从来不超越机遇。"这十分正确。她们仍然惊异于得到允许探索这个世界，她们列出探索的清单，却不想发现其中的意义。她们有时擅长对既定事物的观察，她们成为出色的记者，任何一个男性记者都没有胜过安德蕾·维奥利关于印度支那和印度的报道。她们善于描绘气氛、人物，指出人物之间的微妙关系，让我们看到人物心灵的秘密活动：薇拉·凯瑟、伊迪丝·华顿、多萝西·帕克、凯瑟琳·曼斯菲尔德以尖锐而细致的方式描绘人物、气候和文明。她们很少成功地塑造出像希思克厉夫这样有说服力的男主人公：她们在男人身上几乎只把握男性；但她们时常成功地描绘出她们自己的内心生活、经验、世界；她们热衷于对象的隐秘内容，迷恋于自己感受的特殊性，以美妙的形容词和肉感的形象传达她们最新的体验：她们的词汇一般比句法更出色，因为她们更关注的是事物而不是它们的关系；她们不追求抽象的典雅，反过来，她们的话语谈论感觉。她们最热衷探索的领域之一是自然；对少女和没有完全退让的女人来说，自然代表男人眼中女人本身所代表的东西：她自身和她的否定，一个王国和一个流亡的地方；她

① *Souvenirs d'égotisme*，司汤达的作品。

的一切都在他者的面目下。女小说家正是在谈到荒野和菜园时，会向我们最亲密地揭示她的体验和梦想。有许多女人将活力和季节的奇迹封闭在瓶瓶罐罐和花坛之中；其他没有将植物和动物圈起来的女人，却试图通过给予它们的关爱，将它们化为己有：就像柯莱特和凯瑟琳·曼斯菲尔德；很少有女人在非人的自由中接触自然，企图辨别出其外在意义，深陷其中，以便与这另一种在场结合：卢梭闯出的这条道路，几乎只有艾米莉·勃朗特、弗吉尼亚·伍尔夫，有时是玛丽·韦布才冒险进入。更进一步，穿越既定，探索其秘密的维度的女人屈指可数：艾米莉·勃朗特探问过死亡，弗吉尼亚·伍尔夫探问过生命，曼斯菲尔德有时——不是常有——探问日常的偶然性和痛苦。没有任何一个女人写出过《审判》《白鲸》《尤利西斯》或《智慧七柱》这样的作品。她们不质疑人类状况，因为她们仅仅开始能够全面地承受它。这就解释了为什么她们的作品一般缺乏形而上的反响，也缺乏黑色幽默；她们没有悬置世界，她们没有对世界提出问题，她们没有揭露世界的矛盾：她们认真地对待世界。再说，事实是，大多数男人也有同样的局限。当人们把女人和少数几个堪称“伟大”的艺术家对比时，女人便显得平庸了。限制女人的并不是命运，人们可以很容易地了解，为什么她未能——为什么她也许很久都不能——达到最高峰。

艺术、文学、哲学是在人的自由，即创造者的自由之上重造世界的尝试，首先必须毫不含糊地成为一种自由，以便拥有这样的抱负。教育和习俗强加于女人的局限，限制了她对世界的控制；当为了在这个世界上取得一席之地的战斗过于艰巨时，就不可能摆脱这种限制；然而，如果想尝试重新把握斗争，首先必须在极端的孤独中崭露头角：女人首先缺乏的是在焦虑和自尊中练习适应孤单和超越性。玛丽·巴什基尔采夫写道：

我所羡慕的是，独自散步、来来去去、坐在杜伊勒利花园长凳上的自由。没有这种自由，就不能成为一个真正的艺术家。你以为有人陪伴，或者到卢浮宫去，必须等她的车、她的女伴、她的家人时，女人就可以享用她所看到的事物，那是太天真了！……女人缺乏的是自由，没有自由，就不能真正做到有所作为。**由于这种愚蠢的不断的妨碍，思想受到约束……这足以让翅膀垂落下来。**这是没有女艺术家的重大原因之一。

事实上，为了成为一个创造者，自我培养，也就是说把看戏和知识融合到自己的生活中是不够的；必须通过超越性的自由活动去掌握文化；必须让精神连同它所有的财富投向空无的天空，并且移居那里；如果千百种联系把创造者滞留在大地上，创造者的冲动就破灭了。无疑，今日少女可以独自出门，在杜伊勒利花园闲逛；但我已经说过，街道多么敌视她：到处有眼睛和手在窥伺她；不管她是昏昏然地漫游，胡思乱想，不管她在咖啡馆的露天座位上点燃一支香烟，还是独自上电影院，随即便发生不愉快的事件；她必须通过打扮和衣着引起尊重：这种操心把她束缚在地上和自身。“翅膀垂落下来。”托·爱·劳伦斯独自骑自行车在法国长途漫游，人们不会允许少女投入这样的远足，她更不可能像劳伦斯那样一年以后徒步到半荒漠的危险地方去冒险。但这样的体验具有不可估量的意义：正是在这时，沉醉在自由和发现的个体，学会把整个大地看做他的采邑。女人已经自然而然地被剥夺上暴力课的权利，我说过，她弱不禁风，使她趋向于被动性；当一个男孩用拳头解决争端时，他会感到他能够靠自身处理自己的事；至少作为补偿，需要让少女知道，采取运动和冒险的主动性、克服障碍的自豪会有怎样的滋味。但是不。她在世界之中可能感到孤独：她永远不能独一无二、至高无上地挺身面对世界。一切都促使她让自己受困，受到外界生存的支配，她特别是在爱情中自我否定，而不是自我肯定。在这种意义上，不幸或失宠常常是多重考验：正是孤独令艾米莉·勃朗特写出一本狂放有力的书；面对大自然、死亡和命运，她只期待自救。罗莎·卢森堡长得丑，她从来没有试图沉浸在对自我形象的崇拜中，成为自我的对象、猎物和陷阱：从青年时代起，她整个就是精神与自由。即便如此，女人很少充分承受与既定世界令人焦虑的亲密接触。包围她的束缚和压抑在她身上的整个传统，妨碍她对世界的责任感：这就是她平庸的深刻理由。

那些我们称之为伟大的人物——以这样或那样的方式——肩负起世界重任，他们多少摆脱了这重负，成功地重建世界，或者失败了，但首先他们承受了这巨大的重负。这正是任何一个女人从来没有做过的，是任何一个女人从来无法做到的。为了把世界看做属于自己的，为了对世界的错误感到负有责任，对它的进步感到光荣，必须属于特权阶级；只有那些掌握世界领导权的人，才会认为自己的任务是在改变世界、想象世界、揭露世界的同时为世界辩护；只有他们才会在世界那里认出自己，力图在世界上打上自己的烙印。迄今为止，人类可以化身为男人，而不是女人。然而，在我们看来堪称表率的人，被授予天才称号的人，正是那些在他们的特殊生存中企图扮演整个人类命运的人。任何一个女人都不认为自己有权这样做。凡高怎么会生为女人呢？一个女人不会被派到博里纳日[①]去采风，她不会把人类的苦难看做自己的罪过，她不会想要赎罪，因此，她永远不会描绘凡高的向日葵。更不用说她无缘这位画家的生活方式——在阿尔勒的孤独，常常光顾咖啡馆和妓院，一切孕育了

---

① Borinage，比利时盆地，从蒙斯延伸到法国边境，这里成为凡高作画的背景。

凡高感受和艺术的东西。一个女人永远不会成为卡夫卡：她在怀疑和不安中，不会看出被逐出天堂的人类的焦虑。几乎只有圣德肋撒在完全的孤单中为自身经历人类状况：我们已经看到原因了。她超越人间的等级，和圣十字若望一样，感到自己头顶上令人放心的天花板。两者都有同样的黑夜，同样的光辉，在自己身上同样的虚无，在天主那里同样的充实。最后，只有当每个人都能将荣誉置于两性差别之外，置于自己自由的生存难以达到的荣耀中的时候，女人才能将自身的历史、自身的问题、自身的怀疑、自身的希望与人类的历史、问题、怀疑和希望等同；只有这时她才能寻求在自身的生活和作品中揭示出全部现实，而不仅仅是她个人。只要她仍然需要为成为人而斗争，她就不会成为一个创造者。

为了解释她的局限，就必须再一次提到她的处境，而不是她的神秘本质：未来仍然向她敞开。人们争先恐后地认为，女人不具有“创造天才”，例如，以往著名的反女性主义者玛尔特·博雷利夫人就持这样的论点。但她力图把自己的作品当做女性无逻辑和愚蠢的生动证明，因此她的作品是自相矛盾的。况且，既定的创造“本能”的概念，就像“永恒女性”的概念一样，应该扔到古老的实体壁橱中。有些厌恶女人者更加具体地认为，女人作为神经官能症患者，不会创造任何有价值的东西，可是这些人同样常常宣称，天才是神经官能症患者。无论如何，普鲁斯特的例子足以表明，心理和生理上的失衡并不意味着无能和平庸。至于从观察历史得出的论据，刚才已经讲过必须如何对待；历史事实不能被看做确立了永恒真理，它只不过反映了一种处境，这种处境表现为历史，因为它正在变化。当完成一部天才作品，甚至仅仅一部简短的作品的一切可能性被拒绝时，女人怎么会有天才呢？古老的欧洲以前蔑视野蛮的美国人，认为他们既没有艺术家，也没有作家：“在要求我们为自己的生存作辩护之前，先让我们生存吧，”杰斐逊[1]大体这样回答。对于那些指责他们没有产生出惠特曼和梅尔维尔的种族主义者，黑人也作了同样的回答。法国无产者也不能以任何名字去对抗拉辛或者马拉美的名声。自由的女人仅仅正在产生，当她自我确立时，她也许会证实兰波的预言：“诗人会出现！当对女人的无限奴役被粉碎时，当她为自身和通过自身生活时，男人——至今是可恶的——把她打发走，她也就会成为诗人！女人会找到未知的东西！她的观念世界会不同于我们的世界吗？她会找到古怪的、深不可测的、令人厌恶的、美妙的东西，我们会理解这些东西。”[2]不能确定的是，她的“观念世界”是否与男人的观念世界不同，因为女人是在与男人同化的基础上才获得解放的；想知道女人在何种程度上会是特殊的，这些特殊性又会有何等重要性，那就必须冒险做非常大胆的预想。可以肯定的是，至今女人的发展可能性被扼杀了，为了人类而失去了，现在是时候了，让她为她的利益和所有人的利益着想尝试各种机会吧。

① Thomas Jefferson（1743—1826），美国第三任总统，起草《独立宣言》。

② 见《1781 年 5 月 15 日致皮埃尔 · 德默尼的信》。——原注

结语

“不，女人不是我们的兄弟；通过使她懒惰和堕落，我们已经把她变成一个特殊的、陌生的存在，她除了性器官以外，没有别的武器，这不仅是持久的战争，而且是永恒的弱小奴隶出于猜疑的明争暗斗的武器，不管她是热爱还是憎恨，都不是坦率的伙伴，而是一种身心结成一体，共济会式的存在。”

许多男人仍然赞成于勒·拉福格的这番话；许多人认为，在两性之间总是有“阴谋诡计和冷笑”，他们之间不可能有友爱。事实是，无论男人还是女人，今日彼此都不满意。但问题是要知道，是否有种最初的诅咒使他们注定要互相伤害，或者这种使他们对抗的冲突只表现为人类史的一个过渡时刻。

我们已经看到，尽管有种种传说，然而任何生理命运都没有将永恒的敌意强加给雄性和雌性，甚至雌螳螂也只是因缺乏其他养料和为了物种的利益，才吃掉雄性，在动物的阶梯上从高到低，一切个体都是从属于物种控制的。再说，人类不仅是一个物种：人类是历史的生成；人类是通过自身承受自然的人为性的方式来确定的。事实上，哪怕对世界的态度再自欺，也不能证明雄性和雌性之间存在纯粹生理上的对抗。因此，人们宁可将两者的敌对置于生物学和心理学之间的中间领域，即精神分析的领域。人们说，女人羡慕男人的阴茎，并希望阉割他，但是，只有在成年女人把她的女性身份感受为一种缺陷时，这种对阴茎的幼稚向往才在她的生活中具有重要性；只有当阴茎体现了男性的一切特权时，她才希望把男性性器官据为己有。人们乐意认为，她的阉割梦想有象征的含义，有人认为，她想剥夺男性的超越性。我们已经看到，她的愿望是非常模糊的：她以矛盾的方式希望拥有这种超越性，这就意味着，她既尊重这种超越性，同时又否认它，她想投身于其中，同时又把它留在自己身上。这就是说，这出戏不是在性的层面上进行的；再说，性在我们看来绝不意味着确定命运，绝不意味本身为解释人类行为提供线索，而是意味着表达了它参与确定的整体处境。两性斗争并不直接牵涉到男女的人体结构。事实上，人们提及这一斗争时，认为在观念的永恒宇宙中，进行着永恒的女性和永恒的男性之间不确定本质的一场斗争；人们没有注意到，这异乎寻常的斗争在人间具有与不同历史时期相关的两种截然不同的形式。

被封闭在内在性中的女人，试图把男人留在这个牢笼里；这样，这个牢笼便与世界等同，女人不再因封闭在里面而感到痛苦，母亲、妻子、情人是狱卒；由男人制定法典的社会规定，女人是低一等的，她只有摧毁了男性的优越地位，才能消除这种低一等。她致力于伤害、支配男人，她违背他，她否认他的真理和价值。但她这样做只不过是自卫，并非不变的本质或罪恶的选择使她注定是内在性的、低一等的。这是强加给她的。一切压迫都产生一种战争状态。这种情况也不例外。被认为非本质的生存者，不能不要求重建他的至高地位。

今日，斗争采取另一种面貌；女人非但不想把男人封闭在囚牢里，而且想摆脱囚牢；她不再试图把他拖入内在性的领域，而是竭力显现在超越性的光芒中。正是男性的态度创造了新的冲突：男人不情愿地“辞退”女人。他仍然希望做至高无上的主体、绝对的高一等的人、本质的存在，他拒绝把他的妻子具体地看做平起平坐的人，她以咄咄逼人的态度回应他的不信任。这不再是封闭在各自领域内的个体之间的战争：提出要求的等级发起冲锋，却被享有特权的等级击败。这是两种超越性在对峙，每种自由非但不互相承认，反而想主宰对方。

这种态度差异在性方面和精神方面表现出来。“女性化的”女人把自己变成被动的猎物，力图也把男人降低到肉体的被动性，她显得顺从，把自己物化，以挑起欲望，设法把他捕获，把他束缚住。相反，“解放了的”女人想变得主动，掌握权力，拒绝男人企图强加于她的被动性。爱丽丝和她的追随者同样否认男性活动具有价值，她们将肉体置于精神之上，将偶然性置于自由之上，将她们的日常智慧置于大胆创造之上。但“现代”女人接受男性价值：她们自炫以男人一样的方式去思考、行动、工作和创造，她不是竭力贬低他，而是断言她与他是平等的。

在她以具体的行动表现自己的情况下，这种要求是合理的，该谴责的是男人的狂妄。但他们情有可原的是，女人故意把水搅混。像梅布尔·道奇这样的人以其女性的魅力征服劳伦斯，目的是在精神上控制他；许多女人为了以她们的成功表明她们与男人是可以媲美的，力图从性方面得到男性支持；她们脚踏两只船，既要老式的尊重，也要新式的尊敬，把赌注押在旧魔力和新权利上；可以理解，愤怒的男人要起而自卫，但他也口是心非，他要求女人光明正大地玩牌，却出于不信任和敌意，拒绝给她必不可少的王牌。事实上，他们之间的斗争并不明显，因为女人的存在本身是不透明的；她不是作为一个主体，而是作为一个矛盾地具有主体性的客体，面对男人而挺立的；她把自己既认做自我，又认做他者，这个矛盾会带来令人困惑的后果。当她同时把自己的弱点和长处都当做武器时，这不是深思熟虑的算计：她自发地在强加给她的道路中寻求得救，这是被动性的道路，同时她主动地要求自己的至高地位；也许这种方法“不是正当的”，但这是人们强加给她的矛盾处境所决定的。当男人把她看做一种自由，而她对他却是一个陷阱时，他会感到愤怒；如果他把她作为猎物，奉承她和满足她，他会对她的自主要求感到气愤；无论他做什么，他都感到被玩弄了，而她也认为自己受到伤害。

只要男人和女人互不承认是同等的人，就是说，只要女性气质如此这般延续下去，不和还要持续。哪个性别最着力于维持女性气质呢？摆脱了女性气质的女人想保持它带来的特权，而男人要求她承担其限制。蒙田说：“指责一个性别比原谅另一性别更容易。”给以谴责和赞赏是徒劳的。事实上，如果这种恶性循环很难打破，这是因为两性既是对方的又是自身的受害者；两个在各自的纯粹自由中对抗的对手之间，很容易达成协议；尤其这场斗争对双方都无益，就更是如此；但这整件事的复杂性来自这个事实：每一营垒都是其敌人的同谋；女人追逐放弃的梦想，男人追逐异化的梦想；非本真性没有抵偿：每一方指责对方屈从于方便的诱惑而带来不幸；男女互相憎恨对方的是自身的自欺和怯懦导致的明显失败。

我们已经看到，男人起先为什么奴役女人；女性的贬值是人类发展的一个必要阶段；但是，它本来可以产生两性的合作；压迫可以这种倾向来解释：生存者通过异化为他压迫的另一方来自我逃避；今日，在每个特殊的人身上，这种倾向又恢复了：绝大多数人都屈服于这种倾向；丈夫在妻子身上，情人在情妇身上，寻找自己石像一样的面目；他在她身上寻找他的阳刚气、至高地位、直接现实的神话。女人说："我的丈夫从来不去电影院。"男性不确定的见解刻写在永恒的大理石上。但他本身也是他的分身的奴隶：要树立一个始终处于危险境地的形象是多么费力啊！无论如何，这个形象建立在女人任性的自由上：必须不断地使这一形象有利于自己；男人挖空心思要显得像男人、重要和高一等；他在演戏，让别人也对他演戏；他也是咄咄逼人的、不安的；他对女人有敌意，因为他怕女人，他怕女人是因为他怕自己所混同的人物。他要花多少时间和力气去清理、升华、改变情结、谈论女人、引诱她们，害怕她们啊！在解放她们的同时也会解放他。但这正是他所害怕的。他执着地欺骗，把女人继续束缚在锁链中。

许多男人已经意识到女人在受骗。克尔恺郭尔说："做女人多么不幸啊！然而，做女人最糟糕的不幸，说到底，是不了解这是一种不幸。"[①] 长期以来，人们尽力掩盖这不幸。例如，取消了监护，给女人"保护人"，保护人具有古代监护人的权力，这是为了女人的利益。不许她工作，让她待在家里，这是让她防范自身，这是保证她的幸福。我们已经看到，人们以多么富有诗意的纱幕掩盖落在她身上的单调事务：家务、做母亲；人们送给她"女性气质"这种虚假的财富，以交换她的自由。巴尔扎克建议男人一面说服她是女王，一面把她当奴隶，出色地描绘了这种伎俩。许多男人没有这样玩世不恭，竭力说服自己，她确实享有特权。今日有些美国的社会学家认真地传授"low-class gain"，也就是"下层阶级利

① 见《酒中真相》。他还说："卖俏——主要——归于女人，她毫不犹豫地接受卖俏这一事实，可以通过大自然对弱者、对条件不利的人、对认为幻想大于补偿的人的关心来解释。但这种幻想正好是带来不幸的……依靠幻想感到自身摆脱了苦难，受到幻想的愚弄，难道不是更尖刻的嘲弄吗？……女人远没有被 Verwahrlos（抛弃），但从另一种意义上说，她是被抛弃了，因为她永远也不能摆脱大自然用来安慰她的幻想。"——原注

益”。在法国，人们也常常宣称——尽管方式不那么科学——工人很幸运不必“讲究风度”，流浪汉更是可以身穿破衣烂衫，睡在人行道上，这种乐趣对德·博蒙伯爵和那些可怜的温德尔家族①的人是被禁止的。就像那些愉快地挠着虱子咬过的地方的无忧无虑的穷人，就像那些在鞭子抽打下嬉笑着的快乐的黑人，就像那些嘴唇挂着微笑把他们饿死的孩子埋掉的苏塞②的阿拉伯人，女人享受着这无可比拟的特权：没有责任感。她没有痛苦，没有负担，没有烦恼，明显地拥有“最好的份额”。令人困惑的是，多少世纪以来，在多少国家中，那些拥有最好份额的人总是以执着的奸诈——也许与原罪有关——对他们的施恩者喊道：太多了！得到你的那一份我就会满足了！但是，慷慨的资本家、宽厚的殖民者、傲慢的男人坚持说：拿着最好的份额吧，拿着!

事实是男人在他们的伴侣身上遇到的合作，多于压迫者在被压迫者身上一般得到的合作；他们自欺地允许自己这样行动，宣称她愿意接受他们强加给她的命运。我们已经看到，事实上，她的全部教育都趋于阻挡她走反抗和冒险的道路；整个社会——从她可敬的父母开始——赞美爱情、忠贞、奉献的崇高价值，并向她隐瞒无论情人、丈夫和孩子都不准备忍受的讨厌家务，欺骗了她。她愉快地接受了这些谎言，因为它们促使她走便捷的斜坡：这是人们对她犯下的最恶毒的罪行。从她童年起，整个一生，人们让她把这种诱惑一切为自己的自由焦虑的生存者的服从当做她的使命，宠溺她，腐蚀她；如果有人让孩子整天玩乐，不给他机会学习，不向他指出学习的用处，促使孩子变得懒惰，待他成年，就不会告诉他，他已经

---

① Wendel，法国实业家家族，自十八世纪延续至今，在钢铁、冶金工业方面称雄。
② Sousse，突尼斯港口，温泉和旅游胜地。

选择了做无能和无知的人：人们就是这样抚养女人，从来也不教导她亲自承担生存的必要性；她便随波逐流，依靠保护、爱情、援助、他人的领导；她让自己受到迷惑，希望能够什么事也不做，便实现自己的存在。她向诱惑让步是做错了，但男人不配指责她，因为是他诱惑她这样做的。当他们之间产生冲突时，每个人都把对方看做要为这种处境负责；她会指责他制造了这种处境：没有教会我推理和谋生……他会指责她接受了这种处境：你一无所知，你没有能耐……两性都采取攻势，为自己辩护，但是这一方的错误并没有使另一方无罪。

使男女发生争斗的无数冲突来源于此：每一方都不承担这种一方提出，而另一方要忍受的处境的后果："不平等中的平等"这种不确定的概念，一方用来掩盖自己的专制，另一方用来掩盖自己的怯懦，却经不住经验的考察：在他们的交换中，女人要求得到别人向她保证的抽象平等，而男人要求证实他看到的具体不平等。在一切关系中，关于给予和夺取这两个词的模糊性的不确定争论旷日持久就来自于此：她抱怨给予了一切，他抗议她夺取了他的一切。女人必须明白，交换——这是政治经济学的一个根本法则——是按照给予的商品对购买者，而不是对出售者所具有的价值来进行的。人们说服她，她拥有无限的价值，那是欺骗她；事实上，她对男人来说仅仅是一种消遣，一种娱乐，一个伴侣，一份次要的财产；他是她生存的意义和证明；因此，交换不是在两个具有同等价值的物品之间进行的；这种不对等特别在如下的事实中表现出来：他们一起度过的时间——看起来是虚假的相同时间——对双方来说价值不同。男人和情人度过的晚上，他也可以用来做一件有利于他的职业生涯的事，拜访朋友们，培养关系，得到消遣；对一个正常地融入社会的男人来说，时间是一种积极的财富：金钱、名誉、快乐。相反，对无所事事、百无聊赖的女人来说，这是一种她一心想摆脱的负担；一旦她成功地消磨时间，她就获得一种利益：男人在场是一种纯粹的利益；在很多情况下，男女关系中最明显地使男人感兴趣的是他从中获得性欲的好处：最低限度，他可以满足于和情人正好度过延续他们性行为所需要的时间；但是——除了例外——她期待“打发掉”她不知如何处理的过多的时间，正如只有别人“买走”他的萝卜，他才出售土豆的商人那样，只有情人附加地“花掉”谈话和出门的时间，她才同意献身。如果总体的代价在男人看来还不算太高，平衡就可以建立：这当然取决于欲望的强烈程度和在他看来他牺牲的事务具有的重要性；但如果女人要求——给予——太多的时间，她就变成完全使人讨厌了，如同从河床满溢而出的河流，男人宁可选择什么也没有，也不愿拥有太多。因此，她要节制自己的要求，但往往平衡要以双方的紧张为代价才能实现：她认为男人廉价地“占有”了她；他却认为他支付的代价太昂贵了。当然，这样陈述有点幽默意味；但是——除了男人想全部占有女人，因而出现嫉妒和排他的激情的情况下——这种冲突会出现在温情、欲望和爱情中；男人总是要利用时间有“别的事情要做”；而她却力图摆脱时间；他不认为她贡献给他的时间是一种赠与，而是一种负担。一般说来，他同意忍受这负担，因为他清楚，他属于受惠者一方，他感到“内疚”；如果他真诚一些，他便尝试以慷慨去补偿状况的不平等；然而，他把自己表示怜悯当做一个长处，他在第一次冲突时就把女人看做忘恩负义，他感到气愤：我太好了。她深信她的礼物的高度价值，却感到自己的行为像乞求者，她为此感到屈辱。这就解释了女人时常表现出残忍；她“问心无愧”，因为她处在不利的一边；她认为自己没有义务去善待特权阶层，她仅仅想到自卫；如果她有机会对不善于满足她的情人表现出怨恨，她甚至会非常高兴：因为他给得不够，她正是怀着粗野的乐趣从他那里重新夺回一切。于是受伤害的男人发现了他时刻蔑视的关系的总体代价：他准备做出一切许诺，哪怕他要遵守诺言时又重新认为被利用了；他指责情人敲诈他，她则指责他吝啬；双方都受到伤害。这里，要原谅和指责仍然是徒劳的：在不公正之中创造公正是永远办不到的。一个殖民地的官员绝不可能善待土著，一个将军也绝不可能善待他的士兵，唯一的解决办法是既不做殖民者，也不做首领，但一个男人不会不做男人。因此他是不由自主地有罪，并受到他本人没有犯下的过错的压抑；她也不知不觉地成为受害者和泼妇；他有时反抗，选择残酷无情，这时他便成为不公正的同谋犯，错误变得真正是他犯下的；有时他任凭自己让那个提出要求的受害者消灭，吞噬，但他会感到受欺骗；有时他止于妥协，这妥协既贬低了他，又使他不舒服。一个真诚的男人，受这种处境的折磨超过女人受的折磨，在某种意义上，被战胜的一方总是更划算；但如果她也很真诚，不能自立，厌恶以自己的命运去压垮男人，她就要在无法摆脱的困窘中挣扎。在日常生活中，可以遇到大量这类情况，由于它们取决于无法令人满意的状况而得不到满意的解决，一个男人不得不继续在物质上和精神上供养他不再爱的女人，感到自己是受害者；但是，如果他对把一生都押在他身上的女人置之不顾，她就会成为受到不公正对待的受害者。罪恶不是来自个体的堕落——当一方怨恨另一方时，自欺就开始了——它来自这样一种处境：一切个人的行为对此都无能为力。女人是“纠缠不休的”，她们压在别人身上，为此而受苦；这是因为她们有着吮吸外在机体生命的寄生虫的命运；让她们拥有自主的机体，让她们能够同世界斗争，从中获得养料，她们的附属性就会消失，男人的附属性也会消失。无疑，两者都会因此而好得多。

男女平等的世界很容易想象，因为这正是苏联革命所许诺过的世界：和男人一样得到培养和教育的女人，会同工同酬[①]；性爱自由会得到风俗的承认，而性行为不再被看做要付酬的“服务”；女人会不得不采取别的谋生手段；结婚会建立在配偶可以随意解除婚约的基础上；怀孕会是自由的，就是说允许节育和人工流产，反过来，会给予所有母亲和孩子同样的权利，不管婚生还是非婚生；休产假时由集体支付工资，并由集体承担养育孩子的责任，这并不是说让孩子脱离父母，而是不把孩子丢弃给父母。

改变法律、体制、风俗、舆论和一切社会环境，是否足以让男女真正一样平等呢？怀疑论者说：“女人将总是女人。”另一些有洞察力的人预言，女人被剥夺了女性气质之后，不会成功地变成男人，而会变成魔鬼。这等于承认，今日的女人是大自然的创造；还应该再一次重复，在人类群体中，没有什么是自然而然就有的，比如，女人只是文明的产物；他人对她的命运的干预从开始就有，如果这种行动朝另外一个方向发展，它就会达到完全不同的结果。女人既不是由她的激素，也不是由神秘的本能决定的，而是由她通过外在意识把握她的身体、她和世界的关系的方式决定的；把少女和少男分隔开的鸿沟，从他们幼年开始就以共同商定的方式挖掘出来了；随后，人们无法阻止女人成为她原先被造就的样子，她始终将这过去拖在身后；如果人们衡量一下得失，就会清楚地明白，她的命运不是永远确定的。无疑，不应该相信，改变女人的经济状况就足以使她改变，这个因素曾经是、现在仍然是她的演变头等重要的因素；但只要它没有带来精神的、社会的、文化的等等后果，只要它仍在预示和要求，新型女人就不会出现；眼下，这些后果在任何

---

① 禁止女人从事某些过于艰苦的职业，同这个计划并不相悖，甚至在男人中间，也越来越力图从事力所能及的职业，他们的体能和智力限制着他们选择的可能性。无论如何，人们追求的是，不要划出任何性别和阶层的界限。——原注

地方，在苏联、法国或者美国都没有实现；因此，今日的女人在过去和未来之间左右为难；她往往以化装成男人的“真正女人”的面目出现，在女人的肉体和男人的衣服中她都感到局促。她必须脱胎换骨，为自己剪裁新衣服。她只有依靠群体的演变才能达到这一步。任何孤立的教育家今日都无法创造一个正好与“雄性人”相对的“雌性人”：少女作为男孩来培养，会感到自己异乎寻常，她由此经历一种新的分类。司汤达很懂得这一点，他说：“必须一下子种植一座森林。”相反，如果我们设想一个社会，在其中具体实现了性别平等，这种平等在每一个个体身上会重新得到确定。

如果小姑娘从幼年起就以同她的兄弟们一样的要求、一样的荣誉感、一样的严厉、一样的随便来培养，参与同样的学习，同样的游戏，有希望迎接同样的前程，她周围的男女在她看来毋庸置疑是平等的，那么，“阉割情结”和“恋母情结”的含义就会深刻地改变。母亲以同父亲一样的名义承担夫妇在物质和精神上的责任，享受到同样持久的威信；孩子在她周围会感到一个两性并存的世界，而不是一个男性世界；哪怕她在情感上更受父亲的吸引——这甚至并不确定——她对他的爱会略带竞争的意愿，而不是无能为力感：她不会朝被动性发展；她被允许在工作中和运动方面证明自己的价值，主动地同男孩子竞争，缺少阴茎——生孩子的期待给予补偿——不足以产生“自卑情结”；与此相关，如果人们不向男孩灌输不平等的念头，他要同样尊敬女人和男人，他就不会自发产生“优越感情结”[①]。小姑娘不会在自恋和梦想中寻找贫乏的补偿，

① 我认识一个八岁的小男孩，他和母亲、姑妈、祖母生活在一起，三个人都是独立的、有工作的，他还有一个半残废的老祖父。他对女性有一种压抑的“自卑情结”，虽然他的母亲一心要与它作斗争。在学校里，他鄙视男同学和男教师，因为他们都是可怜的男性。——原注

她不会把自己看做是既定的，她会关心她所做的事，会毫无保留地投入她的事业。我说过，如果她像男孩子一样超越青春期，朝向成年人自由的未来，她的青春期会更容易度过；月经使她那么恐惧，只是因为它使她突然坠入女性之中；如果她对自己的整个命运没有感到厌恶和惊恐的话，她也会更加平静地对待自己年轻的性欲；合理的性教育会大大地帮助她克服这个危机。由于男女同校的教育，男人的庄严神秘就没有机会产生，它会被日常的亲密接触和坦诚的竞争所消弭。对这种教育体制提出的异议，总是带着对性别禁忌的尊重，但企图在孩子身上约束好奇心和快感是徒劳的，这只能导致压抑、困扰、神经官能症。少女受激发的多愁善感、同性恋的热情、柏拉图式的爱情，连同一系列蠢事和放荡，比起孩子的某些游戏和某些明确的体验要有害得多。对少女来说，尤其有利的是，她不在男性中寻找一个半神——而仅仅是一个同伴、一个朋友、一个性伙伴——她不会逃避承受自己的生存；性欲和爱情会具有自由超越的性质，而不是舍弃的性质；她可以把它们看做对等关系去体验。当然，这并不是说可以一笔勾销孩子为了变成一个成年人需要克服的所有困难；最明智、最宽容的教育，也无法免除孩子亲自经受切身体验；所能要求的是，不要无缘无故地在孩子的道路上堆积障碍。不再在“邪恶的”小姑娘身上烙烧红的铁，这已经是一个进步；精神分析学已经给父母提供了一点教育；然而，当今女人的成长和性启蒙得以完成的条件是这样可怜，以致人们反对彻底改变这种状况的任何异议都不会有价值。问题不在于要取消她身上人类状况的偶然性和苦难，而是要给她提供超越它们的方法。

女人不是任何神秘命运的牺牲品；把她们定义为女人的特殊性，其重要性来自它们具有的意义；一旦人们从新的角度去把握它们，它们就可以被克服；因此，我们已经看到，女人通过性体验，感受到——而且往往憎恨——男性的支配，不该由此得出结论，她的卵巢注定她永远跪着求生。男性的攻击性只有在一切都谋求确定男性至高地位的体制中，才像领主特权一样出现；女人之所以在性爱中感受到自己是那样被动，是因为她已经把自己设想为那样。许多现代女人在要求得到作为人的尊严时，仍然从作为奴隶的传统出发去把握她们的性生活，因此，她们觉得躺在男人身下，让他插入是蒙受屈辱，她们在性欲冷淡中感到恼怒；但如果现实情况不同了，性爱的动作和姿态的象征意义也会不同：例如，一个付钱、支配情人的女人，会对自己百无聊赖感到自豪，并认为在奴役主动地消耗精力的男性；现在已有许多夫妇在性生活方面是平衡的，胜利和失败的概念已让位于交换的观念。事实上，男人像女人一样是一个肉体，因此是被动性，是他的激素和物种的玩偶，也是被他的欲望弄得不安的猎物；她像他一样在肉体的狂热中成为赞同、自愿奉献和主动性的实体；他们双方都以自己的方式经受肉体构成的生存的古怪模糊性。在他们以为互相对抗的斗争中，每个人反对的却是自己，将放弃的一部分自身投入到性伙伴身上；每个人非但不经受自身状况的模糊性，反而竭力通过使对方忍受处境的卑下，给自己保留荣誉。如果双方都以与本真的骄傲相对应的清醒谦逊的态度去承受这种模糊性，他们就会互相承认是同等的人，友好地体验这出性爱的戏剧。身为一个人的事实，比把人区分开来的一切特殊性无限地重要；绝不是既定给予优势，古人所谓的“美德”是在“取决于我们的东西”的层面确定的。两性中上演着肉体与精神、有限性与超越性的相同的戏；两性都受到时间的侵蚀，被死神所窥伺，对他者都有着同样本质的需要；他们能够从他们的自由中获得同样的荣耀；如果他们善于体会这种荣耀，他们就不会再受到诱惑去争夺虚假的特权；他们之间就可能产生友爱。

有人会对我说，所有这些看法都是乌托邦的，因为要“重塑女人”，社会就必须把女人真正地变成与男人平等的人。保守派在相同的情况下从来不放过揭露这种恶性循环的机会。然而，历史不会总在原地打转。无疑，如果将一个阶层保持在低下的状态，这个阶层就会是低下的，但自由可以打破这种循环。让黑人去投票，他们会胜任投票；让女人承担责任，她们会负起责任；事实是，不能等待压迫者做出慷慨的无私行动；有时是被压迫者的反抗，有时是特权阶层自身的演变，产生了新的处境；男人就是这样从自身利益出发，部分解放妇女，她们只消继续往上发展，她们获得的成功鼓励她们这样做；几乎可以肯定的是，她们从现在开始或迟或早会在经济和社会方面与男性达到完全平等，这会带来内部的巨变。

有些人会反对说，无论如何，即使一个这样的世界是可能的，它也不令人向往。当女人同男性“一样”时，生活会失去“它的刺激性”。这个论据也不是新的，那些想延续现状的人，总是对即将消失的美妙过去流泪，而不对生气勃勃的未来微笑。确实，取消了奴隶市场，也就扼杀了壮观地遍布杜鹃和茶花的大种植园，摧毁了整个精致的美国南方文明；古老的花边在时间的顶楼与西斯廷的去势歌手纯粹的嗓音会合，有某种“女性魅力”岌岌可危地要化为齑粉。我承认，不会欣赏稀有的花卉、花边、阉奴的清脆嗓音、女性的魅力，那是一个野蛮人。当“迷人的女子”展示出她的风采时，她是一个比使兰波激动的“傻气的绘画、门头饰版、背景、街头卖艺者的幕布、招牌、民间小彩画”更令人兴奋的物品；她用最现代的手法装饰，按照最新式的技巧加工，来自远古，来自底比斯、弥诺斯、奇琴伊察；她也是竖立在非洲丛林中心的图腾；这是一架直升机，这是一只鸟；这是最大的奇迹：在她着色的头发下面，树叶的沙沙声变成思想，话语从她的怀中逸出。男人向奇迹伸出贪婪的手，但一旦他们把握奇迹，奇迹就会消失；妻子、情人像大家一样用她们的嘴巴说话：她们的话只有本身的价值，她们的乳房也是这样。一个如此转瞬即逝的奇迹——而且是如此罕见的奇迹——值得人们延续对两性都有害的处境吗？人们可以赞赏花卉的美丽，女人的魅力，赞赏它们真正的价值，如果这些财宝要以鲜血和不幸来支付，就必须牺牲它们。

事实是，这种牺牲在男人看来特别重大；很少男人从心底里希望女人能充分发挥自己的才干；那些蔑视女人的男人，看不到他们要从中得到什么东西，那些珍视女人的男人，很清楚他们从中失去什么东西；确实，目前的演变不仅威胁着女性魅力，女人开始自为生存的同时，便要放弃分身和中介的职能，这种职能使她在男性世界中获得特权地位；对处于自然的沉默和其他自由高要求的在场之间的男人来说，一个既是他的同类又是被动物的存在，显得就像巨大的财富；他从中看到的自己伴侣的形象，可以非常神秘，她成为其源泉和借口的体验，依然是真实的，几乎没有更宝贵、更亲密、更热烈的体验了；女人的依附性、低一等、不幸给了她们特殊性，不可能否认这一点；如果女人的自主能免去男人的许多烦恼，也肯定拒绝给予他们许多便利；无疑，有某些体验性爱的方式在明天的世界中将会消失，但是，这并不意味着，爱情、幸福、诗意和梦想将被排除。我们要注意，我们的缺乏想象力总是使未来变得荒无人烟；对我们来说，未来只是一种抽象；我们每个人暗自哀叹在未来缺乏属于自己的东西；但明天的人类会在肉体和自由中体验未来，这将是他们的现在，人类也会更喜欢这个现在；在两性之间会产生我们想象不到的肉体和感情关系，在男女之间已经出现了前所未有的友谊、竞争、合作、友情，不论是贞洁的还是肉欲的。例如，在我看来，什么也不比这个口号更有争议性了，即认为新世界是一成不变的，因此是无聊的。我不认为，这个世界无聊会消失，也不认为自由会导致一成不变。首先，在男女之间始终会存在某些差异；她的性欲，因而她的性世界具有特殊性，必定在她身上产生一种肉欲、一种特殊的敏感性，她同她的身体、男人的身体、孩子的关系，与男人同他的身体、女人的身体和孩子的关系永远不会一样；那些大谈特谈“差异中的平等”的人，会同意我的观点，同意在平等中存在差异。另一方面，是制度造成一成不变。后宫女奴虽然年轻漂亮，在苏丹的怀抱里却总是一样的。基督教赋予人类女性以灵魂时，也给予肉欲罪恶和神话的韵味，如果给她恢复至高的特殊性，也不会让情人的拥抱失去动人的力量。认为男女如果具体说来是一样的人，狂欢、恶习、迷恋、激情便会变得不可能，那是荒谬的；肉体和精神、瞬间和时间、内在性的昏眩和超越性的召唤、快感的绝对和遗忘的虚无之间的矛盾，将永远不会提出；紧张、痛苦、快乐、生存的失败和胜利总是在性爱中得到实现。解放女人，就是拒绝把她封闭在她和男人保持的关系中，但不是否认这些关系；即使她自为存在，她继续也为他而存在：双方互相承认是主体，就对方来说却仍然是他者；他们关系的相互性，不会取消人类分为两个不同类别而产生的奇迹：欲望、占有、爱情、梦想、冒险；那些使我们激动的词：给予、征服、结合，将保留它们的意义；相反，当一半人类的奴役状况和它带来的整个虚伪体制被消灭时，人类的“划分”将显示它的本真意义，人类的夫妻关系将找到它的真正形式。

马克思说过：“男女之间的关系是人与人之间的直接的、自然的、必然的关系。……根据这种关系的性质就可以看出，人在何种程度上对自己说来成为*类的存在物*。男女之间的关系是人与人之间最*自然*的关系。因此，这种关系可以表现出人的*自然*的行为在何种程度上成了人的行为，或者，人的本质在何种程度上对人来说成了自然的本质。”①

不可能说得更透彻了。正是在既定世界中，要由人来建立自由的领域；为了取得这最高一级的胜利，男女超越他们的自然差异，毫不含糊地确认他们的友爱关系，是必不可少的。

① 马克思《1844年经济学—哲学手稿》，人民出版社，1979年，第72页。

翻译后记

西蒙娜·德·波伏瓦[①]是著名的存在主义女作家。她与萨特相识于二十世纪二十年代末，此后成为萨特的终身伴侣，深受萨特影响。她的著作颇丰，包括小说、散文、戏剧和理论著述。她的几部小说如《女宾》（一九四三年）、《他人的血》（一九四五年）、《人都是要死的》（一九四六年）、《名士风流》（一九五四年，获得龚古尔奖）已译成中文。她的小说体现了存在主义观点，在现当代法国文学史上占有一定地位。就存在主义文学而言，她的地位列在萨特和加缪之后，但与他们还有一段距离，这已是不争的事实。

波伏瓦在历史上的真正地位也许不是在小说创作上，而是在思想史方面。她的《第二性》被称为女性主义的经典著作，在女性主义运动中起了重大作用。《第二性》最初于一九四八年在《现代》杂志上连载，次年出版，引起巨大反响。这是关于女性的第一部具有理论色彩、自成体系的著作。从理论上看，似乎这方面的著作还没有出其右者。此书八十至九十年代在我国有过几种翻译，或则译文不够理想，或则删节过多，虽然译本上标明是“全译本”，但由于英文译者往往喜欢删节，致使我国读者无法见到全豹。英译本早已在美国受到严厉批评。经过核对，可以看到英文译者删掉了大量实例，有的整段删去，有的缩写（有时对文本主体也这样处理）。可能是英文译者认为这些实例或段落并不重要，或者引用过多，或者“不雅”，或者认为作者啰嗦，有少数地方则因难译而放弃译出。殊不知这正是此书的精华所在之一，而且也是此书的趣味所在之一。这样删节反映了英文译者的判断力有很大失误。这种翻译方法也反映了英美译界有些译者对待翻译的主张和态度是不可取的。因此，从法文译出《第二性》实属必要，以免我国读者以为读到的是“全译本”，继续误解下去。

《第二性》之所以成为波伏瓦顶尖的作品，不是偶然的。从她的自述可以得知，她从青年时期已经开始注意妇女问题，广泛搜集材料，进行深入研究。她从各个方面增加自己的知识，力图穷尽这个问题的内涵。她在动手写作这本著作时已步入中年，进入思想成熟期。第二次世界大战以后，妇女运动又一次高涨，女权主义发展到一个新阶段。波伏瓦的《第二性》正是这样应运而生。

有一点必须加以说明。译者在处理 féminisme 这个词时颇费踌躇。正如波伏瓦在文中所阐述的，妇女解放运动有一个发展过程。我觉得大体上可以将第二次世界大战以前这个漫长时期看做争取女权的阶段，二次大战以后，由于妇女解放运动再次高涨，对女性问题的探索有很大发展，特别在波伏瓦发表了《第二性》以后，人们对女性问题的认识深化了，认为政治权利（选举权）和男女平等不足以概括妇女问题，应扩展到其他领域，正像波伏瓦所说的，女人要“摆脱至今给她们划定的范围”，加入到“人类的共在”中。从

---

① 波伏瓦（Beauvoir）属姓，因此，译为波伏娃或者波娃都不恰当，名西蒙娜已经表示了女性身份。

这个时期开始，用女性主义来理解、翻译 féminisme 这个词也许是恰当的。本译文一般用这个标准来处理 féminisme 的翻译。话说回来，女权是妇女在现代社会中的一个基本问题，它虽然不能代表妇女问题的全部，但也可以概括或代表妇女解放运动所要争取的主要目标，因而不少论者仍然执着于用“女权主义”来表达之。

《第二性》对女性问题的深化表现在如下几个方面。

之一，是对女人的理解。波伏瓦提出了新的观点：她认为“女人不是天生的，而是后天形成的”。这句话的意思是，女人的地位不是生来就如此的，是男人、社会使她成为第二性。社会把第一性给予了男人，男人是主要者，女人是次要者。女人从属于男人。这并不是说，某个女人不可能凌驾于她的丈夫或者其他男人之上，但这种情况并不能改变整个社会中女人从属于男人的状况。如同波伏瓦所说的，即便某个国家由女皇当政，也改变不了女人总体低下的社会地位。这个女皇实行的是男性社会的意志和法律，她并没有改变女人的从属性。这就从根本上确定了女人的社会形象。波伏瓦并没有提出要让女人成为第一性，她只是指出女人属于第二性的不合理。这是全书的出发点，由此探索女人如何变成第二性。所谓他者，是与男性相对而言的，男人代表人（l' homme），男性是主体，女性是相对主体而言的客体。在某种程度上，他者是被排斥于社会主体之外的，属于另类。女人对男人，类似黑人对白人。波伏瓦从哲学和理论的高度界定了女人在人类社会中的处境，“第二性”的命名充分表达了女性对自身不平等地位的抗议，是对男性社会发出抗争的呐喊。更为可贵的是，波伏瓦敢于直面女人本身存在的弱点，以现实的明智态度去对待女人的问题，并不讳言女人的生理弱点，以此分析历史上男人为何能统治女人。女人为什么不能创造各民族的历史，女人之中为什么没有出现莎士比亚、托尔斯泰、司汤达、陀思妥耶夫斯基这样的大作家呢？其中有女人本身的问题，也有社会造成的缘由。波伏瓦没有夸大女人应有的作用，而是一一摆出女人在人类历史上所遭遇的悲剧命运，最鲜明而又最有说服力地展示了女人的处境。波伏瓦超出一般的女权主义者之处，体现在她辩证地理解女人的特点和应有的作用，而不是仅仅气势汹汹地发出不平之鸣。

之二，波伏瓦不是单一地提出女权问题，她一下子将妇女问题全盘地、相当彻底地摆了出来，力图囊括女性问题的方方面面，以全新的姿态论述女性。波伏瓦认为谈论女性必须了解女人的生理机能和特点，她论述生物的进化过程，低等动物与高等动物的繁殖，雌性与雄性的分别与各自的特点，进而论述女人与男人的分别与各自的特点，女人的生育过程，等等。她指出女人由于生物属性，要来月经，要经历妊娠、痛苦而危险的生育，对物种有附属性，因此，女人的命运显得更为悲苦。男女在智力之间并没有多少差别，但女人在体力上比男人弱，行动能力差些，对世界的控制受到限制。女人对物种的屈从还要取决于经济和社会状况。但在延续物种中，不能确定哪个性别起到更重要的作用。从生物学上来考察男女，是将女人放到物种和生存的角度去考虑，确定女人的生存位置，这种位置对女人在社会中所能起到的作用会有重大影响。因此，这种考察是很有必要的。以往也有论者在分析女人所能起的作用时提到女人属性的特点，但往往一笔带过，波伏瓦追根溯源，把这个问题谈得很彻底。波伏瓦较为注意二十世纪以来影响巨大的精神分析学，她指出弗洛伊德不太关心女性命运，但他认为女人身上有两个不同的性感系统，一是童年阶段的阴蒂，一是青春期之后才发达的阴道；认为女孩有“恋父情结”和“去势情结”。弗洛伊德的学生阿德勒提出女人有“自卑情结”，小女孩羡慕男性生殖器。

精神分析学家强调性欲不可抑制的作用。波伏瓦不赞成精神分析学家的上述看法，认为这是机械论的心理分析，女人行动时被说成模仿男性，这样论断是不正确的。波伏瓦认为历史唯物主义“阐明了十分重要的真理”，女人的生存的确取决于社会和经济的状态。恩格斯在《家庭、私有制和国家的起源》中描述了女人的历史，但这是一部“技术史”。波伏瓦认为恩格斯没有指出从群体制过渡到私有制的形成过程，光从“经济人”去分析女人，还未能彻底揭示她的命运。波伏瓦认为“不可能从私有制中推断对妇女的压迫”，“消灭家庭不一定能解放妇女”，因为没有充分考虑性本能。一方面，波伏瓦承认“生物学、精神分析和历史唯物主义的某些贡献”，另一方面又认为这些学科还不足以解决问题。应该指出，她对历史唯物主义的看法是存在偏颇的。

之三，波伏瓦接着描述了女人在人类史的发展长河中所处的地位。她认为自己的叙述是全面的，不少地方弥补或修正了前人论述的不足。她阐述道，在原始社会，原始群体并不关心后代，杀婴是常有的事；孩子是负担，不是财富，人们不要求有继承者；男性的统治不明显。当游牧民族在土地上定居下来，形成农业共同体时，女人具有不同寻常的威信，土地所有者要求有后代，怀孕变得神圣。原始人认为孩子是祖先亡灵的化身再现。女人的生育就像土地的生产一样，由于崇拜繁殖，女性受到崇拜。然而，根据列维-斯特劳斯的考察，社会始终是男性的；政权总是落在男人手里，不管母亲女神多么强有力，却是通过男性意识创造的概念。随后，男系亲属关系代替了母系血统，母亲被贬低到乳母、女仆的行列；父亲掌握大权，并传递给后代。女人属于男人的财产。圣经时代的犹太人，家长是一夫多妻，对女人的管辖十分严格；东方民族中可以看到“叔接嫂制”等。但在不同的地方继承办法也有变通。希腊女人被降低到半奴隶状态，罗马女人受到更加严重的奴役。基督教意识形态大大助长了对妇女的压迫。及至中世纪，女人绝对从属于父亲和丈夫。典雅爱情并未能改变妇女的命运。从十五世纪到十九世纪，女人的地位几乎没变。其中，十七世纪，由于沙龙的关系，有些贵妇享有很高声誉，但这种地位是属于女性精英的。值得注意的是，一七九一年有人提出一个《女权宣言》，而《拿破仑法典》仍然规定女人应当服从丈夫，连巴尔扎克也认为女人是男人的从属。随着机器的广泛使用，摧毁了土地所有制，而逐渐引发了劳动阶级的解放和妇女的解放。十八世纪末，法国的孔多塞、英国的玛丽·沃斯通克拉夫特在《为女权辩护》中发起了女权运动。由此看来，女权意识是在十八世纪末，尤其是在法国大革命思潮的影响下产生的。各种社会主义的观点都提出妇女解放，乌托邦社会主义要求取消对女人的奴役，圣西门主义者重新掀起女权主义运动。而无政府主义者普鲁东主张把女人禁锢在家庭中。十九世纪，女人的工作条件很差，工资低于男人，女工会会员的人数不多，妇女总体上缺乏争取自身权利的意识。直到十九世纪下半叶，女工的休息日、产假等才有规定。堕胎一直没有得到法律许可，由于基督教赋予胎儿以灵魂，堕胎变成了罪行，尽管每年堕胎的数字十分巨大。甚至在法国，一九四一年，堕胎被定为危害国家安全的罪行。至于政治权利，一八六七年，斯图尔特·米尔在英国议会上为妇女的选举权做了第一次辩护。一八七九年，社会党大会宣布性别平等。一八九二年，召开了女权主义代表大会。美国妇女比欧洲妇女获得更多的解放，林肯支持女权运动起了重要作用。美国妇女习惯组织俱乐部，以此作为活动的阵地。各国妇女争取政治权利的斗争和进程是不同的。其中，联合国的妇女地位委员会要求承认两性权利的平等。波伏瓦指出：“女权主义本身从来不是一个自主的运动：它部分是政治家手中的一个工具，部分是反映更深刻的社会悲剧的附加现象。女人从来没有构成一个独立的阶层：事实上，她们没有力图作为女性在历史上起作用。”这个论断是很深刻的，它看到了女性本身存在的问题：女性尽管长期受奴役，却不能像奴隶一样起来反抗，也就不能争取到应有的权利。因为女人是分阶级的，不同阶级的女人有不同的利益。比如，资产阶级妇女未必要争取劳动权，她们宁可待在家里享受生活，屈从于丈夫。从波伏瓦对女性地位史的简略叙述中，可以看到她有一些独到的观点：她认为女人从来就没有取得过统治地位，即使在崇拜女神的原始社会阶段或者母系社会，也是如此。在她看来，女性从来没有统治男性的意识，而是相反，男性倒有统治女性的意识。女性虽然对人类做出了与男性相等的贡献，从物种的意义来说，女性承受了比男性更悲苦的命运，却从私有制出现以前就忍受屈从和压迫。波伏瓦承认经济的作用，但认为这不是决定妇女受压迫的唯一因素。妇女对自身权利的意识要到很晚的阶段才出现，争取自身权利的斗争不得不经历了漫长的时期。尽管波伏瓦的叙述还有不完备之处，但它给人以史的完整概念。《第二性》可以列入概述女性史的最早著作之一，由此引发了大批的类似著作问世。

之四，结合对男性制造的“女性神话”的分析，波伏瓦以五位男性作家的创作为例，探讨他们笔下的女性形象及其体现的男性思想。蒙泰朗是个大男子主义者，他的小说有自传性质，描写女人如何崇拜他、追求他，而他厌恶女人、鄙视女人，将女人当做发泄性欲的工具和男人的衬托。劳伦斯以描写性爱闻名，追求男女的完美结合。然而，他的小说体现了对男性生殖器的骄傲，他相信男性至高无上；男人是引导者，女人是被引导者。他笔下的女性在男性的怀抱中忘却自身。他是在向为男性献身的女人唱赞歌。法国剧作家克洛岱尔诗意地表达变得现代化的天主教观点： 女人要忠于丈夫、家庭、祖国、教会。他把女人界定为心灵姐妹，女人是用来拯救男人的工具。超现实主义的领袖布勒东投入到爱情中，将女人看成一切事物，尤其是美。女人追求永恒的爱，布勒东希望她成为人类的救星。女人的形象在布勒东笔下是一种理想。司汤达对女性有特殊的热爱，他赞赏女人身上的自然状态、纯真、宽容、真诚、敏感、有激情。女人为了得到爱情，会想出种种办法，克服重重困难，显得光彩夺目。波伏瓦认为他是一个女权主义者。这些男性作家分别代表了五种不同的倾向和态度，从蔑视女性到赞美女性，即便对女性持赞美态度的作家，也没有对女性表现出真正正确的态度。其中四位作家主要在二十世纪上半叶进行创作，他们对女性的认识似乎落后于时代发展。总之，男性作家所虚构的“女性神话”不同程度地歪曲了女性。波伏瓦在这里进行的是女性主义的文学批评，第一次对男性作家笔下的女性形象做出深入而独到的分析，成为今后女性主义批判男性作家笔下的女性形象的滥觞。

之五， 波伏瓦对女人一生各个阶段的分析，构成了《第二性》的主体部分，这是对女人的一生进行正面考察，对她的一生可能遇到的经历做出判断和评价。这些论述是对生物学观点的延续和发展，也是综合性的考察。在童年阶段，女孩逐渐意识到男孩具有阴茎的优越地位，对阴茎的嫉羡以不同形式表现出来。对她的教育是要她循规蹈矩，不要做出男孩子的动作和行为，让她适应女人的命运。后来，当她明白世界的主宰不是女人而是男人时，这一发现改变了她要当主体的意识。她感到父亲的权威是至高无上的，任何男人都分享着男性的威望。各种男人都吸引着小姑娘，成年妇女对男人表现出来的热烈敬意，又把男人捧得很高。随着学习，她知道是男人创造了所有国家，无论是在神话还是在生活中，英雄都是男性，而只有一个贞德与之对抗。连圣父也是男人，圣母要跪着接受天使的话，圣女礼拜天主所说的话酷似求爱的色情语言，圣经中指明女人是由男人的一根肋骨造出来的，凡此种种，都表明女人的次要地位。青春期的到来改变了少女的身体，乳房隆起成为一个负担，月经造成身体不适，折磨着她。男孩子的不少活动她都不能进行，还要忍受沉重的家务劳动。她出现自恋倾向。男人使她眼花缭乱，也使她恐惧，她对自己能征服男性感到骄傲。她想使自己变得美丽，有的少女却有自虐心理。她的内心生活比男孩子更丰富。随之而来的是性启蒙。波伏瓦认为性启蒙分口唇期、肛门期和生殖期，从幼年一直到成年，持续不断，但少女的性体验不是先前的性冲动的普通延续，而是突然与以往决裂，这是随着身体发育而来的生理要求和感受。在不同时代和不同地域，处女贞洁有不同的意义。未婚少女的性交有时会造成心理紊乱。性欲冷淡的女人有各种各样的情况。女人的性角色大部分是被动的，某些女人身上确实有受虐心理。波伏瓦还分析了女同性恋： 有些男性化的女人缺乏雌性荷尔蒙；活力过剩、身体强壮的女人通常拒绝被动性；相貌丑陋、发育不良的女人想以男性气质补偿自身的低下。精神分析学家认为性欲倒错是一种心理的而不是机体的现象，少女要否认自身的残缺，寻求与男人等同，拒绝他的支配；女同性恋者不是一个发育不健全的女人，这可能是一种逃避自身处境的方式；少女还没有机会或者没有勇气去体验性生活。并非拒绝客体会导致女人走向同性恋，大部分女同性恋者寻求拥有女性气质，自恋也不会总是导致同性恋。具有男性特征的同性恋女人，是因为她们被禁闭在女性世界里。女同性恋者除了对女性的怨恨，还有对男性的自卑情结。她们憎恨男人使女人忍受“玷污”，气愤于他们拥有社会特权，感到他们比女人更强有力。总之，同性恋不是经过深思熟虑的反常行为，而是一种在生存处境中选择的态度。波伏瓦不主张将女同性恋者分为不同类型。她对女同性恋的分析深入而有理有据，认为女同性恋的形成既有机体的因素，又有社会对女性压迫造成的原因，整体的论述多少有替女同性恋翻案的意味。成年女人要面对婚姻，以往，少女是被动的，她被父母献出去，变成男人的仆从。今日，虽然婚姻保留了大部分的传统面貌，但单身女人“是一个在社会意义上不完整的人，即使她在谋生”。因此，大部分女青年都想结婚。在二十世纪五十年代的比利时，大部分婚姻仍然是父母安排的，金钱起到头等作用，而且少女比年轻男子更主动。这种情况在欧洲各国大致相同。将婚姻和爱情协调起来不是易事，门当户对的婚姻不一定能产生爱情，想以爱情来获得男女平等是一种幻想。这就与以往、特别是十九世纪一些女作家的观点划清了界线。“失去了处女贞操，年轻女人就成年了。”如何“抓住”丈夫是一门艺术，有的家庭生活美满，有的家庭生活是地狱。整天待在家里的妻子往往以一天的等待和厌烦去迎接争吵。不过，家务劳动也有某种诗意，女人竭力与物体和自身搏斗。从中可以看出，波伏瓦并不完全厌恶和反对家务劳动，她的观点不同于认为家务劳动把妇女束缚在家庭中的看法。女人婚后的头二十年生活极其丰富，人们赞扬她能舍弃和忠诚。但达到平衡的夫妇生活只是一种乌托邦。波伏瓦由此得出，“婚姻制度本身一开始就是反常的”，她很赞赏离婚是常事的美国。波伏瓦指出，女人通过生儿育女，实现了她的生理命运。在信奉天主教的国家里，是禁止控制生育和反对人工流产的，人工流产在很长时期内构成犯罪。然而，在法国，一九三八年人工流产的数字达到了一百万次，生育与人工流产几乎一样多。波伏瓦认为，节育和人工流产“能使女人自由地承担做母亲的责任”。女人在妊娠期显得像个创造者，有些女人对怀孕和哺育感到极大的快乐，而婴儿一断奶她们就感到泄气，这些女人是“多产的家禽”，而不是母亲。许多女人希望有儿子，梦想生下一个英雄，分享他的不朽。长女往往得到父亲的宠爱，却受到母亲的虐待。波伏瓦认为母性不足以满足一个女人，托尔斯泰夫人的例子很典型，她分娩过十二次以上，孩子给她受虐的感觉。孩子不是爱情的替代品，不能填补生活的空虚。女人也不能通过母性变成男人的具体对等物。家庭与社会是相通的，女人出现在社会上要打扮一番，衣着用于表现女人的社会尊严，也将女人的自恋具体化。她展现自己是为了实现自己的存在。社交生活是将住宅变成一个迷人的领地，同时展示她的财富。社交、通奸只构成消遣，以忍受夫妇生活的束缚，但这不能让女人真正掌握自己的命运。男人要妻子恪守妇道，却不以婚姻为满足。并非智力迟钝造成女人卖淫，卖淫比许多职业收益更多；大部分妓女当过仆人，被当做物品而不是人来看待；百分之八十的巴黎妓女来自外省或者乡下，大城市离家乡很远，不易被家乡人发现；在法国农村，不太重视贞操。低级卖淫是一门艰难的职业。妓女有不同的阶层，高级妓女有很大的自由，有名的宠姬通过有权力的情人，参与治理世界。女人变老，她的处境也改变了。她把最迫切的希望寄托在儿子身上，或者投入家务，越来越虔诚，变得冷漠无情和自私，如果比她更年老的丈夫先死的话，她会轻松地服丧。女人有自恋倾向。波伏瓦也探索了恋爱的女人的种种表现。

总的说来，波伏瓦的论述有不少真知灼见，她敢于触及一些敏感的问题。她对小姑娘、少女、同性恋、婚姻、家庭生活、妓女、恋爱等都提出了与众不同的见解，令人耳目一新，尽管有的看法不能令人接受。她的论述已构成一门女性学。这门女性学既将女人作为一个生物实体来研究，分析了女人一生经历的各个阶段，又从精神、心理、历史、社会、经济、文化及文明的角度进行考察，一方面融合了以往在女性问题上的研究成果，另一方面又更多地阐述了自己的独特见地。评论家认为：“这部著作，虽然是综合的，却力图将精神分析学、社会的和历史的批评结合在一起，去理解历代对女人的不公，以便赞助争取妇女地位的完全承认的斗争。作为一部教育和有效地培养青年的书，它帮助一代男女获得更多的智慧，因而也获得真正的自尊。”① 《第二性》由于运用了综合评论的方法，细致地分析了女性生活各方面、各阶段的问题，因而确实能够成为让女青年了解自身，避免出现心理障碍的一本启蒙读物。波伏瓦比一般的女权主义者更全面、更深刻地阐明了女性问题，因此马上引起国际舆论的重视。

诚然，波伏瓦是立足于存在主义观点来谈论女性的。批评家加埃唐·皮孔指出：“西蒙娜·德·波伏瓦比任何人都更好地体现了将小说与哲学结合在一起”，“她在重要的《第二性》中将这些观点用于社会问题，如妇女处境的问题”。② 其他批评家也认为：“《第二性》构成将存在主义方法最好地用于实际问题的实例之一。”③ 且不说她运用了一套哲学术语，如内在性、超越性、他者、存在先于本质、自由选择等概念，作为全书的思想核心，是存在主义对人的生存、存在的关注。波伏瓦正是从肯定人在社会上生存的权利出发，去看待女人在社会中的作用和地位的。如她指出：“物种在社会中是作为生存实现自己的”，“存在主义观点让我们明白，原始群体的生物学和经济处境必定导致男性的统治”，“女人并非为其所是，而是作为男人所确定的那样认识自己和做出选

---

① 托泽尔《从〈辩证理性批评〉到〈家庭的白痴〉》，见《从一九一三年至今》，《法国文学史》第四卷，社会出版社，1982 年，第 361 页。
② 加埃唐·皮孔《法国新文学概观》，伽里玛出版社，1960 年，第 126 页。
③ 贝尔萨尼等《一九四五年至一九六八年的法国文学》，博尔达斯出版社，1982 年，第 75 页。

择……‘她为了男人而存在’是她的具体境况的基本要素之一”，“在生活的愿望、在地球上占有一席之地的愿望变得强烈的年龄，知道自己是被动的和依附于他人的，那是令人难堪的状况”，“女人是一个人们要求她成为客体的生存者”，“选择基于自由的前提，在复杂的整体中进行；任何性的命运都主宰不了个体的生活：相反，其性欲表现了对生存的总体态度”，等等，存在主义的观点几乎在每一章节中作为理论基础出现。基于现实生活的发展，波伏瓦满怀信心地看到女人未来的解放，虽然她并没有提出多少切实可行的方案，但这并没降低《第二性》的理论价值。波伏瓦最后引用了马克思《1844年经济学—哲学手稿》的一段话作为全书的总结，也许她认为这是与存在主义相通的。这段话对男女之间的关系做出了哲学上的高度概括：人是类存在物，男女关系是人与人之间最自然的关系，这个论断作为全书煞尾的警句是十分有力的。

《第二性》所引用的材料丰富翔实，论证相当严密。波伏瓦博览群书，学识渊博。她的生物学知识达到了专业水平，她对马克思、恩格斯的有关著作相当熟悉，她深谙人类学家关于原始社会的著述，例如列维-斯特劳斯、马林诺夫斯基的著作，又如对精神分析学家弗洛伊德、阿德勒、博杜安、巴兰、达尔比耶、拉加什、兰克，外科医生（包括生物学家、生理学家等）斯泰农、格拉夫、贝埃尔、昂塞尔、孟德尔、达尔文、维涅、马拉尼翁、林奈、拉卡萨涅，性学家加利安、卡鲁日、蔼理士，批评家巴什拉，经济学家于勒·西蒙、勒罗瓦-博利厄、西斯蒙第、马尔萨斯、斯图尔特·米尔，东方学家格拉奈，司法家博纳努瓦、贝卡里亚等等的作品，更不用说对妇女运动家，法国和欧洲的文学与历史，古希腊神话，旁征博引，如数家珍。尤其是她引用了大量精神病科医生和精神分析学者著作中的实例，如施特克尔的著作《性欲冷淡的女人》、埃纳尔、克拉夫特-埃宾、雅内的《困扰和精神衰弱症》、海伦妮·多伊奇的《女性心理学》，还有索菲娅·托尔斯泰的《日记》等，这些引文既能充分为论点作证，又增加了行文的趣味性，使这部学术著作不致显得枯燥乏味。英文译者对这些引文加以删节或完全取消，大大有损于原书的完整性。

《第二性》篇幅很长，特别是有关阐述存在主义观点的段落较为艰深，译者学识浅陋，译文难免有不当之处，敬请方家不吝指正。